知 识 产 权 法 中 公 共 领 域 案 例 研 究 丛 书

国家社科基金重大项目（17ZDA139）阶段性成果

技术类型知识产权保护与反不正当竞争法中公共领域案例解析

主　编　冯晓青

副主编　罗　娇　周贺微

刁佳星　邵红红

人民法院出版社

图书在版编目（CIP）数据

技术类型知识产权保护与反不正当竞争法中公共领域案例解析 / 冯晓青主编 ; 罗娇等副主编. -- 北京 : 人民法院出版社, 2025. 1. -- (知识产权法中公共领域案例研究丛书). -- ISBN 978-7-5109-4339-3

Ⅰ. D923.405；D922.294.5

中国国家版本馆CIP数据核字第202434UD35号

技术类型知识产权保护与反不正当竞争法中公共领域案例解析

冯晓青 主 编

罗 娇 周贺微 刁佳星 邵红红 副主编

策划编辑 李安尼
责任编辑 赵芳慧 张 艺 刘晓宁
封面设计 东合社
出版发行 人民法院出版社
地　　址 北京市东城区东交民巷27号（100745）
电　　话 （010）67550628（责任编辑）
67550558（发行部查询） 65223677（读者服务部）
客服QQ 2092078039
网　　址 http：//www.courtbook.com.cn
E - mail courtpress@sohu.com
印　　刷 天津嘉恒印务有限公司
经　　销 新华书店

开　　本 787毫米×1092毫米 1/16
字　　数 652千字
印　　张 34.25
版　　次 2025年 1 月第 1 版 2025年 1 月第 1 次印刷
书　　号 ISBN 978-7-5109-4339-3
定　　价 118.00元

作者简介

冯晓青，本书主编，北京大学法学博士、中国人民大学法学博士后，现任中国政法大学二级教授、博士生导师，兼任国家知识产权专家咨询委员会委员、中国法学会知识产权法学研究会副会长、中国知识产权研究会副理事长，最高人民法院案例指导工作专家委员会委员、最高人民法院知识产权司法保护研究中心研究员、最高人民法院知识产权案例指导研究（北京）基地专家咨询委员会委员、上海法院特聘教授、上海知识产权法院特邀咨询专家、世界知识产权组织（WIPO）仲裁与调解中心专家和调解员、中国国际经济贸易仲裁委员会网上争议解决中心专家等。主持三项国家社科基金项目（其中重大项目两项），在《法学研究》《中国法学》等CSSCI刊物发表论文百余篇，出版个人专著十余部，主编著作与教材三十余部，获得省部级二等奖五项。以专家、律师、仲裁员等身份参与处理了数百起重大、疑难、复杂、前沿知识产权相关案件，部分案件入选最高人民法院公布的十大案例、五十个重点案例或高级人民法院公布的十大案例等。入选国家“万人计划”哲学社会科学领军人才、国家百千万人才工程国家级人选暨“有突出贡献中青年专家”、中宣部文化名家暨“四个一批”人才、享受国务院政府特殊津贴专家、首批全国知识产权领军人才、首批国家知识产权专家库专家等。主办新浪微博和微信公众号“冯晓青知识产权”。

罗娇，本书副主编，彝族，中国政法大学法学博士，中国农业大学人文与发展学院法律系副主任、副教授、硕士生导师，研究方向为知识产权法学、农业农村法治，兼任中国农业农村法治研究会理事、中国科学技术期刊编辑学会出版伦理与道德委员会委员、北京市创业投资法学会理事。主持国家社科基金青年项目一项，主持农业农村部、中国科学院、北京市法学会等多项省部级项目，出版专著、编著多本，发表学术论文多篇，一项政策建议获省部级领导批示，是我国科技期刊出版伦理规范的撰稿人之一。获中国农业大学优秀教师、北京市青年教师教学基本功比赛人文社科组二等奖、农业农村部中青年干部交流活动“乡村振兴法治先行”专题征文一等奖、中华法学硕博英才奖三等奖、中华全国律师协会知识产权专业委员会全国十佳论文、中国政法大学优秀博士学位论文等奖项。

周贺微，本书副主编，中国政法大学法学博士，北京工业大学经济与管理学院法律系副教授、硕士生导师，主要研究方向为知识产权法、科技法。出版《科技成果转化激励：理论、法规政策与进路》《知识产权法政治学研究》《著作权法激励理论研究》等个人专著三部，合著《知识产权法：案例·规则·法理》《知识产权法学》。在《现代法学》《知识产权》《华中科技大学学报（社会科学版）》《学海》《新闻界》《编辑之友》以及 Baku State University Law Review 等国内外刊物上发表论文 20 余篇。主持中国科协科技智库青年人才计划项目、北京市教委哲学社科一般项目、校人文社科基金支持项目等科研项目多项，参与多项国家社科基金重大项目、一般项目等重要项目研究。兼任北京市科技法学研究会理事、北京数字经济与数字治理法治研究会理事、北京知识产权研究会版权专委会委员。

刁佳星，本书副主编，中国政法大学法学博士、美国宾夕法尼亚州立大学法学硕士，北京科技大学副教授。曾获博士生国家奖学金、中国政法大学“学术新人”优秀论文等。联合创办中国政法大学“法大知识产权沙龙”、北京科技大学“大国知识产权论坛”。主持中国博士后科学基金面上资助项目、中央高校基本科研业务经费项目，参与国家社科基金重大项目、重点项目多项。在《湖南大学学报（社会科学版）》《上海交通大学学报（社会科学版）》《中国出版》等 CSSCI 来源期刊发表论文 10 余篇，多篇论文被《中国社会科学文摘》《中国人民大学复印报刊资料》转载。博士学位论文被评为学校优秀博士学位论文并被推荐北京市优秀博士学位论文。出版《著作权法律制度的经济分析》（独著）和《著作权法评注与案例》（副主编）等著作。

邵红红，本书副主编，清华大学法学院、新加坡国立大学法学院联合培养博士生，主要研究方向为知识产权法学。在《西安交通大学学报（社会科学版）》《知识产权》《财经法学》《新闻界》《出版发行研究》等刊物上发表论文 11 篇，其中 CSSCI 期刊独著论文 5 篇，《中国人民大学复印报刊资料》全文转载 1 篇。作为副主编出版《著作权法评注与案例》等著作，参与国家社科基金重大项目“创新驱动发展战略下知识产权公共领域问题研究”。曾获清华大学博士生国家奖学金、清华大学“学术新秀”、中国政法大学“学术新人”（中国政法大学校内硕博阶段最高学术荣誉）、中国政法大学“学术十星”等荣誉称号。

序言

当前，知识产权日益成为国家发展的战略性资源和国际竞争力的核心要素，知识产权保护也日益重要。2019 年 11 月，中共中央办公厅和国务院办公厅印发《关于强化知识产权保护的意见》。[①]2021 年 9 月，中共中央、国务院印发《知识产权强国建设纲要（2021—2035 年）》，旨在建设“中国特色、世界水平”的知识产权强国。在我国知识产权保护体系中，知识产权司法保护处于主导地位，知识产权行政保护构成有力支撑。就知识产权司法保护而言，其本质是通过人民法院审理各类知识产权案件，保护和鼓励创新，公平公正地维护知识产权人和相关当事人的合法权益，维护社会关系的稳定和社会和谐，服务我国经济社会发展。知识产权司法保护是我国知识产权法治建设的重中之重。这是因为，我国知识产权法治建设是以建立知识产权法律制度、充分有效保护知识产权为前提和基础的。知识产权保护是我国知识产权法治建设的灵魂和生命力所在。[②]

我国知识产权司法保护以知识产权案件审判为中心。在知识产权案件审判中，无疑需要充分、有效地保护知识产权人的知识产权，特别是有效打击形形色色的知识产权侵权行为，从而构建良好的创新生态。知识产权作为一种无形财产权，其实质上就是对某种知识产品确立了知识产权人的专有权，从而排除他人对该知识产品的享有和利用。对于专有权确立的权利范围内的知识产品，未经知识产权人许可或没有法律特别规定，任何人都不能自由、无偿使

① 该意见提出了“严保护”“大保护”“快保护”“同保护”的措施。参见冯晓青：《知识产权保护论》，中国政法大学出版社 2022 年版。

② 冯晓青：《知识产权司法保护论》，中国政法大学出版社 2024 年版，第 260 页。

用。但是，知识产权司法保护并不意味着对知识产权的过度保护，其在充分、有效地保护知识产权的同时，需要维护知识产权法律制度所追求的公共利益，并实现两者的平衡。在知识产权司法保护中，必须引入公共领域保留原则。

实际上，知识产权法中存在不受知识产权保护的公共领域。公共领域与专有领域一样，都是现代知识产权法律制度中不可或缺的内容，二者的共存已为世界各国知识产权立法和司法实践所认可。所谓公共领域，是指不受知识产权保护的知识产品以及受知识产权保护的知识产品中可以被社会公众自由利用的部分。公共领域对知识产权这一专有权构成限制和制衡，以防止知识产权的不当扩张影响社会公共利益，进而为科技文化进步和经济社会发展的真正实现提供保障。[①] 公共领域对明确知识产权保护边界、合理划分权利人和社会公众利用知识产权的范围，从而协调不同主体的利益关系具有重要作用。[②] 从公共领域的角度认识知识产权法的理念和精神，是从更高的角度理解知识产权的制度价值和知识产权这一专有权的更深一层内涵所必需的。[③]

公共领域也可以被理解为知识产权法中不受知识产权保护、他人可以自由利用的公共知识财富。就如同每个人可以自由呼吸空气一样，在知识产权法中公共领域具有公共性，任何人都可以自由使用。[④] 基于公共领域概念和原理对于实现知识产权立法宗旨和知识产权法律制度运行的重要价值和意义，国外学者在 20 世纪 80 年代初就从知识产权法理论、立法和司法保护角度对其进行了研究。例如，大卫·兰格（David Lange）早在 20 世纪 80 年代初就探讨了这一问题的重要性，指出法院有责任在知识产权案件的判决中明确公共领域保留原则。[⑤] 又如，阿努帕姆·钱德特（Anupam Chandert）等指出，21 世纪初美国杜克大学和斯坦福大学先后就公共领域问题展开了研究，认为应当保护公共领域，以实现获取自由与表达自由并维持创新。[⑥] 詹姆斯·博伊尔（James Boyle）则指出，保护公共领域是知识产权法的基本目标之一。[⑦]

关于知识产权法中公共领域问题，我国相关研究始于 21 世纪初。[⑧] 此后，

---

① 冯晓青主编：《知识产权法》（第 4 版），中国政法大学出版社 2024 年版，第 17 页。

② 冯晓青主编：《知识产权法前沿问题研究》，中国政法大学出版社 2023 年版，第 50~52 页。

③ 冯晓青：《知识产权法利益平衡理论》，中国政法大学出版社 2006 年版，第 722 页。

④ 冯晓青：《知识产权司法保护论》，中国政法大学出版社 2024 年版，第 142 页。

⑤ David Lange，Recognizing the Public Domain，44 LAW & CONTEMP. PROBS. 147（Autumn 1981）.

⑥ Anupam Chandert，Madhavi Sundert，The Romance of the Public Domian，92 Cal. L. Rev. 1331（2004）.

⑦ James Boyle，The Second Enclosure Movement and the Construction of the Public Domain，66 LAW & CONTEMP. Probs. 33（2003）.

⑧ 参见冯晓青：《知识产权法的公共领域理论》，载《知识产权》2007 年第 3 期。

随着对这一问题认识的不断深入，知识产权法中公共领域保留原则在立法与司法中的适用也逐渐受到重视。有观点认为，将公共领域制度化从而合理地界定专有领域与公共领域的界限是必要的。[①] 还有观点认为，公共领域保留也是司法实践中有效保护知识产权的重要方面。[②]

如前所述，知识产权司法保护引入公共领域保留原则具有必要性。从国外知识产权司法实践看，欧美国家知识产权案件审判早已引入公共领域这一概念，并根据公共领域保留原则，合理划分知识产权保护的边界。国外知识产权司法实践经验表明，在知识产权案件审判中引入公共领域保留原则，有利于明确知识产权人专有权的范围和社会公众分享不受保护的公共资源的边界，从而实现两者的利益平衡。

随着我国知识产权法理论研究水平的提升和知识产权审判经验的积累，近些年来，我国知识产权司法政策和司法解释开始重视在加强知识产权司法保护的同时，确保公共领域不受侵蚀，维护社会公众利益，促进创新资源的利用。以司法政策而论，最高人民法院在 2009 年发布的《关于当前经济形势下知识产权审判服务大局若干问题的意见》（法发〔2009〕23 号）中指出，要"正确解释发明和实用新型专利的权利要求，准确界定专利权保护范围，既不能简单地将专利权保护范围限于权利要求严格的字面含义，也不能将权利要求作为一种可以随意发挥的技术指导，应当从上述两种极端解释的中间立场出发，使权利要求的解释既能够为专利权人提供公平的保护，又能确保给予公众以合理的法律稳定性"。根据相关司法政策精神，我国各级法院在审理专利纠纷案件时，一方面强调加强对专利权的保护以更好地鼓励和保护创新；另一方面则通过适用现有技术（设计）抗辩原则[③]、捐献原则[④]、禁止多余指定原则[⑤]等确保社会公众对专利权保护范围的明确预期，增强法律适用的可操作性。

毫无疑问，我国知识产权司法保护实践中关于公共领域保留原则的适用，也为相关理论研究提供了宝贵的实践素材。深入研究相关典型案例，挖掘知识

① 张艳梅：《论知识产权法的公共领域：利益冲突之镜像》，载《社会科学战线》2013 年第 8 期。另参见杨利华：《公共领域视野下著作权法价值构造研究》，载《法学评论》2021 年第 4 期；易继明、韩萍：《著作权法公共领域的司法适用》，载《陕西师范大学学报（哲学社会科学版）》2022 年第 5 期。

② 冯晓青、周贺微：《公共领域视野下知识产权制度之正当性》，载《现代法学》2019 年第 3 期。

③ 参见湖北省高级人民法院（2010）鄂民三终字第 15 号民事判决书、广东省高级人民法院（2015）粤高法民三终字第 517 号民事判决书。

④ 参见最高人民法院（2013）民提字第 225 号民事判决书。

⑤ 参见广东省高级人民法院（2017）粤民终 604 号民事判决书。

产权司法保护背后维护公共领域保留原则的内涵，能够进一步为我国知识产权案件的审判和知识产权司法保护水平的提升提供指导和借鉴。恰逢主编主持的国家社会科学基金重大项目“创新驱动发展战略下知识产权公共领域问题研究”（17ZDA139）中涉及的一个重要内容即为公共领域视野下知识产权审判实务方面的研究。在该项目的研究过程中，我们从案例研究角度对知识产权法中公共领域问题进行了深入探讨。本套丛书是该项目阶段性研究成果之一。

本套丛书分为五册，涉及著作权法中公共领域案例解析、商标法中公共领域案例解析、技术类型知识产权保护与反不正当竞争法中公共领域案例解析，以及著作权法中公共领域判解与学理研究、商标法中公共领域判解与学理研究。每册大致分为以下几方面内容：本案要旨、案件信息、原被告主张及理由、法院查明的事实、法院判决理由与裁判结果、案例解析（或判解与学理研究）。与知识产权案例研究同类著作相比，本套丛书具有以下鲜明特色：

第一，理论品位较高。知识产权案例研究并不限于对案件本身的是非曲直进行评价，而是侧重于“跳出”个案，挖掘案件背后的裁判法理和理论启发意义，以及正确理解和适用法律规定。基于此，本套丛书每个案例的研究都有专门的“本案要旨”和“案例解析”（或“判解与学理研究”）部分。其中，前者旨在揭示案件的裁判法理，后者旨在深入研究法律适用的条件和个案涉及的知识产权相关概念、原理和理论，篇幅约5000字，便于读者结合案例融会贯通，真正掌握案件背后的知识产权法原理和理论。本套丛书作者均具有知识产权法学专业硕士以上学历背景和相关的知识产权法理论或实务工作经验，无疑也为丛书的理论品位提供了重要保障。

第二，内容全面、案例具有典型性。收入本套丛书的案例覆盖了诸多知识产权领域，包括著作权、专利权、商标权、地理标志、商号、域名、植物新品种、集成电路布图设计、商业秘密保护和其他反不正当竞争问题等。在同类案例选择上，则注重权威机构公布的公报案例、指导案例、十大案例和其他典型知识产权案例，便于读者吸取知识产权审判实务的精华。

第三，实践指导性强。本套丛书具有理论与实践高度结合的特点，在深度剖析和解构案件背后的法律适用与知识产权法理论的同时，提炼和归纳裁判文书中具有启发意义的主张和观点，具有很强的实践指导性。以下不妨选取部分案件法院的主张与见解，以见一斑。

以著作权案件为例，有的法院认为：在判断是否构成实质性相似时应充分考虑其公共属性；[①] 有的法院认为：要正确划分著作权范围与公共领域的界限，实现作品保护范围与其独创性相协调，在进行侵权比对时应将源自公有领域而不属于著作权保护范围的部分排除；[②] 有的法院认为：针对利用公有领域素材形成作品的保护范围界定，应当充分考虑到其作品本身包含的公有领域因素，既应当注意保护作者对作品的创新，又应当注意保护其他创作者对公有领域素材的合理使用，防止部分创作者通过对其作品的保护垄断公有领域素材的使用权利，限制全社会对公有领域素材的合理使用和创作；[③] 有的法院认为：在对涉及卡通形象的美术作品进行著作权侵权判定时，要剔除公有领域其他卡通形象的惯常设计特征。[④]

以商标案件为例，有的法院认为：有功能性的形状可以通过获得实用新型专利权的保护来获取鼓励技术创新的"对价"，但是在专利权到期之后就必须允许公众自由地使用，如果再允许将该功能性形状注册为商标，则将阻碍公众自由利用该技术，故将功能性形状注册为商标为其所垄断的需求不得对抗促进技术发展的公共政策需求；[⑤] 有的法院认为：非物质文化遗产的传承与发展，并不当然排斥知识产权保护方式，维持诉争商标的注册实质上也促进了传统文化的传承与发展。[⑥]

再以专利和其他案件为例，有的法院认为：多数情况下一种外观设计专利因保护期届满或者其他原因导致专利权终止会使其进入公有领域，任何人都可以自由利用，但一种客体可能同时属于多种知识产权的保护对象，其中一种权利的终止并不当然导致其他权利也失去效力；[⑦] 有的法院认为：针对集成电路布图设计反向工程抗辩中的非直接接触要求，实现相同或相似功能的芯片必然在电路原理上存在相似性，而电路原理不属于可赋予专有权的部分，故法律并不禁止对他人芯片的布图设计进行摄片进而分析其电路原理的这种反向工程的行为。[⑧]

第四，富有可读性。作者对本套丛书收录的每个案件的裁判文书的实质内容进行了提炼与归纳，使读者能够在较短时间内了解案件的基本信息和裁判

---

① 北京知识产权法院（2018）京 73 民终 90 号民事判决书。
② 最高人民法院（2019）最高法民申 6322 号民事裁定书。
③ 福建省高级人民法院（2022）闽民终 879 号民事判决书。
④ 上海市高级人民法院（2013）沪高民三（知）终字第 81 号民事判决书。
⑤ 北京市高级人民法院（2015）高行（知）终字第 4355 号行政判决书。
⑥ 最高人民法院（2018）最高法行再 63 号行政判决书。
⑦ 最高人民法院（2010）民提字第 16 号民事判决书。
⑧ 上海市高级人民法院（2014）沪高民三（知）终字第 12 号民事判决书。

观点与理由。加之丛书研讨的案件类型多、注重理论与实践高度结合，这使其富有可读性。相信读者在阅读和研究本套丛书后，能够在相当程度上提高自身知识产权法理论与实务水平。

在本套丛书出版过程中，人民法院出版社给予了大力支持，编辑老师们在编校方面也付出了很大辛劳。中国政法大学知识产权法学专业的部分硕士生和博士生也参与了丛书清样的校对工作。在此一并表示衷心的感谢！

最后，需要指出的是，学无止境，尽管本书主编、副主编和全体作者为本套丛书撰写与出版付出了很大努力，但仍然难以避免书中存在错漏之处，敬请读者批评指正。

冯晓青

2025 年 1 月

目录

专利确权中对智力活动的规则和方法的认定

——李某与国家知识产权局专利复审委员会发明专利驳回复审行政纠纷案

/廖小梅

本案要旨

在进行专利审查时，首先要确定其是否属于专利的保护范围。智力活动的规则和方法不在专利法保护范围之内。智力活动的规则和方法是指导思维、表述和记忆等的规则和方法，没有利用自然规律解决技术问题并形成技术方案，不是专利权保护的客体。因此，相关部门在审查专利申请时，需要排除此类规则或方法。

案件信息

上诉人（一审原告）：李某

被上诉人（一审被告）：国家知识产权局专利复审委员会

案号：北京市第一中级人民法院（2012）一中知行初字第427号、北京市高级人民法院（2012）高行终字第1399号

原被告主张及理由

原告李某不服国家知识产权局专利复审委员会（以下简称专利复审委员会）第35948号决定，在法定期限内起诉称：第35948号决定认定本专利所述的制作方法的实质是根据使用者的实际出行需要，在地图上通过各种方式标注所需要的信息，其实质是一个思维过程，而不是利用自然规律的技术方案，属于智力活动的规则和方法是错误的。被告专利复审委员会的认定理由没有说服力，是一种主观意志的假设，请求法院予以撤销第35948号决定。

被告专利复审委员会答辩称：坚持其在第35948号决定中的意见，请求

法院驳回原告李某的诉讼请求，维持第 35948 号决定。

一审法院查明的事实

本案涉及名称为“一种地图的制作方法”的发明专利申请，申请人为李某，申请号为 20091008315×.3，申请日为 2009 年 5 月 6 日，公开日为 2009 年 9 月 23 日。

国家知识产权局于 2010 年 10 月 13 日驳回了本专利申请，其理由是该申请要求保护的“地图的制作方法”是根据使用者的实际出行需要，在地图上对目标点之间标示和方位标示进行人为设定，进而得出与目标地点临近的公交站点以及公交站点到目标站点之间步行的路径和文字说明，其实质是一种人为的规定，而不是利用自然规律的技术方案，属于《专利法》第 25 条第 1 款第 2 项所述的智力活动的规则和方法的范围，因而不能被授予专利权。

李某对上述驳回决定不服，于 2010 年 12 月 8 日向被告专利复审委员会提出了复审请求。

李某认为，本申请所述的地图制作方法不是根据使用者的实际出行需要制作，而是以客观存在的信息即中国领土上实际存在的建筑物、场地为依据，标示的方向是每个目标地点所对应的实际方向，实际方向为东、南、西、北之一。

被告专利复审委员会于 2011 年 9 月 23 日作出第 35948 号决定。

上述事实，有第 35948 号决定所针对的审查文本、第 35948 号决定、当事人当庭陈述等证据在案佐证。

一审法院判决理由与裁判结果

1. 关于本案法律适用的问题。于 2008 年 12 月 27 日修改的《专利法》(以下简称 2009 年《专利法》)已于 2009 年 10 月 1 日起施行，因此本案审理涉及 2001 年《专利法》(2000 年 8 月 25 日修正，2001 年 7 月 1 日施行)与 2009 年《专利法》之间的选择适用问题。《立法法》第 84 条规定，法律、行政法规、地方性法规、自治条例和单行条例、规章不溯及既往，但为了更好地保护公民、法人和其他组织的权利和利益而作的特别规定除外。国家知识产权局据此制定了《施行修改后的专利法的过渡办法》，该办法于 2009 年 10 月 1 日起施行。对于专利权是否授权的审查，根据该过渡办法，申请日在 2009 年 10 月 1 日前的专利申请以及根据该专利申请授予的专利权适用 2001 年《专利法》

的规定；申请日在2009年10月1日以后（含该日）的专利申请以及根据该专利申请授予的专利权适用2009年《专利法》的规定。本案属于专利授权行政纠纷，本专利的申请日在2009年10月1日前，因此依据《立法法》第84条的上述规定，并参照上述过渡办法的相关规定，本案应适用2001年《专利法》进行审理。

2. 经审查，本案争议的焦点在于本专利申请是否属于《专利法》第25条第1款第2项所规定的不能被授予专利权的情形。

《专利法》第25条第1款第2项规定，智力活动的规则和方法不授予专利权。智力活动的规则和方法，是指直接作用于人的思维，经过人的思维活动才能产生的结果，或者必须经过人的思维作为媒介才能间接作用于自然，而不是使用自然力，所以智力活动不具备技术特征，不能授予专利权。智力活动的规则和方法的特点是在使用时必须经过人脑的思考、判断。判断一项专利申请是否属于智力活动的规则和方法，应通过申请人所要求保护权利的权利要求所涉及的所有方案是否为技术方案，其实施是否依赖于人的智力活动来判断。

本案中，权利要求1请求保护一种“地图的制作方法”，其限定的方案是通过在地图上对目标地点、方位、路径以及公交站点进行标示、文字信息说明和经过此公交站点的公交线路进行列示的方法，使使用者在查看地图时能够知道其要查看的在中国领土上实际存在的任何建筑物和场地作为目标地点分别对应的实际方向，并且能够查看到达该目标地点的公交线路，使使用者具体知道应从哪个公交站点下车更便利，以及知道该如何从公交站点步行至目标地点，并有路径标示进行指导，从而能够将上述信息完整直观地呈现，克服现有地图信息量少的不足。也就是说，本专利申请是通过在地图上标注多种信息，使地图在使用起来更为方便，但是选择何种信息进行标注（如公交点的信息、公交线路的信息、如何从公交站步行到目标地点等），以及采用何种标示方式（如文字信息、带箭头的虚线等）并非利用了自然规律的技术方案，它实际上是一种人为的规定、设计，属于智力活动的规则和方法。至于在使用本专利制作地图的过程中，如何确定地图的使用者和使用者的实际需求的问题，本专利权利要求所述的“在制作地图的过程中要使其上有目标地点标示、方位标示、路径标示、文字信息说明、公交站点标示及经过此公交站点的公交线路列示”即为使用者的需求，不同的地图使用者可能对地图上的信息有不同需求，但上述对地图的设置加工均非利用自然规律的技术方案，其本质仍是一种人为的规定，属于智力活动的规则和方法。

同理，本专利从属权利要求 2~3 也属于智力活动的规则和方法。本专利申请属于《专利法》第 25 条第 1 款第 2 项所规定的不能被授予专利权的情形。

上诉主张及理由

上诉人李某主张：请求撤销原审判决。其理由为，专利复审委员会没有充分理由说明在运用本专利申请所述的制作方法制作地图的过程中，如何确定地图的使用者、如何确定地图使用者的实际出行需要。专利复审委员会关于本专利申请的实质是根据使用者的实际出行需要，在地图上进行人为的设定进而得出相关路径和文字说明，因而本专利申请属于智力活动的规则和方法的认定，只是一种主观意志的假设，缺乏证据支持，是明显不合理和没有说服力的。

被上诉人专利复审委员会抗辩：服从原审判决。

二审法院查明的事实

二审查明的事实与一审法院相同。

二审法院判决理由与裁判结果

2008 年修正的《专利法》自 2009 年 10 月 1 日起施行，而本专利申请的申请日在 2009 年 10 月 1 日之前，故本案的审理应适用 2000 年 8 月 25 日修正并于 2001 年 7 月 1 日实施的《专利法》。根据《专利法》第 25 条第 1 款第 2 项的规定，智力活动的规则和方法不授予专利权。智力活动的规则方法是指导人们进行思维、表述、判断和记忆的规则和方法。由于其没有采用技术手段或者利用自然规律，也未解决技术问题和产生技术效果，因而不构成技术方案。而《专利法》所称发明，是指对产品、方法或者其改进所提出的新的技术方案。故智力活动的规则和方法属于不能授予专利权的情形。

本案中，权利要求 1 所要求保护的地图制作方法，其限定的特征是在制作地图的过程中要使地图上有目标地点标示、方位标示、路径标示、文字信息说明、公交站点标示及经过此公交站点的公交线路标示，权利要求 1 同时对目标地点、方位、路径等需要在地图上标示的内容的具体含义进行了限定，但是，只有上述内容的标示是无法实现地图的实际使用功能的。如权利要求 1 中所述，“路径为始于目标地点的带箭头指向的虚线段”，但此种虚线段始于哪个目标地点、终于哪个目标地点，单纯依靠权利要求 1 限定的内容无法确定。不仅在地图的实际使用过程中，需要地图的使用者根据实际出行需要，对地图上标示的目标地点、公交线路等进行人为地选择设定，从而得出与目标地点临近的公交站点以及公交站点到目标地点之间步行的路径；而且，即使是在地图的制作过程中，亦需要人为地选择设定目标地点之间的路径，公交站点与目标地点是否“紧密临近”，进而公交线路的选择亦需人为判定。虽然地图上标示的内容可能是客观存在的，但地图的制作过程及其实际使用均需人为地选择设定，故权利要求1限定的内容的实现实质上是一种思维、判断活动，属于智力活动的规则和方法，并非利用自然规律的技术方案。同理，从属权利要求2、3亦属于智力活动的规则和方法，属于《专利法》第25条第1款第2项规定的不可授予专利权的客体。专利复审委员会第35948号决定和原审判决的相关认定正确，法院予以维持。李某的上诉理由不能成立，法院不予支持。

➲ 案例解析

本案是针对专利申请驳回而引发的诉讼。《专利法》第25条对不授予专利的情形进行了规定：科学发现；智力活动的规则和方法；疾病的诊断和治疗方法；动物和植物品种；原子核变换方法以及用原子核变换方法获得的物质；对平面印刷品的图案、色彩或者二者的结合作出的主要起标识作用的设计。智力活动指的是人的思维活动，需要以思维活动为基础，是经过推理、分析等综合产生的结果。而智力活动的规则和方法是对人们思维、分析、表述、判断进行指导的规则和方法，没有采用技术手段或利用自然规律，也没有解决技术问题并产生技术效果，[①] 所以不构成技术方案。智力活动的规则和方法不属于《专利法》规定的发明创造，又符合《专利法》不予保护的情形，因而不能对其授予专利。

一、关于智力活动的规则和方法

从专利法对智力活动的规则和方法的定义可以得出，智力活动的本质特性在于主观性或抽象性。主观性是指思维活动需要人作为主体通过自身的主观思维实现；抽象性体现在其结果是由思维活动产生的，并不是具化的事物。因此，智力活动所产生的规则和方法也具有较高的主观性和抽象性，这也是排除其作为专利保护客体的原因。对于主观性的部分，不能授予的原因在于专利法保护的是对客观世界的改造成果，不能将其用于禁锢人的思想；而对抽象性的

---

① 参见叶剑：《科技企业专利申请策略浅谈》，载《科技创新导报》2018年1月21日。

内容提供专利保护将会扩大对专利申请人的保护，阻碍技术的创新。[①]

在权利要求中，智力活动的规则和方法的表现形式通常有两种：一是主题名称即为智力活动的规则和方法；二是除主题名称之外，特征均为智力活动的规则和方法。但就第一种情况而言，还会存在两种情景：一是主题与限定的内容都为智力活动的规则和方法；二是主题是智力活动的规则和方法，其限定的内容则不都是智力活动的规则和方法。对于情景二，目前理论界还存在较大争议。[②]

在判定专利申请是否属于智力活动的规则和方法时，对不同的智力活动产生的规则进行区分十分重要。一种是在大脑思维过程中形成规则，既解决了问题，又得到了效果；另一种是在大脑的思维之中形成规则，既解决了技术问题，又得到了技术效果。显然，前者是智力活动规则，不是产品、方法。而后者所形成的是产品或方法的发明创造。因此，无论是不是发明创造都离不开智力活动，只是需要区分智力活动所指向的是“问题”还是“技术问题”，以及是否包括技术特征、技术效果等。

因此，在专利申请中，最重要的是需要明确智力活动形成的规则和方法是哪一类型，而不是是否存在智力活动。在判断是否为智力活动形成的规则和方法时，需要注意避免以下两种情况：一是将完成的发明创造视为智力活动的规则和方法，二是将智力活动都视为发明创造。相较而言，第二种情况更易出现。因为技术完成后往往将其投入应用，而应用的外在表现需要借助技术。专利本质上是对技术的保护，因此需要对“技术问题”和“技术效果”进行判定。[③]

二、对《专利法》第25条关于智力活动的规则和方法规定的分析

《专利法》第2条与第25条共同构成对专利法所保护的“发明创造”的概念内涵与外延。专利法需要对“发明创造”进行定义，但不需要对不属于专利法的保护对象，如商标、作品进行定义。可以进一步思考的是，《专利法》第25条规定的意义何在？专利法规定的“发明创造”及其包含的技术等都属于抽象概念，难以用正面定义界定，故需要借助排除法限定。包括我国在内的大多数国家都采取相同方式排除。由此，我们可以从发明创造的本质来判断何

---

① 参见刘强：《人工智能算法发明可专利性问题研究》，载《时代法学》2019年第4期。

② 参见马勇平：《从客体角度分析涉及算法流程的权利要求的撰写》，载《河南科技》2020年第9期。

③ 参见戴巨龙、赵蕊、王志强：《智力活动的规则与产品、方法的关系》，载《企业改革与管理》2014年第16期。

种情形构成智力活动的规则和方法。

《专利审查指南》具体规定了当判断专利申请是否涉及智力活动的规则和方法时应遵循的原则：如果一项权利要求仅仅涉及智力活动的规则和方法，则不应当被授予专利权。该条的“仅仅”可以理解为权利要求书中的全部内容都为智力活动的规则和方法，还可以理解为“单纯由智力活动的规则和方法构成的权利要求”。

因此，如果方案中仅包含智力活动的规则和方法，在确定该规则或方法没有技术特征后，即能确定其不属于专利保护的对象。如上文所述，如果具有技术特征，则其仍可被认定为发明创造。

综上所述，对智力活动的规则和方法的判断需要从以下两个方面进行：

第一，含有社会、人文属性的非技术问题是比较容易区分的。但是对于某些看似带有技术属性的问题，则需要准确区分。纯粹计算方式的改变，如数学运算规则的改进，虽然也提升了计算速度，但这实际上是数学问题。金融规则的改进，即使带来了效率的提升，但实际上是商业问题。因此，不能仅靠效率高、运算速度快等认定其为技术问题，而应当深究其实质含义，准确区分其究竟是技术问题，还是纯数学或商业问题。只有透过表面深究其本质，才能对问题是否具有技术属性进行准确划分。

第二，判断权利要求中的技术特征是否解决了申请文件中的技术问题。权利要求中存在一些常规的技术实现手段，并非解决问题的技术手段。换句话说，这些手段不是发明创造所需要的技术性贡献，是“假技术手段”。因此，如果专利申请中仅存在此类技术手段，实质上仍不符合专利保护客体的要求。例如，使用计算机实现方式来运行算法或制定商业规则等，即使计算机的实现是技术特征，但是并非解决了一个技术问题，所以专利法将其排除在保护范围之外。

对于技术问题而言，实际上是申请文件中发明所需要解决的技术问题。仅当技术特征的划分完成时，才能将划分出来的技术特征用于与最接近的现有技术进行比较，然后由本文件中的区别技术特征确定要解决的技术问题。通过上述分析，基于技术问题，将智力活动的规则和方法的特征与技术特征相关联，实际上是基于问题的技术属性，找到应具有相同属性的解决方案。这里的关系实际上是问题和解决方案之间的关系。作为申请文件中要解决的技术问题，其与解决问题的手段之间的关系自然会满足问题与解决问题的手段之间的关系。此外，如果在申请文件中记录了特定的技术效果，即使它并没有声称要解决技术问题，但是是通过共同实施智力活动的规则和方法的特征和技术特征共同实现的，那么也具有解决问题与手段之间的关联关系。当将“技术问题”用作划分技术特征的标准时，“技术问题”是要求解决的技术问题。换句话说，申请文件中“发明内容”的最开始至结尾处所需要解决的技术问题，也可以是特定技术效果或特定实施方式具体解决的技术问题。

具体到本案，李某的专利申请涉及的是一种地图的制作方法，该方案会在地图上标记所需的位置、路线和公交车站，即所有用户在查看地图时希望看到的内容。对于与目的地相对应的实际方向，可以通过使用在中国境内实际存在的建筑物和站点来检查到达目的地的公交路线，这样就可以知道要在哪个公交车站下车以及如何下车后到达目的地，从而克服现有地图上信息的不足。然而，该生产方法的本质是基于用户的实际运动需要在地图上人为地设置期望的位置和方向，获得接近期望位置，或与期望位置之间的公共汽车站，或以走路方式到达期望地址。这实际上是一种人为的选择，需要根据使用人的需要，通过地图上标识的各种信息进行选择，实质上并不是利用自然规律实现的技术方案，而是《专利法》第25条第1款第2项所规定的智力活动的规则和方法，不属于专利法保护的客体范围。

三、对涉及智力活动的规则和方法的专利文件的撰写要点及建议

（一）对权利要求和说明书的撰写分析

权利要求书指的是“发明人要求享有独占实施权的技术范围表述”①。权利要求就是具体的技术要求，就分类而言，既可以分为独立权利要求和从属权利要求，也可以分为产品权利要求和方法权利要求。专利申请文件只有符合要求，才能通过初步审查。而说明书是“专利申请案的关键组成部分，是最重要的申请文件之一。说明书的目的是充分公开发明，对发明的技术方案作出清楚、完整的说明，基本要求是让本技术领域的技术人员能够依据说明书实现本发明”。②

《专利审查指南》对权利要求书的撰写作出了规定，强调应记载技术特征以及存在功能上相互支持、相互作用的特征。例如，专利申请人如欲保护其商业或计算类的方法，就必须体现其特有的特征。

此外，权利要求书的依据为说明书，即说明书为权利要求书的支持文件，权利要求书要求保护的技术特征不能超过说明书记载的内容。

---

① 冯晓青主编：《知识产权法》（第4版），中国政法大学出版社2024年版，第333页。

② 冯晓青主编：《知识产权法》（第4版），中国政法大学出版社2024年版，第332页。

（二）相关文件撰写建议

首先，明确技术问题的技术属性。说明书和权利要求书中的技术问题需要技术上的明确定义，以避免所述的“本发明要解决的问题”明显不属于技术问题的情况。例如，与人文而非技术属性相关的商业或社会问题，不是发明要解决的问题。“本发明要解决的问题”应当是具有显著技术属性的技术问题，而非看似技术问题的非技术问题。一方面，必须明确所谓的“显著技术属性”，以避免过于抽象；另一方面，需要确保技术属性与客观现实相对应，特别需要注意区分表象的技术问题和实际的技术问题，不能仅因技术表达的存在就将其视为技术问题。例如，“计算速度”或“效率”等技术表达，若所谓的快速计算速度是由数学算法引起，或者效率提升是通过改进商业规则而实现，这些问题便不是技术问题，本质上是数学或商业问题。在确定一个问题是否具有技术属性时，可以从解决方案属性中探究已解决问题的根本属性，以便确定该问题是否为技术问题。

其次，对技术问题进行全面描述。根据前述分析，在确定智力活动的规则和方法及技术特征能否形成整体技术特征时，除探究申请文件中所解决的技术问题外，还需关注申请文件中描述的有益效果，这亦可作为判断“技术问题”的重要依据。因此，在撰写过程中，不应仅集中于说明书“发明内容”中要求解决问题的技术描述，而应全面关注说明书的每个部分，特别是每个具体实施部分，尽可能地解释各种功能所能实现的技术效果。尤其是将技术功能与智力活动规则和方法的功能结合时，这些技术效果被认为是这些功能解决的技术问题，即这些功能组合在一起形成整体技术功能。

最后，将重点放在对“相互联系”的描述之上。在说明书中，对用于实现方案的手段的描述，不能仅描述这两种类型的特征，而是应当将智力活动规则和方法的特征与技术特征相关联，对其如何相互关联给出特殊的解释和说明。当然，该解释应结合前文所述的技术特征划分标准。例如，关于算法的特性，需要通过关注算法之间的依赖性和因果关系，以及解决的技术问题来描述解决方案要解决的技术问题。通过这种关系，智力活动的规则和方法特征与技术特征得以关联。因此，在撰写过程中，应当解释规范的算法特征，以及如何使用算法特征解决规范中的技术问题。再如，关于商业方法的特性，应当陈述用于实现商业方法的技术要求，即用于在商业环境中构造技术问题并解决该技术问题的技术要求。这些特征形成的商业环境描述了技术问题的技术解决方案。应当注意的是，在商业方法专利申请的描述中，商业方法功能和技术功能的描述应有主次之分。商业方法的功能描述旨在确保描述的方案应用环境的完整性，说明书中描述的重点仍是解决技术问题的技术特征。申请文件的说明应始终从技术角度进行，只是从该角度出发的背景环境为商业环境。

上述所有建议实质上是对技术方案中的技术问题进行描述。如果申请文件中不存在技术性贡献，就不符合发明创造的可专利性要求。然而，只要具有技术性贡献，即以技术手段解决了技术问题并获得了技术效果，就属于专利保护范围。因此，若探索出此种方案，可以进行专利申请。当然，也需要避免撰写失误，以免导致专利申请人丧失本应取得的权利。

四、结论

《专利法》第 25 条对不授予专利的情形进行了规定。基于专利制度鼓励技术创新的宗旨，智力活动的规则和方法不属于专利保护客体。需要注意的是，判断一项专利申请是否属于智力活动的规则或方法时，应审查申请人要求保护的权利要求所涉及的所有方案是否为技术方案，是否依赖于人的智力活动来实施。具体到本案，所涉及的专利申请是一种地图的制作方法，需要使用者在地图上人为设置期望的位置和方向，以达到期望地址。其本质上不是一种技术方案，属于智力活动的规则和方法，不应被授予专利权。此外，申请人在撰写申请文件时，要明确其技术问题的技术属性，全面描述技术问题，并将智力活动的规则和方法的特征与技术特征关联。当智力活动的规则或方法与某种技术深度融合形成新的技术方案时，仍可能获得专利权。这也展现了专利制度在技术创新与公共利益之间实现利益平衡的智慧。

专利中对疾病的诊断和治疗方法的认定

——冯某与国家知识产权局专利复审委员会发明专利复审行政纠纷案

/ 廖小梅

本案要旨

在对专利申请进行审查时，首先要确定该申请是否属于专利的保护范围。根据《专利法》第25条的规定，疾病的诊断和治疗方法不可授予专利权，不属于专利法保护的范围之内。疾病的诊断和治疗方法的判定需要满足以下两个条件：一是以有生命的动物或人体为对象，二是其直接目的是获得疾病的诊断结果和健康状况。将疾病的诊断和治疗方法排除在专利保护客体之外，一方面是出于人道主义和社会伦理的需要，另一方面是因为对象为有生命的人类或动物，无法实现量化生产，不符合专利法的立法目的，因而无法适用专利法进行保护。

案件信息

上诉人（一审原告）：冯某

被上诉人（一审被告）：国家知识产权局专利复审委员会

案号：北京市第一中级人民法院（2011）一中知行初字第1248号、北京市高级人民法院（2012）高行终字第81号

原被告主张及理由

原告冯某诉称：诉争专利应被授予专利权。理由包括：（1）该申请不属于疾病的诊断和治疗的方法，权利要求1是以临床医学上各种检测或化验结果为对象的，且不是以获得疾病诊断结果或健康状况为直接目的。（2）权利要求1所处理的测量数据只是一种中间结果。综上，国家知识产权局专利复审委员会（以下简称专利复审委员会）在第28317号决定中认定事实有误，适用法律

错误，冯某请求法院撤销第28317号决定。

被告专利复审委员会在提交的书面答辩中坚持其在第28317号决定中阐述的理由，认为其在第28317号决定中认定事实清楚、适用法律正确，冯某的诉讼请求不能成立，请求人民法院维持该决定。

➲ 法院查明的事实

本申请系申请号为200710061850.×，名称为“将临床医学上各种检测或化验结果的正常范围参考值及其实际测量值统一标化的方法”的发明专利申请，申请人为冯某，申请日为2007年5月9日，公开日为2007年11月7日。

经实质审查，国家知识产权局原审查部门于2009年4月3日作出驳回决定，驳回了本申请，其理由是：（1）权利要求1请求保护将临床医学上各种检测或化验结果的正常范围参考值及其实际测量值统一标化的方法，该标化值计算方法都基于人为制定的规则，并按照所制定的规则来进行数据处理，不受自然规律的约束，因而未利用相应的技术手段，取得的也不是符合自然规律的技术效果。因此，权利要求1的方案不属于《专利法实施细则》第2条第1款规定的技术方案。（2）权利要求2是权利要求1的从属权利要求，其对各种正常范围参考值作进一步限定，这些限定的内容都是基于人为制定的规则，而非受自然规律约束的技术手段，因而权利要求2的方案也不属于《专利法实施细则》第2条第1款规定的技术方案。

冯某对上述驳回决定不服，于2009年7月17日向专利复审委员会提出了复审请求，但未对申请文件进行修改。经形式审查合格，专利复审委员会于2009年10月29日依法受理了该复审请求，并将其转送至原审查部门进行前置审查。原审查部门在前置审查意见书中坚持原驳回决定。

专利复审委员会于2010年9月17日向冯某发出复审通知书，该复审通知书所针对的文本与驳回决定所针对的文本相同。

冯某于2010年11月9日提交了意见陈述书，同时提交了权利要求书修改替换页。

冯某认为，修改后的权利要求1不属于进行识别、确定或消除病因或病灶的过程，不属于疾病的诊断方法。本申请并不涉及检测过程本身，并未改变原有数据的属性。权利要求1的“直接目的”不是获得健康状况，而是对检测结果的一种处理，以便普通人能够看懂。

2010年11月29日，专利复审委员会作出第28317号决定。

一审法院判决理由与裁判结果

一、关于本案的法律适用

于2008年12月27日修改、2009年10月1日起施行的《专利法》第25条规定，对疾病的诊断和治疗方法，不授予专利权。该规定与修改前的《专利法》的相关规定一致。

2010年2月1日起施行的《专利审查指南》第二部分第一章第4.3.1.1节指出：一项与疾病诊断有关的方法如果同时满足以下两个条件，则属于疾病的诊断方法，不能被授予专利权：（1）以有生命的人体或动物体为对象；（2）以获得疾病诊断结果或健康状况为直接目的。《专利审查指南》该部分同时指出：如果请求专利保护的方法中包括诊断步骤或者虽未包括诊断步骤但包括检测步骤，而根据现有技术中的医学知识和该专利申请公开的内容，只要知晓所说的诊断或者检测信息，就能够直接获得疾病的诊断结果或者健康状况，则该方法满足上述条件（2）。上述规定同修改前的《专利审查指南》的相关规定也没有变化。

由于修改前和修改后的《专利法》及《专利审查指南》的相关规定并无变化，故尽管本申请的申请日为2007年5月9日，早于修改后的《专利法》和《专利审查指南》的施行日期，但对本案的法律适用并未产生影响。

二、关于本案中的专利申请是否属于《专利法》第25条第1款第3项规定的“疾病的诊断和治疗方法”

本案中，权利要求1要求保护一种将临床医学上各种检测或化验结果的正常范围参考值及其实际测量值统一标化的方法，其主要内容是读取或采集实际测量值，并将其标化，将其与临床医学上各种检测或化验结果的正常范围参考值的标化值进行比较，从而得出该特定个体获得其健康状况的概率。首先，该申请权利要求书虽然没有直接限定针对有生命的人的检测步骤，而是“以临床医学上各种检测或化验结果为对象”，但是，上述各种检测或化验结果显然是以有生命的人为检测对象获得的，换言之，其所述统一标化的方法必然包含对有生命的人为对象的检测过程。其次，疾病诊断是一个广泛的概念，包括对个体的健康状况、亚健康状况、疾病状况的诊断，并不一定要针对患病的个体进行。而该申请所述统一标化的方法的目的是获得个体健康状况概率，获知个体罹患各种疾病的潜在可能性，故该申请检测的直接目的是获得个体的健康状况。因此，该申请所述方法符合《专利审查指南》第二部分第一章第4.3.1.1

节规定的判断是否属于疾病的诊断方法的两个条件。

此外，冯某认为，对于某一病灶的确定，需要利用丰富的专业医疗知识并进行更多的检测工作才能识别出具体的病理类型，因此权利要求 1 的技术方案所述数据处理的目的和结果只是获得中间结果，不能直接得出诊断结果。对此法院认为，根据现有技术中的医学知识和该专利申请公开的内容，只要知晓该申请中获得的检测信息，就能够直接获得生物个体的健康状况及其患病风险度，因此该申请中获得的信息不属于中间信息，据此能够直接得出诊断结果。法院判决维持被告专利复审委员会作出的第 28317 号无效宣告请求审查决定。

上诉主张及理由

冯某向法院提起上诉，请求撤销原审判决。其主要理由为：首先，原审判决适用法律错误。该申请的直接目的不是获得诊断结果或健康状况，该申请应属于《专利审查指南》第二部分第一章第 4.3.1.2 节所指不属于诊断方法的发明；其次，该申请符合专利法的宗旨。该申请是涉及计算机程序的发明，是属于处理中间数字信息的方法。

专利复审委员会服从原审判决。

二审法院判决理由与裁判结果

二审法院认为，于 2008 年 12 月 27 日修改、2009 年 10 月 1 日起施行的《专利法》第 25 条规定，对疾病的诊断和治疗方法，不授予专利权。2006 年 7 月 1 日起施行的《专利审查指南》第二部分第一章第 4.3.1.1 节载明：一项与疾病诊断有关的方法如果同时满足以下两个条件，则属于疾病的诊断方法，不能被授予专利权：（1）以有生命的人体或动物体为对象；（2）以获得疾病诊断结果或健康状况为直接目的。《专利审查指南》该部分同时指出，如果请求专利保护的方法中包括了诊断步骤或者虽未包括诊断步骤但包括检测步骤，而根据现有技术中的医学知识和该专利申请公开的内容，只要知晓所说的诊断或者检测信息，就能够直接获得疾病的诊断结果或者健康状况，则该方法满足上述条件（2）。第 4.3.1.2 节载明：不属于诊断方法的例子：（1）……（2）直接目的不是获得诊断结果或健康状况，而是从活的人体或动物体获取作为中间结果的信息的方法，或处理该信息的方法；（3）直接目的不是获得诊断结果或健康状况，而只是对已经脱离人体或动物体的组织、体液或排泄物进行处理或检测以获取作为中间结果的信息方法，或处理该信息的方法。《专利审查指南》该部分同时指出，只有当根据现有技术中的医学知识和该专利申请公开的内容从所获得的信息本身不能够直接得出疾病的诊断结果或健康状况时，这些信息才能被认为是中间结果。由于修改前和修改后的《专利法》的相关规定并无变化，故本案可以适用修改后的《专利法》的相关规定。

该申请权利要求 1 要求保护一种将临床医学上各种检测或化验结果的正常范围参考值及其实际测量值统一标化的方法，其主要内容是读取或采集实际测量值，并将其标化，将其与临床医学上各种检测或化验结果的正常范围参考值的标化值进行比较，从而得出该特定个体获得其健康状况的概率。首先，该申请权利要求书虽然没有直接限定针对有生命的人的检测步骤，而是“以临床医学上各种检测或化验结果为对象”，但是，上述各种检测或化验结果是以有生命的人为检测对象获得的。换言之，其所述统一标化的方法必然包含对有生命的人为对象的检测过程。其次，疾病诊断是一个广泛的概念，包括对个体的健康状况、亚健康状况、疾病状况的诊断，并不一定要针对患病的个体进行。该申请所述统一标化的方法的目的是获得个体健康状况概率，获知个体罹患各种疾病的潜在可能性，故该申请检测的直接目的是获得个体的健康状况。因此，该申请所述方法符合《专利审查指南》第二部分第一章第 4.3.1.1 节所指的判断是否属于疾病的诊断方法的两个条件。最后，不属于诊断方法的发明须满足“只有当根据现有技术中的医学知识和该专利申请公开的内容从所获得的信息本身不能够直接得出疾病的诊断结果或健康状况时，这些信息才能被认为是中间结果”的条件。由于只要知晓该申请中获得的检测信息，就能够直接获得生物个体的健康状况及其患病风险度的情形，即该申请检测的直接目的是获得个体的健康状况，而不属于中间信息。因此，该申请不属于《专利审查指南》第二部分第一章第 4.3.1.2 节第 2 项、第 3 项所指的情形。冯某所持本申请权利要求 1 所述数据处理的目的和结果只是获得中间数据信息处理的结果，不能直接得出诊断结果的主张不能成立，法院不予支持。

综上，冯某的上诉理由均不能成立，其上诉请求法院不予支持。原审判决认定事实清楚，适用法律正确，应予维持。

➲ 案例解析

本案是针对专利申请驳回而引发的诉讼。根据《专利法》第 25 条规定，不授予专利的情形包括：科学发现；智力活动的规则和方法；疾病的诊断和治疗方法；动物和植物品种；原子核变换方法以及用原子核变换方法获得的物质；对平面印刷品的图案、色彩或者二者的结合作出的主要起标识作用的设计。本案拟申请专利属于“疾病的诊断和治疗方法”，因此不受专利保护。

一、疾病的诊断和治疗方法概述

专利权客体即专利法所保护的发明创造。“发明创造”一词既有技术范畴的概念，也有法律范畴的概念，因此专利权客体需要满足技术上的规定，也要符合法律上的规定。一般而言，专利客体需要满足以下条件：一是属于技术范畴，能够利用自然规律解决技术问题，人为的规定、非技术性的发明创造不是专利权保护的客体；二是能够再现和可实施，专利需要进行应用和使用，不能只是巧合性的成果，要能够再次稳定呈现，不是停留在美好愿望的表达；三是不能违反国家相关法律法规、社会公德或者损害公共利益；四是具备可专利性，即需要满足新颖性、创造性和实用性。

《专利审查指南》第二部分第一章第 4.3 节规定了疾病的诊断和治疗方法，是指“以有生命的人体或者动物体为直接实施对象，进行识别、确定或消除病因或病灶的过程”。再进一步来说，如果一项发明的对象从表面上看是离体样品，但直接目的是获得该主体疾病诊断结果或健康状况，那么该专利申请不能获得专利保护。

《专利审查指南》中进一步解释“对象”对应的是该方法所述的技术方案的直接实施对象，而不是结果对象，或者是诊断方法实施后获取的信息所用于的对象。在确定疾病诊断方法考虑对象时，不能将对象扩展到结果或者作用对象，不能在看具体方法步骤的操作时考虑操作的目的性，需要单纯地考虑操作步骤本身所针对的对象。关于疾病诊断方法的对象，实际上是在实施该方法时不经过中间事物的情况下作用的人体或动物体。另外，《专利审查指南》中详细提供了示例性解释，如常用的方法包括 X 射线诊断、超声诊断和脉冲诊断。这些方法既对人体或动物体具有明显而直接的影响，又强调了在人体或动物体中直接实施该方法的步骤。《专利审查指南》规定了中间结果信息的获取或处理方法，如果直接目的不是获取诊断结果或健康状况，则不是诊断方法的发明。如果中间结果信息的获取或处理方法能够获取诊断结果或健康状况，就不能认定其属于诊断方法的发明。对于疾病诊断方法的认定，还需要严格按照《专利审查指南》中规定的对象和目的作为两个判断的必要条件，不能忽略对象的重要性，将对象的判断严格界定在方法对应步骤直接应用到人体或者动物体的判断标准，这样才能给予客观的、明确的界定。

我国《专利法》不保护疾病的诊断和治疗方法，主要是基于以下考虑：

一是基于人道主义精神。医生在诊断和治疗的整个过程中选择各项方法应具有高度自由。在患者生命危在旦夕时，不应因专利的独占性而使其无法得到及时救治，否则会侵犯人权、健康权。二是基于实用性要求。实施对象是有生命力的人或动物，且实施者也是具有主观性的人，患者的个体差异、医护人员的知识储备、客观环境的差异等因素都会导致整个适用过程具有极大的差异性。因此，治疗手段的可再现性差，其稳定性不能实现，难以在工业上应用。三是基于政策考量。基于我国国情，对涉及疾病的诊断和治疗方法的专利申请，需采取谨慎态度。①

二、域外对疾病的诊断和治疗方法的规定

世界贸易组织《与贸易有关的知识产权协定》第 27 条第 3 款规定，允许成员排除诊治人类或动物的诊断方法、治疗方法以及外科手术方法等作为专利保护客体。

美国在发明人保护方面规定得比较完善，注重对发明创造的鼓励。对于疾病的治疗方法，美国专利法不禁止专利申请，但是限制权利人对医疗方法专利的实施，为医疗专业人员在发生医疗专利侵权时提供了例外，即拒绝为相关侵权提供救济措施，从而使权利因无可实施性而实际上没有意义。对于疾病的诊断方法，美国专利法认为其是自然规律，不授予专利保护。但由于诊断方法和治疗方法界限不分明，申请人存在为了获得专利，将诊断方法描述为治疗方法的情况。

《欧洲专利公约》第 52 条第 4 款规定，专利不包括外科、治疗和诊断方法。因为这些不符合工业产权实用性的要求，所以不能获得保护，但是对于体外诊断方法以及美容手术或疗法可以申请专利。这与日本专利法的规定基本一致。

1970 年《印度专利法》第 3 条规定，对人体进行医学、外科、治愈、预防或其他治疗的过程不能获得专利。随着专利修正案的出台，植物的处理方法也可以受到专利保护，但是诊断和治疗方法仍然不受专利保护。

加拿大在其法律中没有将医疗程序排除在专利客体范围之外，但是在实践中禁止将治疗方法申请为专利，尤其是诊断方法的专利。

大多数国家或地区排除了医疗程序的可保护性，但与世界大部分规定相反的是澳大利亚的规定，其并未将医疗方法排除出专利保护范围。联邦法院通

---

① 参见刘华楠、张嫒嫒：《疾病诊断方法判定的探讨》，载《中国发明与专利》2018 年第 12 期。

过裁判认定医学方法可以得到保护，特别是需要辅以药物的治疗方法，但是仍未确定纯医学程序的可保护性。允许授权的国家一般审查程序较严格，实际获批的专利数量较少。此外，该项规定对专利权人的义务要求较高，难以实现完全监控，容易发生侵权。

三、现有的判定方法

有学者对疾病的诊断和治疗方法进行了梳理，总结为以下三种判断办法。①

（一）申请公开信息的程度

可以根据专利申请文件中的公开信息来判断其是否属于疾病的诊断和治疗方法。

第一，如果申请文件中明确指出解决方案获得的结果可用于诊断、治疗，则此类检测结果用于诊断或治疗形成了一个整体，不能分割。此时，应认定通过本发明的解决方案获得的结果是诊断结果。第二，如果在说明书和现有技术背景中记载了潜在诊断、治疗方法的应用，则有必要进一步确认在本发明实施之后获得的结果是否主要用于诊断、治疗目的。如果用于诊断、治疗目的，则被视为对疾病的诊断和治疗方法。第三，如果该申请文件并没有说明检测结果可用于诊断、治疗，则必须结合现有技术来确定本发明获得的结果是否与疾病相关。如果方案的结果不限于诊断、治疗特定疾病，则不宜将其认定为诊断、治疗疾病的方法。

（二）发明实质

以该发明是不是诊断规则或治疗规则的改进进行判断。诊断规则是医护人员在具体诊断疾病本质与临床表现之间所依据的方法，治疗规则是指通过干预或改变以达到健康状态的方法。若专利申请实质上在于保护诊断和治疗方法，就认为其目的是得到诊断结果或恢复健康状态，满足了法律对疾病的诊断和治疗方法的规定，不能得到专利法的保护。但当专利申请的本质是对检测技术的改进时，则不属于疾病的诊断和治疗方法，因为其直接目的不是获得疾病诊断结果或健康状态，而是注重对技术的创新和改进。

（三）以检测信息与疾病的关联程度进行判断

这需要由具有医学知识的专业人员来判断申请文件中所描述的是否为疾病的诊断和治疗方法，同时要对医学知识进行限定，一般认为是社会公众所能

① 刘华楠、张媛媛：《疾病诊断方法判定的探讨》，载《中国发明与专利》2018 年第 12 期。

掌握的医学常识。第三种方法更为大众所认同，但目前还没有规定具体统一的判断方法，容易形成主观上的差异。

技术方案实际上是对检测手段的改善，只涉及检测的内容，且得出的结果独立于特定疾病的指征，则可以获得专利授权。《专利审查指南》将疾病的诊断结果扩大至健康状况，但应对其进行限制，不能将人体或动物体的任何变化都视为健康状态的表现，否则将过于扩大化这一概念。

审查专利时，第一，应以本领域技术人员为判断主体。这要求本领域技术人员一方面具有知悉并能使用申请日前的一般技术知识解决相关技术问题的能力，另一方面要求其不能像医生一样具有主观性，不能基于积累的丰富经验和知识进行特定对象病情的诊断。第二，申请文件和现有技术为疾病的诊断和治疗方法的判定依据。本领域技术人员将结合申请文件和现有技术进行综合判断，如果检测结果与疾病诊断、治疗目的相关联，就不符合专利法的保护要求。如果只能依靠医生的经验和知识来判断其检测结果，则为中间信息，不属于疾病的诊断、治疗目的，可能属于专利法的保护内容。

随着技术的发展，医学领域改革和创新的技术方案主要体现在使图像、检测结果等更加精确，分析更加智能化、自动化等方面。这些图像、检测结果、分析等所得到的可能是某一疾病的特征，这就给这种技术方案受到专利法保护造成了阻碍。从目的和对象二者来讲，不能因为有可能用于诊断，就认定其为疾病诊断或治疗方法。实际上，单纯从对象因素来讲，处理的对象不是人体或者动物体，而是数据图像或者历史数据图像，就不需要考虑目的，单纯考虑对象条件，应被认定为不属于疾病诊断方法的发明。①

四、结论

现行《专利法》第25条规定，对疾病的诊断和治疗方法，不授予专利权。《专利审查指南》第二部分第一章第4.3节规定了疾病的诊断和治疗方法，是指以有生命的人体或动物体为直接实施对象，进行识别、确定或消除病因或病灶的过程。因此，在对疾病的诊断和治疗方法判定中需要根据相关法律法规规定，仔细辨别对象和目的要件。

结合本案，该申请权利要求1要求保护一种将临床医学上各种检测或化验结果的正常范围参考值及其实际测量值统一标化的方法，其主要内容是读取或采集实际测量值，并将其标化，将其与临床医学上各种检测或化验结果的

---

① 参见刘华楠、张媛媛:《疾病诊断方法判定的探讨》，载《中国发明与专利》2018年第12期。

正常范围参考值的标化值进行比较，从而得出该特定个体获得其健康状况的概率。该申请符合疾病的诊断方法的两个条件，不应授予专利权：第一，虽然没有直接限定有生命的人的检测步骤，但各种检测或化验结果是以有生命的人为检测对象获得的。第二，疾病诊断是一个广泛的概念，并不一定要针对患病的个体进行，但该申请检测的直接目的是获得个体的健康状况。

“受孕方法”的专利授权认定

——丁某诉中国专利局专利复审委员会生育方法发明专利申请确权案

/ 欧阳川子

本案要旨

根据我国《专利法》第25条的规定，疾病的诊断和治疗方法不能被授予专利权。疾病的诊断和治疗方法可以广义理解为以有生命的人体或者动物体为直接实施对象，进行识别、确定或消除病因或病灶的过程。本案中所争议的受孕方法具有人类的生理学特点，同样应属于疾病诊断、治疗方法的范围。丁某抗辩称其申请揭示的内容属于规律，是调查分析、仿生学和植物制种原理等的总结。若从基本原理和规律性总结的层面审视，其申请内容应归类于《专利法》第25条所界定的科学发现范畴，因此，同样不符合授予专利权的条件。

案件信息

上诉人（一审原告）：丁某

被上诉人（一审被告）：中国专利局专利复审委员会

案号：北京市第一中级人民法院（1998）一中知初字第39号、北京市高级人民法院（1998）高知终字第68号

上诉主张及理由

上诉人丁某主张：（1）《专利审查指南》所指的人类或动物的受孕、避孕以及胚胎移植的方法属于对疾病的诊断与治疗，被视为不授予专利权的情况，是指极少数患有疾病或久婚不孕的夫妻，想达到受孕须采取诊断与治疗或胚胎移植的方法，而其发明是为广大有生育能力的健康夫妻提供选择怀男孩或女孩的正常受孕方法，不需要医生的诊断与治疗。不应把正常的受孕推断为疾病的诊断与治疗的范围。（2）根据《行政诉讼法》的规定，被上诉人负有举证责

任，本案应由中国专利局专利复审委员会（以下简称专利复审委）提供其作出该行政行为的证据和所依据的规范性文件。（3）我的专利申请的主题是“科学计划生育”，而不是人类的受孕方法。（4）《专利审查指南》不是法律和法规，不符合实际的地方应当修改和补充，但科学道理是更改不了的。故请求二审法院撤销原审判决，依法作出公正裁判。

法院查明的事实

1993 年 7 月 5 日，丁某向中国专利局提出名称为“科学计划生育”的发明专利申请，申请号为 931079×2。

1993 年 10 月 13 日，专利局发出审查意见通知书，认为该专利申请是一种人类的受孕方法，属于《专利法》第 25 条第 1 款第 3 项规定的疾病的诊断和治疗方法的范围，不能被授予专利权。

1993 年 11 月 18 日，丁某针对专利局的审查意见，提交了陈述意见信件及补正书。

1994 年 3 月 19 日，专利局作出驳回决定，认为丁某提交的陈述意见信件及补正书未能克服上述实质性缺陷，违反了《专利法》第 25 条第 1 款第 3 项的规定，该申请的技术方案不能被授予专利权。

1994 年 4 月 26 日，丁某对专利局的驳回决定不服并向专利复审委提出复审请求。

1996 年 2 月 1 日，专利复审委向丁某发出复审通知书，认为丁某的复审理由不能成立，该申请显然属于“疾病的诊断和治疗方法”之范围。

1998 年 1 月 14 日专利复审委作出第 868 号复审决定，认为该专利申请的主题是一种受孕方法。根据《专利法》第 25 条第 1 款第 3 项“疾病的诊断和治疗方法”不授予专利权的规定，驳回丁某针对 931079×2 号发明专利申请提出的复审请求，维持专利局的驳回决定。

1998 年 4 月 1 日，丁某不服第 868 号复审决定，并向北京市第一中级人民法院起诉，请求撤销专利复审委第 868 号复审决定。

法院判决理由与裁判结果

北京市第一中级人民法院审理认为，本案的争议焦点为涉案专利中提到的生男生女的受孕方法是否属于疾病的诊断、治疗方法。《专利法》第 25 条第 1 款第 3 项规定，疾病的诊断和治疗方法不授予专利权。《专利审查指南》第二部分第一章第3.3节规定，人类或动物的受孕、避孕以及胚胎移植的方法被视为不授予专利权的疾病诊断和治疗方法。

一项发明的主题应根据专利申请的权利要求书和说明书的内容确定。按照丁某专利申请的权利要求书及说明书的内容，应确认该专利申请的主题为人类的受孕方法，即根据夫妻双方的生理状况，按照特定的时间、要求达到生男孩或生女孩的目的。丁某所述其发明的主题是科学计划生育，控制人口增长，平衡人口性别比例等，其实都属于人类的受孕方法问题。故对丁某否认其发明的主题为受孕方法的主张，法院不予认定，而对专利复审委认为该发明的主题为受孕方法的结论，法院予以确认。丁某的专利申请所提出的这种受孕方法是对生育进行性别控制的方法，是对受孕者的生理状态进行调整的方法，属于“疾病的诊断和治疗方法”的范畴。按照法律规定，这种方法不能授予专利权。

法院最终裁判结果为丁某所提上诉理由不能成立，法院不予支持。专利复审委就“科学计划生育”发明专利申请所作的第868号复审决定认定事实清楚，适用法律正确，审查程序合法。原审判决维持该决定并无不当，法院应予维持。依照《行政诉讼法》第61条第1项之规定，判决驳回上诉，维持原判。

案例解析

本案是针对控制受孕的方法能否被授予专利权而引发的诉讼，争议焦点在于控制生育性别的方法是否属于《专利法》第25条规定的“疾病诊断、治疗方法”的范畴。判断疾病的诊断、治疗方法除了从其狭义的文字定义上加以判断之外，更应从其设立目的出发进行广义分析。本案是对于疾病的诊断、治疗方法不能授予专利权的典型案件之一，笔者将以本案为基础，对《专利法》第25条第1款第3项作进一步分析与判断。

一、疾病的诊断、治疗方法

《专利法》第25条第1款第3项规定，对疾病的诊断与治疗方法不授予专利权。疾病的诊断、治疗方法即在医疗过程中，对人体所出现的一系列不适症状的归类判断方法与消除不适症状的系列操作手段。诊断方法可以包括传统的“望闻问切”等不借助外力的判断手段，也可以包括现代医学上的一系列仪器检查。治疗方法的范畴则更为广泛，大到手术治疗，小到生活习惯调整、药物治疗等一系列操作。

我国《专利审查指南》第二部分第一章第4.3.1.1节中对疾病诊断方法的

具体判断标准作出了规定："一项与疾病诊断有关的方法如果同时满足以下两个条件，则属于疾病的诊断方法，不能被授予专利权：（1）以有生命的人体或动物体为对象；（2）以获得疾病诊断结果或健康状况为直接目的。"同时，《专利审查指南》明确规定，对下述方法不能授予专利权：诊脉法、血压测量法、X射线诊断法、超声诊断法、外科手术法、药物治疗方法、心理疗法、针灸法、药浴、空气浴、冷冻、避孕等以诊断和治疗为目的的方法等。[①]

二、疾病的诊断、治疗方法的判断

（一）疾病的诊断、治疗方法的判断要点

对于《专利法》第25条中疾病的诊断和治疗方法的判断，存在以下几个要点：

第一，该规定的适用范围应当限制于活的人体或动物体。也就是说，针对死去的人或动物以及各种植物的疾病进行诊断、实验操作的方法，并不在该条款的保护范围内，此类方法依旧是可申请专利的。

第二，不可授予专利权的内容仅仅为方法。也就是说，在诊断和治疗过程中可能使用的仪器、设备、药品等，仍然是具有可专利性的。此类设备、药品等的发明和使用，不能被视为该条款中规定的"疾病的诊断、治疗方法"。

第三，对于治疗方法应当进行一定的目的性判断。当前社会中存在以治疗为目的的医疗操作方法和非以治疗为目的的医疗操作方法。对于以治疗为目的的医疗操作方法，出于人道主义原则和社会公共利益的保护，应当被拒绝授予专利权，即满足《专利法》第25条中所规定的不能授予专利的情形，但对于不以治疗为目的的操作方法，从出发点而言符合对其进行保护的立法目的并具有相应的社会意义。在此种情况下，对于非治疗目的的医疗行为，应当是可以受到专利保护的。譬如，美容行业中运用的手术方法，其目的并不是拯救生命或维持健康，因此，对其可以进行相应的专利权保护。

（二）丁某案的法律条款适用

本案中，原告丁某申请专利的内容为有生育能力的夫妻选择怀男孩或女孩的性交方法。判断某一方法是否属于《专利法》第25条中规定的疾病的诊断、治疗方法时，首先应当关注该方法的适用对象，其次则应关注方法的直接

① 韩晓春：《疾病的诊断和治疗方法不能被授予专利权》，载国家知识产权局条法司编：《专利法研究2009》，知识产权出版社2010年版。

目的是不是获得疾病的诊断结果或机体的健康状态。① 本案中显而易见，该方法的适用对象为人类活体。在目的的判断上，计划生育、控制人口增长、平衡人口性别比例以及选择怀男孩或女孩的性交方法，归根结底都是属于人类受孕方法问题。因此，虽然人类的受孕方法从狭义角度来说不属于"疾病治疗、诊断方法"的范畴，但从广义角度而言，系涉及人类生存的基础问题，属于社会公共领域范畴的问题，应当被定义为"疾病的诊断、治疗方法"。

三、对疾病诊断、治疗方法不授予专利权的意义

我国《专利法》的规定中，疾病的诊断与治疗方法应当不被授予专利权。该规定主要基于人道主义考虑。所谓人道主义考虑，是指在疾病的诊断和治疗过程中，医生应基于患者的实际病情状况来选择合适的治疗方法，这意味着医生在方法上应享有充分自由选择权。若对疾病的诊断、治疗方法授予专利权，可能产生的结果是由于专利许可费用的存在而使诊疗费用提高，在此种情形下，部分患者可能会因为高昂的费用而放弃使用被授予专利权的最新的诊疗方法。因此，对疾病的诊断、治疗方法授予专利权是不利于公共健康保护的。这一公共利益的保护角度也是将疾病的诊断、治疗方法排除于专利保护客体的立法本意。②

药品同样作为对社会公共利益有巨大影响的客体，其可专利性却没有像疾病的诊断、治疗方法一样被否定。从人道主义的角度而言，药品同样对于人类的公共健康存在影响。但药品的可专利性主要在于对药品研发付出巨大金钱与精力人员的激励，其可专利性与公共利益之间同样存在一定程度的平衡，譬如药品专利领域的药品专利链接制度与药品专利试验性例外制度。

四、结论

是否属于疾病的诊断、治疗方法是对于某一医疗领域手段能否授予专利权的重要判断标准。疾病的诊断、治疗方法关乎人类健康与发展，对其不授予专利权系出于践行人道主义精神。本案中，丁某所提到的人类的受孕方法满足《专利审查指南》中规定的"以有生命的人体为实施客体"和"以获得健康状态为基本目的"，应当被定义为属于"疾病的诊断、治疗方法"。因此，不应当对本案丁某提出的受孕方法授予专利权。

---

① 朱书华：《专利申请中对"疾病的诊断和治疗方法"的判断和规避》，载《科技视界》2019年第21期。

② 王宝筠：《议疾病诊疗方法的可专利性判断》，载《中国发明与专利》2020年第10期。

创造性判断中的公知常识判断问题

——江阴市某机械有限公司与国家知识产权局专利复审委员会、上海某机械有限公司发明专利权无效行政纠纷案

/ 欧阳川子

➲ 本案要旨

创造性要求专利权利要求内容区别于目前已经存在的现有技术与已经被公众所熟知的基本常识。本案涉案专利的权利要求特征中，“同宽度下弧形接触面积大于平面接触面积”属于该领域的技术人员均知晓的公知常识信息，应当被认为“并不具备申请专利所应具有的创造性”，从而不被授予相应的专利权。在进行专利的创造性判断时，一般以专利权利要求书的内容为准，专利权利要求书中没有的内容不应当作为专利创造性判断的依据。

➲ 案件信息

申请人（一审原告、二审上诉人）：江阴市某机械有限公司

被申请人（一审被告、二审被上诉人）：国家知识产权局专利复审委员会

一审第三人：上海某机械有限公司

案号：北京市高级人民法院（2013）高行终字第1554号、最高人民法院（2015）知行字第79号

➲ 原被告主张及理由

原告江阴市某机械有限公司主张：虽然相同宽度下弧面面积大于平面面积，但弧面面积的增大并不必然引起接触面积的增加，也不会必然增大与织物的摩擦力。如果绕片的上表面为没有弧度的平面和弧度过大的弧面，扩幅效果都不好。只有经过创造性的劳动，通过大量实践验证，将绕片上表面设置为“横截面呈横置的鼓形或顶表面带弧面的梯形”时，才可以有效解决扩幅效果

差的技术问题。本专利正是克服了“弧度越凸出，弧面积越大，从而接触面积越大，扩幅效果更好”的技术偏见，将弧面弯曲度变小，有效增加接触面积，以提高扩幅效果的技术目的。因此，专利复审委员会作出的第19222号《无效宣告请求审查决定》(以下简称第19222号决定)认为，在作为对比文件的证据1(美国US3828998号专利说明书)优先选择“叶片的横截面为顶表面两端部呈圆弧状的矩形”这一技术特征的教导下，本领域技术人员面对提高扩幅效果和连接牢度的技术问题时，结合公知的“相同宽度下弧面面积大于平面面积”“接触面积增加，可以增大摩擦力”的启示，有动机将绕片的横截面设置为“呈横置的鼓形或顶表面带弧面的梯形”，并进而认定现有技术中已经给出将所述区别技术特征应用到证据1中以解决其存在技术问题启示的决定理由，无法成立。另外，证据1中“叶片的横截面为顶表面两端部呈圆弧状的矩形”中的“两端部呈圆弧状”，是为了避免因矩形的锐角划伤目标物，与增加摩擦力没有联系，谈不上存在任何技术启示。此外，证据1强调叶片的可拆卸功能，而本专利则强调绕片与辊筒的牢固连接，这是两个相斥的技术特征，实现完全不同的技术目标。由此可见，相对于证据1来讲，权利要求1的前述区别技术特征是本领域技术人员非显而易见的，克服了长期存在的技术偏见，提高了扩幅效果，解决了技术问题，实现了发明目的，完全符合专利法关于创造性的相关规定。

被告国家知识产权局专利复审委员会抗辩：根据法院在先生效判决的认定，本专利权利要求1与证据1相比的区别特征为，本专利权利要求1中的绕片的横截面呈横置的鼓形或顶表面带弧面的梯形，而证据1中的复合肋边组件整体横截面呈“倒T”形。绕片与辊筒的连接或固定关系不构成二者的区别特征。进行本专利是否具备创造性判断时，应当以本专利权利要求书的内容为准，专利权利要求书未作限定的内容不应作为创造性判断的依据。本专利权利要求1相对于证据1和公知常识的结合不具备创造性，权利要求2和权利要求3同理亦不具备创造性。

第三人上海某机械有限公司提交意见认为，本专利相对于证据1和公知常识的结合不具有创造性。

➲ 法院查明的事实

本案为发明专利无效行政纠纷。涉案专利为名为“扁丝缠绕扩幅辊”，专利号为200610096262.×的发明专利。专利复审委员会针对该专利作出了第

19222 号决定，该决定认为在作为对比文件的证据 1 优先选择“叶片的横截面为顶表面两端部呈圆弧状的矩形”这一技术特征的教导下，本领域技术人员面对提高扩幅效果和连接牢度的技术问题时，结合公知的“相同宽度下弧面面积大于平面面积”“接触面积增加，可以增大摩擦力”的启示，有动机将绕片的横截面设置为“呈横置的鼓形或顶表面带弧面的梯形”，并进而认定现有技术中已经给出将所述区别技术特征应用到证据 1 中以解决其存在的技术问题。

法院判决理由与裁判结果

最高人民法院在审理过程中认为本案的争议焦点有二：一是权利要求 2 和权利要求 3 是否具备创造性；二是证据 1 是否是与公知常识的结合而不具备创造性。

根据原审法院查明的事实，本专利权利要求 1 与证据 1 的区别技术特征，在于本专利权利要求 1 中绕片的横截面呈横置的鼓形或顶表面带弧面的梯形。故本领域技术人员能否在证据 1 中整体横截面呈“倒 T”形的复合肋边组件现有技术基础上，不需要经过创造性劳动即可作出上述区别技术特征，是判断本案专利创造性的关键。

本专利是名称为“扁丝缠绕扩幅辊”，专利号为 200610096262. × 的发明专利。本专利权利要求 1 为“一种扁丝缠绕扩幅辊，包括辊筒（1），以辊筒（1）中间处的横截面为界，在该界限左、右两侧的辊筒段外壁面上具有旋向分别为左旋、右旋的绕片（2），其特征在于：所述的绕片（2）横截面呈横置的鼓形或顶表面带弧面的梯形”。本专利权利要求 1 中将绕片横截面设置成横置的鼓形或顶表面带弧面的梯形，是为了解决提高扩幅效果和增加连接牢度的技术问题。权利要求 1 将绕片顶表面限定为弧面，以增加顶表面与织物的接触面积，从而增强扩幅效果。权利要求 1 没有对实现最佳扩幅效果的顶表面弧度作出进一步限定。而实现最佳扩幅的技术效果，需要根据织物弹性等实际情况具体调整顶表面的弧度。但是，适当弧度的弧面可以改善织物与绕片顶表面的接触效果，并进而利于提高扩幅的效果，属于本领域技术人员的公知常识。证据 1 为美国 US3828998 号专利说明书，其中已经公开了复合肋边组件中叶片构件优先选择使用较为圆弧状横向边缘的技术内容，而叶片的顶表面实际上也就是复合肋边组件的顶表面。因此，相对于本领域技术人员而言，结合证据 1 中给出的技术内容和公知常识，无须创造性劳动即可作出本专利权利要求 1 中横截面为横置的鼓形或顶表面为带弧面的梯形的技术方案。

本专利权利要求1绕片与辊筒主体相连接或固定的底面分为两种情形。横截面为梯形的绕片底表面与辊筒主体为平面接触，与证据1中的“倒T”形复合肋边组件底表面与圆柱形主体的平面接触方式并无差异。横截面为横置鼓形绕片底面与辊筒主体为弧面接触。相对于平面接触而言，弧面接触增加了相同宽度下的接触面积，一定程度上增强了连接牢度。相同宽度下弧形接触面积大于平面接触面积是本领域技术人员的公知常识，作出这样的改进并不需要创造性的劳动。可见，本领域技术人员在证据1公开的现有技术基础上，不需要创造性劳动就能够作出本专利权利要求1中的上述区别技术特征，本专利权利要求1因而不具有《专利法》所规定的创造性。

本专利权利要求2和权利要求3再次限定了权利要求1所述扩幅辊上绕片的横截面形状，其技术方案与权利要求1中描述的横截面呈横置的鼓形或顶表面为带弧面的梯形的技术特征实质相同。基于前述分析的理由，权利要求2和权利要求3亦不具有创造性。

此外，根据原审法院查明的事实，二审法院曾对专利复审委员会于2010年12月15日针对本专利作出的第15816号无效宣告请求审查决定，作出（2011）高行终字第1477号行政判决，该判决已经明确指出，复合肋边作为一个整体实现顶表面与织物接触从而扩幅以及底表面与圆柱形主体连接的目的，以此构成一个完整的技术方案。对比时不应仅将复合肋边中某一个构件单独与本专利权利要求1进行比对。该判决已经发生法律效力。专利复审委员会根据人民法院生效判决中的意见，将整体横截面呈“倒T”形的复合肋边组件作为对比对象确定本专利区别技术特征进行审查，并作出无效宣告审查决定，符合法律规定。江阴市某机械有限公司关于专利复审委员会超越法定权限变更技术特征对比对象的意见，没有法律依据。

综上，法院判决结果为本专利权利要求1~3均不具备创造性，专利复审委员会宣告本专利全部无效并无不当，原审法院判决维持第19222号决定是正确的。江阴市某机械有限公司的再审申请不符合《行政诉讼法》第91条的规定。依照《最高人民法院关于执行〈中华人民共和国行政诉讼法〉若干问题的解释》第74条之规定，裁定如下：驳回江阴市某机械有限公司的再审申请。

案例解析

本案的争议焦点在于涉案发明专利的区别技术特征是否属于公知常识，进一步判断该发明专利是否具有创造性，即案件聚焦在创造性判断中的公知常识的判断问题。创造性指的是与现有的技术成果对比，该发明专利具有突出的实质性特点和显著的进步。突出的实质性特点指的是该发明对于特定领域的技术人员而言是有新颖性且并非显而易见的。显著的进步指的是发明能够产生区别于现有技术的突出的有益效果。要求专利具有创造性的意义在于，对真正具有实质性的发明授予垄断权并让其获得专利保护，同时防止显而易见的发明通过专利的保护途径获利。专利创造性的要求是实现公共利益保护与发明人利益保护平衡的重要保障，从而使得发明人愿意公开相应技术，进一步促进社会科学技术的创新和发展。[①] 在创造性的判断过程中，公知常识的判断是其重要环节。本案是专利创新性判断中对公知常识进行判定的典型案例，以下将结合案件，对创新性判断中的公知常识判断问题加以探讨。

一、公知常识

我国《专利法》中对公知常识并没有作出明确的定义。"公知常识"这一名词的出处为《专利审查指南》，可以将其理解为"众所周知的事实"。它既包括人们日常熟知的生活常识，也包括不被普通群众日常所熟知，但被特定领域的普通专业技术人员所了解的该领域基本技术知识的一部分。目前，专利法中的公知常识已经成为特定专业术语，在进行专利创造性判断的过程中发挥了重要作用，是阻却专利创造性的重要判断条件。《专利审查指南》在对创造性的描述中提到：所述区别技术特征为公知常识，例如公知的教科书或者工具书披露的解决该重新确定的技术问题的技术手段，本领域中解决该重新确定的技术问题的惯用手段，则认为给出了技术启示。而在无效程序中规定，在合议审查中，合议组可以引入所属技术领域的公知常识，或补充相应的技术词典、技术手册、教科书等所属技术领域中的公知常识性的证据。也就是说，教科书或工具书等平台上披露的解决问题的技术手段，符合公知常识的认定标准。[②] 在《审查操作规程》中对公知常识的规定为"以下情形可以认为现有技术整体上存在技术启示：（1）所述区别技术特征为公知常识，例如，所属领域中用于解决发明所解决的技术问题的惯用手段，教科书或工具书等中披露的解决发明所解决的技术问题的技术手段，或者教科书、工具书中为解决相关技术问题而引用的其他文献披露的内容……"

事实上，在专利的各个阶段中，都存在结合专利权利要求书和公知常识来判断发明是否具有创造性的过程，譬如专利实质审查阶段、专利复审阶段、

① 孟杰雄：《到底该如何确定要解决的技术问题》，载《专利代理》2018 年第 2 期。

② 姜岩：《专利法公知常识举证研究》，中国政法大学 2010 年硕士学位论文。

专利无效阶段和专利的行政诉讼阶段等。因此，对公知常识概念的理解与判断，直接影响专利审查和专利审判中对《专利法》的正确适用，影响具体案例的最终结论。[①]

二、公知常识的判断

由于目前对于“公知常识”这一概念并没有准确的定义，因此，实践中对公知常识进行判断时也往往具有主观性的特点。即使对于同一领域的技术人员，不同的人员也可能存在不同的看法。在专利创造性的判断过程中，有学者主张采用“三步法”的方法。第一步是动机问题，即特定领域的专业技术人员是否有修改对比文件的相关动机。第二步是实现问题，即对对比文件的修改是否可以实现当前的权利要求。第三步是手段问题，即修改对比文件需要采用的技术手段是否应被认定为公知常识。[②]也就是说，如果对对比文件进行修改时，需要采取的技术手段被认定为公知常识时，专利的创造性将被否定。本部分也将重点讨论公知常识的判断问题。

在专利审查意见通知书中出现的对于公知常识的描述，通常表现为以下三种形式：（1）上述区别技术特征是本领域的惯用技术手段；（2）上述区别技术特征是本领域的常规选择；（3）上述区别技术特征是本领域技术人员容易想到的。在满足以上三种形式之一的情况下，相关申请文件将被认为缺乏创造性而不被授予专利权。因此，在进行公知常识判断时，可以从惯用手段、常规选择和本领域人员的思考难易度三点进行分析。

惯用手段的适用对象是特定领域的普通技术人员。通常指在特定领域以内，涉案专利申请日前即已经存在的惯用技术手段。《专利审查指南》中没有对惯用手段的形式和具体含义进行限定，只是描述为“本领域技术人员所熟知的、广泛使用的技术手段”。因此，该认知本身即具有一定的主观性，认定标准也具有模糊性。同时，基于当前市面上书籍种类以及网络文学种类井喷式增加的情况，书籍本身的权威性也存疑。因此，仅通过教科书或工具书的记载来认定惯用手段或常规选择具有一定困难。在实际判断中，参考文件应当不局限于特定表现形式，而要结合多份证据的共同性，再进行合乎逻辑的分析，最后推理判断区别技术是否属于惯用手段或常规选择，从而得出申请文件是否具有创新性以及是否具有可专利性的结论。在本领域人员的思考难易程度方面，应当把重心放在本领域技术人员所具有的专业知识和能力的普遍性上，杜绝通过

① 王桂霞：《专利法中公知常识相关问题研究》，中国政法大学 2019 年硕士学位论文。

② 刘雯鑫：《公知常识判定的“三步法”》，载《中国发明与专利》2019 年第 16 期。

少部分专业人员的认知范围来认定公知常识的现象发生。

在涉及公知常识的创造性判断中，除以上三点外，还需要满足背景因素的相应要求作为前置条件。首先是时间因素，“公知常识”的形成时间应当早于涉案专利的申请日或优先权日。若被认定为晚于涉案专利的申请日或优先权日，则不应当以“不具有创新性”为由对其专利申请予以驳回。其次是公知常识的领域问题。在广大技术领域范围中，不同技术行业存在专属于不同领域的“公知常识”因素。也就是说，技术A可能在A领域被认定为普通技术人员所不需要创造性工作即可想到的内容，因此被判定为公知常识。但技术A在B领域属于普通技术人员不通常使用且并不易于想到的技术内容，此时技术A在B领域中即不应当被认定为“公知常识”从而否定相应申请的可专利性。事实上，仅通过领域问题也不能完全下定结论，涉案专利所解决的特定技术问题领域也需要纳入考虑的因素。最后，在被认定为“公知常识”后，并不当然排除涉案专利的创造性。还应继续判断公知常识与最接近的现有技术的结合是否给出了涉案专利解决技术问题的启示。只有在满足“公知常识与最接近的现有技术的结合为涉案专利解决技术问题提供了相应启示”的条件下，才能认定涉案专利对应的区别技术特征不具有新颖性和创造性。因此，可参考与区别技术特征所实际解决的技术问题相同或相近的技术领域来界定公知常识的领域，而不能简单地使用本申请所声称的技术领域作为“所属技术领域”。①

还需要注意的是，在公知常识的判断过程中，原定的“公知常识”并不当然属于“黄金判断标准”，也要考虑原本被定义为“公知常识”的内容是否有改进的必要。②随着当前科学技术的不断发展，部分现有技术与现有的公知常识认定依旧有改进的空间。因此，在判断某项专利申请与对比文件的差异部分是否具有区别于公知常识的创造性时，也需要充分考虑现有技术是否符合时代发展节奏，是否还有可改进的地方，综合对该申请的可专利性作出判断。

本案中，涉案专利权利要求1中将绕片横截面设置成横置的鼓形或顶表面带弧面的梯形，是为了解决提高扩幅效果和增加连接牢度的技术问题。权利要求1中的绕片顶表面限定为弧面，目的是增加顶表面与织物的接触面积，从而达到增强扩幅的效果。权利要求1没有对实现最佳扩幅效果的顶表面弧度作出进一步限定。而实现最佳扩幅的技术效果，需要根据织物弹性等实际情况具体调整顶表面的弧度。但是，适当弧度的弧面可以改善织物与绕片顶表面的接

① 周瑞瑞：《专利审查中公知常识使用》，载《中国科技信息》2019年第23期。

② 王晶晶、张濛：《从最接近的现有技术的发明构思谈公知常识应用》，载《中国科技信息》2020年第18期。

触效果，并进而利于提高扩幅的效果，属于本领域技术人员的公知常识。对该领域的专业技术人员而言，相同宽度下弧形接触面积大于平面接触面积是大家所熟知的基本常识。结合证据 1 中给出的技术内容和公知常识，专业技术人员无需创造性劳动即可作出本专利权利要求 1 中横截面为横置的鼓形或顶表面为带弧面的梯形的技术方案。同理，权利要求 2 与权利要求 3 均可被认定为属于公知常识而不能被授予专利权。

三、结论

创造性的判断是专利授权审查中的核心要点之一，也是重点和难点。公知常识判断作为专利创造性审查过程中的重要环节，同样发挥着非常重要的作用。在公知常识的认定过程中，首先应当以客观事实为基础，以要解决的技术问题为指引，保证公知常识认定过程中的客观性与真实性。对于生活中大量使用的或是为某特定领域技术人员所熟知的内容，出于公共利益的保护角度考虑，不应将其认定为可专利性的范畴。本案的启示在于，在进行专利创造性判断的过程中，应当审查该创造性内容是否属于公知常识或公知常识的结合，进而判断是否能对该技术予以专利法上的保护。只有完善公知常识的判断过程与判断标准，才能进一步实现发明人的权利保护与社会公共利益保护之间的平衡。

专利无效宣告中公知常识的判定

——某集团有限公司与国家知识产权局专利复审委员会、山东某纸业集团有限公司发明专利权无效行政纠纷案

/ 廖小梅

➲ 本案要旨

根据《专利法》第22条的规定，授予专利权的发明和实用新型，应当具备新颖性、创造性和实用性。因此创造性是判断发明能否被授予专利权的重要条件之一。我国《专利法》要求，申请专利的发明应具有突出的实质性特点和显著的进步，实用新型则应具有实质性特点和进步。突出的实质性特点是指相对于现有技术，此发明对相关领域技术人员来说是非显而易见的。显著的进步是指与现有技术相比会产生更有益的技术效果，或解决未解决的技术问题等。此外，在判定创造性的过程中，也需判断其是否为公知常识，即该技术方案中的特征本身及其发挥的作用、产生的技术效果是否为相关领域技术人员广泛知晓并达成共识的。

➲ 案件信息

申请人（一审原告、二审被上诉人）：某集团有限公司

被申请人（一审被告、二审上诉人）：国家知识产权局专利复审委员会

被申请人（一审第三人、二审上诉人）：山东某纸业集团有限公司

案号：北京市第一中级人民法院（2013）一中知行初字第1822号、北京市高级人民法院（2014）高行终字第1108号、最高人民法院（2015）知行字第227号

➲ 上诉主张及理由

国家知识产权局专利复审委员会（以下简称专利复审委员会）不服一

审判决，提起上诉，请求撤销一审判决，维持第 20028 号决定。上诉理由：（1）一审法院关于证据的认定和使用不当。（2）一审法院关于第二、三层涂布分层中的颜料配比的认定有误。（3）虽然附件 1 在 CRB 涂布方式中公开了一次涂布用仿形涂布，但是附件 1 明确公开多层涂布时底层均采用刮棒或刮刀，本领域技术人员基于现有技术不容易想到采用本专利的涂布方式。因此，一审法院认定本专利权利要求 1.2 相对于附件 1.3 和公知常识不具备创造性的认定是错误的。

山东某纸业集团有限公司不服一审判决，提起上诉，请求撤销一审判决，维持第 20028 决定。上诉理由：（1）附件 1 记载了三个完全不同的技术方案。（2）一审法院提交的证据 2 是专利文件，并不是公知常识性证据，一审法院据此与附件 1.3 结合认定公知常识，明显违反公知常识认定的法律依据。（3）本专利产品与附件 1 中的产品不属于同类产品，因此附件 1 中的技术方案不能作为评价本专利创造性的对比文件。（4）本专利与附件 1 中的三种技术方案中的任一技术方案相比，存在 5 个区别技术特征，上述 5 个区别技术特征在附件 1.3 中均未公开，一审法院认定上述区别被公开显然是错误的。一审法院对本专利权利要求 1 不具备创造性的认定是错误的。

某集团有限公司服从一审判决。

二审法院查明的事实

本专利是名称为“涂布白面牛卡纸及其制造方法”的发明专利，申请日为 2009 年 7 月 7 日，申请号为 200910016756.×，授权公告日为 2012 年 1 月 25 日，专利权人为山东某纸业集团有限公司。本专利授权公告的权利要求书包括涂布白面牛卡纸及涂布白面牛卡纸的制造方法。

2012 年 9 月 4 日，某集团有限公司针对本专利向专利复审委员会提出无效宣告请求，并提交相关证据。

2013 年 2 月 1 日，专利复审委员会作出第 20028 号决定，具体内容如下。

一、本专利权利要求 1 的创造性

与附件 1 公开的三种涂布纸板 CRB、CUK 和 SBS 中的任意一种相比，本专利权利要求 1 的涂布白面牛卡纸至少具有如下区别技术特征：（1）第二涂布层的颜料构成；（2）第三涂布层的颜料构成；（3）细粒高岭土、剥片高岭土的配比；（4）涂布白面牛卡纸的定量为 120~220g/m^2；（5）最靠近所述面层的所述第一涂布分层的厚度相对均匀且随所述面层的表面而起伏。

对于区别特征（1）和（2）：某集团有限公司主张其被附件2结合附件3公开。但是附件2和附件3的结合并不能公开上述区别技术特征，某集团有限公司的该项主张不成立。此外，附件1中CRB和CUK涂布纸板的二次涂颜料中均含有较多的高岭土和较少的碳酸钙，不能对本专利权利要求1涂布牛卡纸第二涂布分层颜料中较多的碳酸钙和较少的高岭土的配比方式给出技术启示。并且，附件1中CRB纸板的面涂颜料含较高碳酸钙和较少高岭土，CUK、SBS中含较高高岭土和较少碳酸钙；均不能对本专利权利要求1第三涂布分层颜料含有分量相当的高岭土与碳酸钙的配比方式或者含有塑性颜料的配比方式给出技术启示。

对于区别特征（3）：由附件1表4对CUK公开的此特征，并不能得到No.2瓷土与剥片土之间的配比关系；并且，基于产品种类差别，由CUK也不能获得对涂布牛卡纸所用颜料的配比如何进行调整的技术启示。因此，某集团有限公司的该项主张不成立。

对于区别特征（4）：对本领域普通技术人员而言，附件1表5中所述该范围显然是工艺标准之一，该表中与之对应的实际总定量为261.2g/m^2，不在本专利限定的120~220g/m^{2}范围内，因此某集团有限公司的该项主张不成立。

对于区别特征（5）：某集团有限公司主张其为刮棒涂覆的必然结果。但是刮棒涂覆不必然带来如区别技术特征（5）所述“随形涂覆”的结果。因此某集团有限公司的该项主张也不成立。

由上可知，某集团有限公司关于本专利权利要求1不具备创造性的各项主张均不成立，因此其关于权利要求1不具备创造性的无效理由不成立。

二、本专利权利要求2的创造性

基于对本专利权利要求1的评述，在某集团有限公司关于权利要求1所述牛卡纸相对于附件1~3的结合不具备创造性的主张不成立的基础上，其关于权利要求2不具备创造性的主张也不成立。

综上所述，专利复审委员会依法作出第20028号决定，维持本专利有效。

某集团有限公司不服第20028号决定提起行政诉讼。在一审诉讼程序中，某集团有限公司提交如下证据：证据1，附件3的17~75页；证据2，公开日为2009年1月7日、专利号为200810041495.×、名称为“一种利用国产化纸机生产涂布牛卡纸的方法”的发明专利。上述证据作为公知常识的证据。

二审法院判决理由与裁判结果

一、关于证据的认定

（一）证据 2 能否作为认定公知常识的证据

如果证据 2 属于公知常识性证据，即使其没有在无效程序中提交，在诉讼程序中也可以提交。但是，某集团有限公司提交的证据 2 是专利文件，并不是公知常识性证据，一审法院据此与附件 1.3 结合认定公知常识，不符合公知常识的认定规则。专利复审委员会和山东某纸业集团有限公司的相应上诉主张，应当予以支持。

（二）一审法院对公知常识的认定是否正确

虽然一审法院不能依据证据 2 认定公知常识，但一审法院认为高岭土、碳酸钙和塑性颜料作为涂料成分，以及这三种颜料是涂布常用白色颜料属于公知常识，结论并无错误。

二、关于最接近现有技术

（一）附件 1 与本专利的技术领域是否相同

本专利权利要求 1 虽然限定的是白面牛卡纸，但其定量范围为 120~220g/m^2，即其定量范围已有一部分涵盖了通常意义上的纸板。此外，卡纸和纸板即便存在区别，也是体现在其本身的定量范围、厚度、密度上，但并无证据表明其在涂布工艺上必然存在差异，也无证据表明纸板的涂布材料 / 组成结构和涂布方法不能用于牛卡纸上。一审判决认为，第 20028 号决定关于本专利的产品与附件 1 的产品不属于同类产品的认定有误，并无不当。

（二）最接近现有技术是否拼凑形成

第 20028 号决定认为，就组成和结构而言，与附件 1 公开的三种涂布纸板 CRB、CUK 和 SBS 中的任意一种相比，本专利权利要求 1 的涂布白面牛卡纸具有区别技术特征。这表明，专利复审委员会将附件 1 的三种技术方案都分别作为最接近现有技术与本专利权利要求 1 进行了对比。一审判决没有明确指明最接近现有技术，并未显示其认定的最接近现有技术与专利复审委员会认定的最接近现有技术不相同。因此，山东某纸业集团有限公司上诉主张专利复审委员会和一审法院拼凑了最接近现有技术，无事实依据，应当不予支持。

三、本专利权利要求 1 的创造性

《专利法》第 22 条第 3 款规定："创造性，是指与现有技术相比，该发明具有突出的实质性特点和显著的进步，该实用新型具有实质性特点和进步。"

与附件 1 公开的三种涂布纸板 CRB、CUK 和 SBS 中的任意一种相比，本专利权利要求 1 的涂布白面牛卡纸至少具有如下区别技术特征：（1）第二涂布层的颜料构成；（2）第三涂布层的颜料构成；（3）细粒高岭土、剥片高岭土的配比；（4）涂布白面牛卡纸的定量为 120~220g/m^2；（5）最靠近所述面层的所述第一涂布分层的厚度相对均匀且随所述面层的表面而起伏。

（一）关于区别特征（1）和（2）

对于区别特征（1）和（2），某集团有限公司主张其被附件 2 结合附件 3 公开。然而，附件 2 中涉及的颜料仅为高岭土和塑性颜料，附件 3 涉及的涂布纸板并未提及颜料。因此，附件 2 和附件 3 并未公开上述区别技术特征，二者的结合也没有公开上述区别技术特征。

即使将碳酸钙和高岭土用于第二涂布层和第三涂布层的颜料属于本领域的公知常识，但是，如何根据纸板的特性有针对性地选择第二涂布层和第三涂布层的具体颜料成分和比例，才能取得较好的平滑度、光泽度、白度、油墨吸收性能等技术效果，仍然需要本领域技术人员付出创造性劳动。一审法院认为，纸板涂布涂料的成分均含有高岭土、碳酸钙和塑性颜料，这三种颜料是涂布涂料的常用白色颜料，上述涂料成分和常用颜色是本领域的公知常识，它们之间的配比是本领域技术人员根据需要进行适当选择并通过常规实验可以得到的，缺乏事实和法律依据，应当予以纠正。

一审法院认为，本专利有关第二涂布层和第三涂布层的颜料具体配比没有带来意想不到的有益效果。对此法院认为，某个技术特征的技术效果与现有技术中的是否相同或类似，是否本领域技术人员意料得到，需要考虑该技术特征与其他技术特征之间是否共同发挥作用。本案中，没有证据证明第二涂布层和第三涂布层中颜料成分配比与不同纸板浆料的平滑度、光泽度、白度、油墨吸收性能等技术效果所呈现的是线性关系，现有技术和本专利说明书中载明的实验数据也没有反映这些因素之间的变化规律，因此第二涂布层和第三涂布层中颜料成分配比对技术效果的影响并不是本领域技术人员可以预料得到的。一审法院认为第二涂布层和第三涂布层的颜料具体颜料配比与技术效果之间的关系是本领域技术人员可以意料得到的，缺乏事实和法律依据，应当予以纠正。

（二）关于区别特征（3）

对于区别特征（3），某集团有限公司主张可以由附件 1 表 4 公开的二次涂颜料所含“60~70 份 No.2 瓷土和剥片土”调整得到该特征。然而，由附件 1 表 4 对 CUK 公开的此特征，并不能得到 No.2 瓷土与剥片土之间的配比关系；并且，基于产品种类差别，由 CUK 也不能获得对涂布牛卡纸所用颜料的配比如何进行调整的技术启示。因此，区别特征（3）没有被公开，更没有现有技术给出采用该区别特征的技术启示。

法院认为，本专利所采用的细粒高岭土和剥片高岭土具有特定平均粒径和重量配比，现有技术并没有公开在相同纸板上使用相同平均粒径和重量配比的细粒高岭土和剥片高岭土的技术方案，而且，本专利权利要求 1 中的特定平均粒径和重量配比是与其他技术特征共同起作用才能产生说明书所记载的特征技术效果，因此，一审法院认为它们之间的配比是本领域技术人员根据需要进行适当选择并通过常规实验可以得到，缺乏事实依据。一审法院的上述认定，证据不足，应当予以纠正。

（三）关于区别特征（4）

对于区别特征（4），对本领域技术人员而言，附件 1 表 5 中所述该范围显然是工艺标准之一，该表中与之对应的实际总定量为 261.2g/m^2，不在本专利限定的 120~220g/m^2 范围内，因此该技术特征并没有被公开。

区别技术特征（4）的定量范围也被公开。本专利的特征是 120~220g/m^2，与附件 3 中的部分数值范围重合，但是，如果现有技术和本专利相比，相同技术特征所要解决的技术问题和能够取得的技术效果并不相同，则不宜认定现有技术给出了采用该技术特征的技术启示。技术特征被公开，并不意味着本领域技术人员会采用该技术特征。

（四）关于区别特征（5）

对于区别特征（5），某集团有限公司主张其为刮棒涂覆的必然结果。刮棒涂覆不必然带来如区别技术特征（5）所述“随形涂覆”的结果，因此某集团有限公司的该项主张不能成立。一审法院认为，附件 1 已经公开了仿形涂布，而为了使涂料与纸之间贴合紧密，本领域技术人员会想到采用随行涂布的方式，缺乏事实和法律依据，应当予以纠正。

综上，在进行专利创造性判断时，应当针对权利要求限定的技术方案整体进行评价，而不能割裂地评价每一技术特征是否具备创造性。一审法院不仅错误地认定本专利相对于附件 1 中的 5 个区别技术特征被公开或存在技术启示，而且还将一个完整的技术方案中相互结合共同起作用的技术特征割裂开来分别论述其是否被公开或是否容易想到，这明显违反专利创造性判断的整体原则，属于法律适用错误，应当予以纠正。

综上，专利复审委员会作出的第 20028 号决定事实认定清楚、法律适用正确，应当予以维持。一审判决认定事实不清，适用法律错误，应当予以撤销。

再审主张及理由

某集团有限公司申请再审称：第一，关于区别特征（1）和（2）。本领域技术人员根据实际使用情况调整颜料的配方和具体比例是通过常规实验手段可以得到的，不需要付出创造性的劳动；第三涂布层高岭土含量达到最高，是为节约成本采取的简单措施。优异效果的取得，是由于采用了膜转移式涂布机和刮刀式涂布机相结合的涂布方式，并非第二涂布层、第三涂布层的具体颜料成分、比例带来。区别特征（1）和（2）是本领域技术人员通过常规实验不需要付出创造性劳动就能得到的。

第二，关于区别特征（3）。区别特征（3）与对比文件1的区别仅在于No.2瓷土与剥片土之间的配比关系，并且适用的是涂布牛卡纸而不是CUK，限定平均粒径为2μm。高岭土包括细粒高岭土（瓷土）和剥片高岭土，为本领域的公知常识，本领域技术人员可以进行适当选择并通过常规实验可以得到，其没有意想不到的技术效果，不具备创造性。

第三，关于区别特征（4）。区别特征（4）完全被公开，不具备创造性。

第四，关于区别特征（5）。区别特征（5）是本领域技术人员容易想到的，不具备创造性。

第五，权利要求1整体技术方案的创造性。权利要求1相对于附件1的区别特征（4）被附件3公开，区别特征（5）被附件1公开，高岭土、碳酸钙和塑性颜料作为涂料成分，以及这三种颜料是涂布常用白色颜料属于公知常识。高岭土包括细粒高岭土（瓷土）和剥片高岭土，也是本领域的公知常识。区别特征（1）和（2）中第二、三涂布层的成分配比，区别特征（3）特定平均粒径和重量配比这些技术特征，对于本领域技术人员而言，通过常规实验不需要付出创造性劳动就能得到，即权利要求1相对于现有技术的区别并未带来意想不到的技术效果。本专利采用了膜转移式涂布机和刮刀式涂布机相结合的涂布方式，结合了膜转移式涂布覆盖效果好、刮刀式涂布表面平滑的优点，所生产的涂布白面牛卡纸很好地包含了白面牛卡纸、重涂布纸的优点。

专利复审委员会、山东某纸业集团有限公司认为二审认定事实清楚，适用法律正确。请求驳回再审申请。

再审法院查明的事实

再审认定的事实与二审认定的事实一致。

再审法院判决理由与裁判结果

本案的争议问题是本专利是否具有创造性，即本专利相较于对比文件的区别技术特征是否被公开或存在技术启示。

关于区别技术特征（1）和（2），附件1中CRB和CUK涂布纸板的二次涂颜料中均含有较多的高岭土和较少的碳酸钙，不能对本专利权利要求1涂布牛卡纸第二涂布分层颜料中较多的碳酸钙和较少的高岭土的配比方式给出技术启示；附件1中CRB纸板的面涂颜料含较多碳酸钙和较少高岭土，CUK、SBS中含较多高岭土和较少碳酸钙，均不能对本专利权利要求1第二涂布分层颜料含有分量相当的高岭土与碳酸钙的配比方式或者含有塑性颜料的配比方式给出技术启示。权利要求所保护的技术方案并不限于说明书所披露的技术方案，说明书中实施例所体现的技术效果，也不代表着权利要求技术特征全部的技术效果。区别技术特征是否有意想不到的技术效果，是判断发明创造性时的考虑因素之一，但并不要求此意想不到的技术效果必须被记载在专利文件中。

关于区别技术特征（3），附件1表4公开特征并不能得到No.2瓷土与剥片土之间的配比关系，基于产品种类差别，由CUK也不能获得对涂布牛卡纸所用颜料的配比如何进行调整的技术启示。评价发明技术方案的技术效果，不能仅着眼于单一技术特征的技术效果，应当考察发明整体的技术效果。据此，二审法院关于区别技术特征（3）没有被公开、没有现有技术给出了采用该区别特征的技术启示之认定，并无不当。

关于区别技术特征（4），对于本领域技术人员而言，卡纸和纸板是两类可以区分的纸，本专利涉及牛卡纸、附件1涉及纸板，不能将二者混同。由于纸板与卡纸的区别，其技术标准、生产工艺等也不尽相同，现有证据尚不足以证明涂布牛卡纸的结构和组成可以直接借鉴或取用涂布纸板的结构和组成。二审法院认定附件3中的数值范围与涉案专利的区别技术特征（4）部分重合，并不意味着其认定附件3已经公开了区别技术特征（4）。附件3公开的单面涂布灰白纸板与涉案专利所述涂布白面牛卡纸不属于相同技术领域，所要解决的技术问题不同、能够取得的技术效果不同。综上，不宜认定现有技术给出了采用该技术特征的技术启示。

关于区别技术特征（5），区别技术特征（5）为最靠近所述面层的所述第一涂布分层的厚度相对均匀且随所述面层的表面而起伏，属于“随形涂覆”。虽然各方当事人均认可仿形涂布与随形涂覆基本相同，但根据附件1记载，刮棒涂覆并不必然带来随形涂覆的结果，不能据此认为附件1已公开此技术特征；某集团有限公司主张区别技术特征（5）为本领域普通技术人员容易想到，并无证据支持。

综上，二审法院关于本专利权利要求1具有创造性的认定并无不当，某集团有限公司的再审申请不符合《行政诉讼法》第91条规定的情形。

案例解析

本案是针对专利无效宣告而引发的诉讼。在专利无效宣告中，公知常识的判断对专利是否具有创造性的判断十分关键。我国《专利法》及《专利法实施细则》中均没有对公知常识予以明确的规定。关于如何认定公知常识在实践中存在差异。专利无效案件中对新颖性和创造性的判断，需要提供证据进行说明，通常采用专利文献作为证据，因其详细记载了技术领域、技术问题、技术手段和技术效果，更便于直接对比。但在实践中，往往难以仅通过专利文献公开的技术方案来直接评价新颖性或创造性，请求人往往会从其他证据中寻找可替换或可结合的相应技术特征，公知常识证据便是经常被采用的补充证据。

一、专利法中公知常识概述

公知常识是专利法中的一个专业术语，《专利审查指南》对“公知常识”的概念进行了描述：“公知常识，例如，本领域中解决该重新确定的技术问题的惯用手段，或教科书或者工具书等中披露的解决该重新确定的技术问题的技术手段。”[①] 国家知识产权局专利局复审和无效审理部可以根据《专利审查指南》对无效宣告请求进行审查，对驳回决定和前置审查意见中主张的公知常识补充相应的技术词典、技术手册、教科书等所属技术领域中的公知常识性证据。公知常识包括“惯用手段”“教科书中的技术手段”“工具书中的技术手段”。

《专利审查指南》第二部分第四章创造性部分三步法的第三步中对“公知常识”有所提及。三步法的第三步为“判断要求保护的发明对本领域的技术人员来说是否显而易见，判断过程中，要确定的是现有技术整体上是否存在某种技术启示，即现有技术中是否给出将区别特征应用到最接近的现有技术以解决其存在的技术问题（发明实际解决的技术问题）的启示，这种启示会使本领域的技术人员在面对所述技术问题时，有动机改进该最接近的现有技术并获得要求保护的发明。如果现有技术存在这种技术启示，则发明是显而易见的，不具

① 《专利审查指南》第二部分第四章第3.2.1.1节。

有突出的实质性特点”。[①]

从扩大的意义来说，公知常识指的是“具有一定学术背景和专利素养的知识者所具备的普通知识”。一般而言，公知常识的内容包括：一是公众都知晓的知识，具有普遍性、合理性，为公众所知且不存在合理质疑；二是所属技术领域中常用的手段，就该领域的技术人员来说，该技术手段是普遍知晓并广泛使用的；三是已经披露并广泛知晓的技术（如教科书、技术手册）。

专利法上的公知常识缩小了普通意义上公知常识的概念，仅指专利领域的公知常识。专利法中发明专利能获得专利权的申请必须具备新颖性、创造性和实用性。其中，新颖性是指该发明或者实用新型不属于现有技术；也没有任何单位或者个人就同样的发明或者实用新型在申请日以前向国务院专利行政部门提出申请，并记载在申请日以后公布的专利申请文件或者公告的专利文件中。创造性指的是与现有技术相比，该发明具有突出的实质性特点和显著的进步，该实用新型具有实质性特点和进步。实用性，是指该发明或者实用新型能够制造或者使用，并且能够产生积极效果。[②]在判定专利申请是否能获得保护时，需要与现有技术进行对比，而在这个过程中，对公知常识的判断往往会影响对专利申请创造性、新颖性和实用性的判断。如该申请与现有技术进行对比所解决的技术问题是显而易见的，就不具备创造性。

实践中对公知常识的认定往往会遇到以下问题：一是对公知常识的认定不统一，授权确权中各方往往因此产生争执；二是法律对公知常识如何应用于诉讼程序不够明确，实践中往往举证困难；三是对其说理不充分，未能深入理解公知常识的含义，说理不正确、不充分。就本案而言，当事人显然对公知常识的认定产生了偏差，正如一审法院所认定的，纸板涂布涂料的成分均含有涂布涂料的常用白色颜料，即高岭土、碳酸钙和塑性颜料，其涂料成分、常用颜色及互相的配比是本领域的公知常识。二审法院则认为，实际上如何根据纸板的特性取得较好的技术效果，并非本领域技术人员进行适当选择并通过常规实验可以得到的，而是需要其付出创造性劳动才能获得的，因此某集团公司提供的证据并不是公知常识，而是一种技术方案。

实践中还会遇到区别技术特征与自然定律和定理之间存在联系的情况。这些自然定律和定理是该领域的常识，但采用特定的技术方法不是公知常识。目前，在确定权利要求是否具有创造性时，应遵循以下规则：如果区别技术特

① 《专利审查指南》第二部分第四章第 3.2.1.1 节。

② 参见《专利法》第 22 条。

征是直接或唯一地从特定的自然法则或定理得出的，则可以认为这是技术启示。相反，则不是技术启示。在不同学科中，定理、定律或自然法则是本领域技术人员的常识，但是通过定理、定律和自然法则的不同应用，人们在解决相似或相同问题方面有很大不同。因此，在判断区别技术特征是否具有创造性时，不能简单地认为只要区别技术特征包括自然定理、定律或自然法则就是公知常识，而是要考虑其对定理、定律、自然法则是否存在具有创造性的运用。

二、认定公知常识的主要因素

（一）以所属技术领域为基础

从专利法的角度理解公知常识，需要明确所属的技术领域。因为专利是一种技术方案，是用技术手段解决所属技术领域的技术问题，因此无法脱离技术领域进行判定。随着科学技术的发展，不断产生新的技术领域，公知常识并非适用于所有技术领域的通用性知识，而是具体到某一领域之中。只有在相同或者类似的技术领域，才能将公知常识与现有技术进行对比。一方面，从专业知识来说，一般只有特定领域的人员才具有该领域的专业知识，才能对技术方案进行对比分析；另一方面，如果技术方案分属两个不同的领域，则解决的是不同的技术问题，就不构成与该现有技术相似。

（二）以所属领域专业人员为视角

将专利申请与现有技术进行对比，实际上是审判人员的意识活动，具有主观性。因此，为使认定结果公正公平，需要站在所属技术领域专业人员的角度去认定。为减少主观上的偏差，应以专利申请日该领域技术人员的知识和技能进行判断，这样才能识别其是否为公知常识。

（三）从技术方案的整体进行判定

因为一个技术方案往往有多个技术特征，而且一般相互之间具有联系，所以要从整体技术方案出发，对权利要求涉及的全部特征进行解读。在判定公知常识时，一般会全面考虑区别特征的技术问题和效果。一方面，是为了避免片面单一地判断某一技术特征是否在该领域常见；另一方面，是因为某些单一技术手段在该领域的确常见，所以要从整体分析该技术手段是仅靠其本身还是和其他技术特征相互关联而发挥作用。以本案为例，纸板涂布涂料的成分有高岭土、碳酸钙和塑性颜料，这些成分都是该领域技术人员普遍且常用的，但其配比需要经过配比实验才能获得。因此在判断是否构成公知常识时，不能仅从单一方面去看待技术方案，而是要从整体去分析。

三、公知常识与创造性的关系

在进行专利创造性判断的过程中，需要从本领域技术人员的视角进行判断，该技术人员是具有一定知识水平和能力的虚拟人。换句话说，有必要判断本领域技术人员的知识和能力，这包括该领域的公知常识。从理论上讲，必须对技术人员拥有的知识和能力作出相同的判断，但实际上，不同的人拥有不同的知识和能力，在感知上存在偏差，这容易导致理解与认识不一致。因此，如果能找到明确的公知常识性证据，或者可以推断出其属于公知常识，则需要对其说理过程进行详细展开，以增强其说服力。

在用于评估专利创造性的三步法中，第三步是确定对本领域技术人员而言，所要求保护的发明是否为显而易见的。[①] 在判断过程中，有必要确定整个现有技术中是否有技术上的启示。《专利审查指南》规定了在众所周知的教科书和参考书中公开的解决重新确定的技术问题的技术手段，本领域中解决重新确定的惯常手段，就通常被认为现有技术存在上述“技术启示”。虽然将具有技术启示的区别特征规定为公知常识，但是还需要和其他公开的材料进行比较，分析公知常识与该专利申请中需解决的技术问题和作用是否一致，有必要确定其是否与专利申请的区别技术特征相同。若不同，区分特征即为公知常识，也不能认为提供了技术启发。

所以，在区别特征是公知常识的前提下，应认识到其并非提供了技术启示，判断的重点是通过技术手段解决的技术问题是否与本专利申请相同，是否实现相同的技术效果。如果只是孤立地看待技术手段，仅以区别特征是本领域的公知常识得出结论，认为这种情况下涉及的专利技术解决方案不具备创造性，但事实可能恰好相反。因此，在判定专利中的区别特征是否为公知常识时，需要综合判断，才能得出比较合理的结果。

四、公知常识的举证

在具体的审查中，对于公知常识举证的必要性和方式存在不同的观点：第一种观点认为，在具体的审查中直接认定，无需具体而详细地证明；第二种观点认为，在申请人对审查员将其技术方案认定为公知常识的意见有所质疑时，审查员需要提供相应的证据，《专利审查指南》中有类似规定，如“对驳回决定和前置审查意见中主张的公知常识补充相应的技术词典、技术手册、教科书等所属技术领域中的公知常识性证据”[②]，“审查员在审查意见通

---

① 参见《专利审查指南》第二部分第四章第 3.2.1.1 节。

② 《专利审查指南》第二部分第四章第 3.3 条第 4 款第 2 项。

知书中引用的本领域的公知常识应当是确凿的，如果申请人对审查员引用的公知常识提出异议，审查员应当能够提供相应的证据予以证明或说明理由。在审查意见通知书中，审查员将权利要求中对技术问题的解决作出贡献的技术特征认定为公知常识时，通常应当提供证据予以证明”[①]。

造成公知常识举证困难的原因主要有：第一，现行法律法规未规定公知常识的举证规则，因此实践中做法各异；第二，相较于记载详尽的对比文件，公知常识往往不够明确。

考虑到举证的必要性和难度等因素，当事人可以通过提供足够的解释或提交证据来确定相应的技术手段是否为惯常手段。但是，实践中通常很难做到“充分说明”，所以只能尽可能地提供公知常识的直接证据。对于对方当事人所提出的公知常识证据等，需要全面分析并合理怀疑。如果双方均没有异议，则可以简短说明，而无须提供直接证据。

公知常识性证据可采用技术词典、技术手册、教科书等材料，但不能与技术领域、技术问题或技术效果分开考虑。提供的公知常识性证据必须与相应的技术特征属于相同的技术领域，并解决相同的技术问题，与相应的技术特征具有相同的作用，并且获得相同的技术效果。另外，技术词典、技术手册、教科书和其他材料经常描述相应领域的技术特征，功能比较需要各方进行详细地分析和使用。

五、结论

在专利无效审查中，公知常识通常作为新颖性、创造性和实用性判定的证据之一，其规则的科学性与实践操作的客观性将影响专利制度的公信力。在个案中，公知常识需要以所属技术领域为基础、以所属领域专业人员为视角，从技术方案的整体进行判定。但实践中对公知常识的认定往往存在差异。这一方面是由于我国《专利法》及《专利法实施细则》未对公知常识予以明确规定，仅在《专利审查指南》中进行了列举，另一方面是由于在诉讼程序中对如何应用公知常识尚未明确，目前相关制度仍待进一步完善。笔者建议在未来立法中对专利法领域的“公知常识”予以明确规定，为公知常识的判定提供充分的法律依据和认定标准，以护航技术进步，实现保护创新和维护公共利益的价值统一。

---

① 参见《专利审查指南》第二部分第八章第 4.10.2.2 节。

专利申请中说明书充分公开的判定

——欧某与国家知识产权局专利复审委员会行政纠纷案

/ 廖小梅

本案要旨

根据《专利法》第22条的规定，发明和实用新型应当具备新颖性、创造性和实用性。因此，创造性是判断发明能否被授予专利权的重要条件之一。其标准为，发明具有突出的实质性特点和显著的进步，实用新型具有实质性特点和进步。就突出的实质性特点而言，相关领域技术人员应认为对此发明相对于现有技术并非显而易见。同时，《专利法》第26条第3款规定，发明、实用新型的说明书应当以所属技术领域的技术人员能够实现为标准作出清楚、完整的说明。也就是说，若涉案专利的技术方案进行了充分公开，所属领域的技术人员在不需要进行创造性劳动的条件下，能够达到技术方案的目的并再现技术方案。

案件信息

上诉人（一审原告）：欧某

被上诉人（一审被告）：国家知识产权局专利复审委员会

一审第三人：李某、钟某

案号：北京知识产权法院（2018）京73行初2848号、北京市高级人民法院（2019）京行终1774号

原被告主张及理由

原告欧某诉称：（1）被告未审查国家知识产权局驳回决定有关创造性的问题，而是超越职权针对《专利法》第26条第3款说明书公开是否充分的问题进行审查，而且说明书公开不充分也并非“明显实质性缺陷”，被告无权

依职权引入该理由驳回本申请，因此被告作出的被诉决定违反了法定程序。（2）本申请中空气压缩机和枪膛线涡旋喷射管是对现有技术中公知常识的功能结构的转用，因此本申请说明书公开是充分的。综上，请求法院依法判决撤销被诉决定，并判令被告重新作出决定。

被告辩称：被诉决定认定事实清楚，适用法律法规正确，审理程序合法，审查结论正确，原告的诉讼理由不能成立，请求法院驳回其诉讼请求。

一审法院查明的事实

一、本申请

（1）申请人：原告。（2）发明创造名称：大规模雾霾消除装置及方法。（3）申请号：201310571538.×。（4）申请日：2013 年 11 月 13 日。（5）公开日：2014 年 2 月 19 日。（6）本申请的权利要求。

二、其他事实

国家知识产权局以本申请不具有创造性，不符合《专利法》第 22 条第 3 款的规定为由，于 2016 年 9 月 28 日作出驳回决定，驳回申请。原告对该驳回决定不服，于 2016 年 12 月 20 日向被告提出复审请求。被告经审查后作出被诉决定，认为本申请说明书公开不充分，不符合《专利法》第 26 条第 3 款的规定，并在此基础上维持了上述驳回决定，但未对本申请是否符合《专利法》第 22 条第 3 款的规定进行审查。

在本案开庭审理中，原告认可本申请权利要求 1 中限定的涡扇式空气压缩机和枪膛线涡旋喷射管并非本领域的通用术语，但主张是从其他技术领域转用而来，并根据本申请的具体用途，对上述两个装置的结构进行了改造。

上述事实，有本申请公开文本、国家知识产权局于 2016 年 9 月 28 日作出的驳回决定以及当事人陈述等证据在案佐证。

一审法院判决理由与裁判结果

根据双方当事人的诉辩主张，本案的争议焦点为被告依职权对本申请说明书公开充分的问题进行审查是否违反法定程序，以及本申请说明书是否公开充分。

原告主张被告未审查国家知识产权局驳回决定所涉及的创造性问题，而是超越职权针对《专利法》第 26 条第 3 款的说明书公开充分问题进行了审查。而且说明书公开不充分并非“明显实质性缺陷”，被告无权依职权引入该理由驳回本申请，故被告作出被诉决定违反了法定程序，同时本申请说明书已经达到公开充分的要求。对此，法院将从以下几个方面逐一展开。

一、被告在复审程序中是否可以依职权进行审查

复审程序是因申请人对驳回决定不服而启动的救济程序，专利复审委员会以审查驳回决定合法性为其基本审查范围。因此，专利复审委员会在复审程序中一般应遵循“请求原则”，应仅针对驳回决定所依据的理由和证据进行审查，而不能超出驳回决定所依据的理由和证据范围进行审查。但是，复审程序也是专利审批程序的延续，同时兼具对专利审批程序的监督和纠错功能。如果专利复审委员会发现专利申请存在明显实质性缺陷而不主动进行审查，则可能导致专利申请实质审查和复审程序的反复，或者无效宣告程序被反复提起，也可能导致不应被授予专利权的申请被授予专利权，从而增加社会成本。因此，为了提高授权专利的质量，提升行政效率，节约成本，避免不合理地延长审查程序，专利复审委员会可以在特定情况下依职权对驳回决定未提及的明显实质性缺陷等进行相应审查。同时，《专利审查指南》第四部分第二章第 4.1 节规定，在复审程序中，合议组一般仅针对驳回决定所依据的理由和证据进行审查。除驳回决定所依据的理由和证据外，合议组发现审查文本中存在下列缺陷的，可以对与之相关的理由及其证据进行审查，并且经审查认定后，应当依据该理由及其证据作出维持驳回决定的审查决定：（1）足以用在驳回决定作出前已告知过申请人的其他理由及其证据予以驳回的缺陷。（2）驳回决定未指出的明显实质性缺陷或者与驳回决定所指出的缺陷性质相同的缺陷。前述规定即对专利复审委员会在复审程序中依职权进行审查的具体规定。

《专利审查指南》是专利复审委员会在复审程序中应当遵循的部门规章。因此，依照《专利审查指南》的上述规定，专利复审委员会应当在复审程序中依职权审查驳回决定未指出的明显实质性缺陷。

二、复审程序中“明显实质性缺陷”的认定

依职权审查作为复审程序中的特殊情形，属于“请求原则”这一一般原则的例外，因此对其适用范围应当予以严格限定，否则可能导致行政机关自由裁量权过大，导致“请求原则”这一一般原则落空，同时会破坏社会公众对专利审查规则稳定性的预期。

《专利审查指南》除前述对专利复审委员会可在复审程序中依职权审查的两种情形进行原则性规定以外，同时以举例方式指出：驳回决定指出权利要求 1 不具备创造性，经审查认定该权利要求请求保护的明显是永动机时，合议组应当以该权利要求不符合《专利法》第22条第4款的规定为由作出维持驳回决定的复审决定，也即不具有实用性可以作为明显实质性缺陷的一种情形。此外，《专利审查指南》第一部分第一章第7节明确列举了在初步审查程序中属于明显实质性缺陷的情形，诸如非专利客体、不符合发明的定义、修改超范围、专利申请文件缺陷、违反单一性原则等。《专利审查指南》第四部分第三章第4.1节规定了在无效宣告程序中属于明显实质性缺陷的情形，诸如专利保护客体缺陷、无效理由与证据不相对应、请求人未提及的缺陷导致无法针对其无效理由进行审查等。

由于初步审查、复审程序和无效宣告程序的制度功能不同，其审查范围存在一定差异，因此各环节中有关“明显实质性缺陷”的范围不完全一致有其合理性。但是，基于依职权审查的制度价值定位，各环节中“明显实质性缺陷”的情形之性质应当相同。基于此，对于复审程序中对“明显实质性缺陷”的认定，可以依照《专利审查指南》在初步审查和无效宣告程序中所列举情形的性质，具体判断个案中的情形是否属于“明显实质性缺陷”。

根据《专利审查指南》中的上述规定可以发现，尽管在各阶段中有关“明显实质性缺陷”所列举的具体情形有所不同，如不具有实用性、不属于专利客体、修改超范围等，但也具有一些共同的特点，即都可归结为本领域技术人员在对专利申请文件进行阅读后，无须进行深入调查证实、无须对现有技术进行检索比对、无须通过实验或计算等方式进一步验证即能轻易发现的缺陷，该共同特点可以作为判断是否属于“明显实质性缺陷”的依据。

三、说明书公开不充分是否属于“明显实质性缺陷”

《专利法》第26条第3款规定，说明书应当对发明或者实用新型作出清楚、完整的说明，以所属技术领域的技术人员能够实现为准。该条是专利法对说明书公开充分的要求，最终判断标准为“能够实现”，但何为“能够实现”，专利法并未进一步详细规定。《专利审查指南》第二部分第二章第2节以列举的方式，列明了五种由于缺乏解决技术问题的技术手段而被认为无法实现的情形。

当然，说明书公开不充分的情形，并不仅限于上述五种情形。一般而言，如果本领域技术人员无须付出创造性劳动就能够实施发明创造的技术方案，则认为该技术方案达到了能够实现的要求。需要指出的是，在某些情况下，如果本领域技术人员仅仅通过简单的实验或计算等方式即可验证发明创造的技术方案能够实现，则也属于“无须付出创造性劳动”即能实施发明技术方案的情形，符合说明书公开充分的要求。

综上所述，说明书公开不充分包含多种情形，有些情形属于本领域技术人员依据一般常识，通过阅读专利申请文件，无须进行深入调查证实、无须对现有技术进行检索比对、无须通过实验或计算等方式进一步验证即可发现公开不充分，例如说明书只给出了任务或设想，而未给出任何技术手段的情形；有些情形则需要本领域技术人员进行简单的实验或计算等方式验证后才可确定发明创造是否可以实现，例如需要代入相关数值进行计算后方可确定能否实现相关技术效果的情形。显然，后一种情形对本领域技术人员而言，说明书公开是否充分并不直观，不属于上述“明显实质性缺陷”的情形。因此，对于说明书公开不充分是否属于“明显实质性缺陷”，还应结合个案的具体情况进一步判断。

四、本申请说明书公开是否充分以及是否属于“明显实质性缺陷”

本案中，本申请请求保护一种大规模雾霾消除装置，权利要求限定的技术方案中包含有涡扇式空气压缩机和枪膛线涡旋喷射管。原告认可上述两装置并非本领域的现有技术，而是从其他技术领域转用而来，且原告还根据本申请的具体用途，对该两装置进行了结构上的改造。同时，本申请说明书中也没有关于涡扇式空气压缩机和枪膛线涡旋喷射管的具体结构的详细描述。因此，本领域技术人员在阅读本申请说明书后，无法确定两装置的具体结构，无法知晓原告对其他领域相关技术进行改造后的技术方案，也无法预知何种结构的涡扇式空气压缩机与枪膛线涡旋喷射管一起作用能够产生雾霾龙卷风且足以消除大气雾霾。因此，本申请说明书记载的技术手段是含糊不清的，本领域技术人员无法实现，故本申请说明书公开不充分，不符合《专利法》第26条第3款的规定。

同时，本案说明书公开不充分的情形，属于本领域技术人员通过阅读专利申请文件后，无须进行深入调查证实、无须对现有技术进行检索比对、无须通过实验或计算等方式进一步验证即可发现，构成“明显实质性缺陷”。

基于以上内容可知，本申请说明书公开不充分，且属于“明显实质性缺陷”，被告可以在复审程序中依职权进行审查。同时，由于本领域技术人员无法确定本申请的技术方案，故被告不再对本申请的创造性问题进行审查并无不当。因此，原告的相关主张不能成立，法院不予支持。

综上所述，被告作出被诉决定证据确凿，适用法律正确，符合法定程序。原告的诉讼请求缺乏事实与法律依据，法院不予支持。

上诉主张及理由

欧某不服原审判决并提起上诉，请求撤销原审判决和被诉决定。其主要上诉理由为，（1）原审判决漠视《专利审查指南》明文列举的实用新型专利申请和发明专利申请“明显实质性缺陷”依职权审查的情形，强行把适用于实用新型专利申请的“公开充分性”审查权扩大到发明专利申请领域，适用法律错误；（2）专利复审委员会未审查国家知识产权局驳回决定所涉及的创造性问题，而是超越职权针对《专利法》第26条第3款的说明书公开充分问题进行了审查，被诉决定有法不依，程序违法，事实认定错误，应予撤销。

专利复审委员会服从原审判决。

➲ 二审法院查明的事实

二审认定的事实与一审认定的事实一致。

➲ 二审法院判决理由与裁判结果

一、关于原审案件中专利复审委员会是否超越职权审查的程序问题

《专利审查指南》（2010年版）第四部分第二章第4.1节规定，在复审程序中，合议组一般仅针对驳回决定所依据的理由和证据进行审查。除驳回决定所依据的理由和证据外，合议组发现审查文本中存在下列缺陷的，可以对与之相关的理由及其证据进行审查，并且经审查认定后，应当依据该理由及其证据作出维持驳回决定的审查决定：（1）足以用在驳回决定作出前已告知过申请人的其他理由及其证据予以驳回的缺陷。（2）驳回决定未指出的明显实质性缺陷或者与驳回决定所指出的缺陷性质相同的缺陷。

基于前述规定可知，专利复审委员会一般情况下仅应针对国家知识产权局所作驳回决定涉及的理由和证据进行审查，但其作为复审机构，仍负有对原行政行为进行监督、纠错的职能，对原行政行为未指出的审查文本存在明显实质性缺陷的问题，专利复审委员会有职权对前述问题进行审查。

对于在复审阶段“明显实质性缺陷”的具体内涵，《专利审查指南》并未明确规定。但《专利审查指南》在第一部分第一章第7节明确列举了在初步审查程序中属于明显实质性缺陷的情形，如非专利客体、不符合发明的定义、修改超范围、专利申请文件缺陷、违反单一性原则等，亦在第四部分第三章第4.1节规定了在无效宣告程序中属于明显实质性缺陷的情形，如专利保护客体缺陷、无效理由与证据不相对应、请求人未提及的缺陷导致无法针对其无效理由进行审查等。虽驳回复审程序与前述初步审查程序、无效宣告程序的功能定

位、审查重点并不完全相同，但有关“明显实质性缺陷”的深层次内涵应当是趋于一致的，即本领域技术人员在对专利申请文件进行阅读后，无须进行深入调查证实、无须对现有技术进行检索比对、无须通过实验或计算等方式进一步验证即能发现的缺陷，属于可以认定“明显实质性缺陷”的依据。

对于说明书公开不充分是否属于前述“明显实质性缺陷”，《专利审查指南》亦未明确规定。但在专利授权确权行政案件中，说明书公开不充分的情形很多，有些明显属于前述“明显实质性缺陷”，如说明书仅给出了理念，但未给出任何实现理念的技术手段，但有些则需要结合案件的具体情形、证据等因素综合判断，本案即此种情形。专利复审委员会需要结合当事人的陈述，从整体上理解、判断本申请说明书的充分公开程度，进而认定其是否属于前述“明显实质性缺陷”。

基于上述分析，二审法院认为专利复审委员会未审查国家知识产权局驳回决定所涉及的创造性问题，而是针对《专利法》第26条第3款的说明书公开充分问题进行了审查，程序上并无不当。原审判决对此认定正确，二审法院予以支持。

二、关于本申请说明书是否符合《专利法》第26条第3款的问题

《专利法》第26条第3款规定，说明书应对发明或者实用新型作出清楚、完整的说明，以所属技术领域的技术人员能够实现为准。

本案中，本申请请求保护的是一种大规模雾霾消除装置，权利要求限定的技术方案中包含有涡扇式空气压缩机和枪膛线涡旋喷射管，但本申请的说明书没有对前述部件具体结构的详细描述，且欧某亦认可上述两部件并非本领域的现有技术，而是从其他技术领域转用而来，因此本领域技术人员无法得知如何运用涡扇式空气压缩机和枪膛线涡旋喷射管一起作用从而产生雾霾龙卷风足以消除大气雾霾。鉴于此，本申请说明书记载的技术手段是含糊不清的，本领域技术人员无法依据说明书和本领域的普通技术知识实现本申请所要解决的技术方案，故本申请说明书公开不充分，不符合《专利法》第26条第3款的规定。

另外，专利复审委员会结合欧某的陈述，从整体上理解、判断本申请说明书的充分公开程度，认定本申请说明书属于本领域技术人员在对专利申请文件进行阅读后，无须进行深入调查证实、无须对现有技术进行检索比对、无须通过实验或计算等方式进一步验证即能发现的缺陷，构成“明显实质性缺陷”。专利复审委员会据此依职权进行审查并作出被诉决定，并无不当。原审判决对此认定正确，二审法院予以支持。

综上，原审判决认定事实清楚，适用法律及判决结论正确，依法应予维持。

案例解析

本案是针对专利说明书是否充分公开而引发的诉讼。在专利复审、无效宣告等确权授权程序中，说明书公开对专利是否能够获得授权和保持有效性具有重要影响。专利法的基本逻辑是以公开换保护，将技术方案充分公开从而推动社会的发展；相应地，法律将给予权利人一定时期的独占权。在专利申请中，“公开不充分”的审查意见虽然占比不高，但是一旦出现这种情形，其后果极为严重，尤其是存在不完整和无法实施的缺陷，均无法通过修改予以克服。如果专利申请文件中的说明书公开不充分，公众让渡排他性权利之后，并没有得到能够实现的技术方案，也不能准确确定权利范围，专利制度就会变成一场单方面的“圈地运动”，不断损害公众利益。

一、发明专利申请中说明书的作用

权利人申请专利时，需要提交发明专利申请文件，主要包括说明书、权利要求书、说明书摘要等。一般而言，说明书具有以下作用。

（一）说明书充分公开，实现专利

《专利法》第26条第3款规定：“说明书应当对发明或者实用新型作出清楚、完整的说明，以所属技术领域的技术人员能够实现为准；必要的时候，应当有附图。摘要应当简要说明发明或者实用新型的技术要点。”“所属技术领域的技术人员能够实现”是指所属领域技术人员按照说明书记载的内容，能够实现该发明或者实用新型的技术方案，解决其技术问题，并且产生预期的技术效果。因此，说明书应当使所属领域的技术人员能够依据该说明书实现该专利。专利获得保护的原因在于申请人公开其发明，将会使现有技术更加完善和丰富，促进社会创新与发展。

（二）明确专利保护范围

专利保护的依据是权利要求书等文件中明确记录的技术特征。一般来说，对其记载得越详尽，权利要求的范围越宽，专利保护的力度就越大。因此为了获得更为完善的保护，申请人将在说明书中尽可能地公开权利要求，以支持权利要求书。

（三）作为修改专利申请文件和解释权利要求书的辅助文件

在专利的审批过程中，申请人出于各种原因，可能会对其专利申请文件进行修改。根据《专利法》第33条的规定：“申请人可以对其专利申请文件进行修改，但是，对发明和实用新型专利申请文件的修改不得超出原说明书和权利要求书记载的范围，对外观设计专利申请文件的修改不得超出原图片或者照片表示的范围。”因此说明书是权利人修改申请文件的依据之一，修改的内容往往不能超出其记载范围。

二、说明书充分公开的实验数据的要求

说明书中实验数据需要达到本领域技术人员能够实现本技术方案的技术问题或达到技术效果的程度。以药品专利为例，药品上市审批中通过实验数据来证明药品的有效性、可靠性和安全性，所以在专利审查过程中实验数据极为重要。

提及药品专利的实验数据，可联想到《中华人民共和国政府和美利坚合众国政府经济贸易协议》第 1.10 条规定的药品专利申请中能否补充数据的问题。关于药品专利是否允许补充数据一直是中美知识产权争议的焦点问题。药品发明和普通发明有极大的差异性。从技术层面来说，普通发明往往可以通过技术方案本身推导出技术效果，不需要实验数据佐证，但是药品的技术效果则难以从中预测，需要实验结果进行辅助，因为药品分子结构式的微小区别可能会使疗效有较大差异。另外，药品发明申请人难以在专利申请之前穷尽药品所有属性或其所有效果。药品专利实验数据可以在说明书中直接记载，或是在专利审查程序中由申请人在答复审查意见中提供。在采用专利先申请制的国家或地区，在申请日后提交数据不能变相突破先申请制。我国对于申请日后补充实验数据的规定体现在 2017 年修改的《专利审查指南》第二部分第十章中：“关于补交的实验数据判断说明书是否充分公开，以原说明书和权利要求书记载的内容为准。对于申请日之后补交的实验数据，审查员应当予以审查。补交实验数据所证明的技术效果应当是所属技术领域的技术人员能够从专利申请公开的内容中得到的。”此前我国《专利法》《专利法实施细则》均未对药品数据补充进行规定。2023 年修改的《专利审查指南》将“不予考虑”修改为“予以审查”，虽然限制了实验数据的类型，对补充提交的数据较之前宽松，但要求其必须能证明申请文件中充分公开的技术效果，总体还是偏严格的，所以在实践中存在一些不予考虑补充实验数据的案例。

三、对说明书是否充分公开的判断

（一）以所属技术领域的技术人员为判断主体

对说明书是否符合清楚、完整、能够实现的要求，审查人员要站在所属领域的技术人员的角度加以判断。一方面，其并不要求说明书面面俱到，例如公知常识的信息可以省略不提；另一方面，要求说明书可以使该领域的技术人

员实现该技术方案，否则，将不授予专利权，因为该专利申请可能是不具有实用性的，不符合专利法的要求。

但是在一些案件中，法官和审查员未掌握本技术领域人员的专业知识，审查判断的过程存在一定的盲点，当各方意见不一致时，法官只能通过相关证据及说理进行判定。如在北京市高级人民法院（2012）高行终字第1572号行政判决书中，法院支持了专利复审委员会的观点，即说明书公开不充分，原因在于争议的理论并非该领域的公知常识，需要记载辅以证明的实验数据或者实验结果，仅以口头说明是不充足的。

（二）以权利要求书中的技术方案为基础

在对说明书所记载的内容进行判断的时候，不需要判断全部的内容，而是以说明书中所保护的权利要求为基础。换言之，在说明书中有记载但是权利要求书中未记载的技术方案，不是审查的对象。因为说明书和权利要求书中的相互对应关系十分重要，所以必须提高对其的重视。首先，说明书需要从形式上体现对权利要求书的支持，说明书记载的和权利要求书限定的技术方案的表达应当一致。其次，说明书需要从实质上体现对权利要求书的支持。《专利法》第26条第4款规定："权利要求书应当以说明书为依据，清楚、简要地限定要求专利保护的范围。"该条的意思是权利要求需要得到说明书的支持，并且不能超过说明书公开的范围。对于采用上位概念等进行概括的权利要求，也应得到说明书的支持。如果权利要求书想要保护的范围过大，而概括得出的权利要求中有部分内容未得到说明书的支持，就可能导致整个权利要求无效。最后，二者需要相互补充。《专利法》第33条规定："申请人可以对其专利申请文件进行修改，但是，对发明和实用新型专利申请文件的修改不得超出原说明书和权利要求书记载的范围……"专利申请人在对专利进行修改时，可采用主动进行修改或者通过提交补正书的方法，但是都不能超过原说明书和权利要求书所记载的内容。如果请求保护的解决方案的全部或部分内容记录在原始申请的权利要求中，但未记录在说明书中，则申请人可以将其添加到说明书中。如果在说明书中明确地记录了修订后的权利要求的技术解决方案，则允许进行诸如对权利要求进行添加或更改之类的修改。

（三）以清楚、完整、能够实现为标准

在对说明书进行判定时，要遵循的标准就是清楚、完整、能够实现。

"清楚"要求对说明书的描述要清晰明了，不能过于含糊，使得所属领域的技术人员无法理解该技术方案，或者对该技术方案的理解产生歧义。第一，要满足主题清楚，说明书要写明所解决的技术问题、技术方案和有益效果，三者应当相互适应，不能发生矛盾的情况。第二，要满足表达清楚，说明书的语言不能含糊不清或模棱两可，而应当准确表达其技术内容，使本领域技术人员可以实现该方案。如果说明书中出现了错误，但只要本领域技术人员能够依靠其知识和技术，并结合技术方案就能识别和确认正确的理解，该说明书就满足了清楚这一要求。就本案而言，申请人对其技术方案的描述含糊不清，使得该领域的技术人员无法实现该技术方案，因此法院认为本申请说明书公开不充分，不符合《专利法》第 26 条第 3 款的规定。

"完整"要求对技术方案进行完整记载，除所处领域技术人员所知晓的公知常识，以及以技术秘密的形式适当保留的相应技术信息外，其他实现技术方案所需的技术手段均需要完整记载，否则技术人员将难以实现技术方案。通常只有当说明书中内容的缺失影响所属技术人员实施发明或者实用新型时，才会导致说明书记载内容不完整。

"能够实现"指的是所在领域的技术人员能根据说明书等文件的记载，通过技术手段，实现技术方案，达到技术效果。从另一角度来说，也是专利法中实用性的要求。实用性主要包括三个方面：一是能实现，指的是技术方案应当是具体可行的，而不是违背自然规律，或者抽象的理论等；二是有一定的积极效果，在该领域或者社会发挥一定的作用；三是不能违背社会公共利益。① 如果尚未解决在本说明书中声称解决的技术问题或尚未实现预期的技术效果，但本领域的技术人员依据说明书中公开的内容、技术解决方案本身或者根据相关的现有技术和技术领域中的常识来确定其可以解决至少一个技术问题或达到至少一种技术效果，则通常可以视为符合"能够实现"要求。如果基于对技术方案的理解，可以确定本发明或实用新型具有有益的技术效果，则可以合理地夸大其词。当说明书声明一项发明或实用新型的技术方案可以解决多种技术问题或产生多种技术效果时，但实际上本领域普通技术人员可以解决技术问题之一，也属于"能够实现"。

四、说明书充分公开的证据规则

（一）举证责任

一般来说，在专利确权授权纠纷中，举证责任的承担有三种观点：一是由无效请求人来承担不利后果，因为专利授权后即得到保护，请求人主张专利权无效需要提供证据；二是由专利权人承担，因为专利只有符合《专利法》规

---

① 参见冯晓青主编：《知识产权法》（第 4 版），中国政法大学出版社 2024 年版，第 320~321 页。

定才能获得保护，所以专利权人自始就需要承担对所申请的专利有效的责任；三是需要对具体专利类型进行区分，因为发明专利在审查时经过了实质审查，需要无效请求人提出相应的证据来支持自己的观点，而实用新型专利则需要专利权人承担不利后果。①

（二）证明标准

专利授权确权案件实质上是行政案件，应适用《行政诉讼法》以及相关司法解释的规定。此外，还需要满足《专利法》第26条第3款的要求，审查人员和法官将站在所属领域的技术人员的角度去判断，除自身所具备的知识外，案件信息也非常重要，尤其在审查人员欠缺该领域技术信息时，案件证据将发挥不可或缺的重要作用。证据和信息越多，对案件的审理越准确，否则在真伪不明的情况下，负有证明责任的人将承担不利后果。因此判断标准是排除合理怀疑标准，只要审查人员以所属领域的技术人员为判断主体，依据说明书、权利要求书无法实现该技术方案，则认定说明书公开不充分、权利要求书不能得到支持，反之，如果审查人员无法提出合理怀疑，则可以支持说明书和权利要求书。

除上文所述的举证责任和证明标准外，说明书充分公开的证据规则还有举证期限、举证责任转移等内容，因与本部分分析重点的关联性较小，不再赘述。

五、结论

专利申请中说明书是否充分公开对其能否获得授权和保持有效性具有重要作用，一方面可用于判断本领域是否能够实现该申请专利的技术方案，另一方面可用于明确专利申请希望保护的范围。因此，在判断专利说明书公开是否充分时，审查人员应当结合申请人的说明书和权利要求书进行具体分析，并重点关注申请人要求保护的权利要求所涉及的所有技术方案，始终以“清楚、完整、能够实现”为法定判定标准。同时，审查人员需要以所属领域的技术人员的视角进行判定。在排除合理怀疑的情况下，才能确定其说明书符合充分公开要求，最终授予专利。对于专利申请人而言，需要把握好技术秘密保护与公开义务的平衡，注重实施技术的完整性，以获得专利保护。总的来说，唯有在说明书充分公开的情况下，方能更好地平衡专利权人的独占性保护和公众利益，既激励创新，又能促进技术的进一步发展。

---

① 参见石必胜：《专利说明书充分公开的司法判断》，载《人民司法》2015年第5期。

外观造型的现有设计判断

——广州甲皮具有限公司与国家知识产权局专利复审委员会专利权无效行政纠纷案

/ 欧阳川子

➲ 本案要旨

根据《专利法》第23条的规定，被授予专利权的外观设计与现有设计或者现有设计特征的组合相比，应当具有明显区别。现有设计应当是在申请日以前公众能够得知的设计。如果相关证据可以证明外观设计专利权人实施的销售行为属于对对比设计进行公开且使之处于公众能够获知的状态，而从一般消费者的认知能力来看，本专利外观设计对应对比设计的推定部分采用的是惯常设计，即使存在部分内容设计的差异（如背带设计），该差异对产品的整体视觉效果产生的影响也非常有限。因此通过对本专利与现有专利的整体比对与综合观察，可以得出对比设计与本专利外观设计实质相同的结论，本专利因为属于现有外观设计而无效。

➲ 案件信息

原告：广州甲皮具有限公司

被告：国家知识产权局专利复审委员会

第三人：广州乙皮具有限公司

案号：北京知识产权法院（2015）京知行初字第5206号

➲ 原被告主张及理由

原告广州甲皮具有限公司（以下简称广州甲皮具公司）主张：（1）广州乙皮具有限公司（以下简称广州乙皮具公司）、罗某所提供的证据并不能形成有效的证据链证明本专利产品在申请日前已经公开销售。广州甲皮具公司委托广东华生司法鉴定中心就证据1中编号为第71086×3的送货单进行了鉴定。从鉴定结果可知，广州乙皮具公司提供的送货单上的公章不真实，广州乙皮具公司的行为涉嫌伪造证据。（2）广州乙皮具公司、罗某所提供的证据并不能证明本专利的外观设计在申请日前已经公开。广州乙皮具公司提供的证据并未完全清晰地展示本专利各个视图的设计，所涉及的产品编号与本专利名称中的编号亦不相同，而事实上同样为两款不一样的设计。综上，本专利符合《专利法》第23条第1款的规定，无效宣告的理由不成立，故请求人民法院依法撤销被诉决定，判令专利复审委员会重新作出无效宣告审查决定。

被告抗辩：被诉决定依据的是第71090×9号送货单，广州乙皮具公司在口头审理过程中当场出示了盖公章的原件，广州甲皮具公司对此进行了核实并予以认可。广州甲皮具公司提交的第71086×3号送货单的公章鉴定结果不影响被诉决定事实认定和审查结论的正确性，且广州甲皮具公司提交的鉴定样本为复印件，并不能真实反映原件公章的真实性。专利复审委员会对在案证据进行了综合考量，认为证据之间记载的信息能够相互印证，能够证明与本专利相同的电脑背包产品已经在本专利申请日前进行了公开销售，而非仅依据证据中的图片得出本专利不符合《专利法》第23条第1款规定的结论。综上，被诉决定认定事实清楚，适用法律法规正确，审理程序合法，审查结论正确，故请求人民法院驳回广州甲皮具公司的诉讼请求。

第三人主张：（1）被诉决定并未将第71086×3号送货单作为使用公开的证据，故广州甲皮具公司提交的司法鉴定意见书与本案不具有关联性。（2）虽然证据中的产品外观图片只有相当于立体图的一个视图，但清楚地体现了本专利的设计要点，结合送货单等证据及产品信息等因素综合考量，证据1、3、6、9、10形成完整的证据链，能够证明本专利产品在申请日前已经公开销售的事实。综上，被诉决定认定事实清楚，适用法律正确，故请求人民法院驳回广州甲皮具公司的诉讼请求。

➲ 法院查明的事实

2014年7月16日，国家知识产权局授权公告了专利号为201430100107.×的外观设计专利，使用该外观设计的产品名称为“电脑背包（B1312）”，专利权人为广州甲皮具公司。

2014年12月26日，广州乙皮具公司以本专利不符合《专利法》第23条为由向专利复审委员会提出无效宣告请求。

2015年3月26日，专利复审委员会对该案进行了口头审理。

2014年12月23日，罗某以本专利不符合《专利法》第23条为由向专利复审委员会提出无效宣告请求。

2015年3月25日，专利复审委员会对该案进行了口头审理。

2015年5月29日，专利复审委员会作出第26213号无效宣告请求审查决定。

2016年4月28日，法院审理认为被告专利复审委员会作出的被诉决定主要证据充分，适用法律法规正确，审理程序合法，审查结论正确，判决驳回原告诉讼请求。

➲ 法院判决理由与裁判结果

北京知识产权法院认为，根据各方当事人的诉辩主张，本案争议的焦点为被诉决定依据的对比设计是否为现有设计及本专利外观设计与对比设计是否相同或实质相同。

一、关于被诉决定依据的对比设计是否为现有设计

本案中，被诉决定宣告本专利无效所依据的对比设计为证据9附件图片中的外观设计，故应判断该设计是否为本专利申请日之前的现有设计。

现有设计，应当是在申请日以前公众能够得知的设计。证据9包含对比设计信息的邮件的发送时间为2013年7月30日，在本专利的申请日之前。虽然原告广州甲皮具公司对附件与邮件的对应性提出异议，但该附件系上述邮件附带的附件，在原告广州甲皮具公司无反证证明邮件的附件已被替换或更改过的情况下，被告专利复审委员会认定附件的发送时间亦为2013年7月30日并无不当，法院对此予以确认。

根据证据9显示的内容及各方当事人的陈述，该邮件及附件系由涂某某向杨某某发送。而证据1中广州甲皮具公司向杨某某开具的第71090×0号送货单的日期与上述邮件的发送时间相同，送货单上的货物信息与邮件附件一致；证据3、6、10表明涂某某在2013年7月30日时负责销售广州甲皮具公司的“MAIDENG”系列产品；邮件附件部分图片中的产品上显示有“MAIDENG”字样。因此，上述证据形成完整的证据链，证明涂某某于2013年7月30日代表广州甲皮具公司向杨某某销售了邮件附件图片中显示的产品。根据送货单上显示的信息，被告专利复审委员会作出被诉决定依据的是第71090×0号送货单，被诉决定中的单号“71090×9”系笔误。原告广州甲皮具公司在诉讼过程中提交的司法鉴定意见书并非针对第 71090×0 号送货单的鉴定，且仅为鉴定机构受单方委托对送货单复印件上的公章作出的倾向性判断，不能推翻被告专利复审委员会依据在案证据和当事人陈述作出的认定，故法院对原告广州甲皮具公司提交的司法鉴定意见书不予采信。

关于涂某某代表广州甲皮具公司向杨某某销售产品是否构成使用公开，法院认为，根据在案证据及当事人陈述，杨某某为浙江义乌地区的经销商，故其购买产品的目的是进一步将产品销售给消费者。第三人广州乙皮具公司提交证据证明广州甲皮具公司向杨某某实施了销售行为，即可以证明广州甲皮具公司对于对比设计进行了公开。至于杨某某是否进一步销售产品使其处于公众能够获知的状态，由于自杨某某购买产品至本专利申请日的时间已超出一般情况下销售商将产品销售给消费者的时间，原告广州甲皮具公司亦未提交证据证明杨某某对上述产品的外观设计负有保密义务或存在未实际销售的情形，故可依据优势证据原则推定对比设计产品已于本专利申请日前公开销售，处于公众能够获知的状态。

因此，证据 9 附件图片中的外观设计为本专利申请日之前的现有设计。

二、关于本专利外观设计与对比设计是否相同或实质相同

首先，第三人广州乙皮具公司提交的证据能够证明原告在先销售的型号为 1312 的背包产品与本专利的主视图所显示的外观设计基本相同，型号具有对应性。由于对比设计产品是原告广州甲皮具公司自己销售的产品，如果其否认自己销售的产品与自己申请的专利的外观设计具有一致性，有能力进行举证，在原告广州甲皮具公司未提交证据证明二者不一致的情况下，可以认定第三人广州乙皮具公司在本案中完成了自己的举证义务。被告专利复审委员会依据优势证据原则推定原告广州甲皮具公司在先销售的产品与本专利外观设计产品为相同的产品并无不当。

其次，虽然对比设计仅有主视图照片，但并不意味着不能将对比设计与本专利设计进行比较。参照《专利审查指南》第四部分第五章第 5.2.4.1 节的规定，如果对比设计的图片或照片未反映产品各面视图，应当依据一般消费者的认知能力来确定对比设计所公开的信息。本案中，本专利不保护色彩，故色彩不属于进行比对时应当考虑的因素。将体现对比设计的照片与本专利主视图的图片进行比较，可以看出两背包形状、花纹、正面拉链设置的位置、提手均基本相同。对比设计虽无立体图等其他视图，但以一般消费者的认知能力，可以从主视图中确定对比设计有多层结构并设有侧兜，而本专利外观设计中不同部分之间的层次系多层结构必然带来的设计，本专利外观设计中的侧兜亦使用了惯常设计。虽然对比设计的照片中未体现背带的设计，但在主视图体现的外观设计基本相同，且本专利外观设计对应对比设计的推定部分采用的是惯常设计的情况下，即使背带设计存在差异，对产品的整体视觉效果产生的影响也非常有限。因此，通过整体观察、综合判断的方式，可以得出对比设计与本专利外观设计实质相同的结论。

综上，无论以优势证据原则对对比设计产品与专利产品是否为相同产品作出判断，还是根据对比设计公开的信息与本专利外观设计进行比对，均可认定本专利外观设计与对比设计实质相同。故本专利的外观设计属于现有设计，不符合《专利法》第 23 条第 1 款的规定。

被告专利复审委员会作出的被诉决定主要证据充分、适用法律法规正确、审理程序合法，审查结论正确。原告广州甲皮具公司的诉讼理由不能成立，法院不予支持。依据《行政诉讼法》第 69 条之规定，法院判决如下：驳回原告广州甲皮具公司的诉讼请求。

➲ 案例解析

本案是针对本专利是否属于现有设计而引发的诉讼。我国《专利法》第 23 条第 1 款规定："授予专利权的外观设计，应当不属于现有设计；也没有任何单位或者个人就同样的外观设计在申请日以前向国务院专利行政部门提出过申请，并记载在申请日以后公告的专利文件中。"因此，现有设计判断是对外观设计授予专利权的重要步骤。本案系针对专利权授予中现有设计判断的典型案例之一，以下将结合本案内容对专利法中的现有设计判断进行分析。

一、现有设计

我国 2008 年修正的《专利法》第 23 条第 4 款首次提到了"现有设计"的概念，具体规定为"本法所称现有设计，是指申请日以前在国内外为公众所知的设计"。该规定中的申请日为递交申请当天，有优先权日的则指优先权日。公众所知的设计包括以前在国内外出版物上公开发表过、公开使用过或者以其他方式为大众所广泛知晓的设计。在现有设计中，消费者普遍熟悉且能仅凭产品名称就联想到的，称为惯常设计。[①] 例如，公众提到牛奶盒即会联想到正方体、长方体的纸盒；提到油漆盒，会联想到圆柱形或长方体的铁筒等。而"不

---

① 《专利审查指南》(2023 年版) 第四部分第五章第 2 节。

属于现有设计”是指在现存设计中没有与本专利相同或实质相同的外观设计，也没有与涉案专利实质相同的外观设计。从文字表意来说，“现有设计”与“现有技术”之间存在相似点。从应用方面来说，“现有设计”多应用于外观设计专利，而“现有技术”则多存在于发明和实用新型专利中。现有技术指“申请日以前在国内外为公众所知的技术”，二者具有相通性，现有技术与现有设计的概念亦共同出现在《专利法》的相关规定中，如“授予专利权的外观设计与现有设计或者现有设计特征的组合相比，应当具有明显区别”，“在专利侵权纠纷中，被控侵权人有证据证明其实施的技术或者设计属于现有技术或者现有设计的，不构成侵犯专利权”。

我国对于现有设计作出规定的目的之一在于，在授权、确权程序中，申请日以前在国内外为公众所知的设计可以作为是否应当授予专利权的主要证据之一；在侵权诉讼中，被控侵权人可以提出其被控侵权行为或被控侵权产品是现有设计从而不构成对专利权的侵犯的抗辩。

二、现有设计判断

根据我国专利法对于现有设计的定义，判断某一设计是否属于现有设计的核心之一在于其是否“为公众所熟知”。具体的判断标准具有多样性，可以为以前在国内外出版物上公开发表过、以前在特定场合公开使用过或者以其他方式为大众所广泛知晓。在判断的方法上，主要通过整体观察、综合判断的方式对该设计进行判断。

目前，对现有设计的检索方式主要源于专利数据库的检索对比。现有设计的专利文献检索非常依赖于所选择的专利数据库，不同数据库采取的检索策略也不同。市面上专利数据库的检索策略大体上可归纳为两种：一种是以文字为基本要素进行检索；另一种则是使用图像为基本要素进行检索。第一种专利数据库的检索策略与发明或者实用新型专利文献的检索策略一致，采用“分类号＋关键词”的策略进行检索，但这种方式用在外观设计的检索上同时存在效率比较低下的问题。第二种专利数据库的检索策略则要简单得多，仅需上传想要检索的客体照片，即可获得目前与之具有相似性的现有设计。[①]

① 《“现有设计”的作用及其检索方式初探》，载 http：//www.zyip.com/show-725.html，最后访问时间：2024 年 12 月 25 日。

三、现有设计判断中的难点——设计相同或相似的判断

我国《专利审查指南》进一步归纳了属于实质相同的一些情形：（1）其区别在于施以一般注意力不能察觉到的局部的细微差异；（2）其区别在于使用时不容易看到或者看不到的部位，但有证据表明在不容易看到部位的特定设计对于一般消费者能够产生引人瞩目的视觉效果的情况除外；（3）其区别在于将某一设计要素整体置换为该类产品的惯常设计的相应设计要素；（4）其区别在于将对比设计作为设计单元按照该种类产品的常规排列方式作重复排列或者将其排列的数量作增减变化；（5）其区别在于互为镜像对称。其中，哪些属于该类产品的惯常设计需要通过对现有设计的归纳整理才可以得到。

在专利侵权纠纷程序中，现有设计作为常见的抗辩事由，对于现有设计的“相同或相似”作出判断也非常必要。在与涉案外观设计专利产品相同或者相近种类的产品上，采用与涉案外观设计相同或者近似的外观设计的，被认为落入涉案专利保护范围。《最高人民法院关于审理侵犯专利权纠纷案件应用法律若干问题的解释》（法释〔2009〕21号）第11条第1款、第2款规定：“人民法院认定外观设计是否相同或者近似时，应当根据授权外观设计、被诉侵权设计的设计特征，以外观设计的整体视觉效果进行综合判断……下列情形，通常对外观设计的整体视觉效果更具有影响：（一）产品正常使用时容易被直接观察到的部位相对于其他部位；（二）授权外观设计区别于现有设计的设计特征相对于授权外观设计的其他设计特征。”近年来，又引入了设计空间的概念，设计空间是指设计者在进行产品外观设计时受各种因素限制情况下能够自由发挥的空间，也称设计自由度，所述各种限制因素包括产品的功能、技术条件、相关标准、文化、经济、现有设计状况等。《最高人民法院关于审理侵犯专利权纠纷案件应用法律若干问题的解释（二）》（2020年修正）第14条规定：“人民法院在认定一般消费者对于外观设计所具有的知识水平和认知能力时，一般应当考虑被诉侵权行为发生时授权外观设计所属相同或者相近种类产品的设计空间。设计空间较大的，人民法院可以认定一般消费者通常不容易注意到不同设计之间的较小区别；设计空间较小的，人民法院可以认定一般消费者通常更容易注意到不同设计之间的较小区别。”

在本案例中，将体现对比设计的照片与本专利主视图的图片进行比较，可以看出两背包形状、花纹、正面拉链设置的位置、提手均基本相同。虽然缺乏对比设计的立体图等其他视图，但从普通消费者的认知能力来说，可以看出对比设计有多层结构而且设有侧兜。而本专利外观设计中不同部分之间的层次

系多层结构必然带来的设计，本专利外观设计中的侧兜亦使用了惯常设计。虽然对比设计的照片中未体现背带的设计，但在主视图体现的外观设计基本相同，且本专利外观设计对应对比设计的推定部分采用的是惯常设计的情况下，即使背带设计存在一定差异，也只能对产品的整体视觉效果产生非常有限的影响。因此，通过整体观察、综合判断的方式，可以得出对比设计与本专利外观设计实质相同的结论。

四、结论

现有设计判断是专利申请过程中的重要审查部分，也是专利侵权抗辩过程中的常见抗辩理由。判断某一设计是否属于现有设计，主要依据其为公众所熟知的程度，并充分运用整体观察、综合判断的方法。判断外观设计是否属于现有设计时，主要以一般消费者的注意程度为标准，即使相关设计与现有设计之间存在差别，但若该差别不足以使得普通消费者注意到，则依旧可以判定该设计与现有设计实质性相同或相似，进而不授予专利权。涉案设计即为普通消费者所熟知的设计，从公共利益保护的角度考虑，不宜对其授予专利权。

外观设计专利与在先权利冲突的判定

——某食品股份有限公司与国家知识产权局专利复审委员会及第三人陈某外观设计专利权无效行政纠纷案

/廖小梅

本案要旨

在授权外观设计专利权的行政纠纷案件中，判定注册商标专用权是否构成合法在先权利时，需要适用《专利法》第23条第3款的规定，即授予专利权的外观设计不得与他人在申请日以前已经取得的合法权利相冲突。只要商标申请日在专利申请日期之前，并且在提出专利无效请求时，该商标已经被核准和注册，且仍然有效，在先申请的注册商标专有权就可以对抗在后申请的外观设计专利权。

案件信息

申请人（一审被告、二审上诉人）：国家知识产权局专利复审委员会

被申请人（一审原告、二审被上诉人）：某食品股份有限公司（原某食品有限公司）

一审第三人：陈某

案号：北京市第一中级人民法院（2010）一中知行初字第1242号、北京市高级人民法院（2011）高行终字第1733号、最高人民法院（2014）知行字第4号

原被告主张及理由

原告某食品有限公司（以下简称某公司）诉称：本专利与原告在先授权的第1506××3号注册商标相冲突，本专利不符合《专利法》第23条的规定，应被宣告无效，故第14261号决定认定错误，请求法院依法予以撤销。

被告国家知识产权局专利复审委员会（以下简称专利复审委员会）坚持其在第14261号决定中的意见，认为该决定认定事实及适用法律正确，程序合法，请求法院依法予以维持。

➲ 一审法院查明的事实

本专利是名称为“食品包装袋”的第00333252.×号外观设计专利权，其申请日是2000年10月16日，授权公告日是2001年5月2日，专利权人是陈某，即本案第三人。

针对本专利，某公司（本案原告）于2009年8月4日向专利复审委员会提出无效宣告请求，其理由是本专利与其在先注册的第1506××3号注册商标专用权相冲突，不符合《专利法》第23条的规定，并提交了相应证据。

经形式审查合格，专利复审委员会依法受理了上述无效宣告请求，并将无效宣告请求书及相关文件的副本转送陈某，通知其在指定的期限内答复。陈某逾期未答复。

2009年9月3日，某公司补充提交意见陈述，增加无效宣告请求的理由，认为本专利的后视图是食品包装袋的惯常设计，不具有美感，因此不符合《专利法实施细则》第2条第3款的规定，应宣告无效。

在上述审理的基础上，专利复审委员会认为本案事实清楚，依法作出本审查决定，维持本专利权有效。

➲ 一审法院判决理由与裁判结果

法院认为，本案争议焦点为本专利是否违反2000年修正的《专利法》第23条有关授予专利权的外观设计，不得与他人在先取得的合法权利相冲突的规定。

一、原告该注册商标专用权相对于本专利而言是否属于“在先取得”的权利

这一问题认定的关键为，在确定他人的合法权利相对于外观设计专利权而言是否属于“在先取得”的权利时，应当以“专利申请日”为判断标准，还是以专利权的“授权公告日”为判断标准。

具体到本案，因本专利授权公告日为2001年5月2日，原告主张的注册商标专用权的核准注册日为2001年1月14日，早于本专利授权公告日，因此，原告享有该注册商标专用权产生的时间早于本专利，该注册商标专用权构成本专利的在先权利。

法院之所以认为应以外观设计专利的“授权公告日”为标准确定在先权利，系因为由《专利法》第23条规定可以看出，该规定的目的在于避免“权利冲突”的产生。对于外观设计专利权而言，因其亦属于需要法定程序授权的权利，只有在授权公告日后才能成为受专利法保护的有效的专利权，在此之前专利法并未为其提供民事保护，故只有在授权公告日之后，其才可能与其他权利产生权利冲突。据此，对于外观设计专利权在先权利的判断，应以外观设计专利权的授权公告日为准，在该日前已合法存在的权利或权益构成外观设计专利权的在先权利。

对于涉案第14261号决定中采用的以外观设计专利的“专利申请日”作为判定在先权利时间点的做法，法院不予认同。原因在于：首先，以“专利申请日”为标准判断在先权利的做法，缺乏合理的法理依据。其次，以“专利申请日”为判断标准，客观上会导致权利冲突的产生。最后，相对于以“专利授权公告日”为标准，以“专利申请日”为标准确定在先权利，并不会给专利申请人带来实际利益。

二、本专利与原告在先的注册商标专用权是否构成权利冲突

对于何种情况下外观设计专利权会与在先注册商标专用权“冲突”，法院认为，因只有外观设计专利授权后的正常使用行为会侵犯他人在先的注册商标专用权时，才可能产生该两种权利的冲突，故判断外观设计专利权是否与在先注册商标专用权产生冲突应依据商标法中有关侵犯注册商标专用权行为的相应规定予以判定。

法院现对本外观设计专利是否与原告在先注册商标专用权产生冲突予以判定。首先，对于本专利中“白家”的使用是否属于商标意义上的使用，法院认为，由本专利附图可以看出，“白家”文字显著标识于产品左上方，因本专利名称为“食品包装袋”，而这一标示方式系包装袋上商标的常用标示方式，故相关公众通常会认为其指代的是该产品的商标，本专利中对于“白家”的使用属于商标意义上的使用行为。

其次，将本专利中使用的“白家”标识与原告的在先注册商标“白象”相比可以看出，二者在文字构成、排列方式及表达形式上均较为近似，故二者属于近似商标。

最后，虽然本专利名称为“食品包装袋”，但这一产品在实践中通常会附着于某一特定产品，而不会直接向最终消费者销售。鉴于本专利明确且显著地标示有“酸辣粉丝”字样，故本专利最终使用的商品为“酸辣粉丝”。因这一商品与原告在先注册商标核准使用的商品“方便面、挂面、面条”等在功能、用途及消费对象、销售渠道等方面均较为相近，故法院认为上述商品构成类似商品。

综合考虑上述因素，法院认为，本专利的使用会使相关公众误以为该产品源于原告，从而产生混淆误认，本专利的使用行为构成对原告注册商标专用权的侵犯，据此，本专利与原告在先的注册商标专用权相冲突。

鉴于此，本专利不符合2000年修正的《专利法》第23条的规定，应被宣告无效。

➲ 上诉主张及理由

专利复审委员会不服原审判决，向法院提起上诉，请求撤销原审判决，维持第14261号决定。其理由为：（1）原审判决对修改前的《专利法》第23条的法律适用错误。（2）原审判决撤销第14261号决定属于适用法律错误。根据《最高人民法院关于执行〈中华人民共和国行政诉讼法〉若干问题的解释》第56条的规定，被诉具体行政行为合法但存在合理性问题的，人民法院应当判决驳回原告的诉讼请求。

某公司服从原审判决结论，但答辩称：（1）专利复审委员会对《专利法》第23条的理解和适用是完全错误的。（2）第14261号决定的认定在实践中将会带来十分有害甚至恶劣的效果，给不正当竞争者以可乘之机。由于商标审查时间的客观存在，商标注册时间必将落后于不当专利的申请时间，而此种后果又由商标申请人承担，同样也是不公平的。本案即属于此种情况，其法律处理结果具有典型意义，请求法院慎重裁决。

陈某服从原审判决。

➲ 二审法院查明的事实

二审查明的事实与一审法院相同。

➲ 二审法院判决理由与裁判结果

原审判决关于新旧法律选择适用的意见正确，本案应当适用修改前的

《专利法》第 23 条的规定。修改前的《专利法》第 23 条规定:"授予专利权的外观设计，应当同申请日以前在国内外出版物上公开发表过或者国内公开使用过的外观设计不相同和不相近似，并不得与他人在先取得的合法权利相冲突。"根据《专利法》的上述规定，确定某一外观设计是否与他人在先取得的合法权利相冲突，需要首先确定某一项权利相对于该外观设计是否属于"在先取得"的权利，而这就涉及时间点的确定问题。

从修改前的《专利法》的体系化规定看，修改前的《专利法》第 42 条规定获得授权的外观设计专利权，其有效期是自其申请日起计算的 10 年，而非自授权公告日起算。从《专利法》条文演进过程来看，2008 年修改后的《专利法》第 23 条第 3 款规定已将"在先取得"明确为"在申请日以前已经取得"。从现行的相关规定看,《专利审查指南》(2010 年版)第四部分第五章第 7 节规定:"一项外观设计专利权被认定与他人在申请日(有优先权的，指优先权日)之前已经取得的合法权利相冲突的，应当宣告该项外观设计专利权无效。"从《专利法》修改前后的立法资料文献看，相关法律草案的起草机关对"在先取得"的时间起算点也均持"专利申请日"的观点。故应以"专利申请日"为"在先取得"的时间起算点，原审判决关于应以外观设计专利权的"授权公告日"而非"专利申请日"作为判断在先权利的时间标准的观点错误，法院予以纠正。就本案而言，由于本专利的申请日为 2000 年 10 月 16 日，故本专利是否违反了《专利法》第 23 条的规定，构成与他人在先取得的合法权利相冲突的情形，关键在于确定本专利是否与他人在 2000 年 10 月 16 日之前取得的合法权利相冲突。

鉴于某公司在本案中主张的在先取得的合法权利的重点为其基于商标在先申请而享有的商标申请权，故审查本专利是否违反《专利法》第 23 条的规定，就应当对某公司主张的商标申请权是否早于本专利申请日进行判断，并在此基础上对本专利是否与该商标申请权相冲突进行判断。而根据法院已查明的事实可知，某公司涉案注册商标的申请日为 1997 年 12 月 12 日，早于本专利的申请日 2000 年 10 月 16 日，因此，某公司基于涉案注册商标而享有的商标申请权构成《专利法》第 23 条规定的"在先取得的合法权利"。本专利是否违反了《专利法》第 23 条的规定、是否与该在先取得的合法权利相冲突，属于专利复审委员会应当审查的范围。但第 14261 号决定中将在先合法权利的审查范围仅仅局限于注册商标专用权，而未将商标申请权纳入在先合法权利的范围加以审查，遗漏了某公司复审申请的重要内容，违反了《专利法》第 46 条关于"专利复审委员会对宣告专利权无效的请求应当及时审查和作出决定，并通知请求人和专利权人”的规定，故依法应予撤销，并应由专利复审委员会在重新作出审查决定时对本专利与某公司在先享有的商标申请权是否冲突加以认定，人民法院在行政机关未对此作出具体行政行为前不宜在本案行政诉讼中直接作出认定。

《最高人民法院关于执行〈中华人民共和国行政诉讼法〉若干问题的解释》第 56 条第 2 项规定，被诉具体行政行为合法但存在合理性问题的，人民法院应当判决驳回原告的诉讼请求。但本案中，专利复审委员会未将某公司主张的注册商标申请权纳入在先权利的审查范围，而是错误地将在先取得的权利局限于注册商标专用权，违反了《专利法》第 46 条的相关规定，故专利复审委员会关于原审判决违反上述司法解释规定的上诉理由亦不能成立，法院不予支持。

在第 14261 号决定对本专利与涉案注册商标专用权是否构成权利冲突未予认定的情况下，原审判决在行政诉讼中直接加以认定的做法确有不妥，法院对此予以纠正。专利复审委员会的该项上诉理由成立，法院予以支持。

综上，原审判决在事实认定和法律适用方面均存在错误，但判决结果正确，法院在纠正原审判决相关错误的基础上，对其结论予以维持。专利复审委员会的部分上诉理由成立，但其上诉请求缺乏事实和法律依据，故法院对其上诉请求不予支持。

再审主张及理由

专利复审委员会申请再审称：（1）二审判决关于某公司主张的在先权利是基于商标在先申请而享有的商标申请权的认定，违反了请求原则。（2）二审判决认为商标申请权属于 2000 年修正的《专利法》第 23 条规定的在先权利，适用法律错误。（3）即使将商标申请权当作一项合法权利，外观设计专利权也不会与之相冲突。综上，一审、二审判决认定事实不清、适用法律错误，请求撤销一审、二审判决，维持第 14261 号无效宣告请求审查决定。

某公司提交意见称：专利复审委员会的再审申请缺乏事实与法律依据，请求予以驳回。

再审法院查明的事实

针对本次无效宣告请求，专利复审委员会 2009 年 11 月 18 日的口头审理记录第 4 页记载：“合议组组长：请求人，在先取得以哪个时间为界限？请求人：商标权是1997年12月12日申请的。以商标的申请日作为在先取得的时间，这个时间在本专利申请日前，所以属于与他人在先取得的合法权利相冲突。”

某公司持有的第1506××3号商标的申请日为1997年12月12日，初步审定公告日为2000年10月14日，核准注册日为2001年1月14日。产品名称为“食品包装袋”的第00333252.×号外观设计专利（本专利）由陈某于2000年10月16日提出申请，于2001年5月2日被授权公告。

某公司于2012年6月28日经核准名称变更为某食品股份有限公司。

➲ 再审法院判决理由与裁判结果

再审法院认为，本案的争议焦点包括：（1）二审判决认为某公司主张的在先权利为商标申请权是否违反了请求原则；（2）本专利是否会与在先的商标申请权相冲突。

一、二审判决认为某公司主张的在先权利为商标申请权是否违反了请求原则

首先，根据第14261号决定，某公司在无效宣告请求审查程序中提出了本专利与在先取得的合法权利相冲突的无效宣告请求理由。其次，根据本次无效宣告请求审查程序中的口头审理记录记载，某公司在口头审理中已经明确主张以商标的申请日作为在先合法权利取得的时间，这个时间在本专利申请日之前，所以本专利与其在先取得的合法权利相冲突。某公司已经明确其合法权利在先取得的时间节点为商标申请日，专利复审委员会和一审法院均认为2000年《专利法》第23条所称的在先权利应为注册商标专用权，没有支持某公司的此项主张，所以某公司在二审答辩时才进一步明确提出商标申请权的概念。二审法院综合考虑上述事实，认定某公司主张的在先权利为基于商标在先申请取得的商标申请权，并不违反请求原则。

二、本专利是否会与在先的商标申请权相冲突

根据《最高人民法院关于审理专利纠纷案件适用法律问题的若干规定》第16条的规定，注册商标专用权是《专利法》第23条所称的在先取得的合法权利之一。如果在同一种商品或类似商品的外观设计中采用了与他人的注册商标相同或者近似的标识，外观设计专利权的实施可能会使相关公众误认为商品来自商标权人，进而损害商标权人的合法权利，造成外观设计专利权与注册商

标专用权的冲突。这种冲突的判断标准实质上是审查外观设计专利权的实施是否会侵犯到注册商标专用权。本案中，第 1506××3 号商标核准注册日在本专利申请日之后，注册商标专用权不是在先取得，仅是商标申请日早于本专利申请日。某公司主张的在先权利也是基于商标在先申请享有的商标申请权。对此，法院认为，在商标申请日早于外观设计专利申请日的情况下，外观设计专利权不会与商标申请权构成权利冲突，商标申请权不能作为 2000 年修正的《专利法》第 23 条规定的在先取得的合法权利，但基于商标申请权本身的性质、作用和保护在先权利原则，只要商标申请日在专利申请日之前，且在提起专利无效宣告请求时商标已被核准注册并仍然有效，在先申请的注册商标专用权就可以对抗在后申请的外观设计专利权，用于判断外观设计专利权是否与之相冲突。理由如下：

1. 关于商标申请权的法律性质。首先，根据《商标法》关于商标申请在先原则的相关规定，一旦申请人提交了商标注册申请，从申请日起就享有了排斥其他人在同一种商品或者类似商品上以相同或者近似的商标申请注册的权利。其次，申请人可以转让其商标注册申请。最后，商标申请最终的目标即商标申请权的实现是商标获得注册，从这个角度讲，商标申请权是一种期待权，是对未来取得注册商标专用权的一种期待，自商标申请之日起即存在，至商标被核准注册之日最终实现。综上，商标申请权本身是现实存在的合法权益，其在性质上是对注册商标专用权的一种期待权，应当受到法律的保护。

2. 关于商标申请权在判断权利冲突中的作用。商标申请权是一项合法权益，在商标申请日早于外观设计专利申请日的情况下，外观设计专利权的实施不会影响商标最终是否被核准注册，不会存在外观设计专利权与商标申请权的冲突问题，因此商标申请权并不能作为 2000 年修正的《专利法》第 23 条所称的在先取得的合法权利。二审法院认为某公司主张的在先取得的合法权利为商标申请权，第 14261 号决定应当对本专利是否与商标申请权相冲突进行判断，适用法律错误，法院予以纠正。商标申请权不能作为 2000 年修正的《专利法》第 23 条规定的在先权利用于判断外观设计专利权是否与之相冲突，但商标申请权对于判断外观设计专利权和注册商标专用权的权利冲突具有重要意义，其体现在：商标申请权作为一种期待权，最终期待的完整权利是注册商标专用权，只有商标获得注册，商标申请的最终权益才得以实现，此时，应当溯及既往地对商标申请权进行保护，确认商标申请日对于注册商标专用权的法律意义。只要商标申请日在外观设计专利申请日之前，在先申请的注册商标专用权就可以对抗在后申请的外观设计专利权。

3. 关于保护在先权利原则。本案中，第1506××3号商标获得注册后，本专利的实施客观上可能会与该商标构成权利冲突，而该商标是在先申请的，本专利相对于该商标而言并非在先权利，这种冲突的解决只能按照保护在先权利的原则，认定某公司在先申请的注册商标专用权可以用于对抗陈某的外观设计专利权。况且，第1506××3号商标初步审定公告日也在本专利申请日之前。对于已经初步审定公告的商标，商标局已经对商标申请进行了初步审查并认为符合《商标法》的有关规定。商标公告的目的是征求相关经营者和社会公众的意见，在公告期内相关人员可以向商标局提出异议。本专利申请日在第1506××3号商标初步审定公告日之后，客观上存在外观设计专利申请人模仿、复制在先申请的商标的可能，这种情况也是《专利法》第23条立法予以防范的主要对象。

本案中，某公司的第1506××3号商标的申请日在本专利申请日之前，且第1506××3号商标被核准注册后在某公司提起本次专利无效宣告请求时仍然有效，第1506××3号注册商标专用权可以对抗本专利，用于判断本专利是否与之相冲突。专利复审委员会仅以第1506××3号商标核准注册日在本专利申请日之后，认为1506××3号注册商标专用权不能用于判断本专利是否与之相冲突，适用法律错误；二审法院判决专利复审委员会重新作出无效审查决定，结论正确。至于本专利是否会与第1506××3号注册商标专用权产生冲突，应当由专利复审委员会在重新作出的无效审查决定中具体认定。

综上，驳回专利复审委员会的再审申请。

➲ 案例解析

本案是针对专利无效宣告而引发的诉讼。保护在先权利原则在我国专利法领域很早就已经确立。最高人民法院于1993年明确保护在先申请并取得的专利权，[①] 又于1998年再次确定“人民法院应当按照民法通则规定的诚实信用原则和保护公民、法人的合法的民事权益原则，依法保护在先授予的权利人或在先使用人享有继续使用的合法的民事权益”。[②] 我国知识产权法律层面纳入该原则始于《专利法》和《商标法》的第二次修改。[③]

---

① 参见《最高人民法院关于在专利侵权诉讼中当事人均拥有专利权应如何处理问题的批复》。

② 《最高人民法院关于全国部分法院知识产权审判工作座谈会纪要》。

③ 参见于立彪、段立红：《保护在先权利原则与专利法意义的在先权利辨析——由白象商标权与白家外观设计专利权的冲突引发的法律思考》，载国家知识产权局条法司编：《专利法研究2011》，知识产权出版社2013年版，第170~172页。

一、专利法中的在先权利概述

在先权利这一概念在不同国家或地区的立法中有不同的表述。美国将其表述为“在先使用者权利”，欧盟将其表述为“早期权利”，而世界贸易组织《与贸易有关的知识产权协定》(以下简称《TRIPs 协定》) 中将其理解为“现存的在先权利”。在我国，理论界对在先权利也有不同的观点，其往往被视为开放的抽象概念，具体在司法实践中将值得保护的权利纳入其中。根据保护在先权利原则，当一个知识产权客体上存在多个智力成果时，应当保护在先取得的知识产权。该原则是我国处理知识产权权利冲突的基本原则之一。对于在先权利的保护，主要有以下两种观点：一是在先权利绝对主义，认为只要是合法取得的知识产权，就必须得到保护，不得侵犯在先权利；二是保护在先权利缓和主义，主张对在先权利进行保护，但对于在后权利的效力并未明确说明，需视个案利益衡量来具体判断。[①]

我国 2000 年修正的《专利法》第 23 条规定：“授予专利权的外观设计，应当同申请日以前在国内外出版物上公开发表过或者国内公开使用过的外观设计不相同和不相近似，并不得与他人在先取得的合法权利相冲突。”2008 年修正的《专利法》第 23 条第 3 款规定：“授予专利权的外观设计不得与他人在申请日以前已经取得的合法权利相冲突。”这次修改明确了在先权利中的“在先”是在申请日前。可以看到，我国《专利法》该条修改的原因是为了规范专利权、商标权与著作权等之间的冲突。实践中，部分外观设计专利申请人未经许可将他人已经注册的商标或者美术作品等作为其外观设计专利的部分，并申请专利，从而与他人的在先权利产生冲突。[②]

本案中，一审法院认为 2000 年修正的《专利法》和 2008 年修正的《专利法》中对于权利冲突的规定完全不同。仅从字面上看，似乎的确差别较大，但是否构成实质性不同还需要具体分析。“在先取得的合法权利”和“在申请日前已经取得的合法权利”，似乎前者涵盖了后者，既包括申请日以前已经取得的合法权利，也包括申请日后、专利授权之前取得的合法权利。本案中，争议的外观设计的申请日到授权日之间，“白象”商标予以注册，因此，“白象”商标的所有人某公司对争议外观设计提出无效宣告请求。从立法目的来说，《专利法》第 23 条表达的在先权利始终指的是在申请日以前已经取得的合法权

① 参见谢湘辉：《知识产权权利冲突解决论》，武汉大学 2013 年博士学位论文。
② 何伍、吴顺华：《药品外观的知识产权保护》，载《中国新药杂志》2002 年第 2 期。

利，因此 2008 年在修改该条时并未作出澄清。[①] 所以，这两次修改并无实质区别，只是更加明确地进行了规定。

二、域外保护在先权利的立法比较

《保护工业产权巴黎公约》首先规定了保护在先权利原则，而后的国际条约不断对其完善、发展。现在大多数国家已经在知识产权法律法规中规定了该原则，并根据司法实践情况不断对其予以完善。其他国家的立法和司法实践对我国在先保护原则的制定和完善也有一定的借鉴意义。

（一）知识产权国际条约上的在先权利保护

《保护工业产权巴黎公约》第 6 条之 2、之 5、之 7 都涉及在先权利的保护，但其主要从保护驰名商标的角度规定在先保护的原则。《TRIPs 协定》第 16 条和第 22 条同样如此，另外还包括了对地理标志的保护。

（二）外国立法中的知识产权在先权利保护

欧共体将外观设计分为非注册制和注册制两种：前者无需注册，公开即可取得；后者需经注册，才可取得，并享有一定期限的排他权。《欧盟理事会共同体外观设计保护条例》包含禁止权利冲突规定，体现在其第 25 条中，涉及外观设计无效理由，即如果外观设计包含共同体或国内法规定的相关权利人可以禁止他人使用识别性标志，可以作为无效理由。《美国专利审查程序手册》第 1512 条规定了“外观设计专利与版权、商标权之间的关系”。根据该条规定，在符合美国联邦商标法的合理利用的情况下，利用注册商标作为外观专利申请的部分是可以被认可的，但需要同步在申请文件中附有商标权利人的许可声明及签名，否则该申请也会被驳回。《德国外观设计法》亦规定在后外观设计不能使用具有识别力且权利人有权禁止使用的标识，否则将注销该外观设计。日本对外观设计注册申请实施实质审查，同时规定，当外观设计专利申请与在先商标权相冲突时，可以根据《日本意匠法》认定其冲突，但是在诉讼程序中，在先权利人需要承担举证责任。[②]《韩国外观设计法》规定，外观设计专利申请人不得与申请日前生效的他人发明专利权、实用新型专利或商标权相冲突，不得以经营目的实施该注册外观设计或相似设计。综上，各国对在先权利的具体规定有所不同，同时在权利冲突的解决机制方面亦有所区别。具体而

① 于立彪、段立红：《保护在先权利原则与专利法意义的在先权利辨析——由白象商标权与白家外观设计专利权的冲突引发的法律思考》，载国家知识产权局条法司编：《专利法研究 2011》，知识产权出版社 2013 年版，第 170~172 页。

② 参见李新芝：《论外观设计权利冲突中在先权利的确定——以专利复审委员会诉正龙公司案为视角》，载《专利法研究（2013）》2015 年 1 月 1 日。

言，美国、德国、欧盟与中国类似，而韩国和日本则规定未经许可不得以经营目的实施。

三、外观设计专利权与在先商标权的冲突起因及构成

（一）外观设计专利权与在先商标权冲突的原因

从法律制度来说，专利法和商标法都是知识产权法律制度的重要组成部分，但是其具体制度不同。《专利法》虽然对权利冲突作出了规定，但是我国对外观设计的审查只是对其新颖性进行初步审查，因此在外观设计专利申请阶段，存在利用他人已经注册的商标申请外观设计的现象，从而导致外观设计专利权和商标权的冲突。此外，注册商标与专利的申请分属于专利局和商标局，两个机构在业务上相互独立，且信息共享有一定的滞后性，因此可能存在两个行政部门对其分别授权，从而造成权利冲突的情形。

从构成要素来看，外观设计专利和商标对构成要素的规定比较相似，因而比较容易产生冲突。《商标法》第 8 条规定："任何能够将自然人、法人或者其他组织的商品与他人的商品区别开的标志，包括文字、图形、字母、数字、三维标志、颜色组合和声音等，以及上述要素的组合，均可以作为商标申请注册。"《专利法》第 2 条第 4 款规定："外观设计，是指对产品的整体或者局部的形状、图案或者其结合以及色彩与形状、图案的结合所作出的富有美感并适于工业应用的新设计。"

从公众意识来说，公众对于知识产权的意识还有待加强。以本案为例，在"白象"商标还未被核准之时，已有人利用其申请"白象"的外观设计专利。如果商标所有人最初具备良好的知识产权意识，可能就会避免类似的冲突发生。

从权利主体来说，随着社会快速发展，经营者的知识产权意识显著提升，更具有主动性地申请外观设计专利和商标等。然而，在此过程中，部分经营者会忽视或故意忽视在先权利，这是造成权利冲突的主观原因。

（二）外观设计专利权与在先商标权冲突的构成要件

首先，冲突双方应当是不同主体，根据《专利法》第 23 条第 3 款规定："授予专利权的外观设计不得与他人在申请日以前已经取得的合法权利相冲突。"其中"他人"意味着权利主体的不同。只有不同主体，才能存在权利的冲突。

其次，外观设计专利权与在先商标权冲突一般发生在相同或者类似的商品或服务上。如果商品在功能、用途、生产部门等方面不相同也不类似，发生

混淆误认的可能性就很小，也就不会发生权利冲突。

最后，外观设计专利权与在先商标权冲突需要建立在混淆可能性上，只有当消费者对于外观设计和商标产生混淆，才会发生权利之间的冲突。实际上，这一要件是第二个要件的自然延伸。

需要明确的是，在先权利的界定需要根据案件实际情况确定。就本案而言，虽然诉争外观设计专利在申请日前不存在在先的注册商标权，但是对“白象”商标是否作为未注册驰名商标或有一定影响的商品的特有名称使用应作出解释。

四、解决专利权与商标权权利冲突的途径及完善

解决权利冲突的原则除保护在先权利原则外，还有诚实信用原则、公平竞争原则、利益平衡原则、权利位阶原则等。在判定权利冲突时，也需要遵守原则性的法律规定。就在先权利制度而言，包括在先权利的效力、限制等。其中，部分已经规定在我国单行法中，比如《商标法》第9条、第15条、第31条及第45条，《专利法》第9条，《反不正当竞争法》第6条，并各自有配套法律法规，形成了一个相对完整的知识产权在先权利保护制度体系。但仍有不足，如法律中并没有给出在先权利的范围和具体种类，一方面在先权利的法律依据有所欠缺，另一方面在后权利的范围无明显限制。

当外观设计专利权与在先商标权发生冲突时，在先权利人应当如何维护自身权益呢？一般而言，可以通过以下途径解决知识产权在先权利的冲突问题：第一，通过行政或者司法途径解决侵权纠纷；第二，向专利局复审和无效部提起专利宣告无效申请，使专利权自始无效。由于外观设计专利不需要进行实质审查，所以在审批过程中往往难以发现权利冲突。专利法设置无效宣告程序的意义在于通过社会公众的监督，及时纠正授权确权中的失误，保证专利的有效性与质量，以维护其他权利人和社会的利益。这两条途径侧重点不同、各有特色，权利人可以选择最适合自己的方式维护自身权利。本案中权利人就采取了第二种途径，由于外观设计专利不需要经过实质审查，因此在审查的过程中难以发现权利存在冲突，无效宣告程序即可以通过公众的监督，及时发现并纠正审查中的错误。

此外，《专利法实施细则》第69条第1款规定：“依照专利法第四十五条的规定，请求宣告专利权无效或者部分无效的，应当向国务院专利行政部门提交专利权无效宣告请求书和必要的证据一式两份。无效宣告请求书应当结合提交的所有证据，具体说明无效宣告请求的理由，并指明每项理由所依据的证据。”该条规定，一方面可以在一定程度上减少部分利用无效宣告条款实现其非法目的的申请，另一方面对专利进行无效的判断需要国家知识产权局专利局复审和无效审理部对其他法律法规的熟悉，增加了工作难度，要求申请人提供相关证据也在一定程度上减轻了国家知识产权局专利局复审和无效审理部的工作压力。

五、结论

保护在先权利原则是我国处理知识产权权利冲突的重要原则，其重点是判断“在先”权利形成的时间点，一般指的是申请日前已经取得的合法权利。具体到本案，案涉商标的申请日在诉争外观设计专利申请日前，在专利无效宣告程序时已被核准注册并一直有效，故可以对抗该专利申请，并作为在先权利受到保护。这一方面满足了外观设计专利申请授权的实质条件，另一方面也符合专利无效宣告请求的法定理由。此外，鉴于国际条约和其他国家知识产权制度中也规定了该原则，我国未来解决知识产权权利冲突时，可以参考其他国家和地区的经验，进一步完善知识产权相关制度，以更好地平衡权利人之间的利益，并保障社会公平竞争与创新发展。

外观设计的重叠保护

——某食品集团本社株式会社与佛山市某食品有限公司、汕头市某食品厂等擅自使用知名商品特有名称、包装、装潢纠纷案

/戴可

➲ 本案要旨

判断是否属于有一定影响的包装、装潢，关键在于其是否能够区别商品来源。至于外观设计专利权与有一定影响的包装、装潢保护，二者属于两种不同的权利，彼此之间不受影响，无论是否构成外观设计专利，都可以进行有一定影响的包装、装潢的判断。当事人可以选择适用何种权利。因此，外观设计专利的保护期终止后，设计并不会当然地进入公有领域，还有可能受到一定影响的包装、装潢的保护，只要该种设计能区别商品来源，且并非由于商品自身性质或为实现某种设计效果所必需即可。

➲ 案件信息

上诉人（一审被告）：佛山市某食品有限公司、广州市某食品有限公司

被上诉人（一审原告）：某食品集团本社株式会社

一审被告：汕头市某食品厂

案号：上海市浦东新区人民法院（2018）沪0115民初28722号、上海知识产权法院（2019）沪73民终242号

➲ 一审法院查明的事实

原告某食品集团本社株式会社（以下简称某食品公司）成立于1947年6月7日，于2001年投资设立大连某食品有限公司，经营范围为罐头、水产加工品、调味料、腌渍菜类加工等。原告于2004~2005年就“百梦多咖喱”的包装、装潢申请4个外观设计专利并获得授权，其外观设计产品名称均为调

料包装盒，且保护期限均已届满，所涉调料包装盒为同款产品（不同辣味程度）。在包装盒中间有倾斜的“好侍百梦多咖喱”字样，在该字样的上方和下方各有一行描述性的小字。上方还有一只蜜蜂。包装的左上角有“House”图文标识，右上方有圆圈标识辣味程度。包装盒的右下方有一盘咖喱料理图案。原告就“百梦多咖喱”包装装潢还于2010年3月18日申请了授权公告号为CN××××××××××S的外观设计专利，专利授权公告日为2010年11月10日。与前述保护期限已届满的外观设计专利所涉包装盒相比，该外观设计专利所涉包装盒的左上角增添了“好侍”字样，标识辣味程度的圆圈由右上角变更为左下角。飘带右上角增加了有蜜蜂和苹果的圆圈图案。该外观设计专利现在有效期内。原告就“爪哇风味咖喱”的包装、装潢申请如下外观设计专利：授权公告号为CN××××××××D，申请日为××××年××月××日，授权公告日××××年××月××日，使用外观设计的产品名称为调料包装盒。现该专利权已经终止。在《快速消费品》杂志（2018年1—2月刊）发布的金品榜中，2017年度调味料销售额市场份额排名“好侍”品牌占据第一名。《快速消费品》杂志（2017年12月至2018年1月刊）发布的“2017年线下TOP金品榜”显示，“好侍百梦多”2017年度调味酱线下销售额市场占有率为第三名，市场占有率为9.8%。

被告佛山市某食品有限公司（以下简称佛山某公司）成立于2009年12月25日，注册资本120万元。经营范围为加工、生产、销售；调味料（液体、半固体、固态、调味油）、蔬菜制品（酱腌菜）、食品包装制品、食品机械。被告汕头市某食品厂成立于1994年8月22日。经营范围为食品生产、蔬菜、水果收购。被告广州市某食品有限公司（以下简称广州某公司）成立于2013年12月30日，注册资本10万元。经营范围为预包装食品批发、预包装食品零售、商品批发贸易（许可审批类商品除外）、商品零售贸易。2018年3月，“德生妙多咖喱”在1688网站、淘宝网有销售，销售店铺为崇安区万厨味食品商行、宋氏便利店送式服务、宋氏海产品批发。被告佛山某公司和被告广州某公司的法定代表人高某德曾就“德生妙多咖喱”的包装盒申请专利。该专利于2015年11月18日获得授权公告，专利号为ZL××××××××××××.1。原告于2016年9月30日申请该专利无效。国家知识产权局于2017年4月27日作出宣告专利权无效的决定。庭审中，原、被告确认被告开始使用“德生妙多风味咖喱”包装装潢的时间为2016年。

“百梦多咖喱”整体风格统一，前后版面有细微改动：“百梦多咖喱”包装装潢以鲜艳的明黄色为背景。左上角为红色字体标注的并排的英文和中文商标。下方为深色带有金色镶边的飘带图案，按照不同辣度，飘带背景色不同，原味为红色、微辣为绿色、辣为蓝色。飘带中部斜向排列的“好侍百梦多咖喱”字样。“德生妙多咖喱”同样采用明黄色为背景，左上角为红色字体标注的上下排列的英文和中文商标。下方为深色带有金色镶边的飘带图案，按照不同辣度，飘带背景色不同。“爪哇风味咖喱”有两款包装，分别为970G深绿色款好侍爪哇风味咖喱（原味）、970G深蓝色款好侍爪哇风味咖喱（辣）。“德生妙多风味咖喱”包装的背景图图片与文字的布局、排列、颜色与“爪哇咖喱”产品相同，存在以下差异：“德生妙多风味咖喱”的左上角中英文标识为上下排列。“德生妙多风味咖喱”中的“风味”二字没有文本框。

一审法院判决理由与裁判结果

一、关于“百梦多咖喱”“爪哇风味咖喱”的包装、装潢能否构成有一定影响的包装装潢的问题

原告于2001年投资设立大连某食品公司、于2004年投资设立上海某食品公司，于2011年投资设立H中国公司。“百梦多咖喱”“爪哇风味咖喱”分别自2005年、2010年在中国市场销售，经过原告及其关联公司的经营，在全国各主要城市均有销售。原告通过展会、公交车屏幕广告、地铁站广告、商场广告、公交车车身广告及报刊、杂志等广告宣传，“百梦多咖喱”和“爪哇风味咖喱”在中国市场上已为相关公众知晓。“百梦多咖喱”的包装、装潢先后有细微的改版，但整体风格统一。在被告使用涉案被控侵权产品的包装装潢之前，“百梦多咖喱”“爪哇风味咖喱”的包装、装潢上的色彩、图形、文字等方面的排列组合具有独特性，形成了显著的整体形象，且与商品的功能性无关，经过长时间的使用和大量宣传，已足以使相关公众将上述包装、装潢的整体形象与原告的“百梦多咖喱”“爪哇风味咖喱”商品联系起来，具有识别其商品来源的作用，应属于《反不正当竞争法》第6条第1款所保护的有一定影响的包装、装潢。

本案诉请是以制止不正当竞争行为的方式保护“百梦多咖喱”“爪哇风味咖喱”所使用的包装、装潢。该受保护的整体形象设计不同于外观设计专利。有一定影响的包装、装潢与外观设计专利属于两种不同的权利，分别受不同的法律调整，各自的法律保护要求也不同，当事人有权选择适用。原告就“百梦多咖喱”获得外观设计专利的保护，与本案中判断其“百梦多咖喱”商品是否具有一定影响亦无直接联系。被告认为原告已获得外观设计专利，则对其不应进行制止不正当竞争的保护，理由不成立，法院不予支持。

二、关于相关公众是否容易对“百梦多咖喱”与“德生妙多咖喱”、“爪哇风味咖喱”与“德生妙多风味咖喱”产生混淆、误认的问题

将原告的“百梦多咖喱”与被告的“德生妙多咖喱”进行比对，二者均采用明黄色作为背景，左上角为红色商标，中间有倾斜的飘带图案，飘带图案上写明产品名称，下方为黑底金字宣传语句，被告的“德生妙多咖喱”与原告的“百梦多咖喱”构成近似。将原告的“爪哇风味咖喱”与被告的“德生妙多风味咖喱”进行比对，均采用白色底色与深色为基调，左上角为并排的中英文红色商标，包装中间偏左位置为横向排列的深色文字的商品名称以及商标，其中“风味”二字为上下排列。下方有一排宣传语，底色同深色底色，文字为黄色。被告的“德生妙多风味咖喱”与原告的“爪哇风味咖喱”构成近似。本案中，由于原告“百梦多咖喱”“爪哇风味咖喱”所使用的包装、装潢的整体形象具有区别商品来源的显著特征，“德生妙多咖喱”及“德生妙多风味咖喱”使用的包装、装潢分别与“百梦多咖喱”“爪哇风味咖喱”达到视觉上非常近似的程度，易使相关公众误认二者存在某种联系。

被告称其产品包装、装潢源于原告已经届满中止的外观设计专利，并认为外观设计专利失效后已经成为全人类公知共用的技术，任何人均可使用。对此，法院认为，外观设计专利终止后，该设计并不当然进入公有领域，在该外观设计专利已经实际具有区别产品来源的作用，并且该设计不属于由商品自身的性质所决定的设计，也不属于为实现某种技术效果所必需的设计或者使商品具有实质性价值的设计，他人对该设计的使用会导致相关公众的混淆或者误认时，该外观设计还可以受到有一定影响的包装、装潢的保护。本案中，在“百梦多咖喱”“爪哇风味咖喱”的包装、装潢已经具有区别商品来源的作用，被告的“德生妙多咖喱”“德生妙多风味咖喱”的包装、装潢会导致相关公众的混淆或者误认时，即使原告的外观设计专利已经过期，被告也不能对该外观设计进行足以导致相关公众对商品的来源产生混淆或者误认的使用。该种在后使用行为会不正当地利用该外观设计在先使用人的商誉，构成不正当竞争。

被告认为，“德生妙多咖喱”产品存续期间，被告的法定代表人高某德拥有 ZL××××××××××××.1 号外观设计专利，被告系基于其自身拥有的合法外观设计专利权进行使用，行为合法合理。对此，法院认为，在外观设计专利申请日以前，特定主体的民事权利已依法形成，有权禁止他人擅自行使。而违反法律的有关规定，以侵犯他人的专有权利为前提，去获得专利保护，则构成权利冲突。在先权利人有权依法制止这种行为，维护自己的合法权益。本案中，2005年原告就“百梦多咖喱”“爪哇风味咖喱”包装、装潢取得外观设计专利，在2011年前后“百梦多咖喱”进行了细微改版，但是与之前的版本保持较为统一的风格。而被告的外观设计专利取得于2015年，远晚于原告产品包装、装潢的使用时间。经过原告多年的经营，原告产品已取得了一定影响力，其产品上使用的包装、装潢在被告取得外观设计专利前也已具有一定的影响力，属于我国《反不正当竞争法》保护的有一定影响的包装、装潢。据此，就被告的不正当竞争行为，原告有权提起诉讼。

综上所述，一审法院判决：被告佛山某公司的行为构成擅自使用原告有一定影响的包装、装潢的不正当竞争行为，理应承担停止侵权及赔偿损失、承担合理开支的责任。

上诉主张及理由

上诉人佛山某公司、广州某公司共同上诉请求：（1）撤销（2018）沪0115民初28722号民事判决第一项至第四项，驳回被上诉人某食品公司的全部一审诉讼请求；（2）判决被上诉人承担本案一审和二审的诉讼费用。事实和理由：（1）“百梦多咖喱”“爪哇风味咖喱”的包装及装潢并不构成有一定影响的包装及装潢。被上诉人提供的通过360、百度等搜索后呈现的搜索结果中，绝大部分并未出现涉案产品的包装及装潢；即使“好侍”“百梦多”等较为知名，也无法证明涉案产品包装及装潢的知名度，以及在目标消费群体中已经具有标识商品来源的作用。“爪哇风味咖喱”推出时间短、市场占有率低、市场宣传及推广极少，几乎没有属于自身的单独广告，并非被上诉人的主打产品，相对于“百梦多咖喱”而言，“爪哇风味咖喱”的知名度及市场影响并不属于一个量级，故“爪哇风味咖喱”的包装及装潢更不具备《反不正当竞争法》规定的“有一定影响力”的要求。（2）一审判决认定事实错误，适用法律不当，判决赔偿金额明显过高。①二上诉人实施被诉侵权行为的时间极短，持续仅半年时间；②上诉人佛山某公司对被诉侵权产品的生产规模小，投入市场部分仅为进行市场调查生产的样品，并未规模生产；③被上诉人并未提供证据证明因为上诉人佛山某公司对涉案包装的使用行为受到损失；④二上诉人生产、销售“德生妙多咖喱”期间，就该产品的外包装拥有合法的专利权，并在专利被宣告无效后第一时间对该产品进行了召回，主观上无侵权恶意。（3）一审判决酌定的合理费用过高。被上诉人提供了大量无关联、内容重复的证据，由此所花费的费用并非“合理”的维权费用。（4）被上诉人以不正当竞争纠纷主张二上诉人侵害“百梦多咖喱”系案由错误。本案中被上诉人要求保护的包装、装潢正是被上诉人享有外观设计专利权的专利产品，二者保护的客体具有同一性。根据特别法优先于普通法的原则，应优先适用作为知识产权专门法的《专利法》，而不存在一审判决认为的当事人可以选择适用《专利法》或《反不正当竞争法》。综上，二上诉人请求法院支持其上诉请求。

被上诉人某食品公司辩称：（1）被上诉人“百梦多咖喱”“爪哇风味咖喱”的包装、装潢构成《反不正当竞争法》所规定的“具有一定影响的包装、装潢”。被上诉人提交的一系列证据，能够充分证明“百梦多咖喱”“爪哇风味咖喱”的销售时间长、销售地域广、销售量大、销售额高，被上诉人进行了大量的宣传推广活动，也能够证明“百梦多咖喱”“爪哇风味咖喱”的包装、装潢已为广大消费者所认知。（2）一审判决的赔偿数额合法合理，并无过高之情形。被上诉人涉案两款产品具有极高的知名度，在市场上具有极大影响力，二上诉人的侵权行为造成被上诉人产品包装的显著性被破坏，对被上诉人声誉造成的损害难以衡量。上诉人佛山某公司主张其行为终止于2017年2月是基于所发布的召回声明，但即便其进行了召回行为，亦不能因此减免其应当承担的赔偿责任。上诉人佛山某公司称其侵权规模小，生产的产品仅为市场调查使用，但该公司却为此申请了6件外观设计专利，研发出多种不同规格不同口味的产品，并且专门印制宣传册进行推广，显然与常理不符。同时上诉人佛山某公司具有明显的侵权恶意，其并非单纯模仿被上诉人的某一款产品，而是对被上诉人主打的多款产品进行模仿。本案诉讼之前，被上诉人曾对上诉人佛山某公司的侵权行为发出警告，但其置之不理，且其申请的外观设计专利已经被无效，专利权视为自始即不存在。（3）一审判决酌定的合理费用实际尚不足以弥补被上诉人为调查和制止侵权的合理支出，根本没有过高之情形。（4）被上诉人涉案包装、装潢的外观设计专利与《反不正当竞争法》要求保护的客体并不具有完全同一性。外观设计专利立足于鼓励创新，对具有一定知名度的包装、装潢的保护在于防止商品、服务来源的混淆，故《专利法》和《反不正当竞争法》保护的立足点、保护对象、适用条件、保护范围均不同，二者并不属于一般规定和特别规定的关系。被上诉人选择以《反不正当竞争法》维护自身权益，排除市场混淆行为，既不违反法律法规，也不会损害二上诉人的利益和社会公共利益。综上，被上诉人请求法院驳回上诉、维持原判。

二审法院判决理由与裁判结果

二审法院认为，本案的主要争议焦点在于：（1）被上诉人某食品公司主张的涉案两款商品的包装、装潢是否构成《反不正当竞争法》保护的“有一定影响的包装、装潢”；（2）上诉人佛山某公司的行为是否构成擅自使用他人有一定影响的包装、装潢的不正当竞争行为；（3）如果该上诉人的行为构成不正当竞争，一审法院判决二上诉人承担的损失赔偿责任是否适当。

关于第一项争议焦点，二审法院认为，一审法院根据被上诉人提供的证据，综合考虑涉案“百梦多咖喱”“爪哇风味咖喱”在中国的销售时间、销售区域、销售情况，对该两款商品进行宣传、推广的情况，两款商品的包装、装潢是否具有区别商品来源的显著特征等因素，认定两款商品的包装、装潢构成《反不正当竞争法》保护的“有一定影响的包装、装潢”，并无不当，二审法院予以认同。该款商品的包装、装潢在2010年前后的确存在改版的情况，但改版前后整体风格一致，主要设计要素亦没有显著区别，故一审法院将其认定为“细微改版”，并无不当，二上诉人的相关上诉意见，二审法院亦不予采纳。

关于第二项争议焦点，二审法院认为，《反不正当竞争法》第6条第1项规定，经营者不得擅自使用与他人有一定影响的包装、装潢相同或者近似的标识，引人误认为是他人商品或者与他人存在特定联系。本案中，一审法院认定上诉人佛山某公司的行为构成擅自使用他人有一定影响的包装、装潢的不正当竞争行为，具有事实和法律依据，具体理由一审法院已经充分阐述，二审法院不再赘述。二上诉人的相关上诉意见，二审法院不予采纳。关于上诉人提出的被上诉人以不正当竞争纠纷主张二上诉人侵害“百梦多咖喱”系案由错误的上诉意见，二审法院认为，外观设计专利权的保护范围以表示在图片或者照片中的该产品的外观设计为准，而对于“有一定影响的包装、装潢”的保护在于其区别商品来源的功能，禁止他人的混淆行为，二者的保护范围、要求等均存在差异，分别受不同法律调整，权利人可以选择适用。本案中，被上诉人选择适用《反不正当竞争法》，主张二上诉人构成擅自使用他人有一定影响的包装、装潢的不正当竞争行为，于法有据，二上诉人的该上诉意见，二审法院不予采纳。

关于第三项争议焦点，二审法院认为，本案中，一审法院在尚无证据证明被上诉人因被侵权所受损失，亦无证据证明上诉人佛山某公司因侵权所获利益的情形下，综合考虑被上诉人两款商品的知名程度、上诉人佛山某公司实施不正当竞争行为的时间、规模等因素，酌情确定上诉人佛山某公司赔偿被上诉人经济损失50万元。一审法院所作的该项判决并无不当，二审法院予以维持。上诉人佛山某公司的相关上诉意见，二审法院均不予采纳。关于合理费用，一审法院结合被上诉人提交的证据，根据合理、必要的原则，以及与被诉侵权行为的关联性等因素，酌情确定二上诉人承担合理费用10万元，亦无不当，二审法院亦予以维持。二上诉人的相关上诉意见，二审法院不予采纳。

综上所述，上诉人的上诉请求不能成立，应予驳回；一审判决认定事实清楚，适用法律正确，应予维持。依照《民事诉讼法》第170条第1款第1项规定，判决如下：驳回上诉，维持原判。

案例解析

外观设计作为专利保护的一员，根据我国《专利法》第2条的规定，外观设计兼具艺术性和功能性，既属于具有一定美感的设计，同时还能发挥其功能性特征，作用于工业领域。正由于具备多重特征，其可能同时满足多种保护形态的构成要件。因此，能否同时获得知识产权部门法律或知识产权法与反不正当竞争法的多重保护，外观设计专利期满后能否通过其他形态进行后续保护便成为争论的焦点。对此，既可以从不同法律的保护目标以及对权利人和社会公众的影响等利益平衡的实质性角度出发来探讨，也可以从不同法律的构成要件、层级以及一般法与特别法的关系等形式性角度来分析。

一、外观设计

工业品外观设计既是工业经济不断发展的产物，也是人们追求产品美学功能的结果。[①]随着时代的发展，其产生具有必然性，人们已经不再满足于单纯的艺术品或者类似专利等纯功能性产品，而是期待有一种同时融合二者特征的产物。人们出于对美的追求而进行的设计，离不开产品本身，无法脱离产品的功能性存在，因此，组成外观设计的装饰性特征和功能性特征二者难以分离。

由于外观设计具备双重属性，其中的装饰性特征在具备独创性时，可以成为著作权保护的客体；若兼具识别性特征，则可能满足有一定影响的包装、装潢的构成要件。由此，如何选择外观设计的保护模式将变得十分重要，不同国家对此存在不同看法。一般来说，存在三种不同的保护和立法模式，即版权法与专门法并行模式，专利为主、多法并立模式和专门模式。对于版权法与专

① 参见李明德：《外观设计的法律保护》，载《郑州大学学报（哲学社会科学版）》2000年第5期。

门法并行模式，主要源于英、法两国，受当时社会背景的影响而确定，具有一定局限性。英国法官困惑于如何确定版权保护与专门保护之间的分界线，而法国法官则是直接声明可以同时提供多重保护，可以说，二者都面临双重保护的困境。[①]至于专利为主、多法并立模式，其主要代表国为美国，外观设计被纳入专利法保护的同时并不排除包括版权法在内的其他法的保护，但由于外观设计已经成为专利的一员，为避免门槛低、保护期长的版权保护被大量申请从而损害专利的激励目的，美国法上对外观设计获得版权保护的条件进行了限制，要求必须是具有较高艺术性的外观设计才能获得版权的保护。[②]至于专门保护，则是建立一个外观设计权利的单独立法，从而减少多种法律重叠保护带来的保护障碍与争议。在我国，外观设计被规定在专利制度内，受其制约，不属于单独立法，因此难免陷入重叠保护的困境。

二、有一定影响的包装、装潢

随着商品经济的发展，包装、装潢在企业的经营策略中逐渐占据重要地位，从原有的便利运输和装饰功能，逐渐发展出了识别功能，成为消费者在市场上区分不同商品的重要依据。恶意仿制、使用他人具有一定影响的包装、装潢，极易使消费者对产品来源发生混淆，从而使仿制人通过利用他人商誉和商业地位来获得不正当利益，扰乱市场竞争秩序。因此需要通过反不正当竞争法来进行合理规制。

一般来说，判断一个客体是否属于有一定影响的包装、装潢可以从两个角度进行：一方面，可以关注其依附的商品是否具备一定的知名度，来推知其包装、装潢是否在市场上具有一定影响；另一方面，还可以从该包装、装潢的本身出发，分析其是否已经具有足够的识别性，能帮助消费者区分附着商品与市场上的其他商品，要求该种包装并非行业通用包装或仅出于产品的功能性而产生的包装。此外还需注意，商品的包装指的是商品的整体包装，不能将各个组成部分分开来进行判断，因此，即便是该包装均由各种通用元素组成，只要其排列、组合上具备识别性，也能受到反不正当竞争法的保护。而存在满足外观设计专利保护的客体同时满足一定影响的包装、装潢的保护要件，其主要是由于外观设计中的装饰性部分具备了可识别性，因此其同时也满足反不正当竞

① 参见彭学龙、赵小东：《外观设计保护与立法模式比较及对我国的启示》，载《知识产权》2007年第6期。

② 参见彭学龙、赵小东：《外观设计保护与立法模式比较及对我国的启示》，载《知识产权》2007年第6期。

争法的保护要求。

对于外观设计专利客体同时满足其他法律保护构成要件的情况，我们称为外观设计的重叠保护。重叠保护又分为同时保护和后续保护，后续保护即鉴于不同保护制度赋予的保护期长短不一，在其中一个保护期届满之后，其他尚未过期的制度继续予以保护，这在实践中引发了争论。本案中，一审被告主张不仅否定对外观设计的同时保护，也否定对其后续保护。一方面，被告主张原告提出的包装正处于外观设计专利的保护期限内，根据特别法优于普通法的原则，原告不应选择其他法律（如《反不正当竞争法》）作为依据进行保护；另一方面，被告认为原告主张的外观设计专利早已过期，因此其客体已经进入公有领域，原告无法对其主张权利。对此，一审、二审法院均表示反对，认为在重叠保护下，权利人可以任选一种保护制度进行主张；而一种制度保护期届满，并不代表该客体当然地进入公有领域，若还存在其他有效的保护制度，权利人仍可以进行主张。对这一争论的理解，可以从实质性角度和形式性角度分别分析。

三、利益平衡的实质性角度

所谓实质性角度，是从专利法的制度本质，即期望在激励权利人和维护社会公益间创建一种平衡出发。[①] 专利法作为一种激励机制，通过赋予权利人一定期限内的垄断权益来鼓励发明创造的兴起，同时通过限制垄断权利的有效期间、设立强制许可等提升社会公众获取资源的可能。本案中，对外观设计专利的同时保护，被告涉及的是对普通法与特别法的不同理解，对此下一部分将详细阐述，而外观设计的后续保护则更多涉及不同制度间不同主体利益的协调。

对后续保护持反对态度的主张大概包括以下两个方面：一方面，就专利制度本身而言，不利于其激励机制的实现，同时会影响其稳定性。[②] 专利制度在授予权利人垄断权的同时限定一定的使用期限，该种制度规定本身就是一种利益平衡的结果，既达到激励效果，又能维护社会公益。然而，若是在专利保护期满之后利用其他法律对外观设计专利进行保护，如反不正当竞争法的保护，则会打破这种平衡，相当于变相地延长了专利法规定的使用期限，破坏专利制度的稳定性。另一方面，对于社会公众而言，压缩了公共资源的利用空

① 参见冯晓青：《知识产权法利益平衡理论》，中国政法大学出版社 2006 年版，第 420~439 页；冯晓青：《专利法利益平衡机制之探讨》，载《郑州大学学报（哲学社会科学版）》2005 年第 3 期。

② 沈玮玮、姬德华：《外观设计专利的后续保护及其限制》，载《知识产权》2016 年第 7 期。

间。由于使用期限制度本就是对公共利益的一种维护，通过法定期限来防止权利人过久的垄断，因此，到期之后理应进入公有领域，为社会公众提供更多创新灵感。若是继续为反不正当竞争法所保护，则会导致公共资源的流失。

而对后续保护持肯定意见的主张多是从权利人的付出与收益的角度出发，认为后续保护是其应得的。获得后续保护的前提是其客体的特殊性，既具备外观设计所要求的装饰性和功能性，同时还达到了反不正当竞争法要求的识别性。此种客体相较于普通外观设计客体或有一定影响的包装、装潢，权利人在其上有着更多付出，其作品能够给社会同时带来多种价值，理应受到更多保护，若是让其同普通外观设计客体一样，仅能享受相同的时间利益，对于权利人而言则是得不偿失的。此外，后续保护并不属于保护过度，概因两种制度在设立目的、权利内容、保护范围上均存在一定差异，另一种制度的后续保护不能简单看作对前一制度的延续。实际上反不正当竞争法的保护是一种未注册商标上的保护，其排斥具备功能性的外观设计，[①] 因此并不会损害社会公益。本案中，一审、二审法院均持肯定意见，认为外观设计专利到期之后并非当然地进入公有领域，而是要看是否同时满足其他法的保护要件。相对而言，否定说更关注专利制度本身，而忽视了根本的受保护的客体上的差异性，脱离背后的客体空谈对一般专利制度的影响无异于空中楼阁。

四、一般法与特别法的形式性角度

本案中，被告在一审答辩中就主张，原告的包装、装潢尚处于外观设计的保护期内，其越过专利法，径直寻求反不正当竞争法保护的行为违反了特别法优于一般法的一般法律原则。一般而言，区别普通法与特别法主要从人、事、地、时四个角度的效力范围分析，[②] 特别法可以分为四类：区域性特别法、时效性特别法、主体性特别法和事项性特别法，[③] 如今学术界基本认同知识产权法同反不正当竞争法不存在一般法与特别法的关系，二者冲突时属于一般法律竞合，由权利人选择适用何种法律进行保护。

若是详细对比专利法与反不正当竞争法，可以发现，首先，在区域上，二者都属于全国性立法，适用的范围并不存在地域上的包含关系。其次，在时效性上，特别法指的是在受社会影响的特定时期所特别规定的法律，由于其适用仅在一定时期内，因此具备包含性。本案中，专利法和反不正当竞争法都不

---

① 刘丽娟：《论知识产权法与反不正当竞争法的适用关系》，载《知识产权》2012 年第 1 期。
② 刘丽娟：《论知识产权法与反不正当竞争法的适用关系》，载《知识产权》2012 年第 1 期。
③ 顾建亚：《“特别法优于一般法”规则适用难题探析》，载《学术论坛》2007 年第 12 期。

满足。再次，在主体上，特别法指专为特定群体制定的法律规范，如《注册会计师法》等。而本案中无论是自然人还是法人，满足一定条件下都可以寻求专利法和反不正当竞争法的保护，因此也不存在包含性。最后，在事项上，特别法的典型规定为《城市房地产管理法》，而《专利法》和《反不正当竞争法》均不在此列。因此，可以看出，即便是对二者从各个方面进行形式上的比对，也无法发现存在包容关系，在二者的交叉部分，更应被认为是一种普通的法律竞合现象。

五、结论

构成外观设计专利要求客体同时满足装饰性和功能性的要求，此种复合特质致使其易与其他法律制度发生重叠，如反不正当竞争法中有一定影响的包装、装潢，当其中装饰性要件达到了识别性的程度，该外观设计专利能否同时受到反不正当竞争法保护？对于二者的同时保护，不存在一般法和特别法的包容关系，而是一般法律竞合，权利人可以自由选择适用何种制度进行保护。而外观设计专利到期之后的后续保护，从客体本身的特殊性和权利人的得失来看，对其进行后续保护并不会损害社会公益。由此，只有充分认识外观设计专利与有一定影响的包装、装潢间的联系与区别，才能正确处理二者重叠的案件。

外观设计专利权终止后的多重保护

——宁波某制笔公司与上海某中韩文具制造公司等擅自使用知名商品特有装潢纠纷案

/ 崔昊瀚

本案要旨

外观设计专利因保护期限届满或其他情况导致专利权终止时，一般情况下该外观设计就进入了公有领域，属于可以被广大公众自由使用的公知信息。但是反不正当竞争法可能在知识产权法领域之外，在特定情况下对某些权利提供另一重附加保护。例如，外观设计专利权在专利权终止后，若使用该专利的商品已经属于知名商品或有一定影响力的商品时，他人随意使用该外观设计或装潢可能会使相关公众对商品来源产生混淆，致使构成不正当竞争行为。因此在外观设计专利权终止后，该设计不必然进入公有领域，在满足反不正当竞争法保护要件的前提下，依然受到反不正当竞争法的保护。

案件信息

申请人（一审被告、二审上诉人）：宁波某制笔公司

被申请人（一审原告、二审被上诉人）：上海某中韩文具制造公司

一审被告：宁波某文具公司、上海某工贸公司

案号：上海市第二中级人民法院（2008）沪二中民五（知）初字第112号、上海市高级人民法院（2008）沪高民三（知）终字第100号、最高人民法院（2010）民提字第16号

原被告主张及理由

原告上海某中韩文具制造有限公司（以下简称某中韩文具公司）诉称：原告是驰名商标“晨光”的所有权人，原告的晨光牌k-35型按动式中性笔是

原告的知名商品，该笔的外部装潢是知名商品的特有装潢。原告发现被告上海某工贸公司（以下简称某工贸公司）销售的，由被告宁波某文具公司和被告宁波某制笔公司生产、销售的681型水笔仿冒了原告知名商品晨光牌k-35型按动式中性笔的特有装潢，构成不正当竞争行为，给原告造成了较大的经济损失，故诉至法院，请求判令：（1）三被告立即停止生产和销售侵权产品的行为；（2）三被告共同赔偿原告经济损失人民币50万元；（3）三被告共同赔偿原告合理费用人民币3万元。

被告宁波某文具公司和被告宁波某制笔公司共同辩称：（1）原告的晨光牌k-35型按动式中性笔的各个部件属于笔的组成部分，不属于笔的装潢，因此该笔的外观不构成知名商品特有装潢；（2）二被告生产、销售681型水笔要早于原告生产、销售k-35型按动式中性笔，二被告享有先用权。综上，二被告的行为不构成不正当竞争，请求法院驳回原告诉请。

被告某工贸公司辩称：并不知情，故不应承担民事责任。

法院查明的事实

2002年7月19日，原告向专利局申请了名称为“笔（事务笔）”的外观设计专利，于2003年2月19日获得授权公告，该专利目前的状态为终止。经对比，原告的k-35型按动式中性笔的外观与前述外观设计专利相同。原告于2004年9月21日经受让取得注册商标“晨光”，该商标证号为第1815××7号，注册有效期自2002年7月28日至2012年7月27日，核定使用商品为第16类的笔、笔记本等。2005年1月，“晨光”商标被上海市工商行政管理局认定为上海市著名商标，有效期自2005年起至2007年止。2005年12月30日，国家商标局认定原告在第16类笔商品上的“晨光”注册商标为驰名商标。此外，原告的“晨光”牌中性笔于2003年和2007年还多次获得“名牌”产品称号，原告对其产品也进行了广告宣传。本案系争的681型水笔是由被告宁波某制笔公司和被告宁波某文具公司生产、销售，该笔的结构与原告产品相同，笔夹上印有“weiyada”“681”等字样，环形不干胶上印有“weiyada”“e681”等字样，从整体上看，二者外观基本相同。2007年6月4日，原告在被告某工贸公司处购买了系争681型水笔一盒，并委托上海市黄浦区第一公证处对上述购买行为进行了公证。被告宁波某文具公司自认在某市场内设有销售点。另查明，被告宁波某制笔公司和被告宁波某文具公司的法定代表人相同，本案中，被告宁波某制笔公司主要从事681型水笔的生产活动，被告宁波某文具公司主要从事 681 型水笔的销售活动。

一审法院判决理由与裁判结果

一审争议焦点：（1）原告生产的 k-35 型按动式中性笔的外观是否构成知名商品的特有装潢；（2）三被告的行为是否构成擅自使用知名商品特有装潢的不正当竞争行为；（3）本案的赔偿问题。

一审法院认为，根据反不正当竞争法司法解释的有关规定，知名商品是指在中国境内具有一定的市场知名度，为相关公众所知悉的商品。本案中，根据原告提交的证据，原告自 2002 年 3 月起开始生产 k-35 型按动式中性笔，并在该笔上使用了注册商标"晨光"。"晨光"商标曾被评为上海市著名商标，并被国家商标局认定为驰名商标，晨光牌中性笔也多次被评为制笔行业的名牌产品。据此，一审法院认定原告的 k-35 型按动式中性笔在市场上具有一定的知名度，是为相关公众所知悉的知名商品。根据反不正当竞争法司法解释的相关规定，"特有"装潢是指商品的装潢有区别商品来源的显著特征。仅由商品自身的性质产生的形状，为获得技术效果而需有的商品形状以及使商品具有实质性价值的形状均不属于知名商品的特有装潢。本案中，原告对其中笔套夹和装饰圈部分进行了专门的设计，使其除具有功能性以外，还具有较强的装饰性，起到了美化商品的作用。而其中揿头、笔杆、笔颈、护套和尖套部分的形状设计属于使笔类商品实现自身技术效果的功能性设计，这些部件的形状以及整体的色彩搭配与其他同类商品相比也缺乏显著特征。因此，一审法院认定，k-35 型按动式中性笔外观中的笔套夹和装饰圈部分构成知名商品的特有装潢。关于第二个争议焦点，被告宁波某文具公司和被告宁波某制笔公司认为 681 水笔的最早生产、销售时间要早于原告的 k-35 型按动式中性笔，因此不构成不正当竞争行为。经比对，原、被告产品在笔套夹和装饰圈部分的形状设计基本无差别，构成了相近似的产品装潢，此外两个产品的其他部分也十分相似，从整体上看足以造成消费者的混淆。被告宁波某制笔公司和被告宁波某文具公司未经原告许可，擅自生产、销售使用原告知名商品特有装潢的 681 型水笔，构成了不正当竞争行为，应当承担停止侵权、赔偿损失的民事责任。

上诉主张及理由

宁波某制笔公司不服，提起上诉。其主要的上诉理由包括：（1）装潢是附加、附着在笔上的，特有装潢不是笔的本体，不是笔的零部件，一审法院将商品本体、外观设计认定为特有装潢，作为上诉人仿冒被上诉人装潢的依据，违反法律和相关司法解释；（2）证据系其伪造、拼凑而成。

被上诉人某中韩文具公司答辩请求驳回上诉，维持原判。

➲ 二审法院判决理由与裁判结果

二审争议焦点：（1）原告生产的 k-35 型按动式中性笔的外观是否构成知名商品的特有装潢；（2）三被告的行为是否构成擅自使用知名商品特有装潢的不正当竞争行为；（3）本案的赔偿问题。

二审法院认为，关于知名商品的认定同一审法院。上诉人宁波某制笔公司上诉认为，k-35 中性笔中的装潢部分仅指印在笔套夹上的文字和不干胶贴上的“晨光”商标文字、图案、色彩及其排列组合，而不应包括笔的零部件。二审法院认为，根据《最高人民法院关于审理不正当竞争民事案件应用法律若干问题的解释》第 2 条的规定，具有区别商品来源的显著特征的商品的装潢，应当认定为《反不正当竞争法》第 5 条第 2 项规定的“特有的装潢”；但是仅由商品自身的性质产生的形状，为获得技术效果而需有的商品形状以及使商品具有实质性价值的形状，人民法院不认定为知名商品特有的装潢。由此可见，在反不正当竞争法中，k-35 中性笔的装潢并非仅指印在笔套夹上的文字和不干胶贴上的“晨光”商标文字、图案、色彩及其排列组合。k-35 中性笔的外观形状如果符合《最高人民法院关于审理不正当竞争民事案件应用法律若干问题的解释》关于商品装潢的构成要件，并满足受法律保护的其他要件，可以根据《反不正当竞争法》第 5 条第 2 项获得保护。某中韩文具公司的 k-35 中性笔的笔套夹上部有两条半环形镂空，套身上有大圆形缺口，笔套夹下方又配以“S”形装饰圈，上述两部件的设计不仅体现防滑、节省材料、提高加工工艺性等功能性考虑，也体现了独特的装饰性效果，增加了 k-35 中性笔外形的美观，故笔套夹和装饰圈亦属于 k-35 中性笔的装潢设计。根据本案证据显示，随着近年来某中韩文具公司对 k-35 中性笔的广泛宣传和大量销售，已经使得 k-35 中性笔笔套夹和装饰圈部件的独有设计与商品的来源即生产者被上诉人某中韩文具公司之间建立了明确和稳固的联系，使其具备了识别商品来源的显著特征，故应认定为知名商品的特有装潢。在某中韩文具公司生产的 k-35 中性笔在消费者中已享有一定知名度的情况下，上诉人作为同业竞争者，在其生产的 681 型水笔上擅自使用与 k-35 中性笔知名商品特有装潢相近似的装潢，足以使消费者在购买时对商品来源产生误认，构成不正当竞争，对此应当承担停止侵权、赔偿损失等民事责任。上诉人的相应上诉理由，二审法院对此不予支持，遂维持原判。

再审主张及理由

宁波某制笔公司申请再审称：（1）原审判决将某中韩文具公司 k–35 型按动式中性笔的零部件本体、外观设计直接认定为特有装潢，认定事实不清。①商品的特有装潢不能是商品本体，而应当是附加、附着在商品本体上的文字、图案、色彩及其排列组合。特有装潢应当独立于商品本体而存在，并对商品的使用功能没有影响。k–35 型按动式中性笔的笔套夹和装饰圈是笔的零部件，属于笔的本体，构成外观设计。笔的零部件本体的特有外形和特有外观设计不等于特有装潢。② k–35 型按动式中性笔曾获得过外观设计专利，其笔套夹和装饰圈在外观设计专利状态下属于外观设计的一部分，但这并不等于其在外观设计专利权终止后就构成特有装潢。k–35 型按动式中性笔的外观设计专利失效后，其外观设计不再受法律保护。③原审判决根据 k–35 型按动式中性笔的笔套夹和装饰圈与某中韩文具公司之间的联系，认定该笔套夹和装饰圈属于特有装潢，没有事实和法律依据。k–35 型按动式中性笔的外观设计并不知名，不具有指向功能，不能指向某中韩文具公司，不能起到识别产品来源的作用。（2）原审判决回避了宁波某制笔公司销售被控侵权产品 681 型水笔的日期早于某中韩文具公司销售 k–35 型按动式中性笔的日期这一事实。（3）原审判决证据属于伪证。（4）某中韩文具公司没有经济损失。综上，请求撤销一审、二审判决，由被申请人承担本案诉讼费用。

被申请人某中韩文具公司认为，原审判决认定事实清楚，适用法律正确，程序公正合法，请求驳回宁波某制笔公司的再审申请，维持原判。主要理由：（1）原审判决认定事实清楚，适用法律正确。①宁波某制笔公司未能提供足够证据证明其在先制造和销售被控侵权产品。②某中韩文具公司的 k–35 型按动式中性笔多次被制笔行业评为名牌产品，其使用的注册商标“晨光”曾被评为上海市著名商标，并被认定为驰名商标，因此 k–35 型按动式中性笔系知名商品。③某中韩文具公司对 k–35 型按动式中性笔的笔套夹和装饰圈进行了专门设计，体现了独特的装饰性设计，不具有功能性效果，起到了美化商品和区分来源的作用。相关公众已经将 k–35 型按动式中性笔的整体外观形象与特定来源联系起来，看到这种具有笔套夹的半环形镂空、腰形孔以及“S”形装饰圈等设计的中性笔时，会认为该笔是某中韩文具公司或其关联企业制造的产品。

这种外观已经取得了第二含义。④ k–35 型按动式中性笔的笔套夹和装饰圈的独特设计作为装潢应当受到反不正当竞争法的保护。k–35 型按动式中性笔的外观设计专利过期后并不必然导致其他所有权利丧失，法律并不禁止对一项设计提供多重保护。⑤宁波某制笔公司生产和销售的 681 型水笔造成了与某中韩文具公司 k–35 型按动式中性笔的混淆。（2）原审判决程序合法。

再审法院判决理由与裁判结果

再审争议焦点：（1）获得外观设计专利的商品外观在专利权终止后能否再依据反不正当竞争法获得保护；（2）形状构造类装潢获得知名商品特有装潢保护的条件。

再审法院认为：（1）关于获得外观设计专利的商品外观在专利权终止后能否再依据反不正当竞争法获得保护的问题。多数情况下，如果一种外观设计专利因保护期届满或者其他原因导致专利权终止，该外观设计就进入了公有领域，任何人都可以自由利用。但是，在知识产权领域，一种客体可能同时属于多种知识产权的保护对象，其中一种权利的终止并不当然导致其他权利也失去效力。同时，反不正当竞争法也可以在知识产权法之外，在特定条件下对于某些民事权益提供有限的、附加的补充性保护。就获得外观设计专利权的商品外观而言，外观设计专利权终止之后，在使用该外观设计的商品成为知名商品的情况下，如果他人对该外观设计的使用足以导致相关公众对商品的来源产生混淆或者误认，这种在后使用行为就会不正当地利用该外观设计在先使用人的商誉，构成不正当竞争。因此，外观设计专利权终止后，该设计并不当然进入公有领域，在符合反不正当竞争法的保护条件时，它还可以受到该法的保护。此时，该外观设计应当满足以下条件：①使用该设计的商品必须构成知名商品；②该设计已经实际具有区别商品来源的作用，从而可以作为知名商品的特有包装或者装潢；③这种设计既不属于由商品自身的性质所决定的设计，也不属于为实现某种技术效果所必需的设计或者使商品具有实质性价值的设计；④他人对该设计的使用会导致相关公众的混淆或者误认。不过，外观设计专利权的终止，至少使社会公众收到了该设计可能已经进入公有领域的信号，因而主张该设计受到知名商品特有包装、装潢保护的权利人应提供更加充分的证据来证明有关设计仍应受法律保护。（2）关于形状构造类装潢获得知名商品特有装潢保护的条件。如果把装潢仅仅理解为附加、附着在商品本体上的文字、图案、色彩及其排列组合，就会把商品自身的外观构造排除在外，从而不恰当地限缩了装潢的范围。所谓知名商品的特有装潢，是指知名商品上具有区别商品来源的显著特征的装潢。由于文字图案类装潢和形状构造类装潢的表现形态不同，决定了它们构成特有装潢的条件也存在一定差异。对于文字图案类装潢而言，由于消费者几乎总是习惯于利用它们来区分商品来源，除因为通用性、描述性或者其他原因而缺乏显著性的情况外，它们通常都可以在一定程度上起到区别商品来源的作用。一般而言，在使用文字图案类装潢的商品构成知名商品的情况下，该文字图案类装潢除缺乏显著性的情形外，通常都可起到区别商品来源的作用，从而构成知名商品的特有装潢。形状构造类装潢则并非如此。形状构造本身与商品本体不可分割，相关公众往往更容易将其视作商品本体的组成部分，而一般不会直接将其与商品的特定生产者、提供者联系起来。即使使用该形状构造的商品已经成为知名商品，在缺乏充分证据的情况下，不能直接得出相关公众已经将该种形状构造与特定的生产者、提供者联系起来的结论。因此，对于形状构造类装潢而言，不能基于使用该种形状构造的商品已经成为知名商品就当然认为该种形状构造已经起到了区别商品来源的作用，更不能仅凭使用该种形状构造的商品已经成为知名商品就推定该种形状构造属于知名商品的特有装潢。因而，认定形状构造类装潢构成知名商品特有装潢，需要有更加充分的证据证明该种形状构造起到了区别商品来源的作用。可见，与外在于商品之上的文字图案类装潢相比，内在于商品之中的形状构造类装潢构成知名商品的特有装潢需要满足更严格的条件。这些条件一般至少包括：①该形状构造应当具有区别于一般常见设计的显著特征。②通过在市场上的使用，相关公众已经将该形状构造与特定生产者、提供者联系起来，即该形状构造通过使用获得了第二含义。也就是说，一种形状构造要成为知名商品的特有装潢，其仅仅具有新颖性和独特性并对消费者产生了吸引力是不够的，它还必须能够起到区别商品来源的作用。只要有充分证据证明该形状构造特征取得了区别商品来源的作用，就可以依据知名商品的特有装潢获得保护。

对于宁波某制笔公司、宁波某文具公司与某中韩文具公司达成的和解协议，再审法院经审查予以准许。再审由于达成和解协议，准予撤回再审申请。

➲ 案例解析

本案的主要争议焦点在于外观设计专利在保护期限届满后是否继续享有竞争法上的保护。在一般情况下，专利保护期限届满后，相关技术方案或外观设计专利产品会进入公有领域，相关公众和经营者可以自由利用，但是在反不正当竞争法语境下，依然可能对这些技术或外观设计产品提供在专利法以外的保护。本案是有关外观设计专利权到期后的多重保护问题的典型案例，笔者希望结合对案例的分析讨论外观设计多重保护的正当性。

一、外观设计的特殊性质

外观设计在知识产权领域有一定的特殊性质。[①]2020 年我国《专利法》修改后，在第 2 条对其作出了定义，即外观设计是指对产品的整体或者局部的形状、图案或者其结合以及色彩与形状、图案的结合所作出的富有美感并适于工业应用的新设计。以下笔者针对外观设计定义中的三个要件对其特殊性质展开讨论。

（一）富有美感

近代以来，科学和美学随着社会发展逐渐殊途，科学被认为是技术性的、客观的，而美学则是艺术性的、主观的。这一区别使得科学和美学在知识产权领域所得到的保护形式也有所不同，科学界的发明创造往往被各国通过专利法保护，而美学界的艺术作品更普遍由著作权法保护。外观设计则是兼具技术性和艺术性的特殊产物，我国将其纳入专利法保护，显然更注重其技术性的一面，而在构成要件中仍强调“富有美感”也随之产生了一些争议。有观点认为，应取消“富有美感”这一表达，笔者不赞同这种观点。主要原因在于外观设计正是凭借其艺术性的特征与发明和实用新型专利区别开来，如果取消这一要件，并不利于其得到专利法的保护，反而可能由于判定标准不清导致外观设计专利认定困难。[②] 富有美感这一要件使得外观设计需要兼顾技术性和艺术性，也导致其在后续法律保护上有其特殊之处。

（二）局部或整体包含色彩、形状、图案等要素

除了富有美感、依附于工业应用产品这两个要件，我国《专利法》还要求外观设计的内容必须是局部或者整体由形状、图案或者其结合以及色彩与形状、图案的结合构成，既可以是二维的，也可以是三维的。根据法条，该要件表面上有两重意义：其一，与商标法有所不同，专利法将声音、气味等不稳定的因素排除在外观设计的保护之外；其二，色彩不能单独构成外观设计，只有与图案或形状结合，才得到专利法的保护。除法条的表面含义之外，该要件实际上体现了知识产权领域的利益平衡理念，一方面，更有效、更明确地赋予专利权人在相应范围内的独占权利；另一方面，对于外观设计内容的具体要求，

---

① 沈玮玮、姬德华：《外观设计专利的后续保护及其限制》，载《知识产权》2016 年第 7 期。

② 崔龙飞：《论我国外观设计专利的新颖性和创造性》，中国计量大学 2017 年硕士学位论文。

将气味、声音等排除，限定了色彩、形状、图案作为组成要素（其中色彩不能单独构成外观设计），为公共领域留下空间，使得社会公众可以自由利用专利权范围外的要素，保障公有权利的同时，也鼓励了设计的创新。

（三）依附于工业应用产品

外观设计是其创造者智力劳动的成果，专利法要求该智力劳动需要以工业应用产品作为载体。需要注意的是，所谓工业应用产品应当是可复制的，只有能够批量生产的工业产品外观上的设计才能得到专利法的保护。依附于工业应用产品这一要件导致外观设计和商标有了本质区别，商标虽然也可能富有美感并且结合图形、文字进行了设计，但是商标不需要完全依附商品，同一个商标也可以在多个不同类别的商品上使用，而外观设计无法脱离产品，必须依靠特定产品来展现其蕴含的智力劳动成果。根据上述分析，虽然外观设计和商标存在本质区别，但反不正当竞争法上有一定影响的商品装潢等可能与外观设计在概念上存在重叠部分，因此外观设计具备可能被多重保护的特殊性。

二、有一定影响的商品装潢与外观设计专利

如上所述，有一定影响的商品装潢等与外观设计存在重叠部分，这一重叠部分的界定标准就相当重要，除满足外观设计专利的构成要件外，还需要满足有一定影响的商品装潢的基本要求。

（一）有一定影响

“有一定影响”这一要件来自2017年《反不正当竞争法》的修订，立法者以“有一定影响的商品装潢”的表述替代了“知名商品特有的装潢”。“有一定影响”这一说法实际上更贴近《反不正当竞争法》保护的本意，该法之所以要对市场混淆行为加以规制，并不是因为商品包装装潢设计巧妙美观而被众人所熟知，而是因为包装装潢具备使消费者根据装潢来区别商品、服务来源的功能。这一特性使得商品装潢发挥了类似未注册商标的功能，由于该装潢的权利人长期经营使用，相关公众以一般注意力即可判断该装潢所对应的经营者，如果他人模仿使用这种商品装潢，则有“搭便车”的攀附之嫌，破坏了自由竞争秩序。[①] 2017年修订前的《反不正当竞争法》在保护商品装潢时所强调的“知名商品的特有装潢”只是对该商品装潢的外在知名性有所要求，往往浮于判断知名度的表面，修订后《反不正当竞争法》的“有一定影响”实际上更强调内在显著性，要求商品装潢能够帮助公众判断经营者或关联企业，当然，内在显

① 袁田、王琳泷：《不正当竞争纠纷中“有一定影响的包装装潢”的认定》，载《中华商标》2020年第Z1期。

著性也需要结合商品的所属领域、受众范围、销售时间、宣传力度、市场占有率等多个要素综合考虑。[①]

本案中，“晨光”商标早已获得核准注册，2005 年也被认定为驰名商标，“晨光”牌中性笔还多次获得“名牌”产品称号。根据这些因素，可以综合认定其商品装潢具备内在显著性，可以让中性笔领域的消费者通过其装潢联系到经营者某中韩文具制造公司，因此，满足“有一定影响”的要求。

（二）商品装潢

商品装潢在立法上缺乏直接的定义，单从字面理解，商品装潢指的是商品的装饰。需要注意的是，该装饰不仅指整体的商品构造，同样包含商品上部分文字、图案、色彩的组合，既可以是二维的，也可以是三维的。因此，正如本案中再审法院的做法，实践中商品装潢往往被分为两类：一类是文字图案类装潢，即商品外观可视的、不影响商品实质用途的、局部或整体的文字、图案、色彩及其排列组合；另一类是形状构造类装潢，即属于商品本身的、具有装饰作用的、整体或者局部外观构造，但由商品功能技术所决定的形状除外。[②]这两类装潢尽管在表现形态上有一定差异，但由于二者外在上均有美化装饰作用，内在上都能帮助消费者识别商品，因此均属于商品装潢。但是二者在受到反不正当竞争法保护的前提条件上也有细微区别，根据本案中最高人民法院再审时提出的观点，由于文字图案类装潢往往可以脱离商品表达内容，消费者也正是利用这些文字图案内容作为判断商品来源的依据，只要其具备内在显著性，通常能够构成有一定影响的商品装潢。而形状构造类装潢由于往往内嵌于商品之中，消费者通常将之视为商品的组成部分，很难认定其起到了帮助相关公众识别产品来源的作用，因此即便是知名商品，也需要既具有不同于常见同类产品设计构造，又经过经营使用具备了识别产品来源的第二含义，才能被视为有一定影响的商品装潢。[③]

就本案而言，某中韩文具制造公司印在笔套夹上的文字和不干胶贴上的“晨光”商标文字、图案、色彩及其排列组合，因其具备显著性，构成文字图案类的商品装潢；此外，某中韩文具制造公司对笔套夹和装饰圈部分均有独创的设计，不仅体现防滑、节省材料、提高加工工艺性等功能性考虑，也体现了

① 刘宇晖、梁平：《外观设计的多重保护——兼谈我国知识产权各法的修订》，载《电子知识产权》2008 年第 1 期。

② 黄晖：《反不正当竞争法对产品形状的保护问题研究 中华人民共和国最高人民法院（2010）民提字第 16 号民事裁定书评析》，载《电子知识产权》2011 年第 5 期。

③ 最高人民法院（2010）民提字第 16 号民事裁定书。

独特的装饰性效果，起到了美化商品的作用，并且在经营过程中，笔类产品中知名的晨光中性笔已经凭借这一独特设计起到了识别商品来源的作用，因此属于形状构造类的商品装潢。

三、多重保护的正当性分析

本案所涉的晨光中性笔的构造既构成了专利法上的外观设计，也构成了反不正当竞争法中有一定影响的商品装潢。不同的是，外观设计专利有保护期限限制，而有一定影响的商品装潢则不受时间限制。当外观设计专利到期后，其能否继续作为有一定影响的商品装潢被反不正当竞争法保护，即外观设计的多重保护问题在学术界存在较多分歧。笔者赞同对外观设计进行多重保护，主要有以下两点理由。

（一）多重保护并不等于重复保护

尽管依据前文所述，外观设计专利和有一定影响的商品装潢在保护客体和时间上有一定的重合部分，但所谓多重保护并不同于重复保护。重复保护是指各单行法对于外观设计的保护方式、保护目的等方面均完全相同[①]；而多重保护则是各单行法出于保护不同法益的目的，给予同一客体形式不尽相同的保护。外观设计专利与有一定影响的商品装潢应当属于多重保护，因为同一个客体上承载着数个不同法益时，法律应当为其提供多重保护，才能够对数个法益都起到妥善保护的效果。

本案中，既有某中韩文具公司通过智力劳动创造出的具有特殊防滑作用和艺术美观效果的外观设计专利，应当在保护期限内享有专利法的保护；也有其通过多年苦心经营，赋予这种中性笔构造识别商品来源的功能，应当属于有一定影响的商品装潢，为防止“搭便车”因而也被反不正当竞争法所保护。因此，多重保护不同于重复保护，是保护同一客体上多个法益的正确选择。

（二）多重保护更有利于利益平衡

反对多重保护的学者通常认为，多重保护赋予了权利人过多的私有权利，不利于创新发展，可能导致人类知识产权进步的步伐停滞不前。[②]对于这种观点，笔者不敢苟同。尽管保护的设计是同一个，但认定是否侵犯法益的标准等方面都存在差异。外观设计在专利法上获得的是独占权利，未经许可排除了竞争者对其的一切使用行为，而有一定影响的商品装潢只有在使用构成市场混淆

---

① 陈娟：《知名商品外观设计的多重保护问题研究》，西南政法大学 2014 年硕士学位论文。

② 白志昀、徐瑾、高雁：《失效的外观设计是否可自由使用——当外观设计遇到实用艺术品》，载《专利代理》2015 年第 1 期。

行为时，才会被反不正当竞争法保护。当外观设计专利的保护期限届满后，其文字、图案等可能在艺术研究上被合理使用，社会公众依然有权对失效的外观设计进行再加工和创新，只有将该失效的外观设计用于类似商品，企图实施不劳而获的市场混淆行为，才会被反不正当竞争法以有一定影响的商品装潢加以规制。多重保护的关键不在于通过反不正当竞争法来延续失效专利的生命，而是为自由竞争提供更加充分的保护，使得智力劳动成果不被他人所窃取。因此，多重保护不但不会破坏知识产权的体系平衡，反而更加符合知识产权法律体系的立法宗旨。[①]

本案中，被告宁波某文具公司经营中性笔业务，在这一商业领域中，对于行业知名的某中韩文具公司应当有所知晓，而生产制造与某中韩文具公司失效外观设计专利相似的中性笔，很难排除其攀附的嫌疑。在这种情况下，为了更好地保护市场竞争，让智力劳动成果的创造者得到应有的权利保障，不受到市场混淆行为的恶意侵害，多重保护才能够更好地实现知识产权领域的利益平衡。

四、结论

外观设计专利在概念外延上与有一定影响的商品装潢有所重合，因此也具备了被专利法和反不正当竞争法多重保护的可能性。司法实践中，如果要认定多重保护，首先要明确是否均满足外观设计和有一定影响的商品装潢之构成要件；其次，多重保护应当建立在各单行法所保护的法益均被侵犯之时，需要满足相应法律规定的侵权要件。就本案而言，笔者认为应当对失效的外观设计专利给予反不正当竞争法上的继续保护，唯有此，才能够更好地保护同一客体上并存的数个法益，有效鼓励创新，推动知识产权事业持续发展。

---

① 张玉敏、凌宗亮：《三维标志多重保护的体系化解读》，载《知识产权》2009 年第 6 期。

已失效外观设计专利的著作权保护及限制

——谢某与叶某等著作权侵权纠纷案

/ 金惟妙

本案要旨

权利人将其所设计的图案应用于食品包装的，可以通过申请获得外观设计专利。该外观设计专利的保护范围应当与其所依附的产品紧密联系，仅限于在与特定专利获准使用的产品相同或相近类别的产品上，即食品包装上，使用相同或相似的图案。权利人可同时享有对设计图案的著作权，但应当明确著作权和专利权保护范围的区别。对于因专利权期满或因专利权人未按规定缴纳年费而导致专利权终止的，该食品包装外观设计便进入公有领域，成为社会公众均可自由利用的公共财富。权利人对设计图案所享有的著作权不受专利保护期满的影响，但也不得对他人合法使用已失效的外观设计专利的行为主张著作权侵权，否则有损社会公众的信赖利益，亦与专利法之宗旨相悖。

案件信息

上诉人（一审原告）：谢某

被上诉人（一审被告）：叶某、海宁市某食品有限公司

案号：浙江省海宁市人民法院（2013）嘉海知初字第10号、浙江省嘉兴市中级人民法院（2013）浙嘉知终字第5号

原被告主张及理由

原告谢某诉称：案外人谢某林于2001年9月独立创作完成食品包装袋（老谢榨菜）设计图案，并于2001年9月12日向国家知识产权局申请外观设计专利，专利号为01344419.×。后案外人谢某林将该作品的著作权全部转让给原告所经营的桐乡市某制品厂。但被告海宁市某食品有限公司、叶某未经

原告授权许可大量复制、发行上述作品。为维护原告合法权益，诉请法院判令：（1）被告海宁市某食品有限公司、叶某立即停止复制、发行等侵权行为；（2）被告海宁市某食品有限公司、叶某连带赔偿原告经济损失（包括维权费用）共计 150 000 元。

被告叶某辩称：其所销售的“老谢榨菜”系从被告海宁市某食品有限公司处合法取得，主观上已尽到合理注意义务；涉案作品的外观设计专利权因未缴年费已于 2006 年 2 月 15 日终止；原告方将已失效的外观设计专利号印刷在其产品上，系假冒专利的行为；叶某销售榨菜的利润系因榨菜本身所产生，与食品包装袋无直接关系。故被告叶某不应承担赔偿责任，请求驳回原告诉请。

被告海宁市某食品有限公司辩称：原告所享有的外观设计专利已失效，已进入公知领域，原告既然选择外观设计的保护，那么专利权失效后其已不再享有著作权；海宁市某食品有限公司所生产的包装袋与原告诉请不一致；律师费过高；原告继续使用已经失效的外观设计专利号系假冒外观设计专利的行为；本案争议的食品包装袋只是附着于榨菜的包装物，而产品受到消费者的青睐是基于内在质量和口味。请求法庭驳回原告诉请。

➲ 法院查明的事实

2001 年 9 月 12 日，案外人谢某林将食品包装袋（老谢榨菜）向国家知识产权局申请外观设计专利，并取得专利号为 01344419.× 的外观设计专利。2006 年 2 月 15 日，该外观设计专利权因未缴年费而终止，同年 8 月 30 日，案外人谢某林与原告所经营的桐乡市某制品厂签订著作权转让合同，约定谢某林将专利号为 01344419.× 的老谢榨菜食品包装袋作品的著作财产权无偿转让给桐乡市某制品厂。该包装袋内容如下：正面由“老谢榨菜”文字及榨菜图片组合而成，“老谢榨菜”文字及拼音组合位于包装袋中间，榨菜图片位于包装袋左下方，图片内容系盆装榨菜条，左右分别有葱段及辣椒，图片与文字之间有“去皮菜条”文字，“老谢榨菜”文字上方左侧系菱形注册商标。包装袋背面中间系“老谢榨菜”文字及拼音组合，拼音下方为“去皮菜条”文字，“老谢榨菜”文字上方左侧系菱形注册商标。

2012 年 12 月 12 日，原告向被告叶某经营的临安市某酱菜批发部购买一箱标有海宁市某食品有限公司生产的榨菜，共计人民币 27 元，并支出公证费 1500 元。该榨菜包装袋内容如下：正面由“老谢榨菜”文字拼音组合及榨菜图片组合而成，榨菜图片位于包装袋左下方，图片内容系白底蓝花盆装榨菜条，左右分别有葱段及辣椒，图片右下方有“去皮菜条”文字，“老谢榨菜”文字左上方有圆形商标，并标有“萬缘”文字及拼音。包装袋背面中间系“老谢榨菜”文字及拼音组合，“老谢榨菜”文字上方左侧系圆形注册商标，并标有“萬缘”文字及拼音。

二审法院认定的事实与原审法院一致。

➲ 法院判决理由与裁判结果

浙江省海宁市人民法院一审认为，本案的争议焦点在于谢某是否可以依据著作权要求叶某、海宁市某食品有限公司承担侵权责任。

关于涉案食品包装图案作品上的权利内容构成及状态变化。首先，从现有证据看，可以初步认定谢某林独立完成了涉案食品包装袋图案作品的创作，在无相反证据的情况下，可以确认谢某林对该图案作品享有著作权。其次，谢某林曾于2001年9月12日就涉案食品包装袋的图案作品申请了外观设计专利并获得了专利，这意味着谢某林所享有著作权的该包装图案在食品包装袋上的使用获得垄断权利，同时该权利所涉的图案须向公众公示。授予该图案作品的外观设计专利权，其保护范围是与其附着的产品紧密相连的，只局限于与外观设计专利产品在相同或相近类别的产品上使用相同或相似的图案。同时，在该保护范围以外，涉案图案作品仍然可以依据著作权利受到保护，二者并不冲突，且正是由于其保护范围的不同而同时存在。但是，涉案食品包装袋的外观设计专利权已于2006年2月15日因未缴纳外观设计专利年费失效，这表明该外观设计已失去了其垄断性，即涉案图案在食品包装袋上的使用已进入了公共领域，在该外观设计并未仍然受其他法律保护的情况下，其他任何人都可以自由利用。在该外观设计失效后，谢某林将涉案包装袋的图案的著作权整体性转让给了谢某，谢某受让的该著作权的保护范围应当与谢某林先前的权利状态具有承继性。

被控侵权的食品包装袋的图案与谢某主张权利的涉案包装袋图案之间经比对，二者在图案、文字、字体及排版方面只存在细微差别，整体视觉效果基本一致，构成实质性相同，同时，两者的使用方式均为印刷在榨菜食品的外包装袋上，使用方式和使用产品均属相同，落入外观设计专利权保护范围内的全部设计特征。最后，综合上述分析，谢某对涉案图案的著作权受到转让人权利状态的约束，而叶某、海宁市某食品有限公司对涉案图案的使用行为，符合对已失效外观设计的利用。谢某仅以著作权的保护方式要求叶某、海宁市某食品有限公司对其在榨菜食品包装袋上使用涉案图案的这一行为承担侵权责任，依据上述分析，可知叶某、海宁市某食品有限公司的使用方式并未落入谢某就涉案图案著作权享有的保护范围内，因此，谢某要求叶某、海宁市某食品有限公司承担侵权责任的请求无法律依据，不予支持。

浙江省嘉兴市中级人民法院二审认为，谢某与谢某林之间签订的《著作权转让合同》的合同标的为谢某林曾经申请的专利号为01344419.×的外观设计专利中的外观设计图片的著作权，现受让人谢某主张叶某、海宁市某食品有限公司对被控侵权的食品包装袋图案的使用行为侵犯了其享有的著作权，因此，本案争议焦点在于叶某、海宁市某食品有限公司是否存在侵犯谢某著作权的行为。

“鼓励发明创造，推动发明创造的应用”是我国专利法的立法宗旨之一。通过专利权的授予，专利权人享有独占实施其专利，并禁止他人未经许可实施其专利的权利，亦应当承担向公众公开其专利及缴纳年费的义务。在专利权因保护期届满或其他原因如专利权人怠于履行缴纳年费义务、自愿放弃其专利权而导致终止后，该专利便进入公有领域，成为社会公众均可以自由利用的公共财富。

根据《专利法》第44条第2款之规定，专利权在期限届满前终止的，由国务院专利行政部门登记和公告。社会公众基于对国务院专利行政部门专利公告之公示效力所享有的信赖利益亦应当受到法律的保护。本案中，专利号为01344419.×的外观设计专利已于2006年2月15日因未缴纳年费而终止。因此，社会公众有理由相信该专利已经进入公有领域，可以自由利用。若仍允许以享有外观设计专利中的外观设计图片的著作权为由阻碍他人实施已经进入公有领域的专利，因著作权自作品创作完成之日起即产生，故公众无法得知其对已经进入公有领域的专利的利用是否会受到著作权人的追究，这显然有损社会公众的信赖利益，亦与专利法之宗旨相悖。

被控侵权的食品包装袋图案使用在榨菜食品的包装袋上，与专利号为01344419.×的外观设计专利产品相同，经比对，二者在整体视觉效果上并无差异，谢某亦认为二者相同。叶某、海宁市某食品有限公司对被控侵权的食品包装袋图案的使用行为，属于对已经进入公有领域的专利号为01344419.×的外观设计专利的实施。受让人谢某在受让外观设计专利中的外观设计图片的著作权时，已经知道该外观设计专利权已经终止，理应知道其对受让权利的行使应当受到专利制度的限制。因此，即便谢某林对该专利图片享有著作权，且该著作权尚在保护期内，谢某亦不得以此为由阻碍他人使用已经进入公有领域的图案设计。

综上，谢某的上诉理由，缺乏法律依据，其上诉请求二审法院不予支持。原判认定事实清楚，适用法律正确。故判决驳回上诉，维持原判。

案例解析

本案系在商品包装上使用已失效的外观设计专利的包装图案而引发的著作权侵权诉讼。知识产权并存是符合法律规定与公共利益的权利状态，与知识产权的充分商业化密切相关。权利的并存带来多重保护，存在扩大保护的制度风险，故在权利主张问题上需要明确权利行使范围以具体判断侵权行为。本案系在榨菜食品包装袋上使用已失效的外观设计专利的设计图案，该图案因专利权失效而自动进入公共领域。基于特定的权利范围，著作权人应当容忍社会公众行使其合法权利，无权对他人合法使用已失效的外观设计专利的行为主张著作权保护，否则会有损社会公众的信赖利益，亦与专利法之宗旨相悖。

一、著作权与专利权的并存

（一）本案的著作权和专利权并存情况梳理

根据本案原告主张及法院认定的事实，对本案各主体的著作权和专利权权利状态以及权属变化梳理如下。

案外人谢某林于2001年9月独立创作完成涉案食品包装袋设计图案，该图案创作完成的同时，谢某林获得对该图案的著作权。

2001年9月12日，谢某林向国家知识产权局申请外观设计专利，专利号为01344419.×。此时，谢某林对涉案食品包装袋设计图案同时享有著作权以及在特定商品包装上使用的外观设计专利权。

2006年2月15日，该外观设计专利权因未缴年费而终止，谢某林对涉案设计图案所享有的外观设计专利权失效，外观设计专利进入公共领域，而谢某林此时仅享有著作权。

2006年8月30日，谢某林与原告谢某所经营的桐乡市某制品厂签订著作权转让合同，约定谢某林将专利号为01344419.×的老谢榨菜食品包装袋作品的著作财产权无偿转让给桐乡市某制品厂。原告谢某由此获得涉案设计图案作品的著作财产权。

由此可见，本案原告谢某自始至终仅依据与谢某林签订的著作权转让合同，受让了谢某林在合同签订时合法享有的著作财产权。谢某所能够主张的权利范围仅限于著作财产权范围内。而涉案外观设计专利权，已于著作财产权转让之前失效，进入公共领域，公众有权在外观设计专利权的范围内对涉外包装设计图案无偿进行使用。

（二）我国著作权与专利权并存的司法实践

本案中，自2001年9月12日谢某林获得外观设计专利，至2006年2月15日该专利权因未缴年费而终止的期间内，谢某林对同一图案作品同时享有著作权以及在特定商品包装上使用的专利权，出现了著作权与专利权并存的情况。两种知识产权并存的权利是否会产生冲突，权利主张如何依据、范围几何，司法实践中出现了承认并存与不承认并存的两种态度。

多数司法案例与本案的观点相同，认可知识产权在同一件无形财产上并存。例如，早在2002年，“英某莱格公司、可某（天津）玩具有限公司与北京市某商业城侵犯著作权纠纷案”中，北京市高级人民法院认定，“现在没有证据表明中国法律对于外国人的实用艺术品排斥著作权和专利权的双重保护。英某莱格公司就其实用艺术作品虽然申请了中国的外观设计专利，但并不妨碍其同时或继续得到著作权法的保护”。[①]2006年北京市第二中级人民法院审结的“琼某诉汕头市佳某精细日化有限公司等侵犯著作权纠纷案”亦持相同态度。[②]

（三）著作权与专利权可以并存

笔者认为，对于合法取得的知识产权，在同一件无形财产上可以并存。依据知识产权的自身属性，以及权利人对利益保护的选择，一项无形财产上同时存在两项或者两项以上的知识产权是合理的。但各项权利独立存在，权利保护不得随意叠加，即权利人维权应当根据各自权利保护范围有针对性且择一主张权利。存在同时侵犯多种知识产权的，“依据所选定的知识产权客体界定权利的范围和内容，以相应的方式证明权利的有效性并主张权利”。[③]

从权利取得合法性来看，权利人自作品完成之时自动取得著作权，又依据申请获得外观专利专有权，均为合法取得。若申请专利权的行为等于放弃著作权保护，既没有法律依据，也不符合保护权利人利益的立法意图。正如“北京某装饰装帧材料有限公司与常州某装饰材料有限公司著作权权属、侵权纠纷案”二审中江苏省高级人民法院所指出的：“如果因为该图案已被授予外观设计专利权而对其著作权不予保护，则意味着这两种民事权利相互排斥、不能并存，这既无法律依据，也必然阻碍作品这种智力成果的使用及传播，与著作权

---

① 参见北京市高级人民法院（2002）高民终字第279号民事判决书。

② 参见北京市第二中级人民法院（2006）二中民初字第7070号民事判决书。

③ 郭小军：《外观设计专利权与其他知识产权并存浅析——从谢某林诉叶某木、海宁市明扬食品有限公司著作权侵权纠纷案谈起》，载《专利代理》2015年第2期。

法的根本宗旨相悖，也不利于保护社会公众的根本利益。”[①]

二、著作权与专利权并存具有正当性

首先，权利并存符合权利的属性。专利法意义上的外观设计，是指对产品的整体或者局部的形状、图案或者其结合以及色彩与形状、图案的结合所作出的富有美感并适于工业应用的新设计。以本案为例，谢某林独立创作的老谢榨菜图案具有独创性，其文字及图案的构成和设置具有一定观赏美感，构成美术作品，著作权自作品完成之时即取得。该老谢榨菜图案因其独特的设计，又同时符合外观设计专利权的特征，经申请获准专利权，专利号为01344419.×，核准应用于榨菜食品包装。同理，对于独立创作满足显著性特征的图样，亦可依据注册申请获得商标权，应用于商品及广告宣传以起到识别商品或服务来源的功能。

由此可见，对于独创性程度高或具备特殊设计的美术作品，其本身便存在符合不同知识产权的多元特征，知识产权并存是一种必然产生的状态。在高度信息化的商业社会中，任何内容通过一定程度的传播都能建立起其上的商业价值。对于特征多元化的无形财产，权利人利用不同特征所带来的商业价值增设权利、挖掘更多的商业内容，应当是未来知识产权发展的一大方向。允许知识产权并存，符合公共利益，能够对权利人的后续创作、商业利用起到激励作用。应当正确认识权利并存的优势和风险，通过制度完善在并存框架下厘清权利界限、明确权利范围，帮助权利人控制行权风险并扩大商业优势，避免因权利划分模糊导致的权利折损或者过度行使。

其次，权利并存具备法律基础。从上述分析可见，知识产权并存符合权利的属性，权利取得具有合法性，也是知识产权发展的未来方向之一。从我国《专利法》和《著作权法》的规定来看，均不存在排斥对知识产权的并存保护的规定。并且《专利法》与《著作权法》的位阶相同，“不存在特别法优于一般法或者高位阶法优于低位阶法适用的情况”。[②]对合法取得且处于有效保护期限内的各知识产权权利，不得随意剥夺权利人的合法权利。因此，权利的并存具备法律基础。除非权利人明确放弃某一项权利，或某项权利因法律规定的原因终止，如本案中的外观设计专利权因未缴纳年费而终止，则知识产权并存是具有法律正当性的状态。

---

① 参见江苏省高级人民法院（2015）苏知民终字第00037号民事判决书。

② 郭小军：《外观设计专利权与其他知识产权并存浅析——从谢某林诉叶某木、海宁市明扬食品有限公司著作权侵权纠纷案谈起》，载《专利代理》2015年第2期。

需要注意的是，权利并存与权利主张是不同的概念。本案中，外观设计专利权与著作权在权利保护期限上存在部分重叠，但是基于不同的权利保护制度，二者仍然在权利产生基础、权利保护范围以及保护期限等方面存在不同。权利保护范围的区别决定了权利人主张权利时应当明确不同知识产权的权利范围以及具体的侵权情况，不得以对己方有利的方式随意主张权利，否则容易造成知识产权扩大化。

三、权利并存下的权利保护与限制

为避免出现知识产权并存而导致扩大保护的制度风险，在承认知识产权并存正当性的基础上，应当明确权利并存下权利保护的原则及必要限制。有论者提出"权利不重叠和利益不累积原则"[①]，符合对多重知识产权的保护需求，为保证权利不重叠，利益不累积，首先就需要明确权利范围，防止权利人跨范围维权。

（一）明确权利范围，防止跨权利范围进行维权

著作权自作品完成之时自动取得，著作权法保护作品的美学表达，包括著作人身权和著作财产权两大类十数种权能。比较而言，专利权与商标权的取得需要进行注册登记，权利范围经授权机关核准授权，权利范围较为狭窄，其垄断性也随之增强。

本案中，谢某林获得的外观设计专利权系在榨菜食品包装袋上使用涉案设计图案，专利权的权利范围限定为在特定食品即榨菜、特定载体即榨菜食品包装袋上进行使用。该专利权因未缴纳年费而失效，进入公共领域，则公众能够无偿使用的行为范围，也仅限于在榨菜同类食品包装袋上使用与涉案设计图案相同或近似的图案。这是对著作权保护的合理限制，著作权人应当容忍公众在已失效外观设计专利范围内的使用。相对地，若他人在专利权权利范围之外，例如，在不同类商品包装袋上使用涉案设计图案，或在非食品包装袋上使用涉案设计图案，则构成对权利人著作权的侵犯。

从保护公共利益的角度来说，实施已失效而进入公共领域的外观设计专利权，符合社会公众对专利权公示效力的信赖利益。在权利范围之内，著作权人跨范围进行维权，显然会对这种信赖利益造成损害。

（二）不同权利行使的具体表现方式的判断

在明确权利范围的基础上，针对不同侵权行为主张不同的权利，需要对

① 蔡丹琪：《论失效外观设计专利的著作权保护》，载《学理论》2019 年第 3 期。

不同权利行使的具体表现方式进行判断。

同样是针对已失效外观设计专利权的著作权纠纷，在“叶某轼与浙江某食品有限公司著作权权属、侵权纠纷案”中，涉外商品包装后视图印有叶某轼的《观音饼来历》一文。浙江省高级人民法院认为，“该外观设计专利现已进入公有领域。因该外观设计专利权保护范围应局限于与外观设计专利产品在相同或相近似类别的产品上使用相同或相似的图案等设计，也就是说，专利失效以后公众可以自由地使用包装盒，但在该保护范围以外，如果对涉案作品进行版权性使用仍应获得著作权人的许可，两者并不冲突”[①]，而“浙江某食品有限公司的《观音饼的由来》介于文言文与白话文兼有的文体表达方式，属于在叶某轼的《观音饼来历》的基础上进行的再创作”[②]，构成版权性使用，侵犯了叶某轼的改编权。可以看到，浙江某食品有限公司的改编行为在专利权保护范围之外，存在独立的版权侵权行为，因此仍然落入著作权的保护范围。

本案中，被告叶某、海宁市某食品有限公司对被控侵权的食品包装袋图案的使用行为，属于对已经进入公有领域的专利号为 01344419.× 的外观设计专利的实施，符合已失效外观设计专利的权利范围。另外，经一审法院认定，被控侵权的食品包装袋的图案与谢某主张权利的涉案包装袋图案之间在图案、文字、字体及排版方面只存在细微差别，整体视觉效果基本一致，构成实质性相同，不存在单独的侵犯著作权的行为。因此，原告谢某不得以主张著作权为由阻碍他人使用已经进入公有领域的图案设计。

四、结论

应当认为，“知识产权双重或多重保护并不会破坏知识产权的公益目标，而是全面、充分保护权利人利益的必然要求”。[③] 为防止知识产权多重保护可能产生的扩大知识产权保护范围的制度风险，需要明确权利范围，防止权利人跨权利范围进行维权；针对具体的侵权行为，需要对权利行使方式进行判断，是否符合已进入公共领域的权利范围，尊重社会公众的信赖利益。

---

① 参见浙江省高级人民法院（2016）浙民终 118 号民事判决书。

② 参见浙江省高级人民法院（2016）浙民终 118 号民事判决书。

③ 凌宗亮：《失效的外观设计专利仍受著作权法保护》，载《人民司法・案例》2010 年第 4 期。

专利侵权中"为生产经营目的"要件的判断标准及权利要求的解释方法

——某动力机械研究所与中山某燃具股份有限公司侵犯实用新型专利权纠纷案

/ 张天羽

本案要旨

营利性法人未经许可销售实用新型专利产品的行为，明显具有生产经营目的，构成专利侵权。擅自制造实用新型专利产品，并将侵权产品用以无偿捐赠的行为，尽管非以营利为目的，但被控侵权人围绕其捐赠事实进行了相当程度和范围的广告宣传，在公司形象与知名度的提升方面间接谋取商业利益，应认定为具有生产经营目的，构成专利侵权。

专利保护范围的合理确定是认定被控产品是否构成侵权的前提。专利说明书中的实施例对权利要求所起到的解释作用并非仅是限缩权利要求的保护范围，在说明书及其附图的支撑下，权利要求对构成专利方案的技术特征进行适当概括，由此界定的专利保护范围应当囊括与说明书实施例具备相同性能的等同替代方式或明显变型方式。

案件信息

上诉人（一审被告）：中山某燃具股份有限公司

被上诉人（一审原告）：某动力机械研究所

案号：北京市第二中级人民法院（2010）二中民初字第4743号、北京市高级人民法院（2011）高民终字第1638号

法院查明的事实

某航天科技集团研究院出具证明表示第三十一所系其下属单位，该所的事业单位法人名称为“某动力机械研究所”。某动力机械研究所（以下简称动力机械所）另提交了其本所出具的证明及某航天科技集团研究院的下发文件，以证明其与第三十一所系同一民事主体。

涉案专利系2007年1月9日由动力机械所以第三十一所的名义和宁波某航天机械厂共同申请的名称为“气相稳压装置”的实用新型专利，该专利于2008年1月9日获得授权，专利号为ZL200720105416.×。宁波某航天机械厂出具声明表示本案中其基于涉案专利所取得的全部权利义务均由动力机械所单独行使，并由该所承担全部法律后果，其不会基于相同事实再行使与涉案专利权有关的权利。

动力机械所明确以涉案专利权利要求1作为本案主张权利的依据。涉案专利权利要求1内容如下：“气相稳压装置，包括主阀体、阀芯部件、副阀体、开关部件、进气部件、出气部件，主阀体内有阀芯部件，进气部件置于主阀体一端，开关部件装在主阀体上，开关部件与进气部件相接，开关部件又与阀芯部件相接，副阀体装在主阀体上，出气部件与副阀体连接，其特征在于还有调压部件，调压部件装在副阀体上，并与阀芯部件一端相接，所述的副阀体上有一通孔，通孔与调压部件相通，又与大气相通。”

涉案专利说明书中在“具体实施方式”部分记载：“下面结合附图阐述本实用新型的实施例……副阀体5与主阀体3由螺纹紧固连接……”

2009年10月10日，动力机械所向中山某燃具股份有限公司（以下简称中山某燃具公司）就涉案专利侵权事宜发函沟通，同年12月11日，中山某燃具公司向动力机械所回函，拒绝承认其侵犯涉案专利权。

2010年1月15日，动力机械所的代理人使用长安公证处电脑，在公证处人员的监督下从互联网上搜索到关于中山某燃具公司赞助第十一届全运会、制造“如意”火炬的相关报道；中山市小榄镇人民政府信息网显示中山某燃具公司将生产2200多支如意火炬提供给第十一届全运会使用；天通苑生活社区网上有销售奥运小火炬的帖子。以上过程为（2010）京长安内经证字第915、916、917、918号公证书所记录。

2010年1月15日，在公证处人员监督下，动力机械所的代理人到北京市东城区朝阳门北大街3号第五广场A座×××室以普通消费者身份提出购买第十一届全运会火炬，现场取得相关产品宣传资料一份及名片两张，宣传资料内容为中山某燃具公司关于火炬的相关介绍，其中一张名片上显示中山某燃具公司名称、地址等信息。随后该公司工作人员送动力机械所的代理人及公证处人员到北京市朝阳区慧忠北里天创世缘 B1 座 14 层的 ××× 室，在此处动力机械所的代理人购买了第十一届全运会火炬一支，取得收据一张，火炬包装盒上显示制造商为中山某燃具公司，收据上有“某燃具股份有限公司奥运特许商品业务专用章（北京）”字样。以上过程为（2010）京长安内经证字第 919 号公证书所记录。诉讼过程中，中山某燃具公司认可该火炬产品及其包装与中山某燃具公司生产的产品相同。

2010 年 9 月 1 日，国家知识产权局专利复审委员会就中山某燃具公司提起的关于宣告涉案专利无效的请求作出审查决定，维持涉案专利权有效。此后中山某燃具公司于 2010 年 11 月 8 日就该决定向北京市第一中级人民法院提起行政诉讼，该院维持了专利复审委员会作出的无效宣告请求审查决定。

2010 年 11 月 3 日，动力机械所的代理人使用长安公证处电脑，在公证处人员的监督下于互联网上登录 www.vantage.com.cn 网站，将相应页面拷贝至 word 文档并打印，该过程为（2010）京长安内经证字第 25658 号公证书所记录。上述页面系对中山某燃具公司的介绍及其赞助第十一届全运会火炬项目等内容的介绍。

在一审法院主持下，双方当事人当庭就涉案专利权利要求 1 与被控侵权产品进行了技术对比。双方确认被控侵权产品具有副阀体通过螺套和主阀体连接的技术特征，但对于“副阀体装在主阀体上”这一必要技术特征是否在被控侵权产品中有所体现双方存在争议，除该特征以外，双方对于涉案专利权利要求 1 的其他必要技术特征在被控侵权产品中均有体现没有争议。

一审法院判决理由与裁判结果

某航天科技集团研究院的文件及证明等材料足以证明动力机械所与第三十一所系同一主体。涉案专利权的期限尚未届满，仍受我国专利法保护。根据宁波某航天机械厂出具的授权声明，动力机械所有权以专利权人名义独立行使涉案专利相关的各项权利。

被控侵权产品即火炬及其包装与中山某燃具公司所制造的相应产品相同，被控侵权产品气相稳压装置采用的技术方案与中山某燃具公司制造相应产品所使用的技术方案亦相同，故法院认定中山某燃具公司从事了被控侵权产品的制造行为；同时中山某燃具公司虽否认出售被控侵权产品，但并无充分理由和证据加以佐证，动力机械所亦不予认可，故法院认定中山某燃具公司从事了销售被控侵权产品的行为。

经对比，双方当事人确认涉案专利权利要求1所记载的除“副阀体装在主阀体上”之外的其他必要技术特征均在被控侵权产品中得以体现。中山某燃具公司采用另外一个螺套部件这一技术手段来实现“副阀体装在主阀体上”，取得了其相应的独特的技术效果，但是并未超出“副阀体装在主阀体上”这一必要技术特征所实现的技术效果，故涉案专利权利要求1所记载的全部必要技术特征均在被控侵权产品中得以体现，被控侵权产品落入了涉案专利权的保护范围。

中山某燃具公司捐赠“如意”火炬的行为明显具有广告宣传的效果和影响，具有商业性，其认为无生产经营目的的答辩不能成立，法院不予支持。

专利复审委员会的审查决定书维持涉案专利权有效的结论足以说明涉案专利的稳定性，本案并不具备中止审理的必要性。

中山某燃具公司制造、销售侵权产品的行为，侵犯了涉案实用新型专利权，应当承担相应的法律责任。动力机械所主张的赔偿请求数额过高，亦未提供充分证据予以证明，法院对此不予全额支持。根据本案的具体情况，综合考虑中山某燃具公司侵权的方式、范围、规模、持续时间和主观过错程度等因素，酌情确定赔偿经济损失的合理数额。对于动力机械所提出的要求中山某燃具公司赔偿其为诉讼支出的合理费用的请求，根据其所提交的相关票据结合本案实际情况酌情予以支持。

基于以上认定，北京市第二中级人民法院依据2008年修正的《专利法》第11条第1款、第59条第1款、第65条之规定，判决：一、中山某燃具公司立即停止制造、销售侵犯涉案专利权的火炬产品；二、中山某燃具公司赔偿动力机械所经济损失及合理支出60万元；三、驳回动力机械所的其他诉讼请求。

上诉主张及理由

中山某燃具公司不服一审判决，向北京市高级人民法院提出上诉，请求撤销一审判决，依法改判驳回动力机械所的全部诉讼请求。其上诉理由是：（1）原审判决认定动力机械所与第三十一所系同一主体错误，动力机械所没有提供国家事业单位登记管理局或任何事业单位法人注册登记机构所出具的证明来佐证二者是同一主体，故动力机械所非适格原告。（2）动力机械所提供的公证书中所附的购买“如意”火炬收据上的收款人不是中山某燃具公司，签章单位也与中山某燃具公司没有关系，收据上的“奥运特许商品业务专用章”并非中山某燃具公司所用，相关证据无法证明销售行为与中山某燃具公司有关。（3）原审判决认定被控侵权产品落入了原告专利权的保护范围错误，“副阀体装在主阀体上”这一特征未在被控侵权产品中体现。涉案专利说明书记载副阀体与主阀体由螺纹紧固连接，而被控侵权产品系螺套压住副阀体，螺套与主阀体通过螺纹连接，副阀体与主阀体之间并未形成装配关系，副阀体及出气部件可以相对主阀体 360 度旋转。（4）原审判决对于赔偿数额的认定缺乏事实依据。中山某燃具公司为第十一届全运会制造“如意”火炬系无偿赞助，未从中获取任何直接的经济利益，对于捐赠后的火炬中山某燃具公司既没有处置权，也没有进行定价。（5）中山某燃具公司已针对涉案专利权向专利复审委员会提出无效宣告请求，二审法院应当中止本案审理。

动力机械所服从一审判决。

➲ 二审法院判决理由与裁判结果

动力机械所已举证证明其与第三十一所系同一主体，中山某燃具公司在未提供相反证据的情况下，一审法院确认动力机械所享有涉案专利权并无不当。

根据《最高人民法院关于审理专利纠纷案件适用法律问题的若干规定》第 11 条的规定，人民法院受理的经专利复审委员会审查维持专利权的侵犯实用新型专利权纠纷案件，被告在答辩期间内请求宣告该项专利权无效的，人民法院可以不中止诉讼。本案一审期间，专利复审委员会作出维持涉案专利权有效的审查决定，一审法院决定不中止本案诉讼并无不当；本案二审期间，北京市第一中级人民法院判决维持专利复审委员会的审查决定，涉案专利权仍处于有效状态，故对中山某燃具公司提出中止本案诉讼的请求二审法院不予支持。

由于涉案专利权处于有效的法律状态，受我国专利法保护，任何单位或者个人未经专利权人许可均不得实施其专利，即不得为生产经营目的制造、使用、许诺销售、销售、进口其专利产品。

一审法院认定中山某燃具公司从事了被控侵权产品的制造行为，中山某燃具公司未提出异议，二审法院予以确认。虽然中山某燃具公司称其将 2200 把“如意”火炬捐赠给第十一届全运会的行为属于无偿赠与，并无生产经营目的，但是根据动力机械所提供的公证书中记录的互联网上的相关报道及宣传资料等证据可以看出，其捐赠“如意”火炬的行为明显具有广告宣传的效果和影响，对中山某燃具公司而言具有商业价值，故其关于制造被控侵权产品并无生产经营目的的主张不能成立。

同时，尽管中山某燃具公司否认销售了被控侵权产品，但是根据公证书的记载，销售人员出示了显示有中山某燃具公司名称、地址等信息的名片，出具的收据上加盖有“某燃具股份有限公司奥运特许商品业务专用章（北京）”字样，中山某燃具公司对此未能提供相反证据加以反驳，一审法院据此认定中山某燃具公司销售了被控侵权产品有事实依据。

根据2008年修正的《专利法》第59条第1款的规定，说明书及附图可以用于解释权利要求的内容，而不是对权利要求的进一步限定，权利要求的保护范围并不局限于说明书记载的具体实施方式。“副阀体装在主阀体上”这一必要技术特征按照字面解释，并未限定副阀体、主阀体之间直接以螺纹连接，虽然涉案专利说明书有“副阀体5与主阀体3由螺纹紧固连接”的记载，但是该内容位于“具体实施方式”部分，并且明确表述为“结合附图阐述本实用新型的实施例”。因此，只要使副阀体装在主阀体上，无论是通过螺纹直接连接，还是采用另外一个螺套部件进行连接，抑或采用其他技术手段实现二者之间的连接关系，均不影响其落入“副阀体装在主阀体上”这一特征的涵盖范围之内，即所采取的具体技术手段并不影响该必要技术特征的体现。在被控侵权产品中，中山某燃具公司以使用一个螺套部件的技术手段实现“副阀体装在主阀体上”，同样落入了涉案专利权利要求1的保护范围。故一审法院关于涉案专利权利要求1所记载的全部必要技术特征均在被控侵权产品中得以体现的认定正确。

中山某燃具公司制造、销售被控侵权产品的行为，侵犯了涉案专利权，应当承担停止制造、销售侵权产品并赔偿动力机械所经济损失的法律责任。一审法院根据本案的具体情况，综合考虑中山某燃具公司侵权的方式、范围、规模、持续时间和主观过错程度等因素，酌情确定的赔偿数额以及为诉讼支出的合理费用并无不当。

基于以上认定，北京市高级人民法院作出判决：驳回上诉，维持原判。

案例解析

专利法的首要目标是促进技术创新，该目标的实现手段为赋予发明者对通过其创造性努力作出实质贡献的知识产品一定限度的法定垄断权，即排除他人擅自利用其智力成果的权利，以此来确保发明者具有通过实施专利获取排他性市场地位进而取得经济回报的现实可能与合理预期。因此，专利权本质上是一种禁用权，其意义不在于取得授权的发明者能够不受限制地自由实施专利，其真正的效力在于限制他人随意接近和利用该智力产品。在这样一种产权设定下，尽管取得的技术成果具有使用和消费上的非竞争性、非消耗性，且市场主体对其传播扩散施加控制的手段也比较有限，其仍能为权利人切实带来收益。

基于经济利益的激励导向，专利权的权利内容必然要为此服务。我国《专利法》第 11 条之规定将专利权人可以禁止他人从事的专利实施行为限制在“为生产经营目的”的范围内，从而将部分对专利权人利益不构成实质性威胁的行为排除在外，减少了社会公众为部分实施行为寻求专利许可的成本。[①] 对于产品专利而言，专利权人享有制造权、使用权、许诺销售权、销售权和进口权，也即有权禁止未经许可之他人通过相对应的五种行为方式利用专利技术，削弱专利产品的市场竞争力。

授予发明者以有限的独占权利的前提是发明创造内容的充分公开，这一要求是从知识扩散、信息交流的角度来为专利法鼓励发明创造的目的之达成提供丰富的现有技术素材，同时也有利于促进技术成果的商业开发。具体而言，通过专利公开构建面向公众的技术信息公示系统，一方面为公众进行相应的学习研究提供便利的信息获取渠道，进而使之在了解前人创新的基础上获得新的技术指引与教导，完成对现有技术的持续改进乃至开创性发明；另一方面，通过信息公开可以有效配置社会上的研发资源，减少对同一项技术重复的研发投入，同时也能促进专利市场的交易，降低技术转让和许可的信息成本。

可以说，专利制度的核心内容是以公开换保护，在说明书详细披露一项发明创造的技术方案的基础上，申请人以简要且清晰的文字表达编排而成的权利要求书划定所要求保护的范围，以此来向社会公众宣示其私人独占的领域界限。然而语言文字并非精确的表意工具，难免会有不确定性，故要想准确理解权利要求所涵盖的内容以明确专有权的边界所在，就离不开对权利要求进行解释。

在前述“气相稳压装置”实用新型专利权侵权纠纷一案中，当事人的争议焦点在于专利侵权的成立与否，所涉及的法律问题主要有两个：被告企业以非为生产经营目的实施专利作为抗辩理由能否成立，以及在对比被控侵权方案与发明方案的技术特征时如何通过解释权利要求来合理界定专利权的保护范围，下面将围绕这两个问题进行简要探讨。

① 崔国斌：《专利法：原理与案例》，北京大学出版社 2016 年版，第 541 页。

一、专利侵权认定中“为生产经营目的”要件之判断

从《专利法》第11条对专利权能的界定可以看出，认定某一行为是否侵犯他人专利权需要考量三项要素：行为主体、行为方式以及行为性质，其中行为性质这一要件即被表述为“为生产经营目的”，缺乏该目的的专利实施行为属于专利法在尽可能保障专利权人经济利益免受不正当侵袭的前提下为公众保留的自由利用范畴，不是专利法上的侵权行为。衡量某一行为是否具有生产经营目的，不仅要辨明或推定行为人实施专利的意图等主观因素，也要综合考虑行为主体的类别，即单位与个人的区分、不同性质单位的区分，以及行为的客观表现形式等。从另一个角度来讲，在判断“非生产经营目的”之抗辩成立与否之前，不仅需要明确“生产经营目的”的概念内涵，同时也有必要确定哪些主体、基于哪些行为可以主张此等抗辩。关于这些问题，笔者试图从理论界与司法实践的认定观点与审判立场入手，以期能总结出较为统一的判断标准。

(一)“生产经营目的”的含义辨析

我国专利法自立法之初即确立了专利侵权行为判定的“为生产经营目的”要件，此后历经四次修改这一表述始终未变。尽管长期以来专利法律法规及相关司法解释均未对“生产经营目的”这一概念的内涵作出正面界定，但最高人民法院曾经有过类似尝试。在最高人民法院起草的《关于审理专利侵权纠纷案件若干问题的规定（会议讨论稿）》以及《关于处理专利侵权纠纷案件有关问题解决方案草稿（征求意见稿）》这两部草案文件中出现过对“生产经营目的”的定义，其具体表述为，为生产经营目的是指为工农业生产或者商业经营等目的，不限于以营利为目的，但不包括个人使用或者消费目的。[①]该定义从正反两方面解释了生产经营目的之内涵，同时强调了这一概念与“营利”目的之间的联系与区别。

上述界定思路在诸多学者的论著中亦有体现。例如，崔国斌教授认为，以生产经营为目的与以营利为目的通常是重叠的，但并不总是如此。在某些情况下，行为人无偿因而可能被认为是非以营利为目的对外提供专利产品，依然可能落入“生产经营目的”的范围。[②]尹新天先生认为，“为生产经营目的”不能理解为“为营利目的”，更不能理解为“已经实际获利”。广义的经营活动，既包括以营利为目的的活动，也包括不以营利为目的的活动，如环境检

① 参见徐兴祥：《专利侵权判定研究》，中国政法大学2011年博士学位论文。

② 参见崔国斌：《专利法：原理与案例》，北京大学出版社2016年版，第541页。

测、气象预报、道路维护、河道疏浚等。[①] 王迁教授认为，“生产经营目的”并不等同于“以营利为目的”或“以商业经营为目的”。“生产经营”包括工农业生产以及商业、服务业和其他事业如公用事业、教育事业等的经营，并非必然包含营利目的。同时其还强调专利权人仅有权限制他人为“生产经营目的”利用其专利的行为，这意味着仅为私人目的利用专利的行为，例如买回专利产品后出于兴趣在家中仿造并使用，并不构成专利侵权。[②] 以上学者均认同生产经营目的与营利目的之间为前者包含后者的关系，基于此一些公共事务的运作亦被纳入经营活动的范畴。在探讨何类行为不具有生产经营目的这一问题时，王迁教授的观点可以重述为公民个人以具有私密性或封闭性的方式利用专利不构成侵权。除此情形外，对于《专利法》第 75 条第 4 项所规定的“专为科学研究和实验而使用有关专利”的行为是否应解释为非为生产经营目的这一问题，崔国斌教授持否定态度，他指出：从专利法条文的表述逻辑来看，专为科研与实验而实施专利在立法表述上属于“不视为侵犯专利权”的情形，也就是说该行为已经满足专利侵权的构成要件，具有生产经营目的，但立法者予以例外豁免。[③] 换言之，以《专利法》第 75 条第 4 项作为抗辩理由仅适用于为生产经营目的的科研及实验使用。同时，尹新天先生指出，该项所界定的专利实施行为应当限于针对专利技术本身进行科研及实验，包括可行性研究、确定最佳实施方案、进行技术改进等。[④] 也就是说，倘若只是利用专利产品作为研究工具或材料，获得与专利主题无关的成果，则不能主张科研及实验使用抗辩。

（二）非生产经营目的抗辩的适用范围

从前述专家对“生产经营目的”的解读中可以看出，“生产经营目的”这一概念的涵盖范围颇广，甚至包括公法人为履行管理职能、出于公益目的而实施专利的部分情形。由此带来的问题是，《专利法》第 11 条所规定的“单位”主体是否还有主张“非生产经营目的”抗辩的余地。

我国现有法律对于单位主体擅自实施专利的行为是否均应视为“为生产经营目的”这一问题并未给出明确意见，对于可主张非生产经营目的抗辩的行为方式范围的认识却比较一致。在专利权所能限制的他人行为方式中，可以明确的是将以下几类行为直接认定为具有生产经营目的在实践中并无太大困难，

① 参见尹新天：《中国专利法详解》，知识产权出版社 2011 年版，第 128 页。
② 参见王迁：《知识产权法教程》（第 3 版），中国人民大学出版社 2011 年版，第 339~340 页。
③ 参见崔国斌：《专利法：原理与案例》，北京大学出版社 2016 年版，第 577 页。
④ 参见尹新天：《专利权的保护》（第 2 版），知识产权出版社 2005 年版，第 128 页。

即销售和许诺销售行为，以及以出售产品或服务为目的的制造行为，包括制造专利产品或以专利方法制造产品，这些行为属于典型的经营或营利行为。尽管我国专利法并未明确销售行为成立的认定标准，但《最高人民法院关于审理侵犯专利权纠纷应用法律若干问题的解释（二）》第19条对于销售行为的界定明确采用“合同成立说”，即产品买卖合同依法成立之时即为销售行为完成之时，至于合同是否实际履行，仅对侵权人是否承担赔偿损失责任有影响，并不影响已构成销售的行为定性。司法解释认定销售行为之成立不采取“标的物交付说”有其合理性，从专利法规定了禁止他人不经许可即许诺销售专利产品的专利权能可以看出，行为人无论是通过广告投放、门店陈列，还是通过展会展出、网络展示等，只要让社会公众明确感知到其正在招揽侵权产品的潜在买受人，其行为即落入专利权的限制范围。许诺销售权体现了明显的预防性质，旨在尽可能早地控制那些指向最终销售的准备行为。[①] 同样地，专利法赋予专利权人以销售权，目的亦在于阻止侵权产品流入市场，其关注点并不在侵权产品的产权是否实际转移上，将专利侵权意义上的销售行为完成时间提前至买卖双方就侵权产品达成销售合意，对于专利权人的保护力度最强，也有利于厘清许诺销售与销售两种行为之间的法律界限。此外，《最高人民法院关于审理侵犯专利权纠纷案件应用法律若干问题的解释》的相关规定还进一步拓展了侵权销售行为的表现形式，如将发明或实用新型专利的侵权产品作为零部件或中间产品用以制造另一产品并出售的，只要该侵权中间产品在被使用的过程中物理化学性能未发生实质性变化，就构成对侵权产品的销售。并且，将侵权产品用于出租、搭售抑或作为赠品赠送，变相或者间接获取商业利益的，同样落入销售权的禁止范畴。

除上述几无争议属于为生产经营目的的行为方式以外，实务中讨论较多的是企业经营行为的覆盖范围问题。有观点认为，企业为生产经营目的所从事的行为不应包含所有可能使企业受益的行为，否则会造成专利权人的权利范围过宽以至于在经济生活中无孔不入，加重企业的运营成本。企业自用侵权产品的行为，例如选购侵权产品用以维护经营场所设施安全抑或作为员工福利发放，只是单纯地通过对产品的消耗实现该产品的利用价值，属于消费行为，目的并不在于产品交换和市场流通，不构成侵权。[②] 但笔者认为，企业的经营行为与消费行为之间的界限并不明显，所谓的自用行为无论是营造优质的工作环

① 参见崔国斌：《专利法：原理与案例》，北京大学出版社2016年版，第568页。

② 参见毛荔萍、刘颖：《“为生产经营目的”之认定》，载《人民法院报》2012年2月1日，第7版。

境，还是激发员工的工作积极性，均系为企业的生产经营服务，是企业发挥市场竞争优势的必要辅助手段，仍应归于生产经营目的范围，对此概念的理解不应局限于企业的主营业务活动或者市场主体登记的经营范围。此外还有观点指出，企业的使用需求不同于个人消费者，其具有更高的避免专利侵权的注意义务以及承担侵权风险的能力，无须专利法予以特殊照顾。① 按照上述逻辑，企业所能主张非生产经营目的抗辩的范围将被限定得十分狭窄，即未经许可制造、使用、进口他人的专利产品，必须是纯粹为公共服务、公益事业或慈善事业等目的，不得从中直接或间接获得任何经济利益，包括企业声誉及形象的提升。② 但考虑到我国现行《专利法》第 54 条已然规定了出于公共利益的目的可给予实施发明或实用新型专利的强制许可，可理解为出于公益目的行为并未被排除在生产经营目的范围之外，企业未经任何许可实施他人专利后，还能否以公益目的作为非经营性使用的抗辩依据仍然存疑。该问题亦只能放诸司法实践中，主要依靠法官基于个案事实与法益权衡等因素作出认定。

二、权利要求的解释原则与方法

判断被控侵权产品所用技术方案是否落入权利要求书所界定的字面或等同范围，首要前提是对权利要求进行解释，以明确专利技术方案的独占范围。权利要求的用语表述一旦经由申请人最终固定，其所宣示的内容范围便相对脱离申请人的主观意思，因为权利要求的解释真正关注的是包括审查员及法官在内的社会公众，站位于本领域普通技术人员的认识水平，在阅读专利文件后所获得的客观理解。为了保障公众对于授权公示后专利权边界稳定性的合理信赖及在此基础上的行动自由，专利侵权认定过程中的权利要求解释需要遵循一系列规则以保证解释结果处于合理限度内，而不至于产生实质改写权利要求的效果。

我国在专利侵权诉讼阶段对于权利要求的解释采用的是“折中原则”，一方面坚持专利权的保护范围以权利要求记载的实质技术内容为准，另一方面允许利用说明书及附图解释权利要求中的语意模糊之处。以权利要求的内容为准，不等同于以权利要求书的文字或措辞为准。对权利要求技术内容的理解应结合说明书及附图，从本领域技术人员对现有技术的掌握水准出发，充分考虑

---

① 黄丹越：《专利侵权中“为生产经营目的”的认定》，清华大学 2015 年硕士学位论文。

② 祝建军：《专利纠纷中“非生产经营目的”免责抗辩成立的条件》，载《人民法院报》2014 年 7 月 23 日，第 7 版。

发明人对先前技术作出的实质贡献，合理地保护专利权人的正当利益，而不能像“周边限定原则”那样将专利权的保护范围完全圈定于权利要求书的字面含义。并且，说明书及附图只能用于解释权利要求意图划定的保护范围，而不能直接限定权利要求，即不能将说明书及附图中有但权利要求中无的技术特征纳入权利要求。尤其是要避免陷入“中心限定原则”的解释误区，即把权利要求仅视为技术方案的核心表达，认为其保护范围可以扩展至普通技术人员阅读说明书及附图后经过创造性努力可以联想到的内容，以致动摇权利要求书的独立地位与公示功能。由此可见，权利要求解释采用“折中原则”体现了专利法的利益平衡理念，既保证了专利权人能够得到与其创造性劳动付出相匹配的保护范围，又维护了社会公众的信赖利益。

权利要求的解释实际上属于文本解释的一种，除了遵循法律文本解释的一般规则，如目的解释、整体解释、历史解释等之外，还要遵循专利法上的特有规则。根据最高人民法院相关司法解释之规定，[①] 能用以解释权利要求的文献资料可分为两类，即内部证据与外部证据，前者包括说明书及附图、争议专利的审查档案、与争议专利存在分案申请关系的其他专利及其专利审查档案、生效的专利授权确权裁判文书等，后者包括技术手册、技术辞典等工具书和教科书之类的公知常识性文献等，在援引顺序上内部证据优先于外部证据。此外，由于文字表述的扩展速度往往滞后于技术发展，因此专利法允许发明人在撰写说明书时做自己的词汇编纂者，即说明书如果对权利要求用语的含义进行了特殊界定，且权利要求的保护范围基于说明书的用语界定而足够清楚，则该特定含义应优先于本领域普通技术人员的通常理解被采纳。这一点与说明书不得直接限定权利要求的解释原则并不冲突，因为后者通常关注的是防止利用说明书的部分实施例不当地限缩解释权利要求的涵盖范围。

值得一提的是，专利授权确权审查程序中若权利要求的某一用语未在说明书中特别定义，则往往从本领域技术人员视角给予该用语“最大合理解释”，避免以说明书或审查档案对相关用语含义进行不恰当的限制，尤其是审查过程中申请人的意见陈述书等主观性很强的档案资料，对于审查员解释权利要求的参考价值十分有限。这是因为专利行政审查中解释权利要求的目的在于判断申请文件是否符合授权条件或者专利权的效力如何，审查员有义务引导申请人及时修改与完善专利申请文件，提高撰写质量，降低社会公众的后续解读成本。

---

① 参见《最高人民法院关于审理侵犯专利权纠纷案件应用法律若干问题的解释》第 3 条、《最高人民法院关于审理侵犯专利权纠纷案件应用法律若干问题的解释（二）》第 6 条。

而专利侵权判定过程中解读权利要求意在明确专利权既定的保护范围，在权利要求字面含义过宽的情况下，需要充分发挥说明书、审查档案等文献对权利要求书所起的语境限定作用，尤其是专利权人在授权确权过程中通过意见陈述所放弃的技术方案，不得再纳入权利要求保护范围。[①]

三、结论

专利实施语境下的“生产经营目的”不仅限于营利目的，对于企业等“单位”而言，一些非营利乃至具有明显公益属性的行为，如企业自用、社会捐赠等行为，如果对于企业生产经营活动有所助益或借由企业形象提升等方式间接受益的，仍可认定具有“生产经营目的”。因此，“单位”以不具有生产经营目的作为专利侵权抗辩的空间有限。专利侵权认定需要对权利要求内容进行解释，专利说明书及附图仅是为界定权利要求保护范围提供解释的限定语境，而不能直接限定权利要求；权利要求所涵盖的技术方案不能机械地等同于说明书实施例展示的示例方案，而应从实施例出发，基于本领域普通技术人员的通常理解来解释权利要求。

---

① 参见最高人民法院（2010）知行字第 53-1 号行政裁定书。

专利权保护范围中的捐献原则运用

——朱某、中山市某甲灯饰有限公司等侵害实用新型专利权纠纷案

/ 欧阳川子

➲ 本案要旨

在专利说明书及其附图中公开但没有记载在权利要求书中的技术方案，将被视为捐献给了公众，专利权人即无法就该技术方案行使专利权。因此，对于仅在说明书或者附图中描述而在权利要求中未记载的技术方案，权利人在侵犯专利权纠纷案件中将其纳入专利权保护范围的，人民法院将不予支持。本案中涉案专利说明书记载了LED灯泡无间隙密封连接的两个实施例，而朱某在撰写权利要求1时前序部分明确记载两种技术方案均必须有“铝体圈”，并没有要求保护没有铝体圈的技术方案。对于该未写入权利要求保护范围内的技术方案，应当适用“捐献原则”，不再将其纳入权利保护的范围，因此被诉产品不被认定为侵权。

➲ 案件信息

上诉人（一审原告）：朱某

被上诉人（一审被告）：中山市某甲灯饰有限公司、深圳市某乙照明电器有限公司

案号：广州知识产权法院（2017）粤73民初1849号、广东省高级人民法院（2018）粤民终515号

➲ 上诉主张及理由

上诉人朱某请求：（1）撤销广州知识产权法院（2017）粤73民初1849号民事判决；（2）改判中山市某甲灯饰有限公司（以下简称某甲公司）立即停止制造、销售、许诺销售侵害朱某专利号ZL20132017××××.6、名称

为“LED球泡灯密封外壳”的实用新型专利权产品的行为，并销毁库存产品；（3）改判深圳市某乙照明电器有限公司（以下简称某乙公司）立即停止销售、许诺销售侵犯朱某专利号ZL20132017××××.6、名称为“LED球泡灯密封外壳”实用新型专利权产品的行为，并销毁库存产品；（4）判令某甲公司、某乙公司共同赔偿朱某经济损失100 000元；（5）判令某甲公司、某乙公司赔偿朱某制止侵权行为的合理费用9000元；（6）判令某甲公司、某乙公司承担一审、二审诉讼费用。事实和理由如下：根据涉案实用新型专利证书说明书部分第0018段和第0019段的实施例2以及说明书附图1和附图2的对比可知，散热铝体和铝体圈也可以是一体成型的，因此被诉侵权产品落入本案专利的保护范围，构成侵权；本案中作为权利人，朱某的维权方式只能是提出上诉，而侵权人某甲公司、某乙公司的救济途径有很多，其可以提起上诉，还可以向行政主管部门宣告专利无效，一审法院片面审查朱某的专利显失公平。

被上诉人辩称：一审法院认定事实清楚，适用法律正确，请求二审法院驳回朱某的上诉请求，维持一审判决。

二审法院查明的事实

朱某系名称为“LED球泡灯密封外壳”实用新型专利权产品的专利权人，朱某因与被上诉人某甲公司、某乙公司侵害实用新型专利权纠纷一案，不服广州知识产权法院（2017）粤73民初1849号民事判决，向法院提起上诉。

朱某在撰写权利要求1时前序部分明确记载两种技术方案均必须有“铝体圈”，并没有要求保护没有铝体圈的技术方案。对于明显排除权利要求保护范围外的技术方案，应视为“捐献”，不应读入权利要求中，朱某以实施例2和附图2公开了不需要铝体圈的技术方案为由，主张将不需要铝体圈的技术方案纳入专利权保护范围。

二审法院判决理由与裁判结果

本案二审的争议焦点为被诉侵权产品是否落入涉案专利保护范围。

一、关于涉案专利的权利保护范围

《最高人民法院关于审理侵犯专利权纠纷案件应用法律若干问题的解释（二）》第5条规定：“在人民法院确定专利权的保护范围时，独立权利要求的前序部分、特征部分以及从属权利要求的引用部分、限定部分记载的技术特征均有限定作用。”本案中，朱某明确表示以涉案专利权权利要求1.2确定其专利权保护范围，权利要求1.2的记载为：“1. 一种LED球泡灯密封外壳，由灯头、散热铝体、铝体圈、灯罩构成；其特征为灯头、散热铝体、铝体圈、灯罩一或灯罩二的表面都无通孔；灯头、散热铝体、铝体圈、灯罩一或灯头、散热铝体、灯罩二之间都是无间隙密封连接。2. 根据权利要求1所述，一种LED球泡灯密封外壳，其特征在于：灯罩一或灯罩二采用的是乳白灯罩或透明灯罩。”由此可见，涉案专利权利要求2系权利要求1的从属权利，而权利要求1包含两个并列的技术方案，应当将每个并列的技术方案分别确定为一个整体技术方案。也就是说，涉案专利权利要求1限定的技术方案包括以下两个：（1）一种LED球泡灯密封外壳，由灯头、散热铝体、铝体圈、灯罩构成；灯头、散热铝体、铝体圈、灯罩一的表面都无通孔；灯头、散热铝体、铝体圈、灯罩一之间是无间隙密封连接。（2）一种LED球泡灯密封外壳，由灯头、散热铝体、铝体圈、灯罩构成；灯头、散热铝体、铝体圈、灯罩二的表面都无通孔；灯头、散热铝体、灯罩二之间是无间隙密封连接。朱某主张技术方案2不应包括“铝体圈”，该主张明显与权利要求1的相关记载不符，亦于法无据，法院不予支持。

二、关于被诉侵权产品是否落入涉案专利权利要求1保护范围的问题

（一）将技术方案1与被诉侵权产品进行比对

二者均为一种LED球泡灯密封外壳，均由灯罩、散热铝体、灯头组成，散热铝体和灯头之间系无间隙密封连接。二者的区别表现在被诉侵权产品没有铝体圈部件，系散热铝体直接与灯罩密封连接，涉案专利技术方案1则是由铝体圈分别与散热铝体和灯罩进行密封连接。由此，被诉侵权产品缺少技术方案1中铝体圈的技术特征，未落入技术方案1的保护范围。朱某主张被诉侵权产品具有铝体圈的结构，只是与散热铝体一体成型。法院认为，涉案专利权利要求书及说明书虽未对“铝体圈”和“散热铝体”下定义，但从权利要求1及附图将铝体圈与散热铝体作为两个部件分别表述、说明书亦强调“无间隙连接系两个部件相互连接”，可见二者系两个独立的部件。朱某以一体成型为由声称被诉侵权产品具有铝体圈，不能成立，法院不予支持。

（二）将技术方案2与被诉侵权产品相比对

二者均为一种LED球泡灯密封外壳，均由灯罩、散热铝体、灯头组成，灯罩、散热铝体和灯头之间系无间隙密封连接。二者的区别表现在被诉侵权产品没有铝体圈结构。法院认为，涉案专利技术方案2的特征部分虽然仅记载了由散热铝体与灯罩直接密封连接，而未涉及铝体圈，但其前序部分已明确记载涉案专利方案包含铝体圈这一特征，该记载对其保护范围具有限定作用。由此，在被诉侵权产品缺少铝体圈这一技术特征的情况下，不能认定被诉产品落入技术方案2的权利保护范围。朱某上诉称，涉案专利权利说明书中的实施例2和附图2均已公开了不需要铝体圈的技术方案，而被诉侵权产品与该方案相同，构成侵权。对此，法院认为，即使如上诉人所称，实施例2已给出不需要铝体圈的技术方案，其主张亦不能成立。根据《最高人民法院关于审理侵犯专利权纠纷案件应用法律若干问题的解释》第5条规定，对于仅在说明书或者附图中描述而在权利要求中未记载的技术方案，权利人在侵犯专利权纠纷案件中将其纳入专利权保护范围的，人民法院不予支持。涉案专利说明书记载了LED灯泡无间隙密封连接的两个实施例，实施例1是由铝体圈分别与散热铝体、灯罩相连接，散热铝体再连接灯头；实施例2没有铝体圈，直接由散热铝体与灯罩、灯头相连接。两种方案是并列的技术方案。而专利的保护范围以权利要求为准，朱某在撰写权利要求1时前序部分明确记载两种技术方案均必须有“铝体圈”，并没有要求保护没有铝体圈的技术方案。对于明显排除权利要求保护范围外的技术方案，应视为“捐献”，不应读入权利要求中，故朱某以实施例2和附图2公开了不需要铝体圈的技术方案为由，主张将不需要铝体圈的技术方案亦纳入专利权保护范围，不能成立。

综上，被诉侵权产品缺少涉案专利权利要求1中的“铝体圈”这一技术特征，不落入涉案专利权利要求1的保护范围。基于涉案专利权利要求2系从属权利要求，在被诉侵权产品不落入涉案专利权利要求1保护范围的情况下，自然亦不构成对权利要求2的侵害。

二审法院经审理认为：上诉人朱某的上诉请求不成立，予以驳回。一审判决认定事实清楚，适用法律正确，依法应予维持。判决如下：驳回上诉，维持原判。

案例解析

本案是由专利权保护范围争议而引起的诉讼。专利对于特定技术进行保护的前提为该技术属于专利权保护的范围。在专利权的授予过程中，如果专利权人在说明书中公开了某个实施方案，但并未将其纳入权利要求保护的范围，从捐献原则对公共利益保护的角度考虑，该内容无法被专利权所保护。本案即为捐献原则运用的典型案例之一，以下结合本案对捐献原则在专利权授予与专利侵权中的适用进行探讨。

一、捐献原则

捐献原则是专利侵权判定中的一项法律原则，其可以表述为，如果专利权人在专利说明书中公开了某个实施方案，但未将其纳入或试图将其纳入权利要求的保护范围，该实施方案将被视为捐献给了公众，专利获得授权后，专利权人在行使专利权时不得通过等同原则等将该方案重新纳入权利要求的保护范围。①

2009 年颁布的《最高人民法院关于审理侵犯专利权纠纷案件应用法律若干问题的解释》第 5 条规定了捐献原则，具体表述为“对于仅在说明书或者附图中描述而在权利要求中未记载的技术方案，权利人在侵犯专利权纠纷案件中将其纳入专利权保护范围的，人民法院不予支持”。捐献原则设立的目的之一为对等同侵权原则予以限制。等同侵权原则即“当满足本领域内人员能够显而易见且被诉侵权产品与原有专利产品的技术特征采用实质性相同的手段，能够实现实质性相同的功能，达到实质性相同的效果时，则被诉侵权产品构成对原有专利产品的等同侵权”。② 等同侵权原则扩张了原有的专利权范围，为达到专利权人的权益保护与社会利益冲突之间的平衡，适用捐献原则尤为重要。③

二、捐献原则的适用

捐献原则的适用范围存在一定的限制，即只适用于等同侵权情形。如上所述，我国引入捐献原则的目的之一是防止专利权人在专利申请的时候“含糊其词”，使用模糊的专利边界，最终不合理地扩大其专利权保护的范围。但若在字面侵权上运用捐献原则，则对社会公共利益保护过度扩大，进而打破社会公共利益与专利权人利益间的平衡。因此，捐献原则的适用范围应限于等同侵权。④

捐献原则适用的标准包括主观与客观两个方面。客观方面为只有在说明书中明确规定并在公开场合披露才能视为向公众捐赠。主观方面的标准表现为本领域普通技术人员在阅读说明书后能够知道已经公布了技术方案并在权利要求中未提出保护的情况。

与此同时，捐献原则在适用上还存在一定的限制，最典型的限制适用为，

---

① 耿博：《专利运营热点问题解析》，知识产权出版社 2019 年版，第 113 页。

② 杨维：《浅谈捐献原则的适用》，载《科技经济导刊》2020 年第 28 期。

③ 杨维：《浅谈捐献原则的适用》，载《科技经济导刊》2020 年第 28 期。

④ 参见唐吉宏：《专利侵权判定中捐献原则的适用研究》，兰州大学 2019 年硕士学位论文。

对于专利权人，在专利审批（包括专利申请的审查过程或者专利授权后的无效、再审程序）过程中，为满足法定授权要求而对权利要求的范围进行了限缩（如限制性的修改或解释），则在主张专利权时，不得将通过该限缩而放弃的内容重新纳入专利权的保护范围，其在先放弃的权利要求的技术内容不能适用捐献原则。同时，当说明书中的披露并非针对具体的技术信息，而是一个较为宽泛的概念或类别时，由于这些概念或类别下的技术可能包含多种不同的实施方案，且这些实施方案并未被明确公开或描述，因此不能简单地将其视为已被捐献给了公众。

本案中，涉案专利说明书记载了 LED 灯泡无间隙密封连接的两个实施例，实施例 1 是由铝体圈分别与散热铝体、灯罩相连接，散热铝体再连接灯头；实施例 2 没有铝体圈，直接由散热铝体与灯罩、灯头相连接。两种方案是并列的技术方案。专利的保护范围以权利要求为准，朱某在撰写权利要求 1 时前序部分明确记载两种技术方案均必须有“铝体圈”，并没有要求保护没有铝体圈的技术方案。根据专利的捐献原则，此时如果对没有铝体圈的技术方案进行保护，就会扩大专利权的保护范围。因此，对于明显排除权利要求保护范围外的技术方案，应视为“捐献”，不应读入权利要求中，故本案中朱某以实施例 2 和附图 2 公开了不需要铝体圈的技术方案为由，主张将不需要铝体圈的技术方案亦纳入专利权保护范围，该主张不能成立。

三、专利法中设定捐献原则的意义

（一）平衡个人利益与社会公共利益

专利法本身立法宗旨之一即为专利权人基于专利权产生的私益与社会公共利益之间的平衡。在申请人获得专利权时，应当明确其专利权保护的范围与对社会的贡献度相匹配，因此，司法实践中，专利审批部门应当对专利权的保护范围进行严格把控，要求专利申请人尽可能地细化其专利权利要求，对于未在权利要求中提及的内容，专利权将对其不予保护，以维护社会公共利益，防止专利权人权利的不合理扩张。

（二）维护专利法中的诚信原则

诚信原则要求市场参与者在不损害他人利益和社会公共利益的基础上，合理追求个人利益。作为民法的基本原则，诚信原则强调民事主体间的平等参与、利益的公正分配以及责任的合理承担。在专利法领域，专利权人对专利技术占据主导位置，其不但全面了解所申请专利的全部知识，而且在获取信息和现有技术方面具有优势。鉴于此，从诚信角度出发，对已获得专利授权的申请中权利要求和说明书的“公信力”应首先予以保护，如专利申请人可对权利要求书和说明书中的内容随意解释，专利权的保护范围就将被不合理扩大。在此种情形下，说明书中已经捐献的部分会得到保护，这对于社会公众而言是不合理的。[①] 以本案为例，若对涉案专利已经捐献的专利内容进行保护，则会导致专利权人朱某的利益不当扩大，从而将更多的不侵权行为纳入侵权的范畴，进而损害公众的可信赖利益。

四、结论

捐献原则是等同侵权判断中的重要内容，若专利权人在专利申请的审批过程中没有将某项实施内容纳入或试图将其纳入权利要求的保护范围，则该实施方案被视为捐献给了公众。在专利被授权后，专利权人不得试图通过等同原则等将其重新纳入保护范围。[②] 这一规定是出于对公共利益的保护，也是对申请人提出的应当对专利申请内容进行充分审查的要求。本案的启示在于，专利权的保护范围应当充分陈述于权利要求书中，对于已经捐献的专利内容，专利权人不得对其行使相应权利。

① 李艳：《专利侵权判定中捐献原则的适用研究——以“布塑热水袋”案为例》，兰州大学 2019 年硕士学位论文。

② 耿博：《专利运营热点问题解析》，知识产权出版社 2019 年版，第 113 页。

捐献原则对专利侵权判断中适用等同原则的必要限制

——陈某某与浙江某家居用品有限公司等侵害发明专利权纠纷案

/ 金惟妙

本案要旨

在专利侵权判断中，即使被控侵权方案中的技术特征与专利权利要求中相应技术特征的字面含义不同，专利权人仍可能依据等同侵权原则对被控侵权人提出侵权主张。为限制等同原则在解释和适用上可能导致的专利权人权利范围的不确定性，《最高人民法院关于审理侵犯专利权纠纷案件应用法律若干问题的解释》第5条规定了捐献原则，规定对于仅在说明书或者附图中描述而在权利要求中未记载的技术方案视为捐献给社会公众，排除在专利权保护范围之外，权利人在侵犯专利权纠纷案件中将其纳入专利权保护范围的，人民法院不予支持。

案件信息

申请人（一审被告、二审上诉人）：浙江某家居用品有限公司

被申请人（一审原告、二审被上诉人）：陈某某

一审被告、二审上诉人：何某某

一审第三人：温某某

案号：辽宁省沈阳市中级人民法院（2010）沈中民四初字第389号、辽宁省高级人民法院（2011）辽民三终字第27号、最高人民法院（2013）民提字第225号

➲ 原被告主张及理由

2010年9月17日，陈某某以浙江某家居用品有限公司（以下简称某家居用品公司）生产、销售，何某某销售和许诺销售的布塑热水袋侵犯了其“布塑热水袋的加工方法”发明专利权为由，向一审法院辽宁省沈阳市中级人民法院提起诉讼，请求判令：（1）何某某立即停止销售侵权产品，某家居用品公司立即停止制造、销售侵权产品，并销毁侵权产品及模具；（2）何某某赔偿陈某某经济损失50万元，某家居用品公司赔偿陈某某经济损失100万元（含陈某某为制止侵权行为而支出的合理费用）；（3）由某家居用品公司和何某某承担本案诉讼费用。

➲ 一审法院查明的事实

陈某某自2006年2月24日向国家知识产权局申请了一项名称为“布塑热水袋的加工方法”发明专利，于2010年2月17日获得专利权，专利号为200610049700.×，该专利权至今有效。该专利权利要求1为：布塑热水袋的加工方法，布塑热水袋由袋体、袋口和袋塞所组成，所述的袋体有内层、外层和保温层，在袋体的边缘有粘合边，所述的袋塞是螺纹塞座和螺纹塞盖，螺纹塞座的外壁有复合层，螺纹塞盖有密封垫片，袋塞中的螺纹塞座是聚丙烯材料，复合层是聚氯乙烯材料，密封垫片是硅胶材料所制成，其特征在于：第一步：首先取内层、保温层以及外层材料；第二步：将内层、保温层、外层依次层叠，成为组合层；第三步：将两层组合层对应重叠，采用高频热合机按照热水袋的形状对两层组合层边缘进行高频热粘合；第四步：对高频热粘合的热水袋进行分只裁剪；第五步：取聚丙烯材料注塑螺纹塞座，再把螺纹塞座作为嵌件放入模具，另外取聚氯乙烯材料在螺纹塞座外二次注塑复合层；第六步：将有复合层的螺纹塞座安入袋口内，与内层接触，采用高频热合机对热水袋口部与螺纹塞座复合层进行热粘合；第七步：对热水袋袋体进行修边；第八步：取塑料材料注制螺纹塞盖；第九步：取硅胶材料注制密封垫片；第十步：将密封垫片和螺纹塞盖互相装配后旋入螺纹塞座中；第十一步：充气试压检验，向热水袋充入压缩空气进行耐压试验；第十二步：包装。（为表述方便，以下对上述步骤用对应的阿拉伯数字表示。）

2010年9月7日，陈某某的委托代理人在辽宁省诚信公证处公证人员的监督下，在位于沈阳市某城街17号的某小商品大世界四楼，以普通消费者身份购买了“乐雪儿”牌时尚热水袋40个，其中大号热水袋1个，中号热水袋

39个，并取得了加盖“沈阳市大东区任某某杂品批发部普通发票专用章”及“沈阳市大东区任某某杂品批发部、某小商品大世界市场4044床”印章的《辽宁省沈阳市小额剪贴发票》一张、带有“某小商品大世界四楼4107、4044床任某某”字样的该店销售人员名片一张。发票上记载大号热水袋销售单价为15元，中号热水袋销售单价为5元。公证人员对公证取得的热水袋进行了拍照，并将大号热水袋1个、中号热水袋2个予以封存。上述公证取得的热水袋外包装袋标明了“乐雪儿”商标、台州市L塑胶电器有限公司等信息。

2009年11月17日至2010年11月3日，陈某某的委托代理人分别在浙江省台州市，山东省烟台市、潍坊市，湖北省武汉市等地，对购买某家居用品公司生产的布塑热水袋的行为进行了公证。2010年9月29日，陈某某在公证人员的监督下，对其登录某家居用品公司官方网站的过程进行了公证。该网站首页显著位置显示“浙江某家居用品有限公司”，在“最新供应”项下显示有“供应布塑热水袋”并附实物照片。在该网站的“公司介绍”中显示“年营业额：人民币2000万元/年至3000万元/年”。

2010年9月28日，一审法院依陈某某申请，在某家居用品公司对被诉侵权产品库存数量、加工方法、销售账册进行证据保全。某家居用品公司向一审法院出示了其库房中的21箱布塑热水袋产品，但拒绝一审法院对其加工方法和销售账册进行证据保全。一审庭审中，某家居用品公司确认保全样品均由其生产、销售，且全部样品均按照其提交法庭的“热水袋生产工艺说明”制造。某家居用品公司自述被诉侵权方法第1~4步、第11步与涉案专利权利要求1的第1~4步、第12步相同，被诉侵权方法第6、7、8、10步分别与涉案专利权利要求1的第7、6、11、10步相同，被诉侵权方法不包括涉案专利权利要求1的第5、8、9步。某家居用品公司就其销售账册拒绝举证。

另查明，何某某是地址在某小商品大世界市场4044号摊位的沈阳市大东区任某某杂品批发部的经营者。第三人温某某是地址在某小商品大世界市场4107号摊位的沈阳市大东区Y杂品批发部的经营者。任某某系4044和4107号两个摊位的业务员。某家居用品公司前身为台州市某塑胶电器有限公司，该公司于2010年3月23日变更企业名称为某家居用品公司。

一审法院判决理由与裁判结果

本案的争议焦点在于：（1）某家居用品公司是否侵犯了陈某某的涉案专利权；（2）何某某是否侵犯了涉案专利权；（3）赔偿数额如何确定。

关于争议焦点一。某家居用品公司主张涉案专利权利要求中的保温层是功能性描述，被诉侵权方法中在内层和外层之间夹放的是半片空心薄棉，不具备保温层的技术特征。一审法院认为，涉案专利权利要求并未对保温层的材质、大小进行限定，故对某家居用品公司的上述抗辩不予支持。某家居用品公司自认被诉侵权方法前 4 步及最后一步与涉案专利权利要求 1 中的前 4 步及最后一步相同，一审法院对此予以确认。某家居用品公司主张被诉侵权方法第 6、7、8、10 步分别与涉案专利权利要求 1 的第 7、6、11、10 步的内容相同，但顺序不同，因而未落入涉案专利权保护范围。一审法院认为，对于上述四个步骤，按照被诉侵权方法的顺序与按照涉案专利权利要求的顺序进行加工，其技术特征及技术效果并无实质区别，故对某家居用品公司的上述抗辩不予支持。某家居用品公司主张被诉侵权方法不包括涉案专利权利要求 1 的第 5、8、9 步。经审查，涉案专利权利要求 1 的第 5、8、9 步分别是螺纹塞座、螺纹塞盖及密封垫片的加工方法。被诉侵权产品的上述三个部件与依照涉案专利方法直接获得的产品对应部件结构及材质相同。一审法院认为，某家居用品公司提交的购销合同签订时间晚于被诉侵权产品出厂时间，且某家居用品公司未能证明其真实性及履行情况，对上述三个部件的加工方法亦未进行说明及举证，故对其关于被诉侵权方法缺少涉案专利权利要求 1 第 5、8、9 步的抗辩主张不予支持。某家居用品公司主张被诉侵权方法来源于 ZL200520015446. × 号实用新型专利说明书中公布的具体实施方式，因此属于现有技术，但未能举证证明被诉侵权方法与该实用新型专利的相应技术特征相同或者无实质性差异，故对其现有技术抗辩的主张不予支持。

综上，被诉侵权方法所具备的技术特征完全覆盖了涉案专利权利要求的全部必要技术特征。某家居用品公司明知陈某某拥有涉案专利权，仍使用涉案专利方法进行生产，并销售依照涉案专利方法直接获得的产品，侵犯了涉案专利权，应承担停止侵权、赔偿损失的法律责任。

关于争议焦点二。何某某是 4044 号摊位的经营者，应对其业务员任某某购进和销售被诉侵权产品的行为承担法律责任。因何某某未能举证证明被诉侵权产品的合法来源，故不能免除赔偿责任。陈某某主张何某某实施了许诺销售被诉侵权产品的行为，因未提供证据证明，一审法院不予支持。

关于争议焦点三。鉴于陈某某未举证证明其实际损失或者侵权人侵权获利的具体数额，故一审法院综合考虑涉案专利权的类别、侵权人侵权的性质、情节、范围、时间以及陈某某为调查、制止侵权行为所支付的实际费用的合理性等因素，依法酌情确定本案的赔偿数额。

综上，一审法院于2010年12月17日作出（2010）沈中民四初字第389号民事判决，判令：一、何某某于判决生效之日起立即停止销售涉案侵权产品；二、何某某于判决生效后十日内赔偿陈某某经济损失及合理费用1万元；三、某家居用品公司于判决生效之日起立即停止侵权行为；四、某家居用品公司于判决生效后10日内赔偿陈某某经济损失及合理费用30万元；五、驳回陈某某其他诉讼请求。

➲ 上诉主张及理由

在二审法院审理期间，陈某某申请放弃对何某某的诉讼请求。

➲ 二审法院查明的事实

一审法院除认定某家居用品公司自述被诉侵权方法第1、2步与涉案专利权利要求的第1、2步相同不正确以外，认定的其他事实属实，二审法院予以确认。

另查明，2010年4月28日，某家居用品公司与案外人任某某签订了《购销合同》，约定某家居用品公司向任某某采购热水袋盖子（含垫片）20 000套、热水袋螺纹座20 000套，交货时必须配套交，2010年5月10日之前交3000套（大小各1500套），2010年8月30日之前结清。该合同已实际履行完毕。又查明，2010年9月7日，陈某某的委托代理人张某在沈阳市小商品大世界四楼购买"乐雪儿"牌热水袋的摊位为4107号。

➲ 二审法院判决理由与裁判结果

二审法院认为，一审法院要求某家居用品公司对螺纹塞座、螺纹塞盖、垫片三个部件的加工方法承担举证责任不妥。某家居用品公司自认被诉侵权产品中的螺纹塞座系由聚丙烯材料注塑而成，其复合层（聚氯乙烯材料）通过注塑成型在螺纹塞座的表面；螺纹塞盖、垫片分别为塑料材料、硅胶材料注制而成。因此。上述三个部件的加工方法与涉案专利权利要求1第5、8、9步相同。即使上述部件是由某家居用品公司提供样品委托其他加工方进行加工，其亦应对该加工行为承担法律责任。因此，二审法院对某家居用品公司提出的被诉侵权方法缺少涉案专利权利要求1第5、8、9步的上诉主张不予支持。

被诉侵权方法的第6、7步和第8、10步虽然分别与涉案专利权利要求1

第 6、7 步和第 10、11 步的步骤顺序不同，但其技术特征和技术效果无实质区别。涉案专利权利要求未对保温层的材质、大小进行限定，被诉侵权方法中的空心棉起到一定的保温作用，相当于涉案专利权利要求中 1 中的保温层。因此，对某家居用品公司提出的被诉侵权方法与涉案专利权利要求 1 的第 6、7 步及第 10、11 步的顺序相反，缺少涉案专利权利要求 1 记载的保温层的上诉主张，二审法院不予支持。

某家居用品公司提供的证明被诉侵权方法为现有技术的证明文件仅公布了被诉侵权方法的部分技术特征，而被诉侵权方法与涉案专利构成等同。因此，某家居用品公司的现有技术抗辩不能成立。综上，被诉侵权方法所具备的技术特征完全覆盖了涉案专利的全部必要技术特征，某家居用品公司的行为侵犯了涉案专利权。陈某某请求某家居用品公司赔偿的数额中包括专利临时保护期使用费和侵权赔偿。陈某某并未提供证据证明其损失的数额或某家居用品公司因侵权所获得的利益，一审法院根据涉案专利的类别，某家居用品公司侵权的性质、情节、范围、时间及陈某某为调查、制止侵权行为所支付的实际费用的合理性等因素，确定某家居用品公司赔偿陈某某经济损失及合理费用 30 万元，并无不当。

综上，二审法院判决：一、维持一审判决第三、四、五项；二、撤销一审判决第一、二项。一审案件受理费 18 300 元，由陈某某承担 14 500 元，由某家居用品公司承担 3800 元；二审案件受理费 5850 元，由某家居用品公司承担 5800 元，陈某某承担 50 元。

再审主张及理由

某家居用品公司申请再审时诉称：（1）被诉侵权方法没有落入涉案专利权利要求 1 的保护范围，不构成侵权。①被诉侵权方法不包括涉案专利权利要求 1 的第 5、8、9 步，即加工螺纹塞座、螺纹塞盖和密封垫片的步骤。某家居用品公司生产的热水袋中的上述三个部件均是合法外购取得，外购部件的加工方法是注塑。某家居用品公司没有义务知晓样品的加工方法，一审、二审法院认定某家居用品公司对上述三个部件的加工方法承担举证责任，并进一步推定某家居用品公司采用了与涉案专利相同的方法，是错误的。②被诉侵权方法与涉案专利权利要求 1 的第 6、7 步和第 10、11 步的步骤顺序相反，这种步骤顺序的改变产生了不同的技术效果。第 6、7 步的改变可以节省后一加工工序中被加工产品所占用的空间，提高加工效率，并使产品能够直接进入检测工序。

第10、11步的改变使得在充气前无须将塞盖安装好后再取下来进行充气检测，节省了时间，并保证了检测质量。由于涉案专利请求保护的是产品的加工方法，而方法权利要求的步骤本身和步骤之间的顺序均应对专利权的保护范围起到限定作用，且在涉案专利说明书中记载了将第10、11步互换的步骤顺序，根据捐献原则，该说明书中记载的另一步骤顺序不应当纳入涉案专利权的保护范围，故被诉侵权方法在步骤上的改变没有落入涉案专利权的保护范围。③被诉侵权方法中的空心棉软垫与涉案专利中记载的保温层不属于相同或等同的技术特征，一审法院扩大解释了该功能性限定技术特征的保护范围。从涉案专利说明书中关于保温层的描述和附图中公开的内容来看，该保温层位于外层和内层之间，其四个边缘与外层、内层完全连接，将外层和内层完全覆盖并隔离开，以达到提高保温性能，慢慢散热降温，延长使用以及克服灌入热水开始过烫现象。被诉侵权产品的外层和内层之间设有的薄空心棉软垫的用途是用于增加手持热水袋的舒适感，仅设置在外层和内层的中间部分，上下边缘与外层、内层相隔有一定的距离，未如涉案专利一样完全覆盖并将外层和内层隔开，因而不可能具有涉案专利保温层所产生的技术效果。（2）某家居用品公司被许可使用的专利中所包含的产品和工艺方法构成现有技术，某家居用品公司使用该方法生产销售被诉侵权产品不构成侵权。ZL200520015446.× 号实用新型专利的申请日为2005年10月10日，早于涉案专利申请日。该现有技术公开的产品与涉案专利权利要求所记载的产品相同，并明示公开了涉案专利权利要求1的第3、5、6步。由于布塑、PVC热水袋是热水袋的常规品种，其他未明示公开的第1、2、4、7~12步均属于公知常识和惯用手段，特别是第11步中的充气检测，是热水袋产品的行业标准。（3）陈某某在一审时没有主张临时保护期使用费的赔偿，原二审判决认定30万元的赔偿数额中包括该费用，超出了陈某某的诉讼请求。此外，涉案专利授权日是2010年2月17日，陈某某提起本案诉讼的时间是2010年9月，而2~9月的大部分时间是热水袋的销售淡季，在销售量较低的情况下，一审法院判决某家居用品公司赔偿30万元过高。综上，某家居用品公司请求本院撤销一审、二审判决，改判驳回陈某某的诉讼请求或将本案发回重审。

陈某某辩称：（1）方法发明的步骤顺序是否对权利要求有限定作用，应当结合说明书和附图的记载来判定。如果说明书和附图明确记载不按照步骤顺序亦可达到发明所声称的技术效果，或者结合本领域技术人员的公知常识能够推导出即使不按照顺序或者某几步不按照顺序也能达到发明所声称的技术效果，则方法发明的步骤顺序不构成对权利要求的限制。涉案专利说明书记载的第10、11步的顺序可以调换的内容表明，该两个步骤可以不按照严格的顺序进行操作，涉案专利权利要求中步骤顺序的标号仅是为了叙述简洁和清晰的需要。捐献原则仅适用于只在说明书中描述而未记载在权利要求中的技术方案。本案中，权利要求1并未排除说明书中记载的技术方案，故捐献原则不适用于本案。涉案专利权利要求1的第6、7步和第10、11步的步骤顺序并未对权利要求1构成限定；且依据等同原则，将涉案专利的第6、7步互换和第10、11步互换后的技术特征与互换前没有实质区别，构成等同侵权。（2）某家居用品公司提交的购销合同签订时间晚于被诉侵权产品出厂时间，且某家居用品公司未能证明其真实性及履行情况。对涉案专利权利要求1第5、8、9步所涉及的三个部件的加工方法某家居用品公司未进行说明及举证。此外，即使这些零部件来自第三方，但某家居用品公司利用该零部件进行了进一步的制造，并将制造获得的侵权产品进行了使用和销售，也构成侵权。（3）被诉侵权产品的空心棉软垫具备涉案专利所描述的保温效果，与涉案专利的保温层为等同的技术特征。（4）某家居用品公司用于主张现有技术抗辩的实用新型专利公开的是一种产品，而涉案专利是一种方法发明，因此除非该实用新型专利说明书中明确记载了产品的具体制造步骤，或者本领域技术人员能够毫无疑义地推导出具体制造步骤，否则从一个产品的结构是推导不出该产品的制造工艺的。某家居用品公司在分析该实用新型专利产品的制造步骤中采用了大量没有其他证据佐证的个人推导及猜测。（5）陈某某在一审诉讼中提出了临时保护期使用费的赔偿，二审判决对于该项赔偿内容的认定没有超出陈某某的诉讼请求，赔偿数额也是合理的。综上，陈某某请求法院驳回某家居用品公司的再审请求。

再审法院查明的事实

最高人民法院对一审、二审判决认定的事实予以确认。

另查明，涉案专利说明书第2页记载："本热水袋的袋体由3层材料所构成，因为有了保温层，使袋中热量缓慢下降，开始时避免过热，保温时间长，提高了使用效果。"在该页具体实施方式部分记载："内层4与外层3之间安装保温层5，如人造保温棉等各种有关材料，提高热水袋保温性能，慢慢散热降温，延长使用时间，又克服灌入热水开始过烫现象。"第3页记载："第十步：将密封垫片10和螺纹塞盖9互相装配后旋入螺纹塞座8中；但也可以试压后旋入塞盖。第十一步：充气试压检验，向热水袋中充入压缩空气进行耐压试验；耐压试验的压力一般为0.5kg/cm^2，或者略大于该压力。"

某家居用品公司承认被诉侵权产品中的螺纹塞座、螺纹塞盖、垫片的材质与涉案专利相应部件的材质相同，也是注塑成型；其中螺纹塞座虽是二次成型，但与涉案专利的加工方式不同，涉案专利是在两台机器上进行的二次注塑，但现在绝大多数是在同一台机器上完成的。某家居用品公司提交的专利号为 ZL200520015446.× 的“一种新型热水袋”的实用新型专利说明书载明，该专利的授权公告日为 2006 年 12 月 27 日。

➲ 再审法院判决理由与裁判结果

最高人民法院认为，本案的争议问题包括：（1）某家居用品公司的现有技术抗辩是否成立；（2）被诉侵权产品的加工方法是否落入涉案专利权的保护范围；（3）原一审、二审判决对于赔偿数额的认定是否显失公平。

一、关于某家居用品公司的现有技术抗辩是否成立的问题

某家居用品公司用于主张现有技术抗辩的 ZL200520015446.× 号实用新型专利的申请日虽早于涉案专利申请日，但授权公告日晚于涉案专利申请日，故不构成现有技术，但依法构成抵触申请。由于抵触申请能够破坏对比专利技术方案的新颖性，故在被诉侵权人以实施抵触申请中的技术方案主张其不构成专利侵权时，应当被允许，并可以参照现有技术抗辩的审查判断标准予以评判。ZL200520015446.× 号实用新型专利是“一种新型热水袋”产品专利，从其权利要求书、说明书及附图来看，该专利仅公开了一种热水袋产品，并未公开这种热水袋产品的具体生产步骤。虽然热水袋加工过程中有一些步骤是常规步骤，但依照该专利公开的产品仅能确定大概的加工流程，并不能准确确定具体完整的加工步骤；且该专利也未公开塞座的材料组成和塞盖处有密封垫片等技术特征。某家居用品公司虽主张未公开的技术特征是本领域的公知常识和惯用手段，但并未举证证明。因此，ZL200520015446.× 号实用新型专利并未完全公开被诉侵权产品的加工方法，某家居用品公司以此来主张现有技术抗辩不能成立，最高人民法院不予支持。

二、关于被诉侵权产品的加工方法是否落入涉案专利权的保护范围问题

某家居用品公司与陈某某对于被诉侵权方法和涉案专利方法的争议主要集中在权利要求 1 第 5、8、9 步，第 6、7 步，第 10、11 步和保温层技术特征问题。

（一）关于第 5、8、9 步争议问题

某家居用品公司主张被诉侵权产品的螺纹塞座、螺纹塞盖及垫片均是其

提供样品委托案外人加工订购取得，某家居用品公司没有义务对外购部件的加工方法承担举证责任，被诉侵权方法缺少涉案专利权利要求1的第5、8、9步。最高人民法院认为，某家居用品公司认可外购部件的材质、结构与依照涉案专利权利要求1第5、8、9步的加工方法所直接获得的部件的材质、结构相同，并认可外购部件的加工工艺是注塑，且螺纹塞座也是二次注塑成型。由此，能够判定上述部件的加工方法与涉案专利权利要求1第5、8、9步的加工方法相同。虽然某家居用品公司主张螺纹塞座绝大多数是在同一台机器上完成的，与涉案专利的加工方式不同，但涉案专利权利要求1的第5步并未限定二次注塑的加工方式，二次注塑是否在同一台机器上完成不构成对该步骤的限定条件，故某家居用品公司的上述主张不能成立。据此，本争议的关键转为某家居用品公司是否实施了第5、8、9步，即被诉侵权方法是否缺少第5、8、9步问题。最高人民法院认为，按照某家居用品公司的陈述，上述部件虽不是其自行加工，但系其提供样品在案外人处定作的，也即这些部件是案外人按照某家居用品公司的要求进行加工制作的，故某家居用品公司对由此产生的法律后果应当承担相应的法律责任。因此，某家居用品公司主张被诉侵权方法缺少第5、8、9步，没有事实和法律依据，最高人民法院不予支持。

（二）关于步骤互换是否构成等同侵权问题

方法发明专利的权利要求是包括有时间过程的活动，如制造方法、使用方法、通讯方法、处理方法等权利要求。涉及产品制造方法的发明专利通常是通过方法步骤的组合以及一定的步骤顺序来实现的。方法专利的步骤顺序是否对专利权的保护范围起到限定作用，从而导致在步骤互换中限制等同原则的适用，关键要看这些步骤是否必须以特定的顺序实施以及这种互换是否会带来技术功能或者技术效果上的实质性差异。具体到本案中，涉案专利权利要求1的第6步是对热水袋口部与螺纹塞座复合层进行热粘合的步骤；第7步是对热水袋袋体进行修边的步骤。被诉侵权方法采取的步骤是先对热水袋袋体进行修边，而后对热水袋口部与螺纹塞座复合层进行热粘合。某家居用品公司主张按此步骤加工可以节省后续步骤中被加工产品所占用的空间，利于快速加工和提高加工精度，并能够使产品直接进入检测工序。最高人民法院认为，从被诉侵权方法此前的加工步骤来看，其已在第4步中对高频热粘合后的热水袋进行了裁剪，此时修边的主要目的是使热水袋好看，接近成品，其减少空间的作用非常有限，而且多余边角料的存在不会干扰塞座的粘合，对塞座粘合不会产生实质性影响，因而这两个步骤的实施不具有先后顺序的唯一对应性，先修边还是先进行热粘合对于整个技术方案的实现没有实质性影响，且这两个步骤的互换在技术功能和技术效果上也没有产生实质性的差异，故被诉侵权方法调换后的步骤与涉案专利权利要求 1 的第 6、7 步属于相等同的技术特征。

涉案专利权利要求 1 的第 10 步是将密封垫片和螺纹塞盖互相装配后旋入螺纹塞座中；第 11 步是充气试压检验。被诉侵权方法采用的是先充气试压检验，后将密封垫片和螺纹塞盖互相装配后旋入螺纹塞座的步骤。某家居用品公司主张这种步骤互换所带来的效果是，不需要将螺纹塞座安装好后再取下来进行充气检测，因而可以节省时间，保证检测质量。最高人民法院认为，对热水袋进行充气试压检验，需要通过热水袋的口部进行。按照涉案专利权利要求 1 的第 10、11 步的步骤进行操作，在进行充气试压检验前，必须从螺纹塞座中旋下螺纹塞盖后方能进行，与被诉侵权方法所采取的先试压检验后再装配螺纹塞盖的步骤相比，这种操作步骤实质上是增加了充气试压检验的操作环节，导致操作时间延长，效率降低。故将第 10、11 步的步骤调换后，确实产生了如某家居用品公司主张的减少操作环节、节约时间、提高效率的技术效果，因此这种步骤互换所产生的技术效果上的差异是实质性的，调换后的步骤与涉案专利权利要求 1 的第 10、11 步不构成等同技术特征。

陈某某主张，涉案专利说明书已经记载了步骤 10、11 的顺序可以调换，权利要求 1 并未排除说明书中记载的这一技术方案，因此调换步骤的技术方案应当纳入涉案专利权的保护范围，对本案不应适用捐献原则。最高人民法院认为，准确确定专利权的保护范围不仅是为专利权人提供有效法律保护的需要，也是尊重权利要求的公示和划界作用，维护社会公众信赖利益的需要。在权利要求解释中确立捐献原则，就是对专利的保护功能和公示功能进行利益衡量的产物。该规则的含义是，对于在专利说明书中记载而未反映在权利要求中的技术方案，不能包括在权利要求的保护范围之内。对于在说明书中披露而未写入权利要求的技术方案，如果不适用捐献原则，虽然对专利权人的保护是较为充分的，但这一方面会给专利申请人规避对较宽范围的权利要求的审查提供便利，另一方面会降低权利要求的划界作用，使专利权保护范围的确定成为一件过于灵活和不确定的事情，增加了公众预测专利权保护范围的难度，不利于专利公示作用的发挥以及公众利益的维护。因此，《最高人民法院关于审理侵犯专利权纠纷案件应用法律若干问题的解释》在第 5 条中规定："对于仅在说明书或者附图中描述而在权利要求中未记载的技术方案，权利人在侵犯专利权纠纷案件中将其纳入专利权保护范围的，人民法院不予支持。"该司法解释自 2010 年 1 月 1 日起施行，本案被诉侵权行为发生在 2010 年 9 月，故该解释的上述规定能够适用于本案。按照上述条文的规定，如果本领域技术人员通过阅读说明书可以理解披露但未要求保护的技术方案是被专利权人作为权利要求中技术特征的另一种选择而被特定化，则这种技术方案就视为捐献给社会。本案中的情形正是如此。涉案专利说明书在第3页中明确记载了第10、11步的步骤可以调换，而这一调换后的步骤并未体现在权利要求中，因此调换后的步骤不能纳入涉案专利权的保护范围，某家居用品公司关于第10、11步的步骤调换方案应适用捐献原则的主张依法有据，最高人民法院予以支持。

（三）关于"空心棉软垫"与"保温层"是否构成等同问题

根据涉案专利权利要求1的记载，保温层属于功能性限定的技术特征。《最高人民法院关于审理侵犯专利权纠纷案件应用法律若干问题的解释》第4条规定："对于权利要求中以功能或者效果表述的技术特征，人民法院应当结合说明书和附图描述的该功能或者效果的具体实施方式及其等同的实施方式，确定该技术特征的内容。"依照涉案专利方法所生产的热水袋共计有三层，即内层、外层和保温层。根据涉案专利说明书中关于保温层的描述及附图中公开的内容来看，该保温层由人造保温棉等各种有关材料制作，位于内层和外层之间，将内层、外层完全覆盖并隔离开，可以达到如下技术效果：提高保温性能，慢慢散热降温，延长使用时间；克服灌入热水开始过烫现象。被诉侵权产品中的空心棉软垫，在宽度上与内层、外层同宽，并与内层、外层左右两侧边缘相连接；在长度上相当于内层、外层的一半。某家居用品公司主张半块空心棉软垫的设置是为了增强手持热水袋的手感，不具有涉案专利保温层的功能和效果。最高人民法院认为，保温的主要原理是物理隔离减弱热对流和热传导。涉案专利设置保温层的目的就是通过控制内外层之间空气的热对流，阻断内外层之间因物理接触而产生的热传导来实现保温和防烫的效果。被诉侵权产品所设置的半块空心棉软垫在材质上与涉案专利保温层相同，在结构上也设置于内层和外层之间，在大小上虽然没有完全覆盖内层和外层，但其设置方式实质上起到了减弱热对流和热传导的作用，也能够实现保温和防烫的技术效果。虽然半块空心棉的保温和防烫效果与整块空心棉的效果会稍有差异，但本领域技术人员基于对保温原理的认识，能够判断二者的差异是非实质性的，因此"空心棉软垫"与"保温层"构成等同。此外，某家居用品公司用于主张现有技术抗辩的ZL200520015446.×号实用新型专利的区别技术特征之一就是在内层和外层之间设置有保温层。某家居用品公司一方面主张现有技术抗辩，另一方面又主张空心棉软垫不是保温层，这在逻辑上也是自相矛盾的。且从上述实用新型专利说明书的记载来看，该实用新型专利由三层组成，内层采用塑料制成，外层采用涤纶布制成，所以手感好，保温时间长，提高了使用效果。由此可见，热水袋产品的手感与其外层材质的使用是密切相关的，某家居用品公司关于半块空心棉软垫的设置仅是用来增强手感的主张，缺乏事实依据，法院不予支持。

综上，被诉侵权产品的加工方法与涉案专利方法既不相同也不等同，没有落入涉案专利权的保护范围。

三、关于原一审、二审判决对于本案侵权赔偿的认定问题

某家居用品公司主张二审判决对于临时保护期使用费的赔偿认定超出了陈某某的诉讼请求。对此，法院认为,《专利法》第 13 条规定：“发明专利申请公布后，申请人可以要求实施其发明的单位或者个人支付适当的费用。”因此，临时保护期使用费是在发明专利申请公布后至专利权被授予前，实施该发明的单位或者个人应支付给专利权人的一种适当的经济补偿，其与未经专利权人许可实施其专利的侵权损害赔偿性质不同，故专利权人不能基于侵权损害赔偿的诉因来主张临时保护期使用费，而只能单独就此项费用提出主张。陈某某提起本案诉讼的案由是侵害发明专利权纠纷，在一审审理中陈某某主张侵权损害赔偿数额中包括临时保护期使用费，对此，一审法院已在开庭审理中告知其不能在本案中主张该项费用，可另行起诉予以主张。由此可见，原一审判决所认定的赔偿数额中并不包括临时保护期使用费。二审法院在审理中认定一审法院判决的赔偿数额中包括临时保护期使用费，确有不妥，最高人民法院予以纠正。鉴于某家居用品公司生产被诉侵权产品的方法没有侵犯涉案专利权，无须承担侵权责任，故对其提出的原一审、二审判决对于赔偿数额的认定显失公平的申请再审理由，最高人民法院不再予以评述。

综上，某家居用品公司生产被诉侵权产品的方法没有侵犯涉案专利权，原一审、二审判决适用法律不当，判决结果错误，应予纠正。某家居用品公司申请再审的主要理由成立，最高人民法院予以支持。故判决：一、撤销辽宁省高级人民法院（2011）辽民三终字第 27 号民事判决和沈阳市中级人民法院（2010）沈中民四初字第 389 号民事判决；二、驳回陈某某的诉讼请求。

案例解析

本案系专利侵权诉讼中适用捐献原则的典型案例。在专利侵权判断中，即使被控侵权方涉案技术特征与专利权利要求中相应技术特征的字面含义不同，专利权人仍可能依据等同侵权原则对被控侵权人提出侵权主张。为限制等同原则在解释和适用上可能导致的专利权人权利范围的不确定性,《最高人民法院关于审理侵犯专利权纠纷案件应用法律若干问题的解释》第 5 条规定了捐献原则，规定对于仅在说明书或者附图中描述而在权利要求中未记载的技术方案视为捐献给社会公众，排除在专利权保护范围之外，权利人在侵犯专利权纠纷案件中将其纳入专利权保护范围的，人民法院不予支持。

本案中，被告某家居用品公司对本公司实施专利方法提出了现有技术抗辩、捐献原则抗辩等，作为专利侵权诉讼中适用捐献原则以限制等同原则的典型案例，本部分将重点就等同原则在专利侵权中的适用、捐献原则对专利侵权判断中适用等同原则的必要限制以及捐献原则在专利侵权裁判中的适用等问题，结合本案案情及裁判结果进行分析。

一、等同原则在专利侵权中的适用

专利侵权认定的主要步骤是在确定权利保护范围的基础上，将被诉侵权方法与涉案专利的技术特征进行对比，以确定被诉侵权方法的特征是否落入涉案专利的权利保护范围。等同原则是专利侵权判定原则之一。根据《最高人民法院关于审理专利纠纷案件适用法律问题的若干规定》第 13 条第 2 款规定，等同特征，是指与所记载的技术特征以基本相同的手段，实现基本相同的功能，达到基本相同的效果，并且本领域普通技术人员在被诉侵权行为发生时无须经过创造性劳动就能够联想到的特征。换句话说，对被诉侵权方法与涉案专利技术的技术特征进行对比时，若被诉侵权方法属于对本领域普通技术人员而言显而易见的对涉案技术的替换，并且能够实现的功能与效果与涉案专利技术存在实质性相同，则应当认定被诉侵权方法构成对涉案专利产品的等同侵权。

等同侵权原则的确立是为了防止侵权人利用对原有专利进行非实质性更改并不构成相同侵权的漏洞侵犯专利权人的权利。[①] 相较于全面覆盖原则，等同原则的适用侧重于技术方法结果的差别是否是非实质性的。[②] 从这一点来看，等同原则在一定程度上扩大了专利权人的权利主张范围，着重于考察技术所能够达成的功能或效果是否存在实质性相似，除非经对比的技术特征本身存在对本领域普通技术人员而言需要通过创造性劳动才能联想到的“非显而易见”的特征，否则即可认定被诉侵权方法构成等同侵权。

本案中，某家居用品公司所使用的方法第 6、7、8、10 步分别与涉案专利权利要求 1 的第 7、6、11、10 步相同，但其步骤顺序不同，从形式上无法满足字面侵权的认定标准，而通过对上述步骤的实施进行推演得出实际效果。

① 杨维：《浅谈捐献原则的适用》，载《科技经济导刊》2020 年第 28 期。

② 宋淑华：《改变方法专利的步骤顺序并不必然构成等同侵权——最高法院判决陈某某诉浙江乐雪儿公司等侵害发明专利权纠纷案》，载《人民法院报》2014 年 4 月 24 日，第 6 版。

最高人民法院认定，涉案专利权利要求1的第6步是对热水袋口部与螺纹塞座复合层进行热粘合的步骤；第7步是对热水袋袋体进行修边的步骤。被诉侵权方法采取的步骤是先对热水袋袋体进行修边，而后对热水袋口部与螺纹塞座复合层进行热粘合。从被诉侵权方法此前的加工步骤来看，其已在第4步中对高频热粘合后的热水袋进行了裁剪，此时修边的主要目的是使热水袋好看，接近成品，其减少空间的作用非常有限，而且多余边角料的存在不会干扰塞座的粘合，对塞座粘合不会产生实质性影响，因而这两个步骤的实施不具有先后顺序的唯一对应性，先修边还是先进行热粘合对于整个技术方案的实现没有实质性影响，且这两个步骤的互换在技术功能和技术效果上也没有产生实质性的差异，故被诉侵权方法调换后的步骤与涉案专利权利要求1的第6、7步属于相等同的技术特征。

二、专利侵权判断中捐献原则对等同原则的必要限制

从等同原则在专利侵权中的认定标准来看，其中达成实质性相同的效果或功能的条件，扩大了专利权人的权利保护范围，将字面存在差别但实际效果相同的技术方法纳入了侵权范围。该原则的优势在于为专利权人提供了充分的保护，防止侵权人利用非实质性修改的漏洞侵犯专利权，但也如本案所指出的，该原则的适用会降低权利要求的划界作用，加大了确定专利权保护范围的不确定性，提高了公众预测专利权保护范围的难度，不利于专利公示作用的发挥以及公众利益的维护。因此，需要通过明确权利保护范围对等同原则进行合理限制。

（一）捐献原则在我国法律文件中的确立

最高人民法院2009年发布的《关于审理侵犯专利权纠纷案件应用法律若干问题的解释》第5条规定，对于仅在说明书或者附图中描述而在权利要求中未记载的技术方案，权利人在侵犯专利权纠纷案件中将其纳入专利权保护范围的，人民法院不予支持。以此确立了我国专利侵权认定中的捐献原则，即“对于在专利说明书中记载而未反映在权利要求中的技术方案，不能包括在权利要求的保护范围之内”[①]，由于权利人未通过权利要求对该部分权利进行限定，则应当视为将该部分权利特征捐献给社会，进入公共领域。

（二）适用捐献原则的必要性

《专利法》第26条对专利申请的文件及形式进行了规定，其中，说明书

① 闫文军：《专利侵权判断中的捐献原则——陈某某与浙江乐雪儿家居用品有限公司专利侵权案》，载《中国发明与专利》2019年第1期。

应当对发明或者实用新型作出清楚、完整的说明，以所属技术领域的技术人员能够实现为准；必要的时候，应当有附图。而权利要求书应当以说明书为依据，清楚、简要地限定要求专利保护的范围。从申请文件的内容要求可以看到，说明书是明确权利要求、对专利保护范围进行限定的依据。说明书的内容更丰富，而权利要求则要求精简，用于限定专利保护范围，《专利法》第 64 条同时规定，发明或者实用新型专利权的保护范围以其权利要求的内容为准，说明书及附图可以用于解释权利要求的内容。因此，权利要求是确定专利权保护范围的重要依据。

之所以对说明书与权利要求的作用进行区分，是因为在专利实践中，经常出现专利申请人为降低专利申请的难度，而提交相对于说明书内容过于狭窄的权利要求，而在侵权诉讼中，又凭借内容丰富、权利范围宽泛的说明书内容主张权利，达到“两头获利”的效果。本案中，原告陈某某关于涉案专利说明书已经记载了步骤 10、11 的顺序可以调换，权利要求 1 并未包含说明书中记载的这一技术方案的主张，就是通过专利说明书不当扩大了涉案专利的保护范围。对于这种情况，若不适用捐献原则，会使专利权保护范围变得难以确定，增加公众预测专利权保护范围的难度，不利于专利公示作用的发挥以及公众利益的维护。[①]

（三）捐献原则的适用情形

综合上文分析，捐献原则的适用情形为被诉侵权方法的技术特征与涉案专利技术的说明书中的技术特征相同，而未记载于涉案专利的权利要求中。

本案中，涉案专利的说明书在第 3 页中明确记载了第 10、11 步的步骤可以调换，与某家居用品公司关于第 10、11 步的步骤调换方案一致，而这一调换后的步骤并未体现在权利要求中。这属于与涉案专利说明书的技术方案完全相同的类型。类似的案例还包括东莞市某电池科技有限公司与北京某生活超市有限公司、福建南平某电池有限公司侵害实用新型专利权纠纷案[②]等。

司法实践中，也曾出现过技术特征并非完全相同的案例。例如，广东某制冷设备有限公司与珠海某电器股份有限公司以及珠海市某电业有限公司侵害实用新型专利权纠纷案[③]中，涉案专利说明书未对空调挡板的可拆装性进行说明，而在权利要求 1 将其限定为一种可拆装式空调室内机管路安装挡板。根据捐献原则，这一权利要求将不可拆装式室内机管路安装挡板技术特征捐献给了

① 参见《最高人民法院公报》2015 年第 10 期。

② 北京市高级人民法院（2012）高民终字第 3338 号民事判决书。

③ 广东省高级人民法院（2013）粤高法民三终字第 615 号民事判决书。

公共领域。被诉侵权产品的技术方案相应的技术特征为一种不可拆卸的空调室内机管路安装挡板。该案情况下，被诉侵权产品的技术特征与涉案专利说明书并不完全相同，而是呈现概念上下位的区别，涉案专利说明书的技术特征为上位概念，被诉侵权产品的技术特征为下位概念。由于上位概念能够完整包含下位概念，该案中亦使用了捐献原则。

基于此，对于技术特征并非完全相同的情况，涉案专利说明书的技术特征相对于被诉侵权产品技术特征构成上位概念，能够完整包含的，视为符合捐献原则的适用情形，反之则不符合。

三、捐献原则适用情形下的裁判思路

本案再审中，对于被诉侵权方法中调换的涉案专利权利要求 1 的第 10、11 步的侵权性认定，法院首先适用了等同原则，对比认定将第 10、11 步的步骤调换后，确实产生了如某家居用品公司主张的减少操作环节、节约时间、提高效率的技术效果，因此这种步骤互换所产生的技术效果上的差异是实质性的，调换后的步骤与涉案专利权利要求 1 的第 10、11 步不构成等同技术特征。又适用了捐献原则，认定涉案专利说明书在第 3 页中明确记载了第 10、11 步的步骤可以调换，而这一调换后的步骤并未体现在权利要求中，因此调换后的步骤不能纳入涉案专利权的保护范围。对于被诉侵权方法的调换后的步骤作了两次论证。

笔者认为，捐献原则作为对等同原则的限制，适用捐献原则认定侵权与否的标准相较于等同原则更为精准。因此，在满足捐献原则的基础上，不需要再对等同原则进行分析。

四、结论

为消除等同原则可能带来的专利权权利范围的不确定性，限制权利人对等同原则的不当利用，《最高人民法院关于审理侵犯专利权纠纷案件应用法律若干问题的解释》规定了捐献原则，作为等同原则的合理限制。捐献原则的确立，系维持垄断权利与公共领域的衡平之举。捐献原则对说明书与权利要求的明确区分，能够进一步激励专利权人提高专利权利要求书撰写水平，加强权利保护。明确捐献原则的适用情形，有助于维护社会公众对专利法公示效力的信赖利益以及实施公知技术的权利自由。

专利恶意诉讼的认定标准

——谭某与甲公司因恶意提起知识产权诉讼损害责任纠纷案

/余子凯

➲ 本案要旨

诚信原则系一切民事诉讼活动所应遵循的基本原则。一方面，该原则保障了当事人自由处分其享有的实体权利及诉讼权利；另一方面，其亦为当事人各项权利的行使设置了法定要求，即须采用善意、审慎的方式，且以不侵害国家、社会及他人利益为限。专利恶意诉讼的本质系一种侵权行为，对市场竞争秩序及司法资源等社会公共利益造成了损害。依据我国现行法规定，专利恶意诉讼的认定需满足四项要件：其一，行为人具有主观恶意；其二，行为人提起诉讼缺失合法依据；其三，相对人合法利益产生损失；其四，恶意诉讼行为与相对人合法利益损失之间存在因果关系。

➲ 案件信息

被上诉人（一审原告）：甲公司

上诉人（一审被告）：谭某

案号：广东省深圳市中级人民法院（2017）粤03民初632号、广东省高级人民法院（2019）粤民终407号

➲ 原被告主张及理由

原告起诉请求：（1）判令被告向原告赔偿因其恶意提起知识产权诉讼给原告造成的包括律师代理费、差旅费、商誉损失、预期可得利益等在内的各项经济损失共计人民币200万元；（2）判令被告承担原告因本案维权支出的包括律师代理费、公证费等在内的合理费用；（3）判令被告在新浪网、搜狐网、网易网等网站首页显著位置，在《法制日报》和《中国知识产权报》等报纸第一

版显著位置就其恶意诉讼行为向原告赔礼道歉，消除影响，登报具体内容由法院审定；（4）本案全部诉讼费由被告承担。诉讼过程中，原告变更其诉讼请求为：（1）判令被告向原告赔偿因其恶意提起知识产权诉讼给原告造成的包括律师代理费、差旅费、商誉损失、预期可得利益等在内的各项经济损失以及原告因本案维权支出的包括律师费、公证费在内的合理费用共计 200 万元；（2）判令被告在新浪网、搜狐网、网易网等网站首页显著位置，在《法制日报》和《中国知识产权报》等报纸第一版显著位置就其恶意诉讼行为向原告赔礼道歉，消除影响，登报具体内容由法院审定；（3）本案诉讼费由被告全部承担。

原告是目前中国最大的互联网综合服务提供商之一，公司研发的即时通讯工具 QQ 为目前中国用户群体最大的即时通讯产品。原告自 1999 年起就在 QQ 即时通讯工具中使用 QQ 企鹅卡通形象作为服务形象代言和标志。同时，原告也于 2001 年 6 月 21 日在广东省版权局完成了 QQ 企鹅美术作品的著作权登记手续。基于 QQ 企鹅卡通形象本身个性化设计的美感、QQ 即时通讯影响的不断扩大以及原告对企鹅卡通形象所作大量推广宣传等因素，QQ 企鹅作为原告的企业形象深入人心，为原告创造了不可低估的市场价值和品牌效应。

被告辩称：（1）原告在证据中列举了大量网上文章，证明其知名度，但是网上亦有新闻批评原告为追求企业利益而不顾社会责任。（2）本案原、被告双方在（2011）深福法知民初字第 348、349 号两案中最终达成调解，根据司法解释的相关规定，因调解或和解作出妥协和认可的事实不能作为后续诉讼中对其不利的证据。（3）被告系依据外观设计专利证书提起的诉讼，是维护被告专利权的行为。原告的美术作品是平面作品，而被告涉案外观设计专利是立体作品，两者不构成权利冲突，否则国家知识产权局不可能授予被告专利权。综上，被告依据专利提起诉讼，并不存在恶意行为，请求依法驳回原告诉讼请求。

一审法院查明的事实

深圳市福田区人民法院（2011）深福法知民初字第 348、349 号（以下简称 348、349 号案）卷宗材料记载：2008 年 11 月 10 日，丙公司在我国香港特别行政区注册，注册资料显示谭某是该公司的股东及董事。丙公司的公司网页及宣传单上展示了“企鹅”形象的音箱。2010 年 12 月 6 日，甲公司委托代理人通过 QQ 聊天工具（QQ 号码为 36××19）的方式，向谭某购买了 30 个企鹅音箱，并向其个人账户支付了货款 850 元。2011 年 3 月 9 日，甲公司及乙公司分别以谭某、丙公司销售的QQ迷你音箱侵犯其著作权和商标权为由向深圳市福田区人民法院提起诉讼。2011年5月23日，双方就该两案达成和解协议，主要内容为，（1）谭某立即停止以自己或以丙公司名义销售涉案侵权产品QQ企鹅音箱的行为；（2）谭某分别向甲公司及乙公司支付赔偿款2.5万元。

国家知识产权局专利检索查询信息显示：2008年12月23日，谭某向国家知识产权局申请名为“音箱（Xzeit迷你企鹅型）”的外观设计专利，于2010年1月13日获得授权，专利号为20083025××××.6。专利证书所示图片与348、349号案中的被控侵权产品图片外观一致。专利权人分别于2011年12月8日、2012年12月14日、2014年2月21日、2015年4月16日、2015年12月31日缴纳专利年费。

2016年2月25日，谭某以甲公司及丁公司侵犯其名称为“音箱（Xzeit迷你企鹅型）”、专利号为20083025××××.6的外观设计专利权为由，向一审法院提起诉讼［案号：（2016）粤03民初236号，以下简称236号案］，要求确认甲公司及丁公司侵权并判令支付专利使用费90万元。

2016年3月21日，甲公司依据《“‘腾讯QQ系列图画’之二——‘QQ企鹅’LOGO系列”著作权登记证书》、第1915××8号商标注册证等证据向国家知识产权局专利复审委员会提出无效宣告请求。专利复审委员会经审查认为：在先作品运用了拟人化的设计手法，将原型为生物的企鹅表现为卡通形象，该卡通企鹅的造型构成了该作品的独创性的表达。涉案专利产品的卡通企鹅形象与在先作品中表现的卡通企鹅形象无论在表现手法、设计元素的运用等各方面均高度一致，虽然涉案专利中的卡通企鹅形象与在先作品存在细微差异，但其并未脱离在先作品的对于卡通企鹅形象的独创性表达，其实质上复制了在先作品的智力创作成果，再现了在先作品的艺术美感，在专利权人未提供证据证明其对于涉案专利产品的卡通企鹅形象的设计系独立构思创作完成的基础上，涉案专利中所展现的作品与在先作品构成实质性相似。鉴于专利权人在未经著作权人许可的情况下在涉案专利中使用了与在先作品实质性相似的设计，其实施将会损害在先著作权人的相关合法权利或权益，涉案专利与在先著作权相冲突，不符合《专利法》第23条的规定。因此，专利复审委员会作出第29537号无效宣告请求审查决定书，宣告20083025××××.6外观设计专利权全部无效。2016年8月5日，一审法院裁定驳回谭某的起诉。甲公司据此主张，谭某在明知其名下专利号为20083025××××.6、名称为“音箱（Xzeit迷你企鹅型）”的外观设计专利不符合授予专利权的条件，其诉讼请求不可能得到法院支持的情况下，向法院提起诉讼，且多次可以选择停止，但仍拒不作出任何可避免继续给甲公司造成损失的举动，存在主观故意，且因其恶意诉讼给甲公司造成相应的损失。

➲ 一审法院判决理由与裁判结果

本案争议焦点在于：一是谭某起诉甲公司侵害其外观设计专利权的行为是否构成恶意诉讼；二是法律责任的承担问题。

关于争议焦点一：谭某起诉甲公司侵害其外观设计专利权的行为是否构成恶意诉讼。

诚实信用原则是一切市场活动参与者所应遵循的基本准则。民事诉讼活动同样应当遵循诚实信用原则。一方面，它保障当事人有权在法律规定的范围内行使和处分自己的民事权利和诉讼权利；另一方面，它又要求当事人在不损害他人和社会公共利益的前提下，善意、审慎地行使自己的权利。任何违背法律目的和精神，以损害他人正当权益为目的，恶意取得并行使权利、扰乱市场正当竞争秩序的行为均属于权利滥用，其相关权利主张不应得到法律的保护和支持。[①]

所谓恶意诉讼，通常是指当事人以获取非法或不正当利益为目的而故意提起的法律上和事实上无根据之诉，并致使相对人在诉讼中遭受损失的行为。恶意诉讼本质为侵权行为，认定某种具体的诉讼行为属于恶意提起知识产权诉讼，应当满足以下构成要件：（1）一方当事人以提起知识产权诉讼的方式提出了某项请求；（2）提出请求的一方当事人具有主观上的恶意；（3）具有实际的损害后果；（4）提出请求的一方当事人提起知识产权诉讼的行为与损害后果之间具有因果关系。[②]

关于上述要件（1），所谓“提出了某项请求”，通常是指提出请求的一方当事人利用法律赋予的诉讼权利，提起了知识产权诉讼，并且已将另一方当事人拖入诉讼程序中，使另一方当事人陷入一种不利的境地。本案中，谭某在236号案中起诉甲公司，要求确认甲公司侵权并支付专利使用费，将甲公司拖入专利侵权诉讼中，其已完成提出具体诉讼请求的行为。

---

① 参见《最高人民法院关于发布第16批指导性案例的通知》，载《最高人民法院公报》2017年第10期。

② 参见杜长辉、陈勇：《恶意提起专利侵权诉讼的构成要件及判定路径》，载《中国知识产权报》2016年1月6日。

对于上述要件（2），所谓恶意，是指提出请求的一方当事人明知其请求缺乏正当理由，以有悖于权利设置时的目的，不正当地行使诉讼权利，意图使另一方当事人受到财产或信誉上的损害。本案中，根据348、349号案的卷宗材料可知，谭某明知甲公司对涉案QQ企鹅美术作品享有在先著作权，且已经在先使用的情况下，利用我国外观设计专利不进行实质审查的制度，申请与QQ企鹅形象基本一致的外观设计专利并获得授权，其申请行为违背了诚实信用原则，属于恶意申请专利的行为。谭某明知专利权的获得不具有实质正当性，仍基于不当取得的专利权，不适当地主张权利，意图获取非法的市场竞争利益，其行使权利具有明显的主观恶意。[①] 在348、349号案调解过程中，谭某更是清楚知道涉案专利与甲公司享有著作权的美术作品基本一致，并明确作出撤回涉案专利的承诺。调解结束后，谭某不仅没有履行承诺，反而继续缴纳专利年费，继而向甲公司主张专利侵权，意图使甲公司受到财产或信誉上的损害，该行为主观恶意明显，情节恶劣。

对于上述要件（3），在知识产权诉讼中造成对方当事人实际的损害后果。对本案而言，甲公司为应对236号案件提起的专利侵权诉讼支付了代理费、公证费、资料费等费用，确实给甲公司造成经济损失的损害后果。

对于上述要件（4），侵权行为与损害后果之间具有因果关系，即损害后果如社会声誉的降低、财产的损失等均是由对方当事人滥用诉讼权利的行为所致。本案中，考虑到专利案件的复杂性，甲公司为维护自身合法权益聘请代理人应对诉讼，符合常理，其所支付的代理费及为应对诉讼而进行举证工作所支出的公证费、资料费、差旅费亦属必要。上述费用与谭某恶意提起的专利侵权诉讼具有当然的因果关系。

关于争议焦点二：法律责任的承担问题。如上所述，谭某在明知其请求缺乏正当理由的情况下，对甲公司恶意提起专利侵权诉讼，给甲公司造成了经济损失。依据《侵权责任法》第15条的规定，应承担赔偿损失的民事责任。

鉴于甲公司未举证证明由于谭某的行为对其商誉造成影响，且通过经济赔偿已经足以弥补甲公司的损失，故对甲公司要求谭某在相关网站及报纸上公开赔礼道歉，消除影响的诉讼请求，一审法院不予支持。

➲ 上诉主张及理由

谭某上诉请求：撤销一审判决，改判驳回甲公司的诉讼请求。事实与理

---

① 参见宋健：《商标权滥用的司法规制》，载《知识产权》2018年第10期。

由如下：（1）一审判决在事实认定中长篇大论美化甲公司形象，而对甲公司司欠缺社会责任只字不提，足见一审法院丧失公正性。（2）一审法院以 348、349 号案调解书及调解笔录认定事实，说明谭某存在“恶意”，违反反不正当竞争法律规定，而且，该两案的调解笔录关于谭某作出撤回其 20083025××××.6 号音箱（Xzeit 迷你企鹅型）外观设计专利的承诺未写入调解书，谭某有理由认为该部分内容法院不予支持，谭某对涉案专利享有权利。甲公司明知谭某拥有涉案外观设计专利，却没有申请涉案专利无效，而是等到被谭某起诉后，才想起去申请涉案专利无效，说明甲公司有恶意。（3）本案甲公司所支付的诉讼开支仅有 5.9 万元，而一审顶格判决谭某赔偿 50 万元，属滥用司法裁量权。

甲公司辩称：一审判决认定事实清楚，适用法律正确，请求驳回上诉，维持原判。理由是：（1）谭某错误理解司法解释对调解过程中自认事实的规定，当事人在案件调解中所认可的事实，可继续适用于后续诉讼，谭某应履行其在调解笔录中所作出的承诺。（2）一审判决的赔偿数额只低不高，甲公司为本案支付了律师费、无效宣告请求费、差旅费，本案造成了甲公司可得利益损失，对腾讯品牌带来负面影响，一审判决金额不存在滥用司法裁量权的情况。

➲ 二审法院查明的事实

一审法院查明的事实属实，二审法院依法予以确认。

➲ 二审法院判决理由与裁判结果

恶意提起知识产权诉讼本质上属于侵权行为。判断谭某该行为是否具有过错，是否应向甲公司承担民事责任，应从该行为是否构成侵权行为进行分析。

首先，关于谭某提起 236 号案是否存在过错的问题。依据《民事诉讼法》的规定，民事诉讼应当遵循诚实信用原则。从谭某提起 236 号案的权利基础分析，谭某利用外观设计专利不进行实质审查的制度，将他人拥有在先权利的 QQ 企鹅形象申请为外观设计专利，其涉案专利权缺乏正当的权利基础。从谭某的主观状态分析，谭某在 348、349 号两案中与甲公司等达成和解，同意停止侵权并赔偿损失。由此可见，谭某在提起 236 号案前早已知悉甲公司拥有 QQ 企鹅形象的在先权利，其专利产品侵犯甲公司知识产权。在 236 号案起诉状中，谭某也承认甲公司的 QQ 企鹅形象音箱与其涉案外观设计专利相似。因此，谭某主观上知悉其外观设计专利缺乏合法权利基础。从谭某的诉讼行为分析，谭某在明知甲公司拥有QQ企鹅形象在先权利、其涉案专利权不具备合法权利基础的情况下，仍起诉甲公司侵害其涉案专利权，在甲公司对涉案专利提起无效宣告程序后，仍继续参与无效宣告程序和236号案诉讼程序，而且在上述程序中，谭某均委托了专业律师参与相关程序，能够预见其行为的结果，该行为不属于善意行使诉讼权利，具有损害他人权益的故意。[①] 综上，谭某提起236号案的行为违反了诚实信用原则，具有主观恶意，存在过错。

其次，关于谭某提起236号案是否侵害了他人民事权益的问题。本案中，谭某以提起知识产权诉讼的方式起诉甲公司，并提出90万元的赔偿请求。为应对谭某提起的诉讼，甲公司聘请律师出庭应诉及宣告涉案专利无效，遭受了财产损失，且谭某该诉讼行为给甲公司授权丁公司生产销售QQ企鹅音箱带来不利影响。因此，谭某的行为直接侵害了甲公司的民事权益。

综合考虑谭某提起236号案的权利基础、对涉案专利的判断能力、在诉讼相关行为中的表现及抗辩理由，二审法院认定谭某明知其诉讼请求缺乏正当权利基础，仍不正当地提起专利诉讼，违反了诚实信用原则，主观上具有恶意，损害了甲公司的合法权益，构成恶意提起知识产权诉讼。依照《侵权责任法》第6条和《专利法》第47条的规定，谭某应承担侵权损害赔偿民事责任。

二审法院驳回上诉，维持原判。

➲ 案例解析

通过梳理本案的基本案情及法院的裁判理由，不难得知，其主要争议点在于谭某起诉甲公司侵害其外观设计专利权的行为是否构成恶意诉讼。知识产权恶意诉讼的本质系一种侵权行为，其违背了民事诉讼法中规定的诚信原则，对市场竞争秩序及司法资源等社会公共利益造成了损害。笔者即以该案为例，试图探讨知识产权恶意诉讼的概念剖析、判定标准等重要问题，以期为司法实务问题的妥当解决提供一些粗浅的建议。

一、恶意诉讼与知识产权恶意诉讼

恶意诉讼的概念脱胎于英美法系，其本质上属于侵权行为的类型之一。在英美法中，恶意诉讼通常表述为“滥用法律诉讼”。[②] 恶意诉讼之内涵，可以解释为，行为人基于非法动机和目的，在明知其缺失实体权利、无事实证据

① 参见李林：《两“企鹅”缠斗：孰是孰非》，载《检察风云》2020年第21期。

② 参见徐爱国：《英美法中“滥用法律诉讼”的侵权责任》，载《法学家》2000年第2期。

和正当理由的情形下，滥用其享有的诉讼权利，恶意提起民事、行政、刑事诉讼或滥用诉讼程序，致使相对人的合法利益遭受侵害。[①]

知识产权恶意诉讼属于恶意诉讼范畴中的一个下位概念，其指的是发生在知识产权纠纷案件中的恶意诉讼情形，与传统民商事案件中恶意诉讼相比，本部分所讨论的知识产权恶意诉讼具备一定的特殊性：其一，一般的恶意诉讼并无案件性质之限制，即其可能存在于民事、行政或刑事案件中，而知识产权恶意诉讼的内涵更为狭窄，其案由多表现为侵犯知识产权。其二，相对于一般的恶意诉讼，知识产权恶意诉讼的认定相对复杂，在现实的争议纠纷中，案件所涉标的或权利基础往往与某一知识产权密切相关，碍于知识产权的无形性等固有属性，知识产权恶意诉讼的认定存在一定难度。其三，在知识产权恶意诉讼的程序中，无效宣告、行政复议、行政诉讼等程序亦可能伴随而生，致使案件审判周期延长，案件审理难度亦大幅增加。

在知识产权领域的恶意诉讼中，行为人往往以保护自身知识产权之名，行滥用排他性权利、破坏市场竞争环境之实。法律赋予的知识产权成为行为人牟取不当利益、打击竞争对手的重要武器。知识产权恶意诉讼的危害主要表现为以下两个方面：一方面，不同于传统的民事案件，在知识产权案件的审理中，复杂专业的技术因素考察占据较大比重，法官不得不花费大量的资源及精力，以作出相对公正合理的判决。基于此，司法实务中，行为人提起知识产权恶意诉讼，无疑加重了案件审理的负担，造成司法资源的不当耗费；与此同时，因行为的非法诉求，如申请采取财产保全、行为保全等措施，致使相对人的正当利益面临受损的风险。另一方面，知识产权恶意诉讼亦可能产生重大的负面社会影响。申言之，在知识产权恶意诉讼中，参与诉讼的一方当事人往往为具有一定影响力的知名企业，或者为具备行业影响力的社会名人，无论诉讼成功与否，均对本企业的后续经营发展产生一定的负面影响。若所涉知识产权为某企业的核心无形财产，极可能因行为人所提起的恶意诉讼造成权利基础的“动荡”，甚至丧失本企业于相关市场内的竞争优势。综合观之，知识产权恶意诉讼侵害了特定相对人的合法利益，对知识产权司法的权威性与效率性价值造成了不小的冲击，其产生的负面影响的受众不再局限于特定的当事人，亦可能波及整个社会。解决这一不容忽视的社会问题，有必要坚持利益平衡的基本原则，既要充分保障知识产权人的独占性利益，以发挥知识产权立法激励创新的价值宗旨，亦需对知识产权人的权利予以一定限制，避免知识产权恶意诉讼的

① 参见张胜先、伍浩鹏：《“恶意诉讼”的社会危害性及对策》，载《河北法学》2002年第9期。

不当滋生，从而寻求多方主体间的利益平衡点。

从本质观之，之所以需要对知识产权恶意诉讼进行规制，其理论基础在于民事主体需在民事诉讼活动中切实遵循诚信原则。作为民事活动中的帝王原则，诚信原则的价值取向在于引导市场主体有序正当地参与竞争活动，其作用的发挥依赖于道德的感化指引与法律的强制调整。[①] 依据《民事诉讼法》第13条第1款，在民事诉讼活动中，当事人亦须遵循诚信这一基本原则，一方面，该原则保障了当事人自由处分其享有的实体权利及诉讼权利；另一方面，其亦为当事人各项权利的行使设置了法定要求，即须采用善意、审慎的方式，且以不侵害国家、社会及他人利益为限。可以说，诚信原则借助道德及法律上的双重导向，在填补法律设计漏洞及保障司法公正方面发挥着积极作用。[②] 显而易见的是，提起知识产权恶意诉讼的行为人通过滥用诉讼权利、获得有利的司法裁判结果，以谋取不正当的经济利益，其行为严重背离了民事诉讼活动中诚信原则的基本要义，造成相关市场内的竞争秩序遭受破坏。

二、知识产权恶意诉讼的构成要件

前文已述，知识产权恶意诉讼的本质系一种民事侵权行为。学界有观点主张，知识产权恶意诉讼的构成要件亦需遵循传统侵权法的“四要件”理论，即主观过错、违法事实、损害结果及因果关系。对此，笔者认为，此种主张失之偏颇。较之于一般的恶意诉讼，知识产权恶意诉讼的认定标准具有其自身的特殊之处，照搬传统的“四要件”理论未免有失妥当，而应适用经修正的“四要件”理论。此修正之处在于将“违法事实”要件替换为“无合法依据”，即权利人提起该恶意诉讼缺失实体权利上的依据或无事实证据和其他正当理由。鉴于行为人提起的知识产权诉讼行为在形式上属于合法行为，笔者认为，将提起知识产权诉讼行为认定为违法事实并进而列为知识产权恶意诉讼的构成要件之一有违基本的诉讼法理论，故而，此种做法不应为司法实务所采纳。以下，笔者将逐点分析知识产权恶意诉讼的构成要件，以期深刻把握该制度的本质要义。

（一）行为人具有主观恶意

知识产权恶意诉讼的主观要件，即表现为提起知识产权诉讼的行为人主观上具有侵害相对人合法利益的非法意图及动机。在市场实践中，此种“恶

① 参见闫东伟、李星亿：《知识产权案件中恶意诉讼之探讨》，载《中国发明与专利》2020年第1期。

② 参见任重：《民事诉讼诚实信用原则的实施——德国的认知与实践》，载《法学家》2014年第4期。

意”通常表现为破坏竞争对手的交易条件、贬损竞争对手的市场声誉、阻碍竞争对手的业务拓展等非正当竞争目的。值得注意的是，恶意诉讼之“恶意”应理解为主观上的直接故意，不包括“重大过失”。其背后原因在于，因重大过失提起知识产权诉讼中，行为人往往并不具有损害相对人竞争优势、牟取不当经济利益的非法目的。若于恶意诉讼的“恶意”内涵中纳入“重大过失”这一情形，客观上亦使司法实务中恶意诉讼的认定门槛降低，抑制了具有合法诉求的主体提起诉讼的维权积极性，有悖于诉讼制度的理念宗旨。

（二）行为人提起诉讼缺失合法依据

笔者在上文已经论述，因行为人恶意提起知识产权诉讼具有形式上的合法性，故而该诉讼行为不应理解为违法事实，更不宜作为知识产权恶意诉讼的构成要件。实际上，在“恶意”要件之外，区分知识产权恶意诉讼与一般知识产权诉讼的另一重要因素，即为行为人提起该知识产权诉讼缺失合法依据。申言之，行为人在缺失实体权利上的依据，或无事实证据和其他正当理由的情况下，向法院提起了知识产权诉讼。前者通常表现为，行为人因存在权利无效、撤销情形，而丧失权利的合法性基础；至于后者，指的是行为人所提起的知识产权诉讼缺失明显的事实证据及胜诉的法律理由。值得注意的是，行为人恶意提起的“知识产权诉讼”应作广义之理解。即此处的“知识产权诉讼”，不仅应包括狭义上的诉讼行为，还需包括申请诉前禁令、诉中保全等措施。一旦相关诉讼行为构成了知识产权恶意诉讼，对于因诉前禁令、诉中保全等措施所造成的相对人损失，亦应一并纳入行为人应予赔偿的损害范围。

（三）相对人合法利益产生损失

“任何人只有因他人的行为受到实际损害之时才能获得法律上的救济。”[①]也即，在认定是否成立侵权行为时，需重点考察是否对特定主体造成损害后果。知识产权恶意诉讼作为一种特定领域的侵权行为，其产生的损害后果亦具有多元性。在公共利益损失层面，知识产权恶意诉讼极易导致司法资源的不当耗费，亦有损司法权威与司法公正。基于侵权责任法律规定主要调整特定当事人之间的法律关系，故对因行为人提起知识产权诉讼所造成的此部分损失，无须纳入知识产权恶意诉讼构成要件认定因素的范畴。而在私人利益损失层面，行为人可能因知识产权恶意诉讼产生了财产性损失及非财产性损失。其一，财产性损失。实践中，此部分损失具体表现为相对人经营活动可得利润的减少，因丧失交易机会、市场声誉受损等原因而引发的预期利润减少，以及为应对

---

① 王利明：《侵权行为法研究》，中国人民大学出版社 2004 年版，第 349 页。

恶意诉讼行为所支出的律师费、鉴定费等其他必要费用。其二，非财产性损失。该部分损害系指相对人的精神人格利益损失。从司法实务中的既有案例观之，相对人精神人格利益损失的类型主要包括社会评价降低、精神损害、企业的信誉及商誉受损等。因此类损失客观上表现为无形状态，在进行具体的损害赔偿数额计算时，有赖于法官审慎、适当行使自由裁量权，以免裁判结果显失公允。

（四）恶意诉讼行为与特定主体的损害后果之间存在因果关联关系

与传统的民事侵权行为不同的是，实施恶意诉讼行为的民事主体侵权效果的达成，往往是借助生效的司法裁判来实现。但这并不意味着，相对人合法利益的损失归因于法院的居中裁判行为，即司法裁判并未介入或阻断恶意诉讼行为与相对人合法利益损失之间的因果关系。关于该因果关系的证明，法官需借助一般的社会常识或经验进行判断，或借助司法鉴定等技术途径，只要当事人的举证足以证明恶意诉讼行为与相对人合法利益损失之间具备事实上的联系，即可得出因果关系成立之结论。因果关系判断系知识产权恶意诉讼认定的重要环节，若行为人提起诉讼之行为与相对人利益之损失无因果关系，此时该损失即难以归咎于所涉知识产权诉讼行为，相对人要求行为人予以赔偿于法无据。

三、结论

在民事诉讼活动中，当事人需遵循诚信这一基本原则。一方面，该原则保障了当事人自由处分其享有的实体权利及诉讼权利；另一方面，其亦为当事人各项权利的行使设置了法定要求，即须采用善意、审慎的方式，且以不侵害国家、社会及他人利益为限。本案中，谭某明知甲公司对所涉美术作品享有在先著作权且已实际使用，仍以与该美术作品基本一致的外观设计申请专利，其行为无疑违背了诚信原则；在此基础上，谭某提起外观设计专利侵权诉讼，其目的在于破坏甲公司的市场竞争优势，因而具备主观上的恶意。从甲公司提供的证据观之，其为应对谭某提起的外观设计专利侵权诉讼，已支出了律师费、公证费等诉讼必要费用，且该笔费用的支出与谭某的专利诉讼行为之间成立当然的因果关系。基于此，谭某提起的外观设计专利侵权诉讼理应被认定为恶意诉讼。

在知识产权领域的恶意诉讼中，行为人往往以保护自身知识产权之名，行滥用排他性权利、破坏市场竞争环境之实。从理论基础溯源来看，之所以需要对知识产权恶意诉讼进行规制，是因为民事主体需在民事诉讼活动中切实遵循诚信原则。知识产权恶意诉讼的认定标准具有其自身的特殊之处，照搬传统的侵权行为“四要件”理论未免有失妥当，而应适用经修正的“四要件”理论。具体观之，知识产权恶意诉讼的构成要件包括行为人具有主观恶意、行为人提起诉讼缺失合法依据、相对人合法利益产生损失及恶意诉讼行为与相对人合法利益损失之间存在因果关系。

布图设计专有权的保护范围以三维配置为准

——某甲科技（上海）有限公司诉南京某乙科技有限公司侵犯集成电路布图设计专有权纠纷案

/ 金惟妙

本案要旨

布图设计，是指实现某一电子功能，集成在某一半导体材料的基片上的集成电路全部元件与部分或全部连线的三维配置。受保护的布图设计应当具有独创性，即该布图设计是创作者自己的智力劳动成果，并且在其创作时该布图设计不是布图设计创作者和集成电路制造者公认的常规设计。布图设计专有权的保护范围应当以布图设计授权文件所确定的三维配置为准。侵犯布图设计专有权的赔偿数额，为侵权人所获得的利益或者被侵权人所受到的损失，包括被侵权人为制止侵权行为所支付的合理开支。

案件信息

原告：某甲科技（上海）有限公司

被告：南京某乙科技有限公司

案号：江苏省南京市中级人民法院（2009）宁民三初字第435号

原被告主张及理由

原告某甲科技（上海）有限公司（以下简称某甲公司）诉称，PT4115大功率LED恒流源驱动芯片（以下简称PT4115芯片）系原告研发用于LED照明的产品，2007年8月8日完成布图设计创作，2008年1月1日首次投入商业利用，同年7月4日获得国家知识产权局颁发的《集成电路布图设计登记证书》，登记号为BS.08500231.×号。2009年上半年，原告发现被告在市场上低价销售PE6808（又名CL6808）芯片。经原告委托鉴定，发现被告生产、销售的PE6808芯片与原告PT4115芯片的布图设计相同，两者属相同产品。被告也宣称PE6808产品系依据对PT4115芯片产品进行反向工程分析后得出的布图设计进行生产的。被告在市场上低价销售PE6808芯片后，给原告造成了巨大的经济损失，其行为侵犯了原告涉案集成电路布图设计（以下简称布图设计）专有权。因之，某甲公司诉至法院，请求判令：（1）被告停止侵害原告PT4115芯片布图设计专有权，销毁侵权产品；（2）被告赔偿原告经济损失3 100 000元；（3）被告承担本案的诉讼费。

被告南京某乙科技有限公司（以下简称某乙公司）辩称，其没有侵犯原告PT4115芯片布图设计专有权的行为。原告请求赔偿的损失没有事实和法律依据。原告销售量减少及利润降低，是电子产品正常的更新换代与市场环境造成的。被告销售涉嫌侵权产品只有67 000余片，相对于原告销售市场而言数量较少，不可能对原告产品销售量和价格造成影响，也不会引起其销售量下降和利润降低。原告主张的研发费用与销售费用，系公司经营的合理成本，不能认为是被告侵权造成的损失。原告主张的律师费用没有收费凭证，且明显超过律师收费标准。本案的赔偿数额应当以被告因侵权而获得的利益为依据计算。在最后一次庭审中，被告承认其所复制的布图设计与原告享有专有权的布图设计是相同的。

➲ 法院查明的事实

2007年8月8日，原告某甲公司完成了PT4115芯片的布图设计创作，于2008年1月1日首次投入商业利用，同年7月4日获得国家知识产权局颁发的《集成电路布图设计登记证书》，登记号为BS.08500231.×号。授权文件中的《PT4115集成电路版图层次说明》记载，该集成电路版图共有14层，依次为，（1）NBL；（2）NWELL；（3）ACTIVE；（4）HV；（5）HF；（6）CAP；（7）POLY1；（8）NPLUS；（9）PPLUS；（10）CONT；（11）METAL1；（12）VIA；（13）MATEL 2；（14）PAD。授权文件中的《布图设计结构、技术、功能简要说明》记载：PT4115芯片版图在Contact以前采用SinoMOS1um40VPsubNwell设计规则，从Contact以后的步骤采用0.81um的设计规则；PT4115芯片是一款连续电感电流导通模式的降压恒流源，用于驱动一颗或多颗串联LED等。该布图设计专有权目前处于合法有效状态。

2008年起，原告开始销售PT4115芯片，当年国内销售单价为1.61~2.50元，2009年为1.09~1.92元。2008年8月以后，该产品在我国香港特别行政区的销售单价为0.16~0.25美元，在韩国的销售单价为0.275~0.31美元。产品的销售价格存在一定的波动。

2008年4月，被告某乙公司（甲方）与某丙国际有限公司（乙方，以下简称某丙公司）订立ZXLD1360集成电路（以下简称1360）《产品开发协议书》。协议约定：甲方负责产品的设计开发，提供产品的电路和版图；乙方负责产品的制版和工程批流片，以及其后的中测、封装和成测；产品的设计费为10万元，制版前甲方交付乙方所有的设计资料（包括电路和版图）；产品验证通过后，其知识产权属于乙方；甲方不得自行生产该产品，或者向任何第三方转让和出售产品；产品量产后，优先供货给甲方，销售价格为封装片0.648元/片（含17%增值税）；乙方向任何第三方销售该产品的单价必须高于该价格10%以上；双方对芯片的成本预算为裸片价格0.40元/只，封装和测试费用0.14元/只；等等。

协议订立后，被告对原告销售的PT4115芯片进行了反向剖析，获取其具体电参数、元器件结构、尺寸和内部构造等数据，形成1360的电路与版图。庭审中被告自认，该1360布图设计与原告PT4115芯片布图设计相同。

被告将1360的设计资料交付给某丙公司，获得了设计费10万元。某丙公司依据该布图设计，委托第三方生产1360管芯。某丙公司依协议将管芯销售给被告，被告将管芯封装后，编码成6808、6807等系列集成电路向市场销售。该芯片可以替代PT4115芯片。截至2009年4月30日，某丙公司销售给被告1360管芯67 407只，价值36 548.94元。被告销售6808集成电路33 710只，价值54 106元；销售6807集成电路30 400只，价值33 358元。

原告诉前委托上海市科技咨询服务中心，就其生产的PT4115芯片是否含有不为公众所知的技术信息、某乙公司生产的PE6808A芯片与PT4115芯片是否属于相同产品、PE6808A芯片的有关技术是否反映了PT4115芯片相关技术点等专业技术问题进行鉴定。2009年6月30日，上海市科技咨询服务中心出具（2009）鉴字第14号技术鉴定报告书。鉴定报告认定："两公司芯片产品的整体布图和尺寸及布线结构的设计基本相同；相应抽检部分局部区域除个别部位存在细节上的差异外，两芯片的布图、布线及图形结构的设计无明显差别；相关关键单元结构除在个别部位存在细节差异外，两公司芯片产品的布图、布线结构的设计和关键图形尺寸无明显差别。"结论如下："1. 某甲公司生产的PT4115芯片含有高压模块隔离环的设计等6项不为公众所知悉的技术信息；2. 某乙公司生产的PE6808A芯片与某甲公司生产的PT4115芯片的整体布图设计及关键技术内容基本相同，反映了某甲公司不为公众所知悉的6点技术信息，上述两芯片产品属相同的产品。”某甲公司为此支付了5.5万元技术鉴定费。

2010年4月12日，被告向江苏省南京市钟山公证处申请公证，同日，该公证处出具（2010）宁钟证经内字第2363号公证书。该公证书表明，在“Baidu百度”栏以“替代PT4115”为关键词进行搜索，找到相关网页约5470篇，其中，深圳某公司的网页宣称“特价PAM2862替代PT4115，单价为人民币1.3元”，无锡某公司的网页宣称“AX2015……完全替代PT4115，单价为1.5元”。

依原告申请，法院还向国家知识产权局调取了PT4115集成电路样品芯片1只。依双方当事人申请，法院从宁波比亚迪半导体有限公司调取了生产1360管芯的光刻掩模板15块。

以上事实有下列证据在案为凭：原告提供的布图设计登记证书、上海市科技咨询服务中心（2009）鉴字第14号技术鉴定报告书、被告与某丙公司订立的《产品开发协议书》、上海市科技专用统一发票、关于支付技术鉴定费用的说明、电汇凭证、销售合同及增值税发票、出口货物报送单及核销单；被告提供的（2010）宁钟证经内字第2363号公证书、情况说明、南京三联会计师事务所有限公司出具的宁三联审字（2010）第211号专项审计报告、某丙公司的销售情况说明；法院依法调取的原告PT4115芯片布图设计的版图、样品、《PT4115集成电路版图层次说明》、《布图设计结构、技术、功能简要说明》、上海市公安局经济犯罪侦查总队的讯问笔录、从宁波比亚迪半导体有限公司调取的生产1360管芯的光刻掩模板；当事人在庭审中的陈述；等等。

法院判决理由与裁判结果

南京市中级人民法院认为，本案争议的焦点问题是，被告涉案行为是否构成侵权，以及若构成侵权被告应当如何承担民事责任。

布图设计，是指实现某一电子功能，集成在某一半导体材料的基片上的集成电路全部元件与部分或全部连线的三维配置。受保护的布图设计应当具有独创性，即该布图设计是创作者自己的智力劳动成果，并且在其创作时该布图设计不是布图设计创作者和集成电路制造者公认的常规设计。原告对涉案PT4115芯片具有独创性，获得了布图设计专有权，即对涉案PT4115芯片布图设计享有复制权和投入商业利用的权利，该权利应当受到法律保护。布图设计专有权的保护范围应当是确定的。根据《集成电路布图设计保护条例》的规定，布图设计专有权的保护范围应当以布图设计授权文件所确定的三维配置为准。权利人所提交的布图设计的复制件或图样，或者提交的集成电路样品均可用于确定这种三维配置。复制件或者图样附具的文字说明，可以用来解释布图设计。原告在对涉案 PT4115 芯片布图设计申请保护时提交了布图设计图样和集成电路样品，并以此获得授权，故该图样或样品均可用来确定涉案布图设计专有权的保护范围，且这两者所确定的布图设计和保护范围相同。

原告指控被告接受某丙公司委托制作布图设计及销售含有该布图设计集成电路的行为均侵犯了其布图设计专有权，还提交了技术鉴定报告用以证明被告复制其涉案布图设计。被告放弃了当庭的技术鉴定，自认 1360 管芯的布图设计与原告 PT4115 芯片的布图设计相同，但对原告提出的鉴定报告关联性提出疑问。结合被告自认及法院认定，可以认定该鉴定报告内容具有可采性。技术鉴定报告认为，PE6808 芯片与 PT4115 芯片的整体布图设计及关键技术内容基本相同，上述两芯片属相同的产品。故南京市中级人民法院认为，1360 管芯与 PT4115 芯片集成电路两者的元件、元件空间布局、元件连接关系、连接线路排布与走向、元件及线路的尺寸规格等均相同，亦即两集成电路全部元件与连线的三维配置相同，1360 管芯及其封装后的 PE6808、6807 系列集成电路与 PT4115 芯片集成电路布图设计相同。被告接受委托制作的布图设计及其销售的集成电路含有的布图设计均与原告享有专有权的涉案布图设计相同。

《集成电路布图设计保护条例》规定，权利人对授权布图设计享有专有权，其他任何单位或者个人未经布图设计权利人许可，不得复制受保护的布图设计的全部或者其中任何具有独创性的部分，或者为商业目的进口、销售或以其他方式提供受保护的布图设计、含有该布图设计的集成电路或含有该集成电路的物品。因此，被告依其与某丙公司的协议开发 1360 集成电路，通过反向剖析的手段，复制了原告涉案 PT4115 芯片布图设计的全部，并提供给某丙公司进行商业利用，未经原告许可，其行为构成对原告 PT4115 芯片布图设计专有权的侵害；同时，被告为商业目的，销售了含有其非法复制的布图设计的集成电路，也构成对原告 PT4115 芯片布图设计专有权的侵害。原告要求被告停止侵权、赔偿损失有事实和法律依据，法院予以支持。

关于赔偿数额，原告主张以其因侵权行为所遭受的损失作为计算依据，包括侵权期间利润的下降、研发与推广成本等。被告则认为应当以侵权人所获得的利益为依据。法院认为，根据《集成电路布图设计保护条例》的规定，赔偿数额应为侵权人所获得的利益或者被侵权人所受到的损失，包括被侵权人为制止侵权行为所支付的合理开支。随着原告涉案集成电路产品进入市场，相关替代产品可能已经进入或者相继进入市场销售，形成竞争格局，产品价格波动甚至下降亦属正常现象，因此不能认为全系侵权行为所致。此外，原告没有证明其研发、推广成本与被告涉案侵权行为之间的因果关系。因此，原告主张的计算方式不具有确定性和合理性，法院不予采信。被告复制布图设计和销售侵权产品所获得的利益基本可以确定，故被告主张以侵权人所获得的利益作为损失计算依据，有事实和法律依据，法院予以采信。被告因侵权所获得的利益包括复制 PT4115 芯片布图设计获得的设计费和销售侵权产品所获得的利益。被告以反向剖析方式取得原告 PT4115 芯片集成电路的布图设计，进行复制，侵权故意明显，故因此所获得的设计费 10 万元均应作为侵权获利。销售侵权产品所获得的利益为，销售总额（54 106 元 +33 358 元）– 购进成本（36 548.94 元）= 50 915.06 元。此外，原告支付的网络信息查询费 620 元，法院予以认定。关于起诉前的鉴定费用，被告认为，费用的支付方是无锡华某微电子有限公司，因而无法确定其与鉴定的关联性。法院认为，原告提供了鉴定费用发票、关于支付技术鉴定费用的说明、电汇凭证等，能够证明该费用确因上述鉴定而实际支付，且原告以鉴定结论作为本案起诉的初步技术依据，有必要性和关联性，故该鉴定费用可以认定。关于律师费，原告没有提供律师代理费用实际支付的证据，但提供了聘请律师的合同，原告主张参照律师收费标准计算其律师费用。法院认为，原告实际委托代理人代理本案诉讼，虽然没有提供实际支付的凭证，但支付一定的律师代理费应为必然发生，法院结合相关收费标准及本案的实际情况进行综合确定。

关于销毁侵权产品的诉讼请求，一方面，原告没有证明被告处仍保存相关侵权产品，另一方面，被告承担停止侵权、赔偿损失的法律责任后，已经可以充分保护原告的相关权利，故法院对此不予支持。

被告某乙公司未经许可，复制并商业利用原告某甲公司享有专有权的布图设计，侵犯了原告涉案布图设计专有权，应当承担停止侵权、赔偿损失等民事责任。故判决被告某乙公司立即停止侵犯原告某甲公司 BS.08500231.× 号 PT4115 芯片集成电路布图设计专有权的行为；赔偿原告某甲公司经济损失 150 915.06 元及为制止侵权行为所支付的合理费用 85 620 元，共计 236 535.06 元；驳回原告某甲公司的其他诉讼请求。

➲ 案例解析

本案是因复制并商业利用他人享有专有权的布图设计而引发的侵犯集成

电路布图设计专有权诉讼。对于集成电路布图设计专有权侵权诉讼中的争议点，本案裁判确认，布图设计专有权的保护范围应当以布图设计授权文件所确定的三维配置为准；侵犯布图设计专有权的赔偿数额，为侵权人所获得的利益或者被侵权人所受到的损失，包括被侵权人为制止侵权行为所支付的合理开支。本案为国内审结的首例侵犯集成电路布图设计专有权案例，其中所涉及的集成电路布图设计权利保护范围的确定、侵权认定方法等基本法律问题，为今后审理此类案件提供了宝贵的经验，也是人民法院司法保护集成电路布图设计专有权的具体体现。

一、集成电路布图设计专有权保护

集成电路，是指半导体集成电路，即以半导体材料为基片，将至少有一个是有源元件的两个以上元件和部分或者全部互连线路集成在基片之中或者基片之上，以执行某种电子功能的中间产品或者最终产品。集成电路布图设计，是指集成电路中至少有一个是有源元件的两个以上元件和部分或者全部互连线路的三维配置，或者为制造集成电路而准备的上述三维配置。①

对于集成电路知识产权保护的立法模式，存在沿用专利法、著作权法制度或者单独为其创设一个新的法律部门以提供保护两种选择。根据上述定义，集成电路作为“以执行某种电子功能的中间产品或者最终产品”，从功能上来看，整体上无法满足专利法要求的实用性，从内容上来看，不具备创新性的布图设计难以得到著作权法的保护。另外，在高度信息化的时代，集成电路的更新迭代速度加快，一方面，专利申请审批的时间过长，跟不上集成电路的更新速度，会导致不充分保护；另一方面，著作权法的保护期限过长，则容易造成不必要的垄断。②基于集成电路知识产权的特殊性，为了保护集成电路布图设计专有权，鼓励集成电路技术的创新，促进科学技术的发展，我国于 2001 年 4 月 2 日颁布《集成电路布图设计保护条例》，对布图设计专有权、布图设计的登记、布图设计专有权的行使等内容进行了规定，并于 2001 年 9 月 18 日颁布《集成电路布图设计保护条例实施细则》，作为集成电路布图设计专有权保护的法律依据。

本案作为我国审结的首例侵犯集成电路布图设计专有权案例，结合《集成电路布图设计保护条例》的规定，对其中集成电路布图设计权利保护范围的

---

① 上述定义参见《集成电路布图设计保护条例》第 2 条第 1 项、第 2 项。

② 参见冯晔、冯晓青：《集成电路知识产权保护与我国的立法探析》，载《北京市政法管理干部学院学报》2001 年第 4 期。

确定、侵权认定方法等基本问题作出明确，为今后审理此类案件提供了宝贵的经验。

二、集成电路布图设计专有权侵权认定的相关问题

（一）集成电路布图设计权利保护范围确定依据的争议

单从《集成电路布图设计保护条例》与《集成电路布图设计保护条例实施细则》的规定内容来看，并未明确指出集成电路布图设计权利保护范围的确定方法。由于集成电路布图设计专有权系基于国家知识产权局对申请人提交的申请文件的审查、授权以及确定具体权利范围，因此，申请文件材料是确定集成电路布图设计权利保护范围的重要依据。

《集成电路布图设计保护条例》第16条规定："申请布图设计登记，应当提交：（一）布图设计登记申请表；（二）布图设计的复制件或者图样；（三）布图设计已投入商业利用的，提交含有该布图设计的集成电路样品；（四）国务院知识产权行政部门规定的其他材料。"从文义解释来看，布图设计的复制件或者图样是申请布图设计登记的必要申请材料，而针对在申请日前已经投入商业利用的布图设计，则要求另外提交含有该布图设计的集成电路样品，因此，样品是针对特殊情况选择性提交的申请材料。《集成电路布图设计保护条例实施细则》第14条对布图设计的复制件或者图样的形式要求进行了明确。另外，根据《集成电路布图设计保护条例实施细则》第39条的规定，公众可以请求查阅布图设计登记簿或者请求国家知识产权局提供该登记簿的副本，也可以请求查阅该布图设计的复制件或者图样的纸件。该规定并未明确公众有无权利查阅作为非必需材料的样品，故通常情况下公众无法基于样品而得知布图设计内容。布图设计专有权作为一项工业版权，通过以公开为对价获得保护，从现有规定来看，在所有可能的申请材料中，只有布图设计的复制件或者图样符合必须公开的条件，才能以复制件或者图样确定布图设计的权利保护范围，是最符合立法本意以及现实条件的方式。在"某电子（上海）有限公司与南京某电子科技有限公司、深圳市某半导体有限公司等侵害集成电路布图设计专有权纠纷案"二审中，江苏省高级人民法院明确排除了样品作为确定布图设计专有权保护内容的依据，认为"通过样品获取布图设计专有权的保护内容，显然是增加了社会公众获取专有权公开内容的成本，不利于鼓励集成电路技术的创新，不利于促进产业的发展，亦不符合《集成电路布图设计保护条

例》以公开换保护的立法精神”。[①]

也有观点指出，现行的集成电路布图设计专有权登记要求提交纸质材料，申请人可自行选择是否提交电子版本的文件，[②]而随着精密技术的发展，纸质材料显然已经无法承载精度过高的集成电路技术需求，以纸质形式提交的成本过高，也不具备实际意义。而《集成电路布图设计保护条例实施细则》第39条第2款规定：“本细则第十四条所述的电子版本的复制件或者图样，除侵权诉讼或者行政处理程序需要外，任何人不得查阅或者复制。”因此，在纸质文件无法清晰呈现布图设计且电子文件无法公开的情况下，可以通过专业机构的帮助，以样品确定布图设计的权利范围。深圳市中级人民法院审理的“深圳市某电子有限公司诉深圳市某电子股份有限公司侵犯集成电路布图设计专有权纠纷案”中，也基于申请图样不够清晰，无法完整呈现布图设计的全部细节的事实，将被控SM9935B芯片集成电路版图与被告在国家知识产权局申请BS.08500671.×× 布图设计备案的样品布图设计进行对比，[③]作为认定侵权与否的依据。

需要明确的是，由于“样品中的三维配置信息必然大于或等于复制件或图样中的内容，此时如果以样品确定布图设计中的保护内容，很可能会导致不适当地扩大专有权人的真正所需要保护的范围”[④]，因此，纸质文件仍然是确定权利保护范围的主要依据，样品内容仅在凭借纸质文件无法确定权利内容时加以参考。

（二）本案观点评析

本案中，南京市中级人民法院认为，布图设计专有权的保护范围应当以布图设计授权文件所确定的三维配置为准。权利人所提交的布图设计的复制件或图样，或者提交的集成电路样品均可用于确定这种三维配置。复制件或者图样附具的文字说明，可以用来解释布图设计。原告在将涉案PT4115芯片布图设计申请保护时提交了布图设计图样和集成电路样品，并以此获得授权，故该图样或样品均可用来确定涉案布图设计专有权的保护范围，且这两者所确定的布图设计和保护范围相同。

---

① 参见江苏省高级人民法院（2013）苏知民终字第0180号民事判决书。

② 参见《集成电路布图设计保护条例实施细则》第14条第1项规定：“……申请人可以同时提供该复制件或者图样的电子版本；提交电子版本的复制件或者图样的，应当包含该布图设计的全部信息，并注明文件的数据格式。”

③ 参见广东省深圳市中级人民法院（2009）深中法民三初字第184号民事判决书。

④ 陈仰平、王倩：《从司法判例看集成电路布图设计图样的形式规范》，载《中国发明与专利》2016年第2期。

可以看到，南京市中级人民法院对于布图设计权利保护范围的确定依据，在于本布图设计专有权授权时所依据的申请材料。如果权利人凭借一定材料获得布图设计专有权，则表明授权机关认可申请材料所指向的所有三维配置的内容的可授权性。基于这种认可，法院亦认可这些材料在确定布图设计保护范围问题上的关联性及有效性。判决中对图样和样品的参考价值使用了“或”字，从文义角度来理解似乎表达了样品能够单独作为确定权利范围的依据。笔者认为，根据后文中的“且这两者所确定的布图设计和保护范围相同”一句，一方面，表明本案中两者所确定的布图设计和保护范围相同；另一方面，也隐含了在同时存在图样与样品的情况下，两者内容需相互印证，在两者内容相同的范围内，才能依据样品提供的内容确定权利保护的具体范围。

因此，纸质文件所呈现的布图设计内容仍然是确定权利保护范围的首要依据。

（三）集成电路布图设计的侵权认定

根据《集成电路布图设计保护条例》第 30 条的规定，侵犯布图设计专有权的行为具体表现如下：（1）复制受保护的布图设计的全部或者其中任何具有独创性的部分的；（2）为商业目的进口、销售或者以其他方式提供受保护的布图设计、含有该布图设计的集成电路或者含有该集成电路的物品的。集成电路布图设计侵权认定主要包括以下几点：一是基于图样或样品所确定的权利保护范围，双方布图设计是否存在实质性相似；二是被控侵权人是否存在接触权利人布图设计的可能；三是对权利人布图设计的独创性部分以及双方布图设计的相似性比例进行认定。[①]

在实质性相似的判断上，可以从布图设计的关键技术内容、元件空间布局、元件连接关系以及目标功能等方面进行考察，在上述内容均相同的情况下，可以认定布图设计相同。本案中，南京市中级人民法院基于技术鉴定报告认定的两芯片的整体布图设计及关键技术内容基本相同，故认为，1360 管芯与 PT4115 芯片集成电路两者的元件、元件空间布局、元件连接关系、连接线路排布与走向、元件及线路的尺寸规格等均相同，亦即两集成电路全部元件与连线的三维配置相同。被告接受委托制作的布图设计及其销售的集成电路含有的布图设计均与原告享有专有权的涉案布图设计相同。集成电路布图设计内容的认定技术难度较大，通常需要借助专业鉴定机构进行鉴定。本案被告自认了

① 参见曹志明、王志超：《集成电路布图设计专有权保护相关问题研究——国内首例侵权纠纷行政裁决案件引发的思考》，载《知识产权》2018 年第 7 期。

布图设计相同的事实，在上述相同内容的佐证下，南京市中级人民法院认定双方布图设计构成实质性相同。

在独创性认定问题上，本案中，由于权利人的布图设计已获得专有权，南京市中级人民法院以“受保护的布图设计应当具有独创性”为由，对涉案布图设计的独创性作了认定。笔者认可该院的观点。布图设计专有权的获得本身就存在对布图设计的独创性的认可，故而能够将属于公共领域且不具有独创性的布图设计排除在外，有效限制布图设计专有权的保护范围，并不会造成说理上的缺失。

三、集成电路布图设计专有权侵权赔偿数额的认定

《集成电路布图设计保护条例》第30条第2款规定，侵犯布图设计专有权的赔偿数额，为侵权人所获得的利益或者被侵权人所受到的损失，包括被侵权人为制止侵权行为所支付的合理开支。布图设计专有权侵权赔偿数额的认定存在可选择的两种标准，分别为侵权人所获得的利益标准以及被侵权人所受到的损失标准。通常，出于对己方利益的保护，被侵权人倾向于使用被侵权人所受到的损失标准确定侵权赔偿数额。本案中，原告某甲公司主张以其因侵权行为所遭受的损失作为计算依据，被告则认为应当以侵权人所获得的利益为依据。

从认定技术上来看，以被侵权人所受到的损失为标准的认定难度更大。本案中原告某甲公司所提出的计算类目包括侵权期间利润的下降、研发与推广成本等。正如南京市中级人民法院指出的，一件产品进入市场后，必然会面对相关替代产品或竞争产品所带来的价格、质量等方面的竞争，市场需求、产品竞争、质量变化等主客观因素共同导致了原告公司的利润变化以及为应对不同竞争阶段增加研发及推广成本投入，这并不是一个侵权行为所能导致的。一方面，原告没有证明其研发、推广成本与被告涉案侵权行为之间的因果关系；另一方面，权利人实际上也难以对其中的因果关系进行举证，因此，原告主张的计算方式不具有确定性和合理性。而本案中，被告复制布图设计和销售侵权产品所获得的利益基本可以确定，因此，南京市中级人民法院采纳了被告以侵权人所获得的利益作为损失计算依据的主张。

需要明确的是，出于对被侵权人的利益保护，在被侵权人所受到的损失能够进行清楚认定的情况下，应当优先选择该标准认定侵权赔偿数额。

四、结论

根据一篇2016年发布的文献，彼时“全国各地法院涉及布图设计的侵权

案件共审结 7 件，其中 3 件以庭外和解、原告撤诉结案，2 件认定侵权成立，2 件认定侵权不成立”[①]，在《集成电路布图设计保护条例》发布 15 年之后，集成电路布图设计侵权纠纷案件屈指可数，表明集成电路布图设计司法认定难度之高。而现实中集成电路布图设计的知识产权保护需求仍在持续增加。本案裁判所确认的布图设计专有权的保护范围应当以布图设计授权文件（包括图样或样品）所确定的三维配置为准，侵犯布图设计专有权的赔偿数额，为侵权人所获得的利益或者被侵权人所受到的损失，包括被侵权人为制止侵权行为所支付的合理开支等观点，对集成电路布图设计权利保护范围的确定、侵权认定方法等基本法律问题提供了宝贵经验。但在本案审结之后，也出现了新的争议焦点亟待解决。

以《集成电路布图设计保护条例》和《集成电路布图设计保护条例实施细则》为基础，通过实践案例挖掘并归纳此类型侵权纠纷审理中的争议点和难点，是强化集成电路布图设计知识产权保护的重要途径之一。加强集成电路布图设计知识产权保护，应当进一步适应集成电路技术的发展实际，完善相关法律制度，提高审理思路的先进性。

① 陈仰平、王倩：《从司法判例看集成电路布图设计图样的形式规范》，载《中国发明与专利》2016 年第 2 期。

集成电路布图设计反向工程抗辩中的非直接接触要求

——上海甲公司诉上海乙公司等侵害集成电路布图设计专有权纠纷案

/ 陈禹铭

本案要旨

布图设计专有权对布图设计的保护不仅包含布图设计整体，也包含布图设计中任意具有独创性的部分，这种部分具有独创性的布图设计内容不因在整体设计中占比大小或是否核心而有所区别。整体具有独创性与部分具有独创性在侵权判断上适用方法不同，整体不相似不能成为局部相似的抗辩理由。对布图设计的保护不延及其体现出的电路原理，通过反向工程分析布图设计的电路原理是正当的，但在对他人布图设计进行反向工程的基础上应设计出新的布图设计。如果将反向工程后获得的原布图设计中具有独创性的部分直接应用于自身的生产活动，则不构成合法的反向工程抗辩。

案件信息

上诉人（一审原告）：上海甲公司

被上诉人（一审被告）：深圳市丙公司

一审被告：上海乙公司

案号：上海市第一中级人民法院（2010）沪一中民五（知）初字第51号、上海市高级人民法院（2014）沪高民三（知）终字第12号

原被告主张及理由

原告上海甲公司（以下简称甲公司）诉称：原告于2008年3月1日完成了名称为“ATT7021AU”的集成电路布图设计，并于同年5月9日向国家知识产权局提交集成电路布图设计申请，同年7月2日获得布图设计登记证书，

登记号为BS.08500145.×。原告发现在未经其许可的情况下，被告深圳市丙公司（以下简称丙公司）复制原告前述受保护的布图设计，并与被告上海乙公司（以下简称乙公司）为商业目的销售含有该布图设计的集成电路。原告认为二被告的行为侵犯了原告的集成电路布图设计专有权。

被告丙公司辩称：（1）被告丙公司芯片的布图设计系自主开发，并获得了登记证书，同时还获得了实用新型专利权。（2）该芯片的布图设计与原告的布图设计不同，并通过自身的独创性实现芯片功能的提升和飞跃。（3）原告的布图设计不具有独创性，属于常规设计。因此，被告丙公司芯片的布图设计没有落入原告布图设计专有权的保护范围，不构成侵权。

➲ 法院查明的事实

原告甲公司自2008年7月2日享有一项名为ATT7021AU的布图设计的专有权，被告丙公司其后制造并销售了名为RN8209、RN8209G的芯片，被告乙公司销售了丙公司制造的芯片。2010年4月6日，被告丙公司向专利复审委提出对原告涉案布图设计专有权的撤销意见，专利复审委经审查，未发现原告涉案布图设计专有权存在不符合《集成电路布图设计保护条例》规定可以被撤销的缺陷，终止了撤销程序。在庭审中，原告声明其布图设计专有权中具有独创性的部分总计十个部分，通过司法鉴定，认定原告布图设计具有独创性的部分为“数字地轨与模拟地轨衔接的布图”和“独立升压器电路布图”两项，被诉芯片与ATT7021AU布图设计中上述具有独创性的部分相同。被告丙公司承认其接触过原告的布图设计，同时主张原告的布图设计属于常规设计、被告的芯片与原告布图设计整体是不同的。

➲ 一审法院判决理由与裁判结果

第一，原告对涉案集成电路布图设计享有专有权。本案中，原告涉案AT-T7021AU芯片的布图设计于2008年3月1日创作完成，同年5月9日向国家知识产权局申请布图设计登记，同年7月2日获得登记证书。虽然被告丙公司曾于2010年4月对上述布图设计提出撤销请求，但经国家知识产权局专利复审委员会审查，未发现该布图设计专有权存在不符合《集成电路布图设计保护条例》规定的可以被撤销的缺陷，撤销程序随即终止。因此，原告对涉案ATT7021AU芯片的布图设计依法享有专有权，即享有复制权和投入商业利用的权利。

第二，涉案RN8209、RN8209G芯片的布图设计与原告ATT7021AU芯片布图设计中的“数字地轨与模拟地轨衔接的布图”和“独立升压器电路布图”相同。通过技术比对，认定被告RN8209、RN8209G芯片的布图设计与原告ATT7021AU芯片的布图设计中的“数字地轨与模拟地轨衔接的布图”和“模拟数字转换电路的布图中第二区段独立升压器电路的布图”相同。被告丙公司所提的上述差异是细小的、次要的，并不影响涉案RN8209、RN8209G芯片的布图设计与原告ATT7021AU芯片中“数字地轨与模拟地轨衔接的布图”和“模拟数字转换电路的布图中第二区段独立升压器电路的布图”相同或者实质性相似的判断。被告丙公司认为，原告、被告的芯片产品是不同技术时代的产品，二者在功能上存在较大差异，因而它们的布图设计也一定有较大差异。即使关于两个具体布图设计相同的鉴定结论成立，考虑它们的功能以及该部分布图设计在原告、被告芯片整个布图设计中仅占极小面积等因素，该部分布图设计相同或者实质性相似不影响原告、被告布图设计不实质性相似的事实。对此一审法院认为，原告、被告芯片都属于电能计量芯片，即使它们在整体功能上存在一定差异，它们中的部分具体布图设计也有可能存在相同或者实质性相似。在集成电路布图设计中，任何具有独创性的布图设计的相同或者实质性相似与整个芯片的布图设计相同或者实质性相似是两个概念，不能因原告、被告芯片整体布图设计的不相同或者不实质性相似而否定涉案两个具体布图设计相同或者实质性相似的事实。因此，被告丙公司对涉案RN8209、RN8209G芯片的布图设计与原告ATT7021AU芯片布图设计存在上述两个相同部分布图设计的鉴定结论所持的异议不能成立。

第三，原告ATT7021AU芯片中“数字地轨与模拟地轨衔接的布图”和“独立升压器电路布图”不属于常规设计。被告丙公司认为，原告ATT7021AU芯片中的该两部分布图设计是同类芯片的常规设计，不具有独创性。对此一审法院认为，根据《集成电路布图设计保护条例》第4条规定，判断布图设计是否具有独创性，应当判断布图设计是否具有创作者的智力劳动成果，同时还应当判断布图设计是不是公认的常规设计。首先，原告ATT7021AU芯片的布图设计是其在受让案外人炬某公司电能计量芯片专有技术基础上进一步研发而完成创作，故该布图设计包含了原告的智力劳动成果，被告对此亦未持异议。其次，原告ATT7021AU芯片中“数字地轨与模拟地轨衔接的布图”的主要特征是“位于芯片东侧居中”“田字形布局且每个口均有一个方眼在中间”“两条地轨南北走向、经过两个45度后转向往东”“两条地轨不相触碰、不相连接”等，原告ATT7021AU芯片中“独立升压器电路布图”的主要特征是“左右对称”“迷宫般电路分成四格且每格各有小电路”“顶着两个方片再顶着两个竖着的哑铃”“方片与哑铃之间有一门楣状布图且有一垂直于门楣的短线”等，原告的上述布图设计具有一定的独创性。被告的证据尚不足以证明原告“数字地轨与模拟地轨衔接的布图”和“独立升压器电路布图”属于公认的常规设计，故一审法院对被告相应的抗辩亦不予采纳。

第四，被告丙公司的行为侵犯了原告的布图设计专有权。本案中，二被告制造、销售的RN8209、RN8209G芯片中包含了原告享有布图设计专有权的“数字地轨与模拟地轨衔接的布图”和“独立升压器电路布图”，而且查明的案件事实表明，被告丙公司的个别员工原先在原告处从事研发等工作，有接触原告集成电路布图设计的可能和机会，因此，被告丙公司未经原告许可，复制原告ATT7021AU芯片中具有独创性的“数字地轨与模拟地轨衔接的布图”和“独立升压器电路布图”用于制造RN8209、RN8209G芯片并进行销售，其行为侵犯了原告ATT7021AU布图设计专有权，依法应承担停止侵权、赔偿损失等民事责任。被告丙公司认为，即使极小部分的布图设计属于原告独有设计，但因该部分布图设计系唯一或者有限的表达，属于基本电路，只起到辅助性功能，故不应得到专有保护。另外，原告、被告芯片的“相似度”很低，故也不构成侵权。对此一审法院认为，被告未能举证证明该部分布图设计是唯一或者有限的表达，相关技术人员通过进行一定的研发，可以创造出替换性布图设计。《集成电路布图设计保护条例》并未将那些基本电路或者起辅助性功能的布图设计排除在受保护的布图设计之外，这些布图设计如果具有独创性，且不属于公认的常规设计，同样应受到保护。关于“相似度”问题，《集成电路布图设计保护条例》也未规定二者芯片的布图设计达到怎样的“相似度”才能认定侵权，任何具有独创性的布图设计经登记都应受到《集成电路布图设计保护条例》的保护，未经权利人许可，复制权利人受保护的布图设计的任何具有独创性的部分，均构成侵权。因此，被告丙公司的上述辩解均不能成立。判决被告侵害原告布图设计专有权，承担停止侵权、赔偿损失的侵权责任。

上诉主张及理由

二审中，甲公司请求：改判丙公司赔偿包括合理费用在内的损失1500万元。一审判决关于“涉案‘数字地轨与模拟地轨衔接的布图’和‘独立升压器电路布图’在涉案芯片中所占的布图面积较小，它们的功能和作用在涉案芯片中也并非主要和核心”的认定，属认定事实错误。

针对甲公司的上诉，丙公司答辩称：一审判决认定丙公司布图设计中的“数字地轨与模拟地轨衔接的布图”和“独立升压器电路布图”与甲公司的相应布图设计相同，但是本案中无证据证明甲公司主张的上述两点布图设计具有独创性。丙公司的布图设计与甲公司布图设计中的“数字地轨与模拟地轨衔接的布图”“独立升压器电路布图”存在明显不同，一审判决认定二者相同不符合事实。一是二者的“数字地轨与模拟地轨衔接的布图”在衔接处的位置、轨的宽度、具体布图的布局、尺寸、形状等不同，且二者在M2层明显不同，丙公司在M2层上是两条轨，而甲公司是三条轨。二是二者的“独立升压器电路布图”在ST层明显不同，甲公司在该部分呈“田”字形排布，而丙公司则呈“口”字形排布，使得二者存在重大差别，且二者在M1、M2、M3层以及PL层的MOS管尺寸等亦不同。一审判决关于甲公司布图设计中“数字地轨与模拟地轨衔接的布图”和“独立升压器电路布图”具有独创性的认定错误，甲公司的该两点布图设计是常规设计，不具有独创性。集成电路布图设计登记只能证明甲公司ATT7021AU的整体布图设计有独创性，无法证明局部布图有独创性。丙公司的布图设计与甲公司的布图设计不相同，也不构成实质性相似，不应当判定为侵权。

➲ 二审法院判决理由与裁判结果

第一，涉案RN8209、RN8209G芯片的相应布图设计与甲公司ATT7021AU集成电路布图设计中的“数字地轨与模拟地轨衔接的布图”和“独立升压器电路布图”是否相同？

由于集成电路布图设计的创新空间有限，因此在布图设计侵权判定中，对于两个布图设计构成相同或者实质性相似的认定应当采用较为严格的标准。本案中，即使按照较为严格的判定标准，丙公司涉案RN8209、RN8209G芯片的相应布图设计也与甲公司ATT7021AU集成电路布图设计中的“数字地轨与模拟地轨衔接的布图”和“独立升压器电路布图”构成实质性相似。原因如下:（1）双方“数字地轨与模拟地轨衔接的布图”在M2层上的差异属于细微差异，不足以影响对双方的该部分布图设计相同或实质性相似的判断；四个电容呈“田”字形的排列方式是布图，用几个阱放置电容属于工艺而不是布图，双方的“独立升压器电路布图”相同。（2）关于“数字地轨与模拟地轨衔接的布图”。本案中，虽然在考虑M2层后，双方布图设计中一条布线的走向会有区别，但是布线与互连的元件之间组合的三维配置并未实质性改变。至于丙公司主张的差异等不同，均属于细微的、次要的差异，也未实质性改变布线与互连的元件之间组合的三维配置。因此，鉴定专家关于二者的不同均属于细微差异、不足以改变实质性相似的结论的观点，二审法院予以认可。（3）关于“独立升压器电路布图”。涉案 RN8209、RN8209G 芯片的“独立升压器电路布图”的特征与甲公司“独立升压器电路布图”的主要特征一一对应相同。丙公司所主张的上述不同点均不足以影响对涉案 RN8209、RN8209G 芯片的对应布图设计与甲公司“独立升压器电路布图”相同或者实质性相似的判断。

第二，甲公司 ATT7021AU 集成电路布图设计中的“数字地轨与模拟地轨衔接的布图”和“独立升压器电路布图”是否具有独创性？

根据《集成电路布图设计保护条例》第 4 条的规定，布图设计具有独创性，是指该布图设计是创作者自己的智力劳动成果，并且在其创作时该布图设计在布图设计创作者和集成电路制造者中不是公认的常规设计。并且，甲公司应当对其主张保护的集成电路布图设计具有独创性承担举证责任，但是甲公司并无必要也不可能穷尽所有的相关常规布图设计来证明其主张保护的布图设计属于非常规设计。只要甲公司提供的证据以及所作的说明可以证明其主张保护的布图设计不属于常规设计，则应当认为甲公司已经完成了初步的举证责任。

本案中，丙公司提交的证据材料尚不足以证明甲公司 ATT7021AU 集成电路布图设计中的“数字地轨与模拟地轨衔接的布图”和“独立升压器电路布图”是常规设计。原审法院根据本案的证据，认定甲公司 ATT7021AU 集成电路布图设计中的“数字地轨与模拟地轨衔接的布图”和“独立升压器电路布图”具有独创性，并无不当。

第三，丙公司生产、销售涉案 RN8209、RN8209G 芯片的行为是否侵犯甲公司享有的 ATT7021AU 集成电路布图设计专有权？

本案中，丙公司未经甲公司许可，在其生产、销售的涉案 RN8209、RN8209G 芯片中包含了甲公司 ATT7021AU 集成电路布图设计中具有独创性的“数字地轨与模拟地轨衔接的布图”和“独立升压器电路布图”，其行为已经侵犯了甲公司 ATT7021AU 集成电路布图设计专有权，应当承担相应的民事责任。

对于丙公司有关集成电路布图设计侵权判断标准应有相似度概念（相似部分占芯片总体面积的比例）的主张，二审法院认为，根据前述《集成电路布图设计保护条例》第 30 条的规定，复制受保护的布图设计的全部或者其中任何具有独创性的部分的行为均构成侵权。由此可见，受保护的布图设计中任何具有独创性的部分均受法律保护，而不论其在整个布图设计中的大小或者所起的作用。如果具有独创性的部分布图设计仅因为其在整个布图设计中所占比例很低或者并非核心部分而无法获得保护，那么对于这些部分的复制将会肆意而为，进而将无法鼓励对布图设计非核心部分的创新，《集成电路布图设计保护条例》鼓励集成电路技术的创新也将成为空谈，最终将无法通过有效竞争来促进整个集成电路行业的设计创新。因此，占整个集成电路布图设计比例很小的非核心部分布图设计的独创性也应得到法律保护。布图设计中任何具有独创性的部分的相同或者实质性相似与整个布图设计的相同或者实质性相似是两个不同的判定标准。只有在判定被控侵权行为是否属于复制布图设计的全部的情况下，才需要对整个芯片的布图设计是否相同或者实质性相似进行判断，从而才可能涉及丙公司所主张的两项集成电路布图设计整体相似度的问题。

关于反向工程抗辩，二审法院认为，实现相同或相似功能的芯片必然在电路原理上存在相似性，而电路原理不属于《集成电路布图设计保护条例》规定的可赋予专有权的部分，因此法律并不禁止对他人芯片的布图设计进行摄片进而分析其电路原理的这种反向工程的行为。据此，二审法院认为，如果企业要模仿他人芯片而不构成侵权，一种可能是获得布图设计权利人的许可而复制其布图设计；另一种可能是在反向工程的基础上重新设计出具有独创性的布图设计，即通过对他人芯片的逐层摄片，分析研究其中的电路原理，然后再进行重新设计或替换设计。这个过程中的分析和设计是要投入较多的时间和成本的。而在发展迅速的集成电路行业，竞争对手这些时间和成本的投入能够保证被模仿的企业可以在一定的时间内仍然保有自己的竞争优势，这也是法律允许反向工程的原因所在。但是，法律并不允许在反向工程的基础上直接复制他人的布图设计，因为这将大幅减少竞争对手在时间和成本上的投入，从而极大地削弱被模仿企业的竞争优势，最终降低整个集成电路行业创新的积极性。

最终二审法院维持了一审判决。

➲ 案例解析

本案涉及布图设计反向工程抗辩的合理性与适用规则。“‘实质性相似 + 接触’是用来推断和判定复制、剽窃、假冒等特殊侵犯知识产权行为的司法规则”[①]，在布图设计专有权侵权案件中，我国法院同样将判断两布图设计实质性相似及被诉侵权人接触受保护的布图设计作为推定被诉侵权人直接复制原布图设计的标准，此时被诉侵权人可以证明不存在直接复制行为，其中反向工程抗辩是一种重要的抗辩主张。《集成电路布图设计保护条例》第 23 条第 2 项为反向工程抗辩提供了法律依据，同时第 3 项指明独立创作抗辩同样是被诉侵权人未侵害布图设计专有权的抗辩手段，两种抗辩主张均要求被诉侵权人独立创作新的布图设计，区别的关键即在于是否存在“接触”，“接触”的判断对于正确适用上述

① 吴汉东：《试论“实质性相似 + 接触”的侵权认定规则》，载《法学》2015 年第 8 期。

条款具有重要意义，本文下述内容即讨论布图设计反向工程抗辩对接触的要求。

一、布图设计侵权案件中接触的类型

布图设计专有权的保护范围是多层次的，根据《集成电路布图设计保护条例》第7条的规定，布图设计专有权既保护布图设计本身，也保护包含布图设计的集成电路，甚至延及含有集成电路的产品。在这种多层次的保护体系下，专有权侵权案件中接触的含义是广泛的，对受保护的布图设计的"直接接触和推定接触"[①]都能够认定为存在接触。

直接接触，是指被诉侵权人直接接触了布图设计本身，通过这种接触，被诉侵权人能够完全知晓布图设计的全部内容。由于公众通过向布图设计登记机关提出查阅请求的方式获知布图设计存在较多限制，公众查阅时，仅允许在指定地点查阅纸质文件，文件不得复制、拍照或带出房间[②]，而且专有权申请时申请人可以对部分布图设计内容提出保密申请，公众无法通过查阅的方式获得相关信息，因此被诉侵权人很难通过查阅的方式直接接触并复制原布图设计。故此处所述的直接接触并非指通过查阅的方式直接接触布图设计的图样，而是与不正当竞争行为相关联，被诉侵权人通过不正当竞争的手段套取布图设计内容或接收掌握布图设计内容的专有权人企业员工进而获取完整的布图设计图样等行为的存在都可能被认定为存在直接接触。

推定接触，是指被诉侵权人存在接触布图设计的可能性，这种接触通常是对包含布图设计及集成电路的产品存在接触的可能性，推定接触的认定比直接接触广泛得多，如果布图设计专有权人的产品在市场上公开出售，被诉侵权人作为行业内的其他经营者当然有机会获得包含布图设计的产品。推定接触蕴含这样一种假设，即被诉侵权人接触了包含布图设计的产品即可以认为被诉侵权人知悉了包含在产品内的集成电路及布图设计，而这种从获得包含布图设计的产品到知悉布图设计内容的过程是可以通过反向工程实现的。

可以发现，直接接触与推定接触对应着不同层次的专有权保护范围，直接接触针对布图设计，而推定接触针对的是包含布图设计的集成电路及产品。如果法院认定的接触属于推定接触，自然具有适用反向工程抗辩的空间，但是如果与原布图设计的接触属于直接接触，即被诉侵权人直接接触了受保护的布图设计本身，则此时被诉侵权人能否主张反向工程抗辩不无疑问。为回答上述问题，应回到《集成电路布图设计保护条例》第23条的规定上，探究反向工程

① 祝建军:《对集成电路布图设计专有权司法保护有关问题的思考》，载《知识产权》2016年第9期。

② 参见国家知识产权局2019年印发的《集成电路布图设计审查与执法指南（试行）》。

抗辩与直接接触的关系。

二、直接接触与布图设计反向工程抗辩的关系

《集成电路布图设计保护条例》第 23 条第 1 项与《著作权法》中合理使用的规定具有相似性，以评价、分析为目的而复制受保护的布图设计是被允许的，这一条作为第 23 条第 2 项反向工程抗辩的基础，表面上似乎并不排斥直接接触并复制原布图设计的行为。但是，“针对集成电路布图设计的侵权并不是将他人的布图设计简单地复制下来，而是将他人的布图设计擅自应用到自己的集成电路中去……此‘复制’已经不再是版权法意义上的‘复制’”[①]，《集成电路布图设计保护条例》是世界贸易组织《与贸易有关的知识产权协定》向国内法转化的结果，而在其集成电路布图设计一章所引用的《关于集成电路的知识产权条约》中，第 6 条所使用的在我国译为“复制”的词汇为“reproduce”而非“copy”。从立法历史的角度观察，集成电路布图设计合理利用中的“复制”一词本应具有的含义并非完全复制已经知悉其内容的布图设计，而是从包含布图设计的集成电路中发掘并重现布图设计，直接接触并拷贝布图设计的行为与我国法律规定的合理使用行为并不吻合。

另外从竞争的角度进行分析，在本案中，法院认为反向工程抗辩的合理性在于：研究分析专有权人的产品并创作新的布图设计需要耗费时间与成本，这能为专有权人建立竞争优势。反向工程抗辩体现了对专有权人与行业内经营者之间的利益平衡，而如果竞争者并未研究分析包含布图设计的产品，而是直接复制了原布图设计并以此为基础进行改进，专有权人的竞争优势将不复存在，甚至竞争者可以通过研究原布图设计的权利保护范围进行规避性设计，在布图设计专有权不具有与专利权完全相同的“以公开换保护”的制度体系下，对于专有权保护是不利的。进言之，被诉侵权人通常无法通过公众查阅的方式获得原布图设计的内容，如果专有权人未主动公开布图设计内容，那么被诉侵权人直接接触布图设计通常是通过不正当竞争行为达成的，如此则直接接触更不具有受到抗辩制度保护的价值。

因此，直接接触与《集成电路布图设计保护条例》第 23 条第 1 项、第 2 项的规定并不吻合，布图设计反向工程抗辩不应当以被诉侵权人直接接触原布图设计为前提。

三、非直接接触要求作为布图设计反向工程抗辩成立条件的合理性

通过前文的分析，可以认为布图设计反向工程抗辩与直接接触二者是不相

---

① 曹伟：《集成电路知识产权保护评析》，载《现代法学》2007 年第 2 期。

容的，这为将非直接接触要求纳入反向工程抗辩认定标准奠定了基础，即可以要求被诉侵权人主张反向工程抗辩时，不能存在直接接触原布图设计的事实。

非直接接触作为反向工程抗辩的限定性要求具有合理性。在本案中，法院认为反向工程是企业模仿他人布图设计而不构成侵权的可行手段，即在“实质性相似 + 接触”的侵权认定标准下，如果被诉侵权人在承认两布图设计实质性相似与对包含布图设计的产品存在接触事实的同时提出主张认为其布图设计是通过反向工程得到的，则同样可以认定为不构成侵权。换言之，被诉侵权人主张反向工程抗辩时，不否认存在实质性相似与接触的事实，而是认为反向工程行为能证明这种实质性相似并非基于对原布图设计的直接复制。如果存在对原布图设计内容的直接接触，则从实质性相似到直接复制行为的事实推定关系就会得到加强。对原布图设计直接接触的事实存在使裁判者更相信被诉侵权布图设计是通过直接复制原布图设计得到的，而且这种确信达到了盖然性的证明标准，此时反向工程抗辩无力对此予以反驳。

将非直接接触作为反向工程抗辩的要求同样有利于促进行业内的有序竞争。反向工程是半导体产业技术交换与产业创新的重要手段，维护健康的反向工程环境具有积极效果。但是，如果允许肆意窃取他人布图设计并将之稍加改进即用于自己的生产活动中，会使真正具有独创性的布图设计无法得到应有的保护。产业内抄袭模仿之风与不正当竞争行为盛行，不利于科学技术创新与半导体产业的发展。将直接接触并复制受保护的布图设计排除在反向工程之外有其必要性。

综上所述，布图设计反向工程抗辩应当建立在被诉侵权人不存在对原布图设计直接接触的事实基础上，非直接接触要求应当成为反向工程抗辩成立的必要条件。

四、结论

在布图设计侵权案件中，“接触 + 实质性相似”是推定直接复制行为存在的标准。由于布图设计专有权同时保护布图设计与包含布图设计的产品，对受保护的布图设计的接触也就分为直接接触与推定接触两种形式。反向工程抗辩是在被诉侵权人认可两布图设计构成实质性相似并存在接触的基础上，以反向工程行为的存在为依据主张不存在复制行为的一种重要手段。在认定反向工程抗辩是否成立时，应当判断对原布图设计的接触是对布图设计本身的直接接触还是对包含布图设计产品的接触，直接接触不应当成为反向工程抗辩的前提性条件，而是应当将非直接接触要求作为反向工程抗辩成立的限定性条件。

集成电路布图设计纠纷案件中被告具有合法来源的认定与举证责任分配

——南京某电子有限公司与某电子技术（深圳）有限公司侵害集成电路布图设计专有权纠纷案

/ 葛瑞祺

本案要旨

在获得含有受保护的布图设计的集成电路或者含有该集成电路的物品时，不知道且没有合理理由应当知道其中含有非法复制的布图设计，而将其投入商业利用的，不视为侵权。在认定被告是否具有合法来源时，应当明确涉案产品与其所述来源产品所使用的布图设计是否具有对应性。被告从销售方购买的记录凭证、对账单、送货单以及增值税发票等证据可以用以证明其合法来源。在被告提供合法来源证据的情况下，原告对于被告知道或有合理理由应当知道其中含有非法复制的布图设计负有举证责任，仅以《集成电路布图设计保护条例》第18条所述行政部门公告的内容为由主张对方已知布图设计的，不予支持。

案件信息

申请人（一审原告、二审被上诉人）：南京某电子有限公司

被申请人（一审被告、二审上诉人）：某电子技术（深圳）有限公司

案号：广东省深圳市中级人民法院（2012）深中法知民初字第1120号、广东省高级人民法院（2014）粤高法民三终字第1231号、最高人民法院（2016）最高法民申1491号

当事人主张及理由

原告主张：根据委托鉴定以及某电子技术（深圳）有限公司（以下简

称深圳某电子公司）自己宣称，深圳某电子公司生产、销售的QX6206芯片与南京某电子有限公司（以下简称南京某电子公司）ME6206芯片布图设计相同，二者属相同产品，因深圳某电子公司的侵权行为，南京某电子公司遭受了重大损失。请求深圳某电子公司：（1）立即停止侵害南京某电子公司BS.07500011.×号ME6206芯片布图设计专有权，销毁侵权产品；（2）赔偿南京某电子公司经济损失及为制止深圳某电子公司侵权行为而支付的合理费用人民币500万元；（3）承担本案的诉讼费用。

被告抗辩：第一，深圳某电子公司没有生产QX6206芯片，没有侵犯南京某电子公司所称的集成电路布图设计专有权。第二，被控侵权产品是从某某公司购得的，具有合法来源。

上诉人主张：第一，原审判决认定深圳某电子公司生产QX6206，属于事实不清，证据不足。第二，原审判决对鉴定结果的认定自相矛盾。对于同一批次的同一产品，依常理不可能出现100%的相似度，故鉴定报告认定二者相似度为96.91%，已可证明QX6206与JZ6206属于同一产品，可以确认深圳某电子公司销售的QX6206是将从某某公司购买的JZ6206改标而成。第三，原审法院在证据认定上出现明显错误。南京某电子公司在庭审过程中已经变更起诉称深圳某电子公司销售QX6206侵权，而深圳某电子公司也在一审中提供了与某某公司之间的对账单、送货单、发票、证人证言，并公证购买JZ6206，足以认定深圳某电子公司的QX6206就是购买自某某公司的JZ6206。南京某电子公司公证购买被诉侵权产品QX6206的过程存在瑕疵，不应作为定案依据，依据该证据作出的QX6206与ME6206相似度的鉴定结论也不应予以认定。第四，深圳某电子公司对南京某电子公司的ME6206产品的独创性不予认可。南京某电子公司提供的登记证书并不能完全证明其产品的独创性。原审法院在审理深圳某电子公司诉南京某电子公司的另一宗案件中，要求深圳某电子公司必须提交证据证明涉案集成电路布图设计的独创性，故深圳某电子公司认为南京某电子公司在本案中亦应当提交独创性鉴定。第五，深圳某电子公司从某某公司处购买QX6206产品，若销售该产品构成侵权，也应当是某某公司侵权。

被上诉人抗辩：第一，无论深圳某电子公司是否生产了QX6206产品，其对外公开销售QX6206产品就构成侵权。第二，南京某电子公司生产的产品为ME6206，未生产过JZ6206，更不可能向某某公司出售JZ6206产品。第三，鉴定报告已经表明QX6206和JZ6206并非同一产品。第四，南京某电子公司公证购买被诉侵权产品的程序符合相关公证法规定，并无瑕疵。

再审申请人主张：二审法院认定深圳某电子公司合法来源抗辩的主张成

立错误。原因在于深圳某电子公司涉案产品与来源产品的相似度超过了误差最大值，非同一产品；深圳某电子公司不能证明其将来源产品贴标成涉案产品进行销售；深圳某电子公司作为专注于集成电路设计和开发的企业，应当知晓南京某电子公司已经登记并受法律保护的集成电路布图设计。

再审被申请人抗辩：第一，根据某公司的报告，涉案产品与来源产品的相似度为 96.91%，可以证明深圳某电子公司从某某公司购买芯片。第二，增值税发票等证据可以证明深圳某电子公司从某某公司购买来源产品，并改标为销售产品销售，其不知道也没有合理理由应当知道其中含有非法复制的布图设计。

法院查明的事实

南京某电子公司就 ME6206 芯片的布图设计创作，于 2007 年 3 月 26 日获得国家知识产权局颁发的《集成电路布图设计登记证书》，登记号为 BS.07500011.×。南京某电子公司指控深圳某电子公司销售的 QX6206 芯片侵犯了其 ME6206 集成电路布图设计专有权。2012 年 7 月 24 日，南京某电子公司来到江苏省南京市钟山公证处，申请以上海某信息科技有限公司的名义向深圳某电子公司购买产品［包括三件物品，物品上分别有 QX3406（ADJ）、QX-6206L33T、QX4054 三个标贴］办理保全证据公证。2012 年 7 月 27 日，南京某电子公司来到江苏省南京市钟山公证处，对深圳某电子公司的网站信息进行保全证据公证。深圳某电子公司抗辩 QX6206 芯片源于某某公司，并提交了某某公司 2012 年 1 月、2 月、4 月、5 月、6 月、8 月的对账单、送货单、增值税专用发票，主张其与某某公司有交易产品，型号为 JZ6206，深圳某电子公司购买 JZ6206 后，更改标贴为“QX6206”进行销售。深圳某电子公司还提交了（2012）深南证字第 16543 号公证书，主张深圳某电子公司是从某某公司购买了 JZ6206 的产品，该产品与其公司所销售的 QX6206 产品是同一产品。

双方当事人在庭审后向法院提出鉴定申请。受委托鉴定方某公司出具的集成电路布图设计相似度验证报告记载：芯片 QX6206L33T 和芯片 ME6206 版图相似度为 89.04%；芯片 QX6206L33T 和芯片 JZ6206A33XG 版图相似度为 96.91%。二审法院就该集成电路布图设计相似度验证报告中涉及的芯片版图相似度问题咨询某公司，该公司回复称，理论上相似度应达到 100%，但由于实际操作的局限性，相似度不可能达到 100%。而该误差范围多少属于合理范围，可参考对同一 GDS 的不同芯片个体进行多次测试的结果，其中最大误差值为9.1%，最小误差值为1.7%，误差均值为4.2%。双方当事人也同时确认，即使是同一厂家生产的同一批次的同样产品，通过鉴定检测出来的版图相似度也不可能达到100%。

➲ 一审法院判决理由与裁判结果

首先，南京某电子公司依法获得了布图设计专有权，该权利应当受到法律保护，专有权的保护范围以布图设计图样和集成电路样品确定。其次，南京某电子公司指控深圳某电子公司销售含有该布图设计集成电路芯片的行为侵犯了其布图设计专有权。一审法院依法委托某公司进行技术鉴定，经鉴定，被控侵权芯片QX6206L33T和南京某电子公司芯片ME6206版图相似度为89.04%，二者仅在芯片特征尺寸大小、顶层模块位置、芯片模块内部位置存在细微偏差，双方当事人对此鉴定结果均无异议，据此，一审法院认为，被控侵权芯片QX6206L33T和南京某电子公司芯片ME6206二者的制造工艺、顶层模块布局以及各模块内布局基本相同，两芯片的集成电路布图设计相同，可以认定两芯片属相同的产品，即深圳某电子公司销售的芯片QX6206L33T含有的集成电路布图设计与南京某电子公司享有专有权的涉案布图设计相同。

深圳某电子公司抗辩其销售的被控侵权芯片QX6206L33T源于某某公司。一审法院依法委托某公司，对深圳某电子公司公证购买的JZ6206A33XG芯片与被控侵权芯片QX6206L33T进行集成电路布图设计相似度鉴定。经鉴定，芯片QX6206L33T和芯片JZ6206A33XG版图相似度为96.91%。一审法院认为，虽然深圳某电子公司主张其销售的QX6206L33T就是某某公司的JZ6206A33XG，但其提交的对账单、送货单、增值税专用发票等证据，无法证明QX6206L33T与JZ6206A33XG具有同一性，且根据鉴定报告，两芯片的版图也有所区别，不是完全相同，因此，深圳某电子公司的合法来源抗辩不能成立。

综上所述，深圳某电子公司未经南京某电子公司许可，为商业目的销售含有南京某电子公司享有布图设计专有权的集成电路芯片，构成侵权，南京某电子公司要求深圳某电子公司停止侵权、赔偿损失有事实和法律依据，一审法院予以支持。关于赔偿数额，南京某电子公司主张以其因侵权行为所遭受的损失作为计算依据，包括侵权期间利润的下降和研发成本等。一审法院认为，根据《集成电路布图设计保护条例》的规定，赔偿数额应为侵权人所获得的利益或者被侵权人所受的损失，包括被侵权人为制止侵权行为所支付的合理开支。

南京某电子公司提交的市场损失及研发费用均系其单方形成，而南京某电子公司亦没有进一步证明其所认为的市场损失及研发费用与深圳某电子公司侵权行为之间的因果关系，据此，南京某电子公司主张赔偿的计算方式不具有确定性和合理性，一审法院不予采信。因南京某电子公司在本案中所受的损失不能准确计算，且深圳某电子公司侵权获利数额也无法准确查清，故一审法院综合考虑深圳某电子公司销售侵权行为、深圳某电子公司销售侵权产品价格等因素，酌情确定深圳某电子公司赔偿南京某电子公司经济损失人民币 30 万元及合理费用人民币 10 万元。

综上，一审法院判决：一、深圳某电子公司立即停止侵犯南京某电子公司 BS.07500011.× 号 ME6206 集成电路布图设计专有权的行为；二、深圳某电子公司于判决生效之日起 10 日内赔偿南京某电子公司经济损失人民币 30 万元及合理费用人民币 10 万元，共计人民币 40 万元；三、驳回南京某电子公司的其他诉讼请求。一审案件受理费人民币 46 800 元，由深圳某电子公司负担。

➲ 二审法院判决理由与裁判结果

一、关于南京某电子公司是否有权主张权利的问题

深圳某电子公司上诉主张，南京某电子公司的涉案布图设计不具有独创性，南京某电子公司无权主张保护其权利。二审法院认为，根据《集成电路布图设计保护条例》第 4 条、第 8 条的规定，布图设计专有权经国务院知识产权行政部门登记产生。本案中，南京某电子公司已经提交国家知识产权局颁发的第 BS.07500011.× 号《集成电路布图设计登记证书》《南京某电子公司 ME6206 布图设计登记申请之结构、技术、功能简要说明》及图样，证明自己享有涉案名称为“ME6206”的布图设计专有权。但是，深圳某电子公司既不否认该集成电路布图设计属于南京某电子公司的智力劳动成果，也不能提供任何证据证明在南京某电子公司创作时该布图设计在布图设计创作者和集成电路制造者中属于公认的常规设计，且深圳某电子公司也承认其并未向相关部门申请启动撤销南京某电子公司的涉案集成电路布图设计专用权的相关程序，故缺乏独创性的抗辩缺乏事实依据与法律依据，二审法院不予支持。

二、关于深圳某电子公司的销售行为是否构成侵权

二审法院认为，深圳某电子公司关于合法来源的主张成立，理由如下：

首先，本案并无证据证明深圳某电子公司存在复制行为。南京某电子公

司在原审庭审中明确其指控深圳某电子公司的侵权行为性质为销售行为，原审法院因此只认定深圳某电子公司存在销售行为，南京某电子公司并未提起上诉，可见其对该认定不持异议。二审期间，南京某电子公司亦明确承认其并无证据证明深圳某电子公司存在生产复制行为，故本案仅可认定深圳某电子公司存在销售行为，故宜把重点集中于审查深圳某电子公司销售的被诉产品来源如何，深圳某电子公司在获得该产品时，是否不知道也没有合理理由应当知道其中含有非法复制的布图设计。

其次，本案的证据足以证明被诉产品合法来源于某某公司。深圳某电子公司提供了公证书、对账单、送货单、增值税专用发票等多种证据证明被诉产品来源于某某公司。某公司出具的验证报告记载：芯片版图相似度高达96.91%，且该相似度仍在合理误差参考均值范围之内，可以推定QX6206与JZ6206使用的是同一布图设计。南京某电子公司主张“JZ6206”与“QX6206”名称不同故产品不同，但名称的不同无法构成本质的不同，无法推翻以上结论，因此二审法院认为相关证据足以认定被诉产品即来源于某某公司的“ZJ6206”系列产品。

最后，本案并无证据证明深圳某电子公司知道或者有合理理由应当知道被诉产品中含有非法复制的布图设计。本案中，深圳某电子公司已在一审期间提交了大量对账单、送货单、增值税发票等证据，证明被诉产品经正常、合法的商业交易渠道，从某某公司处购买获得，此时南京某电子公司应提供证据证明深圳某电子公司存在知道或者应当知道的主观状态。但是，南京某电子公司未能就此提供任何证据，并承认其也曾经销售过含有涉案“ME6206”布图设计的集成电路产品给某某公司。因此，在南京某电子公司并无证据证明某某公司销售的JZ6206产品中的布图设计属于非法复制，更没有证据证明深圳某电子公司知道或者应当知道其从某某公司购买获取的被诉产品中含有非法复制的布图设计的情况下，深圳某电子公司将该被诉产品重新贴标并销售，属于正常的商业利用，依法不视为侵权。至于南京某电子公司主张深圳某电子公司对被诉产品重新改标属于非法贴标，侵害其权利，二审法院认为，深圳某电子公司仅仅改变产品名称而并未改变芯片产品，其对合法获得的芯片产品进行重新贴标后销售仍然属于《集成电路布图设计保护条例》第2条第5项规定的为商业目的销售含有该布图设计的集成电路的商业利用行为，并未侵害南京某电子公司涉案集成电路布图设计专有权。

综上，二审法院判决：一、撤销广东省深圳市中级人民法院（2012）深中法知民初字第1120号民事判决；二、驳回南京某电子公司的诉讼请求；

三、本案一审案件受理费 46 800 元，二审案件受理费 7300 元，均由南京某电子公司负担。

➲ 再审法院判决理由与裁判结果

一、二审法院认定 QX6206 合法来源于 JZ6206 是否存在错误

《集成电路布图设计保护条例》第 33 条第 1 款规定，在获得含有受保护的布图设计的集成电路或者含有该集成电路的物品时，不知道也没有合理理由应当知道其中含有非法复制的布图设计，而将其投入商业利用的，不视为侵权。

最高人民法院认为，JZ6206 和 QX6206 的相似度达到 96.91%，虽然相似度未到达 100%，但仍然在 1.7% ~9.1%的误差范围内。深圳某电子公司和南京某电子公司对某公司给出的相似度报告和误差范围均表示认可。因此，二审法院认定 JZ6206 与 QX6026 使用相同的集成电路布图设计并无不当。同时，深圳某电子公司提交了一审起诉之前从某某公司购买 JZ6206 的对账单、送货单和增值税发票，二审法院据此认定深圳某电子公司经正常、合法的商业交易渠道从某某公司处购买被诉侵权产品正确。

二、深圳某电子公司是否不知道且无合理理由应当知道 QX6206 中含有非法复制的布图设计

南京某电子公司认为，深圳某电子公司为长期从事集成电路布图设计和开发的企业，在南京某电子公司通过登记取得 ME6206 的集成电路布图设计专有权之后，深圳某电子公司应当知道 QX6206 中含有非法复制的布图设计。

最高人民法院认为，在深圳某电子公司主张其不知道且没有合理理由应当知道时，二审法院判定应由南京某电子公司承担提供证据证明深圳某电子公司存在知道或者应当知道的主观状态的举证责任，并无不当。在本案中，南京某电子公司没有提供证据证明深圳某电子公司知道或者应当知道 QX6206 中含有非法复制的布图设计。《集成电路布图设计保护条例》第 18 条规定，布图设计登记申请经初步审查，未发现驳回理由的，由国务院知识产权行政部门予以登记，发给登记证明文件，并予以公告。但公告内容通常仅包括专有权的相关著录项目信息，而不包括布图设计的具体内容，公众若希望了解具体内容，仍需办理查阅手续。南京某电子公司没有提交证据证明深圳某电子公司查阅了布图设计的具体内容。因此，南京某电子公司的主张缺乏事实依据，最高人民法

院不予支持。

综上，最高人民法院判决：驳回南京某电子公司的再审申请。

案例解析

集成电路布图设计纠纷案件由于技术适用领域较为集中、技术复杂性较高等因素而并不如其他知识产权侵权案件那样经常出现在大众视野中。实践与理论上关于集成电路布图设计侵权与否的判断尚未达成共识。恰因如此，才有进一步研究的必要性。本文首先梳理集成电路布图设计纠纷案件对于侵权行为判定的基本思路，后重点探讨本案对于合法来源抗辩的争议。

一、集成电路布图设计纠纷案件的侵权审查思路

集成电路布图设计纠纷案虽未如其他知识产权纠纷案件般受普遍关注，但其侵权审查思路可以借鉴其他知识产权纠纷案。首先，判断原告是否有权主张权利，即其布图设计是否满足所有的构成要件，受到法律的保护；其次，判断被控侵权人是否存在接触可能以及被控侵权布图设计与权利人的布图设计是否构成实质性相似或相同；最后，在构成侵权的基础上确定被告所应承担的民事责任。下文从布图设计受保护部分的确定与实质性相似的判断依据两个主要方面展开。

（一）布图设计受保护部分的确定

布图设计受保护部分的确定受到两个维度的约束：一是布图设计专用权保护范围的确定；二是布图设计是否满足构成要件受到法律上的保护。

首先，保护范围并没有直接表述的法律依据。但是，可以对比专利法律法规的条文设置进行推断。2020 年修正的《专利法》第 26 条规定了申请所应提交的文件，其中包括权利要求书。[①] 而第 64 条第 1 款规定："发明或者实用新型专利权的保护范围以其权利要求的内容为准，说明书及附图可以用于解释权利要求的内容。"因此可知，专利权的保护范围以申请文件之一的权利要求书为限。集成电路布图设计与专利的特征相似程度较高，故专利对其有借鉴意义。以此推知《集成电路布图设计保护条例》中记载权利方面的文件即为布图设计的保护界限。《集成电路布图设计保护条例》第 16 条规定了申请登记应当提交的文件，包括申请表、布图设计图样、含有布图设计的电路样品以及其他

---

① 《专利法》第 26 条第 1 款规定："申请发明或者实用新型专利的，应当提交请求书、说明书及其摘要和权利要求书等文件。"

材料。[①] 由此，产生了保护范围选择上的一个问题，即应当以样品为限还是以图样为限。[②] 理论上对此的讨论并没有达成一致，这也导致实践中的适用是不统一的。以图样为保护依据的案例如昂某公司诉南京智某公司侵犯集成电路布图设计专有权纠纷案，以样品为保护依据的案例如华某公司诉源某公司侵犯集成电路布图设计专有权纠纷案。[③] 虽然案件判决依据有所不同，但通过说理部分与学者的分析，目前更加倾向于以样品为载体进行保护范围的界定。这是基于利益平衡的考量。二元的图样因为空间有限性无法清晰完全地展现布图设计全部内容，以此为标准作侵权的对比，将造成基本侵权事实不清晰。但是，从规范目的与政策引导的角度看，集成电路布图设计制度的规范旨在推动集成电路行业实现更强大的突破与更辉煌的发展，而对布图设计专有权的保护是关键。衡量之下，以样品为模板，一方面，使得公众更易从公共渠道获取，以研究更新自己的技术；另一方面，对布图设计权利人的保护更加周到全面。

其次，判断布图设计是否具有法律保护所要求的独创性。《集成电路布图设计保护条例》对何种布图设计受到保护进行了形式与实质上的规定，其中最主要的是对布图设计是否具有独创性的认定。[④] 我国著作权现行法下，对于独创性的判断标准逐渐达成了统一，即"独立创作 + 最低程度的创造性"。借鉴著作权法上对独创性的界定以及《集成电路布图设计保护条例》的定义，可知布图设计具备独创性有两个条件：一是独立完成设计；二是有设计人的巧思体现，与公知设计有一定区别。但是也有学者对比著作权法上的独创性，认为著作权法上所保护的作品更加强调其艺术性，而布图设计则更重视实用，因此布图设计所需的独创性中创造程度与新颖程度应比著作权法上独创性的要求更低。[⑤]

（二）实质性相似的判断依据

关于实质性相似的判断，有学者认为，可以参考适用著作权侵权案件中常用的抽象分离法以及整体观感法。整体观感法，是指从一般大众的角度对作

---

① 《集成电路布图设计保护条例》第 16 条规定："申请布图设计登记，应当提交：（一）布图设计登记申请表；（二）布图设计的复制件或者图样；（三）布图设计已投入商业利用的，提交含有该布图设计的集成电路样品；（四）国务院知识产权行政部门规定的其他材料。"

② 参见曹志明、王志超：《集成电路布图设计专有权保护相关问题研究——国内首例侵权纠纷行政裁决案件引发的思考》，载《知识产权》2018 年第 7 期。

③ 参见龚雯怡：《集成电路布图设计的侵权判断标准研究》，华东政法大学 2015 年硕士学位论文。

④ 《集成电路布图设计保护条例》第 4 条第 1 款规定："受保护的布图设计应当具有独创性，即该布图设计是创作者自己的智力劳动成果，并且在其创作时该布图设计在布图设计创作者和集成电路制造者中不是公认的常规设计。"

⑤ 参见吴威：《集成电路布图设计侵权及法律保护研究》，南昌大学 2018 年硕士学位论文。

品进行整体把握判断是否相似。抽象分离法则源于“三段论”侵权认定法[①]，即第一步抽象，把不受法律保护的部分抽象出来，比如布图设计作品的思想等；第二步过滤，将现有技术剔除，只剩下有独创性的部分；第三步进行对比。[②]但也有观点提出，著作权法上相似性的判断标准直接在布图设计上进行适用的做法值得警惕。在以上述思路进行判断时还应注意：一是相似部分占布图设计的比例的大小并不影响实质性相似的判断；二是布图设计创新空间较小，因此应对实质性相似采取严格标准判断。[③]笔者认为，抽象分离法可以作为整体的思路进行判断，而在判断过程中应当避免相似比例与创新空间带来的干扰。

二、集成电路布图设计纠纷案件中关于合法来源抗辩的适用

正如其他知识产权侵权纠纷案件一样，集成电路布图设计的侵权抗辩主要包括合法来源抗辩、反向工程抗辩、合理使用抗辩、善意侵权抗辩、先用权抗辩以及现有技术抗辩等。以上抗辩理由是实践与理论总结的结果，抗辩理由之间或有重叠之嫌。其中，善意侵权是指善意第三人在善意的前提下经手了含有侵犯他人权利的集成电路或含有集成电路的物品，由于没有恶意而不承担侵权责任。[④]《集成电路布图设计保护条例》第 33 条第 1 款对善意侵权的行为进行了规定，“在获得含有受保护的布图设计的集成电路或者含有该集成电路的物品时，不知道也没有合理理由应当知道其中含有非法复制的布图设计，而将其投入商业利用的，不视为侵权”。这一表述不仅认为善意使用的行为不用承担责任，甚至还将善意使用的行为本身定性为不侵权行为。这样设置的目的是基于政策指引的考虑，减少了经手人侵权的风险，可以增加集成电路在市场中的流通性与广泛性，带动集成电路布图设计的创新与发展。反向工程抗辩、合理使用抗辩、先用权抗辩以及现有技术抗辩作为知识产权侵权抗辩理由，对其的理论研究较多，而本案中的主要争议源于合法来源的抗辩，因此下文单独从合法来源抗辩的援引主体、“合法来源”的认定与举证责任分配的角度对其进行阐述。

（一）合法来源抗辩的援引主体

被控侵权的产品历经“生产—销售 / 使用”的步骤流入市场或者公共领

---

① 参见孟祥娟：《版权侵权认定与法律救济》，中国社会科学院 2000 年博士学位论文。

② 参见吴威：《集成电路布图设计侵权及法律保护研究》，南昌大学 2018 年硕士学位论文。

③ 参见龚雯怡：《集成电路布图设计的侵权判断标准研究》，华东政法大学 2015 年硕士学位论文。

④ 参见吴威：《集成电路布图设计侵权及法律保护研究》，南昌大学 2018 年硕士学位论文。

域，而被权利人发现，权利人基于时间效率与取证成本的考虑往往会首先选择销售者或者使用者进行维权。当成为被告时，销售者或者使用者常常会通过援引特定条款，以合法来源抗辩为由，将赔偿风险转嫁给生产者。合法来源的规定最早出现在专利法中。《专利法》第77条规定："为生产经营目的使用、许诺销售或者销售不知道是未经专利权人许可而制造并售出的专利侵权产品，能证明该产品合法来源的，不承担赔偿责任。"《最高人民法院关于审理侵犯专利权纠纷案件应用法律若干问题的解释（二）》第25条第1款对专利权纠纷案件中援引合法来源抗辩的主体进行了确认。[①] 但需要注意的是，知识产权法上对此的规定不尽相同，在集成电路布图设计相关法律法规中没有成文法规定的前提下，选择参照专利相关制度的原因在于，专利产品与布图设计产品从生产到销售或使用的环境、步骤等情况是更为近似的。因此，笔者认为，布图设计纠纷案件中合法来源抗辩主体仅限于使用者、销售者以及许诺销售者。

本案中，南京某电子公司并无证据证明深圳某电子公司存在复制行为。南京某电子公司在原审庭审中明确其指控深圳某电子公司的侵权行为性质为销售行为，原审法院因此只认定深圳某电子公司存在销售行为，南京某电子公司并未提起上诉，可见其对该认定不持异议。二审期间，南京某电子公司亦明确承认其并无证据证明深圳某电子公司存在生产复制行为，故本案仅可认定深圳某电子公司存在销售行为。因此，深圳某电子公司是适格的援引主体，可以合法来源为由进行抗辩。

合法来源抗辩主体不适格的问题是少数存在的。但是随着商业行为越发多样化，社会职责划分逐渐清晰，生产方式也开始变得多元。而生产方式的变化将会导致对生产者的追踪更加困难。因此，对于形式上仅有使用的实质生产者来说，应当被剥夺援引合法来源进行抗辩的资格。

（二）合法来源抗辩中"合法来源"的认定

《最高人民法院关于审理侵犯专利权纠纷案件应用法律若干问题的解释（二）》第25条第3款规定："本条第一款所称合法来源，是指通过合法的销售渠道、通常的买卖合同等正常商业方式取得产品。对于合法来源，使用者、许诺销售者或者销售者应当提供符合交易习惯的相关证据。"有学者认为，合法来源的判断应当分为来源明确与来源合法两方面的判断，即首先明确交易对

① 该条第1款规定："为生产经营目的使用、许诺销售或者销售不知道是未经专利权人许可而制造并售出的专利侵权产品，且举证证明该产品合法来源的，对于权利人请求停止上述使用、许诺销售、销售行为的主张，人民法院应予支持，但被诉侵权产品的使用者举证证明其已支付该产品的合理对价的除外。"

象的身份信息，明确被控侵权产品的来源者的身份；而后在交易过程中利用交易习惯判断来源是否合法。[①]实践中多用于证明来源合法的证据包括从销售方购买的记录凭证、对账单、送货单以及增值税发票等。

本案中，深圳某电子公司存在销售行为，该公司在交易过程中的身份是明确的。另外，在合法来源判断上，首先明确了涉案产品与其所述来源产品所使用的布图设计是否具有对应性。本案的证据足以证明被诉产品合法来源于某某公司。深圳某电子公司提供了公证书、对账单、送货单、增值税专用发票等多重证据证明被诉产品来源于某某公司。某公司出具的验证报告记载：芯片版图相似度高达96.91%，且该相似度仍在合理误差参考范围之内，可以推定QX6206与JZ6206使用的是同一布图设计。南京某电子公司主张“JZ6206”与“QX6206”名称不同故产品不同，但名称的不同无法构成本质的不同，无法推翻以上结论，因此可以认为相关证据足以认定被诉产品即来源于某某公司的“JZ6206”系列产品。故本案的涉案产品与其所述来源产品所使用的布图设计应当具有对应性，换言之，被控侵权产品具有合法来源。

（三）合法来源抗辩中关于“举证责任”的分配

合法来源抗辩的构成要件除了主体适格、来源合法以外，还需要满足不知道且不应当知道侵权产品的条件。《最高人民法院关于审理侵犯专利权纠纷案件应用法律若干问题的解释（二）》第25条第2款对第1款进行了补充明确，“本条第一款所称不知道，是指实际不知道且不应当知道”。虽然这一要件的举证责任由哪一方承担尚未在理论与立法上达成统一，但在司法实践中，基本上已经确定权利人对被告知道或有合理理由应当知道其中含有非法复制的布图设计负有举证责任。

在广东某五金有限公司诉杨某忠等侵害外观设计专利权纠纷再审案件中，法院认为，对于主观不知且不应知，“这是一种消极事实，根据消极事实的证明规则，一般应由权利人来证明侵权者知道或者应当知道其所使用、许诺销售或者销售的是侵权产品，从而否定合法来源抗辩的成立；若权利人无法证明侵权者知道或者应当知道，则一般可以推定侵权者不知道其使用、许诺销售或者销售的是侵权产品，从而认定该侵权产品使用者、销售者是善意的”。[②]这样一种一般情形下的举证责任的划分是一种综合性的考虑。使用者在购买产品时，基于效率与成本的考量都不会对其中专业性很强的部分是否侵权进行审

① 参见陈中山：《合法来源抗辩的审查认定》，载《人民司法》2019年第28期。

② 参见最高人民法院（2013）民提字第187号民事判决书。

核，而经过多次转卖的销售者也是一样。

本案中，并无证据证明深圳某电子公司知道或者有合理理由应当知道被诉产品中含有非法复制的布图设计。如前所述，深圳某电子公司已在一审期间提交了大量对账单、送货单、增值税发票等证据，证明被诉产品经正常、合法的商业交易渠道，从某某公司处购买获得，即深圳某电子公司被诉产品具有合法来源。此时，南京某电子公司应提供证据证明深圳某电子公司存在知道或者应当知道“非法复制”的主观状态。但是，南京某电子公司未能就此提供任何证据，并承认其也曾经销售过含有涉案“ME6206”布图设计的集成电路产品给某某公司。因此，南京某电子公司并无证据证明某某公司销售的JZ6206产品中的布图设计属于非法复制，更没有证据证明深圳某电子公司知道或者应当知道其从某某公司购买获取的被诉产品中含有非法复制的布图设计。此外，《集成电路布图设计保护条例》第18条规定的予以公告内容通常不包括布图设计的具体内容，想要进一步了解需办理查阅手续。南京某电子公司也没有提交证据证明深圳某电子公司查阅了布图设计的具体内容。

综上所述，深圳某电子公司属于销售者，不知道且不应当知道被诉产品中含有非法复制的布图设计，被诉产品具有合法来源。根据《集成电路布图设计保护条例》第33条第1款的规定，在获得含有受保护的布图设计的集成电路或者含有该集成电路的物品时，不知道也没有合理理由应当知道其中含有非法复制的布图设计，而将其投入商业利用的，不视为侵权。因此，深圳某电子公司不存在侵权行为。

集成电路布图设计专有权范围的界定

——深圳某科技有限公司等与苏州某电子科技有限公司侵害集成电路布图设计专有权纠纷案

/ 邵红红

➲ 本案要旨

集成电路布图设计采取登记保护主义，登记是获得保护的前提条件。然而，集成电路布图设计的登记旨在确定保护对象的过程，而非公开布图设计内容的过程，也不是以公开布图设计为取得专有权保护之对价。由于集成电路布图设计在登记时并不对独创性进行额外审查，因此不能推定获得登记的集成电路布图设计具有独创性，否则将不当扩大权利人的保护范围，侵蚀公共领域。在集成电路布图设计侵权纠纷发生时，需要进行事后的独创性判断，剔除不受保护的常规设计。集成电路布图设计登记所需提交的材料包括复制件或者图样的纸件、复制件或者图样的电子版本和样品，其中必须提交的是复制件或者图样的纸件，因此在纠纷发生时，应当以纸件为基础进行侵权比对。当纸件由于客观条件模糊不清时，如果能够证明电子版本、样品和纸件之间无明显差异，则可以用电子版本或样品作为补充来界定集成电路布图设计专有权的内容。

➲ 案件信息

被上诉人（一审原告）：苏州某电子科技有限公司

上诉人（一审被告）：深圳某科技有限公司、户某、黄某东、黄某亮

案号：广东省深圳市中级人民法院（2015）深中法知民初字第1106号、最高人民法院（2019）最高法知民终490号

➲ 原被告主张及理由

原告苏州某电子科技有限公司（以下简称苏州某电子公司）主张：其在

2012年4月22日申请并登记了名称为“集成控制器与开关管的单芯片负极保护的锂电池保护芯片”的集成电路布图设计，于2012年6月8日公告，登记号为BS.12500××0.2，该集成电路布图设计专有权至今处于有效状态。苏州某电子公司发现，深圳某科技有限公司（以下简称深圳某科技公司）未经许可，复制、销售的JA5××8芯片与涉案集成电路布图设计实质相同。请求法院判令被告立即停止复制、销售侵害登记号为BS.12500××0.2、名称为“集成控制器与开关管的单芯片负极保护的锂电池保护芯片”的集成电路布图设计专有权的产品，并主张经济损失及合理维权费用人民币100万元。

深圳某科技公司等辩称：被告没有接触涉案布图设计的机会和可能。涉案布图设计专有权的载体应当以备案图样或复制件为准，使用备案样品作为载体时，应当由苏州某电子公司证明样品与图样或复制件一致。苏州某电子公司在2016年、2018年多次修改其布图设计的独创点，没有说明这些独创点对应的图片的出处，既不是备案图片，也不是备案图样。被诉侵权芯片的布图没有复制涉案布图设计。苏州某电子公司所谓的6个独创点，不具有独创性。《司法鉴定意见书》没有对苏州某电子公司的独创点是否成立进行鉴定，被诉侵权人提交了相关文献给鉴定机构，但是鉴定机构没有对这些对比文件进行论述、比对。

一审法院查明的事实

一审法院审理查明，涉案布图设计权利人为苏州某电子公司，布图设计名称为“集成控制器与开关管的单芯片负极保护的锂电池保护芯片”，布图设计登记号为BS.12500××0.2，布图设计申请日为2012年4月22日，布图设计颁证日为2012年6月8日，布图设计创作完成日为2011年8月1日，布图设计首次投入商业利用日为2011年12月20日。在案件审理过程中，苏州某电子公司向一审法院申请调取其在国家知识产权局备案的电子版布图设计及芯片样品。为了查明案件事实，一审法院向国家知识产权局调取了苏州某电子公司在国家知识产权局备案的布图设计芯片样品，并取得了备案的涉案布图设计图样A4复印件。

专有权人提供了“6个独创点内容”，并对其主张的6个独创点进行了文字说明：（1）单个NMOS与锂电池控制电路布图于同一晶圆衬底上。（2）本案布图设计中的实现单功率NMOSMo的衬底切换电路。（3）衬底切换MOS管Mc和Mf均匀镶嵌到功率NMOS管MO内。（4）本案布图设计中衬底切换

MOS 管 Mc，Mf 与功率 NMOS 管 Mo 大小比例，Mc∶Mo∶Mf 大小的比例在 1∶4∶1 至 1∶12∶1 之间。（5）控制电路中，只有一个 NMOS 管，该 NMOS 管只有一个栅极信号由内部控制电路中的栅极控制电路给出，这个栅极信号与衬底切换电路匹配。（6）本案布图设计包含有过温保护电路，且过温保护电路与 NMOS 布图于同一晶圆衬底上。

经苏州某电子公司申请，一审法院委托鉴定机构出具《司法鉴定意见书》，报告载明：被诉侵权的 JA5××8 集成电路产品中的布图设计与苏州某电子公司的 BS.12500××0.2 集成电路布图设计进行比对。备案的 BS.12500××0.2 集成电路布图设计的图为 A4 的黑白图片，该图片模糊不清。苏州某电子公司主张的独创点，在该图片中无法体现，无法与 JA5××8 集成电路产品的布图设计比对。因此，用苏州某电子公司备案的芯片的剖片（登记芯片）与 JA5××8 集成电路产品的剖片（被诉芯片）进行比对。检测 JA5××8 集成电路产品中的布图设计与苏州某电子公司 BS.12500××0.2 集成电路布图设计中主张的独创点 5 对应的布图设计相同，独创点 1、2、3、4、6 对应的布图设计实质相同。苏州某电子公司 BS.12500××0.2 集成电路布图设计中主张的独创点 1、2、3、4、5、6 对应的布图设计具有独创性。

一审法院判决理由与裁判结果

经审理，一审法院认为：本案为侵害集成电路布图设计专有权纠纷。苏州某电子公司在本案中请求保护的登记号为 BS.12500××0.2、名称为“集成控制器与开关管的单芯片负极保护的锂电池保护芯片”的集成电路布图设计专有权，系其依法获得，现处于合法有效状态，应受法律保护。

首先，关于本案集成电路布图设计的独创点。苏州某电子公司提出集成电路布图设计的 6 个独创点，并对其请求保护的独创点内容进行了固定。在苏州某电子公司已经充分披露和说明其独创点的依据后，深圳某科技公司等对 6 个独创点质疑时，亦应履行相应的举证责任以支持其抗辩主张。经查，深圳某科技公司等在诉讼期间，经一审法院释明，在涉案鉴定程序启动之前直到涉案鉴定报告出具之前，以费用负担为由，放弃对其主张的证据 4~7 项下的相关文献所指向的布图设计申请鉴定，导致相关的布图设计未能进入鉴定范围之内，应自行承担相应的不利法律后果。涉案《司法鉴定意见书》在现有证据之下，作出苏州某电子公司主张的涉案 6 个独创点具有独创性的鉴定意见，并未失当，一审法院予以采纳。

其次，关于本案集成电路布图设计的比对，涉案《司法鉴定意见书》认定被诉侵权的布图设计与涉案布图设计中主张的独创点5对应的布图设计相同，与独创点1、2、3、4、6对应的布图设计实质相同。对于该鉴定意见，深圳某科技公司等质疑，鉴定人员依法出庭进行作证并作出了回应。经查，紫某中心具备知识产权司法鉴定资质，涉案的鉴定人员亦具备相应的专业技术背景与资质，且现有证据显示，未发现存在涉案鉴定程序严重违法或鉴定结论明显依据不足之情形，因此，涉案《司法鉴定意见书》的结论可予采纳。

再次，关于深圳某科技公司等提出涉案备案的A4纸的纸件存在部分内容不清晰的问题，鉴定人员在出庭作证时明确表明，备案的A4纸的纸件与登记芯片剖片后的对应布图设计内容并无明显差异。在二者没有违反一致性的情况下，涉案鉴定机构以登记样品剖片后取得的布图设计内容予以补充确定涉案布图设计中与涉案独创点相关的内容，并未失当。深圳某科技公司等的该项抗辩，理由不充分，一审法院不予采纳。

最后，关于本案的损害赔偿确定。本案中，因权利人的损失、侵权人获得的利益均难以确定，故一审法院综合考虑苏州某电子公司的涉案布图设计的研发需要较大投入、侵权性质为复制和销售侵权，被诉侵权芯片的市场价值以及苏州某电子公司为制止侵权所支出的合理费用等因素，酌情确定赔偿金额为50万元。户某系被告公司的一人股东，在其未能举证证明被告公司的公司财产独立于其个人财产之时，依法应对被告公司实施的被诉侵权行为承担连带责任。黄某东、黄某亮作为被告公司的股东，在诉讼期间，在未告知苏州某电子公司和法庭审理的情况下，对被告公司进行了注销清算，其在清算报告上所表述的企业债务已经清偿完毕，显然并不属实，故黄某东、黄某亮亦应对上述赔偿金额承担连带责任。

二审法院查明的事实

二审法院另查明：因深圳某科技公司、户某、黄某东、黄某亮对鉴定机构出具鉴定意见的程序和结论提出异议，二审法院通知鉴定人李某、钮某出庭作证。该鉴定机构紫某中心向二审法院提交了一份《情况汇报》，主要记载如下内容：于2017年9月7日受理鉴定委托后，委托国内集成电路较权威的检测机构芯某景公司进行了相关检测。本中心在芯某景公司出具的检测报告的基础上进行了鉴定，于2018年11月30日完成鉴定，并随后将鉴定意见书呈交给深圳市中级人民法院。本中心接受鉴定委托后，按鉴定要求，再次委托芯某景公司进行检测，芯某景公司于 2019 年 11 月 18 日将检测报告电子版提交给本中心。本中心对所提交的检测报告进行了审阅，发现本次检测报告中权利人提交的集成电路样品的检测数据，与在深圳市中级人民法院审理案件中涉及的数据不一致。就此，本中心及时与芯某景公司的检测人员进行电话沟通。芯某景公司的检测人员经核对之后确认，本次提供的相关数据是正确的，前次的数据有误。深圳市中级人民法院案件的检测报告中，集成电路样品（芯片 XB5351）MO 并联个数应为 2472（不是 2624），MF 的并联个数应为 290（不是 328），CELL2 重复 145 次（不是 164 次）。出现差错的原因在于将这一处原、被告产品所测得的对应图贴反了。经进一步分析，出现的这一差错，不会影响深圳市中级人民法院案件中原、被告对应布图设计实质相同的结论，也不会影响对应布图设计具有独创性的判断。

二审法院判决理由与裁判结果

二审法院认为，本案争议焦点包括：（1）能否以登记样品剖片确定涉案布图设计的保护范围；（2）涉案布图设计是否具有独创性；（3）被诉侵权芯片与涉案布图设计是否构成相同或者实质相同。

关于能否以登记样品剖片确定涉案布图设计的保护范围。在布图设计登记时，向登记部门提交的材料中包含布图设计内容的有复制件或者图样的纸件、复制件或者图样的电子版本、样品。其中，复制件或者图样的纸件是必须提交的；样品在布图设计已经投入商业利用的情况下提交；复制件或者图样的电子版本是基于自愿提交的，还特别要求电子文档应当包含该布图设计的全部信息，并注明文件的数据格式。可见，复制件或图样的纸件是获得登记必须提交的文件。在确定布图设计的保护范围时，一般应根据复制件或图样的纸件进行。随着半导体行业的发展，布图设计能在更小的半导体基片上完成更为复杂的布图设计，其集成度大幅提高。即使按照《集成电路布图设计保护条例实施细则》第 14 规定的“复制件或者图样的纸件至少放大到该布图设计生产的集成电路的 20 倍以上”，仍然存在复制件或者图样的纸件放大倍数尚不足以完整、清晰地反映布图设计内容的情况。此时，在样品与复制件或图样的纸件具有一致性的前提下，可以采用样品剖片，通过技术手段精确还原出芯片样品包含的布图设计的详细信息，提取其中的三维配置信息，确定纸件中无法识别的布图设计细节，用以确定布图设计的内容。

关于涉案布图设计是否具有独创性。苏州某电子公司提出了关于独创点对应部分的常规设计，将涉案布图设计的独创点与常规设计进行了对比，对独创点进行了充分说明。虽然苏州某电子公司关于6个独创点的说明不是对三维配置的具体描述，而是从不同角度对布图设计中相应部位进行的概括或抽象，但6个独创点中的技术术语的含义，均是本领域技术人员结合涉案布图设计的图样和独创点内容可以知晓的，可以据此确定其在布图设计中对应的部分，独创点2~6是在独创点1的基础上进行的进一步设计。其中，独创点1~4均是涉及单开关的NMOS管和衬底切换NMOS管MF、MC的三维配置关系，将其作为一个整体，其对应部分可以实现单开关MOS管对锂电池的过流、过充等保护的功能，属于能够相对独立地执行某种电子功能的部分，可以成为布图设计保护的独创性部分。独创点5强调单开关NMOS管的连接关系、独创点6描述过温保护电路与NMOS电路的关系，均不涉及元件和线路的三维配置，不能成为布图设计的保护对象。

关于被诉侵权芯片与涉案布图设计是否构成相同或者实质相同。本案根据鉴定报告的分析，可以得出结论“两芯片Mc、Mf、Mo形状相同，数量上略有差异”。鉴定意见掌握的原则是考虑布图的相对位置、大小、形状、数量，结合业内普通技术人员对集成电路布图设计的认识水平作出判断。如果不考虑区间范围，被诉侵权芯片的比例与涉案布图设计的样品比例，二者基于上述原则属于实质相同。至此，通过《司法鉴定意见书》的记载和鉴定人出庭的说明，就被诉侵权芯片与涉案布图设计构成实质相同这一问题，从本领域技术人员的角度进行了充分说明。

二审法院在整体考虑独创点1~4所涉布图设计基础上，认定被诉侵权芯片的相应部分的布图设计与苏州某电子公司提出的独创点1~4所涉布图设计构成实质相同。

综上，最高人民法院判决：驳回上诉，维持原判。

➲ 案例解析

集成电路布图设计事关发展新质生产力，事关关键核心技术，事关科技强国战略实施，必须完整、准确、全面地把握集成电路布图设计的相关规定及其审理思路。但是，由于我国集成电路产业尚处于快速发展阶段，相关案例数量较少、审理难度较大，在若干基础性问题方面研究相对不足。本案对集成电路布图设计登记行为的性质、集成电路布图设计独创性判断的基本思路以及侵权判断规则等问题进行了探讨。因此，结合本案对集成电路布图设计的相关问题进行理论层面的深入研究，有助于指导司法实践、促进集成电路产业发展。

一、集成电路布图设计登记行为的性质

根据《集成电路布图设计保护条例》第 8 条的规定，布图设计专有权经国务院知识产权行政部门登记产生。未经登记的布图设计不受本条例保护。也就是说，集成电路布图设计采取登记保护主义。这与专利的授权主义和著作权的自愿登记主义都有区别。这种区别体现为登记行为与权利取得的关系。首先，对于专利权而言，满足“专利三性”是授权的前提条件，客体需要满足新颖性、创新性和实用性要件后才能进行登记，而且这种登记行为需要进行充分公开，权利人需要提交权利要求书、说明书等材料，从而实现“公开换保护”的目的。其次，对于著作权而言，则无须事前界权，创作完成之时权利自动产生，著作权登记则自愿进行。在登记的作用方面，著作权登记并不发挥界权或确权功能，其作用是为著作权纠纷的解决提供初步证据，可被反证所推翻。最后，对于集成电路布图设计而言，由于其本身具有著作权法和专利权法保护对象的特性，法律上对集成电路布图设计的创造性要求介于著作权法和专利权法之间。[①] 集成电路布图设计登记并不涉及独创性审查。根据《集成电路布图设计保护条例》第 16 条和第 18 条的规定，申请人在提交材料之后，集成电路布图设计登记申请经初步审查，未发现驳回理由的，由国务院知识产权行政部门予以登记。

存在争议的是，集成电路布图设计的登记是否是以“公开换保护”。之所以会产生这个问题，是因为集成电路布图设计专有权是法定性排他权，不同于物权具有天然的物理边界，其需要通过公示让社会公众知悉权利的边界。[②] 在此基础上，集成电路布图设计的登记需要充分公开，专有权范围的界定也应以登记向社会公众公示的材料为基础。根据《集成电路布图设计保护条例》第 16 条和《集成电路布图设计保护条例实施细则》第 14 条，集成电路布图设计需要提交的材料包括复制件或者图样的纸件、复制件或者图样的电子版本和样品。其中，只有纸件是权利人必须提交的，且社会公众也只能获得纸件，电子版本和样品都难以为公众所获得。因此，只有纸件可以作为界定集成电路布图设计专有权的依据，没有向社会公众公开的电子版本和样品都不能单独作为界定集成电路布图设计专有权范围的依据。这种观点在之前的司法实践中也有

① 参见郭禾：《中国集成电路布图设计权保护评述》，载《知识产权》2005 年第 1 期。

② 参见祝建军：《集成电路布图设计登记备案制度存在的问题与修改建议》，载《知识产权》2019 年第 9 期。

体现。例如，在“某电子（上海）有限公司与南京某电子科技有限公司等侵害集成电路布图设计专有权纠纷上诉案”中，二审法院认为，“以复制件或图样为准确定专有权的保护内容，符合布图设计专有权制度以公开换保护的原则精神……布图设计专有权在本质上就是以公开换保护”。[①]

最高人民法院对此问题也进行了一定时期的探索，在前述案例的再审申请中，最高人民法院指出，“在制度设计层面，布图设计保护制度是否存在类似专利制度的‘公开换保护’机制至今仍存较大争议”。[②]本案中，最高人民法院最终明确了其观点，集成电路布图设计专有权并非“以公开换保护”，“布图设计的登记是确定保护对象的过程，是获得布图设计专有权的条件，而不是公开布图设计内容的过程，也不是以公开布图设计为对价而获得专有权保护”。这种观点具有其合理性，这是因为，相比于专利模式，集成电路布图设计的法律保护更接近著作权模式。集成电路布图设计中包含了非常多的技术细节，很难像专利一样事先以较低成本清楚界定权利范围，自然也很难套用专利制度“公开换保护”的思路。[③]本案的承办法官也指出，发明具有可简化性，可以提炼为有限的权利要求书和说明书，向社会公众充分公开，但集成电路布图设计与作品相同，不具有可简化的特性，因此难以充分公开。[④]

二、集成电路布图设计的独创性判断

《集成电路布图设计保护条例》第4条规定，受保护的布图设计应当具有独创性，即该布图设计是创作者自己的智力劳动成果，并且在其创作时该布图设计在布图设计创作者和集成电路制造者中不是公认的常规设计。受保护的由常规设计组成的布图设计，其组合作为整体应当符合前款规定的条件。但根据《集成电路布图设计保护条例》第8条的规定，集成电路布图设计专有权经国务院知识产权行政部门登记产生。由此产生的问题是，集成电路布图设计专有权与独创性判断的关系是什么？

对于著作权而言，作品具有独创性是获得著作权的核心条件，登记本身并不发挥界权功能。著作权采取的是事后界权的功能，即在产生纠纷之时对独创性进行细致判断。但是，在集成电路布图设计中，受保护的布图设计应当具有独创性，登记具有赋权效应，但登记之时并不对独创性进行审查。经登记

① 江苏省高级人民法院（2013）苏知民终字第0181号民事判决书。

② 最高人民法院（2015）民申字第784号民事裁定书。

③ 参见崔国斌：《知识产权确权模式选择理论》，载《中外法学》2014年第2期。

④ 参见雷艳珍：《我国集成电路布图设计专门法保护中的基本问题——以布图设计保护范围的确定为中心》，载《法律适用》2023年第2期。

获得的集成电路布图设计专有权与独创性的关系是什么？是否推定经过登记的集成电路布图设计具有独创性？若不是，登记获得的集成电路布图设计专有权属于什么性质？若需要在纠纷产生之后额外再进行独创性的判断，判断主体是谁？是行政主管机关还是法院？这些问题也一直困扰着司法实践。

在早期的实践中，有法院直接推定登记的集成电路布图设计具有独创性。[①] 这种思路可能不当扩大集成电路布图设计专有权的保护范围，侵蚀公共领域的范围。理由在于：集成电路布图设计的保护不延及思想、处理过程、操作方法或者数学概念等，实践中并非集成电路布图设计的全部内容都具有独创性，也可能包含了不应受到保护的常规设计。如果直接推定登记的集成电路布图设计具有独创性，并将其作为侵权比对的基础，可能将不受保护的内容纳入保护范围。因此，即使在登记之时行政主管部门并不对集成电路布图设计的独创性进行实质审查，在纠纷产生之时也需要事后进行独创性判断，进一步明确布图设计专有权的保护范围，剔除不受保护的内容，仅将具有独创性的布图设计作为保护的基础。

对于独创性判断的主体，有两种思路。第一种思路是由国务院知识产权行政部门进行审查，在诉讼中需要先中止案件的审理，等待行政机关作出裁决之后再恢复案件的审理；第二种思路是直接由法院在诉讼中对独创性进行判断。[②] 第一种思路与专利的民行衔接相似，即认为对专利权的授权由行政机关作出，为了尊重行政机关的法定职权，无效宣告也由行政机关作出，在侵权诉讼中如果对专利权效力产生疑问，需要先中止案件审理，等行政机关作出裁决之后再恢复案件的审理。《集成电路布图设计保护条例》第 20 条规定，布图设计获准登记后，国务院知识产权行政部门发现该登记不符合本条例规定的，应当予以撤销。由此可以推知，不具有独创性的集成电路布图设计应当由行政主管部门进行撤销。集成电路布图设计的独创性判断具有很强的专业性，由具备专业知识的行政主管部门人员进行判断效率更高，有可能缩短案件审理的周期。[③] 但这种思路不具有普遍适用性，因为在诉讼中如果当事人不愿通过行政撤销程序处理集成电路布图设计的独创性问题时，此种思路难以适用，且行政

---

① 参见广东省深圳市中级人民法院（2009）深中法民三初字第 184 号民事判决书。

② 参见祝建军：《集成电路布图设计独创性判断存在的争议与解决》，载《电子知识产权》2020 年第 3 期。

③ 参见祝建军：《集成电路布图设计独创性判断存在的争议与解决》，载《电子知识产权》2020 年第 3 期。

撤销程序也难以应对部分集成电路布图设计的独创性问题。[①] 第二种思路在司法实践中也有体现，本案即为典型案例，法院认为，“在侵权诉讼中，当被诉侵权人对布图设计的独创性提出异议时，人民法院应当根据双方的主张、提交的证据对布图设计的独创性进行认定”。

三、纸件、电子版和样品存在出入时以何者为准

根据《集成电路布图设计保护条例》第16条和《集成电路布图设计保护条例实施细则》第14条的规定，集成电路布图设计需要提交的材料包括复制件或者图样的纸件、复制件或者图样的电子版本和样品。从理论上讲，三种载体应当是彼此对应、完全一致的，都可以作为侵权比对的基础。但是，实践中，三种载体经常存在差异。这种差异的产生既有申请人主观层面的原因，也有客观层面的原因。

在主观层面，申请人没有按照要求提交材料，导致不同载体之间不一致。例如，在“某电子（上海）有限公司与南京某电子科技有限公司等侵害集成电路布图设计专有权纠纷案”[②] 中，原告提交的布图设计图样极其简略，只有两层金属层图样，并未涉及除金属连线之外的半导体元件及有源元件，依据该两金属层图样无法明确其布图设计中具体的有源元件及其数量以及位置关系等信息，因而无法确定包含有源元件在内的各种元件与互连线路的具体内容。在此基础上，原告主张在图样纸件不清晰时，根据样品确定布图设计专有权的保护范围。

在客观层面，承载集成电路布图设计的载体差异，导致不同载体之间承载的信息内容存在差异。例如，随着芯片产业的大幅发展，布图设计的集成幅度大幅提升，即使放大20倍，也无法公开布图设计的全部细节信息。在这种情形下，即使权利人按照要求提交了材料，也很难彻底消除复制件或图样的纸件存在的模糊性。

在诉讼中出现了不同载体之间存在差异的情形时，应当根据载体不一致的原因进行差别对待。根据提交的不同载体来看，权利人必须提交的材料是图样或复制件的纸件，在已经投入商业应用的前提下应当提交样品，可以自愿选择提交复制件或者图样的电子版本。社会公众能够获得的也只有纸件。因此，在界定集成电路布图设计专有权的范围时，应当以复制件或图样的纸件为基

---

① 参见祝建军：《集成电路布图设计独创性判断存在的争议与解决》，载《电子知识产权》2020年第3期。

② 参见最高人民法院（2015）民申字第745号民事裁定书。

础。由此产生的问题是，当纸件不清楚时，能否以电子版或样品作为补充。对此问题需要结合载体不一致的原因进行分析。

如果是因为申请人未按照要求提交材料导致的载体不一致，则不应允许权利人以样品或电子版作为补充界定集成电路布图设计专有权的范围。理由在于，在社会公众无法接触样品和电子版时，如果权利人不按照要求提交纸件，登记公示的效果将会大打折扣，社会公众无法知悉集成电路布图设计专有权的范围，无法避让侵权，容易不当限制社会公众的行动自由。这种观点在实践中也有体现，例如，在前述“某电子（上海）有限公司与南京某电子科技有限公司等侵害集成电路布图设计专有权纠纷案”①中，最高人民法院认为，原告申请登记时没有按照相关规定提交完整齐备的复制件或图样的纸件，属于履行登记手续不符合法律规定的情形，应自行承担相应法律后果，不能以样品为基础确定集成电路布图设计的专有权范围。

如果权利人已经按照要求提交了登记所需的载体材料，但由于客观技术限制，纸件仍然存在模糊的地方时，应当以复制件为基础、以样品为补充确定集成电路布图设计的权利范围。②这种“以复制件为基础、以样品为补充”的思路需要满足的前提是，复制件和样品之间具有一致性。但是，如何在个案中明确纸件和电子版、样品之间的对应关系也颇具争议。本案中，上诉人即对纸件和样品之间的对应关系提出了异议，认为纸件模糊不清，无法证明样品和纸件没有明显差异，因此不能以样品为基础确定集成电路布图设计专有权的范围。③最高人民法院认为，纸件和样品之间对应关系的成立，并不要求二者在细节上完全相同，只需要二者的布图格局相同，权利人主张的独创点在布图设计中的所处位置及整体布局基本一致即可。这种思路是比较合理的，在纸件模糊不清的情形下，要求样品与纸质版完全对应本身无法实现，只能从独创点所处位置以布图整体格局对二者的对应关系进行比对，只要能够大致对应，即可以样品作为纸件的补充。但是，这种补充只限于布图设计的细节信息，对于在纸件中没有显示的图层，则不能将电子版本或样品纳入保护范围。④

四、结论

加强集成电路布图设计保护是促进我国集成电路产业发展、支撑我国经

① 参见最高人民法院（2015）民申字第745号民事裁定书。

② 参见张一泓：《集成电路布图设计专有权保护机制探析》，载《电子知识产权》2023年第6期。

③ 参见张一泓：《集成电路布图设计专有权保护机制探析》，载《电子知识产权》2023年第6期。

④ 参见雷艳珍：《我国集成电路布图设计专门法保护中的基本问题——以布图设计保护范围的确定为中心》，载《法律适用》2023年第2期。

济高质量发展的重要方面。集成电路布图设计专有权范围的界定既涉及权利人的利益保护，又涉及社会公众的行动自由，需要把握好专有权行使和公共领域维护之间的平衡关系。我国集成电路布图设计保护的法律法规正处于不断完善的阶段中，关于集成电路布图设计的司法审判有助于积累经验、凝聚共识。集成电路布图设计相关案件审理难度较大，尤其是类似于本案中涉及的集成电路布图设计登记行为的性质如何认定，独创性如何认定，纸件、电子版和样品存在出入时如何准确界定集成电路布图专有权的范围等问题较为复杂，裁判规则的树立对利益相关方影响深远。因此，更应当运用利益平衡的理念，准确界定集成电路布图设计专有权的保护范围，防止权利人不当扩大权利保护范围而侵蚀公共领域，从而实现权利人与社会公众的利益平衡。

植物新品种权侵权纠纷中的公共利益价值取向

——天津某种业科技有限公司与江苏某种业科技有限公司等侵犯植物新品种权纠纷案

/ 冯晓青

➲ 本案要旨

在国内穿梭合作育种背景下，双方当时相互无偿提供品种供对方使用、培育和繁殖，由于后续纠纷双方互相提起诉讼，要求对方停止使用相应品种。如支持双方诉请，则会妨碍国家粮食安全战略的实施，损害公共利益，且不符合当初合作育种的根本目的，也不符合促进植物新品种转化实施的根本要求。在这种情况下，基于公共利益的价值取向，法院可以判决合作双方及本案双方当事人均有权使用对方获得授权的亲本繁殖材料，而且应当相互免除许可使用费，以最大限度促成双方有效利用父母本的品种权，促进育种传播与发展。

➲ 案件信息

被上诉人（一审原告）：天津某种业科技有限公司

上诉人（一审被告）：江苏某种业科技有限公司

案号：江苏省南京市中级人民法院（2009）宁民三初字第63号、江苏省高级人民法院（2011）苏知民终字第0194号

被上诉人（一审原告）：江苏某种业科技有限公司

上诉人（一审被告）：天津某种业科技有限公司

一审被告：淮安市丙某种业科技有限公司

案号：江苏省南京市中级人民法院（2010）宁知民初字第069号、江苏省高级人民法院（2012）苏知民终字第0055号

注：江苏某种业科技有限公司、天津某种业科技有限公司在一审两案中

分别不服一审判决、提起上诉，江苏省高级人民法院合并作出（2011）苏知民终字第0194号、（2012）苏知民终字第0055号民事判决。

原被告主张及理由

原告天津某种业科技有限公司（以下简称天津某种业公司）诉称：天津某种业公司系C418品种独占实施许可权利人，江苏某种业科技有限公司（以下简称江苏某种业公司）未取得天津某种业公司同意，也未取得品种权人辽宁某作物所同意，擅自将植物新品种C418种子重复使用于生产9优418杂交粳稻种子，并在市场上进行销售，其行为构成侵权。请求依法判令：（1）江苏某种业公司侵犯了天津某种业公司对C418植物新品种享有的独占实施许可权；（2）江苏某种业公司立即停止销售9优418杂交粳稻种子，并不得将植物新品种C418种子重复使用于生产9优418杂交粳稻种子；（3）江苏某种业公司赔偿天津某种业公司人民币116.6万元。

被告江苏某种业公司辩称：江苏某种业公司未侵犯C418植物新品种权。江苏某研究所在选育9优418杂交粳稻品种的过程中，并未使用辽宁某作物所选育的被授予植物新品种权的C418作为恢复系，而是使用辽宁某作物所提供的性状仍在分离的高世代C418育种材料经系统选育的品系作为恢复系，与被授予植物新品种权的C418不是同一品种；天津某种业公司主张的赔偿额没有法律依据。

本案涉及母本和父本的品种权人同时提起的两起诉讼。江苏某研究所亦起诉主张，天津某种业公司未经许可实施江苏某种业公司独占实施徐9201A植物新品种权的行为。

一审法院查明的事实

1. 关于涉案9优418水稻品种。2000年11月10日，全国农作物品种审定委员会颁发审定证书，确认北方某粳稻技术中心、江苏某研究所共同培育的9优418水稻品种审定通过。

2. 关于涉案父本C418。2003年12月30日，辽宁某作物所向农业部提出C418水稻品种植物新品种权申请，2007年5月1日获得授权，品种权号为CNA20030××44.1。2007年5月1日，辽宁某作物所（甲方）与天津某种业公司（乙方）签订了《杂交粳稻恢复系“C418”植物新品种权独占实施许可合同》。双方约定：C418是辽宁某作物所选育的杂交粳稻恢复系。辽宁某作物所授权天津某种业公司独占（辽宁省除外）实施三系粳稻恢复系 C418 植物新品种生产、收购、运输、加工、包装以及销售等有关业务。在合同有效期限内甲方不得将 C418 植物新品种权转让或授权给任何第三方单位或个人开展粳稻恢复系 C418 任何相关的开发经营行为；甲方允许乙方向第三方实施 C418 种子生产等再许可行为；甲方允许乙方以自己的名义开展 C418 植物新品种权的维权工作；乙方向甲方支付本合同期前三年的三系粳稻恢复系 C418 植物新品种权独占实施许可费人民币 350 万元。

天津某种业公司成立于 2005 年 12 月 28 日，注册资金为 3990 万元，经营范围为农作物新品种研究及产业化；农作物种子生产；农产品深加工技术的产业化及其产品销售；畜牧养殖技术的研究和畜牧产品的生产、销售；生物肥料、农药、水稻种子批发、零售等。国有专营、专项规定的按专营专项规定办理。

3. 关于涉案母本徐 9201A。2003 年 9 月 25 日，江苏某研究所就其选育的徐 9201A 水稻品种向农业部申请植物新品种权保护，2007 年 1 月 1 日获得授权，品种权号为 CNA20030××4.9。

2006 年 4 月 3 日，江苏某研究所水稻室与天津某种业公司订立《关于“徐 9201A”引种使用协议》，约定：“徐 9201A 已申请国家品种权保护，按照知识产权保护要求，外单位引用仅可用于测交配组，不得用于商业开发，并保证不向第三方扩散；使用期间未经同意不得自行繁殖，否则追究侵权责任。”

2008 年 1 月 3 日，江苏某研究所与江苏某种业公司订立《技术转让合同书》，约定：徐 9201A 是江苏某研究所选育的三系杂交粳稻不育系。江苏某研究所将徐 9201A 植物新品种权许可江苏某种业公司以独占方式实施；实施范围包括生产、包装和销售；许可使用费为每年 200 万元；对涉嫌侵犯徐 9201A 植物新品种权的行为，江苏某种业公司有权以自己的名义行使索赔、请求相关行政机关予以查处、向人民法院提起诉讼等权利。

2008 年 5 月 30 日，江苏某种业公司和江苏某研究所共同致函天津市种子管理站，称：“我所自主选育的中粳不育系徐 9201A 于 1996 年通过，在审定之前命名为‘9201A’，简称‘9A’，审定时命名为‘徐 9201A’。以徐 9201A 为母本先后选配出 9 优 138、9 优 419、9 优 24 等三系杂交粳稻组合，其中 9 优 418 是我所与北方某粳稻技术中心联合选育的杂交粳稻组合。……在 2000 年填报全国农作物品种审定申请书时关于亲本的内容仍沿用 1995 年配组时的品种来源 9201A×C418。徐 9201A 于 2003 年 7 月申请农业部新品种权保护，在品种权申请请求书的品种说明中已注明徐 9201A 配组育成了 9 优 138、9 优

418、9优24、9优686、9优88等杂交组合，有关其转育亲本名称也与报请江苏省品种审定时填写一致，即为'黎明A/9201'。9201的亲本来源为'南粳32×南粳11'。综合以上情况，徐9201A与9201A是同一个中粳稻不育系，……天津某种业公司侵权使用9201A就是侵权使用徐9201A，请贵站予以查处。"

一审法院判决理由与裁判结果

天津某种业公司依据合同获得植物新品种C418独占实施许可权依法应受保护。现有证据均证明被控侵权品种9优418的配组采用了C418作为恢复系。江苏某种业公司提出其使用从辽宁某作物所提供的性状仍在分离的高世代C418育种材料作为恢复系，与被授予植物新品种权的C418不是同一品种的抗辩理由缺乏事实和法律依据，不予采信。江苏某种业公司以商业目的重复以授权品种的繁殖材料为亲本与其他亲本另行繁殖生产被控侵权品种9优418的行为构成侵权，应承担相应的民事责任。天津某种业公司提出116.6万元的赔偿请求，其计算方法缺乏事实依据。天津某种业公司未按其与辽宁某作物所约定的期限、数额支付许可费，而于2009年2月23日实际支付140万元。法院将根据植物新品种实施许可的种类、时间、范围等因素，以天津某种业公司实际支付的许可费数额为参考，合理确定赔偿数额。一审判决：一、江苏某种业公司立即停止销售9优418杂交粳稻种子，未经权利人许可不得将植物新品种C418种子重复使用于生产9优418杂交粳稻种子；二、江苏某种业公司于判决生效之日起十五日内赔偿天津某种业公司经济损失50万元；三、驳回天津某种业公司的其他诉讼请求。

综上，一审法院判决：一、江苏某种业公司立即停止销售9优418杂交粳稻种子，未经权利人许可不得将植物新品种C418种子重复使用于生产9优418杂交粳稻种子；二、江苏某种业公司于判决生效之日起十五日内赔偿天津某种业公司经济损失50万元；三、驳回天津某种业公司的其他诉讼请求。

上诉主张及理由

江苏某种业公司上诉称：江苏某种业公司未使用授权C418，并认为一审未作有效鉴定，仅凭品种名称就认定江苏某种业公司侵权，系事实不清。江苏某种业公司请求二审重新按照国家标准对其使用的父本C418进行双亲本鉴定。

天津某种业公司答辩称：江苏某种业公司的上诉请求与理由没有事实和法律依据。

二审法院查明的事实

1. 关于相关程序事实。江苏某研究所水稻室主任（徐 9201A 植物新品种培育人之一）受江苏某研究所指派参与二审法院组织的调解，其称“徐 9201A 与 9201A 在性状上有差异，在配种后代上也有差异”，“现在已无法鉴定，因为已经没有 9201A 的鉴定样本。同时，9201A 目前已经停止使用且已被江苏某研究所封存不再外流，故现在生产 9 优 418 只能使用徐 9201A”。江苏某种业公司成立于 2001 年 9 月 3 日，注册资金为 1000 万元，系江苏某研究所全资设立的国有种子公司，是江苏某研究所实施农作物育种科技成果转化的重要平台，经营农作物种子生产销售（凭许可证经营）。

2. 关于 9 优 418 水稻品种的商业化推广情况。9 优 418 水稻品种于 2000 年通过审定后，辽宁某作物所与江苏某研究所对该品种的后续商业化开发未作约定。江苏某研究所在该品种通过审定后即组织进行商业化推广，江苏某种业公司的前身在 2003 年即获得了 9 优 418 水稻品种的生产许可证。因 9 优 418 水稻品种不适于在北方推广，辽宁某作物所在 2007 年取得 C418 植物新品种权后，将 C418 品种权独占许可给天津某种业公司实施，自此天津某种业公司开始介入 9 优 418 品种的生产和销售。

二审法院判决理由与裁判结果

综合分析关联的两起上诉案件查明的事实，江苏某种业公司、天津某种业公司在生产 9 优 418 水稻品种时相互指控对方侵权，均缺乏事实与法律依据，主要理由如下：

首先，9 优 418 品种系辽宁某作物所与江苏某研究所合作选育，双方具有合作的历史渊源。经查，9 优 418 品种选育始于 20 世纪 90 年代的国内穿梭合作育种，本案合作双方系相互无偿提供品种供对方使用、培育和繁殖，即辽宁某作物所与江苏某研究所分别提供父本 C418 和母本 9201A 合作培育成功 9 优 418 水稻品种，并由江苏某研究所向全国农作物品种审定委员会提出品种审定的申请。在合作之初以及品种通过审定后，合作双方对涉案合作的后续权利以及之后获得授权的亲本植物新品种权如何行使，并没有特别约定。事实上，自 2000 年该品种通过审定开始，江苏某研究所即开始通过各种方式组织种植推广9优418品种，而辽宁某作物所亦在2007年获得C418植物新品种授权后，独家授权许可天津某种业公司使用C418生产9优418品种，直至在本案双方当事人发生争议且相互提起诉讼后，9优418品种亦从未停止过种植生产。正是基于本案特殊的历史背景，在合作双方没有特别约定的情况下，二审法院认为，应当视为合作双方均有权利使用对方的亲本繁殖材料继续生产9优418品种，即辽宁某作物所应当允许对方使用父本C418，反之江苏某研究所也应当允许对方使用并提供母本9201A。

其次，合作双方均面临着限制对方也被对方限制的法律障碍。经查，双方均认可9优418品种本身并无植物新品种权，该品种已进入公有领域，但之后辽宁某作物所与江苏某研究所又分别通过各自的行为使得9优418品种间接获得法律保护。二审法院认为，在通常情况下，植物新品种权作为一种重要的知识产权应当受到尊重和保护。《植物新品种保护条例》第6条明确规定："完成育种的单位或者个人对其授权品种，享有排他的独占权。任何单位或者个人未经品种权所有人（以下称品种权人）许可，不得为商业目的生产或者销售该授权品种的繁殖材料，不得为商业目的将该授权品种的繁殖材料重复使用于生产另一品种的繁殖材料……"但需要指出的是，该规定并不适用于本案情形。因为9优418的合作培育源于20世纪90年代国内杂交水稻科研大合作，本身系无偿配组。9优418品种性状优良，在江苏、安徽、河南等地广泛种植，受到广大种植农户的普遍欢迎，已成为中粳杂交水稻的当家品种，而双方当事人相互指控对方侵权，本身也足以表明9优418品种具有较高的经济价值和市场前景，涉及辽宁某作物所与江苏某研究所合作双方以及本案双方当事人的重大经济利益。

二审法院认为，天津某种业公司与江苏某种业公司不能达成妥协，致使9优418品种不能继续生产，不能认为仅关涉双方的利益，实际上已经损害了国家粮食安全战略的实施，有损公共利益，且不符合当初辽宁某作物所与江苏某研究所合作育种的根本目的，也不符合促进植物新品种转化实施的根本要求。从表面上看，双方当事人的行为系维护各自的知识产权，但实际结果是损害知识产权的运用和科技成果的转化。鉴于该两案已关涉国家粮食生产安全等公共利益，影响9优418这一优良品种的推广，双方当事人在行使涉案植物新品种独占实施许可权时均应当受到限制，即在生产9优418水稻品种时，均应当允许对方使用己方的亲本繁殖材料，这一结果显然有利于辽宁某作物所与江苏某研究所合作双方以及本案双方当事人的共同利益，也有利于广大种植农户的利益，故一审判令该两案双方当事人相互停止侵权并赔偿对方损失不当，应予纠正。

最后，在9优418配组生产中，父本与母本至少具有相同的地位和价值。一审认为，杂交水稻新品种选育工作中最重要、最困难的是不育系的选育，需要克服育种材料种质资源来源少，不育基因导入难、性状不易稳定、杂交亲和力差等诸多困难，不育系的育成一般要付出更多的时间和物力。一审法院正是基于这一认识，并根据母本与父本在实际生产中使用数量的差异，认定涉案9优418品种销售所产生的利润，按6∶4的比例由母本徐9201A与父本C418分享。对此，二审法院认为，9优418是三系杂交组合。在品种审定时，其母本是江苏某研究所育成的早中熟中粳不育系9201A，父本是辽宁某作物所育成的C418。根据二审法院查明的事实以及相关资料显示，9201A性状优良，米质好、配合力高、适应力强、灌浆速度快，是目前大面积应用为数不多的优良不育系；而C418具有特异亲和性，抗病性强、配合力高、穗大粒多，结实性好。C418含有1/3籼稻遗传成分，杂种F1，籼粳遗传成分搭配适度，实现了籼粳有利基因集团与本地优势生态群相结合，使杂种优势达到新水平。9优418综合双亲优良性状，杂种优势显著，在江苏、安徽、河南种植面积逐年扩大，受到广泛好评。试验表明，9优418竞争优势强，产量显著高于常规中粳和原有杂粳组合。这说明，对于9优418而言，虽然母本不育系的作用重要，而C418的选育成功因解决了三系杂交粳稻配套的重大问题，故在9优418配组中父本与母本至少具有相同的地位及作用。因此，一审认定涉案9优418品种销售所产生的利润按6∶4的比例在母本徐9201A与父本C418之间进行分配，缺乏科学依据，应予纠正。

基于辽宁某作物所与江苏某研究所就9优418品种的合作渊源及合作目的，以及双方各自生产9优418面临的法律障碍，又鉴于父本与母本在配组生产9优418过程中地位及作用至少基本相当，二审法院判令合作双方及本案双方当事人均有权使用对方获得授权的亲本繁殖材料，而且应当相互免除许可使用费，但仅限于生产和销售9优418这一水稻品种，不得用于其他商业目的。当然，二审法院亦注意到，江苏某种业公司二审中主张为推广9优418品种，其付出了许多商业努力并进行种植技术攻关，而目前9优418在江苏、安徽、河南等地为农户广泛接受并种植，正是江苏某研究所和江苏某种业公司多年不懈努力的结果，天津某种业公司对此亦予以认可。由于天津某种业公司是在9优418品种已获得市场广泛认可的情况下进入该生产领域，其明显减少了推广该品种的市场成本，故天津某种业公司给予江苏某种业公司一定的经济补偿具有公平合理性。

综上，二审法院认为，无论是工业产权还是植物新品种权，知识产权的价值在于运用。司法保护知识产权的目的是通过保护权利，推动知识产权的转化实施，实现知识产权的市场价值。正是基于以上认识，二审法院认定辽宁某作物所与江苏某研究所合作双方及获得独占实施许可权的双方当事人在生产9优418水稻品种时，互相不构成侵权，不仅符合双方的共同利益，更符合公共利益，亦体现了公平原则和鼓励植物新品种转化实施的基本司法价值导向。但同时二审法院亦需要指出，双方当事人各自生产9优418，事实上存在着一定的市场竞争和利益冲突，故双方当事人应当遵守我国反不正当竞争法的相关规定，诚信经营，有序竞争，确保质量，尤其应当清晰标注各自的商业标识，防止发生新的争议和纠纷，共同维护好9优418品种的良好声誉。

针对两关联案件，二审法院作出判决：撤销一审判决，天津某种业公司于本判决生效之日起15日内补偿江苏某种业公司50万元整；驳回天津某种业公司、江苏某种业公司的其他诉讼请求。

案例解析

植物新品种权的转化利用，关键在于父本和母本的结合繁育，通过繁育保存新品种权之优势，扩大产量规模，形成规模种植优势，进一步强化种子种业的根基与优势，强化我国农业强国的根基。因此，植物新品种权的保护、转化、运用，不仅牵涉产权之行使，亦关涉公共领域、公共利益的平衡。认识植物新品种权的侵权纠纷，不能以单纯的私权行使作为依托，而要更深层次地思考其中可能关涉的社会公共利益，并从私权行使与公共领域之界限、私有产权和公共利益平衡之边界出发，更好强化植物新品种权行使的转化、运用，并使之有力促进优秀植物新品种的繁育、发展、推广和应用。

一、植物新品种权

植物新品种权是知识产权的重要类型，事关国家种子种业、农业强国的实现。品种权作为育种技术创新的法律载体，成为种业经营者市场竞争、强化垄断优势的法律工具。[①] 同时，过强的植物新品种权保护亦不利于植物新品种的推广、利用。尤其是对于发展中国家而言，农业技术的推广、利用事关广大农民群众之利益，必须不断强化推广高品种种业，以实现广泛意义的社会公共利益，否则将面临种业发展的压力。因此，推动植物新品种权的创造、运用、

① 参见耿邦：《植物新品种权滥用的法律规制》，载《河南财经政法大学学报》2013年第4期。

转化，是实现品种权保护、品种推广、传播的应有之义。为此，需要兼顾两方面，既需要考虑植物新品种上所载之产权，强化私权之保护，以实现知识产权法的激励效应，又需要考虑植物新品种上所载之公益，强化公共领域保留，以最大限度实现植物新品种专有权和公共领域之间的有机平衡。

一方面，必须坚持植物新品种权的严格保护。植物新品种权是知识产权的典型类型。成功研发具有优良特性的植物新品种，往往需要数代人的不懈努力。我国水稻品种的改良，就是以袁隆平为代表的一代代水稻科学家不懈努力的成果。天才之火尚需浇灌利益之油。激励论是知识产权正当性的重要理论之一。授予知识产权，是激励创作者的不竭动力源泉，并通过知识产权的垄断权授予，使产权人能基于此获取经济收益和一定的市场垄断，从而激励其技术创新源源不断地生成。[①] 在新品种权领域，同样存在激励理论发挥空间的场域。对于数十年的种子选取，如果不强化新品种权的保护，那么大规模的批量繁育，加之新品种不易鉴别，很容易导致数十年的投入不被认可，且难以收回经济投入成本。因此，强化产权保护、严格产权保护，是落实知识产权激励理论的必由之路。

另一方面，亦需保留植物新品种的公共领域地带。忽视新品种中的公共领域和公共利益，仅强调私权神圣，容易导致种子权的垄断，损害农民利益，导致粮食物价上涨，并不利于稳定物价、保障社会经济秩序的稳定。为此，有必要明确植物新品种权维护中公共利益与私有产权之间的平衡。防止植物新品种权的不当滥用，可以防范社会公众的合理合法种植利益受损。当然，调和二者之间的界限，必须坚持法定原则。即只有逾越植物新品种权的法定边界行为，才能认定为权利滥用。只有法定的植物新品种权限制，才能成为被诉侵权者主张抗辩的合法事由。另外，坚持平衡品种权人和社会公共利益，还应当强化植物新品种的许可观念与推广运用。知识产权不在于产权的静止，而在于权利的流转、技术的使用。对于拒绝许可、不当垄断的行为，还应当以《反垄断法》《反不正当竞争法》为尺度，严格制止侵犯群众利益的不正当竞争和垄断行为，切实维护植物新品种领域的公平竞争秩序。

二、植物新品种权侵权纠纷的一般规则

植物品种权侵权纠纷的处理，亦需遵从知识产权一般规则，包括权利基础、权属认定、侵权认定、侵权抗辩等规则，需结合植物新品种的特点予以理

① 参见蔡晓东：《知识产权的功利主义理论与劳动理论》，载《理论月刊》2012年第11期。

解认识。

一是权利基础认定。植物新品种权应当向国家农业相关审批部门予以申请，完成育种的单位或者个人对授权品种享有植物新品种权。在植物新品种权的民事纠纷中，审查新品种权的相关证书即可。在植物新品种权相关行政纠纷的审查中，新品种授权应当属于国家植物品种保护名录中列举的植物的属或者种，并且应当具备新颖性、特异性、一致性、稳定性特征。例如，本案中，在品种审定时，母本是江苏某研究所育成的早中熟中粳不育系9201A，父本是辽宁某作物所育成的C418。9201A性状优良，米质好、配合力高、适应力强、灌浆速度快，是目前大面积应用为数不多的优良不育系；而C418具有特异亲和性，抗病性强、配合力高、穗大粒多，结实性好。C418含有1/3籼稻遗传成分，杂种F1，籼粳遗传成分搭配适度，实现了籼粳有利基因集团与本地优势生态群相结合，使杂种优势达到新水平。9优418综合双亲优良性状，杂种优势显著。

二是权属认定。根据相关品种权的权利证书上所载明的权利人，如果品种权人是共有的，则较为复杂。根据《最高人民法院关于审理侵害植物新品种权纠纷案件具体应用法律问题的若干规定（二）》第1条之规定，如果品种权人之间对权利行使有所约定，那么依据相关约定即可，如果缺乏约定，出于促进植物新品种权转化利用的考虑，共有人可以主张单独实施或者以普通许可方式许可他人实施。

三是侵权认定。品种权人需举证证明被诉侵权种子与权利人授权品种一致。实践中，往往还需委托专门机构予以鉴定。根据《最高人民法院关于审理侵害植物新品种权纠纷案件具体应用法律问题的若干规定（二）》第20条、第21条之规定，常用的鉴定方法是基因指纹图谱等分子标记检测方法，如果没有该方法，可以考虑采用行业通用方法对授权品种与被诉侵权物的特征、特性进行同一性判断。这里的行业通用方法又常见于田间观察检测。并且田间观察检测的结果是优先于基因指纹图谱的检测结果的。

四是侵权抗辩。植物新品种权亦受权利限制制约，以防止产权滥用不当损害公共利益和农业经营自由。《最高人民法院关于审理侵害植物新品种权纠纷案件具体应用法律问题的若干规定（二）》第11条、第12条、第13条规定了科研活动、农业自繁自用、善意销售者不承担赔偿责任等条款，为社会公众的公共领域亦提供了相应的保留空间。首先，对于科研活动，如果是利用授权品种培育新品种，或者是培育新品种后，为品种权申请、品种审定、品种登记需要而重复利用授权品种的繁殖材料，不应受到品种权人的制约。其次，对于农业自繁自用，司法解释规定，农民在其家庭农村土地承包经营合同约定的土地范围内自繁自用授权品种的繁殖材料，不受品种权人的制约。这一条款在最大程度上利好农业的繁殖、经营，是立法者、司法者平衡各方利益之产物。最后，对于善意销售者免赔抗辩，系属于知识产权合法来源抗辩的延伸和应有之义。

三、植物新品种权侵权认定中的公共利益考量

植物新品种相关的侵权纠纷关涉育种权人和农民的利益，以及更广泛的种业消费者的公共利益。[①] 强化产权的限制，在植物新品种权侵权纠纷中融入公共利益考量，是平衡各方利益、防止产权滥用侵蚀公共领域空间的必然举措。本案的特殊点在于双方是父本和母本的植物新品种权人，并且互相提起植物新品种权的诉讼，如果支持双方的诉讼请求，禁止对方使用，则会导致相关的品种难以繁衍，进而损害植物新品种推广、利用的社会公共利益。因此，本案较为清晰地反映了植物新品种权侵权纠纷中的公共利益考量。

首先，公共利益考量需要全面分析权利取得的历史渊源。例如本案，植物新品种父本和母本存在一定的历史渊源。在育种之初，父本和母本的提供者均为无偿提供。但是，在双方从合作走向对立的情况下，存在各自的种子繁殖均面临对方限制的问题。

其次，必须坚持促进植物新品种转化实施的司法价值导向。强化植物新品种的许可、转化与利用，是推动优良品种传播、扩大规模的应有之义。本案中，如果父本的品种权人得不到母本品种权人的授权，或母本品种权人得不到父本品种权人的授权，都将导致该品种权人无法繁衍、推广、传播利用该优良品种。换言之，如果支持双方排他的独占权，那么可能导致 9 优 418 这一具较高的经济价值、市场前景的品种难以继续种植和繁衍。

植物新品种的转化与利用，不仅关涉双方当事人的利益，更重要的是影响着农民、乃至于更广泛的消费者的公共利益。一审法院判决天津某种业公司赔偿江苏某种业公司 200 万元，江苏某种业公司赔偿天津某种业公司 50 万元，双方赔偿数额差异较大，导致难以达成互授许可的协议，阻滞了双方许可谈判的进程。二审法院认识到过高赔偿额差异将导致双方博弈，故采取了更为灵活、接受度高的思路。二审法院认为，父本与母本在繁殖过程中具有相当的经济价值和地位，必须同等对待，而不能厚此薄彼。故二审法院认为，本案父本和母本的新品种权人应当相互免除许可使用费，但仅限于生产和销售 9 优 418

① 参见李剑：《植物新品种权的权利限制》，载《电子知识产权》2008 年第 6 期。

这一水稻品种，不得用于其他商业目的。二审法院认定双方互不构成侵权，不仅符合双方共同利益，亦符合公共利益，体现了公平原则和鼓励植物新品种转化实施的基本司法价值导向。

四、结论

严格植物新品种权保护是实现农业强国的重要方面。植物新品种权的许可、转化、运用蕴含着公共利益的价值取向。只强化新品种权的产权激励难以为继，尤其是面对类似于本案中父本、母本均行使其新品种权以阻碍对方的复杂情况，必须强化公共利益的司法价值取向，以推动植物新品种的转化、运用、种植为目标导向，从而作出既符合法理，又面向产业发展，合理平衡各方利益的裁判。当然，这并非意味着否定产权激励的效应，而是说必须注重权利的激励与权利的限制并重，注重产权利益和公共利益并重的理念，既不能大而化之、一禁了之，仅以侵权一般规则直接判定侵权，也不能罔顾产权行使的利益需求，忽视品种权人的经济效益与市场需求。司法是精妙平衡的艺术，本案推动双方当事人互授许可、促进和解谈判，即体现了这一艺术，实现了私有产权利益和公共利益的有机平衡。

基于父本、母本同等价值考量的植物新品种权相互许可使用

——天津某种业科技有限公司与江苏某种业科技有限公司等侵害植物新品种权纠纷案

/ 周贺微

本案要旨

植物新品种权的保护是创新保护的路径之一，特别是对农林业领域的创新具有重要意义。科技成果转化为现实生产力也是知识产权实现其经济价值、社会价值的重要目的。植物新品种保护的重要目的之一在于规范植物新品种转化实施。植物新品种还涉及国家粮食安全，基于公共领域维护和公共利益保护的考虑，在衡量父本与母本对植物新品种生产具有相同价值的前提下，人民法院可以通过司法判决持有植物新品种父本与母本的双方相互授权许可、相互免除许可费用，以便为植物新品种落实到生产、市场扫除障碍，维护植物新品种权保护意图，惠益公众、维护国家利益。

案件信息

被上诉人（一审原告）：天津某种业科技有限公司

上诉人（一审被告）：江苏某种业科技有限公司

案号：江苏省南京市中级人民法院（2009）宁民三初字第 63 号、江苏省高级人民法院（2011）苏知民终字第 0194 号

被上诉人（一审原告）：江苏某种业科技有限公司

上诉人（一审被告）：天津某种业科技有限公司

一审被告：淮安市丙某种业科技有限公司

案号：江苏省南京市中级人民法院（2010）宁知民初字第 069 号、江苏省高级人民法院（2012）苏知民终字第 0055 号

注：江苏某种业科技有限公司、天津某种业科技有限公司在一审两案中分别不服一审判决、提起上诉，江苏省高级人民法院合并作出（2011）苏知民终字第 0194 号、（2012）苏知民终字第 0055 号民事判决。

上诉主张及理由

一、江苏某种业科技有限公司上诉案［（2011）苏知民终字第 0194 号］

上诉人江苏某种业科技有限公司（以下简称江苏某种业公司）请求：撤销一审判决，驳回天津某种业科技有限公司（以下简称天津某种业公司）的诉讼请求，并由其承担一、二审案件受理费。其上诉理由为，江苏某种业公司未使用授权 C418，一审未作有效鉴定，仅凭品种名称就认定江苏某种业公司侵权，系事实不清。江苏某种业公司请求二审重新按照国家标准对其使用的父本 C418 进行双亲本鉴定。

被上诉人天津某种业公司辩称：江苏某种业公司的上诉请求与理由没有事实和法律依据。

二、天津某种业公司上诉案［（2012）苏知民终字第 0055 号］

上诉人天津某种业公司请求：撤销一审判决，驳回江苏某种业公司的诉讼请求，一、二审案件受理费由江苏某种业公司承担。其主要上诉理由是，天津某种业公司在一审中要求鉴定被控侵权产品是否与 9 优 418 为同一品种，目的是如果两者为同一品种，则其亲本来源就与徐 9201A 无任何关系，不构成侵权；一审认定母本徐 9201A 的作用大于父本 C418，缺乏依据。

被上诉人江苏某种业公司辩称：天津某种业公司的上诉请求与理由没有事实和法律依据。

法院查明的事实

两个案件一审法院查明事实如下。

一、涉案 9 优 418 水稻品种

2000 年 11 月 10 日，全国农作物品种审定委员会颁发审定证书，确认北方杂交粳稻工程技术中心［以下简称北方杂粳中心，其与辽宁省丁某研究所（以下简称辽宁丁某所）为一套机构两块牌子，主管部门均为辽宁省农业科学院］、江苏徐淮地区徐州戊某研究所（以下简称徐州戊某所）共同培育的 9 优

418 水稻品种，经第三届全国农作物品种审定委员会第四次会议审定通过，农业部第 136 号公告公布。9 优 418 水稻品种来源：9201A/C418，审定编号：国审稻 20000009。

二、涉案父本 C418

1998 年《杂交水稻》第 13 卷第 3 期刊登北方杂粳中心杨某等人撰写的《粳型特异亲和恢复系 C418 的选育及其特性》一文，文中记载：1987 年辽宁丁某所在海南育种基地，按照“籼粳架桥”制恢思路选用晚轮 422 与密阳 23 杂交配组后，经多次海南加代及本地选择，于 1992 年冬 F8 代稳定，因海南田间号为 418，故定名 C418。

2003 年 12 月 30 日，辽宁丁某所向国家农业部提出 C418 水稻品种植物新品种权申请，2007 年 5 月 1 日获得授权，品种权号为 CNA20030××4.1，品种权人为杨某、张某、华某，该品种权保护期限为 15 年。辽宁丁某所在品种权申请请求书中说明：申请品种 C418 在申请日前未曾销售过。

2007 年 5 月 1 日，辽宁丁某所（甲方）与天津某种业公司（乙方）签订了《杂交粳稻恢复系“C418”植物新品种权独占实施许可合同》。双方约定：C418 是辽宁丁某所选育的杂交粳稻恢复系。辽宁丁某所授权天津某种业公司独占（辽宁省除外）实施三系粳稻恢复系 C418 植物新品种生产、收购、运输、加工、包装以及销售等有关业务。在合同有效期限内甲方不得将 C418 植物新品种权转让或授权给任何第三方单位或个人开展粳稻恢复系 C418 任何相关的开发经营行为；甲方允许乙方向第三方实施 C418 种子生产等再许可行为；甲方允许乙方以自己的名义开展 C418 植物新品种权的维权工作。独占实施许可费：乙方向甲方支付本合同期前三年的三系粳稻恢复系 C418 植物新品种权独占实施许可费人民币 350 万元，三年后的独占实施许可费由双方另行协商约定。支付时间：第一年种子生产结束后支付首期 20%独占实施许可费，以后逐年支付。如有特殊情况乙方不能按期支付，双方另行协商解决。双方还就合同的有效期限等事项进行了约定。同时辽宁丁某所还出具了一份授权书，授权天津某种业公司对其他单位或个人实施的侵权行为行使权利。

三、涉案母本徐 9201A

2003 年 9 月 25 日，徐州戊某所就其选育的徐 9201A 水稻品种向国家农业部申请植物新品种权保护，2007 年 1 月 1 日获得授权，培育人为刘某、王某等 6 人，品种权号为 CNA20030××4.9，该品种权保护期限为 15 年。

2006 年 4 月 3 日，徐州戊某所水稻室与天津某种业公司订立《关于“徐

9201A”引种使用协议》，约定：“徐 9201A 已申请国家品种权保护，按照知识产权保护要求，外单位引用仅可用于测交配组，不得用于商业开发，并保证不向第三方扩散；使用期间未经同意不得自行繁殖，否则追究侵权责任。”

2008 年 1 月 3 日，徐州戊某所与江苏某种业公司订立《技术转让合同书》，约定：徐 9201A 是徐州戊某所选育的三系杂交粳稻不育系。徐州戊某所将徐 9201A 植物新品种权许可江苏某种业公司以独占方式实施；实施范围包括生产、包装和销售；合同有效期自 2008 年 1 月 1 日至 2010 年 12 月 30 日；许可使用费为每年 200 万元；对涉嫌侵犯徐 9201A 植物新品种权的行为，江苏某种业公司有权以自己的名义行使索赔、请求相关行政机关予以查处、向人民法院提起诉讼等权利。

二审法院另查明：

1. 9 优 418 水稻品种系由徐州戊某所向全国农作物品种审定委员会提出审定申请。该品种于 2000 年通过审定后，辽宁丁某所与徐州戊某所对该品种的后续商业化开发未作约定。

徐州戊某所在该品种通过审定后即组织进行商业化推广，徐州明某种业科技有限公司（江苏某种业公司的前身）在 2003 年即获得了 9 优 418 水稻品种的生产许可证；因 9 优 418 水稻品种不适于在北方推广，辽宁丁某所在 2007 年取得 C418 植物新品种权后，将 C418 品种权独占许可给天津某种业公司实施，自此天津某种业公司开始介入 9 优 418 品种的生产和销售。

2. 一审中，天津某种业公司提交 C418 品种权申请请求书。

3. 2008 年 5 月 30 日，江苏某种业公司和徐州戊某所共同致函天津市种子管理站，称徐 9201A 与 9201A 是同一个中粳稻不育系，天津某种业公司侵权使用 9201A 就是侵权使用徐 9201A，请贵站予以查处。

4. 在二审期间，徐州戊某所水稻室主任王某（徐 9201A 植物新品种培育人之一）受徐州戊某所指派参与本院组织的调解，其称：“徐 9201A 与 9201A 在性状上有差异，在配种后代上也有差异”，“现在已无法鉴定，因为已经没有 9201A 的鉴定样本。同时，9201A 目前已经停止使用且已被徐州戊某所封存不再外流，故现在生产 9 优 418 只能使用徐 9201A”。

5. 江苏某种业公司系徐州戊某所全资设立的国有种子公司，是徐州戊某所实施农作物育种科技成果转化的重要平台。

法院判决理由与裁判结果

一、一审法院判决理由与裁判结果

（一）天津某种业公司诉江苏某种业公司案［（2009）宁民三初字第63号］

一审法院判决：一、江苏某种业公司立即停止销售9优418杂交粳稻种子，未经权利人许可不得将植物新品种C418种子重复使用于生产9优418杂交粳稻种子；二、江苏某种业公司于判决生效之日起十五日内赔偿天津某种业公司经济损失50万元；三、驳回天津某种业公司的其他诉讼请求。

一审法院裁判理由如下：

天津某种业公司依据合同获得植物新品种C418独占实施许可权依法应受保护。

江苏某种业公司认为从天津市某公证处调取的种子实物，在封存前已被拆开，原包装袋中的种子可能被人为调换，故认为公证书的证明力不具有可信性。根据法律规定，经过法定程序公证证明的法律行为、法律事实和文书，人民法院应当作为认定事实的根据。但有相反证据足以推翻公证证明的除外。江苏某种业公司虽然认为公证书的证明力不具有可信性，但其并未提交足以推翻公证书的相关证据，故此项抗辩理由无事实和法律依据，法院不予采纳。

江苏某种业公司提出授权品种C418在申请日前已被销售、进入公有领域，丧失新颖性。根据法律规定，新颖性是指申请品种权的植物新品种在申请日前该品种繁殖材料未被销售，或者经育种者许可，在中国境内销售该品种繁殖材料未超过1年。本案育种人北方杂粳中心提供C418与徐州戊某所9201A进行科研交流，而非用于商业开发与销售。且江苏某种业公司提供的相关证据不能证明所谓销售行为经育种者许可，没有破坏育种者申请品种权的新颖性，且新颖性问题亦不属本案理涉范围。故江苏某种业公司上述抗辩理由缺乏事实和法律依据，不予采纳。

根据本案现有证据，9优418水稻品种审定证书、被控9优418水稻种子标签、江苏某种业公司致天津市种子管理站的函件等均证明被控侵权品种9优418的配组采用了C418作为恢复系。江苏某种业公司既没有提供证据以推翻公证证据，亦未提交证据证明其所生产9优418使用的恢复系C418与授权植物新品种C418性状特征有何区别。故江苏某种业公司提出其使用从辽宁丁某所提供的性状仍在分离的高世代C418育种材料作为恢复系，与被授予植物新品种权的C418不是同一品种的抗辩理由缺乏事实和法律依据，不予采信。江苏某种业公司还提出其销售的9优418杂交粳稻种子为2006年生产亦无证据证明。

（二）江苏某种业公司诉天津某种业公司案［（2010）宁知民初字第069号］

江苏某种业公司依法享有徐9201A植物新品种独占实施许可权，任何人未经权利人许可，不得为商业目的将该授权品种的繁殖材料重复使用于生产另一品种的繁殖材料。鉴定机构出具的《检验报告》（NZJH－2010－276）结果显示，在测试的所有标记中，被控侵权品种完全继承了C418和徐9201A的带型，可以认定被控侵权品种与C418和徐9201A存在亲子关系。根据现有证据可以认定天津某种业公司于2008~2009年度、2009~2010年度生产、销售的9优418水稻种子中使用了徐9201A亲本。天津某种业公司未经江苏某种业公司许可，且系为商业目的，其行为构成侵权。江苏某种业公司要求天津某种业公司停止侵权、赔偿损失的诉讼请求，有事实和法律依据，予以支持。

天津某种业公司庭审中述称，其所生产的11万公斤9优418水稻种子已经转商。法院认为，一方面江苏某种业公司举证证明天津某种业公司已在市场上销售了该批种子，另一方面天津某种业公司没有向法院提交其已经将涉案稻种转商的证据。故在天津某种业公司没有提交相关证据予以证明的情况下对该抗辩理由不予采信。

关于赔偿责任的范围，法院认为，可以考虑亲本在组合中的价值、天津某种业公司生产、销售品种（组合）的数量、利润、侵权行为的性质、江苏某种业公司所支付的合理费用等因素综合予以确定。（1）关于涉案品种的价值。虽然在生物学意义上，母本和父本的价值是相同的，但是在经济和应用价值上则是不同的。涉案徐9201A作为不育系相对于C418具有更大的经济和实用价值，其稀缺性和可获取难度更大，在考虑其对于组合品种的贡献时应当占据更大的比例。根据涉案组合品种的情况，一审法院确定9优418组合品种销售所产生的利润由徐9201A和C418分享，比例为6∶4。（2）关于涉案9优418种子的利润。本案中缺乏直接证据证明天津某种业公司所获利润，江苏某种业公司亦较难获取相关证据。考虑到杂交粳稻种子的市场销售情况和相关主管部门掌握的情况，法院综合考虑相关因素确定利润为20元/公斤。

天津某种业公司2009~2010年度生产、销售9优418种子的数量为11万公斤，其所获利润为11万公斤×20元/公斤=220万元。根据利润分享比例，可分配到徐9201A品种上的利润为220万元×6/10＝132万元。对于2008~2009年度的生产、销售数量，没有证据证明，法院将结合2009~2010年度生产、销售的数量、侵权行为的性质和对证据的占有及其提交便利程度以及抗辩权的行使等因素作一个合理推定。

天津某种业公司曾从徐9201A品种权人处引种使用，对徐9201A品种的基本性状和所包含的生命信息等应当是明知的，对于在实际制种过程中使用了徐9201A也是明知的。因此侵权的性质和情节较为严重。江苏某种业公司为本案诉讼支付了合理费用，应当在赔偿责任中予以考虑。

淮安市丙某种业科技有限公司销售9优418种子，系国家审定品种，为天津某种业公司生产，种子包装上信息标注清楚，且有合法的进货渠道，其已尽到合理的注意义务。江苏某种业公司认为淮安市丙某种业科技有限公司的销售行为构成侵权，缺乏事实和法律依据，法院不予支持。

一审法院判决：一、天津某种业公司于判决生效之日起立即停止对江苏某种业公司涉案徐9201A植物新品种权之独占实施权的侵害；二、天津某种业公司于判决生效之日起10日内赔偿江苏某种业公司经济损失200万元；三、驳回江苏某种业公司的其他诉讼请求。

二、二审法院裁判理由与判决结果

二审法院判决：一、撤销江苏省南京市中级人民法院（2009）宁民三初字第63号、（2010）宁知民初字第069号民事判决。二、天津某种业公司于本判决生效之日起十五日内补偿江苏某种业公司50万元整。三、驳回天津某种业公司、江苏某种业公司的其他诉讼请求。

二审裁判理由为：江苏某种业公司、天津某种业公司在生产9优418水稻品种时相互指控对方侵权，缺乏事实与法律依据。基于辽宁丁某所与徐州戊某所就9优418品种的合作渊源及合作目的，以及双方各自生产9优418面临的法律障碍，又鉴于父本与母本在配组生产9优418过程中地位及作用至少基本相当，本院判令合作双方及本案双方当事人均有权使用对方获得授权的亲本繁殖材料，而且应当相互免除许可使用费，但仅限于生产和销售9优418这一水稻品种，不得用于其他商业目的。当然，江苏某种业公司二审中主张为推广9优418品种，其付出了许多商业努力并进行种植技术攻关，而目前9优418在江苏、安徽、河南等地为农户广泛接受并种植，正是徐州戊某所和江苏某种业公司多年不懈努力的结果，天津某种业公司对此亦予以认可。由于天津某种业公司是在9优418品种已获得市场广泛认可的情况下进入该生产领域，其明显减少了推广该品种的市场成本，故天津某种业公司给予江苏某种业公司一定的经济补偿具有公平合理性。

案例解析

一、本案裁判核心要点与影响

种子问题关系国民经济命脉和国家粮食安全，我国一直对该问题比较重视，出台相应的法律法规予以保障，并积极鼓励植物新品种领域的创新活动。然而，植物新品种行业从创新到市场化，是一个漫长的过程，往往令一些创新主体、资本主体望而却步。成功的、获得市场认可的品种又涉及市场竞争和授权许可等复杂问题，往往也成为重点法律纠纷问题。水稻是我国主要粮食作物之一，种植面积和需求量上具有较大优势，水稻属的植物新品种权位居我国植物新品种权申请和授权量的前列。

本案通过司法判决，明确了植物新品种保护的边界，并判令分别持有植物新品种父本、母本双方相互授权许可且相互免除许可费用，这一裁判对促进植物新品种转化实施、形成相应的生产力具有较大的支持作用。从结果上而言，本案具有积极维护公共利益的特点，关注了植物新品种对国家粮食安全的重要性，同时兼顾了植物新品种领域公平竞争、塑造诚信经营、共同维护创新环境的司法引导。该案作出的司法裁判对现实具有积极指导价值，促进了创新理论与公平竞争、公共领域保护等在司法实践中的运用，反过来对知识产权与公共领域的保护理论也提供了反思空间。基于该案的积极意义，其在社会上引起广泛关注，该案被列入2013年江苏法院知识产权司法保护十大案件、最高人民法院十大创新性知识产权案例（2014）、最高人民法院第16批指导性案例（指导案例86号）等，产生了积极良好的法律效果和社会效果，对植物新品种保护中的公共利益维护思路提供了较大的启发。

二、植物新品种权受保护的依据

植物新品种权作为知识产权的一种类型，体现了知识产权保护创新的功能。因此，植物新品种权必须与公有领域相排斥，即凡属于公有领域的内容，则不宜对植物新品种赋予独占权。这从侧面能够激励育种者在植物新品种领域作出真正的“贡献”，只有这样才有机会被赋予知识产权。这种排除公有领域的法律规范，在植物新品种权保护模式下，要求植物新品种具有新颖性。[①] 所谓新颖性，是指申请品种权的植物新品种在申请日前该品种繁殖材料未被销售，或者经育种者许可，在中国境内销售该品种繁殖材料未超过1年；在中国

---

① 《植物新品种保护条例》第2条规定：本条例所称植物新品种，是指经过人工培育的或者对发现的野生植物加以开发，具备新颖性、特异性、一致性和稳定性并有适当命名的植物品种。

境外销售藤本植物、林木、果树和观赏树木品种繁殖材料未超过6年，销售其他植物品种繁殖材料未超过4年。言下之意，不符合以上条件者则丧失新颖性，缺乏被赋予植物新品种权的先决条件。实际上植物新品种的新颖性主要在于申请人在申请日前保持对繁殖材料的控制。[①] 对于新颖性，本案亦存在争议。一审中，江苏某种业公司提出授权品种C418在申请日前已被销售、进入公有领域，丧失新颖性。但是，因为提供的证据不能证明其主张，且北方杂粳中心提供C418与徐州戊某所9201A进行科研交流，而非用于商业开发与销售，新颖性问题不是本案审查的范围。为了阐述植物新品种权有关的保护对象，下文对涉案品种及植物新品种权的来龙去脉予以澄清。

本案中，江苏某种业公司和天津某种业公司生产9优418使用的配组完全相同，都使用父本C418和母本徐9201A。父本C418和母本徐9201A均有一定的历史渊源。（1）父本C418：1998年《杂交水稻》第13卷第3期刊登北方杂粳中心杨某等人撰写的《粳型特异亲和恢复系C418的选育及其特性》一文，文中记载：1987年辽宁丁某所在海南育种基地，按照“籼粳架桥”制恢思路选用晚轮422与密阳23杂交配组后，经多次海南加代及本地选择，于1992年冬F8代稳定，因海南田间号为418，故定名C418。2003年12月30日，辽宁丁某所向国家农业部提出C418水稻品种植物新品种权申请，2007年5月1日获得授权，品种权号为CNA20030××4.1，品种权人为杨某、张某、华某，该品种权保护期限为15年。辽宁丁某所在品种权申请请求书中说明：申请品种C418在申请日前未曾销售过。2007年5月1日，辽宁丁某所（甲方）与天津某种业公司（乙方）签订了《杂交粳稻恢复系“C418”植物新品种权独占实施许可合同》。双方约定：C418是辽宁丁某所选育的杂交粳稻恢复系。辽宁丁某所授权天津某种业公司独占（辽宁省除外）实施三系粳稻恢复系C418植物新品种生产、收购、运输、加工、包装以及销售等有关业务。在合同有效期限内甲方不得将C418植物新品种权转让或授权给任何第三方单位或个人开展粳稻恢复系C418任何相关的开发经营行为；甲方允许乙方向第三方实施C418种子生产等再许可行为；甲方允许乙方以自己的名义开展C418植物新品种权的维权工作。独占实施许可费：乙方向甲方支付本合同期前三年的三系粳稻恢复系C418植物新品种权独占实施许可费人民币350万元，三年后的独占实施许可费由双方另行协商约定。支付时间：第一年种子生产结束后支付首期

① 李菊丹、崔野韩：《国际植物品种新颖性判断规则的发展及其借鉴》，载《江汉学术》2021年第5期。

20%独占实施许可费，以后逐年支付。如有特殊情况乙方不能按期支付，双方另行协商解决。双方还就合同的有效期限等事项进行了约定。同时辽宁丁某所还出具了一份授权书，授权天津某种业公司对其他单位或个人实施的侵权行为行使权利。（2）母本徐 9201A：2003 年 9 月 25 日，徐州戊某所就其选育的徐 9201A 水稻品种向国家农业部申请植物新品种权保护，2007 年 1 月 1 日获得授权，培育人为刘某、王某等 6 人，品种权号为 CNA20030××4.9，该品种权保护期限为 15 年。2006 年 4 月 3 日，徐州戊某所水稻室与天津某种业公司订立《关于“徐 9201A”引种使用协议》，约定：“徐 9201A 已申请国家品种权保护，按照知识产权保护要求，外单位引用仅可用于测交配组，不得用于商业开发，并保证不向第三方扩散；使用期间未经同意不得自行繁殖，否则追究侵权责任。”2008 年 1 月 3 日，徐州戊某所与江苏某种业公司订立《技术转让合同书》，约定：徐 9201A 是徐州戊某所选育的三系杂交粳稻不育系。徐州戊某所将徐 9201A 植物新品种权许可江苏某种业公司以独占方式实施；实施范围包括生产、包装和销售；合同有效期自 2008 年 1 月 1 日至 2010 年 12 月 30 日；许可使用费为每年 200 万元；对涉嫌侵犯徐 9201A 植物新品种权的行为，江苏某种业公司有权以自己的名义行使索赔、请求相关行政机关予以查处、向人民法院提起诉讼等权利。

9 优 418 水稻品种系由徐州戊某所向全国农作物品种审定委员会提出审定申请。该品种于 2000 年通过审定后，辽宁丁某所与徐州戊某所对该品种的后续商业化开发未作约定。徐州戊某所在该品种通过审定后即组织进行商业化推广，徐州明某种业科技有限公司（江苏某种业公司的前身）在 2003 年即获得了 9 优 418 水稻品种的生产许可证；因 9 优 418 水稻品种不适于在北方推广，辽宁丁某所在 2007 年取得 C418 植物新品种权后，将 C418 品种权独占许可给天津某种业公司实施，自此天津某种业公司开始介入 9 优 418 品种的生产和销售。

实质上在本案中，核心问题在于，如江苏某种业公司和天津某种业公司均认可的一样，9 优 418 品种本身并无植物新品种权，其合作培育源于 20 世纪 90 年代国内杂交水稻科研大合作，本身系无偿配组。9 优 418 品种性状优良，在江苏、安徽、河南等地广泛种植，受到广大种植农户的普遍欢迎，已成为中粳杂交水稻的当家品种，并已进入公有领域，但之后辽宁丁某所与徐州戊某所又分别通过各自的行为使 9 优 418 品种间接获得法律保护。在农业领域的种子育种方面，辽宁丁某所与徐州戊某所就 9 优 418 品种有合作渊源和合作目的，双方各自生产 9 优 418 又面临着法律障碍，这给现实中植物品种的落地带来了多方面挑战。

三、对植物新品种权特殊情况下相互授权

合作双方均面临着限制对方也被对方限制的法律障碍。实际上等于实践中的正常商业活动严重受到法律问题解决与否的影响。而且，基于品种的价值性，双方都不愿意在法律纠纷解决中占据下风。本案二审期间，法院做了大量调解工作，希望双方当事人能够相互授权许可，双方也同意对涉案的品种权相互授权许可。但是，因一审判令天津某种业公司赔偿江苏某种业公司200万元，江苏某种业公司赔偿天津某种业公司50万元，就其中的150万元赔偿差额双方当事人不能达成妥协，调解不成。这也表明双方在经济利益上的关注点，实际上关于植物新品种利益的纠纷，最终体现为市场竞争。然而，无论是植物新品种权还是其他知识产权，法律一方面通过知识产权法等对之予以保护，另一方面法律还激励其转化为现实生产力，一味地进行诉讼可能影响其转化为现实生产力的正常秩序，因此尽快定分止争就显得尤为关键。在植物新品种权纠纷中，既要清楚认识是否享有权利，又要探究育种的历史渊源，同时还要兼顾市场情况，从而可以有力推进权利保护与权利实施相匹配，维护权利保护和市场经营中的诚信秩序。

本案中的育种过程复杂，江苏某种业公司和天津某种业公司生产9优418使用的配组完全相同，都具有使用父本C418和母本徐9201A的事实，而父本与母本在配组生产9优418过程中的地位及作用至少基本相当。法院为了解决双方之间在市场上售卖相关品种的秩序，根据育种过程和父本母本使用情况，判令合作双方及本案双方当事人均有权使用对方获得授权的亲本繁殖材料。在此基础上，法院对相互使用对方获得授权的亲本繁殖材料判令“应当相互免除许可使用费”。这对双方解决争议无异于又往前推了一步，解决了双方在意的根本难题。

相互免除许可使用费的做法，实际上一方面是对公共领域资源的保留，另一方面也是为了惠益公众。本案双方主体之间的法律纠纷影响其育种在市场上的流通，对使用者而言是不利的，减少了消费者选择范围，而相互免除许可使用费则能够确保市场的有序性，稳定公众对相关品种的选择信赖。

当然，相互免许可使用费的做法是基于一定的价值衡量作出的判决，如果这种做法被扩大到其他领域则可能反过来侵蚀双方创新利益的保护。由此，法院在作出相互免除许可使用费判令基础上，又明确作出了范围的限制——仅限于生产和销售9优418这一水稻品种，不得用于其他商业目的。这有利于平衡私人利益与公众利益，为双方之间的诚信经营树立了边界。在定分止争的基础上也要对双方之间的付出、回报予以相应的考量。在本案中，法院对9优418品种的实际情况进行了考察，9优418是三系杂交组合，综合双亲优良性状，杂种优势显著，其中母本不育系作用重要，而父本C418的选育也成功解决了三系杂交粳稻配套的重大问题，在9优418配组中父本与母本具有相同的地位及作用，在此基础上认可了江苏某种业公司主张的其为推广9优418品种作出的诸多努力，包括商业上的努力和品种种植技术攻关等方面的努力，正是因为其努力，所以该品种才在江苏、安徽、河南等地为农户广泛接受并种植。这一事实也得到了天津某种业公司的认可，天津某种业公司在江苏某种业公司做了相应市场努力的情况下进入相应的市场领域，实际上是搭了江苏某种业公司前期努力的便车，等于天津某种业公司减少了推广涉案品种的市场成本。法院基于这一事实情况，为了促进公平合理，认为天津某种业公司应当给予江苏某种业公司一定的经济补偿。

四、维护知识产权法律价值，促进多赢创新与诚信商业局面

知识产权是保护创新最重要的法律手段，植物新品种权是知识产权的构成部分，在农业领域具有重要价值。知识产权最重要的作用就是激励创新，而知识产权进入市场意味着围绕知识产权展开竞争性活动，因此对创新的识别就特别关键。在此要兼顾《种子法》与《植物新品种保护条例》等有关法律规范的适用，兼顾品种权保护与公共领域有关利益保留，促进私权规范化的同时推动品种对公众的惠益。

在实践中，为了澄清知识产权侵权案件中原告知识产权的保护边界，被告往往可能以知识产权无效为手段对原告的维权釜底抽薪，识别出真正有价值、值得保护的创新成果，而不保护套用公共领域内容进行垄断的行为。无论是工业产权还是植物新品种权，知识产权制度提供保护的最终目的在于促进知识的进步，这里面就蕴含有知识产权运用。通过司法程序维护知识产权，一方面保护了权利人，激励权利人持续作出创新活动，另一方面也促进知识产权的落实转化实施，对创新成果市场价值的释放是近些年逐步得以关注的内容。总而言之，我们既要对知识产权予以保护，也要提升保护的效果，注重市场竞争的诚信原则的构建，引导当事人遵守相关法律法规，崇尚诚信经营和有序竞争。

五、结论

植物新品种权保护事关当事人利益，又与市场种业发展密切关联，影响

着乡村振兴和农业农村发展，植物新品种权的保护既要规范又要高效。司法实践提出的植物新品种权保护范围的界定以及诚信经营的理念均给植物新品种权的保护带来新的启发，积累了宝贵的司法经验，实际上也是司法对植物新品种保护需求的一种有力回应。本案的处理具有典型意义，体现了司法在具体案件中定分止争的功能，巧妙化解当事人纠纷的同时引导当事人树立正确的知识产权观，取得了良好的法律效果和社会效果。

育种材料知识产权保护的边界

——河北某种业公司诉甘肃某种业公司侵害技术秘密纠纷案

/ 罗娇

本案要旨

杂交品种的亲本或因不符合植物新品种“特异性、一致性、稳定性”的要求而无法获得品种权保护，这并不意味着其必然属于公共领域。如杂交品种的亲本经人工选育形成特定性状，即使未被授予植物新品种权，也可因其具备秘密性、保密性及价值性而获得商业秘密保护。在秘密性上，披露亲本名称或选育方法并不必然导致丧失秘密性，因为公众无法通过名称或选育方法反向获取亲本。杂交品种的公开销售也不破坏亲本的秘密性，因为现有技术下无法从杂交品种本身反向培育出亲本。在保密性上，育种材料因大田制种需露天种植，保密措施不以物理隔绝为必要，而以“正常情况防泄露”为标准。采取内部保密制度、与员工及委托方签订保密协议、要求制种方承诺“亲本不扩散”等措施的，属于已尽合理保密义务。在价值性上，杂交品种的培育依赖于亲本作为育种材料，亲本自然具有价值。

案件信息

上诉人（一审被告）：甘肃某种业公司

被上诉人（一审原告）：河北某种业公司

案号：甘肃省兰州市中级人民法院（2020）甘01知民初61号、最高人民法院（2022）最高法知民终147号

原被告主张及理由

原告河北某种业公司诉称：“W67”和“W68”是其多年培育而成的优良玉米自交系品种，具有良好的种质品质。其利用“W67”为母本，“W68”为

父本培育的“万糯2000”玉米杂交种于2015年11月1日取得植物新品种权，品种权号为CNA20120××5.0。河北某种业公司未对外公开“W67”“W68”玉米自交系品种，亦未允许任何第三方使用。甘肃某种业公司通过不正当手段获取河北某种业公司“W68”玉米自交系品种。河北某种业公司于2020年9月24日申请甘肃省武威市凉州区人民法院（以下简称凉州区人民法院）对甘肃某种业公司的“W68”种子样品进行了现场证据保全。甘肃某种业公司存在侵害河北某种业公司技术秘密的行为，应当承担相应责任。请求判令甘肃某种业公司：（1）立即停止侵害河北某种业公司“W68”玉米自交系亲本种子技术秘密，将库存的“W68”自交系亲本种子交还河北某种业公司；（2）赔偿河北某种业公司经济损失150万元；（3）承担本案的保全费、差旅费、律师费、鉴定费及诉讼费。

被告甘肃某种业公司辩称：（1）甘肃某种业公司没有生产“W68”玉米自交系种子，河北某种业公司申请凉州区人民法院保全的是甘肃某种业公司试种、研制的“盛甜糯9号”玉米种子。（2）技术秘密是不为公众所知悉，具有商业价值并经权利人采取保密措施的技术信息。河北某种业公司主张其享有植物新品种权的是“万糯2000”玉米品种，但甘肃某种业公司并未生产“万糯2000”。（3）“W68”仅是一个虚拟代号，河北某种业公司无证据证明“W68”是国家授权予以保护的植物新品种。河北某种业公司没有证据证明甘肃某种业公司侵害了河北某种业公司的技术信息，请求法院驳回河北某种业公司的诉讼请求。

一审法院查明的事实

“万糯2000”玉米品种于2014年至2015年期间，分别被上海市、河北省、广东省农作物品种审定委员会审定为农作物审定品种，并于2015年9月2日经原农业部国家农作物品种审定委员会审定为国家农作物品种。以上审定证书均记载“万糯2000”品种来源为“W67”×“W68”。2015年11月1日，“万糯2000”玉米品种被原农业部授予植物新品种权，品种权申请日为2012年6月11日，品种权人为河北省万全县某特用玉米种业有限责任公司。

2014年1月1日，河北省万全县某特用玉米种业有限责任公司制定保密制度，规定公司的育种技术资料、育种样品、育种亲本、繁殖材料等属于公司秘密，不得泄露。2014年1月3日，该公司与郭某某等员工分别签订保密协议，约定在任职期间及离职后的一定期间对种子育种方法、育种亲本、用于繁育种子技术材料、繁殖材料等商业秘密进行保密，离职时应将所持有的所有商业秘密资料等物品移交指定人员并办妥相关手续，否则承担违约责任。2016年8月18日，河北省万全县某特用玉米种业有限责任公司经工商登记变更企业名称为河北某种业公司。2017年1月1日，河北某种业公司制定保密管理制度。

2020年9月12日，河北某种业公司与案外人甘肃金某种业股份有限公司（以下简称金某种业公司）签订委托繁育合同，繁育玉米种子品种名称为“209”等。合同约定金某种业公司按计划生产的合格种子全部交给河北某种业公司，不得截留和自行销售，否则承担违约责任，金某种业公司对河北某种业公司提供的自交系亲本种子要负责保密，不得向外扩散。2020年11月13日，金某种业公司出具证明记载，委托繁育合同中约定的名称为“209”的玉米品种系“万糯2000”玉米品种。

2020年9月21日，河北某种业公司向凉州区人民法院申请诉前证据保全。2020年9月22日，凉州区人民法院作出（2020）甘0602证保2号民事裁定，对甘肃某种业公司繁育的玉米进行取样，对甘肃某种业公司持有的委托制种合同、制种面积核算表、抽雄去杂验收表、亲本发放单、制种种子收购数量表、种子付款承诺书、种子收购入库单等证据进行保全。

一审庭审中，河北某种业公司申请对凉州区人民法院保全的在封条处书写有“总厂”字样的保全样品与“W68”进行品种真实性鉴定。2021年5月25日，一审法院向农业农村部申请提取“万糯2000”的父本“W68”的标准样品，经农业农村部审核后，一审法院于2021年6月9日向中国农业科学院国家种质保藏中心提取了“万糯2000”的父本“W68”标准样品，并于当日提交北京玉米种子检测中心，与凉州区人民法院证据保全的档案袋封条处书写“总厂”字样的玉米样品进行品种真实性鉴定。北京玉米种子检测中心于2021年6月17日作出BJYJ202100701257号检验报告。该报告记载，待测样品与“万糯2000”的父本“W68”标准样品的比较位点数40，差异位点数0，检验结论为极近似或相同。

一审法院另查明，2020年3月4日，“盛甜糯9号”经甘肃省农作物品种审定委员会审定为甘肃省主要农作物品种，品种来源为“白糯913”×“BS白甜928”，申请者为甘肃某种业公司与武威市某种苗有限责任公司，育种者为甘肃某种业公司。一审庭审中，甘肃某种业公司陈述凉州区人民法院保全的玉米种子系“白糯913”，一审法院询问甘肃某种业公司是否申请将凉州区人民法院保全的玉米种子与“白糯913”进行品种真实性鉴定，甘肃某种业公司表示不申请鉴定。

一审法院判决理由与裁判结果

一、“万糯 2000”的父本“W68”是否属于商业秘密

在自然界中，不同植物品种之间性状表现的差异性是由不同植物品种所含的不同基因型表达出的遗传信息所决定，该遗传信息的载体为植物品种的繁殖材料。植物新品种是由育种者经过长期培育繁殖改良而成，蕴含了育种者的技术与劳动智慧，植物新品种的繁殖材料是育种者长期劳动智慧的结晶，属于育种者的专有技术信息。因杂交种是由不同亲本杂交配制而来，亲本包含杂交种的遗传信息，亲本的选择与选育是杂交种品种优良性的决定因素。当杂交种被授予植物新品种权后，杂交种的繁殖材料即受植物新品种权保护，而杂交种的亲本，因其包含杂交种的遗传信息，属于技术信息，在符合秘密性等法定条件下属于商业秘密，应当受到保护。本案所涉植物新品种“万糯 2000”系玉米杂交种，其父本“W68”及母本“W67”作为“万糯 2000”的亲本，属于反不正当竞争法规定的技术信息。一审审理中，没有证据显示“W68”系普通玉米品种，已在行业内被公开，为玉米育种领域的相关人员所普遍知悉，故“W68”玉米品种属于未公开的技术秘密。根据《最高人民法院关于审理侵犯商业秘密民事案件适用法律若干问题的规定》第 6 条的规定，权利人具有签订保密协议或者在合同中约定保密义务、通过章程制度提出保密要求等在正常情况下足以防止商业秘密泄露的情形的，应当认定权利人采取了相应的保密措施。本案中，河北某种业公司已经提交证据证明其通过与“万糯 2000”玉米植物新品种的育种者、公司高管、委托制种企业签订保密协议，制定公司保密制度等方式对“W68”技术信息采取了保密措施。

二、甘肃某种业公司是否侵犯河北某种业公司的商业秘密

经鉴定，凉州区人民法院在甘肃某种业公司取样的玉米样品即植物新品种“万糯 2000”的父本“W68”，甘肃某种业公司虽主张该玉米样品系“盛甜糯 9 号”，但未提交相应证据证明，且不申请鉴定，故对其抗辩理由不予采信。甘肃某种业公司作为制种企业，在其生产经营活动中使用河北某种业公司“W68”技术信息，属于使用河北某种业公司技术秘密的行为。甘肃某种业公司在诉讼中并不能说明其使用的“W68”技术信息具有合法正当来源，故一审法院采信河北某种业公司关于甘肃某种业公司通过不正当手段获取“W68”玉米自交系品种的主张。甘肃某种业公司应当承担侵害河北某种业公司技术秘密的相应民事责任。根据《最高人民法院关于审理侵犯商业秘密民事案件适用法

律若干问题的规定》第18条的规定，权利人请求判决侵权人返还或者销毁商业秘密载体的，人民法院一般应予支持。故对河北某种业公司主张甘肃某种业公司停止侵权，将库存的“W68”玉米种子交还河北某种业公司的诉讼请求予以支持。

一审法院判决：一、甘肃某种业公司立即停止使用玉米植物新品种“万糯2000”的父本“W68”技术秘密的行为，将库存的“W68”玉米种子交还河北某种业公司；二、甘肃某种业公司于判决生效之日起十日内赔偿河北某种业公司经济损失及维权合理开支150.5万元；三、驳回河北某种业公司的其他诉讼请求。

➲ 上诉主张及理由

甘肃某种业公司上诉称：（1）“万糯2000”的审定公告披露“W68”的育种来源，表明“W68”已为公众所知悉；（2）原告自2015年就已经生产杂交种“万糯2000”，存在向种子繁育公司和农户销售“W68”的事实，表明“W68”已不具备秘密性；（3）原告未提供有效证据证明“W68”为其选育，通过新的鉴定报告显示，实际上存在不同主体同时选育“W68”亲本材料并以不同名称命名、组培和生产杂交种的事实，认为实际上不存在“万糯2000”亲本组合商业秘密的事实；（4）尽管原告与种子繁育公司之间签订保密协议，但种子繁育公司与村社、农户之间没有保密协议，表明原告未采取足够的保密措施；（5）对亲本材料商业秘密保护条件过于宽松，会导致扩大对亲本保护的范围，损害植物新品种保护制度的立法宗旨，阻碍植物新品种创新活动；（6）一审法院判令被告将其生产的库存“W68”玉米种子全部交付给原告，剥夺了原告使用亲本种子从事科研的权利，违反了种子法和植物新品种保护条例的立法宗旨。

➲ 二审法院查明的事实

甘肃某种业公司二审提交了两组新证据：第一组证据为（2022）甘张临公内第112号公证书，拟证明“万糯2000”与“农科糯336”使用了同一个亲本，其亲本属于公共资源。该公证书记载甘肃某种业公司提供三个亲本委托张掖国家级玉米种子生产基地种子质量监督检验中心检测，并附四份品种真实性检验报告ZGZ20220122、ZGZ20220123、ZGZ20220124、ZGZ20220125、现场工作记录、现场照片及手机截屏照片、录像光盘。甘肃某种业公司主张，根据上述检验报告，亲本1号与亲本2号有26个位点差异，亲本1号与亲本3号有17个位点差异，"万糯2000"是由亲本1号、2号生产的，"农科糯336"是由亲本3号、2号生产的。甘肃某种业公司认为，上述检验报告可以证明"万糯2000"的亲本可能是其他人选育，而非河北某种业公司。第二组证据为"农科糯336"的品种审定证书，该品种的亲本组合为"ZN3" × "D6644-2"。

河北某种业公司二审提交了四组证据：（1）2019年某源种业公司与甘肃省张掖市临泽县板桥镇土桥村村民委员会签订的《甘肃省农作物种子生产合同》。（2）2020年某源种业公司与甘肃省张掖市甘州区大满镇柏家沟村村民委员会签订的《甘州区玉米种子生产合同书》。上述两份合同均约定了"将生产的合格种子全部交售给甲方，保证甲方提供的亲本种子（原种）不外流、不自留""违反合同约定的，按《甘肃省农作物种子生产基地管理办法》的有关规定进行处理"。（3）《甘肃省农作物种子生产基地管理办法》。该办法第15条规定："禁止非合同方种子生产、经营单位和个人与制种农户恶意串通，私留或倒卖亲本（原种）或按合同约定生产的种子。"第21条规定："非合同方种子生产、经营单位和个人与制种农户恶意串通，私留、倒卖亲本（原种）或合同约定种子的，由县级以上种子管理部门没收双方取得的种子和违法所得，并分别处以1000元以上1万元以下罚款。"河北某种业公司主张，结合其在一审程序提交的证据和上述3份证据，可以证明河北某种业公司已经对"W68"采取了合理的保密措施。（4）"万糯2000"的《品种选育报告》。其中记载"万糯2000"品种来源为"W67" × "W68"，"W68"是用万6选系与万2选系杂交后，经自交6代选育而成。

二审法院确认一审查明的事实基本属实，并确认"万糯2000"品种来源为"W67" × "W68"，"W68"是用万6选系与万2选系杂交后，经自交6代选育而成。

二审法院判决理由与裁判结果

二审法院认为，"万糯2000"品种审定公告记载了"W68"和"W67"组配的"万糯2000"品种的选育人为河北某种业公司，可初步证明一审原告为"万糯2000"父本自交系"W68"的育种开发者或权利人，表明其有权提起侵权之诉。考虑到育种材料具有技术信息和实物载体不可分离的特点，有理由认为通过育种创新活动获得的具有商业价值的育种材料，在具备不为公众所知悉并采取相应保密措施等条件下，可以作为商业秘密依法获得法律保护。实践中，亲本材料育种来源的公开、育种材料编号的公开以及利用该亲本培育的杂交种的公开销售，不会造成该育种材料丧失秘密性。对于合理保密措施的认定，需要考虑育种材料自身的特点，应以在正常情况下能够达到防止育种材料被泄露的防范程度为宜。一审被告主张其生产繁殖“W68”的行为为科研行为，缺乏事实依据，一审法院根据《最高人民法院关于审理侵犯商业秘密民事案件适用法律若干问题的规定》的相关规定，支持权利人要求侵权人返还商业秘密载体，清除其控制的商业秘密信息的主张，合法有据。因此，二审法院判决，一审判决事实认定基本清楚，适用法律正确，驳回上诉，维持原判。

案例解析

育种材料是否受知识产权保护，是植物育种领域知识产权保护长期以来面临的疑难问题，也是本案的基础问题。具体到本案中，这一问题突出体现为育种材料是否可以作为商业秘密保护的客体？如果可以，其秘密性、保密性、价值性如何判断？或者说，什么样的育种财产才能获得商业秘密保护？厘清这些问题，对于明晰育种材料知识产权保护的边界具有重要意义。

一、育种材料、育种创新与知识产权保护

育种材料即用于选育新品种的各种遗传材料，来源于种质资源。种质资源一般是指具有一定种质或基因、可供育种及相关研究利用的各种生物类型，包括一切能用于作物育种的生物体，如地方品种、改良品种、新选育的品种、引进品种、突变体、野生种、近缘植物、人工创制的各种生物类型、无性繁殖器官、单个细胞、单个染色体和单个基因等。[①] 种质资源是选育新品种的物质基础，没有好的种质资源，就不可能育成好的品种。[②] 植物育种创新本质上是一个对种质资源的收集、保存、研究、创新和利用的过程，是一个通过各种育种技术，将种质资源中符合人类需求的一些遗传类型或者少数特殊基因重新组成新的基因型，育成植物新品种的过程。[③]

种质资源可分为自然界天然存在的种质资源和经人工改造后的种质资源两种类型。对于自然界中天然存在且未经人工改造的种质资源，由国家对其享

① 孙其信主编：《作物育种学》，中国农业大学出版社 2019 年版，第 40 页。

② 胡延吉主编：《植物育种学》，高等教育出版社 2003 年版，第 77 页。

③ 李菊丹：《论育种创新成果的商业秘密保护——兼评最高人民法院审理的首例亲本商业秘密保护案》，载《法学杂志》2023 年第 1 期。

有主权，所有权也属于国家。[①] 我国《种子法》第 8 条第 1 款规定："国家依法保护种质资源，任何单位和个人不得侵占和破坏种质资源。"同时，农业农村部 2022 年修订的《农作物种质资源管理办法》第 12 条规定，"收集的所有农作物种质资源及其原始档案应当送交国家种质库登记保存"；第 24 条规定，"从国家获取的种质资源不得直接申请新品种保护及其他知识产权"。

对于人工改造的种质资源，即通过杂交选育或系统选育、辐射变异、基因编辑等育种方法实现特定基因的固定遗传，这一过程中加入了人类的创造性，赋予其知识产权保护具有一定的正当性。

二、育种材料可以获得商业秘密保护

人工改造的育种材料赋予其知识产权保护具有一定的正当性，但赋予其何种类型的知识产权保护，则需区分不同情况。首先，育种材料的创新本身难以获得专利保护。根据我国《专利法》第 25 条的规定，动物和植物品种被排除到可授予专利的对象之外，诸如植物个体、转基因植物之类的育种材料本身，显然难以获得专利的保护。其次，育种材料生产方法，如果属于非生物生产的方法，并符合专利授权条件的，可以获得方法专利的保护，如转基因技术、基因编辑技术等以非生物生产的方式获得育种材料的方法。

通过方法专利的形式保护育种材料生产方法，对保护育种创新具有一定积极意义，但也有明显的局限性。一是在当前的技术环境下，育种材料多通过生物学上的生产方法而获得，生物学上的生产方法不能获得方法专利的保护。二是即使育种方法获得了方法专利的保护，也难以实现将如同普通方法专利那样的保护延伸至由该方法产生的产品（育种财产），因为如前述，我国《专利法》第 25 条不允许植物品种本身获得专利保护。因此，实践中育种创新主体多通过保密的形式来保护育种材料，以维持其市场竞争力。这便带来一个问题，即育种材料是否可作为商业秘密保护的客体？

最高人民法院 2020 年发布的《关于审理侵犯商业秘密民事案件适用法律若干问题的规定》第 1 条将植物新品种繁殖材料列为一种可以获得商业秘密保护的"技术信息"。由于繁殖材料强调其具有生物学上的繁殖能力，其只是育种材料的一部分，属于育种材料的下位概念。本案中，甘肃某种业公司也提出，只有与亲本相关的育种技术信息才属于反不正当竞争法保护的商业秘密，涉案育种材料"W68"是亲本，不是技术信息，不属于商业秘密保护的客体。

---

① 《民法典》第 251 条规定："法律规定属于国家所有的野生动植物资源，属于国家所有。"

这一观点值得商榷。

首先，对人工改造的育种材料赋予包括商业秘密保护在内的知识产权保护，具有正当性。因为如前所述，人工改造的种质资源加入了人类的创造性智力成果，显然不同于天然种质资源。本案中的涉案育种材料“W68”，正如二审法院指出的那样，“不同于自然界发现的植物材料，其是育种者付出创造性劳动的智力成果，承载有育种者对自然界的植物材料选择驯化或对已有品种的性状进行选择而形成的特定遗传基因”，[①] 其作为商业秘密保护的客体具有充分的理论依据。

其次，对人工改造的育种材料赋予商业秘密保护，也没有突破商业秘密是“技术信息”的基本特点。与发明专利不同，育种创新成果的载体不能只体现为单纯的技术方案和技术步骤，因为单纯的技术方案和技术步骤无法传承遗传特征，育种创新成果的载体就是能够实现特定遗传特征的生物材料（种质资源），也体现了植物新品种相关的技术信息。因此，即使育种材料不能等同于《最高人民法院关于审理侵犯商业秘密民事案件适用法律若干问题的规定》第1条中所列的植物新品种繁殖材料，它也应当被纳入该条第1款规定的“等信息”的范围中。本案中，二审法院也指出涉案育种材料“W68”“具有技术信息和载体实物兼而有之的特点，且二者不可分离……可以作为商业秘密依法获得法律保护”[②]。

三、育种材料获得商业秘密保护的要件

既然育种材料作为商业秘密保护具有充分的理论依据，那么，什么样的育种材料才能获得商业秘密保护，就是育种创新成果知识产权保护中的关键问题。一般认为，作为商业秘密保护的技术信息或经营信息，应当具备秘密性、保密性和价值性三个特征。本案中，涉案育种材料“W68”的商业价值不言而喻，因此诉讼双方的争议主要集中在对其秘密性与保密性的认定上。

（一）育种材料秘密性判断的特殊问题

秘密性，即相应技术信息或经营信息“不为公众所知悉”。这决定了作为商业秘密保护客体的信息不能是公有领域的信息，公有领域的信息在任何情形下都无法成为商业秘密。秘密性要件是商业秘密保护与公有领域信息的重要界限。本案中，针对涉案育种材料“W68”是否具备秘密性的争议，体现在三个方面。

---

① 参见最高人民法院（2022）最高法知民终147号民事判决书。

② 参见最高人民法院（2022）最高法知民终147号民事判决书。

第一，“万糯2000”的品种审定公告中披露了亲本为“W68”，是否意味着“W68”丧失秘密性？如前述，单纯的技术方案和技术步骤无法体现育种创新的技术信息，因为其无法传承遗传特征，只有生物材料本身（育种材料、种质资源）才能体现技术信息，种质资源的技术信息和载体实物不可分离。因此，育种材料技术信息丧失秘密性，应当是种质资源物质载体本身失去秘密控制。本案中，“万糯2000”的公告虽然对“W68”的名称进行了披露，但从育种材料的载体信息一致性来看，外界即使知悉“W68”这一亲本，也无法真正获得“W68”实体及其所含优良性状信息，“W68”仍然未实质进入公有领域，故“W68”并未丧失秘密性。对此，二审法院也指出，“‘W68’仅是育种材料的编号……脱离作物材料本身的代号并不具有育种价值，对育种材料的实际控制才是利用其特定遗传信息的前提”。[①]

第二，“万糯2000”的品种审定公告披露了“‘W68’是用万6选系与万2选系杂交后，经自交6代选育而成”的信息，该品种审定公告是否导致“W68”丧失秘密性？对于这一问题，一般认为，“不为公众所知悉”需要同时具备“不为普遍知悉”和“并非容易获取”两个要件。本案中，即使该品种审定公告导致“‘W68’是用万6选系与万2选系杂交后，经自交6代选育而成”这一信息被“普遍知悉”，也不具备“容易获取”这一要件。一是因为万2选系和万6选系并未对外出售，“万2”“万6”只是两个代称，并不是涉案品种的技术信息，他人仅知悉“万2”“万6”两个名称，而缺乏相应的遗传材料，不能培育出“W68”；二是因为育种活动具有复杂性和不稳定性，他人即使获得了万2选系与万6选系，也并不一定能培育出“W68”。[②] 因此，品种审定公告中对选育材料的名称和选育方法的披露不会导致育种材料失去秘密性。

第三，如果由杂交种“万糯2000”可反向获得其亲本“W68”，是否导致“W68”丧失秘密性？本案中，甘肃某种业公司认为“万糯2000”的公开销售会导致亲本材料丧失秘密性，因为可以从公开销售的杂交种中反向获得培育该杂交种所需的亲本材料。对此，二审法院结合育种科学和当下技术水平，指出由杂交种“万糯2000”反向获得其亲本“W68”并不符合玉米杂交繁育的特点和目前的技术水平。

（二）育种材料保密性判断的特殊问题

保密性，即“权利人采取相应保密措施”。一般认为，所谓“合理的保

① 参见最高人民法院（2022）最高法知民终147号民事判决书。

② 参见最高人民法院（2022）最高法知民终147号民事判决书。

密措施”，是指在通常情况下足以保护商业秘密的适当措施。具体到本案中，法院主要从大田制种的行业特点和保密协议签署两个方面认定保密措施的合理性。

首先，育种材料保密措施是否合理需结合大田制种的特点进行把握。大田制种意味着相应种植过程处于户外空间，大规模种植的植株也会暴露于公众视野中，这是大田制种的技术要求，不能以此认为权利人未采取保密措施。大田制种的种植规模大、种植空间开放，对大田制种保密措施是否合理的判断不宜过严，应当以“在正常情况下能够达到防止被泄露的防范程度为宜”。[①]

其次，本案中，法院结合权利人在诉讼中提交包括在公司建立保密制度，以及与育种者、公司高管、委托制种企业签署保密协议等证据，认定权利人就涉案育种材料采取了合理的保密措施。

四、结论

本案为育种材料的商业秘密保护提供了可靠路径，对厘清育种材料公有领域与知识产权保护的边界具有重大意义。涉案杂交玉米品种的亲本“W68”，因其经过育种者多代选育工作以及大量的智力投入而获得，理应获得知识产权保护。在保护路径上，由于专利法仅能为符合特定条件的非生物生产的方法提供专利保护，也不能对植物品种本身进行专利保护，而育种材料更多地体现为通过生物生产的方法获得，因此育种材料难以通过专利的形式获得全面保护，选择以商业秘密的形式对育种材料进行知识产权保护，是当前的最佳路径，对保护育种者权益具有重大价值。

① 参见最高人民法院（2022）最高法知民终 147 号民事判决书。

植物新品种权保护范围的司法判定

——蔡某诉广州市某商业有限公司侵害植物新品种权纠纷案

/ 刁佳星

本案要旨

植物新品种权保护范围的界定关系权利人的私权范围与公众享有的自由空间。是否为植物新品种权保护的繁殖材料应从“植物体繁殖能力”与“行为人主观意图”两个方面加以判断。“植物体繁殖能力”是指是否属于植物新品种权保护的繁殖材料应当满足如下条件：其属于活体，具有繁殖的能力，并且繁殖出的新个体与该授权品种的特征特性相同。“行为人主观意图”要件是指对于既可作为收获材料又可作为繁殖材料的植物体，判断是否为落入植物新品种权保护范围的繁殖材料，应当结合销售者与使用者的真实意思，分析销售者将其作为收获材料抑或繁殖材料售卖以及使用者在实际使用过程中是将其直接用于消费抑或繁殖授权品种。

案件信息

上诉人（一审原告）：蔡某

被上诉人（一审被告）：广州市某商业有限公司

案号：广州知识产权法院（2018）粤73民初732号、最高人民法院（2019）最高法知民终14号

原被告主张及理由

原告诉称：蔡某通过多年培育获得植物新品种三红蜜柚，2009年申请植物新品种权保护，2014年1月1日获得该新品种授权。三红蜜柚为柑橘属，属无性繁殖，由琯溪蜜柚芽变成红肉蜜柚（又叫红心蜜柚）后再次芽变的新品种。与红肉蜜柚不同的是，三红蜜柚除具有红色的果肉外，其白皮层和果皮也

呈现淡粉色，可通过蜜柚的外观视觉特征判断品种。蔡某主张三红蜜柚作为授权品种，保护范围包括授权品种繁殖材料的生产、繁殖或销售等处理方式。实践中，三红蜜柚一般采用嫁接的方式进行繁殖，但也可利用外植体细胞（如茎芽、果柄和汁胞）通过组织培养技术进行繁殖，蔡某已成功通过组织培养技术培养成果植株。蔡某认为广州市某商业有限公司私自连续、大量销售三红蜜柚果实，被诉产品中有的籽粒能种出三红蜜柚，其销售的三红蜜柚果实不仅是涉案品种的收获物，也是繁殖材料，且被诉产品比其他蜜柚价格高，其行为给原告造成重大损害，应当依法承担法律责任。

被告广州市某商业有限公司辩称：广州市某商业有限公司没有侵害原告的植物新品种权，原告的侵权指控和索赔数额缺少事实和法律依据。首先，其销售的蜜柚果实中没有可以繁殖出树苗的籽粒，没有进行任何可繁殖材料的培养行为，未在销售过程中提示消费者可用于种植。涉案植物新品种并非通过植物果实或种植植物果实取得，其销售的蜜柚果实不属于蔡某植物新品种权的保护范围。其次，其销售的蜜柚果实具有合法来源，蔡某应对被诉产品是否来源于其负有举证责任，并应举证证明被诉产品与植物新品种具有相同的特异性、一致性、稳定性特征。最后，蔡某提出的损害赔偿缺少事实依据。

➲ 一审法院查明的事实

蔡某于2009年申请“三红蜜柚”植物新品种权，2014年1月1日获得授权，蔡某为品种权人，保护期限为20年。涉案植物新品种权申请过程中的《意见陈述书》《品种权申请请求书》《说明书》《现场考察报告》等材料显示，申请品种名称为三红蜜柚，育种方法和过程为，2004年在红肉蜜柚果园中发现一个果皮呈粉红色的芽变分枝，后经连续三年品种特性观察，确定为变异植株后，于2007年11月开始采取大树高接的方式从芽变分枝上采接穗进行嫁接繁殖，采用此种方法第二年即可坐果，2008年从子一代上采穗接子二代，2009年从子二代采穗高接子三代。经连续三年高频扩繁并经品种鉴定后，育成性状遗传稳定的新品种。申请品种的特异性、一致性和稳定性说明如下。关于特异性，申请品种三红蜜柚果面颜色暗红，果肉颜色紫，白皮层颜色粉红，近似品种红肉蜜柚果面颜色黄绿、果肉颜色红，白皮层颜色白。关于一致性。2007年10月发现了果皮粉红色的芽变分枝后，对芽变母树连续三年进行生物学特性观察及品质鉴评，均表现一致。关于稳定性，从发现芽变至今（2007—2009年）经子一代、子二代、子三代生长习性与物候期观察，主要生物学特征特性，特别是子一代果肉品质、白皮层、果皮性状与芽变母枝一致，说明其遗传性状是稳定的。经田间现场考察，上述情况属实，申请品种符合授权条件。在案证据显示，广州市某商业有限公司销售了涉案产品，涉案产品源于江山市某某食品有限公司。

一审法院判决理由与裁判结果

一审法院将本案的争议焦点归纳为广州市某商业有限公司是否侵犯蔡某的植物新品种权，即被诉侵权蜜柚果实是否属于繁殖材料。法院认为：首先，《意见陈述书》《品种权申请请求书》《说明书》《现场考察报告》等材料显示，三红蜜柚是通过在芽变分枝上采穗嫁接以及采穗高接进行繁殖的，而非利用汁胞等外植体细胞通过组织培养技术进行。在植物新品种权侵权诉讼中，判定繁殖材料时所坚持的标准应与此保持相对一致，如果被诉侵权物并非用于嫁接繁殖的材料，一般不宜判定为繁殖材料，否则将超出权利人创造性劳动成果范围。其次，作为收获物的三红蜜柚收获物中的籽粒已经退化，一般无法作为繁殖材料。蔡某主张的“有的籽粒可以育出植株”“成功利用外植体细胞通过组织培养技术育出植株”只存在理论可能性。实践中，通过籽粒培育植株的成活率显著降低，组织培养技术成本过高，一般采用低成本、高成活率的繁殖材料，即采用嫁接方式进行扩繁。再次，广州市某商业有限公司销售的柚子果实主要用于食用，满足公众的食物需求。如果为了阻却理论上存在的作为繁殖材料的可能性，而禁止作为普通公众食物来源的柚子的销售，则会导致社会成本畸高。最后，蔡某并未证明其所述“有的籽粒可以育出植株”“成果通过组织培养技术育出植株”等诉讼主张，以及广州市某商业有限公司销售的被诉产品属于未经许可培育而得的收获物并将之作为繁殖材料进行销售。综上，一审法院认为，作为收获材料的被诉侵权蜜柚果实不应认定为三红蜜柚的繁殖材料，广州市某商业有限公司销售被诉侵权蜜柚果实的行为不侵犯蔡某的植物新品种权，判决驳回原告的诉讼请求。

上诉主张及理由

上诉人蔡某请求：撤销原判。理由如下：其一，考虑生产成本，三红蜜柚一般采用嫁接方式进行繁殖，但也可利用茎芽、果柄、汁胞、外植体细胞等通过组织培养技术进行繁殖。依据植物“细胞全能性”科学理论，无论在实践中是否已通过组织培养获得完整的植物，均不影响蜜柚的果实作为繁殖材料的科学定论。我国早已有育种者利用柚子、柑橘等柑橘属果实中的子叶或者汁胞进行组培的实践活动，公开发表的论文就达数十篇。原审判决对“作为收获材料的涉案柚子果实不应认定为‘三红蜜柚’繁殖材料”的认定，明显违背实践经验、科学常识，事实认定错误。其二，植物新品种权保护的是品种本身，而非育种的专有技术。我国立法早已将植物体（包括果实或者细胞、组织等）作为“繁殖材料”予以保护。另外，果实是否为繁殖材料，能否繁殖，应是一个客观存在的事实。至于人们“用不用”果实进行繁殖，取决于人的主观意愿。应从“果实能不能繁殖”的功能而非“用不用果实进行繁殖”的用途分析“果实是不是繁殖材料”。一审判决对于“有的籽粒可以育出植株”“广州市某商业有限公司销售的被诉侵权蜜柚果实属于未经许可培育而得的收获物并将之作为繁殖材料予以销售”等举证责任的分配存在问题。其三，本案禁止的是广州市某商业有限公司的非法销售行为，而非禁止有合法来源的三红蜜柚果实的销售行为，不存在原审判决认为的“若将公众作为食物来源的柚子作为繁殖材料，将会导致社会成本畸高”。

被上诉人广州市某商业有限公司辩称：原审判决事实清楚，适用法律正确，蔡某的上诉请求没有事实与法律依据，请求驳回上诉，维持原判。理由如下：其一，涉案植物新品种权的保护范围，仅限于三红蜜柚的可种植材料或植物的其他部分，并不包括三红蜜柚果实。蔡某主张可通过柚子果实的汁胞等进行组织培养，但未提供证据证明。其二，广州市某商业有限公司销售的仅为蜜柚果实，不属于可繁殖涉案植物新品种的种植材料或植物体的其他部分，不落入蔡某植物新品种权的保护范围，不构成侵权。其三，广州市某商业有限公司销售的被诉侵权蜜柚果实具有合法来源，是否源于蔡某处于不明状态，是否存在权利用尽不能确定。其四，蔡某未证明其损失，亦未提供其索赔数额的计算方式。

二审法院查明的事实

原审法院审理查明的事实基本属实，二审法院予以确认。针对蔡某提供“三红蜜柚果实是否为繁殖材料”的专家意见，二审法院将在分析相关问题时予以考虑。

二审法院判决理由与裁判结果

二审法院认为，本案的争议焦点在于广州市某商业有限公司销售被诉侵权蜜柚果实的行为是否侵权蔡某的植物新品种权，关键在于判断三红蜜柚植物新品种权的保护范围。

二审法院认为，繁殖材料作为我国植物新品种权的保护范围，是品种权人行使独占权的基础。繁殖材料包括有性繁殖材料和无性繁殖材料，植物或植物体的一部分均有可能成为繁殖材料。依据种子法以及植物新品种保护条例的规定，授予品种权是基于育种者培育、发现并开发的品种具备新颖性、特异性以及稳定性、一致性，并有适当命名。当一个品种经过繁殖，除根据其可以预见的变异外，其相关特性保持足够一致，该品种应被认为具有一致性。当一个品种经过反复繁殖之后，或者对于特定繁殖周期而言，在每个周期结束时，其相关特性保持不变，该品种应被认为具有稳定性。由此可见，之所以将品种的繁殖材料规定为植物新品种权的保护范围，是因为品种的遗传特征包含在品种的繁殖材料中，繁殖材料在形成新个体的过程中进行品种的繁殖，传递了品种的特征特性，遗传信息通过繁殖材料实现了代代相传。因此，虽然植物体的籽粒、果实和根、茎、苗、芽、叶等都可能具有繁殖能力，但其是否属于植物新品种权保护范围的繁殖材料，有赖于所涉植物体繁殖出的植物的一部分或整个植物的新的个体是否具有与该授权品种相同的特征特性。

判断是否为某一授权品种的繁殖材料，在生物学上必须满足以下条件：其属于活体，具有繁殖的能力，并且繁殖出的新个体与该授权品种的特性特征相同。本案中，三红蜜柚果实是否为繁殖材料，应判断该果实繁殖出的新个体是否具有果面颜色暗红、果肉颜色紫、白皮层颜色粉红的形态特征。经审查，即便专门的科研单位，也难以通过三红蜜柚果实的籽粒繁育出蜜柚种苗。由于三红蜜柚果实有无籽粒以及籽粒是否退化具有不确定性，其果实的籽粒不属于该品种的繁殖材料。针对蔡某上诉主张的被诉侵权蜜柚果实的籽粒、果实内的汁胞均可作为繁殖材料的上诉主张，二审法院不予支持。简单依据植物细胞的全能性理论认定品种的繁殖材料，将导致植物体的任何活体材料均会被不加区分地认为是品种权的繁殖材料。针对蔡某依据细胞全能性理论指出果实可以作为繁殖材料的上诉主张，二审法院不予支持。植物体的不同部分可能有着多种不同的使用用途，可作繁殖目的进行生产，也可用于直接消费或观赏，同一植物材料有可能既是繁殖材料又是收获材料。对于既可作为繁殖材料又可作为收获材料的植物体，在侵权纠纷中能否认定为繁殖材料，应当审查销售者销售被诉侵权植物体的真实意图：对于使用者抗辩其属于使用行为而非生产行为，应当审查使用者的实际使用行为。本案中被诉侵权蜜柚果实是收获材料而非繁殖材料，不属于植物新品种权保护的范围。

植物新品种保护制度保护的是符合授权条件的品种，通过繁殖材料保护授权品种。虽然蔡某在申请三红蜜柚植物新品种权时提交的是以嫁接方式获得的繁殖材料枝条，但并不意味着三红蜜柚植物新品种权的保护范围仅包括以嫁接方式获得的该繁殖材料，以其他方式获得的枝条也属于该品种的繁殖材料。随着科学技术的发展，不同于植物新品种权授权阶段繁殖材料的植物体可能成为育种者普遍选用的种植材料，即除枝条以外的其他种植材料也可能被育种者们普遍使用，在此情况下，该种植材料作为授权品种的繁殖材料，应当纳入植物新品种权的保护范围。原审判决认为侵权繁殖材料的繁育方式应当与该品种育种时所使用的材料以及繁育方式一一对应，认为将不同于获取品种权最初繁育方式的繁殖材料纳入植物新品种权的保护范围，与权利人申请品种权过程中应当享有的权利失衡。二审法院认为该认定将申请植物新品种权时的繁育方式作为授权品种保护的依据，限制了植物新品种权的保护范围，缩小了植物新品种权人的合法权益，二审法院予以纠正。

综上，二审法院判决驳回上诉，维持原判。

➲ 案例解析

本案具有典型性，被纳入最高人民法院指导案例160号。本案涉及植物新品种权保护范围的确定。植物新品种权是品种权人依法对其培育、发现或开发的植物新品种享有的民事权利，为知识产权类型之一，系为鼓励农业、林业发展而授予品种权人的独占排他权。

一、法律分析

（一）植物新品种权的授权条件

《植物新品种保护条例》第2条规定："本条例所称植物新品种，是指经过人工培育的或者对发现的野生植物加以开发，具备新颖性、特异性、一致性和稳定性并有适当命名的植物品种。"根据上述规定，授予品种权的植物新品种应具备新颖性、特定性、一致性和稳定性并有适当命名。《植物新品种保护条例》第14条规定："……新颖性，是指申请品种权的植物新品种在申请日前该品种繁殖材料未被销售，或者经育种者许可，在中国境内销售该品种繁殖材料未超过1年；在中国境外销售藤本植物、林木、果树和观赏树木品种繁殖材料未超过6年，销售其他植物品种繁殖材料未超过4年。"本案中，蔡某于2004年在其红肉蜜柚果园中发现芽变分枝，2007年至2009年对其加以开发利用，在案证据并未显示在其之前有人销售其所发现并开发的新品种，涉案植物新品种具备新颖性。《植物新品种保护条例》第15条规定："……特异性，是指申请品种权的植物新品种应当明显区别于在递交申请以前已知的植物品种。"本案中，蔡某发现并培育的三红蜜柚与其他品种不同，其果面颜色暗红、果肉颜色紫、白皮层颜色粉红，故称"三红"蜜柚，近似品种白皮颜色为白，具备特异性。《植物新品种保护条例》第16条规定："……一致性，是指申请品种权的植物新品种经过繁殖，除可以预见的变异外，其相关的特征或特性一致。"本案中，蔡某自2007年发现了果皮粉红色的芽变分枝后，对芽变母树连续三年进行生物学特性观察及品质鉴定，均表现一致，具备一致性。《植物新品种保护条例》第17条规定："……稳定性，是指申请品种权的植物新品种经过反复繁殖后或者在特定繁殖周期结束时，其相关的特征或者特性保持不变。"本案中，蔡某从发现芽变分枝至今（2007—2009年）经子一代、子二代、子三代生长习性与物候期观察，主要生物学特征特性，特别是子一代果肉品质、白皮层、果皮性状与芽变母枝一致，遗传性状稳定。《植物新品种保护条例》第18条第1款规定："授予品种权的植物新品种应当具备适当的名称，并与相同或者相近的植物属或者种中已知品种的名称相区别。"本案中，涉案植物新品种被命名为三红蜜柚，符合《植物新品种保护条例》的命名要求。综上，涉案植物新品种经申请与审查满足品种权授予条件，蔡某依法对涉案品种享有植物新品种权。

（二）植物新品种权的保护范围

《植物新品种保护条例》第6条规定了植物新品种权的保护范围，即"任何单位或者个人未经品种权所有人（以下简称品种权人）许可，不得为商业目的生产或者销售该授权品种的繁殖材料，不得为商业目的将该授权品种的繁殖材料重复使用于生产另一品种的繁殖材料"。根据上述规定，植物新品种权保护范围为品种的有性或无性繁殖材料，但是准确界定植物新品种权的保护范围，首先在于如何理解繁殖材料。《植物新品种保护条例实施细则》（农业部分）第5条规定："《条例》所称的繁殖材料是指可繁殖植物的种植材料或植物体的其他部分，包括籽粒、果实和根、茎、苗、芽、叶等。"但对上述植物体或植物体部分满足何种条件才能落入植物新品种权的保护范围，《植物新品种保护条例》与《植物新品种保护条例实施细则》（农业部分）均未明确作出规定，这也导致了本案中对三红蜜柚果实是否为落入植物新品种权保护范围的繁殖材料存在争议。

本案二审法院结合《植物新品种保护条例》规定的品种权授权条件指出，是否为植物新品种权保护的繁殖材料，必须满足以下条件：属于活体，具有繁殖能力，并且繁殖出的新个体具有与该授权品种相同的特征特性，该条件可被归纳为“植物体繁殖能力”要件。本案中，三红蜜柚果实有无籽粒以及籽粒是否退化具有不确定性，而且难以通过籽粒繁育出蜜柚种苗，其汁胞的繁殖能力也受多方面条件限制，因此三红蜜柚果实中的籽粒和汁胞均不属于三红蜜柚品种的繁殖材料，无法落入植物新品种权的保护范围。此外，是否属于植物新品种权保护的繁殖材料还应结合行为人的主观意图加以认定，该条件可被归纳为“行为人主观意图”要件。即便植物新品种权禁止的是他人未经许可与不符合法律规定的销售与生产行为，由于植物材料可能具有多种用途，例如消费或欣赏，对于既可作为繁殖材料又可作为收获材料的植物体，能否构成植物新品种权保护的繁殖材料，还应结合主体的真实意思加以认定，即从销售者的行为推定其意图是将植物体作为繁殖材料销售抑或将其作为收获材料加以销售；对于使用者抗辩其属于使用行为而非生产行为，应当结合使用者的实际使用行为，分析使用者将植物体直接用于消费抑或繁殖授权品种。对于仅可用作收获材料，不能用作繁殖材料的植物体，不属于植物新品种权的保护范围。

二、理论分析

（一）植物新品种权保护范围的界定应符合劳动理论

植物新品种权属于智力成果权。洛克在论述有体物所有权时指出，“每个人对其自身享有所有权，因而，他的身体所从事的劳动和他的双手所进行的工作也应当属于他；当他将自己的劳动掺进处于共有状态的物中并使其脱离共有状态时，他就取得了对该物的所有权”。[①] 后续学者对洛克的财产理论加以援引、演绎，指出“劳动”对于取得智力成果权的核心作用，例如，罗伯特·莫杰思（Robert Merges）教授指出，“劳动对于证明某些有体财产的权利来说，固然具有相关性，但它在知识产权领域中所起的这种作用却更加广泛，也更为突出”。[②] 洛克同时指出，个人借助劳动取得有体物所有权或智力成果权之时，并非不受任何限制，必须满足“充足限制”和“浪费限制”两个前提，即个人取得其劳动附加之物的财产权时，必须给他人留下“足够多、同样好”的东西，同时，个人通过劳动取得的东西应限制在满足主体需要的限度内，不能取走比他能够使用之外更多的东西。本案授予植物新品种权以及合理确定植物新品种权的范围乃是劳动理论的深刻体现。

---

① 刁佳星：《著作权法律制度的经济分析》，中国政法大学出版社 2024 年版，第 27 页。

② ［美］罗伯特·P. 莫杰思：《知识产权正当性解释》，金海军、史兆欢、寇海侠译，商务印书馆 2019 年版，第 62~63 页。

本案中，蔡某2004年在其红肉蜜柚果园中发现芽变植株，后经连续3年的品种特性观察，确定为变异植株后，于2007年开始采取大树高接的方式进行选种繁育，采用此种方法第二年即可坐果，2008年从子一代上采穗接子二代，2009年春从子二代上采穗高接子三代，后经连续3年的高接扩繁并经品种鉴定确定育成性状遗传稳定的新品种。蔡某培育的三红蜜柚果面颜色暗红、白皮层颜色为粉红，果肉颜色紫，该性状具备新颖性、特异性、一致性和稳定性。综上，可以看出，通过多年培育，蔡某对于三红蜜柚付出了智力劳动，培育出不同于现有品种的新品种，对于丰富植物品种、促进农业发展以及增进公众食物选择的多样性付出了创造性劳动，理应对其智力劳动成果享有智力成果权，即植物新品种权。

应注意的是，虽然蔡某对于三红蜜柚这一品种的培育付出了创造性智力劳动，并依法对该品种享有排他的独占权，但其权利范围并非绝对，既不能限制他人基于生存和发展需要对其智力成果的接触，又不能对其授权品种不加限制地完全控制。本案中，蔡某虽然提出“细胞全能性”理论，并主张三红蜜柚的果实可以作为繁殖材料，但是在案证据显示，通过三红蜜柚的果实繁育出三红蜜柚存在极大难度与不确定性，将其植物新品种权扩张至三红蜜柚的果实，显然会限制其他社会公众对其果实的合理接触与利用行为，并将不当扩张原告享有的权利范围。本案中，蔡某培育、发现并开发了具备新颖性、特异性以及稳定性、一致性，并有适当命名的新品种，授予植物新品种权系对其付出智力成果、作出创造性劳动的激励，利于促进种业创新。同时，将蔡某新品种权的范围合理限制在具有相同特征特性、具有繁殖能力的活体植物或植物部分，允许他人将其用于繁殖之外的消费或者观赏用途，也是劳动理论中“充足限制”与“浪费限制”的应有之义。

（二）植物新品种权保护范围的界定应坚持利益平衡

利益平衡理论是知识产权领域的经典理论之一，与经济学中的均衡理论相关，也与政治学中的公平正义观念相关。依经济学均衡理论，各方利益的动态博弈最终将会达到一种相对稳定、静态的状态，稳定的前提是各方之间惠益共享与风险共担处于一种相对均衡的状态，最终各方实现共赢与发展。若是各方利益与风险分配处于失衡状态，将会唤醒人们的公平感与正义感，在人们感到不公平与不正义之时，遵守和执行制度的积极性将减弱，甚至触发人们对于制度的抵触情绪，制度实效必然减损。因此，良好的知识产权制度理应平衡各方利益，促进各方惠益共享。“知识产权法的利益平衡机制，是国家平衡知识产权人的专有利益或者说垄断利益与社会公众接近知识和信息的公众利益以及在此基础上的更广泛地促进科技、文化和经济发展的社会公共利益的制度安排。”[①]

如前所述，原告蔡某经过三年精心培育，育成性状遗传稳定的新品种，为此付出了创造性智力劳动，理应对其培育的三红蜜柚新品种享有排他性独占权，其他单位或者个人未经品种权所有人许可，不得为商业目的生产或者销售三红蜜柚新品种的繁殖材料，不得为商业目的将三红蜜柚新品种的繁殖材料重复使用于生产另一品种的繁殖材料。法律授予原告蔡某对其培育的三红蜜柚享有植物新品种权，是对其合法权益的保护。但是，对蔡某植物新品种权的保护必须坚持利益平衡原则，不当缩小或扩张植物新品种权的保护范围均与利益平衡原则相悖。一审法院首先结合蔡某在申请植物新品种权过程中提交的《意见陈述书》《说明书》《现场考察报告》等材料指出，以上材料记载三红蜜柚是通过从芽变分枝上采穗嫁接以及采穗高接进行繁殖的，而非利用汁胞等组织培养技术进行，在侵权诉讼中判定繁殖材料时所坚持的标准应与此保持相对一致。概言之，一审法院认为，植物新品种权的保护范围应为“申请植物新品种权时相关证明材料记载的培育方式培育的繁殖材料”。其次，一审法院指出，作为收获材料的三红蜜柚果实，收获材料中的籽粒已经退化，一般无法作为繁殖材料，通过籽粒或组织培育扩繁的成活率将显著降低，培育成本较高。一审法院据此认为三红蜜柚收获材料的籽粒或者汁胞不会被用作繁殖材料，其籽粒或汁胞不落入植物新品种权的保护范围。二审法院虽然认为三红蜜柚籽粒或汁胞不可作为繁殖材料，但是对植物新品种权的保护范围作出了恰当认定。二审法院指出，植物新品种权保护制度保护的是符合授权条件的品种。随着科学技术的发展，不同于植物新品种权授权阶段繁殖材料的植物体可能成为育种者普遍选用的种植材料，即除枝条以外的其他种植材料也可能被育种者们普遍使用，在此情况下，该种植材料作为授权品种的繁殖材料，应当纳入植物新品种权的保护范围。概言之，二审法院认为判定是否为植物新品种保护的繁殖材料应当重点分析植物体的繁殖能力。本案中，虽然蔡某在品种权申请的时候提交的是采用以嫁接方式获得的繁殖材料枝条，但并不意味着三红蜜柚植物新品种权的保护范围仅限于申请品种权时的繁育方式，将其保护范围限于申请品种权时的繁育方式，将不当限制植物新品种权人的合法权益。二审法院通过划定植物新品种权保护范围，即植物体的籽粒、果实和根、茎、苗、芽、叶等都可能具有繁殖能力，是否属于植物新品种权的保护的繁殖材料，有赖于所涉植物体繁殖出

① 冯晓青：《利益平衡论：知识产权法的理论基础》，载《知识产权》2003 年第 6 期。

的植物的一部分或整个植物的新的个体是否具有与该品种相同的特征、特性。通过合理界定植物新品种权人享有独占排他权的范围与公众合理自由地接触与利用植物新品种的空间，二审法院的判决最终实现了私人与社会公众之间的利益平衡与惠益共享。

三、结论

植物新品种保护的界定应从“植物体繁殖能力”与“行为人主观意图”两个方面判定。在认定植物新品种保护范围之时，应遵循知识产权基本理论的指引，即通过授予品种权人独占性排他权而对品种权人付出的创造性贡献加以激励，同时对其权利的授予不应过分妨碍社会公众基于培育繁殖材料之外的其他目的，如以消费或者欣赏目的接触与利用植物新品种权的收获材料，如此方能维护私人权利范围与公共领域之间的平衡，促进知识产权领域激励与接触利益以帕累托方式改进。

反不正当竞争法一般条款在综合考虑公共利益下的适用

——东阳某甲影视有限公司与某乙保险有限公司不正当竞争纠纷案

/ 林艺婷

➲ 本案要旨

适用《反不正当竞争法》第 2 条一般条款应采取谨慎态度。对于是否构成不正当竞争行为应当主要从被诉行为的属性上进行判断，而非主要考虑竞争关系。首先，在反不正当竞争法和知识产权法关系的基本定位上，应当着眼于对竞争行为的评价和判断。其次，对于竞争行为进行评价和判断时应立足于市场竞争环境，对经营者利益、公共利益和消费者利益进行充分的利益衡量。总之，在判断竞争行为时，应从自由竞争、公共利益、消费者利益等角度划分竞争利益的边界，既要维护竞争者利益，也要防止对公有领域的侵蚀。

➲ 案件信息

原告：东阳某甲影视有限公司

被告：某乙保险有限公司

案号：北京市朝阳区人民法院（2017）京 0105 民初 10025 号

➲ 原被告主张及理由

原告东阳某甲影视有限公司（以下简称某甲公司）诉称：我公司是热播都市剧《欢乐颂》的制作单位及出品方。该电视剧以五位主要女性人物角色的个性化塑造为创作基础。该五位女性角色又被称为“五美”，分别由国内高人气艺人出演。该电视剧在播出期间收视率遥遥领先，具有非常高的知名度和市场价值，属于知名商品。2016 年 5 月 9 日，某乙保险有限公司（以下简称某乙公司）在未经许可的情况下，撰写了两篇题为《跟着〈欢乐颂〉“五美”选保险》的宣传文章，并于当日先后通过其微信公众号、官方博客、官方微博发布了该文章。该文章使用涉案电视剧的剧名《欢乐颂》、“五美”人物设置以及部分剧照为素材，以“五美”人物设置为参照，对某乙公司的保险产品进行类型划分，以期实现产品宣传的功能。上述剧名、剧照分别属于《反不正当竞争法》保护的知名商品《欢乐颂》电视剧的特有名称、装潢。某乙公司上述使用剧名、剧照的行为属于擅自使用某甲公司知名商品特有名称、装潢的不正当竞争行为。某乙公司对涉案电视剧上述元素的使用会使社会公众因基于对涉案电视剧的信任从而误认某乙公司的市场优势，进而误导消费者选择某乙公司的保险产品，也会使某甲公司的潜在客户误认为某乙公司得到了授权，或者使社会公众误认某甲公司与某乙公司存在商业合作关系，属于虚假宣传的不正当竞争行为。此外，某乙公司对涉案电视剧上述元素的使用从整体上达到了借力涉案电视剧宣传其保险产品的效果，属于商业攀附行为，使其据此获取了不应有的竞争优势，直接导致某甲公司丧失了同类商业合作机会，给某甲公司造成了严重损害。某乙公司此举违反了诚实信用原则和公认的商业道德，破坏了市场竞争秩序，构成了《反不正当竞争法》第 2 条规定的不正当竞争行为。

被告某乙公司辩称：某乙公司与某甲公司经营范围不一致，双方提供的商品和服务也没有任何可替代性，因此双方不存在竞争关系，某乙公司不可能构成不正当竞争行为，本案不存在适用《反不正当竞争法》的前提；某甲公司未能证明其对涉案电视剧以及其中的名称、人物设置、剧照享有合法有效的著作权和维权权利，其无权单独提起本案诉讼；《欢乐颂》名称不属于知名商品的特有名称，涉案剧照也不属于涉案电视剧的装潢，且某乙公司在涉案文章中对《欢乐颂》名称和相关剧照的使用也不属于在相同或类似商品上将其作为商标使用，不会造成相关公众的混淆误认，故某乙公司不存在擅自使用知名商品特有名称、装潢的不正当竞争行为；涉案文章属于传播保险理念、介绍保险知识、介绍选购保险产品方法的知识类、经验类的普及性文章，某乙公司并未在文章中将《欢乐颂》名称、剧照、人物角色作为推销保险产品、商业广告的代言人、形象大使等，因此涉案文章中不存在虚假宣传的内容，也不会导致社会公众对文章内容发生任何误解，故某乙公司不存在虚假宣传行为；在某甲公司主张某乙公司行为属于擅自使用知名商品特有名称、装潢以及虚假宣传的情况下，其不能再主张适用《反不正当竞争法》第 2 条的一般条款，而且，在当时涉案热播电视剧已经成为社会热点的情况下，某乙公司在涉案文章中结合当下热点问题介绍不同类型的人群适宜的不同保险类型，旨在帮助消费者增进对保险产品的了解，正确选择适合自己的保险产品，这属于言论自由的范畴，属于对涉案电视剧相关元素的合理使用，不会对某甲公司造成任何实际损害，未违反诚实信用原则和公认的商业道德，不构成任何不正当竞争行为。

法院查明的事实

2015 年 8 月 12 日，某甲公司与某丙影视制作有限公司（以下简称某丙影视公司）签订《电视剧〈欢乐颂〉联合投资摄制合同书》，约定双方共同投资拍摄《欢乐颂》电视剧，并按照投资比例共同享有该电视剧著作权。该电视剧的后续作品、衍生品、商品、其他媒体（如电影、网剧）作品的控制权、处分权和维权等权利由某甲公司及其关联公司独占享有。

2015 年 12 月 31 日，某甲公司取得了制作涉案电视剧《欢乐颂》的制作许可证，其中载明该电视剧的制作单位是某甲公司、合作单位是某丙影视公司。2016 年 4 月 5 日，某甲公司又取得了该电视剧的发行许可证，其中载明该电视剧的申报机构为某甲公司。2016 年 4 月 18 日至 5 月 10 日，该电视剧在浙江卫视、东方卫视首轮播出。

2016 年 4 月 15 日，山东影视集团公司出具《声明》，称其仅拥有该电视剧片尾联合摄制的署名权，并不拥有该电视剧的其他著作权及与此相关的财产权。

2015 年 8 月 9 日、25 日，电视剧《欢乐颂》摄制组分别与孔某、吕某蔚签订合同，聘请后者在电视剧《欢乐颂》摄制期间完成剧照拍摄工作，并约定后者只享有署名权，其他权利归前者所有。11 月 2 日，某甲公司分别与孔某、吕某蔚签订《物品移交单》，后者将其拍摄的剧照交付给了前者。

在涉案电视剧每集片头均显示领衔主演有刘涛、蒋欣、王子文、杨紫、乔欣。在每集片尾演员表中均显示上述演员扮演的角色分别是安迪、樊胜美、曲筱绡、邱莹莹、关雎尔。在每集片尾职员表中均显示“剧照：孔某、吕某蔚”。涉案电视剧主要讲述了同住在欢乐颂小区 22 楼的五个来自不同家庭、性格迥异的女孩儿从陌生到熟悉再到互相体谅、互相帮助、共同成长的故事。百度、搜狐等网络媒体在对该电视剧的介绍中均将该电视剧中上述五个女孩儿称为“五美”。

2016 年 5 月 9 日，某乙公司在其新浪官方博客中发表了两篇题为《跟着〈欢乐颂〉“五美”选保险》的文章。该两篇文章的文字内容一致，分别介绍了“金领人群”“白领人群”“职场新丁人群”“创业人群”如何买保险，在其中一篇文章内标题"金领人群""白领人群""职场新丁人群""创业人群"上方分别配有安迪、樊胜美、邱莹莹和关雎尔、曲筱绡的尺寸稍大些的剧照。在另一篇文章内上述标题左侧配有上述尺寸较小些的剧照。同日，某乙公司还在其新浪官方微博中发表了上述配有稍大尺寸剧照的文章，在其微信公众号中发表了上述配有较小尺寸剧照的文章。

诉讼中，某甲公司称上述文章中配有的剧照是孔某、吕某蔚在涉案电视剧拍摄过程中对拍摄场面单独拍摄的，而非截取自涉案电视剧。

另查，2017年4月5日，某乙公司与北京某丁市场调查有限公司（以下简称某丁调查公司）签订委托协议，委托某丁调查公司调查公众在了解涉案文章内容后是否认为发布该文章的行为违反了诚实信用原则和公认的商业道德。2017年4月8日至14日，某丁调查公司在北京、上海、厦门3个城市9个地点进行拦截式问卷访问，共收回有效问卷427份，最后得出的调查结论为：78.7%的受访者认为发布涉案文章的行为符合诚实信用原则和公认的商业道德；看过《欢乐颂》电视剧的受访者中，83%的人认为发布涉案文章的行为符合诚实信用原则和公认的商业道德；不同城市、性别、年龄和学历背景的受访者对发布涉案文章的行为是否符合诚实信用原则和公认的商业道德无显著认知差异。

法院判决理由与裁判结果

北京市朝阳区人民法院认为，本案的争议焦点在于某乙公司的行为是否构成不正当竞争。

《反不正当竞争法》第1条规定，为保障社会主义市场经济健康发展，鼓励和保护公平竞争，制止不正当竞争行为，保护经营者和消费者的合法权益，制定本法。第2条第1款规定，经营者在市场交易中，应当遵循自愿、平等、公平、诚实信用的原则，遵守公认的商业道德；第2款规定，本法所称的不正当竞争，是指经营者违反本法规定，损害其他经营者的合法权益，扰乱社会经济秩序的行为。

从该规定可以看出，《反不正当竞争法》旨在通过制止不正当竞争行为从而维护公平有序的社会经济秩序、保护经营者和消费者的合法权益，即《反不正当竞争法》主要是从竞争行为是否违背诚实信用原则和公认的商业道德等竞争原则的角度界定是否构成不正当竞争，从而决定是否可以在具体案件中适用该法。因此，只要一种竞争行为违背了诚实信用原则和公认的商业道德，可能扰乱正常的社会经济秩序、给其他经营者和消费者造成损害，就有可能构成不正当竞争行为，需要适用《反不正当竞争法》进行评价和调整。

因此，是否构成不正当竞争行为并适用《反不正当竞争法》，应当主要从被诉具体竞争行为本身的属性上进行判断，而非要求经营者之间必须属于同业竞争或者其提供的商品或服务具有可替代性。法院对某乙公司提出的因双方经营范围不一致以及双方提供的商品和服务无可替代性，故双方不存在竞争关系，其不可能构成不正当竞争以及本案无适用《反不正当竞争法》前提的答辩意见，不予支持。

尽管某甲公司是涉案电视剧的制片者之一，但其提起本案诉讼的法律基础并不是其对涉案电视剧享有的著作权本身，而是涉案电视剧在市场竞争中可能会给某甲公司带来的竞争利益。某甲公司认为某乙公司涉案被诉不正当竞争行为可能会损害该竞争利益，故某甲公司与涉案被诉不正当竞争行为具有法律上的利害关系，其有权提起本案诉讼，请求法院依照《反不正当竞争法》对涉案被诉不正当竞争行为进行审查。

从涉案文章内容来看，该文章借助涉案电视剧中主要人物角色，将职场中的人群划分为金领人群、白领人群、职场小白和创业人群四种类型，然后结合电视剧中的人物角色总结出每类人群的特点，在此基础上分析每类人群是否需要购买保险和需要购买保险的原因，以及购买何种保险。从该内容可以看出，涉案电视剧的人物角色主要起到了以列举的方式对现实中职场人群进行类型划分的作用。该种使用会使社会公众感同身受，容易理解文章表达的不同人群都有保险需求以及相关的保险知识和理念。这是一种简便高效的表达方式，有利于传递信息，有利于消费者找准自身定位并在有保险需求时更好地购买保险产品，也有利于传播保险知识和理念。尽管涉案电视剧是某甲公司制作并出品的影视作品，其对该电视剧享有竞争利益，但该竞争利益的边界应当顾及公共利益、消费者利益和竞争自由。

本案被诉行为仅是利用了涉案电视剧的公共文化功能，不会给某甲公司造成损害，其也不应当从该种使用行为中获得市场利益。某乙公司未违背任何商业活动中的惯常做法，其行为符合商业伦理标准和诚实信用原则，未违反一般条款，也不属于任何不正当竞争行为。

综上所述，某甲公司认为某乙公司涉案行为构成不正当竞争，据此要求某乙公司承担相应法律责任的起诉意见，无事实和法律依据，法院不予支持。

一审法院判决驳回原告某甲公司的诉讼请求。

➲ 案例解析

本案是针对由电视剧人物角色形象涉及的竞争利益而引发的不正当竞争纠纷。法院从1993年《反不正当竞争法》第2条的规定出发，从行为正当性主义的裁判路径角度，根据行为人的行为是否违背诚实信用原则和公认的商业道德进行认定，一方面是对早期将竞争关系作为不正当竞争认定前提的纠正，另一方面是对以知识产权为基础的竞争利益保护主义的限制。判决强调对于竞争行为本身的评价和判断，同时在市场竞争环境内，综合考量经营者利益、消费者利益以及公共利益。本案是适用《反不正当竞争法》“一般条款”对不正当竞争行为进行认定的经典案例，以下将结合案件，对上述问题加以探讨。

一、反不正当竞争法一般条款的定位和审判路径

《反不正当竞争法》第二章通过类型化的方式，在各条文中规制了混淆行为、商业贿赂、虚假宣传等不正当竞争行为。但是随着市场竞争愈演愈烈，商业模式不断发展，各种新型竞争行为层出不穷，这些难以归入具体的类型化不正当竞争行为条款中的行为，是否违反市场竞争规则，是否构成不正当竞争，就需要法院通过对一般条款的具体化解读，形成认定不正当竞争行为的标准。

反不正当竞争法一般条款在审判中的具体化路径大致可以分为两种：第一种是将诚信和商业道德具体化为裁判规则；第二种是分析竞争行为对竞争者利益的侵害。第一种裁判路径将诚信和商业道德作为逻辑起点，通过借助特定商业领域的既有规则来认定是否违反诚信和商业道德，或是通过解读一般条款来主动界定特定商业领域的竞争规则。[①]首先，从目的解释的角度出发，这种审判路径遵循《反不正当竞争法》的立法宗旨，一般条款在《反不正当竞争法》中居于核心地位，是构成一切反不正当竞争请求权之基础的法律规范。[②]其次，从法律伦理学的角度出发，一般条款是以抽象的规则表达了一种伦理标准，表达了一种经济正义。[③]由于不正当竞争行为与基本的商业道德相违背，因此对其进行规制符合社会公众的普遍期待。第二种裁判路径是以合法的竞争保护为基础，从竞争行为是否损害其他经营者的合法权益的判断出发，论证该行为的违法性，其与第一种思路的不同在于，这种路径不关注该行为的伦理正

---

① 参见张钦坤：《反不正当竞争法一般条款适用的逻辑分析——以新型互联网不正当竞争案件为例》，载《知识产权》2015年第3期。

② 参见张钦坤：《反不正当竞争法一般条款适用的逻辑分析——以新型互联网不正当竞争案件为例》，载《知识产权》2015年第3期。

③ 谢晓尧、吴思罕：《论一般条款的确定性》，载《法学评论》2004年第3期。

当性，而是重点关注被诉行为对其他经营者的合法权益的侵害。

二、反不正当竞争法与知识产权法的关系

关于反不正当竞争法与知识产权法的关系有不同的观点。有观点认为，反不正当竞争法可以作为知识产权法的兜底保护方式，将那些无法落入知识产权权利范围的相关利益通过反不正当竞争法进行保护。反不正当竞争法之所以能够在知识产权法的“补充保护”中发挥作用，正是基于知识产权法定主义带来的固有局限和反不正当竞争法一般条款的灵活性。知识产权法定主义对知识产权的权利类型和内容以及权利的限制等方面的严格限定，造成了知识产权权利体系的僵化和权利保护的不周延性，因此需要在知识产权法之外寻求新的补充保护手段。[①] 反不正当竞争法在演变中逐渐将保护消费者和促进公共利益的考量纳入立法宗旨中，也更加反映出其竞争法本质的明显趋势。第2条的一般条款对不正当竞争行为的认定，主要着眼于维护市场竞争秩序，而与知识产权权益不存在必然联系。

知识产权法的权利保护与反不正当竞争法的制止不正当竞争在立法理念和规制方式等方面都有很明显的不同，知识产权法关注保护权利人享有的权利，而反不正当竞争法关注规制行为人的不正当竞争行为。有观点更加倾向于反不正当竞争法一般条款具体化的第一种审判路径，即从行为正当性的角度进行判断。

有学者指出，反不正当竞争法对经营者的保护，不是建立在对实体权利保护的基础上，而是建立在对市场经济秩序予以维护的基础上，[②] 反不正当竞争法是以维护市场经济秩序和促进市场经济健康发展作为根本目标。本案中，正如法院指出的，原告是涉案电视剧的制片者之一，但其提起本案诉讼的法律基础并不是其对涉案电视剧享有的著作权本身，而是涉案电视剧在市场竞争中可能会给其带来的竞争利益，并且认为这种竞争利益可能受到被诉不正当竞争行为的损害。[③] 因此，从维护市场经济秩序和经营者竞争利益的角度看，原告有权对其认为被告具有不正当性的行为单独提起诉讼。但在案件的具体裁判中，被诉行为是否构成不正当竞争则不是仅仅根据经营者享有的竞争利益进行判断，还需要结合一般条款对不正当竞争的界定进行判断。

---

① 参见卢纯昕：《反不正当竞争法一般条款在知识产权保护中的适用定位》，载《知识产权》2017年第1期。

② 河山、肖水：《民事立法札记》，法律出版社1998年版，第82页。

③ 参见北京市朝阳区人民法院（2017）京0105民初10025号民事判决书。

三、反不正当竞争法一般条款的具体适用

如前所述，反不正当竞争法一般条款的适用存在两种审判路径，从行为正当性出发的路径主要适用的是《反不正当竞争法》第2条第1款涉及的商业道德以及其他经营者应当遵守的原则，而从行为违法性出发的路径主要适用的是《反不正当竞争法》第2条第2款涉及的不正当竞争行为的定位。在对不正当竞争行为的规制上，《反不正当竞争法》第2条第1款和第2款分别从正面和反面的角度进行了界定，于是这两款规定之间的关系，以及在具体案件中的适用顺序就成为一个争议性问题。从行为违法性的角度出发，本身包含了对竞争秩序的维护以及合法权益的保护，同时，行为违法性是对行为正当性的违反。因此，有学者认为，应当首先按照第2条第2款的规定来认定不正当竞争行为，而“违反本法规定”则肯定包含第2条第1款规定。[①]

（一）不正当竞争的界定——竞争关系与竞争行为

将竞争和竞争关系作为界定不正当竞争的前提的观点，会限制法律的适用范围，于是实践中开始重新界定竞争关系和竞争行为，回归法律规定和立法本意，在广义的市场竞争框架内，关注竞争行为本身的性质。

本案中，法院指出，“是否构成不正当竞争行为以及是否适用《反不正当竞争法》，应当主要从被诉具体竞争行为本身的属性上进行判断，而非要求经营者之间必须属于同业竞争者或者其提供的商品或服务具有可替代性”。因此，本案被告以经营者之间的经营范围以及商品服务的非竞争性作为抗辩并没有得到法院的支持。可见，法院采用的也是从竞争行为本身出发而不是从竞争关系角度出发认定不正当竞争。

判断是否构成不正当竞争应从不正当竞争行为的定义入手，从界定行为的构成要件与核心特征入手，但第2条第2款“违反本法规定”对构成要件缺乏清晰的表述，“扰乱市场竞争秩序，损害其他经营者或者消费者的合法权益”仅描述了违法行为的损害对象和后果。因此，在司法实践中，法院需要借助第2条第1款的原则性规定去认定竞争行为的性质。第1款对竞争原则以及商业道德进行了规定，表达了法律对经营者在生产经营活动中的价值期许，同样缺乏具体的构成要件和法律后果，有学者指出，“该款无法直接适用于具体案件之中，因此从属性上来看应列入法律原则之中，不能视为一般条款”[②]，但是实

---

① 崔汪卫、尹钰：《反不正当竞争法一般条款适用困境与破解路径》，载《武陵学刊》2020年第1期。

② 傅显扬：《反不正当竞争法一般条款的“定位转型之困”与适用转型的变革方向》，载《南昌大学学报（人文社会科学版）》2019年第5期。

践中对第1款的参照使其事实上成为适用于具体案件对不正当竞争行为的判断标准。

本案中，法院指出，"《反不正当竞争法》主要是从竞争行为是否违背诚实信用原则和公认的商业道德等竞争原则的角度界定是否构成不正当竞争。因此，只要一种竞争行为违背了诚实信用原则和公认的商业道德，可能扰乱正常的社会经济秩序并给其他经营者和消费者造成损害，就有可能构成不正当竞争行为，需要适用《反不正当竞争法》进行评价和调整"。可见，法院在认定不正当竞争行为时综合考察了第1款的竞争原则以及第2款的损害对象和损害后果，将其共同作为构成要件。

（二）消费者利益和公共利益的考量

我国现行《反不正当竞争法》对于不正当竞争行为的界定，在保护合法权益的范围上，已经将经营者与消费者都纳入保护范围内，并且在第1条立法宗旨条款中纳入了对于保护消费者权益的考量。由于反不正当竞争法以维护竞争秩序为最终目标，因此，经营者利益与公平竞争的维护仍是合法利益的重点关注，"一个行为如果损害了经营者的权益，或消费者的权益，但如果没有对公平竞争秩序构成损害，则不是不正当竞争行为，不正当竞争必然与竞争联系起来"[①]。

现代反不正当竞争法通常都具有保护经营者、消费者和公共利益的多重保护目标，也即所谓的"三叠加"保护目标，而对于公共利益的保护则是通过保护"未受扭曲的竞争"实现的。[②]在具体不正当竞争行为的认定中，保护经营者、消费者和公共利益这三种目标既可能兼顾，又可能有所侧重，有时还需要进行利益平衡。[③]对消费者利益和公共利益的保护关注于公平竞争，而扭曲的不公平竞争则可能会损害这些利益，但竞争的公平性并不总是公共利益的最佳保障，有时竞争的效率性对公共利益同样重要。

本案中，被告结合原告电视剧中的主要人物角色，总结出四类人群的特点，由于对保险购买的需求因人而异，被告在此基础上针对各类人群量身定制，分析每类人群适合购买何种保险。法院指出，涉案电视剧人物角色主要起到了以列举的方式对现实中的职场人群进行类型划分的作用，能够使社会公众感同身受，更加简便高效地传达了文章所表达的不同人群的保险需求以及相关

① 孙琬钟主编：《反不正当竞争法实用全书》，中国法律年鉴社1993年版，第26~27页。

② 参见范长军：《德国反不正当竞争法研究》，法律出版社2010年版，第61页。

③ 参见袁锋：《浏览器自带网络广告屏蔽功能的竞争法责任研究》，载《电子知识产权》2014年第7期。

的保险知识和理念。这种将电视剧中的人物角色进行现实生活类比的方式，生动地展现了保险所针对的不同人群定位。由此看来，法院在此是站在效率的竞争观的角度，表达了对涉案行为在提高信息传递效率，提高信息传播水平方面的肯定。这是效率的竞争观对于公平的竞争观的一种修正，是对于竞争利益边界的限制。法院指出，尽管原告某甲公司对其制作并出品的影视作品享有竞争利益，“但该竞争利益的边界应当顾及公共利益、消费者利益和竞争自由”。可见，竞争利益的边界是一种效率和公平、自由和公平等不同价值之间的衡量，同时涉及消费者利益、公共利益等多方利益的考量。竞争利益边界的划定，对于认定不正当竞争行为十分重要，既要维护竞争者利益，也要防止对公有领域的不当入侵。市场配置资源是通过竞争实现的，应当首先由市场来优化资源配置，由此实现市场效率。要避免不当地扩张不正当竞争的范围而限缩自由竞争的范围。正如法院所指出的，由于本案的被诉行为仅是利用了涉案电视剧的公共文化功能，原告的竞争利益也不应当延伸至被诉行为，不应从被诉行为获得市场利益。因此，法院认为被告的行为符合商业伦理标准和诚实信用原则，不属于不正当竞争行为。

尽管有学者认为公平竞争的秩序是竞争法的根本性目的，保护私益是为保护公益服务的。[①] 但是，在公平和效率之间，自由竞争有时对于公共利益恰恰是有利的，竞争利益的边界也要注意衡量公平竞争与自由竞争，防止对自由竞争的不当限制，防止对公有领域的不当入侵。

四、结论

对以知识产权权利为基础形成的竞争利益的保护涉及反不正当竞争法一般条款的适用，一般条款的具体化着眼于对不正当竞争行为的界定。不正当竞争的认定不应首先从竞争关系的角度考虑，而应主要从竞争行为的属性上进行判断。在判断竞争行为的性质时应从市场竞争环境出发，综合考虑经营者、消费者以及社会公众的利益并实现利益的平衡。本案的启示在于，竞争利益的边界应当顾及公共利益、消费者利益和竞争自由，在判断竞争行为时，应考虑竞争行为是否损害自由竞争，抑或是否有益于公共利益和消费者利益，从上述这些角度判断竞争行为的性质，划分竞争利益的边界，既要维护竞争者利益，也要防止对公有领域的侵夺。

---

① 参见孙琬钟主编：《反不正当竞争法实用全书》，中国法律年鉴社 1993 年版，第 26~27 页。

商业秘密保护的实质要件

——南京某有限公司与姚某强侵犯商业秘密纠纷案

/ 戴可

本案要旨

商业秘密保护，不仅需要满足构成商业秘密的形式要件，如秘密性、实用性和保密性，还需要满足构成商业秘密的实质性要件，即其取得和行使过程中都必须遵守法律法规的规定，符合社会公益和社会秩序。若在经营信息的产生过程中，存在同相关行政法规相违背的行为，则该经营信息即便满足形式要件，也无法获得商业秘密的保护。该种实质性要件背后的理论基础在于知识产权制度设立之初便固有的利益平衡理论，在保障私人垄断权益的同时还需要对此进行限制。无论将对知识产权的限制制度理解为知识产权公权化还是私法公法化，实质都是对利益平衡理论的不同定位。因此，只有真正理解知识产权背后负载的利益平衡理论，才能正确理解商业秘密保护的实质要件。

案件信息

原告：南京某有限公司

被告：姚某强

案号：江苏省南京市中级人民法院（2007）宁民三初字第137号

原被告主张及理由

原告南京某有限公司诉称：被告姚某强系原告公司聘请的英语教员，负责教授幼儿英语，在2006年不辞而别之后，带走了原告所有的经营信息，即学员学籍资料以及原告享有知识产权的英语教学方法，并带走部分在原告处学习的学员另行授课牟利，侵害原告合法权益，请求法院追究被告的法律责任并赔偿原告经济损失。

被告姚某强辩称：原告不具备教学资质，也并未取得《社会力量办学许可证》和《民办学校办学许可证》，属于非法经营行为。被告在劳动合同期满之后的教学行为，未利用原告的经营信息，也未违反竞业禁止规定，因此请求法院驳回原告的诉讼请求。

法院查明的事实

原告南京某有限公司于2000年8月设立，经营范围为书刊、音像制品、电子出版物零售，文化交流服务，人员培训等。原告以“阶梯英语学校”的名义聘请多名英语教师使用《你和我阶梯快乐儿童英语》教材和录音带从事培训工作，并收取培训费。该教材在“编者的话”和宣传册中均说明了“YOU&ME”的六大教学法的具体内容，它们分别是“自然拼音教学法、直接式母语教学法、TPR肢体反应教学法、重叠螺旋式教学法、多元化多媒体情境教学法、左右脑平衡潜能开发教学法”。原告在庭审中称其主张的知识产权为“阶梯英语教材和教学模式”，其主张的商业秘密为“经营信息，学生姓名、数量、分布情况和家长的自然情况”。

被告姚某强为原告招聘的英语教师之一，双方在2006年7月1日签订了《劳动合同》，约定在2006年7月1日至12月31日，被告被聘用进行教学，同时保守原告的“商业秘密”，若违反该保密义务，给原告造成损失的，被告应按损失程度进行赔偿。此外，被告离职之后，受到竞业禁止的限制，6个月内不得在与原告存在直接竞争关系的单位任职。

2007年1月27日，在双方签订的《劳动合同》期满之后，被告办理了交接手续，上交了学生点名册、学生联系方式、授课教案和笔记等。2007年2月5日，经过仲裁委员会的调解，原被告在2007年2月27日达成了调解协议。

2007年3月，原告拍摄了被告给幼儿上课的照片，依据黑板上的星星图案主张被告未经允许使用了其享有知识产权的教材和教学模式。被告则陈述，其在离职之后，应之前部分教授学生家长的要求而进行补习。

此外，根据2005年7月15日和2006年8月3日《金陵晚报》上刊登的有关文章，包括《“阶梯文化”无资质却招生办学》和《“阶梯文化”被责令限期整改》，被告提出原告不具有办学资质的事实，原告直至庭审结束，也未拿出包括《社会力量办学许可证》和《民办学校办学许可证》在内的有效证据来反驳这一主张。

➲ 法院判决理由与裁判结果

南京市中级人民法院认为，本案争议的焦点在于：（1）原告主张的“阶梯英语教材和教学模式”是否构成原告享有的知识产权；（2）原告主张的“学生姓名、数量、分布情况和家长的自然情况”等信息是否属于我国法律保护的商业秘密。

对于原告主张的“阶梯英语教材”，该教材作者为颜尚武，出版社为九州出版社，而原告主张的阶梯教学模式也在该书的“编者的话”部分有详细的描述，一般而言，在无相反证据证明的情况下，该教材和教材中描述的教学方法所产生的相关知识产权均由书籍的作者，即颜尚武享有，而非原告南京某有限公司。同时，原告也并未将其主张具体明确到哪一类知识产权，而根据现有证据也无法确定，因此，原告对教材和教学模式享有知识产权的主张无法得到支持。

至于原告主张的“学生姓名、数量、分布情况和家长的自然情况”等信息是否构成受保护的商业秘密，法院认为，《反不正当竞争法》中对商业秘密的定义为，“不为公众所知悉、能为权利人带来经济利益、具有实用性并经权利人采取保密措施的技术信息和经营信息”。但同时不能忘记商业秘密的私权属性，无论是其取得还是行使过程均应遵守法律法规的规定，并符合社会公共利益和社会公共秩序。而本案中，原告作为民办教育的一员，同样应遵守我国为了实施科教兴国战略、促进教育事业健康发展而配套实施的法律规范体系，包括《教育法》《民办教育促进法》《民办教育促进法实施条例》等。

本案中，原告在多地开展幼儿学前英语教育培训，属于学前教育范围，按照我国有关教育体系的法律规定，其应首先经过县级以上人民政府教育行政部门的审批，在取得教育行政部门颁发的《社会力量办学许可证》或《民办学校办学许可证》之后才能开始正式进行教学培训，否则将不具备合法办学的资质。但由于本案中，直至庭审结束，原告也并未拿出相关的有效证明，因此，即便其多年在幼儿英语教学培训过程中积累的各种“经营信息”在形式上符合商业秘密的构成要件，但由于原告无法证明其具有合法的办学资质，经过教育行政部门的审批，其实质上也不能构成受法律保护的商业秘密。故原告关于请求法院追究被告侵犯其商业秘密的主张也无法得到支持。

➲ 案例解析

本案是针对商业秘密保护需具备的形式要件和实质要件而引发的诉讼。

创造性的意义在于，其点明了包括符合公共利益、遵循法律法规的规定等在内的实质性要件在判定是否获得商业秘密保护中的重要地位，促使法官、权利人乃至社会公众更加重视实质性要件在商业秘密保护中的作用，认识到商业秘密作为私权的一种，同时应承担利益平衡的社会任务。在司法实践中，人们普遍更加关注被诉技术信息、经营信息是否满足商业秘密的形式要件，以防公共信息被不当垄断，但实质要件的指向同样十分重要，涉及对产业秩序、社会秩序的维护。本案则是少有的法院在商业秘密形式要件之外，明确提出商业秘密保护的实质要件概念的案件。以下将结合案件探讨商业秘密保护的形式与实质要件的概念、认定，以及商业秘密作为知识产权的一种同样需要承担的利益平衡的社会任务。

一、商业秘密保护的形式要件

国际上，商业秘密最早被称为“未披露的信息”，《与贸易有关的知识产权协定》（以下简称《TRIPs 协定》）第 39 条对其主体、客体和构成要件进行了全面的阐释，相关信息需要满足三个构成要件才能被认定构成“未披露的信息”：（1）属于秘密；（2）因属于秘密而具有商业价值；（3）信息的合法控制人在此种情况下采取合理的步骤以保持其秘密性质。各成员对这一条文进行调整适用，以期更契合其国内发展情况。对此，主要对应国内 1993 年《反不正当竞争法》第 10 条第 3 款的规定：“本条所称的商业秘密，是指不为公众所知悉、能为权利人带来经济利益、具有实用性并经权利人采取保密措施的技术信息和经营信息。”[①] 相比《TRIPs 协定》中的“商业价值”，我国《反不正当竞争法》则同时用了“能为权利人带来经济利益”和“具有实用性”两个概念来阐述，这也促使国内大部分学者认为商业秘密需要具备以下四个形式要件：秘密性、价值性、实用性和保密性。

首先，商业秘密需要具备秘密性，能同公知信息相区别是其为个人所垄断的前提，也是构成商业秘密的核心要件。其判断的依据在于是否“为公众所知悉”，对此，2007 年公布的《最高人民法院关于审理不正当竞争民事案件应用法律若干问题的解释》对这一标准的实际适用进行了详细的解释。2020 年公布的《最高人民法院关于审理侵犯商业秘密民事案件适用法律若干问题的规定》（以下简称《审理侵犯商业秘密民事案件适用法律规定》）吸收、整合和完善了《最高人民法院关于审理不正当竞争民事案件应用法律若干问题的解释》

---

① 现对应 2019 年修正的《反不正当竞争法》第 9 条第 4 款。

的规定，对商业秘密的构成要件作了详细的解释。一方面，主体上的“公众”实际上应为“所属领域的相关人员”而非所有公众，因此法院在判定时应首先圈定一个相关人员的范围，虚设一个恰好位于该范围内的人，来判断其是否具有知悉的可能性。另一方面，“知悉”实际上包括“普遍知悉”和“容易获得”两种情况，既包括已经在公开渠道出版或使用，同时还包括获取渠道所需成本较低的情况。除此之外，《审理侵犯商业秘密民事案件适用法律规定》还对满足“信息为公众所知悉”的具体情形进行了列举，通过这种方法，《审理侵犯商业秘密民事案件适用法律规定》对秘密性在实践中的认定提供了有效的指导。

其次，商业秘密需要具备的经济利益和实用性，同《TRIPs 协定》中的“商业价值”相对，体现的实际上是商业价值的两个不同方面，经济利益既可以体现在其给企业带来的具体收益上，也可以体现在无形的竞争优势上，但除此之外，单纯具备实用性的商业秘密也能为企业带来商业价值。实践中对此争议并不大，因为很多时候，被诉侵权人对这一经营信息或技术信息的使用就印证了该信息确实具备一定的商业价值。①

最后，主张具备商业秘密的权利人还需证明其对这一信息采取了合理的保密措施。《审理侵犯商业秘密民事案件适用法律规定》第 5 条第 2 款规定：“人民法院应当根据商业秘密及其载体的性质、商业秘密的商业价值、保密措施的可识别程度、保密措施与商业秘密的对应程度以及权利人的保密意愿等因素，认定权利人是否采取了相应保密措施。”法律并非强人所难要求万无一失的保密措施，合理的措施既能保证该信息有值得通过法律保护的必要，又能将企业的经济负担和人力成本控制在可接受范围内。

商业秘密的形式要件是获得商业秘密保护的重要基础，是否满足形式要件也成为法院在裁判商业秘密案件中的首要步骤，但并非所有满足形式要件的信息都能获得商业秘密保护，实质要件的满足也必不可少。与关注该信息本身的具体内容和需具备的形式要件相比，实质要件更关注该信息整体上对社会公益和社会秩序的影响。

二、商业秘密保护的实质要件

相比于关注商业秘密内容本身的形式要件，实质要件更关注该信息的产生与使用过程是否符合相关领域法律规定，符合社会公共利益，遵循行业、社

① 2017 年修订《反不正当竞争法》时，商业秘密构成要件中的“实用性”已改为“商业价值”。参见《反不正当竞争法》（2017 年修订）第 9 条第 3 款。

会秩序。一方面，就该信息的产生过程而言，可以从以下几方面考虑：首先，主体上，该企业是否为合法设立的企业；其次，该信息的获取过程是否符合相关法律法规的规制要求，获得了一定的许可等；最后，该主体获取信息的具体行为中是否存在不当行为或采取非法手段。另一方面，就该信息的使用过程而言，即便其是通过合理且合法的渠道获取，但若最终是用于帮助违法犯罪，则此种信息同样无法获得商业秘密的保护。

本案涉及信息的获取是否合乎相关领域法律法规的规制要求。涉案信息为在民间企业组织的培训活动中积累的经营信息，其应当符合我国为规制民办教育领域的经营行为而构建的法律体系，包括《教育法》《民办教育促进法》《民办教育促进法实施条例》等。由于这些法律法规的颁行实际上是我国科教兴国战略目标的体现，违反这些法律法规的规定也是对其建立的民办教育秩序的违背。因此，在本案中，作为权利主体的南京某有限公司，由于无法提供《社会力量办学许可证》和《民办学校办学许可证》等相关证据，不具备一定办学资质，其经营行为不具有合法性，在这一过程中产生的相关经营信息也同样无法获得保护。

商业秘密作为一种私权，无论是其形式要件还是实质要件，本质上都是对私权保护的一种限制，限制实际受到保护的权利范围，在私权之上还赋予了其利益平衡的社会任务。比如，形式要件中的秘密性要求，将公知信息排除在外，在排除私人独占的可能性的同时，为创作、发明创造等创造性活动提供了更多公共素材。由此，合理把握秘密性的判断标准，就能使商业秘密成为平衡私人权利和社会利益的杠杆。商业秘密的实质要件也是如此，相关领域法律体系设立之初就经过了深思熟虑，是对多方利益衡量后得出的较优结论，对这一结论的违反实际上就等同于对利益平衡原则的破坏。但如何理解商业秘密承担的利益平衡任务，离不开对知识产权私权社会化的理解和探讨。

三、知识产权的公权化和私法的公法化

在封建时期，知识产权作为君主对部分人所特别授予的一种特权，具有不平等性，而随着社会发展和时代变化，现代社会更需要一种能为个人所平等享有的知识垄断权利。如今，知识产权归入民法典体系中，兼具财产属性和人身属性，任何人在满足一定条件时都能对其进行有限制的垄断，其私权属性日益明显。但这并不等同于其能同传统私权（如所有权）相提并论。所有权具有绝对性，而知识产权，无论是从设立之初的目的，还是从其构成要件、获取及使用过程，都可以窥见其在私权之外的社会属性。

以商业秘密为例，为应对社会发展及企业扩张的需求，对作为企业重要资产（很多时候甚至是企业的立身之本）的商业秘密，如人们所熟知的可口可乐的配方，设立相关法律制度进行保护，不仅有利于企业的权益保障、持续发展，同时也是对商事秩序的维护。该设立初衷也就决定了商业秘密制度于设立之初，在私权保护之外，同样应对私权进行限制，为社会公众提供利用空间。由此，在商业秘密的构成要件上就设立了多道门槛，秘密性将公知信息和相关公众易获得的信息排除在垄断之外；价值性进一步将信息限定在能够为企业带来商业价值的信息上；保密性则提高保护的必要性，避免权利人滥用商业秘密制度。通过这三道防线，限制能获得商业秘密保护的信息范围，为社会公众预留出足够的社会资源，以便再创造。此外，无论是该权利所在单位的设立过程还是商业秘密的获取过程，都应符合国家为规制某些领域而颁行的法律规范，设立上要符合国家要求具备的行政资格、完成相关手续同时取得相关证明，获取过程中应当符合法律和道德准则，采用合法手段，必要时还应取得他人同意。这些都属于国家对商业秘密在取得、使用过程中的规制。由于以商业秘密为例的知识产权所具备的以上特质，有学者认为知识产权呈现公权化趋势，[①]但同样有学者对此表示反对，认为知识产权具有的利益平衡功能并不等同于公权化趋势。无论孰是孰非，知识产权法承担实现利益平衡目标的任务，在私权保护的同时进行公共利益的维护却是不争的事实。

（一）知识产权公权化

主张知识产权公权化的学者认为，无论是从理论上还是实践中，知识产权作为私权的立场并未改变的同时，随着国家介入因素的增强，其公权化因素也在增强。[②]这主要体现在知识产权本身所应具备的利益平衡功能和固有的专有性上。一方面，知识产权承担着在私人权利和社会公共利益中进行合理平衡的调节作用，通过合理限定私人权利范围的方式，划定公共资源的范围，同时通过诉讼打击压缩公共资源、滥用私人权利的不当行为，明晰私益与公益的界限。为了实现此种平衡，国家建立包括著作权法、专利法等在内的法律体系进行指导，国家公权力同时也渗透在知识产权的取得、行使和救济的方方面面，通过出台诸多公法规范来规范权利人的行为。另一方面，正是因为知识产权作为私权的一种，专有性为其固有属性，权利人享有知识产权的合法垄断，有垄断的存在就难免会带来权利的滥用与扩张，个人的私心会带来权利扩张的欲

---

① 冯晓青、刘淑华：《试论知识产权的私权属性及其公权化趋向》，载《中国法学》2004年第1期。
② 冯晓青、刘淑华：《试论知识产权的私权属性及其公权化趋向》，载《中国法学》2004年第1期。

望，因此更加有必要出台相关行政规范，在知识产权的产生、使用、转让和救济等各个方面进行监督。

有了以上公权力介入理论上的必要性之后，实践中也可以窥见公权力机关为保障知识产权制度良好运行所进行的努力。事实上，权利人取得、行使和转让知识产权无时无刻不处于公权力的监督之下。在知识产权的取得上，有诸如专利、商标等需要经过相关行政部门审核才能进行授予的权利客体，专利权人和商标权人需先分别申请专利和商标注册。其中，商标注册申请需经过异议期间，无第三人异议成功，审核后商标注册申请方能被核准。至于能够自动获得的著作权，随着社会发展以及国家间贸易的加强，为了更好地对本国著作权进行保护和管理，有些国家甚至开始试行版权登记制度，虽无须似专利、商标等经过一定期间和多程序的审查，但相关行政机关的登记数据一定程度上能够作为可采信的证据在纠纷中发挥作用。至于在权利的使用和转让阶段，一方面，行政机关在各个阶段设立相关登记、备案手续进行限制管理，如在权利人向外许可时要求进行许可备案才能发生法律效力，以及专利转让时同时需要进行转让登记，才能发生权利归属移转的效果；另一方面，相关限制制度如合理使用、强制许可等也在持续发挥着作用，甚至在权利滥用超出一定限度时，作为典型公法的《反不正当竞争法》将重拳出击，对该知识产权的不当利用行为进行打击。

无论是理论上还是实践中对知识产权公权化的讨论，实际上都是对公权力机关对知识产权制度各个方面作用的理解。公权力作用的理论基础主要在于知识产权所背负的利益平衡任务上，因为世界上不存在没有限制的权力，公权力不仅是在知识产权上，在其他私权上也一样进行着管理，限制其滥用，但为何在知识产权上公权力的介入体现得较其他私权似乎更为明显，原因就在于知识产权从产生之初就带有兼顾私益和公益的法律目的，这一目的就决定了在设立私益保护制度的同时也需要相应设立对私益的限制制度，而该限制制度无法期望个人能自觉遵守，由此便需要公权力机关在其中积极作为。也正是出于公权力机关在知识产权制度中无可替代的重要作用，知识产权公权化有了可生存的土壤。然而，对这一观点也存在质疑之声。有观点即认为知识产权的公权化主张是私权理念的一种倒退。[①] 这里可能存在某种误解。实际上，知识产权公权化趋向指的是，作为私权的知识产权所追求的维护社会公共利益的价值取

① 于志强:《论知识产权的私权属性——关于“知识产权的公权化理论”的置疑》，载《法学论坛》2012 年第 2 期。

向，并非简单地将知识产权定位于“公权”。

（二）私法的公法化

反对知识产权公权化学者的主要观点为，私权的公权化同私法的公法化不是同一种概念，即便公权力机关对知识产权的产生、使用和救济进行了限制，也无法改变知识产权的私权属性，知识产权永远不会存在私权和公权属性共存的情况。

知识产权作为一种私权，无法公权化。从公法和私法的划分规则出发，属于何种权利应当取决于该权利的基本内容而非产生方式。[①] 如今存在多种关于公法和私法的划分标准，尚不统一，包括利益说、关系说和法律说等，但无论是何种学说，其本质上都是对不同权利的基本内容进行的分析和分类，并不关注该权利的产生方式。仅依据对知识产权授权上的审查和使用中的限制是来自公权力机关，就得出知识产权具有公权力属性的结论是不合理的。相反，应着重分析知识产权的具体权利内容：是否主要是为了实现私人利益，是发生在国家和自然人之间，还是平等主体（如自然人与自然人）之间，权利背后的法律依据是私法还是公法等。由公权力机关主导对知识产权的授予与限制，不等同于对知识产权赋予公权属性，因为公权力机关的介入，并未改变权利具体内容，如公权力机关控制专利权、商标权的授予，但在权利授予完成之后，权利人可以自由享受专利权、商标权带来的权益，其使用方式、使用范围、使用期限等不会受到影响。

但是反对知识产权公权化的学者并不反驳该观点背后的利益平衡理论，而是将行政机关为平衡私益和公益做的种种努力代称为私法的公法化，认为行政机关在知识产权授权、行使和救济过程中的种种介入行径，反映的其实是随着时代发展，私法中久已存在的公法化现象，并非仅知识产权领域独有的所谓私权的公权化。包括知识产权法在内的私法领域，对其的限制和实施离不开公法的干预。有学者认为该干预具备两种形式：一种是“外化”为新的法律部门，如我国的《反不正当竞争法》，就作为一部国家干预法，体现了公权力对国民经济的介入。另一种是“内化”为对私法自治原则的限制，[②] 如知识产权中对权利人使用的限制，即便存在限制也无损于知识产权的私权属性，因为其实质内容未变，权利人仍享有完整的受保护的知识产权权利。一定的公法化能

---

① 吴汉东:《关于知识产权私权属性的再认识——兼评“知识产权公权化”理论》，载《社会科学》2005 年第 10 期。

② 吴汉东:《关于知识产权私权属性的再认识——兼评“知识产权公权化”理论》，载《社会科学》2005 年第 10 期。

辅助私法更好地运行，同时打击权利滥用行为。

不可否认的是，两种观念都承认知识产权所承担的利益平衡功能，并都试图为通过行政行为或限制行政行为来实现利益平衡的过程匹配一个合理的定义。知识产权公权化观念最大的不足在于其忽视了公权与私权内容上的区别，未曾合理回应知识产权的限制制度对该权利本身内容上的影响。至于知识产权公法化的观念，其将知识产权作为私法体系中的普通一员，用私法中久已存在的公法化现象进行解释，具有一定合理性，但此种解释似乎抹杀了知识产权制度同其他私法制度相比，在设立之初便具有的特殊性，即其承担着较其他私法制度更重的公益保护任务，在私权保护和社会公共利益保护中探索着微妙的平衡点。总之，通过在知识产权授权、行使和救济上进行限制来进行利益平衡符合知识产权法的目的。回到本案中，在民办教育经营过程中产生的经营信息，要获得商业秘密保护，则要满足我国为维护和促进民办教育发展进行的法律布局，在享有私人商业秘密保护的同时，也要维护国家在民办教育等社会领域的战略布局，此即构成商业秘密所需具备的实质要件。

四、结论

认定被诉信息是否构成商业秘密时，不仅应关注其是否满足形式要件，即秘密性、商业价值性和保密性，还应注意该信息是否满足实质要件，即获取、使用过程中是否均遵循相关法律法规的规定，是否符合社会公共利益和社会秩序的要求。该实质性要件源于知识产权制度设立之初即负有的利益平衡任务，在授予权利人私益的同时还需进行限制，保障公共利益的生存空间。对于此种通过权利限制达到利益平衡的行为，存在不同观点，包括知识产权的私权公权化和私法公法化两种观念，但无论是哪一种观念，都是以知识产权的利益平衡理论为基础。本案中的实质要件即为利益平衡理论在商业秘密保护中的实现，通过理解利益平衡理论来重视实质要件在商业秘密保护中的作用能帮助我们更好地解决商业秘密纠纷。

商业秘密新颖性及相关认定标准

——江苏省南通市通州区人民检察院诉刘某某等侵犯商业秘密罪案

/ 藏依格

本案要旨

“不为公众知悉”即秘密性要件中蕴含着对新颖性的要求。商业秘密的秘密性可被理解为其应当与公知信息存在最低程度的不同，无法轻易获知。针对技术信息，可从以下方面判断：（1）技术信息无法为所属领域内相关人员通过观察、测量等常规分析或通过一般想象获取，其自身或组合蕴含创造性劳动。（2）技术信息具有一定进步性，但无须达到可专利高度，需能与常规知识显著区分。针对经营信息，则可从以下方面判断：（1）经营信息是否有别于公有领域信息，并含有特殊的深度信息。当其中全部或部分信息为公共信息，则考察组合形成的整体是否具有非公知性。（2）获取经营信息是否投入较多人员、物质成本，同时仍需关注信息容易获取的实质，高费用不一定必然代表难以获取。

案件信息

公诉机关：江苏省南通市通州区人民检察院

被告人：刘某某、李某某

案号：江苏省南通市通州区人民法院（2011）通知刑初字第0003号

主张及理由

公诉机关认为：被告人刘某某、李某某盗窃、使用及违反约定使用了他人商业秘密，给商业秘密权利人造成重大损失，其行为已构成侵犯商业秘密罪。二被告人共同实施侵犯商业秘密犯罪行为，均起主要作用，本案是共同犯罪，二被告人均是主犯，应当按照其所参与的全部犯罪处罚。

被告人刘某某辩护人辩称：被告人刘某某对起诉书指控其犯侵犯商业秘密罪

的犯罪事实及罪名均持有异议，认为只是违反了保密协议和竞业限制协议，不构成侵犯商业秘密罪；对鉴定结论有异议。主要辩护意见如下：（1）某甲公司未明确内绝缘管与注射芯模之间间隙的具体参数，该信息缺乏复制使用条件。（2）“有锥度且有配合间隙”技术信息为非公知技术信息的鉴定报告不能作为定案的依据。（3）缠绕芯模有一定锥度是公知常识，有教科书证明。（4）某甲公司与某公司的注射工艺环境、方法、手段不具同一性，谈不上侵权。（5）某甲公司主张的是注射芯模与绝缘管之间的间隙，而鉴定人仅依据缠绕芯模与注射芯模的端面尺寸进行比对，推导不科学。（6）用独占许可权价值认定损失没有事实和法律依据。

被告人李某某辩护人辩称：被告人李某某对起诉书指控的基本事实无异议，但对指控的两个技术信息属于商业秘密及指控其犯侵犯商业秘密罪的罪名有异议，认为其行为应当属于民事责任的范围，不构成侵犯商业秘密罪。辩护意见如下：（1）关于“O”形密封圈尺寸参数这一秘密点：①公诉人未明确该信息的载体，无证据证明李某某带走此资料；②鉴定意见存在严重缺陷。（2）关于“有锥度且有配合间隙”这一秘密点，鉴于当前制芯模水平，注射芯模与绝缘管之间必然存在无法完全贴合的情况，该技术信息不具有商业秘密的特征。（3）李某某没有侵犯商业秘密的故意，其所设计的110KV的法兰和密封圈没有付诸实施。

法院查明的事实

2000年至2004年，某甲公司自主研发成功空心复合绝缘子并投入生产，将包含本案所涉技术信息在内的现有的以及正在开发的产品的信息和资料、产品设计图纸、技术训练内容和培训资料等各类信息、技术资料和成果，确定为公司的商业秘密，并通过制定《计算机网络管理规定》、与员工签订《劳动合同》《保密协议》《竞业限制协议》等方式，对该商业秘密加以保护。

二被告人分别于2007年、2008年成为某甲公司的技术人员，并按规定与某甲公司签订了上述协议，工作期间二人掌握生产空心复合绝缘子的工艺流程及相关技术信息。其后，二人违反《保密协议》，用U盘备份储存于某甲公司电脑中的部分生产技术资料带出。2009年6月和7月，二被告人应某公司邀请，违背《竞业限制协议》，先后到某公司工作。

2009年7月至12月间，二被告人在某公司共同参与空心复合绝缘子产品的研制工作，擅自使用在某甲公司工作中掌握的技术信息以及窃取的某甲公司生产空心复合绝缘子的部分技术资料。其中，被告人李某某参照某甲公司的设计图纸，设计了110KV空心复合绝缘子的法兰和与之相配套的“O”形密封圈图纸。某公司委托湖南康某铸造有限公司按图纸生产110KV空心复合绝缘子的法兰。同期，被告人刘某某、李某某分别设计了220KV空心复合绝缘子缠绕芯模和注射芯模图纸。随后，某公司委托连云港市锦某机械制造有限公司按上述图纸生产缠绕芯模和注射芯模。

此后，二被告人共同参与了某公司在广东佛山市伊某密精密机械有限公司进行的注射环节的试模。过程中，被告人刘某某向某公司参与调试的员工披露某甲公司在注射硅橡胶时注射芯模与绝缘管之间有一定的配合间隙这一技术信息，同时披露某甲公司在将绝缘管往注射芯模套装时采用的控制配合间隙的方法。通过调试，某公司试制出了220KV空心复合绝缘子产品。

经上海市知识产权司法鉴定中心鉴定，该中心作出上知司鉴字〔2010〕第401、501、1003号司法鉴定意见书。401号鉴定意见书的鉴定意见如下：（1）某甲公司空心复合绝缘子端部密封结构“O”形密封圈选用的内径尺寸和截面尺寸技术参数属于不为公众所知悉的技术信息；（2）某甲公司空心复合绝缘子在真空整体工艺注射成型时内绝缘管与注射芯模均有一定锥度，且内绝缘管与注射芯模之间有一个配合间隙属于不为公众所知悉的技术信息。

501号鉴定意见书的鉴定意见如下：标记有“某科技”的法兰图纸中关于空心复合绝缘子端部密封结构“O”形密封圈的尺寸要素与南通市神某电力科技有限公司主张的“O”形密封圈技术参数相同。

1003号鉴定意见书的鉴定意见如下：（1）标记有“某公司”的图纸所示缠绕芯模、注射芯模涉及的内绝缘管与注射芯模均有一定锥度，且内绝缘管与注射芯模之间具有一个配合间隙；（2）标记有“某公司”的图纸所示缠绕芯模、注射芯模与某甲公司提供的图纸所示缠绕芯模、注射芯模实质相同；（3）标记有“某公司”的图纸所示缠绕芯模、注射芯模涉及的相关尺寸要素与某甲公司主张的“有锥度且有配合间隙”的技术特征实质相同。

经江苏五星资产评估事务所鉴定，某甲公司上述空心复合绝缘子的密封结构非公知制造技术市场独占许可权应用于110KV空心复合绝缘子的价值为人民币64.79万元；上述空心复合绝缘子的注射工艺非公知制造技术市场独占许可权应用于220KV空心复合绝缘子的价值为人民币127.45万元。

法院判决理由与裁判结果

江苏省南通市通州区人民法院认为，本案争议焦点如下：（1）某甲公司涉案的两项技术信息是否符合商业秘密的构成特征；（2）二被告人的行为是否侵犯了某甲公司的商业秘密。

一、关于某甲公司涉案的两项技术信息是否符合商业秘密的构成特征

某甲公司将包含涉案的两项技术信息在内的相关技术信息确定为企业商业秘密，与二被告人签订了《保密协议》，并通过计算机加密方法加以保密。对照商业秘密的构成要件，“是否不为公众所知悉”和“是否具有实用性和价值性”，是认定本案技术信息是否属于商业秘密的关键。

（一）涉案的技术信息是否不为公众所知悉

《密封设计与实用数据速查》中相关数据仅仅是“O”形密封圈的内径尺寸和横截面直径尺寸，本案是针对空心复合绝缘子中不同电压等级条件下对应的密封圈尺寸参数，非孤立的密封圈尺寸参数，因此，该证据不能证明权利人主张的“‘O’形密封圈尺寸参数”这一技术信息属于公知信息。

弘某公司使用的“O”形密封圈尺寸要素系其自行研发，且未公开发表，其对空心复合绝缘子强行解剖后才获得了密封圈的相关数据，表明密封圈尺寸数据通过观察等手段并不能轻易获得。弘某公司在生产过程中对相关尺寸数据的使用并不导致相关技术信息的公开。

关于“有锥度且有配合间隙”这一技术信息是否不为公众所知悉，法院认为，辩护人提供的证据能够证明，为了便于脱模，芯模带有锥度属于公知信息。但本案所涉的技术信息是“有锥度且有配合间隙”，是芯模有锥度和注射芯模与绝缘管之间有配合间隙这两项技术信息的组合。经有查新资质的江苏省科技查新咨询中心采取文献检索和网络检索等手段，在国内范围对涉案技术信息进行了查新，得出在所检文献中未述及相关信息的结论，并出具《科技查新报告》，在查新报告基础上，上海市知识产权司法鉴定中心作出《鉴定意见书》，结论为不为公众所知悉的信息。

根据上述分析，法院认定，本案所涉的“‘O’形密封圈尺寸参数”和“有锥度且有配合间隙”两项技术信息为不为公众所知悉的信息。

（二）涉案的技术信息是否具有实用性和价值性

涉案技术信息具有极大的实用价值及经济价值。

因此，本案所涉的“‘O’形密封圈尺寸参数”和“有锥度且有配合间隙”两项技术信息具备“不为公众所知悉”“价值性”“保密措施”要件，符合商业秘密的构成要件，属于商业秘密。

二、关于二被告人的行为是否侵犯了某甲公司的商业秘密

某公司与某甲公司的两项涉案技术信息具有同一性。二被告人主观上具有侵犯某甲公司商业秘密的故意，客观上实施了侵犯商业秘密的行为。

法院最终判决二被告人盗窃及违法使用、披露了他人商业秘密，给商业秘密权利人造成重大损失，其行为均已构成侵犯商业秘密罪，罪名成立，应予惩处。

案例解析

本案在裁判理由部分提到了商业秘密保护中的新颖性，认为其具有相对性，即在商业秘密满足保密性要件的前提下，不排除他人实际拥有并使用相同的商业秘密。但实践中，通常仅审查商业秘密的秘密性（不为公众所知悉）、商业价值性和保密性（采取相应保密措施）要件。商业秘密的构成要件中是否包含新颖性这一要素，其具体所指为何，有何含义，若有所包含，在实践中又当如何审查判断，这些都是值得关注的问题。本文将由此入手，探究商业秘密新颖性及其在司法实践中的问题与解决。

一、各国法律和国际公约中对商业秘密新颖性的表述

在查找并对比世界各国及国际公约中有关商业秘密的定义后，可以看出商业秘密构成要件的数量和具体组成内容并未在世界范围内达成普遍一致，但其中不乏一些要件是各国所普遍包含的，如秘密性、价值性和管理性（也可称为“保密措施”）。新颖性这一构成要件的情况则较为复杂。

新颖性被英美两国普遍接受，美国在其1979年颁布的《统一商业秘密法》中，对于商业秘密的定义首次出现“无法以正当方式轻易获知”（新颖性）和“合理的保密努力”（管理性）两个新的构成要件。这被视为美国关于商业秘密的重要法源之一，为大多数州所采用。美国1996年《反经济间谍法》[①]中，商业秘密的定义包含新颖性、管理性、秘密性和独立价值性四要件。英国主要通过判例对商业秘密进行保护，其在商业秘密立法方面与美国相比略显粗糙，意在通过法定的默示义务进行保护，但司法实践中，对于商业秘密的定义也包含表述为“重要的劳动、技术或金钱投入”的新颖性。其他国家的立法中基本极少出现对新颖性要件的明确要求，但在国际公约中，也有相关内容。《与贸易有关的知识产权协定》（以下简称《TRIPs协定》）、《北美自由贸易协

① 美国《反经济间谍法》对构成要件的描述为，所有人采取了合理措施保持其秘密性。该信息具有的独立的实际或潜在经济价值并非众所周知或者不易通过正当手段获得。

定》以及世界知识产权组织《反不正当竞争示范法》中对于商业秘密界定的具体表述虽略有差异，但其内在含义与构成基本相同，均为秘密性、新颖性、价值性与管理性。

我国2017年修订的《反不正当竞争法》[①]将原有的“能为权利人带来经济利益、具有实用性”即价值性与实用性两构成要件的表述修改为“具有商业价值”即价值性（或商业价值性），使得价值性的外延得以延伸，扩大了商业秘密的保护范围。商业秘密的构成要件也由此变为秘密性、价值性和管理性三要件。修订后的《反不正当竞争法》关于商业秘密的定义，虽在表述上逐步向《TRIPs协定》靠拢，但也仍未涉及广受争议的新颖性。

世界各国的理论界大都承认商业秘密信息应当至少与公共领域中的信息“保持最低限度的不同性”，但这是否就可以被认为是新颖性要件仍存在一定争议。

二、商业秘密新颖性的含义与争议

商业秘密的新颖性源于对专利法中概念的借鉴，但二者有显著区别。有学者认为商业秘密新颖性是“公众未熟知”的替代表述，有些则认为是商业秘密的不易获得性，还有的将其表述为秘密信息与公知信息的差别。[②]

国内学界对于新颖性的讨论有许多，一些学者认为其应当并入秘密性要件，一些则主张应独立列出，还有部分学者认为其根本不应当成为构成要件。此外，也有学者认为商业秘密的秘密性中应当包含新颖性的含义。

主张新颖性应当列为一个单独构成要件的学者多认为秘密性和新颖性有所不同，前者主要强调信息不为人知，后者则强调技术具有高度、难度而不容易被人知晓，即要求一定程度的进步性。但这里新颖性的要求远逊于专利法中显著性进步的要求，这里的新颖性仅是指非公知或非显而易见（具有最低限度不同）。[③]持反对意见的学者则认为，商业秘密的新颖性在我国法律中没有相关规定，其作为构成要件并无法律依据，无法为司法实践提供明确的判断标准，不利于正确认定商业秘密并保护商业秘密持有人的利益。

除此之外，也有更为折中的观点，肯定新颖性所指代的非公知、非显而易见要求具有存在价值，认可其在防止公共领域知识信息被垄断方面拥有较大意义，但同时不支持其作为一个单独的构成要件。这部分学者认为商业秘密的新颖性是

---

① 我国2017年修订的《反不正当竞争法》第9条第3款规定：“本法所称的商业秘密，是指不为公众所知悉、具有商业价值并经权利人采取相应保密措施的技术信息和经营信息。”

② 黄靖：《论商业秘密构成要件的界定》，中国政法大学2008年硕士学位论文。

③ 张玉瑞：《商业秘密・商业贿赂法律风险与对策》，法律出版社2005年版，第50页。

和秘密性紧密关联的。其中，有的认为秘密性中包含着对于新颖性的要求，也有的认为“不为公众所知悉”这一表达涵盖着对于秘密性与新颖性的双重要求。

与此同时，受专利新颖性的影响，对于商业秘密新颖性也有许多质疑之声，有观点认为其仅能适用于技术秘密案件中，用以分析技术信息是否具有创新性，而无法用于对经营信息的讨论，否则会导致商业秘密内部的属性混乱。但支持商业秘密新颖性存在的学者认为，以专利新颖性类比商业秘密的创造性问题并不合适，易引发混淆。他们也认为新颖性常在司法实践中成为诉讼争议焦点，对于经营信息而言，在整理、搜集这些信息的过程中往往包含着时间、精力、金钱等消耗，凝聚着创造性劳动，行业内部其他人员通常难以通过正当渠道取得，这就是新颖性的体现，因此不存在新颖性仅能用来衡量技术信息这一问题。

关于商业秘密新颖性，笔者认为，应当肯定其存在的意义，以防止对于公共信息的垄断，新颖性的含义可被理解为商业秘密应当与公共领域的知识、信息存在最低限度的不同，无法轻易获知。同时，笔者认为“不为公众所知悉”这一要求即秘密性要件中蕴含着对新颖性的要求，相关司法解释对“不为公众所知悉”所作出的解释“不容易获得”[①]已经融入了对于最低程度新颖性判断的内核。因此，司法实践中，在对是否构成商业秘密进行分析时，应当融入对于“最低程度新颖性”的审查。

三、商业秘密新颖性认定的司法现状

本案中，法院认为在我国司法实践中并未对新颖性作出特别要求。其认为商业秘密的新颖性具有相对性，在满足保密性要求的条件下，允许他人拥有相同的商业秘密，他人在生产过程中使用了相同的技术信息并不等同于该技术信息已通过使用而公开。

笔者认为，这样的描述更类似于将新颖性等同为独特性，即仅要求其相对于公共领域信息具有一定程度的独特性，但不要求其独一无二，对于其他商业秘密人拥有的商业秘密无须具有独特性。这似乎是对于在商业秘密的秘密性认定时，不因其他内容相同或相似的商业秘密的实际使用而认定其中信息已被公开。但这与商业秘密新颖性本身“与公共领域的知识、信息存在最低限度的不同”或是无法轻易获知的含义似乎有所偏差。

尽管我国相关法律及司法解释中并未对商业秘密新颖性进行明确规定，但在许多商业秘密纠纷案件中都会出现与其相关的争议，部分法院也会就涉案

① 完整表述为“有关信息不为其所属领域的相关人员普遍知悉和容易获得”。

信息应当具有新颖性进行审查与论述。

例如本案中，弘某公司使用的“O”形密封圈尺寸要素系其自行研发，并未公开发表，但密封圈的相关数据需要对空心复合绝缘子强行解剖才可获得，不能通过观察等方式轻易获得，证明本案的技术秘密信息无法轻易获知，即具有新颖性。此外，案涉技术信息“有锥度且有配合间隙”是公知信息“芯模带有锥度”和注射芯模与绝缘管之间有配合间隙这两项技术信息的组合，因此与公知信息存在差异的审查也是从整体上对于新颖性的考察。

又如，在某机械公司诉陈某等商业秘密侵权案中，法院认为涉案众多信息就单个而言属于公知领域内的参数值及形状范围，但原告将前述信息组成独特组合，蕴含创造性劳动，是设计者的智力创造，因此其整体应被视为非公知信息。[①] 在某化工公司等与上海化工研究院侵害商业秘密纠纷案中，原审法院认定其“不为公众所知悉”即具有新颖性，直接将二者相等同。[②] 在另一案件中，法院认为原告在产品图中详细记载了包含公差尺寸、技术要求等在内的技术信息组合，必定经过一定的思考研究，故涉案技术信息的整体具有非公知性。[③]

法院对于新颖性的审查与论述同样也出现在经营秘密案件中，例如，在宁夏某物产公司商业秘密纠纷案中，最高人民法院认为，客户名单若要被认定为商业秘密，通常须含有除去纯粹客户名称外的深度信息——交易习惯、交易意向等。[④] 在成都某化工公司与郭某商业秘密纠纷案中，法院认为，客户名单作为商业秘密，其新颖性要求应掌握不属于本领域内知晓的普通信息，能与普通信息保持最低限度不同性。[⑤]

在美国相关司法实践中，法院通常会明确指出商业秘密应当具备新颖性、独特性或创造性，但同时强调并不需要达到可专利性的高度。在判决书中法院所使用的词汇可能不同，如新颖性、独特性、创造性等，但一致的是这部分法院在进行涉案信息是否构成商业秘密判断时已经考虑到要分析涉案信息与公知信息相较而言是否具备“最低程度新颖性”。[⑥]

四、问题与反思

在查阅众多我国涉商业秘密案例后，笔者发现，在经营秘密案件中，尽管

---

① 参见江苏省无锡市中级人民法院（2004）锡知初字第 82 号民事判决书。

② 参见上海市高级人民法院（2005）沪高民三（知）终字第 40 号民事判决书。

③ 参见上海市高级人民法院（2005）沪高民三（知）终字第 146 号民事判决书。

④ 参见最高人民法院（2007）民三终字第 1 号民事判决书。

⑤ 参见四川省成都市中级人民法院（2003）成民初字第 591 号民事判决书。

⑥ 金莹：《商业秘密“不容易获取”判定规则研究》，华东政法大学 2017 年硕士学位论文。

部分法院存在对于客户名单是否包含深度信息或是否为形成客户名单有资金投入的考量，但尚未明确这些参考因素意在判断“无法轻易获知”抑或判断涉案信息与纯粹客户名单等普通信息间的最低程度的新颖性。正可谓“缺乏完善的逻辑和系统的理论依据，在司法实践中容易以偏概全或考虑不周”[①]。对于技术秘密案件，技术信息“最低程度新颖性”要求尚未形成统一的判断规则，容易造成只要是不能通过观察获取技术信息，就被认定为“无法轻易获知”的错误判断，进而影响裁判结果。综上所述，我国司法实践中在分析涉案信息是否构成商业秘密时存在一定问题，缺少对于信息是否符合“最低程度新颖性”的审查以及不具有统一认定标准，同时缺少对于信息获取难易程度的一般判断规则。

笔者认为，应当将信息具有“最低程度新颖性”纳入对于商业秘密的审查之中，并应当在我国相关法律规范或司法解释中分别对经营秘密与技术秘密的“最低程度新颖性”标准作出规定。具体而言，在判断经营信息是否具有新颖性时，应对以下要素进行考量：（1）经营信息是否有别于公有领域信息，并含有特殊的深度信息。当其中全部或部分信息为公共信息，则考察组合形成的整体是否具有非公知性。（2）获取经营信息是否投入较多人员、物质成本，同时仍需关注信息容易获取的实质，高费用不一定必然代表难以获取。

对于技术秘密，笔者认为其相对经营秘密而言，对新颖性的要求应当标准更高，这源于技术信息的形成本身就需要经过反复实验、修改形成，且涉及实验数据、原料配方、生产工艺等，影响因素较多、较复杂。可从以下方面对“最低程度新颖性”进行判断：（1）技术信息无法为所属领域内相关人员通过观察、测量等常规分析或通过一般想象获取，其自身或组合蕴含创造性劳动。此处对于虽无法通过一般基础手段获取，但可通过简单反向工程取得的技术信息，应借助所需成本及反向工程要素进行本质分析，不应局限于现行司法解释中的表达，断然排除未列举情形。（2）技术信息具有一定进步性，但无须达到可专利高度，需能与常规知识显著区分。

五、结论

司法实践中以统一认定标准对商业秘密“最低程度新颖性”进行审查，并明确信息获取难易程度的一般判断规则，对于防止公共领域知识垄断，科学厘清商业秘密与公知信息界限具有重要意义。

---

① 许馨月、王敏思等：《中美客户名单的商业秘密属性认定比较研究》，载《知识产权法研究》2011 年第 2 期。

商业秘密的秘密性认定

——河南焦作某化工股份有限公司等与江西某农科化工有限公司技术秘密侵权、名誉侵权纠纷案

/ 李辛

➲ 本案要旨

商业秘密应具备秘密性要件。所谓秘密性，是指该商业秘密所涵盖的技术信息、经营信息等商业信息不为该领域的普通技术人员或一般公众所知晓，此种知晓应当理解为“易于知晓”而非“实际知晓”。对于他人基于公共领域的资料信息简单推导和实验即可获知的技术信息，虽未直接暴露在公共领域中，但同领域的普通技术人员通过正当手段即可较为容易地获知而不具有秘密性。因此，商业秘密权利人主张被诉侵权人侵犯其商业秘密，但被诉侵权人抗辩称该技术可基于公共领域的资料信息推导试验而获取，且其提交该部分公共领域资料并对其获取过程作出合理解释，经鉴定机构鉴定可予采信的，则该技术因缺乏秘密性而不能构成商业秘密，对权利人的主张亦不应予以支持。

➲ 案件信息

上诉人（一审被告、反诉原告）：河南焦作某化工股份有限公司

被上诉人（一审原告、反诉被告）：江西某农科化工有限公司

一审被告：孙某某、陈某某

案号：江西省南昌市中级人民法院（1999）洪民二初字第36号、江西省高级人民法院（2001）赣知终字第4号

➲ 上诉主张及理由

上诉人河南焦作某化工股份有限公司（以下简称河南某化工公司）主张：（1）原审法院认定事实不清，证据不足。首先，一审法院认定本案的技术为

“生产丙烯酰胺晶体技术”，而该技术因不具备新颖性而不属于商业秘密，且江西某农科化工有限公司（以下简称江西某农科化工公司）在一审期间亦无法说明其技术秘密的具体内容。其次，一审法院在没有事实和证据的情况下，仅因我方没有在规定的期限内提供技术资料和我公司聘用了孙某某等人就认定我方构成对江西某农科化工公司商业秘密侵权。我方没有在规定期限内提供证据，是因为在这期间我方已提出管辖异议，并经过了一审、二审。最后，一审法院认定江西某农科化工公司的损失为60万元没有法律依据。（2）原审法院审理程序违法。江西某农科化工公司不具备本案诉讼主体资格，其不是由江西某化工有限公司（以下简称江西某化工公司）变更产生的，而是新创设的与江西某化工公司无关的法人。（3）我方在原审诉讼中的反诉成立。被上诉人的原法定代表人中某某董事长在一审时承认其拍摄了我厂照片，而且虚构事实损害了我厂名誉，违反了《反不正当竞争法》第14条的规定，理应赔礼道歉。综上，请求二审法院驳回江西某农科化工公司对我公司的诉讼请求，支持我公司的原审反诉请求。

被上诉人江西某农科化工公司抗辩：原审法院认定事实清楚，审理程序合法，判决正确，请求驳回上诉，维持原判。

一审法院查明的事实

江西某化工公司于1995年1月通过技术转让合同从化工部上海S研究中心获得了微生物法生产丙烯酰胺技术的使用权。此后，江西某化工公司自行研制开发出微生物法丙烯酰胺晶体的技术成果，并于1998年7月通过了江西省科学技术委员会技术鉴定。依据该技术生产的生物法丙烯酰胺晶体亦先后于1997年、1999年获得国家重点新产品证书和江西省优秀重点新产品证书。江西某化工公司还于1998年12月向中华人民共和国知识产权局申报了丙烯酰胺晶体的制造方法专利，国家知识产权局于1999年9月24日将该方法在专利公报上予以公布。江西某化工公司在开发、研制过程中，进行了保密管理，并与孙某某、陈某某、邵某某等人签订了保密合同。1998年年底，河南某化工公司亦生产出丙烯酰胺晶体产品，并在市场上销售。江西某化工公司的原副总经理孙某、生产技术部原副经理邵某某、原技术操作人员孙某等均化名在河南某化工公司工作。江西某化工公司原负责染菌工作的陈某某亦被孙某某请至河南某化工公司帮助解决有关发酵染菌问题，并获报酬49 500元。邵某某在河南某化工公司负责质检工作并获报酬3万元。上述人员均由孙某某介绍至河南某化工公司工作。据此，江西某化工公司于1999年6月向法院提起诉讼。2000年5月24日，江西某化工公司经江西省工商行政管理局核准对企业名称、股东、公司地址、法定代表人、注册资本进行了变更，企业名称变更为江西某农科化工公司。1999年6月4日，《科技日报》记者寇某在该报发表了《如此交易，国法不容》一文；同年9月6日，《信息日报》刊登了周某某写的《省长示范工程被克隆》一文，两篇文章均对被告孙某某等人涉嫌窃取江西某化工公司商业秘密的经过作了详尽的报道。河南某化工公司认为该报道内容损害了其名誉，故反诉江西某农科化工公司侵犯名誉权。

一审法院在审理期间于1999年6月28日向江西某化工公司和河南某化工公司下发了双方在1999年7月26日前各自提供“丙烯酰胺（晶体）的生产流程及生产成品样本，生产设备设计图纸；菌种的名称、性质及来源、样本；菌种的营养液的配方及来源、样本；从丙烯酰胺水溶液转化为丙烯酰胺晶体的技术过程，技术参数及技术来源”证据公函。江西某化工公司依照公函提供了上述技术资料，而河南某化工公司一直未提供。江西某农科化工公司于2000年7月10日请求撤销对邵某某、孙某某、罗某某、李某某四人的起诉。

上述事实有江西某化工公司与化工部上海S研究中心签订的技术转让合同，江西某化工公司的获奖证书、专利申请公函、技术鉴定书，江西某化工公司与孙某某、陈某某等人签订的保密合同，南昌市公安局经济保卫支队第二大队提供的有关证据材料，河南某化工公司提供的《信息日报》《科技日报》等证据予以证实。

一审法院判决理由与裁判结果

南昌市中级人民法院认为：江西某化工公司通过有偿转让取得“微生物法生产丙烯酰胺”技术使用权后，自行研制、开发出丙烯酰胺晶体技术。该项产品给江西某化工公司带来明显的经济效益，且江西某化工公司采取了一系列保密措施，也未将该技术转让给河南某化工公司，故该技术应属江西某农科化工公司的商业秘密。河南某化工公司未在规定的期限内提供其生产丙烯酰胺晶体的任何技术资料，也未提供对AM晶体产品进行过“反向工程”的任何证据，河南某化工公司无法证明其生产AM晶体的合法来源，且该公司聘请江西某化工公司的工作人员，为其解决技术问题，应推断河南某化工公司对江西某化工公司AM晶体技术秘密构成侵权。孙某某与江西某化工公司签有保密合同，还以重金收买原江西某化工公司骨干为河南某化工公司解决丙烯酰胺技术问题，孙某某已构成对江西某化工公司的商业秘密侵权。陈某某在江西某化工公司工作期间从事染菌工作，其虽到河南某化工公司解决有关染菌技术问题，但江西某农科化工公司并无证据证实陈某某将其商业秘密提供给河南某化工公司和孙某某，故江西某农科化工公司诉称陈某某侵犯商业秘密无证据证实，本院不予采信。河南某化工公司反诉江西某农科化工公司在有关新闻媒体上散布河南某化工公司侵犯其商业秘密，损害了河南某化工公司的形象，侵害了其名誉，因河南某化工公司无证据证实两报报道行为与江西某农科化工公司有关，故该反诉请求不成立。江西某农科化工公司诉称损失为340万元人民币，无证据证实，本院不予采信。河南某化工公司和孙某某的侵权行为，必定会造成江西某农科化工公司损失，对损失额，法院酌情考虑。根据《反不正当竞争法》第10条第1款第1项、第3项，《民法通则》第101条、第130条的规定，判决：一、河南某化工公司、孙某某自判决生效之日起立即停止侵权，不得使用江西某农科化工公司的丙烯酰胺晶体技术，并对已知悉的技术秘密承担保密义务；二、河南某化工公司赔偿江西某农科化工公司经济损失30万元，在本判决生效后十日内履行完毕；三、孙某某赔偿江西某农科化工公司经济损失30万元，在本判决生效后十日内履行完毕，河南某化工公司对上述款项负连带责任；四、驳回江西某农科化工公司对陈某某的诉讼请求；五、驳回河南某化工公司对江西某农科化工公司的诉讼请求。

二审法院查明的事实

经审理查明，原审判决认定的江西某化工公司经过合法转让获得微生物法生产丙烯酰胺技术使用权后，自行研制出微生物法丙烯酰胺晶体技术，该技术成果得到江西省科委的认定，该产品多次获奖，江西某化工公司已就该技术申请专利，江西某化工公司后变更为江西某农科化工公司的事实，以及河南某化工公司聘用了江西某化工公司原副总经理孙某某，孙某某又高薪聘用原江西某化工公司的技术人员陈某某、邵某某等人，河南某化工公司于1998年12月生产出微生物丙烯酰胺晶体产品，后《科技日报》《信息日报》相继对孙某某等人涉嫌窃取商业秘密的经过作了报道的事实，均有相应的书面材料证实。故予以认定。

二审法院判决理由与裁判结果

江西省高级人民法院认为：经江西某农科化工公司和河南某化工公司确

认，本案争议的商业秘密点为微生物法丙烯酰胺的浓缩技术和结晶技术。本院根据河南某化工公司的申请，于2001年8月15日委托科学技术部知识产权事务中心（以下简称事务中心）就以下两个问题进行鉴定：（1）河南某化工公司能否利用其掌握的公知、公会、公用的知识获得微生物法丙烯酰胺晶体产品的浓缩技术和结晶技术；（2）河南某化工公司与江西某农科化工公司的微生物法丙烯酰胺晶体产品的浓缩技术和结晶技术的异同点。事务中心根据法院提供的经河南某化工公司和江西某农科化工公司双方质证认可的资料于2001年9月5日作出国科知鉴字（2001）15号技术鉴定报告书，鉴定结论如下：（1）河南某化工公司根据其提供的公开资料所获取的技术信息再加上小试研究和工程过程设计，能够获得微生物法丙烯酰胺晶体产品的浓缩技术和结晶技术。（2）河南某化工公司和江西某农科化工公司的微生物法丙烯酰胺晶体产品的浓缩技术和结晶技术所涉及的工艺方案基本相同，所涉及的主要工艺参数相近。该鉴定报告书经开庭质证，双方均无异议。

本院认为，本案诉争的技术即微生物法丙烯酰胺晶体产品的浓缩技术和结晶技术，因河南某化工公司根据其掌握的公开资料所获取的技术信息，再加上小试研究和工业过程设计，能够获得上述技术，故该技术因不具备商业秘密构成要件之一的新颖性，而不能成为商业秘密。河南某化工公司上诉提出该技术不是商业秘密的理由成立，应予支持。原审法院认定河南某化工公司、孙某某对江西某农科化工公司的丙烯酰胺晶体技术秘密构成侵权，并没有事实根据，据此作出的河南某化工公司、孙某某应停止侵权，并赔偿江西某农科化工公司经济损失的判决应予撤销。因江西某农科化工公司对原审法院驳回其对陈某某的诉讼请求未提起上诉，因此，对该部分判决，应予维持。河南某化工公司上诉提出，因两报的报道行为侵犯了其名誉权，故江西某农科化工公司应为此承担法律责任。由于河南某化工公司无证据证实两报报道行为与江西某农科化工公司有何法律上的关联性，其认为江西某农科化工公司构成名誉权侵权没有事实根据，原审法院据此驳回河南某化工公司对江西某农科化工公司的反诉请求正确，应予维持。根据《民事诉讼法》第153条第1款第1项、第3项的规定，判决如下：一、撤销江西省南昌市中级人民法院（1999）洪民二初字第36号民事判决书的第一、二、三项；二、维持江西省南昌市中级人民法院（1999）洪民二初字第36号民事判决书的第四、五项；三、驳回江西某农科化工公司对河南某化工公司及对孙某某的诉讼请求。

案例解析

本案的争议焦点在于涉案技术信息是否构成商业秘密，进一步而言，双方当事人主要是因该技术是否具备秘密性而发生争议。秘密性是商业秘密的核心构成要件，尽管《反不正当竞争法》及相关司法解释对其进行了规定和解释，但司法实践中仍存在概念混淆、标准不一等问题。因此，明确秘密性的内涵及认定标准有助于在实践中正确界定秘密性，进而益于商业秘密权利范围的划定。本案即是关于商业秘密秘密性要件认定的典型案例之一，下文将基于案件和相关理论对上述问题进行探究。

一、秘密性的内涵

我国《反不正当竞争法》第 9 条第 4 款规定，商业秘密，是指不为公众所知悉、具有商业价值并经权利人采取相应保密措施的技术信息、经营信息等商业信息。一般认为，"不为公众所知悉"即对秘密性的要求。《最高人民法院关于审理侵犯商业秘密民事案件适用法律若干问题的规定》(以下简称《审理侵犯商业秘密民事案件适用法律规定》) 第 3 条规定："权利人请求保护的信息在被诉侵权行为发生时不为所属领域的相关人员普遍知悉和容易获得的，人民法院应当认定为反不正当竞争法第九条第四款所称的不为公众所知悉。"第 4 条规定："具有下列情形之一的，人民法院可以认定有关信息为公众所知悉：(一) 该信息在所属领域属于一般常识或者行业惯例的；(二) 该信息仅涉及产品的尺寸、结构、材料、部件的简单组合等内容，所属领域的相关人员通过观察上市产品即可直接获得的；(三) 该信息已经在公开出版物或者其他媒体上公开披露的；(四) 该信息已通过公开的报告会、展览等方式公开的；(五) 所属领域的相关人员从其他公开渠道可以获得该信息的。将为公众所知悉的信息进行整理、改进、加工后形成的新信息，符合本规定第三条规定的，应当认定该新信息不为公众所知悉。"下文将基于法律规定、结合相关理论对秘密性的内涵进行解释。

(一) 秘密性与新颖性的区别

新颖性是专利的构成要件之一，根据《专利法》第 22 条之规定，其是指发明或者实用新型不属于现有技术；也没有任何单位或者个人就同样的发明或者实用新型在申请日以前向国务院专利行政部门提出过申请，并记载在申请日以后公布的专利申请文件或者公告的专利文件中。由法条来看，新颖性实质上是要求获取专利的技术必须有别于公知技术，是为技术方案的创造性提供参考物，其实质是保障技术方案的创造性，因此强调了技术方案的创新程度要高。如果某项技术只包含微小的技术进步，将可能无法获得专利。[①]而商业秘密并不需要具备此种特性。经营者创造、形成的经营信息或技术信息只需为其自身带来经济价值和竞争优势即可，并不需要相对于现有公知信息发生重大进步。这是因为授予专利权可以使专利权人对某一技术进行垄断，当该专利公示获权后，任何人未经许可均不得擅自使用该专利技术，即使其在不知晓该专利的情况下自行研究发现了相同的专利技术。因此，只有对专利课以较高的新颖性要求才不致阻碍科学技术的发展和进步。而商业秘密权利人仅能禁止他人以盗窃、贿赂、欺诈、胁迫、电子侵入等不正当手段获取、使用其商业秘密。换而言之，商业秘密权利人没有对世的垄断权，不能禁止他人通过正当途径自行获取发现与之相同的商业秘密并使用。这也是《专利法》与《反不正当竞争法》的立法目的宗旨不同引起的。前者是为了激励科学创新、促进技术进步，通过赋予作出突出贡献者对技术的垄断权来实现该目的，因此专利不仅要有别于过往技术，更重要的是要在此基础上有所突破，此即新颖性的要求。而后者则是为了维护市场竞争秩序，营造公平诚信的市场交易环境，通过禁止以不正当手段获取竞争优势、损害其他竞争者权益的方法实现该目的。因此，商业秘密只需要与公共领域的信息存在最低限度的区分度，避免对其保护影响公共信息的流通即可，此则是秘密性的要求。综上所述，秘密性与新颖性显然是不同的概念，结合《反不正当竞争法》的立法目的，应坚持以秘密性作为商业秘密的构成要件，避免不当地提高商业秘密的保护门槛，缩小其保护范围。

（二）普遍知悉且容易获得

“普遍知悉”，是指在信息涉及范围内，知悉已成为一种客观事实，即信息已为多数人所普遍了解和掌握。“容易获得”，是指该信息涉及范围内多数人通过合法方式和正当途径不必付出一定代价即可容易知悉该信息的可能性，只是目前不知道，但知悉该信息的可能性早已客观存在。即这种“可能性”的条件是客观的，不是臆想中的、虚拟的。[②]《审理侵犯商业秘密民事案件适用法律规定》第4条规定了5种“有关信息为公众所知悉”的情形。

对于在公开出版物或者其他媒体上公开披露是否能推定为信息被普遍知悉且容易获得，需视具体情况而定：（1）对于在信息所涉及行业或领域范围内的教科书、工具书等文献中公开的情形，由于此类文献多是记载常识性、

① 参见寇飞：《商业秘密的秘密性要件及侵犯商业秘密的认定标准》，载《中国发明与专利》2019年第11期。

② 参见戴磊：《论商业秘密的秘密性》，载《山东审判》2005年第1期。

公认的及普及性的内容，应直接认定该信息属于“一般常识或者行业惯例”；（2）对在信息所涉及行业或领域范围内的其他常见出版物等文献上公开的情形，一般应认定信息“容易获得”；（3）对于在借助于常见检索手段能够获取的文献中公开的情形，一般也应认定为信息“容易获得”——在目前信息传播发达的情况下，借助常用检索手段获取文献的“可能性”是客观存在的；（4）对于除上述情形以外的其他渠道获取的文献，虽然文献已经客观上公开了该信息，但由于其获取渠道不属于常规渠道或者其获取成本明显高于一般成本，致使其获取的“可能性”变得不再客观，这种情形一般无法证明该信息“容易获得”，也不能否定该信息“不为公众所知悉”。[①] 对此笔者认为，对于信息在公开出版物或媒体上的公开情形进行分类具有一定的意义。对于被教科书、专业工具书等一般用于记载领域内常识通识的书籍记载的信息，显然可以认定其被普遍知晓且容易获得。在领域内常见出版物上公开发表或通过常见检索手段能够获取的文献中可以获得的信息，可以推定被相关人员普遍知晓，即使实际上暂不知晓，但其较容易获知该信息的可能性显然存在，故此类信息也可被认定为被普遍知晓且容易获得。而对于通过常规手段无法获取的文献，其上记载的信息自然无法认定为易于获得。例如，在国外一些不知名刊物上发布的信息，通过国内渠道难以获知的。

二、秘密性的认定标准

秘密性的认定标准不同可能会导致对同一信息是否具备秘密性产生不同结论。因此，明确认定标准也是准确判断秘密性的重要条件之一。我国《反不正当竞争法》的立法目的与《与贸易有关的知识产权协定》（以下简称《TRIPs协定》）有关商业秘密保护的宗旨相同，认定标准也具有相似性，即坚持秘密性的相对性和客观性标准。

（一）相对性标准

秘密性具有绝对性和相对性标准之分。所谓绝对性标准，是指某一信息仅为持有人本人知晓，任何持有人之外的人知晓该信息均会导致其秘密性被破坏。所谓相对性标准，则是指该信息客观上不为公众所知，保持其秘密性并非排斥所有人，通过合理正当手段获知该信息的人均不会导致其秘密性被破坏。秘密性的相对标准，其判断依据主要是评判通过正当手段获取有关信息的难易程度。通过正当手段才可以获得某一信息，这并不意味着这种获得必须是经济

① 参见刘文鹏：《商业秘密“不为公众所知悉”认定若干问题研究》，载《科技与法律》2012年第3期。

上不可行的，只要获取有关信息需要相当数量的时间、费用或人力就可以满足该相对秘密性要求。[①] 因此，包含商业秘密的产品被公开销售后并不妨碍有关信息继续构成商业秘密而获得法律保护，只要通过正当手段获取该信息时仍然还需要相当数量的时间、费用或人力，甚至通过反向工程来获得该信息仍然是困难的、高成本的或费时的。[②]

就两种标准而言，首先，绝对性标准不符合我国《反不正当竞争法》商业秘密保护的宗旨。《反不正当竞争法》禁止的是他人通过不正当手段获取商业秘密，并没有赋予商业秘密权利人绝对禁止他人使用的权利。因此，商业秘密很有可能被其他市场主体通过自行研究开发、反向工程等正当手段知晓，这显然不符合绝对性标准的要求。其次，绝对性标准与我国商业秘密的属性不合。根据《反不正当竞争法》的规定，商业秘密需要具备商业价值性。因此，商业秘密应当可以为经营者带来一定的经济价值或竞争优势，助益其经营和交易。而绝对性标准要求商业秘密仅为持有人所有，在此情况下，即使经营者的雇员也无法知晓该商业秘密。当该商业秘密是一种技术信息时，仅凭经营者一人显然无法将其应用于产品的制作，至少无法进行大量生产，此时商业秘密的实用性无疑是极低的。当该商业秘密是一种经营信息时，如客户名单，经营者要想扩大经营规模，开创分店、连锁店，也需要将其与管理人员分享。显然，秘密性的绝对性标准与商业秘密的实用性是相悖的。综上所述，商业秘密秘密性的认定应当采取相对性标准。

（二）客观性标准

秘密性的客观标准，是指从认知主体的角度来说，在具体案件中判断某一信息是否具有秘密性时，既不是以具体案件中被告的认知水平为判断标准，也不是以具体案件中原告的认知水平为判断标准，而是以符合特定条件的客观第三人的认知水平为判断标准。[③] 根据《审理侵犯商业秘密民事案件适用法律规定》第 3 条的规定，“所属领域的相关人员”的规定即采取客观性标准。

采取客观性标准是秘密性认定的应有之义。一方面，客观性标准有利于秘密性认定的公正性。法官作为案件的居中裁判者，虽然具有法律专业知识，

---

① 参见宋建宝：《商业秘密保护中秘密性判断标准问题研究——以世界贸易组织 TRIPs 协议为中心》，载《科技与法律》2012 年第 3 期。

② 参见宋建宝：《商业秘密保护中秘密性判断标准问题研究——以世界贸易组织 TRIPs 协议为中心》，载《科技与法律》2012 年第 3 期。

③ 参见宋建宝：《商业秘密保护中秘密性判断标准问题研究——以世界贸易组织 TRIPs 协议为中心》，载《科技与法律》2012 年第 3 期。

但不一定对于商业秘密所涉领域熟悉。客观性标准要求秘密性通过专家证人意见、鉴定机构意见或者当事人提交的调查报告等客观证据进行呈现，这就避免了主观认知左右裁判结果的问题。另一方面，客观性标准有利于界定秘密性的范围。秘密性的客观标准所要求的合理第三人应当具备特定条件，因此秘密性的客观标准要求有关信息的知悉标准仅界定在某一特定的行业，而不是该特定行业以外的其他行业或者全部行业。例如，根据《TRIPs 协定》第 39 条（2）（a）的规定，未披露信息的秘密性是针对符合特定条件的人员来说的，即针对那些经常接触该类信息的人员而言的。[①]

三、结论

秘密性是认定技术、经营信息构成商业秘密的核心要件。同时，秘密性的范围又决定一般市场主体对公共领域信息的利用程度，关涉商业秘密权利与公共利益的平衡。要正确界定秘密性的范围，必须准确理解秘密性的内涵。不仅要理解普遍知悉和容易获得的含义，还要注意秘密性与其他概念的区分；同时应当继续坚持秘密性认定的相对性和客观性标准。如此才能维护商业秘密权利人的合法权益和公平诚信的市场竞争秩序。

① 参见宋建宝:《商业秘密保护中秘密性判断标准问题研究——以世界贸易组织 TRIPs 协议为中心》，载《科技与法律》2012 年第 3 期。

技术秘密的秘密性认定和公知信息

——某（中国）研发有限公司等与黄某某侵害技术秘密纠纷案

/ 崔昊瀚

本案要旨

在秘密性的判定中，公知信息和公知信息的排列组合应当有所区分，构成部分的公知并不必然导致整体信息的公知。基础化合物公知与对公知化合物组合利用的方式公知并不相同，权利人通过智力劳动掌握对基础化合物的特殊利用方式同样可以构成商业秘密。初始阶段对于化合物的遴选、生物靶点、活性信息等研发数据的研究讨论是新药研发过程中不可或缺的阶段，有助于选择正确的研发路线，从而加快实验及成品化进程，确立药品研发企业的竞争优势，因而具有潜在的商业价值。

案件信息

原告：美国某公司、某（中国）研发有限公司

被告：黄某某

案号：上海市第一中级人民法院（2013）沪一中民五（知）初字第 119 号

原被告主张及理由

原告美国某公司、某（中国）研发有限公司（以下简称某中国公司）主张：2012 年 5 月，某中国公司与被告签订《劳动合同书》，聘用被告从事化学主任研究员工作。根据《劳动合同书》的补充条款，被告必须遵守《保密协议》等公司规章制度。2013 年 1 月，被告违反上述公司规章制度及《保密协议》的规定，从某中国公司的服务器上下载了 21 个原告的核心机密商业文件，并将上述文件私自存储至被告所拥有的存储装置中。经交涉，被告向原告承认从公司服务器上下载了上述保密文件，并允许公司检查其个人装置，以确定保

密文件的信息没有对外泄露或使用，还授权公司删除该些信息。但此后被告无视原告的交涉和努力，拒绝履行承诺的事项。原告认为，系争21个核心机密商业文件是原告的技术秘密，从未以任何形式公布于众，极具商业价值，构成《反不正当竞争法》保护的技术秘密。被告有权以工作口令从互联网上登录公司服务器，并下载上述机密商业文件，但将上述机密商业文件转存于其个人所有的移动硬盘和手提电脑系一种盗窃和违反公司规章制度的行为，构成商业秘密侵权行为。由于被告未履行承诺，致使原告投入大量人力、物力所研发的半成品和成品开发成果面临着被公开、泄露和使用的风险，并使得原告调整商业秘密的保护策略，提前进行专利申请，给原告造成严重损失。请求判令：（1）被告立即停止侵害原告商业秘密的行为，即立即永久删除其非法窃取并占有的原告21个机密商业文件，不得披露、使用或者允许他人使用该21个机密商业文件；（2）被告赔偿给原告造成的经济损失以及原告为制止被告侵权行为而支出的合理费用共计2000万元。

被告辩称：第一，被告是劳动者个人，不是市场经营主体，与二原告之间没有竞争关系。本案属于公司内部劳资纠纷，不属于不正当竞争纠纷。第二，原告主张保护的技术信息不构成商业秘密。理由如下：（1）涉案技术信息的内容不是原告发明的，所有的化合物都是公开的、已知的，同行业的技术人员很容易获得，故不具有秘密性；（2）部分信息内容为讨论、会议记录、研发、预测等，且涉案信息在药物研发的11个阶段只涉及第一个阶段，故不具有实用性；（3）被告是高级研发人员，根据公司规定有权限下载复制涉案文件。就被告的行为而言，原告没有针对性的保密措施及保密规定，故不具有保密性。第三，被告无侵权行为。被告无侵权意图，且原告对转存涉案信息的行为在事发之前和过程中均没有任何限制。被告配合公司进行调查，并主动告知公司有关转存情况，还作出承诺配合公司检查删除，但公司不予接受，并作出辞退决定。故本案纠纷状态是原告故意造成的。第四，原告没有遭受实质性的损害，无实际损失。相关费用是原告恶意诉讼所致，且在双方劳动仲裁期间发生的律师费、公证费、翻译费等与本案无关。请求法院驳回原告诉请。

➲ 法院查明的事实

某中国公司为某公司集团的全资子公司。2012年，某中国公司聘请黄某某担任化学研发组主任研究员（I级）并签订了《劳动合同书》，其中包含有保密条款。2013年1月，黄某某从公司的服务器上下载了33个属于公司的保密文件（公司文件）至公司分配给其的工作电脑上（公司电脑），之后将公司文件转存于其私人所有或私人使用的一个非公司设备或存储装置（第一手非公司装置），随后又通过第一手非公司装置将公司文件转存于其第二个私人所有或私人使用的非公司设备或存储装置（第二手非公司装置）。被告授权公司对其所有装置进行检查。2013 年 2 月 1 日，某中国公司向被告发出停职通知书，同日，被告向某中国公司递交辞职信。某中国公司向被告发出通知函通知其携带装备前往检测，被告未予签收。诉讼中，原告递交了主张作为技术秘密保护的 21 个信息文件的名称及背景情况说明，并提出上述信息涉及原告为了开发治疗糖尿病以及癌症等其他疾病的药物所做的关于 GPR 受体、MetAP2 和 DPP4 拮抗物的研究，包括多项化合物的化学结构、数据、有价值的生物靶点、活性信息、未来研究的提议等内容。被告对上述信息文件的名称和内容予以确认。

➲ 法院判决理由与裁判结果

上海市第一中级人民法院认为本案争议焦点问题如下：（1）被告是不是《反不正当竞争法》调整的“经营者”；（2）原告主张的 21 个信息文件内容是否属于技术秘密；（3）被告有无实施商业秘密侵权行为；（4）原告诉请赔偿损失及合理费用是否具有事实和法律依据。

关于被告是不是《反不正当竞争法》所调整的“经营者”问题，《反不正当竞争法》第 2 条第 3 款规定：“本法所称的经营者，是指从事商品经营或者营利性服务（以下所称商品包括服务）的法人、其他经济组织和个人。”根据其文义，经营者是指从事商品经营或提供有偿服务的经济主体。而根据《反不正当竞争法》第 10 条第 1 款第 3 项的规定，违反约定或者违反权利人有关保守商业秘密的要求，披露、使用或者允许他人使用其所掌握的商业秘密属于侵犯商业秘密的行为。该条所规制的对象一般为商业秘密权利人的交易伙伴或者其雇员，由此可见，商业秘密权利人的雇员亦是《反不正当竞争法》所调整的对象。根据《反不正当竞争法》第 1 条有关“为保障社会主义市场经济健康发展，鼓励和保护公平竞争，制止不正当竞争行为，保护经营者和消费者的合法权益，制定本法”的规定，《反不正当竞争法》的立法目的在于规范市场竞争秩序，促进市场经济健康发展。因此，基于该法的立法目的和体系解释的立场，《反不正当竞争法》所指的经营者实质上是指参与或者影响市场竞争活动的主体。被告作为原告的雇员，获取了原告的技术秘密，能够影响原告的市场竞争策略，属于《反不正当竞争法》所调整的对象。原告有权以不正当竞争为由向被告提起诉讼。

关于原告主张的21个信息文件内容是否属于技术秘密，主要争议点在于涉案信息是否具有秘密性，即是否为本领域技术人员容易获得。对此，原告认为：系争21个文件内容主要涉及糖尿病治病的病理原理和治疗路径，针对某几种病理所研发出来的相关候选药物的化合物、化合物的药物作用反应、临床研发的路线图，以及某公司内部的化合物数据库，是医药企业最机密的内容，从未以任何形式公之于众，不可能被本领域技术人员容易获得。被告则认为：上述文件为会议、总结和验证性实验记录，涉及的基础化合物为公知信息，涉及的实验数据是在公知信息基础上所做的简单排列和尝试，本领域技术人员容易获得。上述文件内容只涉及药物研发11个阶段中的第一个阶段，属于概念性、抽象性的思路，没有成型的数据或公式，不具有实用价值。被告系主任研究员，有权复制查阅上述文件，原告无任何合同或规章制度禁止被告将公司信息文件转存于个人移动硬盘和手提电脑的行为，保密措施不具有针对性。《反不正当竞争法》第10条第3款规定："本条所称的商业秘密，是指不为公众所知悉、能为权利人带来经济利益、具有实用性并经权利人采取保密措施的技术信息和经营信息。"本案中，被告对系争信息文件的内容并不否认，只是辩称其中涉及的基础化合物为公知信息，实验数据是一种简单组合，本领域技术人员容易获得。但是，被告对该辩称未能提供反驳证据予以证实。而原告所采取的多种有效的保密手段恰能反衬出系争信息文件内容并非容易获取。同时，法院认为，基础化合物公知并不能说明对公知化合物组合利用的方式亦为公知，这种凝聚权利人智慧成果的利用方式完全可以成为权利人的商业秘密。关于系争信息实用价值的问题，法院认为，新药研发周期长、投资大，在新药研发的初始阶段，即要求其技术信息能够带来经济利益不符合新药研发的特点和规律。这种初始阶段对于化合物的遴选、生物靶点、活性信息等研发数据的研究讨论是新药研发过程中不可或缺的阶段，有助于选择正确的研发路线，从而加快实验及成品化进程，确立药品研发企业的竞争优势，因而具有潜在的商业价值。关于保密措施的问题，原告作为专业的药品研发企业，对系争信息文件采取了限定知悉人员范围、对文件采取加密措施、标注保密标志、监控文件阅看及下载情况、与员工签订保密协议、进行保密培训等多种有效的保密手段，符合保密性的要求。被告辩称对其行为不具有针对性与法院查明的事实不符，不予采信。综上所述，法院确认本案系争的21个信息文件内容构成《反不正当竞争法》所保护的技术秘密。

关于被告有无实施商业秘密侵权行为，根据《反不正当竞争法》第10条的规定，经营者不得采用盗窃、利诱、胁迫或者其他不正当手段获取权利人的商业秘密。本案中，原告指控被告将商业秘密文件转存于其个人所有的移动硬盘和手提电脑中系一种盗窃和违反公司规章制度的行为，构成商业秘密侵权行为。法院认为，盗窃是指以非法占有为目的，秘密窃取数额较大的公私财物或者多次盗窃的行为。所谓秘密窃取，是指行为人采取自认为不为被害人发觉的方法，暗中将财物取走。本案事实表明，根据原告公司的规章制度，被告有权获取系争信息文件。换言之，被告获取系争信息文件并不需要采取秘密手段，因此，其行为不符合盗窃特征。但被告将系争信息文件擅自转存于个人所有的电子设备之中，违反了公司的规章制度，具有不正当性，属于《反不正当竞争法》所规定的“以其他不正当手段获取权利人的商业秘密”的行为，构成商业秘密侵权行为。

关于损失和费用问题，本案中，原告主张由于被告的侵权行为致使原告调整了商业秘密的保护策略，提前进行专利申请，使其遭受严重损失，但对该主张却未提供证据予以证实，因此，原告主张由被告赔偿经济损失的依据不足，法院不予支持。而律师费、公证费、翻译费等费用，系原告为调查商业秘密侵权行为所支出的必要费用，与被告实施的商业秘密侵权行为直接关联，应当依法予以支持。法院综合本案法律关系的复杂程度、调查取证的难度、律师同时参与本案诉讼和劳动仲裁案件的事实、有关公证书、翻译文本的使用情况等各项因素，酌情确定合理费用为 12 万元。

法院认为，被告违反公司规章制度，擅自将原告的技术秘密文件下载及转存于个人所有的电子设备之中，且未履行承诺，配合原告删除上述技术秘密文件，使原告的技术秘密存在失控的风险，构成商业秘密侵权行为，依法应当承担相应的民事责任。因此，驳回了被告对涉案信息的公知信息主张，并据此判断被诉行为构成商业秘密侵权，由被告赔偿合理费用。

➲ 案例解析

本案的主要争议焦点在于原告主张的 21 个信息文件内容是否属于技术秘密。根据《反不正当竞争法》的规定，技术秘密应当具备秘密性（不为公众所知悉）、价值性（具有商业价值）、保密性（经权利人采取相应保密措施）三个要件。而秘密性正是技术秘密与专利技术、公知信息的本质区别。但在司法实践中，技术秘密往往包含部分公知内容，对秘密性的判断缺乏统一的标准。本案是技术秘密与公知信息区分的典型案例之一。以下将结合本案，对技术秘密的秘密性和公知信息进行探讨。

一、商业秘密

商业秘密作为一种特殊的权利，域内外法学界存在财产权说、知识产权说、折中说等多种学说，早在19世纪中期，就有域外国家通过判例明确了对商业秘密的保护。我国最早是在1987年的《技术合同法》(已失效)中，以合同形式保护技术秘密。而“商业秘密”一词作为法律术语，最早出现在1991年的《民事诉讼法》中，1992年7月14日公布的《最高人民法院关于适用〈中华人民共和国民事诉讼法〉若干问题的意见》指出，商业秘密是指技术秘密、商业情报及信息等当事人不愿公开的工商业秘密，但该表述并不是对商业秘密的具体定义，只是揭示其外延所包含的部分内容。①1993年的《反不正当竞争法》对于商业秘密作出了更加准确和通用的定义，即“商业秘密，是指不为公众所知悉、能为权利人带来经济利益、具有实用性并经权利人采取保密措施的技术信息和经营信息”。技术秘密和经营秘密作为最常见的商业秘密种类，也在这一条中加以强调。其中，技术秘密是指凭借经验或者技能产生的，实际应用于生产生活中，尤其是工业领域，但并未申请专利保护，仅仅被特定人所掌握的技术信息、方法或数据，可以表现为制造工艺、生产流程、产品配方等形式；而经营秘密是指在日常生产经营中获得的，能够为经营者带来竞争优势或商业利益，并经过权利人采取保密措施的经营信息，可以表现为客户名册、交易策略、招标标书等形式。②

2019年修正的《反不正当竞争法》第9条第4款规定：“本法所称的商业秘密，是指不为公众所知悉、具有商业价值并经权利人采取相应保密措施的技术信息、经营信息等商业信息。”这一定义相比原本的规定，删去了实用性要求，并扩张了商业秘密的范围，使之不仅仅局限于技术秘密和经营秘密。根据《反不正当竞争法》对商业秘密的定义，无论是技术秘密还是经营秘密或者其他商业秘密都应当具备秘密性（不为公众所知悉）、价值性（具有商业价值）、管理性（经权利人采取相应保密措施）三个要件。

首先，秘密性要件是构成商业秘密的前提要件。商业秘密与专利保护、公知技术的关键区别就在于商业秘密是由权利人通过保密措施独占相关信息，使公众难以知悉，从而保障自己的竞争优势。因此，如果商业秘密为相关公众知晓，也就失去了商业价值。

其次，价值性要件是商业秘密的核心要件。无论是技术信息还是经营信

---

① 李春华：《论商业秘密的概念和范围》，载《前沿》2003年第11期。

② 王奎：《论商业秘密的内涵与外延》，载《学术界》2007年第3期。

息，只有在其可以为权利人带来竞争优势或商业利益时，才有必要对其加以保护。商业秘密的价值既包括现有的、成熟的价值，也包括潜在的、形成过程中的价值；[①]既包括可以直接计算的商业利益，也包括难以衡量的竞争优势。

最后，管理性是中国法语境下特有的商业秘密要件。管理性要件要求商业信息的权利人必须采取签订保密协议、建立保密制度等合理保密措施，只有权利人采取了相应措施，该信息才有可能被认定为商业秘密。而在美国《反不正当竞争法（第三次）重述》中，并不要求商业秘密具有保密性。笔者更倾向于管理性是商业秘密的必要构成要件之一，原因是如果权利人没有采取合理保密措施，实际上表明权利人并没有重视该商业信息，法院也不必将之视为商业秘密加以保护。

二、秘密性的认定

商业秘密的秘密性要求根据法条原文表述为"不为公众所知悉"，但在实务中如何细化秘密性的认定标准，有两个关键点值得商榷。

第一，"公众"的范围包括哪些。就这一问题，《最高人民法院关于审理侵犯商业秘密民事案件适用法律若干问题的规定》第 3 条指出，"不为公众所知悉"是指有关信息不为其所属领域的相关人员普遍知悉和容易获得。根据该司法解释的规定，"公众"是指所属领域的相关人员。司法实践中，则有着不同的认定方式。笔者认为，秘密性要件不能苛求权利人保证任何公众都对此信息不知悉，例如经营者在实施相应技术时，必须告知雇员该信息；进行相关鉴定或公证时，必须让第三方获取该信息……因此，将"公众"范围认为是全社会公民并不合理，但若将"公众"的范围局限于特定行业也存在不妥，现代行业变化迅速，过于细分特定行业不利于商业秘密的保护。

第二，秘密性的标准是什么。实务中，往往将商业秘密的"秘密性"与专利的"新颖性"相结合。就秘密性的标准而言，应当以司法解释中直接规定的"非普遍知悉"和"非容易获得"作为依据。司法实践中，部分法院会在判决书中强调商业秘密的新颖性，但并不要求达到可专利性的高度，只需要满足最低限度要求即可。"非普遍知悉"和"非容易获得"主要依靠法院根据行业、时间、成本等因素来综合判断，以此明确秘密性的认定标准。

三、技术秘密与公知信息的区分方法

在知识产权视角下，公知信息主要是指处于公有领域中，为社会所有人

---

① 李莎郦：《司法实务中商业秘密的认定》，载《江苏法制报》2020 年 7 月 14 日。

所共同享有的“知识共有物”。[①] 而“公有领域”这一概念被应用于知识产权中源自1624年英国《垄断法》和1710年英国《安妮法》，最初主要是通过保护期限的方式来划分知识产权和公有领域的。[②] 技术秘密作为一类商业秘密，与其他知识产权不同，只要权利人妥善保密，该信息不被他人所知，就一直不会进入公有领域，并没有一定的保护期限。技术秘密往往表现为制作工艺、产品配方、核心技术，但再复杂的技术信息，也必须立足于基础的数理知识之上。以本案的药品配方为例，化合物的方程式是该行业内大部分人都熟知的，但如何运用这些基础的化合物来制作治疗特定疾病的新药，在权利人公开之前该信息就是一项技术秘密。由此可见，技术秘密可以通过公知信息加工转换而来。技术秘密与公知信息最主要的区别就在于技术秘密中非公知部分是秘密的，这些非公知部分又被称为秘密点，秘密点的正确梳理正是区分技术秘密与公知信息的方法，笔者总结为如下三个梳理步骤：

首先，由于技术秘密因其秘密点才有值得保护的商业价值，因此需要先找到秘密点的范围。技术秘密与专利技术不同，技术秘密在形成时无须列明具备哪些秘密点，只需要将包含秘密点的信息做好合理的保密措施。但不意味着做好了保密措施的文件本身就都是秘密点，在权利人主张技术秘密权利或者鉴定机构依法对商业秘密进行鉴定时，都需要明确指出秘密点的边界。笔者认为，技术秘密的秘密点范围主要可以划分为三类：第一类是技术秘密的各个组成要素，以本案为例，就是各类基础化合物的信息，这一类秘密点范围需要排除大量公知信息，作为技术信息中最小单位的要素往往就是行业内最基础的传统工艺或者数理知识；第二类则是各个组成要素之间的组合利用方式，以本案为例，就是化合物的遴选过程，这一类秘密点范围要求组合利用方式凝聚了权利人一定的创造和劳动，如仅仅是表面可以轻易看出的结合方式，通常不认为是秘密点；第三类是各组成要素按照特定方式组合利用后能够实现的预期目标，以本案为例，就是化合物遴选、实验、成品化后最终目的是制作新药，这一类秘密点范围主要是考虑到将某一领域的常见技术运用到不同领域可能会有特殊的技术效果，如在冶炼产业中应用相似的技术可能会获得完全不同的产物，因此这一类秘密点范围需要结合相关行业、所属领域等综合判断。

其次，在划分好秘密点范围后，应当对范围内的秘密点进行筛选、甄别。如果该技术秘密权利人通过诉讼方式主张权利，法院就应当发挥其居中主导作

① 冯晓青：《知识产权法的公共领域理论》，载《知识产权》2007年第3期。
② 冯晓青、周贺微：《公共领域视野下知识产权制度之正当性》，载《现代法学》2019年第3期。

用。例如，本案中，法院对第二类、第三类秘密点范围进行了筛查，确定了化合物的组合利用方式属于秘密点，而利用化合物最终制作新药的目的也属于秘密点。通过组织双方举证、质证等方式，将宽泛的秘密点范围缩减到存在争议的几个秘密点上，而在缩减过程中，需要注意不能过高要求秘密点的新颖性，即便技术秘密往往来自权利人的加工创造，但是技术秘密不同于专利，过于苛求新颖性有违立法本意。本案中，在第一类秘密点范围中，原被告均认可基础化合物信息属于公知，没有存在重大争议的秘密点产生。在第二类秘密点范围中，原告认为遴选新药组成成分的化合物是依靠病理反应等复杂实验选出的候选化合物，属于公司最高机密，应当认为具有秘密性，被告坚持化合物是行业内已知公开的，因此就化合物的选用是否具有秘密性产生争议。在第三类秘密点范围中，原告主张化合物的遴选实验都是为了促进新药的成品化，这一目的不被相关人员所知晓，因此具备秘密性，而被告主张相关信息仅仅涉及新药研发的初步阶段，不具备任何实用价值，因此就该利用目的秘密点双方也产生了争议。

最后，在找到双方存在争议的秘密点后，权利人应当就其主张的秘密点证明相关技术信息与公知的区别在哪里。本案中，原告证明对化合物的遴选等利用方式正是制作新药的开端，对于后续药物研发有重要意义，在未被公众知悉前，法院采信了该组合利用方式构成技术秘密。在第三类秘密点范围中，对这些基础化合物的利用方式，原告通过举证证明了其目的是通过化合物的遴选实验来促成新药物的成品化，该目的同样不容易被所属领域的相关人员轻易获知，因此也满足技术秘密的秘密性要件。综合案例来看，证明技术秘密与公知信息的区别在很大程度上依赖于原告能否清楚描述自己所主张的秘密点的具体内容，本案中，原告正是通过证明基础化合物信息对于其研发新药在技术上的具体作用和重要意义，使法院赞成其观点，认定涉案信息属于技术秘密。

四、结论

在当今竞争激烈的全球市场上，若要在行业中独占鳌头，方法之一就是掌握技术秘密。而技术秘密的三要件中，秘密性的认定尤为关键和困难。本案的启示在于，法院在认定相关信息是否具有秘密性时，一方面，需要明确“公众”意指所属领域的相关人员，而非全社会公民；另一方面，应当对比相关信息和公知信息的差异，将公知信息和公知信息的排列组合进行区分，逐一判断是否满足“非普遍知悉”和“非容易获得”。本案同样提醒技术秘密权利人，想要主张技术秘密受到保护，必须正确梳理秘密点，说明技术秘密与公知信息的区别，才能够得到法律保护，保持竞争优势。

商业秘密在政府信息公开中的属性判断与分割

——罗某与中华人民共和国商务部等信息公开案

/ 陈禹铭

本案要旨

政府信息公开请求可能包含第三人的商业秘密，行政机关不能仅凭第三人的反对而不公开相关信息。商业秘密的范围应参照《反不正当竞争法》中商业秘密的含义，同时考虑信息公开申请主体综合确定。与商业秘密有关的信息是否可以公开，应适用可区分性原则：整体信息中不具有商业秘密信息属性的部分，行政机关对这部分信息应予公开。

案件信息

上诉人（一审被告）：中华人民共和国商务部

被上诉人（一审原告）：罗某

第三人：某酒店公司

案号：北京市第二中级人民法院（2017）京 02 行初 121 号、北京市高级人民法院（2017）京行终 5065 号

原被告主张及理由

原告罗某主张：其与某酒店公司于 2014 年 7 月 30 日签订《管理店投资合同》《管理直营手册》及相关附件，后在合同履行过程中产生争议，原告罗某与某酒店公司先后在广州市海珠区人民法院起诉，法院均以特许经营合同纠纷为案由立案。其经查询《商业特许经营管理条例》《商业特许经营备案管理办法》知晓，某酒店公司应按照相关规定将包括特许经营合同样本、特许经营操作手册等资料在被告中华人民共和国商务部（以下简称商务部）处予以备案。为了诉讼需要，原告罗某于 2017 年 3 月 7 日向被告商务部提出政府信息

公开申请，申请就某酒店公司在商务部处备案的特许经营合同样本、特许经营操作手册予以信息公开，且在申请时已就申请信息公开的用途进行了相应陈述。2017 年 4 月 7 日，原告罗某收到被告商务部所作《政府信息答复函》，并附某酒店公司回复函一份，被告商务部以申请的信息涉及某酒店公司商业秘密为由不予公开。原告罗某认为，其与某酒店公司本就是合同相对方，且该合同性质系特许经营合同，其中涉及的某酒店公司所掌握的商业秘密，原告罗某是知晓的。同时，某酒店公司作为某商标的合法权属人，在全国范围内以特许经营的方式许可了包括原告罗某在内的近三千家加盟主体以某酒店公司名义对外经营，在履行合同过程中这些加盟主体包括原告罗某也与某酒店公司产生了不少争议，形成诉讼。被告商务部以原告罗某申请的信息涉及商业秘密不同意公开，系对于商业秘密的扩大解释，违背了《商业特许经营管理条例》《商业特许经营备案管理办法》制定的初衷。原告罗某申请信息公开的用途正当，系为了在诉讼中维护自身合法权益而申请。

商务部辩称：（1）该部严格按照法律规定答复原告罗某政府信息公开申请，程序合法。（2）原告罗某申请公开的政府信息涉及商业秘密，公开后可能损害某酒店公司合法权益，被告商务部的答复符合法律规定。（3）原告罗某在起诉状中承认申请公开的信息涉及某酒店公司的商业秘密，但仍然要求被告商务部公开，理由是原告罗某系特许经营合同的相对方，其中涉及某酒店公司商业秘密的内容其已知晓，因此可以向其公开。被告商务部认为原告罗某此主张不成立。理由如下：原告罗某在提出政府信息公开申请时没有提供证据证明其是被特许人；在政府信息公开程序中，被告商务部无法限制原告罗某不将其获取的政府信息泄露给他人；从《政府信息公开条例》的制定目的看，是依法保护公民、法人和其他组织的知情权，既然原告罗某已经知晓相关政府信息，也就没有必要再向被告商务部申请公开。

法院查明的事实

2017 年 3 月 7 日，原告罗某通过被告商务部在线申请系统向被告商务部申请公开某酒店公司在商务部处备案的特许经营合同样本和特许经营操作手册。被告商务部接到原告罗某该政府信息公开申请后，进行了审查，认为原告罗某申请公开的政府信息涉及某酒店公司的商业秘密，公开后可能损害某酒店公司的合法权益。因此，被告商务部于 2017 年 3 月 15 日向某酒店公司发出《商务部政府信息公开申请第三方意见征询函》（商公开字〔2017〕327 号），就某酒店公司是否同意公开上述信息征求其意见。2017年3月16日，某酒店公司回复表示，因涉及商业秘密，其不同意公开原告罗某申请公开的相关信息。被告商务部于2017年3月22日作出《政府信息答复函》，通过挂号信邮寄送达原告罗某，并将《政府信息答复函》扫描件通过电子邮件发给原告罗某。后挂号信被拒收，被告商务部于2017年4月4日签收退信。收到退信后，被告商务部再次与原告罗某沟通，并于2017年4月10日通过顺丰快递将《政府信息答复函》原件寄出，该件于同年4月11日下午被签收。原告罗某不服被告商务部所作《政府信息答复函》，诉至本院。

另查明，原告罗某与第三人某酒店公司于2014年7月30日签订《某酒店投资合同》，该合同第1条约定，罗某同意按照合同附件《某酒店投资操作手册》中约定的"管理直营"之商业模式进行投资合作，即某酒店公司提供管理店筹建的咨询、指导等服务，罗某筹建符合某酒店公司标准的"管理店"，交付某酒店公司进行经营管理。罗某在认可某酒店公司经营管理模式和标准的前提下签订本合同。后某酒店公司与罗某在履行合同过程中产生争议，诉至广州市海珠区人民法院，法院以特许经营合同纠纷为案由立案。

一审法院判决理由与裁判结果

一审法院认为，本案的争议焦点问题有二：一是商务部经审查后认为罗某申请公开的政府信息涉及某酒店公司商业秘密进而不予公开的认定是否正确；二是行政机关在处理政府信息公开申请时是否应当区分申请人身份进行个案综合衡量。

关于争议焦点一，《政府信息公开条例》第14条第4款规定，行政机关不得公开涉及国家秘密、商业秘密、个人隐私的政府信息。但是，经权利人同意公开或者行政机关认为不公开可能对公共利益造成重大影响的涉及商业秘密、个人隐私的政府信息，可以予以公开。第23条规定，行政机关认为申请公开的政府信息涉及商业秘密、个人隐私，公开后可能损害第三方合法权益的，应当书面征求第三方的意见；第三方不同意公开的，不得公开。但是，行政机关认为不公开可能对公共利益造成重大影响的，应当予以公开，并将决定公开的政府信息内容和理由书面通知第三方。上述规定将商业秘密划入相对不公开的范围，但《政府信息公开条例》对于商业秘密的概念并未给出明确界定。行政机关在处理政府信息公开案件时，对商业秘密的认定要有相应的审查判断标准，并提供证据予以证明，不能仅凭第三人不同意公开的意见而作出不予公开的决定。在法律层面,《反不正当竞争法》第10条第3款进行了明确规定:“本条所称的商业秘密,是指不为公众所知悉、能为权利人带来经济利益、具有实用性并经权利人采取保密措施的技术信息和经营信息。”根据该法的界定,商业秘密具有以下特征:(1)不为公众所知悉;(2)能为权利人带来经济利益、具有实用性;(3)权利人采取保密措施。本案中,从罗某提交的证据《某酒店投资合同》可知,该合同包含合作内容、费用、甲方权利及义务、乙方权利及义务、合同生效与解除、转让、违约责任、保险、品牌授权与委托管理等内容。对于特许经营合同而言,经营资源中的专有技术、服务流程、管理方法等一般是作为商业秘密予以保护的,但对照《反不正当竞争法》中商业秘密的概念及特征,不能认定商业特许经营合同全部条款均构成商业秘密,其中一些内容并不具有现实的或潜在的使用价值,以致公开后会对权利人的竞争地位造成实质性的损害。进一步说,就罗某在申请信息公开时所提及的“单方解除权”条款本身而言,一般是不具有商业秘密属性的。根据《政府信息公开条例》第22条的规定,申请公开的政府信息中含有不应当公开的内容,但是能够作区分处理的,行政机关应当向申请人提供可以公开的信息内容。本案中,商务部未就罗某申请公开的政府信息作区分处理,在未充分说明理由并举证的情况下将罗某所申请的政府信息全部内容认定为商业秘密显然有误。

关于争议焦点二,《政府信息公开条例》第13条规定,除行政机关主动公开的政府信息外,公民、法人或者其他组织还可以根据自身生产、生活、科研等特殊需要,向国务院部门、地方各级人民政府及县级以上地方人民政府部门申请获取相关政府信息。从该条款所含“自身”“特殊”等描述用语可以看出,申请人在申请信息公开时,是基于自身特殊需要申请,而负有政府信息公开法定职责的行政机关,应当根据申请人自身情况,结合其特殊需要,对其所提政府信息公开申请予以个案考量,进而依法作出相应答复。本案中,罗某向商务部申请公开某酒店公司特许经营权合同备案情况及备案的格式合同文本、特许经营操作手册。《商业特许经营管理条例》第3条规定,所谓商业特许经营,是指拥有注册商标、企业标志、专利、专有技术等经营资源的企业,以合同形式将其拥有的经营资源许可其他经营者(被特许人)使用,被特许人按照合同约定在统一的经营模式下开展经营,并向特许人支付特许经营费用的经营活动。根据《商业特许经营管理条例》第8条第2款的规定,特许人某酒店公司向商务部备案时,应当提交特许经营合同样本、特许经营操作手册、市场计划书等文件、资料。故罗某所申请的政府信息系商务部在履行职责中制作或者获取的,以一定形式记录、保存的信息,符合《政府信息公开条例》第2条对于政府信息的定义。商务部收到罗某提交的政府信息公开申请后，经审查认为罗某申请公开的政府信息涉及某酒店公司商业秘密，遂在履行向某酒店公司征求意见的程序后对罗某申请公开的信息不予公开。从程序上看，商务部的行政行为没有问题，但是结合《政府信息公开条例》的制定目的，政府信息依申请公开制度是为了依法保护公民、法人和其他组织的知情权，发挥政府信息对人民群众生产、生活和经济社会活动的服务作用而制定，申请主体可以基于“特殊”需要而申请，基于此目的，政府信息公开中对商业秘密的认定应根据申请人的不同而作不同认定，也许同一信息或类似信息在一定情况下属于商业秘密，在另一种情况下可能就不是。商务部应提供相应的证据表明相关信息具有涉密性，且需说明理由，不能因政府信息中只要包含有第三方的信息，在第三方不同意公开的情况下就认定为商业秘密不予公开，而是要具体情况具体分析。本案中，某酒店公司与罗某之间系商业特许经营中特许人与被特许人的关系，在政府信息公开申请表中，罗某已就上述关系予以阐明。罗某在提出政府信息公开申请时亦就申请信息公开的特殊用途进行了相应陈述，罗某申请公开此政府信息的目的是将某酒店公司与其签订的合同与某酒店公司在商务部备案的合同予以比对，以备民事诉讼之需要。商务部应考虑罗某这一特殊身份情况进而作出裁量。庭审中，商务部辩称罗某在申请时没有提供证据证明其是被特许人，但是根据《政府信息公开条例》第21条第4项的规定，申请内容不明确的，应当告知申请人作出更改、补充。商务部在罗某申请时已陈述其是特许经营合同相对人的基础上并未要求其进一步补充提供材料来证明相关事实，显然不妥。商务部主张在政府信息公开程序中，如果公开了罗某申请公开的信息，其无法限制罗某不将获得的政府信息泄露给他人。对此，一审法院认为，罗某系作为某酒店公司被特许人申请信息公开，即其已经以投资方式参与到某酒店公司集团管理店的合作之中，一般而言，为履行特许经营合同，特许人在签订特许经营合同之后至特许业务开展之前，就应当通过培训、传递经营手册等方式，及时完整地将上述经营资源交付给被特许人，而经营资源一经交付，特许人就无法控制被特许人使用甚至无法回收该经营资源，因此，上述经营资源许可后具有一定的不可返还性，特许人交付经营资源后，确实存在商业秘密被扩散等风险。对此，特许人一般会在合同中约定保密条款，甚至规定竞业禁止条款来规避这种风险。本案中，罗某与某酒店公司在《某酒店投资合同》中即约定了此类条款。按照相关法律规定，如果罗某违反合同约定将相关信息泄露给他人并给某酒店公司造成损失的，罗某应承担相应的法律责任，亦有相应的法律条款予以制约，但这不是商务部拒绝向罗某提供相应政府信息的正当理由，故对商务部上述主张不予支持。判令撤销原行政行为，要求商务部重新作出答复。

上诉主张及理由

商务部二审主张：（1）商务部已对罗某申请公开的政府信息是否涉及商业秘密进行了实质审查，一审判决认定商务部未进行审查，属于认定事实错误。（2）商务部在决定是否公开政府信息时，已考量是否对公共利益造成重大影响等因素，一审判决认定商务部仅凭第三人意见作出不予公开的决定，属于认定事实错误。（3）一审判决亦认定罗某申请公开的信息中包含商业秘密，但错误适用《政府信息公开条例》第22条的“区分处理”规定，属于适用法律错误。（4）一审判决认为行政机关在履行信息公开职责时，应对申请人区别对待，对行政机关课以审查义务，于法无据，属于法律理解和适用错误。（5）《反不正当竞争法》对商业秘密的定义与《政府信息公开条例》中的商业秘密并不相同，一审判决直接援用该条文，属于适用法律不当。（6）在《政府信息公开条例》未对“商业秘密”的概念作出明确界定的情况下，司法机关应尊重行政机关对商业秘密的判断，一审法院以自己的判断代替商务部的判断，存在不当。（7）一审判决混淆了罗某通过民事合同获取商业秘密和通过政府信息公开获取秘密的区别，认为民事合同中的保密条款可避免向他人泄露商业秘密，存在不当。（8）罗某与某酒店公司之间的民事纠纷应通过民事救济渠道解决，相关信息若需举证，可申请法院依职权调查收集，而非通过政府信息公开渠道。

二审法院判决理由与裁判结果

二审法院认为，《政府信息公开条例》第14条第4款规定，行政机关不得公开涉及国家秘密、商业秘密、个人隐私的政府信息。但是，经权利人同意公开或者行政机关认为不公开可能对公共利益造成重大影响的涉及商业秘密、个人隐私的政府信息，可以予以公开。本案中，罗某向商务部申请公开某酒店公司特许经营合同备案情况及备案的格式合同样本、特许经营操作手册。根据《商业特许经营管理条例》第8条的规定，上述信息属于商务部在履行职责过程中获取的信息。关于备案信息的公开，《商业特许经营备案管理办法》第14条、第15条规定，备案机关依法为特许人保守商业秘密，同时公众可通过商业特许经营信息管理系统查询有关信息。参照上述规定，特许经营合同样本、特许经营操作手册整体上未包括在公众可以查询或者应当向公众公开的信息的范围之内。特许经营合同样本、特许经营操作手册涉及特许经营模式、双方合作内容等具有商业价值和保密性的信息，商务部认为涉及商业秘密，一审法院亦认可一般作为商业秘密予以保护，二审法院对此无异议。

《政府信息公开条例》第22条规定，申请公开的政府信息中含有不应当公开的内容，但是能够作区分处理的，行政机关应当向申请人提供可以公开的信息内容。本案实质争议在于特许经营合同样本中有关“单方解除权条款”的信息是否可以公开。对于“单方解除权条款”信息，罗某在政府信息公开申请中已特别进行了描述。《商业特许经营管理条例》第12条规定，特许人和被特许人应当在特许经营合同中约定，被特许人在特许经营合同订立后一定期限内，可以单方解除合同。依照该规定，在商业特许经营模式下，为平衡特许人的优势，防止被特许人的投资冲动并降低被特许人的商业风险，赋予被特许人单方解除权，这也是维护市场秩序的要求。据此，“单方解除权条款”属于行政法规强制性规定应当包含的条款，属于行政法规有专门规定而商务部门应当特别予以监督管理的范围。《商业特许经营管理条例》第6条规定对违反本条例规定的行为的举报主体为任何单位或者个人，也体现了商业特许经营领域监督的公共性。鉴于《商业特许经营管理条例》对“单方解除权条款”的特别规定，“单方解除权条款”在特许经营合同样本信息公开中具有可区分性，商务部应当对该条款公开是否涉及商业秘密及影响公共利益进行审查并说明理由。商务部上诉认为，由于单方解除权期限不同，特许人一般会认为属于商业秘密。二审法院认为，“单方解除权条款”属于被特许人的法定权利，与特许人的技术信息或经营信息无关，商务部上述理由不充分。因此，商务部未考虑《商业特许经营管理条例》的特殊规定，对罗某申请公开的政府信息作区分处理，适用法律错误。维持一审判决。

➲ 案例解析

本案涉及行政机关是否应当公开与第三人享有的商业秘密有关的政府信息。知情权是公民依法享有的基本权利之一，政府信息公开是保障社会公众知情权的基础。但政府信息中可能包含商业秘密、个人隐私等第三方信息，这些信息的公开会对公众权利造成不必要的损害。因此，《政府信息公开条例》第15条明确规定：“涉及商业秘密、个人隐私等公开会对第三方合法权益造成损害的政府信息，行政机关不得公开。”政府信息公开申请人的知情权与利益相关第三人的合法权益都值得保护，如何在二者中寻求平衡，值得研究。本案即对与商业秘密有关的信息是否应当公开，以及应当公开到何种程度进行了研判。以下将结合案例，对政府信息公开中如何处理与商业秘密有关的信息进行进一步阐释。

一、商业秘密认定所体现的价值判断与利益衡量

是否公开与商业秘密有关的信息，实质上体现着行政机关的价值判断，“行政机关对于政府信息的公开与否，享有必要的裁量权，应当以公共利益为衡量的基准，在信息公开所实现的利益与不公开而受到保护的利益之间进行衡量”[①]。这种衡量体现为被申请公开的信息是否有值得作为商业秘密保护的必要：如果对于信息公开申请人而言，这种信息满足了《反不正当竞争法》中商业秘密的构成要件，则有必要保护信息的商业价值，申请人不应通过政府信息公开这样一种行政路径获取具有秘密性的信息内容，因此行政机关不应向申请人提供与商业秘密有关的信息；反之，如果申请公开的信息不具有秘密性，或对于申请人而言这种信息不具有商业竞争层面的价值性，则申请人的知情权是更值得保护的，行政机关有义务公开相关信息。

在本案中，认定“单方解除权条款”是否属于商业秘密即体现着这样的价值判断。二审法院认为“‘单方解除权条款’属于行政法规强制性规定应当包含的条款”，意味着这种信息具有公共属性，是应当纳入监督管理范围的信息，而不能仅仅将其认定为被申请人所享有的商业秘密。在这种情况下，申请人知情权的价值盖过了第三人的信息保护权益，利益衡量的“天平”向公众及申请人一方倾斜，要求公开“单方解除权条款”也就是理所当然的。

因此，被申请公开的信息是否属于商业秘密是判断是否应当公开的前提性条件。这要求行政机关准确把握政府信息的“属性”。对于被申请公开的信息是否属于商业秘密的判断，应当根据《反不正当竞争法》的规定，判断对于一般公众（而非申请人）而言，信息是否具有秘密性、价值性，以及信息持有人是否采取了一定的保密措施。

二、可区分性在商业秘密认定上的适用

经营信息与技术信息并不总是一块不可分割的整体。从整体上观察，信息可能具有一定的秘密性、价值性，信息持有人也采取了相应的保密措施，但此时构成完整信息束的局部信息也可能不具有作为商业秘密保护的价值，此时

---

① 姚坚：《政府信息公开原则与公开限制》，载《广东社会科学》2017 年第 6 期。

要求行政机关对这些信息进行“分割”。可区分性规定于现行《政府信息公开条例》第37条，“申请公开的信息中含有不应当公开或者不属于政府信息的内容，但是能够作区分处理的，行政机关应当向申请人提供可以公开的政府信息内容，并对不予公开的内容说明理由”，这实际上向行政机关提出了较高的审查要求，需要行政机关判断哪部分信息是可以公开的。然而，“商业秘密、个人隐私……这两种权益一旦受到侵害，便不可修复或不可替代（或更换）”[①]，行政机关能否承担区分信息是否具有商业秘密属性的重担不无疑问。

本案给出了一条解决路径，即当涉案信息整体可能涉及第三人的商业秘密时，申请人首先声明其所申请公开的信息内容是可区分的，行政机关进而审查由申请人“剥离”的这部分信息是否具有商业秘密属性。也就是说，在适用上述条款时，将商业秘密是否具有可区分性交由申请人主张，行政机关实际判断的是申请人的主张是否具有合理性。这种方式既符合申请人的需求，也能降低行政机关误判相关信息是否属于商业秘密的风险。

当然，“政府信息是否公开背后蕴含着如何化解不同个人利益之间冲突的问题”[②]，在申请人提出商业秘密具有可区分性的主张时，应当允许第三人即商业秘密持有人对申请人的主张提出异议。但值得注意的是，这种异议不同于《政府信息公开条例》第32条中规定的“书面征求第三方的意见”，第32条规定的是行政机关对于已经被认定为涉及商业秘密的信息的处理方式，而在这里申请人提出的主张是相关信息不具有商业秘密属性，在这种情况下应当为商业秘密持有人建立可操作的意见反馈渠道，才能维持申请人与商业秘密持有人的利益平衡关系。

本文认为，应当参照《政府信息公开条例》第32条的相关规定，通过书面的方式征求商业秘密持有人的意见，允许秘密持有人提供相应理由说明申请人主张分割的信息同样满足《反不正当竞争法》的构成要件，属于不应当公开的商业秘密信息，以反驳申请人的主张。行政机关应当综合考量政府信息公开申请人与商业秘密持有人双方的意见，作出是否应当适用《政府信息公开条例》第37条的判断。

三、结论

作为知识产权客体的商业秘密所具有的秘密性与行政法中的政府信息公开程序存在天然的矛盾。当一种信息同时具有商业秘密属性与需要被公开的公

---

① 杨登峰：《政府强制公开第三人信息程序之完善》，载《法学》2015年第10期。

② 崔雪丽：《政府信息公开与秘密保护的利益平衡》，载《江西社会科学》2014年第7期。

共利益属性时，必然会在商业秘密持有人与公众之间产生利益冲突，行政机关应进行价值衡量，判断公众的知情权与商业秘密持有人的合法权益何者更值得受到保护。在判断是否应当公开相关信息时，应当首先对信息是否具有商业秘密属性进行界定，不同于知识产权侵权案件，政府信息公开行政案件中的商业秘密信息具有可区分性，整体信息可被认定为商业秘密时，其中部分信息仍可能被作为应当公开的信息而从整体信息中区分出来并向申请人公开。当行政机关不易判断商业秘密信息是否具有可区分性时，可由申请人提出区分处理的主张，行政机关判断申请人的主张是否具有合理性，以此作为行政机关主动判断商业秘密是否具有可区分性的替代路径。

技术信息公开及秘密性判断

——苏州某甲有限公司等与某乙（天津）有限公司侵害技术秘密纠纷案

/ 金惟妙

➲ 本案要旨

判断一项技术信息是否被公开从而进入公共领域，需要明确技术信息被公开的内容范围和公开程度。以学术研究为目的的介绍一项制造工艺，旨在提供技术指引，属于行业内的公开技术。技术秘密的形成，则需要技术人员在上述指引下进行一系列的试验，针对试验结果进行数据分析，经筛选才能获得优化的技术方案。这一技术信息的形成过程，需要技术人员投入人力、物力和时间，并不因基础技术属于行业公知信息而失去其秘密性。另外，向供应商委托生产的行为具有公开对象的针对性，不属于公开技术秘密。

➲ 案件信息

申请人（一审被告、二审上诉人）：苏州某甲有限公司、夏某

被申请人（一审原告、二审被上诉人）：某乙（天津）有限公司

案号：江苏省苏州市中级人民法院（2012）苏中知民初字第0009号、江苏省高级人民法院（2013）苏知民终字第0159号、最高人民法院（2015）民申字第1013号

➲ 原被告主张及理由

原告某乙（天津）有限公司（以下简称某乙天津公司）诉称：某乙公司致力于克服粘结钕铁硼磁粉主要原料的磁粉生产的技术缺陷，掌握了其中关键的两项技术（甩带轮和喷嘴技术），并对包括这两项技术在内的所有非专利技术采取了严格的保密措施。某乙天津公司是某乙公司在中国的唯一子公司及知识产权授权人。自1998年起，夏某通过与某乙公司以及某乙天津公司部分员

工的接触，开始获得某乙天津公司的商业秘密。2004年9月1日，夏某和张某鸣出资设立苏州某甲有限公司（以下简称某甲公司），某甲公司的所有设备均是夏某复制某乙天津公司设备所得。2005年，某乙公司与原告同张某鸣与夏某因后者侵犯前者技术秘密生产磁性材料而产生诉讼，并达成《和解和相互豁免协议》。现夏某违反该协议的约定，将某乙天津公司的商业秘密提供给某甲公司使用，构成侵权。某甲公司既是夏某实施侵权行为的公司，也是实际获利人，同样构成侵权。请求法院判令夏某和某甲公司：（1）立即停止侵犯某乙天津公司商业秘密、停止不正当竞争；（2）赔偿某乙天津公司经济损失并承担某乙天津公司的合理费用及本案诉讼费用。

夏某答辩称：（1）某乙天津公司主张的商业秘密不能成立，喷嘴技术在美国已经申请过专利，是公知的技术，可以从公众渠道知道。（2）某乙天津公司诉夏某侵犯商业秘密的行为实际上并不存在，夏某从1976年就使用该技术。（3）某乙天津公司主张夏某向某甲公司提供新的设备，无证据支持。《和解和相互豁免协议》并未认定夏某存在侵权行为，即使夏某在协议之前存在侵权行为，《和解和相互豁免协议》也明确对签订前的行为是豁免的，签订之后无证据表明夏某还存在侵权行为。（4）夏某在某甲公司无任何股份，即使某甲公司存在签订《和解和相互豁免协议》后的侵权行为，也不能说明夏某存在任何侵权行为。涉案甩带轮与夏某无关，夏某从未给某甲公司供应过甩带轮。

某甲公司答辩称，同意夏某答辩意见，且：（1）某乙天津公司主张的技术秘密都是公知技术。（2）某甲公司设备系采购而来，关于喷嘴部分技术，完全可以从公开的信息查到，且在美国申请过专利，生产工艺流程都是基本常识，不存在与某乙天津公司的秘密相关。（3）某乙天津公司与夏某的协议是有时间点的，某甲公司不清楚协议的内容，也不清楚夏某在协议之后的行为。综上所述，某甲公司未实施侵害某乙天津公司技术秘密的行为，也不存在因侵权而获利巨大的事实。

一审法院查明的事实

某乙公司为全球主要粘结钕铁硼磁粉生产商。原告某乙天津公司由某乙公司独资设立，成立于1998年，经营范围为“生产、销售特种金属材料及制品、钕铁硼磁性材料（稀土应用产品）及有色金属的零售、批发”，并于2000年12月13日获得某乙公司对其非独有权利和许可使用知识产权生产，销售，分售，提供出售和出售产品的授权，由此获得某乙公司相关快淬法制造钕铁硼磁粉技术，包括甩带轮和喷嘴两项技术，用于保证生产连续进行，降低制造成本。

张某鸣于1996年进入某乙公司工作，签订有雇佣协议和保密协议。2000年，张某鸣被某乙公司派往某乙天津公司工作，参与某乙天津公司生产线的建设。2001年，张某鸣离开某乙公司和某乙天津公司。2004年9月11日，夏某与张某鸣出资设立维某特公司，即某甲公司前身，公司经营范围为“生产各类稀土永磁材料、稀土永磁合金、各类高温合金、有色金属、各种磁能积纳米合金片，销售本公司所生产的产品，并提供与之相关的技术咨询、技术服务和技术转让”。公司成立初期产品为低端稀土磁粉。2007年始，某甲公司上马快淬法制造钕铁硼磁粉生产线，由夏某负责技术并提供图纸，委托华某厂等单位加工制造快淬炉等设备。2007年4~5月，某甲公司启动高端钕铁硼磁粉试生产。因发现张某鸣等使用某乙公司的专有技术秘密生产磁性材料，某乙公司于2006年在美国向张某鸣提起了民事诉讼；2007年6月26日，某乙公司、某乙天津公司和张某鸣、马某奎、夏某及维某公司签署《和解和相互豁免协议》，后者应当销毁涉及前者技术秘密的资料，不得使用和泄露技术秘密，从而前者放弃对后者的指控。

2007年8月，某甲公司开始大规模生产和销售钕铁硼磁粉。在2007年8月至2009年5月间，销售上述产品利润达11 268 285.30元。2009年6月8日，苏州市公安局苏州工业园区分局接举报后立案侦查，在某甲公司扣押涉嫌侵犯商业秘密的设备。2009年9月12日，公安机关再次在某甲公司拆卸并扣押了新安装的涉嫌侵犯商业秘密的设备。夏某接受公安机关询问，陈述“在2003年就根据某乙公司的图纸和实物绘制了甩带上内、外盖，分水轮及两个堵头的设计图，用于生产”，“持续为维某特公司提供生产设备，如快淬炉等”，“后根据使用需要对外盖、内盖以及分水轮等部件的数据进行了细微改动”。侦查期间，苏州市公安局苏州工业园区分局委托司法鉴定机构进行鉴定。

江苏省技术市场技术鉴定服务中心（以下简称江苏技术市场鉴定中心）对“甩带轮系统及相关结构”的商业秘密特征以及涉案两项技术的同质性进行鉴定，得出结论：（1）甩带轮在X、Y、Z三个方向的控制运动参数、转速（轮缘线速度）在0~55m/s时，针对不同的产品采用的不同转速参数、甩带轮内部的轮缘特征及其具体尺寸参数，甩带轮内侧法兰盖、外侧法兰盖以及内套的具体结构、尺寸和材料均属于不为公众所知悉的技术。（2）某甲公司使用的甩带轮、内侧法兰盖、外侧法兰盖、小堵头、大堵头以及内套的主要结构特征和主要尺寸均与某乙公司使用的基本一致，内套材料经辨认为铝合金，与某乙公司保密技术信息属于同类。因此，某乙公司的专用设备“甩带轮系统及相关结构”的主要技术特征符合商业秘密的特征；某甲公司使用的甩带轮总成及相关结构与某乙公司相应的商业秘密实质相同。

北京国科知识产权司法鉴定中心（以下简称国科鉴定中心）作出鉴定，得出结论：（1）某乙公司的金属材料旋淬速凝装置在喷嘴流道上端的锥形敞口处设置的堵头的材质、堵头的结构和尺寸确切组合构成的整体技术信息以及金属材料旋淬速凝装置中喷嘴流道内设置的金属棒及其材质组合构成的整体技术信息不为本领域技术人员了解和掌握，公众也无法通过公开渠道容易获得，不为公众所知悉，为非公知技术信息。（2）某甲公司5号件、6号件和23号件金属棒实物证据为该公司金属材料旋淬速凝装置中喷嘴流道内设置的金属棒，材质为铜（含量99.6%以上），与某乙公司喷嘴流道内设置金属棒的方式及金属棒的材质实质相同。二审阶段，国科鉴定中心委托中国化工信息中心就“金属材料旋淬速凝装置”进行科技查新，查新结论为“圆柱形金属棒的金属材料旋淬速凝装置，国内外未见报道，具有新颖性”。

一审法院判决理由与裁判结果

关于某乙天津公司主张的“甩带轮系统及相关结构”以及“金属材料旋淬速凝装置（喷嘴、堵头、金属棒）”技术信息是否构成商业秘密的问题。江苏技术市场鉴定中心和国科鉴定中心就某乙公司主张的专用设备“甩带轮系统及相关结构”和“金属材料旋淬速凝装置（喷嘴、堵头、金属棒）”的设计图和生产技术分别作出司法鉴定，证实相关技术信息不为本领域技术人员了解和掌握，公众也无法通过公开渠道容易获得，不为公众所知悉，为非公知技术信息。上述司法鉴定依据确凿、论证充分，内容清晰，足以采信。涉案技术信息被运用于粘结钕铁硼磁粉生产，能够为技术掌握者创造实际的经济效益，具有实用性，且技术持有人某乙公司通过对相关技术资料的保密存档以及与员工签订保密协议约束技术信息的对外披露，保密措施得当，依法应认定上述涉案技术信息为商业秘密，受法律保护。夏某及某甲公司在诉讼中举证大量技术文献，但内容均无对某乙公司所主张的专用设备“甩带轮系统及相关结构”以及“金属材料旋淬速凝装置（喷嘴、堵头、金属棒）”技术信息的具体披露，不能据以否定某乙公司主张保密技术信息的非公知性。某乙天津公司在2000年即自某乙公司获得快淬法制造钕铁硼磁粉技术，并实际长期使用，以上证据足以证明某乙天津公司对涉案技术秘密信息的在先掌握。某乙天津公司在刑事立案侦查过程中所提供的技术图纸用途是反映某乙天津公司在先掌握涉案技术秘密信息内容，而非该技术形成的唯一证据，夏某以此否定某乙天津公司对涉案技术秘密的在先掌握，其抗辩不能成立。

关于某甲公司钕铁硼磁粉生产技术与某乙天津公司主张的“甩带轮系统及相关结构”以及“金属材料旋淬速凝装置（喷嘴、堵头、金属棒）”技术信息是否相同或实质性相同的问题。江苏技术市场鉴定中心的鉴定结论证实，某甲公司使用的甩带轮、内侧法兰盖、外侧法兰盖、小堵头、大堵头以及内套的主要结构特征和主要尺寸，均与某乙公司使用的基本一致，内套材料经辨认为铝合金，与某乙公司保密技术信息属于同类。二次扣查的某甲公司甩带轮总成实物与某乙公司甩带轮系统图纸和前次送鉴的某甲公司甩带轮总成实物相比，结构尺寸基本一致，部分尺寸稍有变化，但未导致甩带轮总成结构实质性不同。某甲公司委托华某厂加工设备的图纸，与某乙公司提供的相应甩带轮图纸结构和尺寸基本一致。国科鉴定中心的鉴定结论证实，某甲公司金属材料旋淬速凝装置中喷嘴流道内设置的金属棒材质为铜（含量99.6%以上），与某乙公司喷嘴流道内设置金属棒的方式及金属棒的材质实质相同。据此，可认定某甲公司使用的甩带轮、内侧法兰盖、外侧法兰盖、小堵头、大堵头以及内套的主要结构特征和主要尺寸，喷嘴流道内设置金属棒的方式及金属棒的材质两项技术信息，与某乙天津公司主张的“甩带轮系统及相关结构”以及“金属材料旋淬速凝装置（喷嘴、堵头、金属棒）”技术信息构成实质性相同。至于某乙天津公司所主张的“甩带轮系统及相关结构”以及“金属材料旋淬速凝装置（喷嘴、堵头、金属棒）”中的其余技术信息，部分经由司法鉴定证实与被控侵权设备（材质、结构、尺寸等）技术方案不相同，另有部分则因缺乏被告实际使用的证据不能判断，故对某乙天津公司主张二被告还使用与该部分保密技术信息相同或实质性相同技术的主张，不予支持。

关于夏某、某甲公司是否接触某乙天津公司主张的“甩带轮系统及相关结构”以及“金属材料旋淬速凝装置（喷嘴、堵头、金属棒）”保密技术信息的问题。根据2007年6月26日某乙公司、某乙天津公司和张某鸣、马某奎、夏某及维某公司签署的《和解和相互豁免协议》和附件A内容，夏某与张某鸣共同任职于维某公司及某甲公司，以及夏某受公安机关侦查讯问的陈述等证据，均直接证实夏某通过与某乙天津公司相关员工的接触，实际接触到了某乙天津公司涉案主张的“甩带轮系统及相关结构”以及“金属材料旋淬速凝装置（喷嘴、堵头、金属棒）”保密技术信息，这些技术信息不仅用于维某公司钕铁硼磁粉生产设备中，也通过夏某用于某甲公司钕铁硼磁粉生产设备制造，因此，对某甲公司被控侵权技术系接触某乙天津公司涉案保密技术信息而形成的事实，应予认定。某甲公司抗辩主张其设备均由母公司提供，其举证不充分，且设备制造供应不能等同于技术研发来源，不能就此否定某甲公司涉案被控侵权钕铁硼磁粉生产技术源自夏某任法定代表人期间，在夏某离任法定代表人后依然由其向某甲公司提供钕铁硼磁粉生产设备制造技术支持的事实。根据某甲公司从设立到立项上马钕铁硼磁粉生产项目期间，系由夏某任法定代表人、张某鸣任副董事长及总经理，由夏某负责提供技术，在夏某、张某鸣离任公司主要负责人后某甲公司涉案钕铁硼磁粉生产技术依然是由夏某支持提供的情节，有理由判定某甲公司系明知技术来源而加以使用。

关于某甲公司涉案技术信息是否有其他合法来源的问题。从夏某为某甲公司定制设备而向设备加工厂商提交技术图纸的事实来看，部件结构、尺寸、允许偏差值等细节与某乙天津公司保密技术信息均基本一致。夏某抗辩认为，其掌握涉案甩带轮系统相关结构技术在某乙天津公司之前，其提供给某甲公司的技术系从公开渠道获得的甩带轮实物并加以测绘形成的。但就夏某对该抗辩主张所举证的书证及相关证人证言等证据来看，所举书证形成时间不能得到确认，且证据内容并不能具体反映涉案甩带轮系统相关结构保密技术信息细节。其举证的所谓的某乙公司关联公司（安德森工厂）在美国举行物资拍卖的清单也未反映出含有甩带轮实物。就夏某提供的证人证言，出庭证人对事实过程陈述内容不清，并存有众多疑点，且系单一证词，证人与夏某在就业及劳动报酬等方面又存在密切关联，对此不予采信。至于夏某举证的甩带轮实物，其来源不明，且夏某在签署《和解和相互豁免协议》和附件 A 时，专门作出了没有保留与设备销毁清单内容相关的图纸、草图和相关文件的声明，但在本案诉讼中却又主张其所提交的是当初用于测绘的“甩带轮实物”，其抗辩显然存在自相矛盾。结合以上分析，夏某关于其披露及使用的甩带轮系统及相关结构技术源于对公开材料的测绘的辩解，无理无据，不予采信。

关于金属材料旋淬速凝装置中喷嘴流道内设置金属棒的方式及材质技术信息，夏某抗辩系源于 2001 年某有色金属研究总院 973 项目，但其所举证据仅有原任职于夏某本人任法定代表人的某市冶金技术研究所员工的单一证人证词，缺少其他实物及书证印证，更未能得到该抗辩所涉 973 项目技术负责人的证明，该抗辩证据不足，难以采信。就常理而言，重要的技术研发项目成果均有一定的保密设置，本案中夏某以其所在单位工作人员接触了重要技术研发项目即主张合法获得该研发项目中的技术信息，有权加以使用，观点难以成立，且科研过程不能等同于实用产业化应用技术。经查实，涉案金属材料旋淬速凝装置中喷嘴流道内设置金属棒的方式及材质的技术信息，至本案发生时在相关公开技术信息中并无披露，尚属保密状态，故对夏某主张系从相关单位的重要科研项目中合法取得了涉案成熟产业应用技术信息的抗辩，不予支持。至于某甲公司提出的设备系采购而来，关于喷嘴部分技术属基本常识的抗辩，证据不足，不能成立。且如前述分析，该抗辩混淆技术信息来源与设备加工制造的概念，对此不再赘述。

综上所述，判决：一、夏某、某甲公司立即停止涉案侵害某乙天津公司技术信息商业秘密的侵权行为；二、夏某、某甲公司共同赔偿某乙天津公司经济损失人民币 11 268 285.30 元；三、夏某、某甲公司共同给付某乙天津公司为制止侵权所支付的合理费用人民币 30 万元；四、驳回某乙天津公司的其他诉讼请求。

➲ 二审法院查明的事实

二审阶段，夏某提交期刊论文《制备非晶态合金带若干工艺问题》，载《材料科学与工艺杂志》1995 年第 4 期，用以证明导流棒技术是公知技术，其中记载了为解决利用单辊法制备非晶态合金带过程中碰到的熔体喷的问题，提出了加引喷剂的方法，并对加引喷剂的成分和优势做了介绍。

对某有色金属研究总院就涉案技术信息是否具有非公知性及合法来源问题的调查显示：夏某将铜棒作为稀土快淬工艺中的引流剂“使用高纯铜作金属片是极平常、易想到使用的”；在喷嘴流道内设置纯铜棒作为稀土金属溶液的引流装置的技术方案“一般都不标注（在图纸中），因为较为常见”；利用高纯金属丝进行堵流的技术原则已经成为该领域科技人员的标准操作规范，目前尚不存在任何的知识产权保护，属于公共知识范畴。

➲ 二审法院判决理由与裁判结果

一、关于某乙天津公司所主张的技术信息是否构成商业秘密

二审法院认为，涉案技术信息构成商业秘密。

（一）某乙天津公司主张的甩带轮系统尺寸和导流铜棒的技术信息不为公众所知悉

1. 涉案甩带轮系统尺寸的技术信息不为公众所知悉

首先，根据夏某在二审中的陈述可知，生产钕铁硼磁粉的生产厂家会根据自己的生产工艺，定制并使用相应的甩带轮设备。每个厂家的工艺不同，导致对生产设备的要求不同，并且即便是针对同一工艺要求，设备的尺寸、公差配合、技术要求以及具体工艺参数等技术信息的确切组合会因不同设计人员的经验、专业水平、风格偏好、审慎程度而异。故某乙天津公司主张的甩带轮系统尺寸技术信息并非所属技术领域的人的一般常识或者行业惯例，也并非无须付出一定的代价而容易获得。其次，根据检索报告的出具单位、检索领域、检索工具、检索关键词等可以认定该份G082396号《检索报告》的客观性和专业性，即该份检索报告检索了与快淬法制备磁粉的甩带轮系统有关的公开技术资料，并未发现甩带轮系统尺寸被上述检索报告所公开。故某乙天津公司主张的甩带轮系统尺寸的技术信息未被出版物所公开。最后，涉案甩带轮系统尺寸技术信息未被销售公开、使用公开或者以其他方式公开。安德森工厂的破产拍卖清单并未反映出含有甩带轮实物，夏某、某甲公司亦未提交其他证据证明涉案甩带轮系统技术信息已被公开使用、销售或者以其他方式公开。

2. 涉案导流铜棒的技术信息不为公众所知悉

首先，本案中没有证据显示在钕铁硼磁粉快淬法工艺生产中使用纯度99.97%以上的铜棒作为导流材料的技术信息已被出版物、使用、销售公开或者以其他方式公开，理由如下：其一，根据中国化工信息中心作出的2009-071号《科技查新报告》和熊某青的证言，某乙天津公司主张的在喷嘴流道内设置导流铜棒的技术信息未记载于专利、技术文献等公开出版物中。其二，《制备非晶态合金带的若干工艺问题》一文公开了通过加引喷剂的技术手段解决熔体喷不出来的技术问题，但该文对引喷剂的主要成分仅作了如下程度的公开，“引喷剂的主要成分应与所要制带的合金成分相近，或者加入少量的变性剂。它不易氧化，熔点与所要制带的合金相近，其流动性较好，与喷嘴的粘附力也适当”，并没有明确公开使用高纯度的铜作为引喷剂，亦未对引喷剂的物理形态（粉末、颗粒、块状）作出明确的说明。其三，某乙天津公司委托国内供应商加工金属导流铜棒，虽然向其供应商公开了上述关键部件的技术信息，但该信息并未因此进入公共领域而丧失其“不为公众所知悉”的特性。

其次，涉案导流铜棒的技术信息亦非所属技术领域的人的一般常识或者行业惯例。某乙天津公司主张的喷嘴流道内设置高纯度铜棒的技术信息所要解决的技术问题是，金属合金熔液因其黏度较大，起喷初期难以顺畅通过直径细小的喷嘴流道。针对该技术问题，《制备非晶态合金带的若干工艺问题》一文作者和熊某青在所属领域的公知常识的基础上进行科学推理和技术论证，给出了解决了该技术问题的基本相同的技术指引：采用与合金熔点接近、流动性好的导流材料。因此，虽上述技术指引已被公开，但要得到高纯度铜棒作为本案的快淬法工艺中钕铁硼合金的导流材料这一确切的技术信息，仍需在上述技术指引下进行一系列的试验，针对试验结果进行数据分析，经筛选才能获得优化的技术方案，故涉案铜棒导流技术信息并非所属技术领域技术人员无须付出一定的代价而容易获得的技术方案。另外，使用高纯度铜棒作为导流材料和导流方式并非在上述技术指引下得到的唯一技术方案，夏某在二审中的陈述“引流有很多种方法，对方主张的铜棒引流只是其中一种”也印证了上述观点。二审法院亦注意到，夏某上诉认为，其在973新材料项目中也是通过一系列实验，筛选出无氧铜（纯铜）材质作为引流剂，但遗憾的是其未就其主张的“2002年以后该引流技术已在稀土冶炼快淬行业广泛使用”提供相关证据加以佐证，故本案难以支持其主张。

据此，本案中，鉴于在先司法鉴定报告已作出上述信息不为公众所知悉的鉴定结论，上诉人虽对此持有异议，但并未提供充分反证及理由，二审法院认为，综合全案证据，应当认定某乙天津公司主张的记载在图纸上的甩带轮系统尺寸的技术信息与导流铜棒的技术信息不为其所属领域的相关人员普遍知悉和容易获得，均属于《反不正当竞争法》第10条第3款规定的“不为公众所知悉”的技术信息，夏某、某甲公司关于涉案技术信息已经公开以及属于公知常识的抗辩主张，缺乏事实依据，法院不予支持。

（二）某乙公司、某乙天津公司已对涉案技术信息采取了保密措施

根据《最高人民法院关于审理不正当竞争民事案件应用法律若干问题的解释》第11条的规定，权利人为防止信息泄露所采取的与其商业价值等具体情况相适应的合理保护措施，应当认定为《反不正当竞争法》第10条第3款规定的“保密措施”，人民法院应当根据所涉信息载体的特性、权利人保密的意愿、保密措施的可识别程度、他人通过正当方式获得的难易程度等因素，认定权利人是否采取了保密措施。本案中，根据某乙天津公司提供的《员工手册》中的相关内容，其据以主张技术秘密的图纸上均盖有保密印章，马某奎、夏某及维某公司签署的《和解和相互豁免协议》中相关保密约定等证据，应当认定某乙公司、某乙天津公司对涉案技术信息采取了合理的保密措施。本案中，上诉人主张涉案技术已因设备拍卖、委托加工等而致泄密，但并未就此提供确切证据予以证明。上诉人同时主张在涉案鉴定材料留存印章之前，某甲公司已经投产，因此某乙公司未采取合理保密措施，法院对此认为，并不能仅凭某乙公司在涉案技术资料留存印章的时间，即推定其采取保密措施的起始时间，上诉人该项主张缺乏法律和事实依据，法院不予采纳。

综上所述，某乙天津公司涉案“甩带轮系统及相关结构”与“金属材料旋淬速凝装置”的技术信息不为公众所知悉，且被上诉人已采取了合理保密措施，能为权利人带来经济利益、具有实用性，符合我国法律关于商业秘密构成要件的法律规定，依法应认定为商业秘密。因此，一审法院认定某乙天津公司涉案技术信息构成商业秘密并无不当，夏某、某甲公司关于一审判决认定涉案技术信息构成商业秘密错误的上诉理由，均缺乏事实依据，法院不予采信。

二、关于夏某、某甲公司的行为是否侵害了某乙天津公司所主张的商业秘密

二审法院认为，夏某和某甲公司侵害了某乙天津公司主张的甩带轮系统尺寸和导流铜棒的技术秘密。

由于权利人取证困难，商业秘密侵权认定普遍采取“接触＋相似排除合法来源”证据规则，即权利人只需证明被控侵权技术与其商业秘密相同或实质相同，以及被控侵权人具有接触其商业秘密的事实，就转由被控侵权人承担自己没有侵权的举证责任，倘若其不能证明其商业秘密具备合法来源等免责事由，即应认定其侵权成立。本案中，某乙天津公司举证已满足上述要求，且上诉人亦未充分证明其技术具备合法来源，应当认定上诉人构成侵害商业秘密。

（一）某甲公司使用的被控侵权设备中相应技术与某乙天津公司主张的甩带轮系统尺寸和导流铜棒的技术秘密构成实质性相同

某甲公司使用的甩带轮设备的尺寸与某乙天津公司主张的甩带轮系统的尺寸构成实质相同。首先，某甲公司被查扣的甩带轮设备的关键零部件（甩带轮、内侧盖、外侧盖、铝套）的尺寸信息与某乙天津公司据以主张其技术秘密的图纸上记载的尺寸信息基本一致。其次，夏某向华某厂提供的委托其加工被控侵权甩带轮设备零部件的图纸上载明的尺寸信息，与某乙天津公司据以主张其技术秘密的图纸上记载的尺寸信息基本一致。

某甲公司旋淬速凝装置中喷嘴流道内设置的金属棒材质与某乙天津公司主张的导流铜棒的材质实质相同。某甲公司金属材料旋淬速凝装置中喷嘴流道内设置的金属棒经国科鉴定中心委托国家有色金属及电子材料分析测试中心检测，编号为 ××× 金属棒的材质为铜（含量 99.6% 以上），而某乙天津公司主张导流铜棒的铜含量要求在 99.97% 以上。对此差异，国科鉴定中心 38 号鉴定书认为：“喷嘴流道内设置金属棒的目的是在金属液熔化堵头后进而继续熔化位于堵头下方的金属棒时，使金属液从流道内顺利流出，起到导流引流的作用，故金属棒的熔点是较关键的参数，对比双方金属棒的材质，虽然二者铜含量存在细微差别，但该差别不会对金属棒熔点等物理参数产生影响，因此，某甲公司5号件、6号件和23号件金属棒实物与某乙公司金属棒的材质实质相同。”虽夏某、某甲公司认为上述铜含量的细微差异构成实质性差异，但未提交任何证据证明该种程度的差异会对合金溶液的导流产生实质性影响，故法院对其该项抗辩不予采纳。

此外，针对涉案鉴定报告，上诉人主张送检材料技术图纸的数量与鉴定报告记载并不一致，并进而对鉴定报告的客观性提出了异议。法院针对这一问题在二审中进行了专门审核，送检材料与涉案鉴定报告中的描述除图纸数量不一致外，其余基本相同。被上诉人亦解释系编号问题致使图纸数量计算并不一致，该解释具备合理性，在上诉人未提供进一步反证的情形下，法院对其所提异议不予采纳。

（二）张某鸣掌握某乙天津公司所主张的涉案技术秘密，且夏某、某甲公司通过张某鸣实际接触上述技术秘密

首先，根据张某鸣在某乙公司、某乙天津公司的工作经历和工作职责，以及某乙公司、某乙天津公司和张某鸣、马某奎、夏某及维某公司等签署《和解和相互豁免协议》(协议附件中的“设备销毁清单”明确包括了喷嘴组装及所有库存、快淬轮组装及所有库存、所有甩带轮等被控侵权设备及其图纸等技术资料）等事实，可以认定张某鸣掌握某乙公司的涉案技术秘密。其次，张某鸣离开某乙天津公司后与夏某合作投资维某公司生产稀土磁粉。其中，夏某负责设计、制造生产设备，张某鸣负责生产工艺。之后两人又实际共同投资设立维某特公司（某甲公司的前身）生产稀土磁粉，某甲公司被公安机关扣押的生产设备又是由夏某提供的，根据以上事实，可以认定夏某和某甲公司与张某鸣之间具有密切的接触。

根据上述事实以及夏某在公安机关的相应陈述，应当认定夏某、某甲公司具有通过张某鸣实际接触到某乙公司涉案技术秘密，且主观上明知上述技术信息源于某乙公司的事实。上诉人以张某鸣的身份未予核实为由，对一审侵权认定提出异议，二审法院认为，综合全案证据，足以确认一审判决有关张某鸣身份及相关行为的事实认定，上诉人异议仅限于口头怀疑，并未提供任何反证予以佐证，对此法院不予采信。

夏某、某甲公司未能充分举证证明其具有涉案技术的合法来源。首先，关于夏某称自己是真空炉领域专家，涉案甩带轮系统系其自行设计研发的抗辩主张，法院认为，虽然夏某作为稀土冶金真空炉设备专家，具有自行设计

制造快淬工艺中使用的甩带轮系统的能力，但由于甩带轮系统并非标准化通用设备，而是需根据具体的工艺条件进行单独设计的定制设备，而且即便是工艺要求一样，不同的设计人员所设计出的甩带轮系统尺寸不可能完全相同或实质相同。根据江苏技术市场鉴定中心对某甲公司被查扣的甩带轮设备的现场勘验结果以及夏某委托华某厂加工的甩带轮零件的图纸显示，该设备主要零部件尺寸的测量值和图纸上标注的尺寸、公差数值，与某乙天津公司提交的主张技术秘密的图纸上相应尺寸、公差数值相比较，构成相同或者实质相同。故在夏某未举出充足证据的情形下，其关于自行设计研发涉案甩带轮系统的抗辩主张，法院不予支持。其次，关于夏某称导流铜棒技术系其在参与某有色金属研究总院承担的973科研项目时研发的抗辩主张。在二审法院专门为调查该事实而与该院副院长熊某青进行的谈话中，其仅是称在稀土快淬法中使用铜棒作为引流剂是极容易想到的，但并未就在该项目中使用过铜棒作为导流材料作出明确的答复，亦未出示在该项目中使用铜棒作为导流金属棒的任何证据，故法院认为，夏某的该项抗辩主张限于其个人陈述及相关证人证言，亦未得到该973项目承接单位相关负责人证言及其他证据的确切佐证，故对该抗辩主张不予支持。最后，关于夏某主张导流铜棒的技术信息系通过反向工程获得问题。反向工程是指通过技术手段对从公开渠道取得的产品进行拆卸、测绘、分析等而获得该产品的有关技术信息。本案中，如前文所述，没有证据显示夏某从公开渠道购买到了某乙公司的甩带轮整体设备，亦无其进行反向工程获得涉案技术信息的任何证据，故对其该抗辩主张法院不予支持。

在夏某、某甲公司具有接触某乙公司涉案技术秘密的事实，某甲公司使用的技术信息与涉案技术秘密实质相同且又无法证明其使用的技术信息具有合法来源的情况下，一审法院认定夏某、某甲公司侵害了某乙天津公司所主张的甩带轮尺寸和导流铜棒技术秘密具备事实和法律依据，上诉人相关诉讼主张不能成立，法院不予采纳。

综上所述，夏某和某甲公司的上诉理由均不能成立，其各自上诉请求法院均不予支持。一审判决认定事实清楚，适用法律正确，应予维持。故判决：驳回上诉，维持原判决。

➲ 再审法院裁判结果

再审裁判认定申请人关于鉴定结论效力、诉讼程序瑕疵以及原告未对商业秘密采取合法保密措施的主张，缺乏事实和法律依据，驳回申请人的再审申请。

案例解析

判断一项技术信息是否被公开从而进入公共领域，需要明确技术信息被公开的内容范围和公开程度。以学术研究为目的介绍一项制造工艺，在于提供技术指引，属于行业内的公开技术。而技术秘密的形成，需要技术人员在上述指引下进行一系列的试验，针对试验结果进行数据分析，经筛选才能获得优化的技术方案。这一技术信息的形成需要技术人员投入人力、物力和时间，并不因基础技术属于行业公知信息而失去其秘密性。另外，向供应商委托生产的行为具有公开对象的针对性，不属于公开技术秘密。

一、技术秘密案件中秘密性的认定

（一）技术秘密的概念

根据《反不正当竞争法》第9条的规定，商业秘密是指不为公众所知悉、具有商业价值并经权利人采取相应保密措施的技术信息、经营信息等商业信息。其中，具有商业秘密性的技术信息构成了技术秘密，又称专有技术，是商业秘密的重要分类之一，“技术秘密被认为是具有技术、科学或机械方面的本质的商业秘密”[①]。

因为技术秘密的技术性特征，技术秘密保护经常同专利技术保护进行对比。相较于以公开换取垄断权利的专利保护，技术秘密最大的特征在于其作为商业秘密的秘密性。秘密性带来的优势包括，权利人对技术秘密持有绝对的主动权，在秘密性保持良好的情况下，特定技术秘密的保护期限得以无限延长，也相对安全，“从而给技术的拥有者带来了事实上的技术垄断”[②]。此外，若失去秘密性，则商业秘密公开面向所有地域范围与所有人，因此，对技术秘密的保护也没有地域的限制，拓展了权利保护的地域范围。由于技术秘密是由权利人自行管理，若发生权利人疏忽大意导致技术秘密泄露、失去秘密性的情况，将会加大技术秘密保护的难度。技术秘密的权利取得无须经过专门的授权机构进行审查与批准，因此从信息的技术性程度、创新性高低等方面，技术秘密呈现质量水平不齐的现象。

---

① 袁泳：《论技术秘密的法律保护》，载《科技与法律》1998年第2期。

② 李欣、梁琦：《企业管理中技术保护模式的战略选择——谈专利和技术秘密的比较与结合》，载《科技进步与对策》2004年第10期。

针对特定技术信息、技术方法的特征以及权利人的权利保护需求，权利人可以选择适用《专利法》或将其作为专有技术、技术秘密等商业秘密类型进行保护。

（二）秘密性认定的基本规则

根据《反不正当竞争法》第9条对商业秘密的定义，商业秘密具备“不为公众所知悉”“具有商业价值”“采取相应保密措施”三个基本特征，即分别可以概括为秘密性、价值性和保密性。秘密性是商业秘密区别于其他专有权利的本质特征，基于其秘密性，商业秘密才能够维系经济价值并获得垄断地位。[①]

秘密性的具体表现形式为不为公众所知悉，判断“不为公众所知悉”的本质是判断该信息是否属于公知信息，即公众能否从公开途径获取信息。根据《最高人民法院关于审理侵犯商业秘密民事案件适用法律若干问题的规定》第3条的规定：“权利人请求保护的信息在被诉侵权行为发生时不为所属领域的相关人员普遍知悉和容易获得的，人民法院应当认定为反不正当竞争法第九条第四款所称的不为公众所知悉。”反过来说，为公众所知悉的信息往往具有被其所属领域的相关人员“普遍知悉”和“容易获得”两个特征。“普遍知悉”具体表现为该信息是本领域内相关人员普遍了解的公知技术，或能够显而易见了解的技术知识；“容易获得”则具体表现为，该信息对于本领域内的相关人员来说，不需要投入较大的研发资金、人力、智力和物力就能够通过检索或其他渠道搜寻得到。

本案中，法院通过分析特定技术信息未被出版物、使用、销售公开或者以其他方式公开，也非所属技术领域的人的一般常识或者行业惯例，即不构成“普遍知悉”；亦非无须付出一定的代价而容易获得的，即不构成“容易获得”，从而认定涉案技术信息“不为公众所知悉”。[②]

（三）技术秘密案件中的秘密性认定标准

秘密性、价值性以及保密性是商业秘密认定的基本规则。针对技术秘密的技术性特点，可以根据技术秘密与公知技术的区别，以及权利人为形成技术秘密而付出的努力等方面，对技术秘密的秘密性进行全面认定。例如，在“某材料（苏州）有限公司与邓某旺等侵犯技术秘密纠纷案”[③]中，某材料（苏州）有限公司结合企业具体生产条件制定的具体原料配方数值和生产工艺及其参数

---

① 袁泳：《论技术秘密的法律保护》，载《科技与法律》1998年第2期。

② 寇飞：《商业秘密的秘密性要件及侵犯商业秘密的认定标准》，载《中国发明与专利》2019年第11期。

③ 参见江苏省高级人民法院（2011）苏知民终字第0058号民事判决书。

是其在使用公共知识的基础上，根据本企业的自身条件及需求，自行开发的技术信息，并不是本领域内相关人员普遍知悉或容易获得的技术信息。因此，江苏省高级人民法院认定该部分信息具有秘密性，构成商业秘密。

本案中，某乙天津公司在已公开的技术指引下进行一系列的试验，针对试验结果进行数据分析，经筛选才能获得优化的技术方案，从而得到高纯度铜棒作为本案的快淬法工艺中钕铁硼合金的导流材料这一确切的技术信息，故涉案铜棒导流技术信息并非所属技术领域技术人员无须付出一定的代价而容易获得的技术方案。该技术信息的形成系在公知技术的指引下，根据自身需求，经过一系列实验、数据分析，投入了相当程度的研发资金、人力、智力所得到的结果，产生了区别于公知技术的秘密性。

二、技术信息公开的判断

判断一项技术信息是否被公开从而进入公共领域，需要明确技术信息被公开的内容范围和公开程度。以学术研究为目的介绍一项制造工艺，旨在提供技术指引，属于行业内的公开技术，而技术秘密的形成，需要技术人员在上述指引下进行一系列的试验，针对试验结果进行数据分析，经筛选才能获得优化的技术方案，这一技术信息的形成需要技术人员投入人力、物力和时间，并不因基础技术属于行业公知信息而失去其秘密性。另外，向供应商委托生产的行为具有公开对象的针对性，不属于公开技术秘密。

对于技术信息是否被公开从而进入公共领域的判断，可以从公开方式、公开对象、公开内容范围等方面进行考察。

本案中，二审法院首先对某乙天津公司主张的甩带轮系统尺寸技术信息以及涉案铜棒导流技术信息的秘密性进行了分析，得出其并非所属技术领域人员的一般常识或者行业惯例，也并非无须付出一定的代价而容易获得的认定结论，认定其构成商业秘密。其次，从公开方式来看，法院通过认定《检索报告》中公开技术资料等方式，认定相关技术信息未被销售公开、使用公开或者以其他方式公开。从公开的对象来看，某乙天津公司委托国内供应商加工金属导流铜棒，虽然向其供应商公开了上述关键部件的技术信息，但由于公开对象具体且唯一，该信息并未因此进入公共领域而丧失其“不为公众所知悉”的特性。商业秘密的秘密性与公开性之间并不存在非黑即白的边界，商业秘密有一定范围内的“可公开性”。技术秘密的本质是一项技术，技术的实施与应用是其为权利人创造商业价值的必经过程。该特定范围需要满足少数、特定群体的要求，如本案的特定供应商、公司特定技术人员或指定合作对象，这些情况应当视为未进入公共领域，仍然具有秘密性。从公开内容范围来说，需要明确已经公开的技术范围与涉案技术秘密的信息内容是否存在重合。以学术研究为目的介绍一项制造工艺，在于提供技术指引，属于行业内的公开技术。本案中，尽管《制备非晶态合金带的若干工艺问题》一文公开了通过加引喷剂的技术手段解决熔体喷不出来的技术问题，但该文对引喷剂的主要成分仅作了如下程度的公开，“引喷剂的主要成分应与所要制带的合金成分相近，或者加入少量的变性剂。它不易氧化，熔点与所要制带的合金相近，其流动性较好，与喷嘴的粘附力也适当”，并没有明确公开使用高纯度的铜作为引喷剂，亦未对引喷剂的物理形态（粉末、颗粒、块状）作出明确的说明。由此可见，现存的公开技术与涉案技术秘密的信息内容范围存在区别，而这部分没有公开的内容，正是该技术信息的秘密性所在。

三、结论

技术秘密是商业秘密中具有技术、科学本质的类型之一，它与公知技术共同构成了“非专利技术”，以其秘密性特点而享有区别于专利技术的法律保护。针对其技术性的特点，技术秘密的秘密性认定还可以依据技术秘密区别于公知技术的形成而进行区分。判断一项技术信息是否被公开从而进入公共领域，可以从公开方式、公开对象、公开内容范围等方面进行考察。针对少数特定对象的技术公开，不会使技术秘密流入公共领域而丧失秘密性。

公知知识具体适用的秘密性认定

——某新型材料（苏州）有限公司与邓某某等侵害技术秘密纠纷案

/ 金惟妙

➲ 本案要旨

专业领域内的公知技术或公知知识是专业从业人员的宝贵知识财富，专业从业人员能够利用公知技术进行独立研究、研发新技术。识别某一项技术信息属于公知技术还是构成商业秘密，需要区分技术信息是研发过程中使用的工具、手段还是研发形成的具有新颖性的结果。主张一项技术信息构成商业秘密，应当通过举证证明技术内容作为一种创新结果存在新颖性和秘密性。

➲ 案件信息

上诉人（一审原告）：某新型材料（苏州）有限公司

被上诉人（一审被告）：邓某某、镇江某科技材料有限公司

案号：江苏省苏州市中级人民法院（2009）苏中知民初字第 0176 号、江苏省高级人民法院（2011）苏知民终字第 0058 号

➲ 原被告主张及理由

原告某新型材料（苏州）有限公司（以下简称苏州某公司）诉称：苏州某公司生产的片状铜粉的配方、生产工艺及设备的选用均系本公司的商业秘密，并采取了相应保密措施。自 2006 年起，片状铜粉产品开始生产并投放市场，因其独特的工艺，该产品品质优良，非常畅销，并形成稳定的客户群。邓某某自 2004 年起与苏州某公司建立劳动关系，并在 2006 年被任命为苏州某公司生产部副经理，负责片状铜粉的生产，苏州某公司与其签订竞业禁止协定，对其包括保守商业秘密等在内的义务进行了约定。邓某某在职期间，多次与镇江某科技材料有限公司（以下简称镇江某公司）联系和接触，擅自将其掌握的

苏州某公司技术秘密和经营信息等商业秘密泄露给镇江某公司，使镇江某公司在成立后较短时间内即生产出与苏州某公司相同的产品并向苏州某公司客户进行销售，给苏州某公司造成巨大的经济损失。邓某某、镇江某公司的行为侵犯苏州某公司的商业秘密，严重损害苏州某公司财产权利，故请求法院判令邓某某、镇江某公司：立即停止侵犯苏州某公司商业秘密的行为；赔偿苏州某公司经济损失人民币30万元；承担苏州某公司为制止侵权行为所支付的合理费用16万元。

邓某某辩称：苏州某公司所称的技术秘密并不是秘密，苏州某公司指控的所谓商业秘密既有国家标准又有专利权，为公众所知悉，不构成企业的商业秘密。尽管苏州某公司所谓的商业秘密不是秘密，但邓某某本人也从来没有就苏州某公司主张保密的生产工艺和设备向镇江某公司讲起过。苏州某公司的起诉所述与事实不符。

镇江某公司辩称：镇江某公司片状铜粉生产工艺完全系自行研发而来，相关生产从未获得过邓某某在技术和信息上的支持，苏州某公司的诉称不符合事实，请求法院查明事实驳回其全部诉讼请求。

一审法院查明的事实

苏州某公司设立经营中，经投资研发，形成片状铜粉生产工艺。自2006年起，苏州某公司开始生产片状铜粉产品并投放市场，形成了稳定的客户群。2007年3月，苏州某公司采购了青岛某精密机械有限公司（以下简称青岛某公司）生产的HSA-50型干法搅拌式研磨机，苏州某公司为此还专门对该研磨机进行了物理封闭，定制金属围框对设备予以保密遮挡。苏州某公司在本案中主张，其片状铜粉生产原料配方、生产工艺、设备选用及销售客户名单均系苏州某公司的商业秘密，具体如下：一是设备的选用，包括研磨机为青岛某公司生产的HSA-50型干法搅拌式研磨机，装料筒结构为扁平状，研磨机在研磨过程中所使用的研磨球材料、尺寸和数量（铬钢、3/16英寸、230~260kg/罐）；二是生产原料配方，由纯铜粉+含0.6%Sn的二八黄铜粉+补加锡粉配制而成，配比为Cu：Zn：Sn＝78.4：21：0.6，其中黄铜粉的尺寸要求为＜150目，磷铜粉中含铅量要求＜50ppm（对原料供应商）＜100ppm（对最终产品）；三是加工工序，详见于苏州某公司QC工程图，整体流程为拌粉—球磨—安定化—IPQC—筛粉—OQC—包装—入库—出货，其秘密核心在于球磨过程，参数控制为进料时间7分钟，放料时间10分钟，每炉装料量70

公斤，每炉研磨时间 75±5 分钟，高速电流＜100A，N2（leftbox）50SCFH，N2（millbox）50SCFH，冷却水流量 9gal/min，冷却水出口温度＜40 度，冷却水进口温度＜35 度；四是客户名单。

2006 年 1 月起，邓某某受聘成为苏州某公司生产部门副经理，负责片状铜粉生产。后邓某某赴美参加相关设备培训。2007 年 1 月及 12 月，苏州某公司与邓某某又先后续签劳动合同，期限至 2011 年 12 月 31 日。诉讼中，苏州某公司举证《某新型材料员工手册》，其第九章“保密制度”规定本公司所有员工都有保守公司商业秘密的义务并罗列了保密事项。但该《某新型材料员工手册》无邓某某签名。

镇江某公司自 2009 年年初开始生产销售片状铜粉产品。苏州某公司在市场经营中发现镇江某公司同类产品的市场竞争后，即于 2009 年 8 月向法院提起涉案诉讼。根据镇江某公司的举证，对应于苏州某公司主张的片状铜粉生产原料配方、生产工艺、设备选用及销售客户名单信息，镇江某公司具体片状铜粉生产信息如下：一是设备的选用，研磨机为无锡市某机械设备厂生产的密闭式滚筒球磨机，装料筒结构为扁平状，但较苏州某公司相比进料口尺寸小，位置大都靠近顶面边缘，研磨机在研磨过程中所使用研磨球材料为 GCr15 钢，规格分别为 6mm、8mm、9.525mm、12.7mm（试验用），3.175mm、3.969mm（现用）；二是生产原料配方，主要原料为电解铜板、锌锭、锡粉，配比为球磨前为 Cu ： Zn ： Sn = 83.29 ： 17.26 ： 0.408，球磨后为 Cu ： Zn ： Sn=96.59 ： 3.87 ： 0.14，磷铜粉为 150 目，含磷量 11.49%；三是加工工序，为先熔炼合金铜（黄铜），制粉，再加纯铜（电解铜）粉或磷铜粉及锡粉一起研磨，研磨过程由人工控制，每次入料 50kg，加入 0.5% 硬脂酸，手工简单搅拌后，倒入研磨机，研磨时间 60min，冷却水进口温度≤常温，出口温度≤ 55℃；四是客户名单。

本案诉讼中，就涉案技术信息是否为公众所知悉，以及镇江某公司片状铜粉生产原料配方及加工工艺技术与苏州某公司主张技术秘密信息是否相同，一审法院委托江苏省科技咨询中心进行技术鉴定。鉴定结论显示，专家组一致认为：（1）苏州某公司主张的片状铜粉生产的原料配方和加工工艺技术属于金属粉生产工艺的知识范畴，其生产工艺及其参数的制定原则、工作原则、计算方法、确定依据和设备选用等知识，一般认为是公知知识。苏州某公司与镇江某公司运用上述公知知识，结合本案产品特点和本企业具体生产条件，各自制定的片状铜粉生产的原料配方和加工工艺技术（生产工艺及其参数）不属于公知技术。（2）苏州某公司片状铜粉产品的原料配方与镇江某公司片状铜粉产品的原料配方，二者存在差异，苏州某公司由纯铜粉 + 含 0.6%Sn 的二八黄铜粉 + 补加锡粉配制而成，镇江某公司由纯铜粉 + 不含 Sn、含 16.4%Zn 的黄铜粉 + 锡粉配制而成。（3）片状铜粉产品的主要生产工艺为铜合金熔炼、雾化制粉、搅拌混料、研磨等，镇江某公司和苏州某公司因为所用设备型号和大小，原料组分和配方，以及装备水平和生产条件的不同和差异，其具体生产工艺及参数存在不同和差异。

一审法院判决理由与裁判结果

江苏省苏州市中级人民法院一审认为本案的争议焦点如下：（1）是否存在邓某某向镇江某公司披露片状铜粉生产工艺信息的事实；（2）苏州某公司片状铜粉生产原料配方及加工工艺技术是否为公众所知悉；（3）镇江某公司片状铜粉生产原料配方及加工工艺技术与苏州某公司主张的技术秘密信息是否相同；（4）镇江某公司的设备、原料采购及销售客户与苏州某公司是否相同。

首先，关于涉案片状铜粉生产原料配方及加工工艺技术的秘密性问题。苏州某公司主张其片状铜粉生产原料配方、加工工艺、设备的选用、原材料及耗材采购、客户名单系其商业秘密。经查实，片状铜粉生产的原料配方、加工工艺技术及其参数的制定原则和计算方法以及相关加工设备的选用，均为金属粉生产工艺领域内的公知知识，故该部分技术信息不能认定为单一经营体的商业秘密。但苏州某公司涉案所主张的在产品研发中所实际形成的具体原料配方细化数值及加工工艺参数并不为社会所公知，苏州某公司采购加工设备及原材料、耗材的具体来源单位、价款等采购资讯也属其专有经营信息。苏州某公司就上述信息采取物理保密以及员工纪律制度等不同程度上的保密措施，且上述信息的采用也可以为苏州某公司带来实际经济利益，故对该部分信息可认定属于苏州某公司的商业秘密。

其次，就苏州某公司所诉镇江某公司片状铜粉生产原料配方及加工工艺技术与苏州某公司主张的技术秘密信息是否相同的基本争议，经镇江某公司举证和技术专家组鉴定证实，镇江某公司所用片状铜粉生产技术与苏州某公司相比较，二者的原料配方并不相同，镇江某公司具体生产工艺中所选用的技术设备型号、工艺流程参数设定，与苏州某公司主张的片状铜粉生产工艺配方参数均存在差别。以苏州某公司主张的商业秘密信息为核心进行判断，应认定两企业片状铜粉生产技术不相同，属不同技术。

再次，对苏州某公司提出的加工设备、原材料及耗材采购来源信息的被侵权主张，经与镇江某公司采购来源相比较，除电解铜粉均采购自有研粉末新材料（北京）有限公司外，其余完全不同。苏州某公司提出镇江某公司侵犯其经营信息商业秘密的主张，缺乏事实依据。

至于诉讼中苏州某公司提出两企业所采用的原料配方及生产工艺、设备选用中存在一定的相同相似点，如均采用立式研磨机，一审法院认为，涉案两企业立式研磨机的采购，其生产厂商及型号均不相同，没有证据证明该设备是镇江某公司在非法获悉苏州某公司相关商业秘密后采购。作为市场公开供应的加工设备，研磨机的设备性能参数由生产厂商决定，设备用途依商业惯例大多由生产厂商推销，本案中产生“立式”的相同相似点属于技术中的合理现象，因此，仅是立式研磨机这一相同点，既不足以证明构成独立的商业秘密，也不足以说明是镇江某公司非法取得并使用苏州某公司的商业秘密。结合镇江某公司在诉讼中能够举证证实其片状铜粉技术研发过程的事实来看，不能据此认定镇江某公司侵犯苏州某公司商业秘密。

最后，关于苏州某公司诉邓某某违约披露公司商业秘密。根据苏州某公司的举证，可证实邓某某实际接触并掌握苏州某公司片状铜粉生产技术信息。但就苏州某公司举证提交的劳动合同来看，并无直接的保密义务的约定，其所提交的员工手册在劳动合同中并未提及，也无邓某某的签收确认。但结合邓某某与苏州某公司所签订的劳动合同以及苏州某公司在片状铜粉生产线上所实际采取的物理保密措施事实来看，还是应认定苏州某公司采取了一定的保密措施，邓某某负有一定的保守公司秘密的义务。根据苏州某公司举证，有证据证明邓某某在一定的时段与镇江某公司法定代表人存在通信联络，但这一证据尚不足以证实存在邓某某非法向镇江某公司披露片状铜粉生产技术商业秘密信息的事实。同时，基于前述镇江某公司与苏州某公司片状铜粉生产技术并不相同且镇江某公司具有自行研发过程的基本事实，苏州某公司主张镇江某公司片状铜粉生产技术系源自邓某某非法披露证据不足，不能成立。

据此，一审法院依据《反不正当竞争法》第10条、《民事诉讼法》第64条第1款之规定，判决：驳回苏州某公司的全部诉讼请求。案件诉讼费用9380元，证据保全费1000元，财产保全费3020元，司法鉴定费50 000元，合计63 400元，由苏州某公司负担。

上诉主张及理由

苏州某公司上诉称，请求撤销一审判决，依法改判支持苏州某公司一审全部诉讼请求，主要理由如下：（1）江苏省科技咨询中心的技术鉴定程序不完整、鉴定对比的内容存在瑕疵，报告存在诸多错误，不能作为本案定案依据。（2）涉案产品的生产加工比较复杂，需要较长的研制试验摸索过程，在镇江某公司不能提供自行研制记录等证据的情况下，应当认定其使用了苏州某公司的技术秘密。（3）设备选择是商业秘密生产工艺中的必要一环，不同的设备选择往往直接决定产品的质量。苏州某公司用于片状铜粉研磨所使用的研磨机，国内其他加工同类产品的厂家均不知。镇江某公司使用了与苏州某公司相同的研磨机，应当认定使用了苏州某公司的商业秘密。

邓某某庭审口头答辩称：苏州某公司主张的商业秘密是公知常识，一审判决正确，请求驳回苏州某公司的上诉。

镇江某公司庭审口头答辩称：鉴定机构不是必须派员接受质询；虽然苏州某公司对鉴定报告提出异议，但未在规定的期限内申请重新鉴定，鉴定报告应作为定案依据；苏州某公司认为鉴定报告存在的错误与事实不符。一审判决正确，请求驳回苏州某公司的上诉。

二审法院查明的事实

对一审法院查明的事实，苏州某公司的异议如下：一是苏州某公司商业秘密中，生产原料配方中的配比是一个数值范围，而不是一审查明的 Cu ∶ Zn ∶ Sn=78.4 ∶ 21 ∶ 0.6；二是镇江某公司片状铜粉生产中选用的研磨机并非一审查明的系无锡市某机械设备厂生产的密闭式滚筒球磨机。邓某某、镇江某公司对一审法院查明事实无异议。二审法院对当事人无异议的事实予以确认。

二审另查明：

1. 二审中，苏州某公司主张被侵权的商业秘密：一是设备的选用；二是生产原料配方。首先，对于设备的选用，苏州某公司认为其选用的青岛某公司生产的 HSA-50 型干法搅拌式研磨机，属于专利产品，可以用于金属研磨，但用于片状铜粉的研磨，在行业内只有其一家，不为公众所知悉。选用目的在于该设备比较高效，粉末能达到细化、扁平、合金化的效果，使产品更均匀。其次，对于生产原料配方，苏州某公司主张 Cu、Zn、Sn 的配比应是一个数值范围，另主张（合金铜 + 铜）∶ Acidst = 100 ∶ 1，即在研磨过程中外加 1% 的硬脂酸润滑剂。

2. 本案一审第一次开庭时，苏州某公司陈述公司有个规范，对于配方有明确的上下限范围，但没有明确具体数值范围。之后苏州某公司提交的关于商业秘密点的书面说明中，将配方（原料及配比）明确为Cu ：Zn ：Sn＝78.4 ：21 ：0.6。

技术鉴定报告记载，研磨过程中加润滑剂为公知技术。镇江某公司的（合金铜＋铜）：Acidst＝100 ：1，润滑剂为印度尼西亚产硬脂酸。邓某某一审提供的补充证据1名称为“氮气保护氛下鳞片状铜金粉制造工艺”（公开号为CN1292312A）的发明专利申请公开说明书记载，为了防止铜金粉在加工过程中发生相互粘连和对其完成包覆保护，加入以硬脂酸为主体的分散剂和保护剂，比例为铜金粉的0.2%~5.0%。

3. 名称为“高速干磨机”的发明专利（ZL90102732.4）说明书记载，研磨机使用于各行各业，如化工、农业、金属、粉末、制药等。

4. 镇江某公司在二审庭审中陈述，鉴定时，镇江某公司生产现场有两台研磨机，一台是无锡市某机械设备厂生产的卧式研磨机，另一台是苏州市某丘干燥设备制造有限公司（以下简称苏州某丘公司）生产的立式研磨机。卧式研磨机后来基本不用了，镇江某公司在网上搜索获得相关信息后，购买了苏州某丘公司生产的一台样机。

《粉末冶金工业》第19卷第1期（总第109期）的出刊时间为2009年2月10日。该期刊刊登有苏州某丘公司的产品广告，其中涉及HQGM系列干法超细搅拌球磨机，在对该设备的适用范围中记载：压碎成片状金属粉末。2009年4月8日，苏州某丘公司出具给镇江某公司一张增值税发票（No.08280186），记载：规格型号为HQGM–165的立式搅拌球磨机，价格为32万元。

苏州某公司二审提供的证据如下：

1. 青岛某公司出具的证明一份，以证明除苏州某公司订购一台HSA–50型干法搅拌式研磨机外，青岛某公司在中国从未再生产及销售过同一型号的研磨机，苏州某公司对该设备的选用具备秘密性。

2. 安徽某粉体新材料科技有限公司（以下简称安徽某公司）出具的证明一份，以证明镇江某公司在2010年4月以后，向安徽某公司购买的磷铜粉规格有所改变，鉴定所用的磷铜粉系改动规格后的产品，由此得出的鉴定结果是错误的。

3. 名称为“高速干磨机”的发明专利（ZL90102732.4）说明书一份，以证明苏州某公司使用的青岛某公司生产HSA–50型干法搅拌式研磨机是专利产品。

4. 青岛某公司《HSA 系列机型操作手册》一份。

5. 邓某某在苏州某公司工作时电脑中的主题为“操作手册”的电子邮件附件——署名为苏州某丘公司的《HQGM 系列操作手册》。

6. 邓某某在苏州某公司工作时电脑中的主题为“最新修改后的说明书”的电子邮件及其附件——署名为苏州某丘公司的《HQGM 系列立式搅拌球磨机使用维护说明书》。

证据 4~6 用于证明邓某某窃取苏州某公司使用的研磨机设备的操作手册，发给苏州某丘公司，而镇江某公司使用的苏州某丘公司生产的研磨机操作手册、说明书系抄袭苏州某公司该设备的操作手册，故镇江某公司使用的研磨机与苏州某公司相同，系窃取苏州某公司商业秘密。

7. 邓某某在苏州某公司工作时电脑中的主题为“电路图”的电子邮件附件——电路图。

8. 苏州某公司的电路图。

证据 7~8 用于证明镇江某公司使用的研磨机电路图与苏州某公司基本相同，系邓某某泄密给苏州某丘公司。

9. 邓某某在苏州某公司工作时电脑中“Mr.fang”文件夹项下文件名为“fang”和“Flake Results”的两个 excel 文档打印件，“fang”显示的是配方，“Flake Results”显示的是化学成分分析报告，以证明邓某某将镇江某公司的产品混在苏州某公司的产品中，送到美国检验。

10. 江苏某金属粉末公司宣传资料中的“水雾化纯铜粉”和“产品规格”共两页及苏州某公司为其公司产品所拍照片的打印件一页，其中“产品规格”显示的电子信箱与镇江某公司法定代表人方某强名片上的邮箱一致，证明江苏某金属粉末公司与方某强有关联；“水雾化纯铜粉”中的图片系苏州某公司为其产品拍摄，证明方某强所关联的江苏某金属粉末公司拥有苏州某公司的产品图片，系通过邓某某窃取苏州某公司的商业秘密取得。

镇江某公司二审提供的证据如下：

1.《粉末冶金工业》第 19 卷（总第 109 期）相关封面页、目录页及印有苏州某丘公司产品的广告宣传页。

2. 苏州某丘公司产品介绍的网页。

证据 1~2 用以证明镇江某公司使用、购买的立式球磨机设备的信息来源。

3. 镇江某公司使用、购买的球磨机发票、说明书和产品质量证明书、产品合格证，用以证明镇江某公司使用的球磨机来自苏州某丘公司。

邓某某二审未提供新的证据。

二审法院判决理由与裁判结果

江苏省高级人民法院二审认为，本案二审的争议焦点如下：(1) 苏州某公司主张的信息是否构成商业秘密；(2) 如构成商业秘密，镇江某公司、邓某某是否侵犯了苏州某公司主张的商业秘密。

第一，苏州某公司上诉认为技术鉴定报告不能作为本案定案依据，本院认为该主张不能成立。

主要理由：首先，江苏省科技咨询中心接受法院委托组织技术专家组成鉴定组，在查阅当事人举证鉴定材料，对苏州某公司及镇江某公司进行生产现场考察、咨询了解，并对生产过程中的样品取样，在技术分析的基础上，本着科学、客观的原则形成了技术鉴定报告，且该鉴定报告经庭审质证。涉案鉴定不存在鉴定机构或鉴定人员不具备相关鉴定资格、鉴定程序严重违法、鉴定材料虚假或鉴定方法缺陷、鉴定结论明显依据不足等情形，因此鉴定结论可以作为本案定案依据。苏州某公司上诉认为鉴定机构未派员出庭接受质询，也未对其质疑给予书面答复，因其并未提出相关申请，故其以此为由认为鉴定报告不能作为定案依据的上诉理由不能成立，本院不予采纳。其次，鉴定程序中，鉴定机构在法院的主持下对双方包括原料在内的样品进行现场取样，苏州某公司对此并未提出过异议，故其认为不能以鉴定中所取样品进行鉴定的主张不能成立。关于苏州某公司以安徽旭晶公司出具的证明拟说明鉴定所用的磷铜粉系改动规格后的产品，由此得出的鉴定结果错误的主张，本院认为，因磷铜粉的含磷量并非苏州某公司主张的商业秘密，苏州某公司仅以该一种原料的差异即否认所有鉴定取样真实性的上诉主张缺乏依据，本院不予采纳。

第二，苏州某公司上诉主张设备的选用构成商业秘密，并认为其选择青岛某公司生产的 HSA-50 型干法搅拌式研磨机用于片状铜粉的研磨，在行业内只有其一家，不为公众所知悉。本院认为该主张不能成立。

理由如下：其一，根据鉴定结论，苏州某公司主张的片状铜粉生产的原料配方和加工工艺技术属于金属粉生产工艺，相关生产工艺及其参数的制定原则、工作原理、计算方法、确定依据和设备选用等知识，均为金属粉生产工艺领域内的公知知识。不为公众所知悉的应当是苏州某公司结合企业具体生产条件制定的具体原料配方数值和生产工艺及其参数。这些信息可以为苏州某公司带来实际经济利益，且其采取了合理的保密措施，可认定属于苏州某公司的商业秘密。因此，单纯的设备选用应属于公知知识。其二，按苏州某公司自己的陈述，其选用的设备属于专利产品，并非根据苏州某公司的要求特别定制。由于专利是公开的，且专利说明书中亦记载研磨机设备能够用于金属、粉末的研磨，而片状铜粉属于金属粉的一种。因此，使用该设备用于片状铜粉研磨究竟能为苏州某公司的产品带来何种竞争优势，其应当举证证明。苏州某公司虽然认为其在众多研磨机生产厂家中选择青岛某公司生产的设备，系因该设备比较高效，粉末能达到细化、扁平、合金化的效果，使产品更均匀，但其对此并未举证证明。由于青岛某公司生产的设备可以通过公开销售渠道购得，任何人都可以选择该设备，故即使如青岛某公司出具的证明所称苏州某公司目前是唯一使用该设备的厂家，也不应将该设备的选用认定为苏州某公司的商业秘密。其三，退一步而言，镇江某公司选用的研磨机是苏州某丘公司生产的 HQGM-165 立式搅拌球磨机，该设备的生产厂家及型号均与苏州某公司不同。由于苏州某公司并未主张研磨机结构本身属于该公司的商业秘密，故鉴定时只是对双方使用的研磨机从外形上观察，未对双方设备是否相同进行鉴定。苏州某公司二审提供的电子邮件等证据显示的只是双方设备的操作手册或使用维护说明，而非反映设备内部具体结构的零部件图、装配图等技术资料，也即目前没有有效证据证明双方使用的研磨机相同。因此，苏州某公司认为镇江某公司使用与其相同的研磨机，侵犯其商业秘密的主张不能成立，本院不予支持。

第三，苏州某公司上诉认为其生产原料配方中 Cu、Zn、Sn 的配比应是一个数值范围，但其在一审庭审时没有明确，而在之后提交的书面说明中，明确配方为具体数值。因此，苏州某公司的该上诉主张缺乏事实依据，本院不予支持。至于苏州某公司认为其在研磨过程中外加 1% 的硬脂酸润滑剂是其商业秘密，虽然专利文献已经披露了 0.2%~5.0% 这一范围，但镇江某公司恰恰选择了与其相同的 1%，故构成侵权。对此本院认为，根据鉴定报告，研磨过程中加润滑剂为公知技术，且苏州某公司选择外加 1% 的润滑剂已被有关专利申请公开说明书中记载的数值范围所涵盖，故其主张的该原料配方不属于不为公众所知悉。因此根据鉴定结论，镇江某公司片状铜粉生产技术与苏州某公司相比，二者具体的原料配方、生产工艺及参数存在差异。以苏州某公司主张的商业秘密信息作为核心进行判断，应认定两家片状铜粉的生产技术不相同。

综上所述，苏州某公司的上诉理由均不能成立，其上诉请求应予驳回。一审判决认定事实清楚，适用法律正确，应予维持。故，判决驳回上诉，维持原判决。

案例解析

专业领域内的公知技术或公知知识是专业从业人员的宝贵知识财富，专业从业人员能够利用公知技术进行独立研究、研发新技术。识别某一项技术信息属于公知技术还是构成商业秘密，需要区分技术信息是研发过程中使用的工具、手段还是研发形成的具有新颖性的结果。主张一项技术信息构成商业秘密，应当通过举证证明技术内容作为一种创新结果存在新颖性和秘密性。本案的争议焦点为苏州某公司主张的信息是否构成商业秘密；如构成商业秘密，镇江某公司、邓某某是否侵犯了苏州某公司主张的商业秘密。本文将结合商业秘密认定的条件，根据本案案情对商业秘密认定进行分析。

一、商业秘密的认定

《反不正当竞争法》第9条第4款规定："本法所称的商业秘密，是指不为公众所知悉、具有商业价值并经权利人采取相应保密措施的技术信息、经营信息等商业信息。""不为公众所知悉""具有商业价值""采取相应保密措施"等词分别对应了商业秘密的三个基本特征，即秘密性、价值性和保密性。其中，秘密性是商业秘密最重要的特征，也是司法实践中商业秘密认定的一大难点。

秘密性的具体表现形式为不为公众所知悉。根据《最高人民法院关于审理侵犯商业秘密民事案件适用法律若干问题的规定》第3条的规定："权利人请求保护的信息在被诉侵权行为发生时不为所属领域的相关人员普遍知悉和容易获得的，人民法院应当认定为反不正当竞争法第九条第四款所称的不为公众所知悉。"反过来说，"为公众所知悉"的信息往往具有被其所属领域的相关人员"普遍知悉"和"容易获得"两个特征。"普遍知悉"具体表现为该信息是本领域内相关人员普遍了解的公知技术，或能够显而易见了解的技术知识；"容易获得"则具体表现为，该信息对于本领域内的相关人员来说，不需要投入较大的研发资金、人力、智力和物力就能够通过检索或其他渠道搜寻得到。

本案审理中，苏州某公司分别对本公司产品研发中使用的两方面信息主张不为公众所知悉，得到了两审法院不同的认定结果。

一审中，苏州某公司主张其在产品研发中所实际形成的具体原料配方细化数值及加工工艺参数并不为社会所公知，苏州某公司采购加工设备及原材料、耗材的具体来源单位、价款等采购资讯也属其专有经营信息。根据鉴定结果，苏州某公司与镇江某公司运用上述公知知识，结合本案产品特点和本企业具体生产条件，各自制定的片状铜粉生产的原料配方和加工工艺技术（生产工艺及其参数）不属于公知技术。这些在公知知识的基础上，为适应本企业自身特点及研发需求所开发出来的加工工艺以及细化数值，并非本领域相关人员通过简单检索能够获得并且显而易见的，因此，具备秘密性的特征。因相关信息符合本企业的研发实际需求，因此该信息的采用能够为企业创造利益，具有一定商业价值，符合价值性特征。另经查，苏州某公司就上述信息采取物理保密以及员工纪律制度等不同程度上的保密措施，亦符合保密性特征，故一审法院认定该部分信息属于苏州某公司的商业秘密。

二审中，苏州某公司上诉主张设备的选用构成商业秘密，并认为其选择青岛某公司生产的HSA-50型干法搅拌式研磨机用于片状铜粉的研磨，在行业内只有其一家，不为公众所知悉。该主张未能得到二审法院的认可。原因在于，尽管苏州某公司专门对该研磨机进行了物理封闭、定制金属围框，对设备予以保密遮挡，并采取了一定保密措施，但从秘密性特征看，一方面，销售该研磨机的生产厂家并非只向苏州某公司一家企业提供研磨机设备，其通过公开渠道对外销售同样的研磨机，本行业内的企业均可通过正常渠道购得该设备；另一方面，苏州某公司并未从技术上对该研磨机的研磨技术进行改动或独立研发，对该研磨机的使用仅限于物理性使用。因此，单纯的设备选用属于公知知识。

综合上述认定标准，可以看到，秘密性认定是商业秘密认定中的重要条件。通常来说，被作为秘密进行保护的，往往是对本公司经营发展具有重要商业价值的相关信息，具备秘密性的信息，也往往符合价值性和保密性特征，能够被认定为商业秘密。在秘密性认定中，认定相关信息是否为公众所知悉，应当根据其自身是否具有“普遍知悉”和“容易获得”的特征进行判断，使用人数较少并不能否定其公开的特征。

二、基于公知知识的自行开发成果构成商业秘密

识别某一项技术信息属于公知技术还是构成商业秘密，需要区分技术信息是研发过程中使用的工具、手段还是研发形成的具有新颖性的结果。本案中，对于原告主张的信息是否构成公知知识，也是秘密性认定的争议点之一。

二审法院认为，苏州某公司主张的片状铜粉生产的原料配方和加工工艺技术属于金属粉生产工艺，相关生产工艺及其参数的制定原则、工作原理、计算方法、确定依据和设备选用等知识，均为金属粉生产工艺领域内的公知知识。不为公众所知悉的应当是苏州某公司结合企业具体生产条件制定的具体原料配方数值和生产工艺及其参数。这些信息可以为苏州某公司带来实际经济利益，且其采取了合理的保密措施，可认定属于苏州某公司的商业秘密。其中，苏州某公司结合企业具体生产条件，制定具体原料配方数值和生产工艺及其参

数的行为，可以认定为基于公知知识的自行开发行为，为相关信息赋予了区别于公知知识的新颖性以及秘密性。从行为目的以及具体行为上来看，苏州某公司结合本企业具体生产条件以及研发需求，对作为公知知识的原料配方数值及生产工艺及参数做了符合本企业需求的调整及优化，行为结果上，其最终得到的相关信息，是本领域内相关人员仅凭借普遍知悉的技术和简单操作难以知悉的。因此，苏州某公司对上述信息的研发行为符合“自行开发”的“自主性”，其结果也得到了符合“秘密性”特征的商业秘密。因此，基于公知知识的自行开发成果构成商业秘密。

判断基于公知知识的自行研发成果的新颖性，有观点指出，“宜采用类似专利法的新颖性标准。而侵犯商业秘密的认定宜采用与专利等同侵权认定类似、但更为宽松的标准”[①]。笔者认为，不仅是在侵权认定中，对于商业秘密自身的新颖性也应当采取较为宽松的标准。因为商业秘密虽然是技术信息，但是在本质上与专利技术存在差别。对本企业有价值的商业秘密，也许并不适用于其他企业，商业秘密的个案性特征更为明显。若严格按照专利法的新颖性标准进行衡量，则所确定的保护范围难免会过于狭窄，导致具有保护价值的商业秘密无法受到应有的保护。因此，对商业秘密的新颖性认定，可以参考专利法的新颖性标准，但需要根据个案具体情况进行综合分析。

三、结论

商业秘密侵权纠纷案件中，商业秘密的秘密性认定是司法实践难点之一。一方面，需要对相关信息的秘密性特征进行分析，注意公开性与公开程度的区分；另一方面，企业在运用公知知识进行生产的过程中，为应对本企业的经营、发展需求，以及实际的生产条件，会适当基于公知知识，对实际应用的技术进行改良与开发，从而形成新的商业秘密，需要区分公知知识是研发过程中使用的工具、手段还是研发形成的具有新颖性的结果。这对法院区分公知知识以及商业秘密提出了挑战。应当结合企业的具体应用方式，以及商业秘密的价值性、保密性，并参考专利法的新颖性标准进行综合认定。

---

① 寇飞:《商业秘密的秘密性要件及侵犯商业秘密的认定标准》，载《中国发明与专利》2019 年第 11 期。

客户名单类商业秘密的保护要件研究

——某甲商贸公司等与李某等侵害商业秘密纠纷案

/ 余子凯

➲ 本案要旨

作为经营秘密的表现形式之一，客户名单获得反不正当竞争法保护的前提条件在于其具备秘密性、价值性与保密性。如果客户名单经由持有者搜集、加工而产生，凝聚了其经营成本，难以通过一般的公开渠道获悉，满足商业秘密的构成要件，可以被纳入商业秘密保护的客体范畴之中。

➲ 案件信息

上诉人（一审被告）：李某

被上诉人（一审原告）：某甲商贸公司、赵某、胡某等十人

一审被告：雷某

案号：湖南省郴州市中级人民法院（2015）郴民三初字第 84 号、湖南省高级人民法院（2016）湘民终 89 号

➲ 原被告主张及理由

某甲商贸公司、赵某、胡某等诉称：十原告均经营家居建材，为拓展销路、占领市场，经商议决定于 2013 年 9 月 20 日在嘉禾县体育馆场内举办 2013 年第二届嘉禾家居建材“工厂直供会”。为举办本次商业活动，十原告筹集经费，并指派了李某琛等二人为直供会做前期准备工作。从 2013 年 9 月 4 日开始，原告就组织业务员到全县各小区、乡镇进行宣传，并搜集业主的姓名、住址、联系电话、对家居建材的需求等各种信息并形成了客户名册。被告李某（也经营家居建材）知悉原告的活动后，利诱被告雷某，要求其将客户名单信息暗中提供给他，拿到名册后，派业务员打电话给客户，扰乱原告的直供

会，给原告造成了不可估量的损失。为此，特向法院请求：（1）判令二被告向十原告赔礼道歉；（2）判令二被告赔偿十原告经济损失10万元；（3）本案诉讼费用由二被告承担。

被告李某的委托代理人答辩称：十原告所述不是事实，电话号码不属于商业秘密，被告李某没有实施侵权行为，主观上无过错，也没有对十原告造成损害。请求依法驳回十原告的诉讼请求。

一审法院查明的事实

原告某甲商贸公司与原告赵某、胡某、刘某、陈某、段某、谢某、周某、贺某、李某其及被告李某分别是嘉禾县城经营家电、家居建材等业务的公司或销售店个体经营户负责人。为拓宽销售市场，十原告决定于2013年9月20日在嘉禾县城体育馆场内举办第二届嘉禾家居建材“工厂直供会”，并推举某甲商贸公司法定代表人李某春之子李某琛为十原告商户联盟的会长，由十原告出资做活动的前期准备工作，并召集业务员召开会议，强调保密原则。自同年9月4日开始，组织30余名业务员到各小区及乡、镇进行宣传，发放资料，搜集客户信息资料（包括姓名、住址、联系电话、对家居建材的需求等），各业务员将搜集到的客户信息资料统一交给李某琛保管。同年9月9日，原告方开始将印制的“工厂直供会护照”，以20元一张的方式，电话通知客户购买，并作为活动当天的入场券，该“护照”中对原告各商家的产品做了广告，并对活动所设礼品进行了说明。李某琛统一将客户信息资料交给业务员胡某萍和被告雷某，由二人打电话联系客户，并要求两名业务员对外保密，每次打完电话后，将客户资料上交给李某琛保管，防止客户资料外泄。该活动“护照”先后卖出400余张。

被告雷某原来在被告李某经营的双某家俬生活馆上班，双方较熟。被告李某得知十原告将举办“工厂直供会”活动后，便要求被告雷某将客户资料抄出来给他，并承诺给被告雷某1000元报酬。同年9月16日，被告雷某将大部分客户资料拍照后发给被告李某，被告李某按约定给了雷某1000元报酬。原告收集到的客户资料，大部分被泄露给被告。经对原告、被告提供的客户信息资料进行比对，被告提供的客户资料中超过230个与十原告提供的客户资料名单、排列顺序相同。且在十原告举办“工厂直供会”期间，被告打电话给客户，干扰十原告的正常活动，给十原告造成了一定经济损失。

一审法院判决理由与裁判结果

本案为侵害商业秘密纠纷，当事人争议的焦点问题如下：（1）本案原告收集的客户名册是否属于商业秘密；（2）被告是否构成侵权，如构成侵权，如何承担责任。

关于焦点一：《反不正当竞争法》第10条规定，商业秘密是指不为公众所知悉、能为权利人带来经济利益，具有实用性并经权利人采取保密措施的技术信息和经营信息。《最高人民法院关于审理不正当竞争民事案件应用法律若干问题的解释》第13条规定，商业秘密中的客户名单，一般是指客户的名称、地址、联系方式以及交易的习惯、意向、内容等构成的区别于相关公知信息的特殊客户信息，包括汇集众多客户的客户名册，以及保持长期稳定交易关系的特定客户。本案原告为开拓市场举办“工厂直供会”，投入资金、人力、物力做前期准备工作，其中派人收集的客户信息资料包含客户的名称、联系方式、地址、住房户型、装修进度、购买意向等信息，原告作为经营家居建材的业主，上述客户资料具有现实的或潜在的商业价值，能为原告带来竞争优势和经济利益，具有实用性和市场价值。在与客户沟通的过程中，原告指派专人负责与客户沟通，并及时将客户资料交负责人保管，对该资料采取了必要的保密措施。故原告搜集的客户信息资料应认定为《反不正当竞争法》中所称的商业秘密。

关于焦点二：对比原告、被告提供的客户名册，李某提供的客户名册中有大面积客户名单、排列顺序与原告提供的客户名单及顺序相同，结合被告雷某出具的证明，可以认定被告李某采取利诱方式，从被告雷某处获取了原告保密的客户名单的事实。加之，被告在原告举办“工厂直供会”活动时，采取了给客户打电话干扰的方式，给原告造成了不同程度的经济损失，被告的行为已经对原告构成侵权。因此，对原告造成的经济损失，应由二被告共同承担。《最高人民法院关于审理不正当竞争民事案件应用法律若干问题的解释》第17条第1款规定，确定《反不正当竞争法》第10条规定的侵犯商业秘密行为的损害赔偿额，可以参照确定侵犯专利权的损害赔偿额的方法进行。《专利法》第65条规定，侵犯专利权的赔偿数额按照权利人因被侵权所受到的实际损失确定；实际损失难以确定的，可以按照侵权人因侵权所获得的利益确定。权利人的损失或者侵权人获得的利益难以确定的，参照该专利许可使用费的倍数合理确定。赔偿数额还应当包括权利人为制止侵权行为所支付的合理开支。权利人的损失、侵权人获得的利益和专利许可使用费均难以确定的，人民法院可以根据专利权的类型、侵权行为的性质和情节等因素，确定给予1万元以上100万元以下的赔偿。本案原告举办的“工厂直供会”因客户名单泄露，加之被告的干扰，导致直供会效果不佳，给原告造成一定的经济损失，因其实际损失难以确定，原审法院综合考虑原告因本案所支出的合理成本等因素，酌情确定由被告共同赔偿原告经济损失2万元。另，因被告的行为未损害原告的商业信誉，且原告提供的证据也不足以证实被告的行为给其造成了商业信誉损失。被告的行为未达到要赔礼道歉才能消除影响的程度。故原告要求被告赔礼道歉依据不足，原审法院不予支持。

一审法院判决被告李某、雷某侵犯十原告的商业秘密，连带赔偿原告相关损失。

上诉主张及理由

李某不服一审判决，提起上诉，要求撤销原判、依法改判，一审、二审全部诉讼费用由被上诉人承担。事实和理由：（1）电话号码不能构成法律意义上的商业秘密；（2）现有证据不能证明上诉人利用电话号码采取了不正当竞争手段；（3）被上诉人举办的直供会效果不好与上诉人之间没有因果联系；（4）一审判赔2万元，无事实依据、适用法律错误。

二审法院查明的事实

对于原审法院查明的事实，经审查，均有证据支持，二审法院依法予以确认。

二审法院判决理由与裁判结果

二审法院认为，本案二审争议焦点如下：（1）本案中客户电话号码是否属于商业秘密；（2）上诉人是否构成侵权及赔偿数额是否合理。

关于客户电话号码是否属于商业秘密。《反不正当竞争法》第10条规定，商业秘密是指不为公众所知悉、能为权利人带来经济利益、具有实用性并经权利人采取保密措施的技术信息和经营信息。《最高人民法院关于审理反不正当竞争民事案件应用法律若干问题的解释》第13条规定，商业秘密中的客户名单，一般是指客户的名称、地址、联系方式以及交易的习惯、意向、内容等构成的区别于相关公知信息的特殊客户信息，包括汇集众多客户的客户名册，以及保持长期稳定交易关系的特定客户。本案中，被上诉人作为家居建材经营者，通过派出大量的业务员，在全县各个小区收集具有装修意向客户的姓名、地址、联系方式、装修进度、购买意向等信息，并经加工后形成了客户名单。被上诉人通过此客户名单掌握客户的装修意向，对其经营效益具有十分重要的意义，因此，该客户名单凝聚了经营者的经营成本，并能为经营者带来潜在的商业利益，亦并非为公众所知悉。在收集客户名单的过程中，被上诉人指派专人与客户沟通，并及时将客户资料交负责人保管，可见，被上诉人对该客户名单采取了必要的保密措施。综上所述，被上诉人花费人力、物力形成的客户名单构成商业秘密。本案中，上诉人认为其只获取了与被上诉人相同的部分电话号码，其他信息，包括姓名一概不知，因此单纯的电话号码不能称为商业秘密。二审法院认为，本案的客户名单作为重要的经营信息，旨在为家居建材经营者提供潜在客户，尽管电话号码本身不属于商业秘密，但客户名单中的电话号码是被上诉人收集、整理后能够指向具体的具有装修意向的个人，是客户名单中最为核心的部分，仅掌握客户名单中的电话号码信息即能开发潜在客户，因此，本案客户名单中的电话号码也属于《反不正当竞争法》规定的商业秘密。故上诉人认为单纯的电话号码不能构成商业秘密的上诉理由不能成立。

关于上诉人是否构成侵权及赔偿数额是否合理。《反不正当竞争法》第10条第1款、第2款规定："经营者不得采用下列手段侵犯商业秘密：（一）以盗窃、利诱、胁迫或者其他不正当手段获取权利人的商业秘密；（二）披露、使用或者允许他人使用以前项手段获取的权利人的商业秘密；（三）违反约定或者违反权利人有关保守商业秘密的要求，披露、使用或者允许他人使用其所掌握的商业秘密。第三人明知或者应知前款所列违法行为，获取、使用或者披露他人的商业秘密，视为侵犯商业秘密。"本案中，上诉人通过利诱的方式，唆使雷某通过拍照的形式将客户名单发给自己；且上诉人提供的客户名单与被上诉人的客户名单有大面积客户信息、排列顺序相同，因此可以认定上诉人使用的客户信息来自被上诉人；另外，上诉人在被上诉人举办"工厂直供会"前，不当使用从被上诉人处获取的商业秘密，对被上诉人潜在客户进行干扰，尽管客户名单上的客户是否参与被上诉人举办的直供会有不确定的因素，但上诉人进行干扰的行为，足以影响被上诉人潜在客户的选择，因此，上诉人的抗辩不成立。综上所述，上诉人违反诚实信用原则，利用不正当的手段获取他人商业秘密，并对竞争对手的经营行为进行不当干扰，其行为构成侵害商业秘密，应承担相应的法律责任。由于被上诉人的损失难以确定，综合考虑上诉人的侵权情节、主观故意，以及被上诉人维权的合理开支，酌情确定上诉人与原审被告共同赔偿被上诉人经济损失2万元，并无不当。

二审法院驳回上诉，维持原判。

案例解析

本案的争议焦点在于所涉客户名单是否属于商业秘密。从市场实践来看，商业秘密集中表现为技术信息及经营信息两大类，客户电话号码因属企业的经营资源范畴，构成企业的无形知识财产，在满足特定要件的情形下，其可能构成经营信息类商业秘密。

客户名单，又被称作“客户信息”，其指的是“经营者将其作为交易对象的客户名录、地址以及交易习惯等其他资料”。通说主张，客户名单之内涵有广义与狭义之分。从广义的范畴来讲，客户名单即各类市场主体在日常开展生产经营活动过程中形成的客户信息资料，此类信息资料因内涵相对简单，外延较大，其表现形式具有多样性，且易通过公众渠道知悉并获取。至于狭义客户名单，可归为法律层面上商业秘密的范畴，其内涵较为丰富，外延相对狭小，具体表现为“客户的名称、地址、联系方式以及交易的习惯、意向、内容等构成的区别于相关公知信息的特殊客户信息，包括汇集众多客户的客户名册，以及保持长期稳定交易关系的特定客户”。从内涵和外延来看，前述两者属于包含与被包含的关系。下文所探讨的“客户名单”，主要为狭义的客户名单，至于广义的客户名单并非本文探讨之重点，故略去不论。

一、客户名单的特征

客户名单因属商业秘密保护的客体类型之一，其理应符合商业秘密的一般特征。值得注意的是，客户名单作为特殊类型的商业秘密，具有一般特征之外的独特内在属性。其一，特定性。客户名单的“特定性”，意为单纯罗列企业名称所形成的客户名单并不构成法律意义上的客户名单，获得商业秘密保护的客户名单必须具备特定的表现形式，即从易获取的广泛的公共信息中抽离出来，在经过权利人的后期劳动投入后，呈现特定化的客观面貌，蕴含品质标准、需求类型、成本数量等具体的交易信息。其二，相对稳定性。客户名单的获得并非源于某个客户的随机性、偶然性购买行为，亦非对市场上不特定的广泛性客户信息的盲目整理。实际上，构成商业秘密的客户名单，往往系具有特定交易习惯、数量相对固定或者变化甚微的市场群体。值得注意的是，因经营策略、营业利润、商业谈判等因素的变化，企业的客户群体并非一成不变，相反，其可能有所流失。故而，从此层面而言，客户名单仅具有相对意义上之稳定性。其三，地域性。顾名思义，客户名单具有较强的地域依赖性，在某个地域为公众知悉的客户名单并不意味着在其他地域内不能构成商业秘密保护的客体类型。举例而言，我国很多民族品牌在国内享有盛名，此类客户名单因具有公知性特征而难以作为商业秘密获得我国法律的相对排他保护。但在国际市场中，我国的部分民族企业并不具有世界范围内的知名度，若国外的某个企业获取该企业客户名单并应用于本企业的经营活动之中以谋取丰厚的经营利润，此客户名单极可能落入商业秘密保护的范畴之中。此外，客户名单商业秘密的此种地域性有别于传统知识产权的地域性，较之于传统知识产权，客户名单商业秘密获得法律保护无须行政授权。其四，形成的过程性，即体现为客户名单诞生于企业长期经营活动中的创造性劳动。面对大量甚至堪称海量的潜在客户信息，在现今发达的大数据处理技术下，简单的信息归纳整理早已并非难题，但此信息加工成果并不属于法律意义上的客户名单。申言之，客户名单的形成具有长期性，系权利人在投入各类生产成本后，经由一定期间的深度加工处理所获得的非公知信息财产。

二、客户名单保护的构成要件

在市场竞争日趋激烈的现今社会，一个企业在经营策略上大获成功并占据一定的市场份额，往往是多方面因素综合作用的结果。而在这诸多因素之中，商业秘密无疑发挥着巨大价值。客户名单作为商业秘密的载体之一，属于企业珍贵的无形财产，对于企业扭转竞争劣势、占据有利地位之意义不容小觑。可以说，现代企业间的"商战"在一定程度上体现为"客户资源战"，抢占了客户信息资源的高地，无疑就夺取了市场竞争的先机。从此层面而言，赋予客户名单法律保护的必要性不言而喻。

在论证了客户名单保护的重要价值后，探讨客户名单保护要件的意义显而易见。依据《反不正当竞争法》第9条第4款的规定，商业秘密系指"不为公众所知悉、具有商业价值并经权利人采取相应保密措施的技术信息、经营信息等商业信息"。结合前述规定可知，秘密性、商业价值性及保密性是商业秘密获得法律保护的要件。客户名单作为经营信息类商业秘密，无疑需满足一般商业秘密保护的前述要件。关于客户名单保护的要件，学界仍不乏争议，尚未形成统一意见，主要以"三要件说"及"四要件说"两种观点为代表。"三要件说"与《反不正当竞争法》之规定一致，即客户名单保护的要件为"秘密性""价值性""保密性"。而"四要件说"则主张，在传统的三要件基础之上，增加"新颖性"或"实用性"要件。笔者认为，鉴于我国《反不正当竞争法》

的法律文本中并未述及“新颖性”或“实用性”要求，故而客户名单的保护要件采“三要件说”更为适宜。

（一）秘密性

依据《最高人民法院关于审理侵犯商业秘密民事案件适用法律若干问题的规定》第 3 条规定，“不为公众所知悉”的内涵可理解为“有关信息不为其所属领域的相关人员普遍知悉和容易获得”，而在该解释第 4 条中，则明确列举了“有关信息为公众所知悉”的情形。依据该司法解释，秘密性要件需满足两项要求，即“不普遍知悉”与“不容易获得”。“不普遍知悉”意为该商业秘密的知悉主体相对有限，其组成内容并不属于公知领域信息的范畴，而是经过深度加工处理的秘密信息。即该信息并未涵盖在相关领域内公理、常识等公共知识的外延之中，相关人员亦不能经由公众渠道直接获取。“不容易获得”则指的是权利人获取该信息需投入一定的时间、金钱、技术等成本，单纯整理、汇编公知领域信息之成果无法满足商业秘密的秘密性要件。值得引起重视的是，“不普遍知悉”与“不容易获得”两项要件均有其适用前提，即该两要件适用的主体范围为“所属领域的相关人员”。实际上，前述司法解释对“公众”一词作出了限缩性理解，即该“公众”并非一般意义上的社会大众，而限定为相关领域的市场竞争者，以及意图进入该领域从事商业活动或者可能利用该商业秘密获取利润的市场主体。[①] 换言之，此处“公众”的主体范畴应将相关领域内权利人的非竞争者与非潜在竞争者予以排除，若将其理解为一般意义上的不特定公众，易使秘密性要件的认定门槛不当提升，权利人主张商业秘密保护的合法诉求难以得到支持。

针对本文讨论的客户名单类商业秘密，其能够获得法律保护的一个重要条件为秘密性，即必须符合所属领域内相关人员“并非普遍知悉”与“不容易获得”之要求。客户名单并非技术信息类商业秘密，而系经营信息类商业秘密，其核心的秘密点在于该信息体现了市场中相关客户独特的交易需求与交易习惯，如客户的价格承受能力、签约可能性、成本报价等。然而，囿于交易市场的相对开放性，兼之信息渠道的多元性，实际上，诸多交易信息均可能通过公众渠道获悉，在被诉侵犯商业秘密时，行为人往往以涉案信息属于公知领域的知识范畴进行抗辩。基于此，实践中，若某企业主张以商业秘密保护本企业的客户名单，往往面临着秘密性难以举证的现实困境。在案件审理中，为有效

① 参见李梦园、奚秋玲等：《客户名单保护司法实践难点探究》，载《知识产权法研究》2011 年第 2 期。

审查所涉客户名单的秘密性，有必要从客户名单的形成原因及过程、同行业竞争者调查、同类信息获悉难度等方面予以细致考量。

（二）价值性

依据《反不正当竞争法》第9条的规定，商业秘密的“价值性”意为“具有商业价值”，而不再表述为“能为权利人带来经济利益、具有实用性”。立法条文的修改变迁表明，实用性并非我国商业秘密保护的要件之一，商业秘密的价值性认定不以相关信息的实践应用可能性为前提。关于商业秘密商业价值之认定，以下几个问题值得引起重视。第一，商业消极信息是否具备商业价值继而能够作为商业秘密予以保护。对这一问题，学界意见并不统一。持否定态度者主张，消极信息虽可能具备商业价值，但不宜认定为商业秘密获得法律的相对排他保护。其背后缘由在于，消极信息若作为商业秘密不予公开，客观上有悖相关产业的发展创新，不利于社会整体福祉的提升，偏离了知识产权立法的核心宗旨。对这一观点，笔者不敢苟同。消极信息虽难以为经营者直接应用于生产实践之中，但对其的归纳与反思，有助于企业从既往的错误实践中吸取经验教训，避免经营资源的不当耗费，从某种层面而言，高效利用经营活动中获悉的消极信息，对于培育企业独特的市场竞争优势裨益良多。相反，若该消极信息被不当泄露，为相关市场中企业的竞争者与潜在竞争者所知悉，进而对其充分利用、“取长补短”，减少经营成本的错误消耗，难免致使原企业的市场竞争优势弱化乃至丧失，基于此，对符合要件的商业消极信息赋予商业秘密保护不可谓不重要。第二，商业秘密之价值并不机械地限定于客观存在的现实价值，具备预期的可能价值的商业信息亦满足“价值性”这一要件。例如，在客户名单这类经营信息中，已与企业形成稳定交易往来关系的客户群体的相关信息具备商业秘密的现实价值自不待言，而对于某些尚未与企业展开市场交易活动却具备相对成熟的交易条件的客户名单，亦难以否定此类信息的预期价值。经营者通过开拓与此类客户群体间的交易网，不断扩大自身的经营规模与行业影响力，最终即可能促成市场竞争优势的产生。由此观之，预期价值亦应属于商业价值的范畴。

客户名单系企业通过多元化渠道拓展的潜在客户信息以及在长期经营活动中发展成熟的客户群体信息的组合。[①]运用经营活动中积累的客户信息，企业可以抢占市场竞争中的优势地位，提升交易成功的概率，降低交易所需支出的信息搜寻成本等，此即客户信息的价值性所在。司法实践中，囿于市场竞争

① 参见张今：《客户名单侵权纠纷的疑难问题探析》，载《法学杂志》2011年第3期。

环境的复杂性、权利人举证难度大等因素，客户名单的价值性判断并非易事。依据《最高人民法院关于审理侵犯商业秘密民事案件适用法律若干问题的规定》第19条第2款之规定，衡量商业秘密之商业价值，理应据其“研究开发成本、实施该项商业秘密的收益、可得利益、可保持竞争优势的时间等”多方面因素综合确定。碍于“收益”“可得利益”“可保持竞争优势的时间”等术语的表述相对抽象，该规则适用的实际可操作性偏低，客户名单价值性的判断成为司法实践中的一大现实难题。对此，笔者认为，在客户名单价值性判断过程中引入司法鉴定不失为一个相对有效的路径。借助专业的知识产权评估团队，综合运用市场法、成本法、收益法等多种知识产权价值评估方法，可以科学合理地评定客户名单价值性有无及高低。

（三）保密性

商业秘密系权利人对其掌握的技术信息、经营信息及其他商业信息主观上之设定，[①] 意即权利人无须经过相关部门的确权授权，依赖其单方意思表示即可获得自力救济，至于法律上的公力救济，只有在商业秘密遭受侵犯之际方才彰显其必要性。依据商业秘密这一特性，对相关商业信息采取特定的保密措施，是商业秘密权利人自力保护的重要前提，亦为相关商业信息实现“质的飞跃”，“蜕变”为商业秘密的核心要件。根据《最高人民法院关于审理侵犯商业秘密民事案件适用法律若干问题的规定》的相关规定，行为人是否针对其商业信息采取了保密措施，应主要从三个方面予以判断：第一，在主观层面，需考察行为人是否具有保护该商业信息的内心意思；第二，在客观层面，需判断行为人是否采取了保密措施；第三，在程度层面，则需着重注意行为人所采取的保密措施的合理性程度。在司法实践中，行为人的主观状态往往很难直接认定，需借助实际的客观措施加以判断，即保密措施的现实存在往往能佐证行为人主观上具备保护意识。基于此，商业秘密保密性判定之核心落脚于客观层面与程度层面的考察，即着重关注是否存在客观的保密措施以及保密措施的合理性。首先，关于客观保密措施之认定，《最高人民法院关于审理侵犯商业秘密民事案件适用法律若干问题的规定》第6条规定：“具有下列情形之一，在正常情况下足以防止商业秘密泄露的，人民法院应当认定权利人采取了相应保密措施：（一）签订保密协议或者在合同中约定保密义务的；（二）通过章程、培训、规章制度、书面告知等方式，对能够接触、获取商业秘密的员工、前员工、供应商、客户、来访者等提出保密要求的；（三）对涉密的厂房、车间等

---

① 参见沈玉忠：《客户名单商业秘密法律属性之界定》，载《中国检察官》2015年第22期。

生产经营场所限制来访者或者进行区分管理的；（四）以标记、分类、隔离、加密、封存、限制能够接触或者获取的人员范围等方式，对商业秘密及其载体进行区分和管理的；（五）对能够接触、获取商业秘密的计算机设备、电子设备、网络设备、存储设备、软件等，采取禁止或者限制使用、访问、存储、复制等措施的；（六）要求离职员工登记、返还、清除、销毁其接触或者获取的商业秘密及其载体，继续承担保密义务的；（七）采取其他合理保密措施的。”其次，关于保密措施的合理性考察，从前述司法解释的表述观之，可将此“合理”理解为“足以防止涉密信息泄露”，更具体而言，司法实践中，该“合理”的判断标准可以表现为行为人所采取的保密措施使得市场内的其他竞争者及潜在竞争者难以通过正当手段获取此商业信息。

客户名单的保密性认定亦应遵循上述思路，在保密措施存在与否及保密措施合理性认定层面，客户名单与技术信息类商业秘密存在较为明显的差异。申言之，针对客户名单的保密措施，一般表现为签订保密协议、劳动纪律管理等单位内部的制度性保密措施，只要相关主体通过单位的规章制度能够知悉此类制度性保密措施的存在，即可认定权利人为保护该客户名单的秘密状态付出了合理努力。相反，对于技术信息类商业秘密保密性的认定，其标准相对严格，这表现为，技术信息类商业秘密的保密措施一般多为代码、密码等技术加密措施，权利人需投入大量的技术、时间、金钱等成本，以保证该类保密措施“足以防止涉密信息泄露”。技术信息保密措施合理性的认定往往举证难度颇大，司法实践中法官仅依据一般的职业常识往往难以作出公正科学的判断，鉴于此，需借助司法鉴定等其他途径以考察相关保密措施是否合理。

三、结论

本案中，原告作为家居建材行业内的经营者，通过派出业务员，大量搜集本县范围内存在装修需求、可能需要装修服务的客户信息，如客户姓名、地址、装修意向等，在对该客户信息进行加工、整理后，最终形成了本案所涉的客户名单。可以说，该客户名单之上凝聚了原告所付出的大量的精力和心血，若使用于本企业的生产经营活动中，有助于培育企业的市场竞争优势，获得显著的经济效益。此外，该客户名单交由本企业相关负责人保管，采取了较为严格的保密措施，且难以从其他公开渠道获取完整、准确的相关客户信息，故此客户名单构成了反不正当竞争法所保护的商业秘密。在该客户名单的诸多信息中，客户电话系核心内容，借助该客户电话，相关市场主体即可开拓潜在的交易客户，创造巨大的经营效益。被告以相关客户电话不属于商业秘密、继而不应获得法律保护为由提出侵权抗辩，明显有悖商业秘密制度的宗旨理念，于法无据，故法院对其主张不予支持。

现代企业间的“商战”在一定程度上体现为“客户资源战”，抢占了客户信息资源的高地，无疑就夺取了市场竞争的先机。作为商业秘密保护的客体类型之一，客户名单具有一般商业秘密特征之外的独特内在属性，即特定性、相对稳定性、地域性及形成的过程性。关于客户名单保护的要件，鉴于我国《反不正当竞争法》的法律文本中并未述及“新颖性”或“实用性”要求，故采取“三要件”说更为妥当，即客户名单保护之前提在于其满足秘密性、价值性及保密性要件。

客户名单构成商业秘密的认定

——北京华某汽车服务公司武汉分公司与武汉阿某汽车服务公司、聂某等侵害商业秘密纠纷案

/ 李辛

本案要旨

客户名单（信息）获得商业秘密保护需具备如下要件：一是名单所涉客户系由公司经营活动开发，且与公司形成了持续稳定的服务交易关系；二是客户名单（信息）不能仅通过公共渠道即可获知，即须符合秘密性要件；三是客户名单（信息）应具有一定的商业价值，可以为客户信息所有者创造竞争优势；四是客户名单（信息）应被采取一定的保密措施，即需符合保密性要件。保密义务是劳动者的法定义务，无须另行签订竞业禁止协议进行约定。因此，即使劳动者离职后与原单位签订的竞业禁止协议无效，其对公司商业秘密亦负有保密义务。

案件信息

原告：北京华某汽车服务公司武汉分公司

被告：武汉阿某汽车服务公司、聂某、杜某

案号：湖北省武汉市江汉区人民法院（2017）鄂 0103 民初 3785 号

原被告主张及理由

原告北京华某汽车服务公司武汉分公司（以下简称华某分公司）主张：（1）判令三被告共同向华某分公司支付侵犯商业秘密损失 5 万元（人民币，下同）；（2）判令三被告共同在省级以上媒体上向华某分公司赔礼道歉，具体内容交由华某分公司审核；（3）判令三被告承担本案诉讼费用。事实及理由：华某分公司、武汉阿某汽车服务公司（以下简称阿某公司）、上海利某汽车服务咨询有限公司武汉分公司（以下简称利某分公司）存在同业竞争关系。2016

年2月底，杜某入职华某分公司后，被委派至合作4S店——武汉富某汽车销售服务有限公司（以下简称富某公司）从事汽车保养增值服务。2016年7月，杜某丈夫聂某从利某分公司离职后担任了阿某公司法定代表人。2016年9月，杜某从华某分公司离职后进入阿某公司工作。华某分公司认为，杜某入职时隐瞒聂某在利某分公司工作的事实，通过进入华某分公司工作的方式，获取客户信息、定价策略等大量商业秘密，离职后违反《保密协议》，加入阿某公司，挖走华某分公司的客户，三被告共同实施了获取、利用华某分公司商业秘密的行为，损害了华某分公司的利益，应当共同向华某分公司承担侵权责任。

被告阿某公司、聂某、杜某辩称：（1）华某分公司未说明其商业秘密的范围，也未对相关商业信息采取保密措施，华某分公司主张三被告侵犯其商业秘密的证据不足；（2）杜某离职后与华某分公司签订的《保密协议》属竞业禁止协议，华某分公司未支付对价，该协议无效，杜某有权自主择业。综上所述，三被告请求驳回华某分公司的诉讼请求。

➲ 法院查明的事实

北京华某公司在全国开设了40余家分公司，华某分公司系其下属分公司，该分公司成立于2014年8月5日，经营范围为汽车装饰、汽车配件的销售、技术服务、技术咨询等。在经营过程中，华某分公司通过其“安心业务服务管理平台”系统对其经营信息和客户信息进行管理。这些信息包括驻4S店店名、客户姓名、联系电话、客户车辆信息、付款信息、签订维修保养合同信息等内容。华某分公司对上述信息管理系统采取了相应的管控措施，特别是对于使用人员、使用设备和使用权限，如使用人员限定为区域经理、驻店客户经理；如使用对外电脑登录该系统，需要特定的用户名、密码；如区域经理登录可查看该区域内所有合作的4S店客户信息，驻店客户经理仅能够查看其合作4S店客户信息。

2016年2月底，杜某入职华某分公司。同年3月1日，华某分公司与杜某签订《劳动合同书》，该协议约定：杜某担任华某分公司客户经理，工作期限3年。同日，双方还签订了《职业规范承诺书》，杜某向华某分公司承诺会履行对客户的责任，对销售及服务过程中获知的客户信息保密，客户所有的资料（书面、口头等形式接触，客户提供的非公开的、保密的、专有的信息和数据均为保密信息），除非经客户同意，不向任何其他方包括家庭成员谈及和披露；不利用在销售及服务过程中获知的客户信息（包括尚未公布于众的保密信息）为自己或他人谋取不正当利益；未经客户和公司同意，不将客户单据及客户信息带出工作现场及办公场所。上述合同、承诺书签订后，杜某入职华某分公司，被华某分公司指派至其合作4S店——富某公司从事汽车保养业务。杜某日常工作包括参加4S店晨会、与4S店客户进行洽谈，完成当日洽谈指标，整理《每日客户邀约表汇总》、周报、月报，并发送至指定邮箱或以微信形式发给指定群。

2016年9月1日，杜某以“个人原因”为由提出离职申请。同日，华某分公司与杜某签订了《保密协议》，该协议约定：因员工泄密给公司造成实际经济损失，以公司产生的实际数额为准，经济损失难以计算的，以员工出卖秘密获取的利益或者不低于秘密使用费用的合理范围内的数额作为赔偿金额，公司因调查取证处理泄密事件支付的必要费用，由员工支付，该保密协议自签署之日起长期有效，不因工作结束等情况终止。此后，杜某从华某分公司离职，华某分公司未向其支付补偿金。

杜某与聂某系夫妻关系。杜某从华某分公司离职后，进入聂某担任法定代表人的阿某公司工作。经查，2016年2月，利某分公司另一员工肖某凯与他人成立阿某公司，阿某公司与利某分公司、华某分公司的经营范围基本相同。2016年7月14日，聂某从利某分公司离职，次日成为阿某公司的法定代表人。

杜某进入阿某公司后，华某分公司发现其合作的4S店——武汉安某汽车销售有限公司（以下简称安某公司）经营业绩下滑，疑与阿某公司、聂某、杜某三者有关，遂向法院起诉。

另查明：（1）2015年3月30日，聂某入职利某分公司；（2）杜某入职华某分公司时，在《员工登记表》的“配偶及子女情况”一栏中，将聂某的工作单位及职务填写为“武汉川某工贸有限公司渠道负责人”。

法院判决理由与裁判结果

武汉市江汉区人民法院认为，本案争议焦点如下：（1）华某分公司在本案中诉称的客户名单、定价策略是否构成商业秘密；（2）华某分公司主张三被告非法获取、利用其商业秘密构成侵权是否成立；（3）本案民事责任应如何承担。

一、关于华某分公司在本案中主张的定价策略和客户名单是否构成其商业秘密的问题

华某分公司在本案中主张商业秘密包括经营过程中形成的定价策略和客户名单，并提请法院予以保护。三被告对此均予否定。法院审查认为，在高新技术发展日新月异的知识经济时代，商业秘密作为企业发展的核心作用越来越大。商业秘密不仅能为权利人带来经济利益，还能够给商业秘密持有人带来竞争优势，商业秘密的保护备受市场经营主体的重视。对商业秘密的界定，《反不正当竞争法》第10条第3款规定：商业秘密，是指不为公众所知悉、能为权利人带来经济利益、具有实用性并经权利人采取保密措施的技术信息和经营信息。《国家工商行政管理局关于禁止侵犯商业秘密行为的若干规定》第2条规定：技术信息和经营信息，包括设计、程序、产品配方、制作工艺、制作方法、管理诀窍、客户名单、货源情报、产销策略、招投标中的标底及标书内容等信息。上述规定表明，受《反不正当竞争法》保护的商业秘密为技术秘密和经营信息，具有秘密性、保密性和实用性。本案中，华某分公司主张其定价策略和客户名单为其商业秘密。根据上述规定，定价策略和客户名单都属于经营信息，存在成为商业秘密的可能。但是，华某分公司在本案中对其主张的定价策略未能提交证据，不能证明定价策略的内容、特征、范围等信息内容，故无法判断华某分公司所主张的定价策略是否构成《反不正当竞争法》意义上的商业秘密。对华某分公司提出的定价策略为其商业秘密的主张，法院不予支持。

华某分公司主张的客户名单属于经营中形成的客户信息，根据华某分公司提交的“安心业务服务管理平台”系统存储的相关信息，华某分公司所诉客户名单记载了华某分公司的服务对象、服务内容、联系方式等信息内容。该系统载明的客户名单及其客户信息具有特定性，与华某分公司提供的特定服务密不可分，属于由华某分公司独有、独享的客户信息。上述客户也是华某分公司通过提供服务内容、接受服务对价等经营行为开发而来，与华某分公司之间形成了持续稳定的服务交易关系，可以认定为华某分公司的客户信息（客户名单）。该客户信息存储于华某分公司所有的“安心业务服务管理平台”系统之中，华某分公司对该系统采取了相应的管控措施，特别是对登录该信息系统的主体、方式及登录的设备进行了限定和控制，对接触该信息的相关人员需负保密的义务予以了告知，可以认定华某分公司对其客户名单采取了保密措施。华某分公司所诉的上述客户名单具有现实的或者潜在的商业价值，能为华某分公司带来可能的竞争优势，具有实用性。华某分公司所诉并主张权利的客户名单具有确定的秘密性、保密性、实用性。根据前述规定，华某分公司主张的客户名单构成《反不正当竞争法》意义上的商业秘密，应受法律的保护。华某分公司作为该客户信息的开发者、持有者和经营者，有权提起本案诉讼。

本案中，杜某抗辩涉案保密协议属用人单位与劳动者签订的竞业禁止协议，华某分公司并未向杜某支付补偿金，该协议应属无效。对此，法院认为，保密义务是法定义务，竞业禁止义务是约定义务。保密协议旨在禁止劳动者在任职期间或离职后披露、使用前用人单位的商业秘密，但保密协议无权禁止劳动者在离职后自营或者为他人经营与前用人单位同类的行业，即保密协议没有竞业禁止的效力，而离职劳动者的竞业行为恰恰是商业秘密侵权的主要根源，因为劳动者一旦从事与前用人单位有竞争关系的行业，在利益的驱动下，极有可能披露或使用前用人单位的商业秘密，造成前用人单位之重大损失。基于保护企业的商业秘密，同时避免劳动者离职后不能从事相关行业带来的生活困难，法律规定双方可以签订竞业禁止协议。该项规定一方面保护处于弱势地位的劳动者的劳动权和生存权；另一方面保护前用人单位的商业秘密，避免企业的重大损失。由于竞业禁止协议在一定程度上限制了劳动者的劳动权和择业自由权，为实现用人单位与劳动者之间的利益平衡，用人单位应对离职劳动者进行合理补偿，否则竞业限制条款无效，前用人单位无权禁止劳动者从事与原企业相关的职业。但劳动合同终结后，劳动者的保密义务仍旧延续，即便用人单位未与劳动者签订竞业禁止协议，劳动者也应当保守用人单位的商业秘密，否则用人单位仍可追究劳动者的侵权责任。杜某曾受雇于华某分公司，接触到华某分公司的涉案经营秘密，离职后仍应承担其保密责任。华某分公司未向杜某支付保密对价并不可以扩展为杜某对其受雇期间掌握的华某分公司的涉案经营秘密可以随意披露、利用或授权他人利用。因此，杜某以涉案保密协议因未支付对价应属无效的抗辩理由不能成立。

二、华某分公司主张三被告非法获取、利用其诉称的商业秘密是否成立的问题

我国《反不正当竞争法》第 10 条第 1 款第 2 项、第 3 项，第 2 款规定：侵犯商业秘密，是指披露、使用或者允许他人使用以盗窃、利诱、胁迫或者其他不正当手段获取的权利人的商业秘密；违反约定或者违反权利人有关保守商业秘密的要求，披露、使用或者允许他人使用其掌握的商业秘密；第三人明知或者应知上述违法行为，获取、使用或者披露他人的商业秘密，视为侵犯商业秘密。《最高人民法院关于审理不正当竞争民事案件应用法律若干问题的解释》第 14 条规定：当事人指称他人侵犯其商业秘密的，应当对其拥有的商业秘密符合法定条件、对方当事人的信息与其商业秘密相同或者实质相同以及对方当事人采取不正当手段的事实负举证责任。根据上述规定，是否满足接触加实质性相似的条件是判断某一行为是否构成侵犯商业秘密的侵权行为的关键。

关于三被告是否接触华某分公司涉案客户名单的认定。杜某曾就职于华某分公司，并被派往该公司合作的 4S 店——富某公司任客户经理，以杜某驻店经理的身份可以登录华某分公司的“安心业务服务管理平台”系统并参加公司月度会议，了解华某分公司内部销售信息。杜某具有接触华某分公司商业秘密的机会和条件。杜某任职华某分公司期间，未向公司如实陈述聂某在阿某公司工作的事实，存在获取华某分公司涉案客户名单的主观动机。杜某与聂某系夫妻关系，杜某从华某分公司离职后进入聂某所在的阿某公司，阿某公司与华某分公司存在相同市场的竞争关系。以上可以认定聂某和阿某公司具有接触华某分公司涉案客户名单的可能性，华某分公司提出的三被告有接触华某分公司涉案商业秘密可能性的主张成立。

关于华某分公司主张三被告非法利用其涉案客户名单的问题。华某分公司并无证据证明阿某公司所经营的客户与华某分公司涉案客户名单载明的客户存在交叉或者重合的情形；同时，华某分公司并未证明其合作4S店——安某公司业绩下滑的原因来自三被告的被诉行为，或与三被告的被诉行为存在因果关系。华某分公司并没有完成对其诉称的阿某公司的客户与华某分公司涉案客户名单中的客户相同且具有因果关系的举证责任。因此，华某分公司在本案中主张三被告的行为构成侵权行为缺乏事实依据和法律依据。华某分公司在本案中提出的判令阿某公司、聂某、杜某赔偿华某分公司经济损失5万元的诉讼请求，法院不予支持。

三、关于本案民事责任应如何承担的问题

如前所述，华某分公司主张三被告行为侵犯其涉案商业秘密的诉讼请求不能成立；华某分公司主张的赔礼道歉因属精神损害赔偿范畴，适用范围限定在公司的名称权、名誉权、荣誉权受到侵害时，而商业秘密是一种财产性权利，不具有人身或精神权利的内容，故华某分公司请求“判令被告阿某公司、聂某、杜某共同在省级以上媒体上向原告华某分公司赔礼道歉，具体内容交由原告华某分公司审核”的诉讼请求，法院亦不予支持。

综上所述，华某分公司主张的涉案客户名单具有合法的商业秘密属性，应受法律保护，华某分公司有权提出本案诉讼，但华某分公司并无证据证明三被告持有的客户名单与华某分公司涉案的客户名单具有交叉或重合关系，未完成所诉行为构成侵权行为的举证责任，同时也未完成定价策略是其商业秘密的举证责任，故华某分公司在本案中提出的全部诉讼请求因无证据证明，均不能成立。依照《反不正当竞争法》第10条第1款第2项、第3项，第2款、第3款，《最高人民法院关于审理不正当竞争民事案件应用法律若干问题的解释》第9条、第10条、第11条、第13条、第14条，《最高人民法院关于民事诉讼证据的若干规定》第2条，以及《民事诉讼法》第64条第1款、第142条的规定，判决驳回原告华某分公司的诉讼请求。

案例解析

本案的争议焦点之一是涉案客户名单是否构成商业秘密。《最高人民法院关于审理不正当竞争民事案件应用法律若干问题的解释》[①] 第 13 条明确规定了客户名单可以作为商业秘密进行保护。但是司法实践中客户名单的类型纷繁复杂，并非一概可以纳入商业秘密的保护范围。研究客户名单构成商业秘密的认定标准有助于厘定权利边界，实现私主体商业秘密保护和公共领域信息流通的平衡。本案即关于认定客户名单构成商业秘密的典型案例之一，下文将基于案件和相关理论对上述问题进行探究。

一、客户名单的类型

简单而言，客户名单是指经营者持有的具有客户名称、地址、联系方式以及交易习惯、意向等相关内容的信息集合。在司法实践中，客户名单所涵盖的内容不一而足，经营者为获取这些信息并进行加工整理所付出的努力也不尽相同。尽管《最高人民法院关于审理不正当竞争民事案件应用法律若干问题的解释》第 13 条对商业秘密中的客户名单进行了定义和解释，但凭此并不能准确地划定客户名单的保护边界。而通过将客户名单进行归类并分别分析其可商业秘密性的方法可以在一定程度上实现该目的。具体而言，司法实践中的客户名单可以分为如下类别。

（一）纯系公知信息的客户名单

在部分案件中，经营者主张构成商业秘密的客户名单虽然涵盖客户的名称、地址、联系方式等内容，但这些信息全部可以通过公开渠道获知，因而被称为纯系公知信息的客户名单。此种客户名单一般不符合《反不正当竞争法》关于商业秘密“不为公众所知悉”的要求，即不符合商业秘密的秘密性要件。如果对这些可以轻易获取的信息赋予独占权的话，会影响公共领域的信息流通，侵害社会公共利益和市场竞争秩序，故其不具备可保护性。例如，在佛山市某家具有限公司、李某茂侵害商业秘密纠纷案中，佛山市中级人民法院认为，权利人应当证明客户信息的特有性，即与公共领域信息的区别。尽管对于不熟悉情况的人可能无法快捷地获得，但仍然可以通过正常渠道获得的信息，一般不能认定为商业秘密（经营信息）。上诉人佛山市某家具有限公司请求保护供应商和客户资源等信息，但没有列明此类供应商和客

① 本解释已于 2022 年 3 月 20 日废止。本部分是对本案的分析，在分析本案时仍引用本解释相关条文。

户资源等信息与一般公知信息的区别，如交易习惯、客户的独特需求、客户要货的时间规律、成交的价格底线等为其独占和正在进行的相关业务。因此，上诉人佛山市某家具有限公司请求保护的上述商业秘密（经营信息）不符合“不为公众所知悉”要件。[①] 但也存在例外，当经营者付出一定时间、人力及财力，根据自身交易实际将公知信息进行提炼与归纳，使其特定化，则可能构成包含特定客户信息的客户名单，从而能够获得商业秘密保护。

（二）具有特殊信息的客户名单

具有特殊信息的客户名单，是指除客户名称、地址、联系方式等一般会被客户公开的信息外，还包括客户交易的习惯、意向、内容，甚至一些具有个性化的客户要求等深度信息的客户名单。交易的习惯，包括交易的运输方式、计量方式、货物交付方式、付费方式等；交易的意向，包括交易货品的需求类型、交易地域、交易时间等；交易的内容，包括与客户形成交易关系时的合同条款、交易价格的承受底线、经营规律等。[②] 这些特殊信息是由经营者在市场活动中与其客户经过长期磋商、交易总结归纳而成的，不为一般公众所知悉；同时具有一定的商业经济价值，能为经营者带来竞争优势。如果经营者对该客户名单还采取了相应的保护措施，则其一般可被作为商业秘密保护。例如，在广西某矿产进出口集团公司与萧某等侵犯商业秘密纠纷案中，南宁市中级人民法院认为，广西某矿产进出口集团公司的某公司客户名单并非仅有该客户的名称、地址等属于公共领域的信息，还包括该客户的背景、联系人及联系方法、经营渠道、客户要求、货源和现行卖价、具体操作等经营信息，而这些经营信息是特定化了的客户信息，需要通过花费劳动、金钱和努力才能取得，因而不属于公共领域的信息。特定化了的客户信息，绝不是指客户只与权利人有商业关系。因此，以某公司与其他公司有外贸关系为由，主张该客户名单已进入公共领域，其理由是不能成立的。[③] 又如，在宁夏某物产进出口有限公司与宁夏某蔬菜脱水集团有限公司侵犯商业秘密纠纷案中，最高人民法院认为，本案诉争的客户名单等经营信息是上诉人宁夏某物产进出口有限公司通过长期从事脱水蔬菜出口外销业务积累形成的与国外客户的往来业务邮件，不同于公开领域中的一般客户资料。在扣押的马某东窃取的43份电子邮件及其窃取复制的传真件记载的内容中，不仅包含客户的名称、地址、联系方式，还包含了外销业务中客户的交易

① 参见广东省佛山市中级人民法院（2018）粤06民终8097号民事判决书。

② 参见赵磊:《客户名单商业秘密的构成要件及其司法价值导向分析》，载《河南科技》2020年第9期。

③ 参见广西壮族自治区南宁市中级人民法院（2003）南市民三初字第55号民事判决书。

习惯、付款方式、购买产品的意向以及在交易中对方客户的一些特殊需要，构成了深度信息。通过互联网虽然能够查询到涉案8家国外客户，但这些客户联系出口业务的电子邮件地址以及交易习惯、付款方式、包装规格、所需货物的品名、质量、特殊需求等信息资料在该经营领域内不为相关人员普遍知悉，且获得这些信息资料具有一定难度。故最终认定该客户名单构成商业秘密。[①]

（三）具有特定客户的客户名单

具有特定客户的客户名单，是指具备与经营者存在相对稳定交易关系的客户的名单。具有相对稳定交易关系的客户，是指与经营者存在多次或者经常性交易、合作的客户，而非一次性、偶然性或者曾经的交易对象。[②]应当认为，客户名单权利人与一次性、偶然的或曾经交易的客户之间一般没有建立起经常的业务往来，客户名单权利人并不能基于这样的客户群体产生市场上的竞争优势，所以，此类客户名单很难被作为商业秘密予以保护。反之，如果经营者的客户名单涵盖的全是与其存在相对稳定交易关系的客户的信息，一方面，这些信息是经营者在长期市场交易活动中基于自身实践形成的，具有特有性。即使这部分信息纯系公知信息，但当其被通过这种特定筛选方式组成信息集合时，整体上具备了不为公众知悉的特性。例如，在江苏某信息技术有限公司与徐某暄、上海某实业有限公司等侵害商业秘密纠纷案中，南京市中级人民法院认为，随着科学技术的进步，现代社会已步入信息化时代，公共服务与网络技术的快速发展使得公众获取信息更为便捷。即便如此，亦不能否认原告江苏某信息技术有限公司多年付出的努力。虽然原告主张的255家客户中部分客户的信息可以从公共领域获知，但对于名册整体信息而言，仍需一个收集、联系、沟通和整理的过程，原告通过人力、物力的付出，使上述客户群的相关信息特定化，成为其特殊的客户名册，从而具有整体意义上的秘密性。故对被告公知信息的抗辩不予采纳。[③]另一方面，经营者为开发这些客户必然付出了一定的人力、财力、物力。根据洛克的劳动理论，一个人通过自己的努力所创造的东西属于他自己，他对于自己劳动的果实享有自然权利。因此，经营者应然地对此部分客户名单享有权利。司法实践中对此也持肯定态度。《北京市高级人民法院关于审理知识产权纠纷案件若干问题的解答》第14条指出，客户名单构成商业秘密，应符合商业秘密构成的一般要件，并应特别注意审查客户名单是

---

① 参见最高人民法院（2007）民三终字第1号民事判决书。

② 参见史仲凯：《客户名单商业秘密侵权纠纷审理中的有关问题——以权益平衡为视角》，载《知识产权》2014年第4期。

③ 参见江苏省南京市中级人民法院（2015）宁知民初字第92号民事判决书。

否由权利人通过劳动、金钱等投入获得。除此之外，《河南省高级人民法院商业秘密侵权纠纷案件审理的若干指导意见（试行）》第3条也指出，受法律保护的客户名单中的客户群应是权利人经过一定的努力和付出获得的，包括人、财、物和时间的投入。同时，这些稳定客户能为经营者带来竞争优势，具有实用性和价值性。如果经营者还采取了相应的保护措施，则此类客户名单可作为商业秘密进行保护。

二、客户名单构成商业秘密的要件

前文分述了客户名单的类别，并对其可商业秘密性进行了逐类分析。通过分析可予以保护的两类客户名单可以发现，除《反不正当竞争法》第9条规定商业秘密应具备的秘密性、实用性（价值性）、保密性三要件外，客户名单若要构成商业秘密还需具备特有性，即区别于一般公知信息，特属于权利人所有的性质，具体表现为特有深度信息和特有稳定客户。《北京市高级人民法院关于审理知识产权纠纷若干问题的解答》第14条与《河南省高级人民法院商业秘密侵权纠纷案件审理的若干指导意见（试行）》第3条均对特有性进行了明确。这是因为客户名单有别于其他经营信息，客户的部分信息或多或少都会进入公共领域，每个客户亦非单一经营者独有。如果采取普通的三要件对其进行认定，可能会扩大经营者的权利范围，导致部分公共资源私有化，妨害正常的市场竞争秩序。通过增设特有性要件可以较好地厘定客户名单权利的边界，实现私权与公共利益的平衡。我国司法实践对一般商业秘密的三要件认定已经较为成熟，相关理论也较为丰富，因此下文将主要分析客户名单构成商业秘密所需的特有性要件。

特有性要求客户名单具有特属于权利人所有的深度信息或稳定客户。二者内涵前文已进行详述，在此不赘述。当客户名单具有深度信息时，说明经营者对该客户名单进行了整理、归纳、分析、总结等二次加工活动，客户名单也因为这些自加工的深度信息而发生特有化，具备特有于经营者的性质。当客户名单中的客户相对稳定时，尽管对于任一客户而言，经营者都不是其唯一合作伙伴或交易对象，但当这些稳定客户组成一个集群后，这一集群的共同合作伙伴或交易对象仅为该经营者，因此这份客户名单也就具有了特有性。尽管特有性不是法律规定的商业秘密构成要件，但在我国司法实践中已有不少案件将其作为认定客户名单构成商业秘密的要件之一。例如，本案中，武汉市江汉区人民法院认为，华某分公司所诉客户名单记载了华某分公司的服务对象、服务内容、联系方式等信息内容。“安心业务服务管理平台”系统载明的客户名单及其客户信息具有特定性，与华某分公司提供的特定服务密不可分，属于由华某分公司独有、独享的客户信息。上述客户也是华某分公司通过提供服务内容、接受服务对价等经营行为开发而来，与华某分公司之间形成了持续稳定的服务交易关系，可以认定为华某分公司（可获商业秘密保护的）客户名单。又如，在新疆某投资管理有限公司（以下简称新疆某公司）与刑某、乌鲁木齐某农业技术咨询有限公司、福海县齐乡某农民专业合作社（以下简称福海某合作社）侵害商业秘密纠纷案中，乌鲁木齐市中级人民法院认为，新疆某公司既没有说明福海某合作社客户信息具体的特殊内容（如特殊的交易习惯、客户的独特需求等），也没有提供证据证明其为该客户信息形成所付出的劳动、金钱与努力，所提交的客户信息汇总、认证计划、其与福海某合作社发生交易的合同，难以认定存在区别于相关公知信息的特殊客户信息的内容，即无法确认该客户信息的特有性，故新疆某公司关于福海某合作社客户信息构成商业秘密的诉讼主张不能成立。[①] 从上述案例可以看出，是否具有特有性是认定客户名单是否构成商业秘密的关键要件，应当充分予以把握。

三、结论

客户名单是一种特殊的商业秘密客体，其与公共领域的联系相较其他经营信息更为紧密，客户名单权利也因而更易牵动和影响社会公共利益。经营自由、交易自由、竞争自由、劳动自由是现代市场经济的应有之义，法律保护企业客户名单商业秘密的价值，在于保护企业投入了人力、物力获得的劳动成果以及因此取得的在市场上的竞争优势，禁止他人不通过努力而获取相同的成果，而不是帮助企业独占客户名单上的客户，不当地垄断客户资源。[②] 因此，应当准确把握商业秘密认定中客户名单的特有性要件，审慎认定经营者的客户名单权利，如此才能准确划定权利边界，实现私权利和公共利益的平衡。

---

① 参见新疆维吾尔自治区乌鲁木齐市中级人民法院（2016）新 01 民初 69 号民事判决书。

② 参见赵磊：《客户名单商业秘密的构成要件及其司法价值导向分析》，载《河南科技》2020 年第 9 期。

商业秘密保护中的反向工程问题研究

——北京某生物工程有限公司诉北京某印刷包装机械公司等商业秘密侵权案

/余子凯

本案要旨

一般而言，通过反向工程获取相关主体的商业秘密不视为商业秘密侵权。在反向工程认定过程中，净室原则的判断系其中的核心要素。本案中，诉争工艺的完整制作技术并未于广告、产品介绍书和学术论文等公开渠道记载，该技术信息属于原告所持有的商业秘密。现有证据显示，被告获取该技术信息并非基于拆卸、实测等活动，且与涉案图纸、产品具备同一性，在无合理解释的前提下，被告之行为应被视为商业秘密侵权，而无适用反向工程抗辩之可能。

案件信息

上诉人（一审被告）：某机械公司

被上诉人（一审原告）：北京某生物工程有限公司

一审被告：北京某印刷包装机械公司、某广告公司

案号：河北省霸州市人民法院（1996）霸经初字第 10 号、河北省廊坊市中级人民法院（1996）廊经终字第 145 号

原被告主张及理由

原告北京某生物工程有限公司（以下简称某生物工程公司）诉称：1995 年 8 月，原告发现被告北京某印刷包装机械公司（以下简称某包装公司）违反双方定作合同关于保守 BTL 系列涂布机图纸资料技术秘密的约定，为被告某机械公司制作与原告 BTL 系列涂布机相同的产品；被告某机械公司复制原告 BTL 系列涂布机图纸和说明书，向被告某包装公司定作与原告 BTL 系列涂

布机相同的产品，在市场销售；被告某广告公司以剽窃的 BTL 系列涂布机制作技术申请专利权。三被告以不正当手段获取、披露、使用原告商业秘密的行为，给原告造成 40 万元的经济损失。原告请求判令被告立即停止侵权行为，消除影响，并赔偿 40 万元的损失。

被告某包装公司辩称：某包装公司为增加工厂的生产量，而违背定作合同保密条款的约定，为被告某机械公司加工了 7 台涂布机。但是，某包装公司是采用某机械公司的图纸加工的，没有将原告的图纸提供给某机械公司或将二者图纸互换。所以，某包装公司没有侵犯原告的商业秘密。

被告某机械公司辩称：某机械公司交付某包装公司用于制作 420、560 型热熔胶涂布机的图纸是某机械公司法定代表人曹某芳 1993 年委托他人开发设计的，并非不正当获取原告的技术秘密。所以，原告提出被告某机械公司侵犯其商业秘密的主张，不能成立。

➲ 一审法院查明的事实

原告是 1992 年 9 月开业的京港合资经营企业。合资京方自 1991 年起研制热熔胶涂布机。1992 年，样机问世，并陆续研制成功 BTL-420、560、820 型三种机型。自 1992 年 10 月起，原告多次参加展览会和印发材料、刊发广告，宣传热熔胶涂布机。1994 年，原告总经理张某在《粘接》杂志发表介绍热熔胶涂布机特点的学术论文。1994 年 1 月，原告规定了 BTL 系列涂布机设计图纸等技术资料非经总经理允许不得查阅、复制和带出公司住所；签订要求加工厂负责保密的合同和不向加工厂发放装配图的保密守则。1995 年 3 月至 8 月，原告与被告某包装公司陆续订立定作 9 台 BTL-420、560、820 型涂布机合同。定作合同约定，被告某包装公司对 BTL 系列涂布机技术资料负有保密责任。

1995 年 6 月 12 日、7 月 18 日，被告某包装公司与被告某机械公司订立 420 型、560 型热熔胶涂布机加工合同。被告某机械公司交付标有 XY 标记的热熔胶涂布机加工图纸。被告某包装公司加工了 3 台 XY-420 型、4 台 XY-560 型热熔胶涂布机。1995 年 8 月，原告发现被告某包装公司制作与 BTL-420、560 型涂布机相同的产品后，于 8 月 4 日与被告某包装公司订立不再给第二家加工涂布机系列产品的协议。但被告某包装公司仍利用原告传授的技术为被告某机械公司装配热熔胶涂布机，且允许被告某机械公司工作人员到装配现场参观。

被告某机械公司系1994年5月由北京市崇文区某控制设备厂变更而来。被告某机械公司称，1993年1月，曹某芳委托北京一步机电技术研究所开发设计热熔胶涂布机，设计人陈某熊。1993年10月完成XY-420、560型涂布机图纸。一审法院将BTL和XY涂布机草图、底图、蓝图送交中华人民共和国公安部进行技术鉴定。（95）公刑鉴字第2570号科学技术鉴定结论是，XY图纸是以BTL图纸为样本绘制成的。（95）公刑鉴字第2641号科学技术鉴定的结论是，XY系列底图上设计、校对、审核人的签字和年月系事后添加的。（96）公刑鉴字第85号科学技术鉴定的结论是，XY系列10张底图上填写的自由体字迹是付某德所写；辊子、摩擦副、滑块等9张草图上填写的字迹是徐某平所写。就XY系列底图、草图上填写设计、校对、审核人之事，被告某机械公司称，设计人一栏签书"史某平"的是某机械公司经理曹某芳丈夫付某德；审核人一栏签书"陈"的是徐某平。经查，徐某平1995年5月以前在西安南某新型卫生材料有限责任公司工作，此后擅自离职到某机械公司工作。1995年11月22日，被告某机械公司提交的6盘涂布机设计图软盘，最早输入时间是1995年6月6日，最晚输入时间是1995年11月21日。这与被告某机械公司1993年即制作完成该软盘的辩述相矛盾。另外，被告某机械公司XY涂布机装配图画出的传动链条和纠偏条轮装配位置是错误的。

被告某广告公司1995年7月12日用被告某机械公司抄袭复制的图纸向中华人民共和国专利局提出热熔胶涂布机实用新型专利申请。

一审法院判决理由与裁判结果

一审法院认为：（1）原告历经数年研制成功的BTL系列涂布机制作技术具有显见的实用性，并给其带来经济效益。原告针对BTL系列涂布机图纸资料制定和实施了保密措施。而且，其公布于众的广告词、产品介绍书、学术论文并未涉及处于保密状态的BTL系列涂布机制作技术。所以，原告BTL系列涂布机图纸和工艺属于《反不正当竞争法》第10条第3款规定的商业秘密。（2）被告某包装公司违反与原告定作合同保密条款的约定向被告某机械公司披露其所掌握的BTL系列涂布机制作技术和使用原告传授的装配技术为被告某机械公司装配与BTL系列涂布机相同产品的行为，侵犯了原告某生物工程公司的商业秘密。（3）被告某机械公司XY图纸及相关的计算机软盘，除自身相互矛盾外，也与其1993年委托他人开发设计获得热熔胶涂布机图纸之辩述矛盾重重。而且，技术鉴定结论是XY图纸抄袭复制于BTL图纸。所以，被告某机械公司委托开发设计获取与原告 BTL 涂布机相同的图纸之主张，法院不予支持。（4）被告某机械公司以抄袭复制的图纸定作、销售与 BTL 涂布机相同的产品和允许被告某广告公司使用此技术申请专利权的行为，侵犯了原告的商业秘密和著作权。（5）被告某广告公司明知被告某机械公司以不正当手段获取原告 BTL 系列涂布机图纸及制作技术而使用该技术申请热熔胶涂布机实用新型专利权的行为，侵犯了原告的商业秘密。（6）被告某包装公司、某机械公司、某广告公司对其共同侵权行为应承担停止侵害、消除影响、赔礼道歉和赔偿损失的责任。赔偿额根据某包装公司为某机械公司加工的涂布机台数、加工成本费和某机械公司销售涂布机的台数，参照原告利润率计算。

一审法院判决被告某包装公司、某机械公司、某广告公司立即停止侵权行为。

➲ 上诉主张及理由

上诉人主张：一审判决认定某机械公司和某广告公司侵犯了某生物工程公司商业秘密和著作权及专利权，而一审法院对著作权侵权及专利权争议案件没有管辖权。某生物工程公司通过展销和发表论文已将热熔胶涂布机技术推向公知领域。具有一般技术常识的人，可以通过公知技术资料研制出类似产品，也可以通过购买和拆卸该机械产品获取热熔胶涂布机工艺资料。所以，原告某生物工程公司热熔胶涂布机技术并非商业秘密。上诉人拥有的热熔胶涂布机制作技术是 1993 年委托北京一步机电技术研究所开发设计图纸获得的，并由与上诉人相关联的某广告公司申请了专利权。所以，上诉人和某广告公司使用自有技术的行为并未侵犯被上诉人某生物工程公司的权益。一审判决以公安部门的技术鉴定结论认定上诉人抄袭复制被上诉人某生物工程公司图纸，有失客观性。被上诉人不能证明上诉人采取了何种不正当手段，就不能认定上诉人侵犯了商业秘密。被上诉人与某包装公司之间的保密条款并不约束上诉人使用、转让热熔胶涂布机技术。上诉人认为，被上诉人为垄断市场之目的，无理起诉；一审判决认定事实偏差，适用法律错误。故请求二审法院撤销原判，驳回某生物工程公司诉讼请求。

被上诉人主张：被上诉人刊发广告、发表学术论文，并未将自己历经数年研制成功的国内首创的 BTL 系列涂布机制作技术公之于众。BTL 系列涂布机设计图纸、加工装配工艺是被上诉人的商业秘密之载体。为此，被上诉人制定和实施了保密措施。上诉人所举证据与其委托他人开发设计的辩述自相矛盾，而且公安部门鉴定 XY 图纸抄袭复制于 BTL 图纸。所以，在上诉人不能证明自己以正当手段获取上诉人商业秘密的情况下，其定作、销售与被上诉人 BTL 系列涂布机相同产品的行为，即侵犯了被上诉人的商业秘密。

二审法院判决理由与裁判结果

二审法院认为，被上诉人投入大量劳动和资金，历经数年，通过创意设计、试制样机、修正图纸、确定机型等开发研制工作，将相对抽象、不完整的技术信息转化为具体、实用的 BTL 系列涂布机制作技术，并完整地固定于图纸和加工装配工艺之中。被上诉人使用该项制作技术生产出处于国内领先地位的 BTL 系列涂布机，销售于市场获得较高的收益。被上诉人在定型产品的图纸完成之前，即针对 BTL 系列涂布机的图纸资料和加工装配工艺等技术信息制定了保密守则和实施了合理的防范措施。就上诉人所称被上诉人的展销行为将 BTL 系列涂布机技术推向公知领域的理由，二审法院注意到，BTL 系列涂布机作为一种比较直观的机械产品，其制作技术有随产品上市而解密的可能性。但是，这种可能性在被上诉人所散发的广告、产品介绍书和发表的学术论文中未将载于图纸和加工装配工艺之中的完整确定的制作技术公之于众的情况下，非保密义务人只有对合法取得的产品实施反向工程获取准确的技术信息才能使被上诉人 BTL 系列涂布机图纸和加工装配工艺丧失秘密性。然而，上诉人获取和使用的能够制作出与 BTL 系列涂布机相同产品的 XY 图纸，一是上诉人不是通过拆卸实测 BTL 涂布机复制的；二是经技术鉴定认定是以 BTL 系列图纸为蓝本绘制的。因此，上诉人关于 BTL 涂布机既已销售其制作技术即公知的上诉理由不成立。由于上诉人掌握的 BTL 系列涂布机制作技术信息符合《反不正当竞争法》关于商业秘密的规定，且销售后未解密，所以，一审判决认定 BTL 系列涂布机图纸和加工装配工艺属于被上诉人拥有的商业秘密，并无不当。再有，上诉人将处于秘密状态的 BTL 系列涂布机制作技术信息这一构成商业秘密的条件更换概念为业已处于公知领域的胶接涂布机一般工作原理和基本构造方面的理论性技术信息，提出被上诉人 BTL 系列涂布机制作技术不属于商业秘密的上诉理由，违背推论逻辑。

尽管非保密义务人可以自行或者委托他人利用公知的胶接设备工作原理、基本构造及其他相关技术信息独立开发设计出热熔胶涂布机或者是与 BTL 系列涂布机相类似的机械设备，但是，相互独立开发设计的两种确定的图纸的画图手法、视图布局、尺寸标注不可能相同，也不可能制作出结构造型、机械构造、零部件结构尺寸及材质等诸方面均相同的产品。然而，上诉人XY图纸摹自BTL图纸，XY涂布机与BTL涂布机相同，上诉人所举证据自相矛盾。所以，上诉人关于委托他人设计完成XY系列图纸之上诉理由，法院不予采信。由于获取权利人商业秘密的不正当手段不可穷尽，上诉人不举证证明其制作与BTL系列涂布机相同产品的XY图纸是从合法渠道以正当手段取得，即视为采取了《反不正当竞争法》规定的“其他不正当手段”获取被上诉人商业秘密。故上诉人以不正当手段获取商业秘密并使用、扩散之行为，侵犯了被上诉人的合法权益。再有，由于上诉人交付某包装公司的XY涂布机装配图存在显见错误，不可能装配出与实物相符的合格产品，所以，上诉人与某包装公司串通获取、使用、披露保密义务人知悉的技术秘密，装配与BTL涂布机相同产品的行为，构成共同侵犯商业秘密之事实。

本案中，BTL系列涂布机图纸所包含的制作技术信息是享有著作权的商业秘密。上诉人侵犯商业秘密的同时也侵犯了著作权，二者竞合。一审法院并未审理某生物工程公司与某广告公司之间的专利权属案，所以，上诉人关于一审法院无权审理著作权、专利权属案的上诉理由不成立。

某广告公司股东即曹某芳和其亲属，上诉人也承认某广告公司是与上诉人相关联的公司，某广告公司明知上诉人以不正当手段获取被上诉人商业秘密、故意使用的行为，一审法院根据《反不正当竞争法》第10条第2款的规定认定共同侵权，并无不当。

二审法院驳回上诉，维持原判。

案例解析

本案的争议焦点在于被告获取该技术信息是否适用反向工程抗辩。在商业秘密侵权案件中，被诉侵权人常常援引反向工程抗辩制度以规避其可能承担的法律责任。本案即为相关司法实践之典型。在梳理、分析本案争议焦点之前，有必要研究反向工程制度的相关理论，以期更为深入地理解法院的裁判要旨。

一、反向工程的内涵剖析与类型梳理

关于反向工程，学界及实务界亦存在“反求工程”“逆向工程”等称谓。对其的内涵理解，可主要分为技术层面与法律层面两个维度。前者对相关产品的获取渠道不作限制，即无须满足从公开渠道获取产品这一要件。后者则意为，行为人从公开途径获取已于市场流通的相关产品，并采取技术手段对该产

品实施拆卸、测绘、分析等系列活动，最终获得该产品的有关技术信息。本文所探讨的反向工程即落脚于法律层面的理解，对技术层面的反向工程则不再赘述。关于反向工程所获悉的技术信息，实践中通常表现为产品的具体构造、材料组成成分、加工工艺流程等。相较于技术的正向研发活动，企业的反向工程往往借助参照、模仿等路径展开，在工业领域的实践应用极为广泛。通过反向工程，企业可以快速知悉本领域技术发展的前沿信息，从而降低企业的技术研发成本，大幅度缩短产品生产周期，从长远观之，有助于培育企业的市场竞争优势。

结合工业生产实践及反向工程的具体特征，对反向工程可作如下类型划分。其一，前反向工程与后反向工程。一般而言，反向工程的完整阶段通常由反向对象选择、技术破解、实践验证及生产输出四个环节组成。所谓前反向工程，指的是不包含生产输出环节的反向工程的其余阶段，而后反向工程则意为行为人在前期的技术破解与应用后，获取技术信息并加以应用，最终输出产品且投入市场竞争之中。其二，毁坏型反向工程与非毁坏型反向工程。此分类主要以技术破解过程中对象是否遭受毁坏作为区分之标准。其三，仿制型反向工程与创新型反向工程。对于被反向工程的对象（市场上的相关产品），如果对其技术破解、应用后所输出的产品缺失实质创新，而仅为单纯机械的模仿制造，则此种反向工程即构成仿制型反向工程；反之，若所输出的新产品系于原先产品基础上作出改良革新之成果，则该反向工程被称为创新型反向工程。其四，化学反向工程与物理反向工程。依据反向工程所采取的技术手段性质，即化学技术手段抑或物理技术手段，反向工程亦有化学反向工程与物理反向工程之区分。对反向工程作上述几种类型梳理，有助于洞见实践中反向工程的基本特征，清晰把握反向工程的应有内涵。

二、反向工程的正当性证成

当今社会，企业之间的竞争日趋激烈，而在诸多竞争必备要素之中，技术要素无疑占据着核心地位。为掌握相关领域的前沿技术，市场实践中，诸多企业大多采取反向工程的方式以实现本企业技术革新的迫切需求。关于反向工程，自该制度诞生之初，便引发了理论界及实务界的广泛热议，相关人士争论的核心即在于反向工程的合法性。

对于反向工程的合法性，持否定态度者主张，反向工程系对他人合法拥有技术的剽窃与抄袭，其本质为侵权行为，理应予以禁止。原因在于，反向工程的实施者未经原权利人许可，擅自对相关产品进行拆卸、测绘、分析等系列活动，并利用所获得的技术信息输出产品，投放至相关市场之中，无疑挤占了在先权利人的市场份额，使其现实及预期的经济利益受损；此外，若对工业生产实践中的反向工程予以鼓励，客观上将导致市场中仿制之风的盛行，会抑制技术人员的创新积极性，不利于激发技术的活跃更新，会造成社会整体福祉贬损。主张反向工程具备合法性的一派人士认为，反向工程系对他人所持技术的合法利用，理应被视为技术引进的正当手段，允许反向工程的实践应用，能够有效避免在先权利人对技术信息的垄断利用行为，促进了技术推广与产业发展，极大地保障了消费者的正当利益。①

从法律层面来看，我国现有规定实际上承认了反向工程的合法性。依据《最高人民法院关于审理不正当竞争民事案件应用法律若干问题的解释》第12条第1款的规定，以反向工程的方式获取他人商业秘密的，不视为商业秘密侵权。自此，我国法律正式肯定了反向工程的合法性，尽管该解释已于2022年3月20日废止，但《最高人民法院关于审理侵犯商业秘密民事案件适用法律若干问题的规定》吸收了该解释的精神，在第14条第1款作出了类似规定。司法解释的原则性规定，以及司法实践中积累的有益经验，为商业秘密侵权纠纷中此类案件的审理提供了指引。

伴随着相关理论研究的渐趋深入，否定反向工程正当价值的声音日益式微。实际上，反向工程的背后，蕴含了深厚的正当性理论基础。根据洛克的财产权劳动理论，当人们对共有物投入一定的劳动，就可以基于这一劳动而取得对该物的财产权。② 在商业秘密保护中，反向工程亦应被视为劳动财产权理论意义上的一种“劳动”。原因在于，反向工程有别于技术剽窃，后者系单纯“不劳而获”的行为，严重侵害了商业秘密在先权利人的合法利益。反观反向工程，行为人为获取相关技术信息，实施拆卸、测绘、分析等一系列技术破解活动，无疑付出了大量的人力、时间、金钱等成本，因而其行为之本质属于一种劳动，通过此途径获得权利人所拥有的技术信息不应被视为商业秘密侵权。若对反向工程不予支持，其他市场主体意图获取与商业秘密中相同或类似的技术信息，必须采用正向自主研发或寻求许可授权的形式，这无疑造成了社会成本的过度支出，亦会导致商业秘密权利人对其拥有技术信息的不当垄断。无合法之垄断即无充足的信息被生产，然而，存在合法之垄断亦无太多的信息被利用。商业秘密权利人作为合法垄断商业信息的市场主体，若放任此种合法垄断

① 胡开忠:《反向工程的合法性及实施条件》，载《法学研究》2010年第2期。

② 参见冯晓青:《知识产权法哲学》，中国人民公安大学出版社2003年版，第24~37页。

演变为破坏竞争秩序的非法垄断，一方面，会致使权利人创新积极性削弱，阻碍整个社会技术进步的步伐，另一方面，过度垄断亦会导致相关市场内“一家独大”，其引发的不良后果是产品结构单一、产品价格高昂等，直接影响消费者群体的重大利益，破坏社会整体生活水平。基于此，有必要对商业秘密权利人课以一定程度的权利限制，反向工程即为商业秘密权利人权利限制体系的重要组成部分。

三、反向工程的认定因素分析

在完成反向工程正当性证成这一前提性工作之后，接下来则需着重关注反向工程制度的落地实践问题，即在商业秘密侵权纠纷中，构成反向工程抗辩需考虑哪些因素。《最高人民法院关于审理侵犯商业秘密民事案件适用法律若干问题的规定》第 14 条的条文表述较为原则，例如，关于“公开渠道”之理解，该条并未具体阐明；此外，该司法解释仅列举了拆卸、测绘、分析等技术手段，而反向工程的其余实施条件仍待进一步明确。司法实践中对反向工程的认定也不乏争议之处。以下，笔者不揣浅陋，分享关于反向工程认定的一些浅薄意见。

（一）净室原则

前文已经述及，实施反向工程者为破解相关技术信息，实际上投入了大量的时间、金钱、人力等成本，因而反向工程之本质亦为洛克所称的“劳动”。与一般研发行为相区分的是，反向工程实施过程中，行为人并未接触商业秘密中的技术信息，此即净室原则的基本内涵。具体而言，该原则的适用条件为，在技术破解的过程中，行为人需确保其所处的研究环境封闭，研究过程保持“净化”，与权利人商业秘密中的技术信息始终相隔离。[①] 在商业秘密侵权案件中，关于净室原则的具体判断，应主要关注以下几个方面：其一，技术信息接触可能性。司法实践中，对此要件的审查相对严格，意即，在实施反向工程的过程中，一旦行为人接触了权利人商业秘密中的技术信息，该不受“污染”的“净室”即遭受破坏，该技术破解行为亦丧失合法性根基，行为人以反向工程进行侵权抗辩则再无可能。其二，实施主体限制。通说主张，反向工程的实施行为人并非权利人之外的任何不特定市场主体，在其实施主体范畴中，理应将具有竞业禁止及保密义务的市场主体予以排除。原因无他，此类负有特定法律义务的市场主体，因存在接触相关技术信息的可能性，故未能满足净室原则的

① 杨婵：《论计算机软件反向工程的合法性问题》，载《法律科学（西北政法大学学报）》2004 年第 1 期。

前提条件。值得注意的是，对反向工程主体的限制情形应予以严格限定，否则即存在破坏竞争秩序、侵蚀公共利益之风险。市场实践中，一些技术转让或技术许可合同中不乏“禁止反向工程”的格式条款，此种做法系滥用商业秘密权利的不正当竞争行为，相关条款理应认定为无效。其三，净室原则下的举证责任。在现实的商业秘密侵权纠纷中，若权利人通过举证可以证明案涉侵权主体的技术信息与其商业秘密中的技术信息相同或相近，且被告在生产经营活动中存在接触该技术信息的可能性，此时权利人的举证责任已经完成，在满足其他要件及被告未提出抗辩的情形下，该被告即构成商业秘密侵权。换言之，权利人无须证明商业秘密受损与被告行为之间存在直接因果关系，关于因果关系的举证责任适用倒置规则，若被告未能提出相应的侵权抗辩（如反向工程抗辩）以证明其信息来源合法，权利人的诉讼主张即能得到法院支持。

（二）产品来源及权属

在反向工程的认定过程中，产品来源因素的考量亦占据较为重要的地位。依据《最高人民法院关于审理侵犯商业秘密民事案件适用法律若干问题的规定》第 14 条第 2 款的规定，对于反向工程对象（相关产品）的来源，法条中仅有“公开渠道”这一表述，但笔者以为，对产品来源渠道仅作“公开”一解并不全面。“公开”一词虽表明，实施反向工程的行为人从公开交易市场获取相关产品，但至于其来源的合法性要求，实难从相关法律规定中解释、推导出来。关于反向工程对象的来源渠道，亦需满足合法性要件。其意为，实施反向工程者从市场中获取相关产品，需通过合法正当渠道，遵循市场交易的一般准则与商业道德，若行为人采取盗窃、抢夺、欺诈等非法途径从公开交易市场中获取用于技术破解的产品，其行为无疑触犯了相关法律规定，此时则不应认定为反向工程以否定其抗辩的正当性，否则即背离了反向工程制度的设立初衷，致使商业秘密权利人的合法利益受损。

除了产品来源之外，司法实践中，亦需考量反向工程对象的权属情况。在大多数情形下，实施反向工程者需通过购买、转让、继承、赠与等公开、合法渠道获得相关产品的所有权，其背后缘由为，反向工程大多伴随着产品拆解、组装等破坏性活动，若实施者缺失对相关产品完满的所有权权利基础，其实施的技术破解活动侵犯了第三人的物权，据此获得商业秘密不能认定构成合法的反向工程。这意味着，经由租赁、质押、留置、保管等途径获得的相关产品，因行为人仅享有产品使用权而未获得所有权，故其实施的破坏性技术破解活动不宜认定为反向工程，无法作为商业秘密侵权的抗辩事由。当然，在特定情形下，如采取非毁坏性技术破解活动，行为人虽仅取得产品使用权，亦可能实施有效的反向工程。

四、结论

本案中，原告历经数年的创意设计、试制样机、修正图纸、确定机型等开发研制工作，实现技术信息从相对抽象、不完整向具体、实用的转变，最终研发出 BTL 系列涂布机制作技术。针对这一行业先进技术，原告采取了有效合理的防范保密措施，以避免其他市场主体对该技术信息的恶意侵犯。毫无疑问，原告持有的该涂布机制作信息构成了本企业的商业秘密。原告之外的其他市场主体，需通过技术转让或许可、反向工程等合法途径，方能实现对该技术信息的正当使用。尽管非保密义务人可以自行或者委托他人利用公知的胶接设备工作原理、基本构造及其他相关技术信息独立开发设计出热熔胶涂布机或者与 BTL 系列涂布机相类似的机械设备，然而，在不存在技术信息接触可能性的前提下，相互独立开发设计的两种确定的图纸的画图手法、视图布局、尺寸标注难以实现统一，亦不可能制作出结构造型、机械构造、零部件结构尺寸及材质等诸方面均相同的产品。[①] 基于此，被告主张其技术破解活动构成反向工程不符合净室原则的具体要件，现有证据亦难以形成完整的证据链条，在缺失充分佐证的情形下，其行为不属于法律意义上的反向工程自不待言，而理应认定为市场上的不正当竞争行为。

在反向工程认定过程中，净室原则的判断系其中的核心要素。与一般研发行为相区分的是，在反向工程实施过程中，行为人并未接触商业秘密中的技术信息，需确保其所处的研究环境封闭，研究过程保持“净化”。关于净室原则的具体判断，需着重关注以下几个方面，即技术信息接触可能性、实施主体限制及净室原则下的举证责任。一般而言，若行为人的反向技术破解活动有悖净室原则的基本要义，该技术破解活动则无适用反向工程抗辩之可能，行为人即需承担侵害商业秘密的不利法律后果。

① 参见河北省廊坊市中级人民法院（1996）廊经终字第 145 号民事判决书。

技术秘密侵权与反向工程的界限

——牡丹江市某设备有限公司诉刘某某、吴某某、牡丹江市某设备厂非专利技术秘密侵权纠纷案

/ 崔昊瀚

➲ 本案要旨

商业秘密中的技术信息在具备秘密性的同时，还应当兼具价值性与保密性，即既需要具备一定的专业高度，又需要权利人采取相应的保密措施。在机械领域，对技术信息的认定标准应当更高，要求该信息为不能通过观察、测量产品等反向工程方式获得的专业信息。同时，权利人对于技术信息的保密措施也应有更高的要求。若仅仅是在员工聘用合同中约定竞业禁止义务或未约定未经允许披露商业秘密的惩罚性后果，应当认为没有采取相应保密措施，从而否认其构成商业秘密。所谓相应的保密措施，是指对内应当约定内部人员的保密义务，对外应当限制相关方在保密义务允许的范围内开展合作或许可使用。

➲ 案件信息

申请人（一审被告、二审上诉人）：刘某某、牡丹江市某设备厂

被申请人（一审原告、二审被上诉人）：牡丹江市某设备有限公司

一审被告：吴某某

案号：黑龙江省牡丹江市爱民区人民法院（1999）爱经初字第52号、黑龙江省牡丹江市中级人民法院（1999）牡经终字第94号、黑龙江省牡丹江市中级人民法院（2000）牡申经再字第4号

➲ 原被告主张及理由

原告主张：被告吴某某系聘用人员，职责是抓生产，于1997年春节前被被告牡丹江市某设备厂聘用，并带走牡丹江市某设备有限公司在1996年10月

获国家级新产品证书的盘纸分切机生产图纸一套。被告刘某某系牡丹江市某设备有限公司董事，任副总经理，职责是抓销售，于1997年春节前被被告牡丹江市某设备厂聘用，负责该厂的产品销售工作。在销售工作中，刘某某利用在牡丹江市某设备有限公司期间掌握的销售客户名单，推销被告牡丹江市某设备厂的产品。被告牡丹江市某设备厂系私营企业，高薪聘用被告吴某某、被告刘某某及另一名销售人员齐某云，利用牡丹江市某设备有限公司的技术及销售客户关系，生产销售分切机产品。根据上述事实，牡丹江市造纸机械公司入股的分切机专有技术，业经国家有关部门评估作价和工商注册登记，作为牡丹江市某设备有限公司的无形资产，为牡丹江市某设备有限公司专有，是技术秘密。牡丹江市某设备有限公司投入大量人、财、物力建立的客户关系是牡丹江市某设备有限公司的商业秘密。三被告的行为给牡丹江市某设备有限公司造成经济损失20多万元。

被告吴某某辩称：原告生产的ZQBG-1250型分切机并非专有技术，该产品主要部分以台湾常青兴业有限公司分切机实物为蓝本进行测绘，对次要结构进行部分改动，不是独立开发设计的产品，且台湾公司的分切机已公开销售进入市场，该项技术已被公众所知。仅就分切复卷设备而言，必然具备相同的工作原理，而结构不同是区别的重要特征。原告采取的是我国台湾地区已公开的技术，我们采用的是德、意已公开的技术，虽工作原理相同，但为两种机型，不构成侵权。

被告刘某某辩称：原告不具有商业秘密，本人于1988年在北联集团负责销售工作，自1993年，依职务开拓了国内市场，销售了北联集团分切机60余台，系职务行为。而原告于1996年4月成立合资企业，承袭了北联集团的销售业务网络，并无独有的销售客户，无商业秘密。而我们现有的销售客户来自《中国造纸年鉴》所载企业名录，该信息是向社会公开披露的。

被告牡丹江市某设备厂辩称：牡丹江市某设备厂并不对原告构成侵权，两种产品是同类产品，工作原理相同，但是技术结构不同，该项技术不是原告的专有产品。牡丹江市某设备厂提出反诉，认为原告的三项技术已公开，并不是独创。

法院查明的事实

1992年3月，本案原审原告方的盘纸分切机技术权利拥有主张者李某江设计的EQB1200型盘纸分切机获牡丹江市红牡丹奖。1993年5月8日，李某江与本案被告牡丹江市某设备厂、刘某起、刘某某达成书面协议组建牡丹江造纸机械技术开发有限公司，并经有关部门批准。该公司经营范围是“造纸机械技术开发、科技成果转让咨询服务”。时隔不久，李某江离开了该技术开发有限公司。

1994年6月22日，李某江与本案被告之一刘某某（作为乙方）、牡丹江市高新技术开发创业服务中心（作为甲方）就ZQBG-1250型烟纸分切机等项目开发、推广、应用事宜达成协议，创办“牡丹江市造纸机械实业公司”（后称牡丹江市造纸机械公司），并签署了协议书，该协议没有对技术保密作出约定。

1995年8月16日，牡丹江造纸机械公司与加拿大科伦克国际投资有限公司达成协议，签署章程，成立了牡丹江市某设备有限公司。原审被告刘某某进入该公司任董事会董事、副总经理，负责销售经营。吴某某于1995年11月到该公司工作，任副总经理，负责生产。《中外合作牡丹江科伦克机床合营公司合同》、章程没有对技术保密、商业秘密作出任何约定。

关于保密措施。原审原告于1996年8月29日制定的《企业管理若干条规定》中（技术管理）第5条规定，“公司的图纸、资料一律不外借，若发现技术外流，查出责任者，除追究法律责任外，一律除名”。对商业秘密，应有比一般性保密要求更强的保密措施，仅规定图纸、资料不外借是不够的。

原审被告在ZWQ-125型分切机上所使用的三项系统技术来源：（1）原审被告有较长的开发生产造纸机械的历史和技术基础。（2）实施了反向工程研究。（3）收集、研究了在我国市场上出现的国内外厂家生产的能为造纸分切机构造配套使用的通用产品和技术信息。

法院委托鉴定直接证明了该主传动系统是公知技术。此外，该鉴定只对比了我国台湾地区E2-8001型和德国的立式机RAPID-1250型分切机，没有对比我国其他厂家生产的机型和国内出现的德国、意大利等外国的卧式机型。因此，此鉴定不能作为断定原告的另两项系统技术未处于公知领域的依据。

关于是否侵犯经营信息。法院查明：（1）原审被告刘某某自1988年以来开始从事造纸机械（含分切机）的营销工作，熟知我国造纸行业的分切机客户。（2）原审原告自1995年8月开始经营，1996年4月19日取得法人执照。而原审被告牡丹江市某设备厂自20世纪80年代开始从事造纸机械生产、销售，早于原告掌握国内造纸分切机客户。（3）原审被告举出了《中国轻工部造纸厂年鉴》和全国造纸行业年会的通讯录。这些资料，对全国的造纸厂分布、住所地、通讯地址、生产能力、生产品种、职工人数、企业性质等信息已作了公开披露。（4）双方举出的销售客户重合点，只有青岛造纸厂一家一台。

原审被告在ZWQ-125型分切机上所使用的三项系统技术来源：（1）原审被告有较长的开发生产造纸机械的历史和技术基础。20世纪80年代该厂前身——黑龙江省牡丹江市通用造纸设备厂曾开发研制盘纸分切机。1993年5月，原审原告的技术秘密主张人李某江与原审被告等四方合作开发盘纸分切机，产品销往全国各地。1995年7月，该厂生产的ZQB-1250型分切机被国家检测为一等品。（2）为进一步提高产品质量、性能，降低成本，适应市场需求，对在我国造纸行业中使用的各种造纸分切机的外形、构造、性能、相关技术资料进行了收集、测绘、研究、吸取和改造。在牡丹江造纸厂对台湾常青兴业有限公司生产的E2-8001分切机、德国格贝尔公司生产的RAQID-1250型立式分切机，在唐山造纸厂对德国格贝尔公司生产的OPTIMA-1250卧式分切机进行了测绘，实施了反向工程研究。其后车外观设计及主要结构，仿造了意大利RA2型分切复卷机。此外，对我国台湾地区另一机型EG-8001卧式分条机（分切机）的技术操作、构造全套原版资料和德国O-038-902610-IBOP-TIDMA-HVDRANIK-1250卧式分切机技术资料进行了研究借鉴。（3）收集、研究了在我国市场上出现的国内外厂家生产的能为造纸分切机构造配套使用的通用产品和技术信息。特别是三项系统的基本构件、装置都是采购的通用产品和成型技术。

一审法院判决理由与裁判结果

本案争议焦点如下：（1）涉案技术是否属于原审原告的商业秘密；（2）原审被告是否具备保密义务；（3）若属于商业秘密，原审被告是否实施了侵犯商业秘密的行为；（4）若侵犯了商业秘密，损害赔偿如何认定。

一审法院认为，ZQBG-1250型分切机的主传动系统、线压力控制系统、张力自控系统不为公众所知悉，不是已知公知的技术。原告为自己的技术成果采取了一定的保密措施，该技术成果具有实用价值，且目前从公共渠道不能直接获得，属受法律保护的非专利技术秘密。被告牡丹江市某设备厂聘请原在牡丹江市某设备有限公司工作的被告吴某某、被告刘某某二人，擅自使用ZQBG-1250型分切机的主传动系统、线压力控制系统、张力自控系统三项技术。被告吴某某、被告刘某某二人在牡丹江市某设备有限公司工作期间，接触过原告的技术秘密，对被告牡丹江市某设备厂使用原告的技术起了一定的作用，二人未经原告同意，将在牡丹江市某设备有限公司工作期间掌握的技术秘密和经营信息泄露给牡丹江市某设备厂。被告牡丹江市某设备厂称，该厂的技术系对我国台湾地区及德国同类产品测绘而来，对此，其负有举证责任，由于其所提供证据不足，不予认可。其抗辩自己不侵权的理由不成立，不予支持。

一审法院认定一审被告侵犯了一审原告的商业秘密（既侵犯了技术信息也侵犯了经营信息），构成侵权。

上诉主张及理由

上诉人牡丹江市某设备厂主张，非专利技术应由国家有关部门颁发证书加以确认，但被上诉人未提供ZQBG-1250型分切机主传动系统、液压线压力控制系统、张力自控气动控制系统为其专有技术的证据。原判认定被上诉人享有“三项系统”专有技术权是错误的。上诉人在1993年已在未约定保密的情况下生产、销售了含有被上诉人主张的“三项系统”技术的ZQBG-1250型分切机，不对任何人构成侵权。ZWQ-125型分切机是上诉人实施反向工程设计的产品，即使包括被上诉人的“三项系统”技术，也不构成侵权。上诉人于1997年4月在唐山造纸厂对同类进口机型进行了测绘，实施了反向工程，独立设计出ZWQ-125型分切机。刘某某到上诉人处工作是自愿选择的，刘某某对被上诉人无保密义务，上诉人无义务知悉刘某某的信息来源。被上诉人称销售客户为商业秘密，无事实根据，未与刘某某约定保密义务。

被上诉人牡丹江市某设备有限公司辩称，根据国家级新产品评定条件和国家级有关新产品试制鉴定计划的规定，在国内首次（或首批）试制成功的产品为新产品。为此，牡丹江市某设备有限公司生产的ZQBG-1250型分切机的主传动系统、液压线压力控制系统、张力自控气动控制系统三项技术不是被社会公知的技术。刘某某在牡丹江市某设备有限公司任董事，依据《公司法》规定，公司董事不得为他人经营与其任职公司同类的营业，不得泄露公司秘密。刘某某违法为上诉人经营与牡丹江市某设备有限公司同类的分切机业务，并将牡丹江市某设备有限公司销售信息秘密提供给上诉人单位，应承担责任。

二审法院判决理由与裁判结果

二审法院认定与一审法院基本一致。

再审主张及理由

再审申请人刘某某、牡丹江市某设备厂主张，原审原告的三项技术和经营信息不具备构成商业秘密的法定条件，我方的三项系统技术是在原有技术基础上，收集、测绘、研究外国分切机和外国技术资料以及我国相关通用配套技术资料开发生产的，所使用的销售客户信息是牡丹江市某设备厂长期以来的老客户，销售信息是公开刊物、资料作出广告、公知的客户信息。

再审被申请人牡丹江市某设备有限公司未提出新主张。

再审法院判决理由与裁判结果

再审法院认定，商业秘密是指不为公众所知悉、能为权利人带来经济利益、具有实用性并经权利人采取保密措施的技术信息和经营信息。技术信息，又称技术秘密，是指有一定的技术高度和秘密成分的技巧、诀窍、配方、方案等，是难以通过对产品的观察、测量、模仿等反向工程取得的信息。对机械行业，仅凭工作原理不能断定是否构成技术秘密。另外，对商业秘密，拥有者还应采取适当的保密措施，并且不得在未曾约定保密义务的前提下将其提供给他人。本案中，原审原告生产的分切机虽被国家评为新产品，处于国内外先进领域，但不能视为未申报、参加评比的同类产品技术低于该产品，也不能视为新产品就是商业秘密产品。本案原审原告对其开发、生产使用的分切机技术没有采取适当的保密措施。该项技术的开发人之一李某江不仅对内没有适当的保密措施，对外也多次与他方合作开发、使用该技术。第一次，1993 年，四方合股，成立了牡丹江造纸机械技术开发有限公司；第二次，两方合作，创办了牡丹江市造纸机械公司；第三次，与加拿大科伦克国际投资有限公司合资成立了牡丹江市某设备有限公司；第四次，由于牡丹江市某设备有限公司本身没有加工、生产分切机的基地，也没有能完成加工、生产分切机的设备和职工，故又与牡丹江机床厂合营生产、加工和装配。在与这些开发、生产、加工装配的单位、职工合作时，都没有签订保密义务条款，或采取适当的保密措施。这些疏忽，使该技术进入公知领域，丧失了法律所规定的构成技术秘密的条件。另外，牡丹江市某设备有限公司在《聘用合同》中填写的竞业避止条款，只设定了单方避止义务，而没有约定给予避止人必要的经济补偿，故不具有约束力。法院还认为，原审被告在再审中举出了充分的证据，证明其三项技术是在自身原有技术基础上，通过对国内使用的外国分切机的反向研究，收集、研究各国分切机的公知技术资料，研究、采购、使用国内外对三项系统的配套装置、配套技术，生产出了自己的产品。即使其工作原理与原审原告的产品基本上相同，亦不能视为侵权。原审原告主张的经营客户信息，属于国内造纸年鉴、造纸行业年会公开披露的信息，故不构成商业秘密。

再审法院认定原审被告使用的技术是通过反向工程所得，并不侵犯原审原告的技术信息，而原审原告主张的客户信息也不构成商业秘密，因此认定原审被告并未侵权。

➲ 案例解析

本案的关键在于反向工程的抗辩能否成立。伴随着科学技术的不断发展进步，一方面，商业秘密权利人通过多样化的保密措施来保持自己的竞争优势；另一方面，新兴企业、其他经营者则常常通过反向工程的手段来模仿和获取他人的先进技术。反向工程作为一项获取技术秘密、推动技术革新的关键手段，由于其存在模仿的性质，往往会涉及是否构成技术秘密侵权的问题。在我国司法实践中，如何认定侵权或者反向工程是审理相关案件的重中之重，本文旨在通过分析牡丹江市某设备有限公司诉刘某某等非专利技术秘密侵权纠纷案，探讨技术秘密侵权与反向工程的界限。

一、商业秘密的认定

根据《反不正当竞争法》的规定，商业秘密是指不为公众所知悉、具有商业价值并经权利人采取相应保密措施的技术信息、经营信息等商业信息。商业秘密的构成要件为秘密性（不为公众所知悉）、价值性（具有商业价值）、保密性（采取相应保密措施）。司法实践中，法院也会根据这三个要件来判断商业秘密是否成立。

（一）秘密性

秘密性要件是认定构成商业秘密的重中之重，商业秘密与专利技术不同，专利技术依靠其申请后获得的一定期限内的垄断保护来保障企业的竞争优势，而商业秘密不需要经过申请，也没有固定保护期限，只要相关信息得到妥善保管而不被相关领域内其他经营者所知，就可以获得商业利益或竞争优势。根据《最高人民法院关于审理侵犯商业秘密民事案件适用法律若干问题的规定》（以下简称《审理侵犯商业秘密民事案件适用法律规定》）第3条的规定，“不为公众所知悉”中的“公众”，通常被理解为所属领域的相关人员，既包括业内已经存在的同业竞争者，也包括可能进入该领域的经营者，甚至包含上下游产业与该信息有利益关系的供应商、销售商。《审理侵犯商业秘密民事案件适用法律规定》同样明确了何为“所知悉”，具体是指“普遍知悉和容易获得”，有学者认为，这一表述恰恰说明了秘密性要件中隐含了对于最低限度新颖性的要求。笔者赞同这一观点，正是商业秘密与公知信息存在的最低限度的新颖性或区别，才导致其具有被保护的商业价值。

（二）价值性

价值性要件往往不会成为司法实践中的争议焦点，因为相关信息如果不具备价值性，原被告就失去了争讼的意义。一般而言，对于价值的现实形态没有要求，对于价值的量也没有要求。既包含现实存在的价值，也包括未来潜在的价值；既包括竞争优势，也包括商业利益。[①] 但这一要件同样需要审查，因为无价值的信息即便被保密得再完善，也不能构成商业秘密。

（三）保密性

保密性要件也是司法实践中较难判断的要件。为防止信息泄露采取与其商业价值等具体情况相适应的合理保护措施，即可视为满足保密性要件。但实际操作中，“相适应”“合理”等程度较难把控。法院往往采取对内对外双重审查的方式，对内审查有没有与雇员签订员工保密协议，对外审查有没有尽到审慎义务防止秘密泄露。笔者认为，对于商业秘密的保密性要件，在认定过程中不宜采取过高的标准，只需要证明权利人在保密措施上尽到了努力和重视，结合行业特性、信息载体、重要性等综合进行判断。即便格式合同中的保密条款没有约定泄密后果，但明确约定了信息的范围与内容，也应当视为权利人采取了相应的保密措施，因为权利人明确重视了其商业信息并采取了合理的相应措施，符合保密性的要求。

二、反向工程

反向工程最早出现在美国的制造业领域，通常指的是通过分拆、测量、模拟等手段对从公开渠道取得的产品进行解剖分析，进而从产品外部获得生产者蕴含在产品内的技术信息。反向工程往往包括两个方面：一方面是对外部技术的获取与破译；另一方面是内部对于所获信息进行模仿与创新。由于该过程既包含获取他人信息又包含研发自主技术，无论在理论界还是实务界，反向工程常常处于“灰色地带”。

近年来，商业活动模式日新月异，反向工程作为一项获取他人信息的手

① 邓华:《商业秘密的民事司法保护》，苏州大学 2003 年硕士学位论文。

段，在其他国家往往被认定为商业秘密侵权的例外。在我国，对于反向工程的明确规定可见于《审理侵犯商业秘密民事案件适用法律规定》第14条第1款，其中明确指出，“通过自行开发研制或者反向工程等方式获得被诉侵权信息的”，不认为构成侵犯商业秘密。但反向工程想要合法实施，也需要具备两个条件。

第一，获取产品的过程必须合法。《审理侵犯商业秘密民事案件适用法律规定》中对于产品来源的要求是“从公开渠道取得”，这一要求包含两方面要点：一方面，明确产品必须来自“公开渠道”，包括买卖、赠与、继承等方式，如果产品仍在保密阶段，其他经营者通过不法手段（如盗窃）获得并破译了产品内的技术信息，由于并非取自公开渠道，反向工程抗辩并不能成立，依然应认定为构成商业秘密侵权；另一方面，明确了对于产品的权利形式是“取得”了处分权利，这里的处分权利并不是单指所有权，同样包括被委托人对委托物的权利、承租人对租赁物的权利等。有学者认为，承租人对租赁物的权利不能成为合法的反向工程的前提，[①] 笔者不赞同这种观点，承租人如果对租赁物享有依照合同约定的改良权、转租权等，这实际上也是承租人经过出租人允诺可以实施处分租赁物的权利的表现，基于约定的权利，承租人当然有权在无相反约定的前提下实施反向工程。只有在满足产品来自公开渠道并且实施者取得相应处分权利时，才可能被认定为构成反向工程。

第二，在满足第一点的前提下，还必须通过“技术手段获知”相关秘密。实施者只有在进行反向工程过程中获取了商业秘密，才不被认为是商业秘密侵权。《审理侵犯商业秘密民事案件适用法律规定》第14条第3款中明确指出，“被诉侵权人以不正当手段获取权利人的商业秘密之后，又以反向工程为由主张未侵犯商业秘密的，人民法院不予支持”。这就要求反向工程抗辩必须建立在“事前未使用不正当手段获知”且“是通过反向工程的手段获知”的基础之上。如果在实施反向工程前，先贿赂权利人的雇员，了解破译相关商业秘密的关键，进而通过拆分等手段得知商业秘密，该行为由于不满足“事前未使用不正当手段获知”，因此不能通过反向工程抗辩；同样，如果是公司雇员在了解商业秘密的基础上，再在市面上购买相应产品，以此抗辩自己是通过反向工程获取的商业秘密，因此可以自行独立制作、使用、销售相关产品，这也是不能成立的。

除了上文所述的两个要点以外，反向工程往往被“禁止反向工程协议”

---

① 胡开忠：《反向工程的合法性及实施条件》，载《法学研究》2010年第2期。

所限制。“禁止反向工程协议”往往出现在计算机软件领域，经营者作为商业秘密权利人，在售出软件时，为防止消费者或其他经营者通过反向工程了解、破译其技术，通常要求签订该协议，在产品流通至公开渠道时即禁止他人以反向工程的方式获取其商业秘密。笔者认为，这类协议在中国法语境下不应认定其有效，主要原因是《审理侵犯商业秘密民事案件适用法律规定》明确说明了我国将反向工程视为一种对于商业秘密权利的限制，权利人既然选择了不公开商业秘密来享受竞争优势，也就应当承担其秘密可能会通过反向工程被他人知悉的风险。此外，商业秘密作为一种特殊类型的知识产权，在保护私权利的同时，也要注意与公共利益的平衡。反向工程对于技术创新有着重要意义，在商业秘密权利人拥有竞争优势的情况下，还能凭借其优势地位禁止反向工程实施，则会对公共利益造成损害，也不符合知识产权鼓励创造的目的。因此，这类协议应当被认定为无效。

三、技术秘密侵权与反向工程的界限

原告要证明商业秘密被侵权，应举证证明“其拥有的商业秘密符合法定条件、对方当事人的信息与其商业秘密相同或者实质相同以及对方当事人采取不正当手段的事实”。首先，原告主张的技术秘密应当符合法定条件，即符合秘密性、价值性、保密性，构成技术秘密是认定技术秘密侵权的前提条件。其次，认定商业秘密侵权的一般标准是“接触＋相似－合法来源”。[①]“接触”是认定侵权的前提条件，通常被告只有在接触到原告商业秘密的前提下，才有可能获取、使用并最终构成侵权。“接触”的形式多种多样，既包括对于商业秘密内容的直接接触，如窃取蕴含商业秘密的半成品，也包括对于商业秘密载体的直接接触，如盗用他人电脑从而获取秘密，甚至包含对于商业秘密的间接接触，如通过近年常发的高薪挖角，直接让掌握技术秘密的其他企业员工成为自己的雇员。司法实践中，高薪挖角的做法屡见不鲜，由于员工与原企业技术秘密存在紧密关联，仅仅以“无接触”作为抗辩事由并不能得到法律支持。“相似”指的是原被告使用的技术秘密相同或类似，这就需要首先梳理原告主张的技术秘密的秘密点，再将被告所使用的技术进行分解对比，这一步通常采取司法鉴定的手段完成。但实务中，由于原告一般难以取得被告的全部技术，因此很难举证说明二者构成相似。“合法来源”的范围比较宽泛，包含自主开发、反向工程、个人信赖等多个渠道。只有在认定了被告存在“接触”原告商业秘

① 须建楚：《技术秘密侵权认定的规则》，载《电子知识产权》2004年第1期。

密并且被告所使用的技术与原告商业秘密“相似”，被告又无法证明存在“合理来源”的情况下，才构成技术秘密侵权。

而技术秘密的侵权在《反不正当竞争法》第9条中规定了五种类型：第一，非法获取技术秘密，行为形式包含“盗窃、贿赂、欺诈、胁迫、电子侵入或者其他不正当手段”；第二，非法使用非法获得的技术秘密，行为形式包含“披露、使用或者允许他人使用”；第三，非法使用合法获得的技术秘密，行为形式包含在有保密约定的前提下，“披露、使用或者允许他人使用”合法掌握的技术秘密；第四，间接侵犯技术秘密，行为形式为“教唆、引诱、帮助”他人非法使用合法获得的技术秘密；第五，第三人侵犯技术秘密，行为形式是明知他人实施前四种行为，仍恶意“披露、使用或者允许他人使用”。可能与反向工程发生混淆的侵权类型应当是第一类非法获取技术秘密，非法获取技术秘密与反向工程的界限主要有以下几点。

（一）行为模式

非法获取技术秘密包含“盗窃、贿赂、欺诈、胁迫、电子侵入或者其他不正当手段”，而反向工程则要求“对从公开渠道取得的产品进行拆卸、测绘、分析等而获得该产品的有关技术信息”。反向工程相比于技术秘密侵权，其行为模式受到“净室原则”的约束。[①]“净室原则”要求反向工程的实施人必须始终处于一个洁净且封闭的环境中，只能凭借当事人、技术经验、公知信息、专业知识来实施反向工程，避免接触相关技术秘密。而技术秘密侵权中，侵权人会利用多种多样的不正当手段直接获取技术秘密，而非合理研究破解。“净室原则”同样对行为主体有所限制，反向工程的实施者不能是接触过相关技术秘密的人员，如负有保密义务的职工。

（二）产品来源

技术秘密侵权取得产品的手段都是不正当或违法的，而反向工程则要求产品以合法手段取自公开渠道，其中包含“公开渠道”和“合法手段”两个要素。公开渠道指的是公众可以自由交易的市场，合法手段则是指正当诚实的、符合公序良俗和商业习惯的手段。结合上文所述，笔者认为如果在公开渠道获取产品时，签订了“禁止反向工程协议”，该协议应当被认定为无效。

（三）获取难度

虽然我国立法上没有明确规定，但是在司法实践中，技术秘密获取的难易程度也是区分技术秘密侵权和反向工程的标志之一。不付出劳动的反向工程

① 张耕等：《商业秘密法》，厦门大学出版社 2006 年版，第 231 页。

会破坏商业秘密的秘密性。[1]本案中，法院认为技术秘密应当是难以通过对产品的观察、测量、模仿等反向工程取得的信息，而该机械原理却轻易被被告通过国内外的公知技术与反向工程研究取得，实际上正是通过反向工程的轻易程度，倒推出了秘密性要件的不成立，从而认定并不构成技术秘密，也无须反向工程抗辩，即可认定不构成技术秘密侵权。

四、结论

反向工程作为对于商业秘密权利的一项特殊限制，其构成应当建立在商业秘密成立的基础上，并且符合“公开渠道取得”和“技术手段获知”两个要件方能成立。实践中，区分技术秘密侵权与反向工程的界限，往往是通过行为模式、产品来源和获取难度等多个因素进行综合判断。唯有如此，才能够对商业秘密的私权恰当地施加保护，也为鼓励创造的公有领域留下合理空间。

① 张玉瑞：《商业秘密法学》，中国法制出版社1999年版，第97页。

侵犯商业秘密纠纷案件的审查思路及具体判断

——电子工业部某研究所与孙某等侵犯商业秘密纠纷案

/ 葛瑞祺

本案要旨

侵犯商业秘密案件中，应采取“接触 + 相似 – 合法来源 = 侵权”的思路，先考虑被告是否实际接触了原告的商业秘密，双方的商业秘密是否构成实质相同，再考虑被告是否具有其他合法来源。独立开发是商业秘密侵权判断较为常见的抗辩理由。被告以独立开发为由抗辩，应有相应证据证明其独立开发的事实。根据技术开发的规律，即使有相关文献与基本信息支持，开发过程仍很漫长。被告在短时间内即生产出相应技术成果，且无法提供自行研制试验的原始资料，而只提供公知技术资料，可认定为被告并没有独立开发行为，不采信其独立开发的抗辩主张。

案件信息

上诉人（一审被告）：秦皇岛某电源公司、抚宁县某开关厂、抚宁县某镇经济管理委员会

被上诉人（一审原告）：电子工业部某研究所

一审被告：孙某、邵某、鲁某

案号：天津市高级人民法院（1996）高知初字第 1 号、最高人民法院（1997）知终字第 1 号

原被告主张及理由

原告主张：镉镍、氢镍电池制造技术是原告多年来投入大量人力、物力研究开发的国家重点工程和军工配套项目。获经济收入累计达 4000 多万元人民币，已形成社会产值 3 亿多元，该技术是原告的技术秘密。被告孙某、邵

某、鲁某在本所工作期间为获取现金、住房、股份等，私自与被告抚宁县某开关厂、抚宁县某镇经济管理委员会（以下简称抚宁镇经委）达成转让镉镍、氢镍电池制造技术协议，并将上述技术作为股份投资建立秦皇岛某电源公司，该公司利用原告技术秘密生产、经营上述电池，其产品已获新技术产品交易会金奖。被告各方明知镉镍、氢镍电池制造技术为原告技术秘密，未经原告许可，私自转让，已构成对原告技术秘密的侵权，给原告造成了损失。请求法院判令被告立即停止侵权并赔偿损失。

被告孙某抗辩：原告所述"协议"是一个无效且未履行的协议。本人离开原告后，虽仍从事电池生产技术的开发研制工作，但此种开发研制是利用公开可以获得的技术知识编制新的工艺流程及配方，而不是将原告现有的技术搬来使用，所以不构成侵权。

被告邵某抗辩：本人不知原告所述"协议"，本人是学社会科学的，不懂技术，没有能力与条件为秦皇岛某电源公司提供技术，也没有取得任何报酬，没有担任过任何职务，故不构成侵权。

被告鲁某抗辩：对原告所述"协议"并不知情，协议签订后，孙某曾非正式地透露过有关内容，但本人表示反对，故不构成侵权。

被告秦皇岛某电源公司抗辩：被告孙某根本没有履行协议。本公司的技术来自公知技术，来自孙某和本公司技术人员的开发研制，其研制任务还未完成，产品正在试生产阶段，秦皇岛某电源公司获奖产品是用原告方出售的零部件组装的，故不构成侵权。

被告抚宁县某开关厂、抚宁镇经委抗辩：秦皇岛某电源公司是否侵犯原告的技术秘密与该二被告无关，请求驳回原告的诉讼请求。

➲ 法院查明的事实

镉镍电池制造技术是电子工业部某研究所于1965年研究开发出的技术成果。

蒋某培、孙某于1987~1989年在电子工业部某研究所任镉镍电池课题组组长。1990~1994年7月，任氢镍电池课题组组长、高级工程师，并多次在镉镍、氢镍电池研究中获奖。此间，孙某参与了技术攻关工作。

1985年，电子工业部某研究所制定了《保密工作暂行规定》，其中规定的保密范围包括镉镍、氢镍电池制造技术。该规定对该所科研成果的保密问题亦作了详细、具体规定。1991年3月，孙某在电子工业部某研究所制定的内容为“谁主管谁负责，防丢失和泄密”的班组长治安安全工作保证书上签字。1992 年 6 月 23 日，国家科委颁布《“863 计划”保密规定》，其中将“氢镍电池制造技术”列入保密范围。

1993 年 8 月 30 日，孙某（在电子工业部某研究所任职期间）与抚宁县某开关厂、抚宁镇经委签订了关于组建秦皇岛某电源公司的协议。该协议内容如下：甲方抚宁县某开关厂，乙方抚宁镇经委，丙方孙某、邵某、鲁某。甲方投资 170 万元，股份为 32%；乙方投资 170 万元，股份为 32%；丙方为技术股，股份为 36%，其中孙某、邵某股份为 30%，鲁某股份为 6%。甲、乙双方提供场地、厂房及水电配套等设施并负责筹建公司及招工等事宜。丙方负责提供产品的生产技术工艺，提供设备清单，使生产的产品达到国家标准，并指导设备安装、负责产品销售及新产品的开发及研制。协议还约定：孙某为公司董事长，王某仁、周某强为公司副董事长，邵某、鲁某为董事。为引进高科技技术人才，甲、乙双方为孙某、邵某二人提供风险金人民币 20 万元，于协议生效之日一次付清；为孙某、邵某夫妇提供住宅一套。协议签订后，抚宁县某开关厂、抚宁镇经委依据该协议于 1993 年 9 月 9 日为孙某夫妇在河北省抚宁县城关信用社存入人民币 20 万元，并为其提供住房一套。秦皇岛某电源公司于 1995 年 3 月将存款单交于孙某，孙某已用去 5 万元，并于同年 12 月迁入秦皇岛某电源公司提供的住房居住。邵某未使用该住房，亦未动用存款。1995 年 3 月，邵某与孙某离婚。孙某亦依约于 1993 年 8 月 30 日开始参与秦皇岛某电源公司的筹建工作。1993 年 11 月 26 日，秦皇岛某电源公司股东各方制定了该公司股份合作制章程，记载孙某以技术入股占 30%。1994 年 1 月 29 日，秦皇岛某电源公司正式成立。1994 年 6 月 25 日，秦皇岛某电源公司开始试生产镉镍、氢镍电池，孙某进行了技术指导工作，并参与编写秦皇岛某电源公司简介及镉镍、氢镍电池产品说明书。1994 年 10 月 30 日，孙某调离电子工业部某研究所至天津和平海湾置业发展公司工作。1995 年 3 月，孙某调入秦皇岛某电源公司任总工程师，负责秦皇岛某电源公司镉镍、氢镍电池技术工作。在孙某调离电子工业部某研究所时，未按规定将其使用的技术手册全部移交电子工业部某研究所。1995 年 1 月 6 日，秦皇岛某电源公司生产的 AA 型氢镍可充电电池获“95 全国新技术产品交易会”金奖。1995 年 11 月，秦皇岛某电源公司继续生产和销售镉镍、氢镍电池，并作出扩大生产的预算报告。

一审期间，原审法院委托北京有色金属研究总院对秦皇岛某电源公司生产的“抚天牌”镉镍、氢镍电池与电子工业部某研究所生产的“兰天牌”同型号电池进行检测，结论如下：在检测项目中，双方产品除镉镍电池的正极骨架以外，其他项目均相同或基本相同。

一审法院判决理由与裁判结果

一审法院认为，本案争议焦点在于：（1）是否构成技术秘密；（2）各被告是否存在侵犯商业秘密的行为。

镉镍、氢镍电池制造技术是原告研究开发且不为公众所知悉的技术秘密。其中，镉镍电池制造技术是原告研发的军工配套项目，该技术后用于军转民产品，氢镍电池制造技术是原告承担的国家科技重点项目，其性能居国内领先地位，上述技术均已通过设计定型投入生产经营。尤其是氢镍电池技术更具保密价值。上述电池制造技术具有实用价值和竞争优势，能带来较高的经济效益，原告对其采取了相应的保密措施，制定了保密工作规定，孙某在班组长治安安全工作保证书上签字。国家科委亦颁布《“863 计划”保密规定》等。故应认定镉镍、氢镍电池制造技术是受法律保护的技术秘密，任何单位和个人未经权利人许可不得以非法手段获取、披露和使用。

北京有色金属研究总院对原告与秦皇岛某电源公司生产的镉镍、氢镍电池的技术鉴定结果表明，秦皇岛某电源公司生产的氢镍电池与原告生产的该产品属同类型，二者产品技术检测指标相同或相似，二者镉镍电池负极是一致的，证实被告秦皇岛某电源公司通过孙某的传授，使用了原告镉镍、氢镍电池的技术秘密。

被告孙某长期在原告处从事镉镍、氢镍电池研制工作，并担任课题组组长，多次受到单位和国家的嘉奖，表明孙某精通原告镉镍、氢镍电池制造技术。孙某在签订关于组建秦皇岛某电源公司的协议后，于 1993 年 8 月 30 日开始参与秦皇岛某电源公司的筹建工作，并且参与编写秦皇岛某电源公司简介及镉镍、氢镍电池说明书，从事镉镍、氢镍电池生产及研制工作。在孙某的指导下，秦皇岛某电源公司氢镍电池获“95 全国新技术产品交易会”金奖。被告秦皇岛某电源公司辩称其获奖产品为购买原告零件组装而成，因组装电池仅占其生产电池的一部分，同时，组装电池的工艺技术亦属技术秘密，故其获奖产品是否组装，不能作为其使用原告技术秘密的证据，该被告以此作为其未予侵权的抗辩理由不能成立。

在通常的技术开发中，即使有相关文献，懂得某些镉镍、氢镍电池的基本知识，要借鉴和参考已有资料获得实质性的技术成果，仍需经过相当一段时间反复的试验和摸索。本案被告秦皇岛某电源公司、孙某在短时间内即生产出镉镍、氢镍电池，该二被告只提供部分公知技术资料和与燕大共同开发镉镍、氢镍电池正极的协议，没有提供其进行有关研制试验的原始资料，没有证据证实其未使用原告镉镍、氢镍电池技术秘密。

被告抚宁县某开关厂、抚宁镇经委在与原告就上述技术协商转让事宜，因转让费高而未达成协议后，明知原告镉镍、氢镍电池技术具有较高价值，属技术秘密，未通过有偿转让的正当程序，而与孙某私下签订协议，采取物质利益的利诱手段使孙某披露原告技术秘密，且已实施该协议，建立了秦皇岛某电源公司并在该公司占据一定股份，通过该公司获取和使用原告技术秘密。被告孙某明知原告的上述技术为技术秘密，为了获取现金、住房、股份，并且确实得到上述非法利益，私自将原告镉镍、氢镍电池技术秘密传授、披露给秦皇岛某电源公司。被告秦皇岛某电源公司明知原告镉镍、氢镍电池制造技术为原告技术秘密，为了少投入资金而获利，实施了利诱的不正当手段，吸引孙某为其传授该技术秘密，获取并使用原告的技术秘密。该四被告均有过错，给原告造成了损害后果，已构成共同侵犯原告商业秘密的不正当竞争侵权行为，依法应承担相应的法律责任。被告秦皇岛某电源公司、孙某、抚宁县某开关厂、抚宁镇经委应立即停止侵权，并连带赔偿原告的经济损失。

原告诉被告邵某、鲁某侵犯技术秘密，在组建秦皇岛某电源公司的协议中，该二人虽同为签约主体，但邵某、鲁某未参与该协议的制定，孙某代为签字并未取得该二人的授权，事后，二人对此亦未予追认，且无证据证实该二人参与实施该协议，故原告诉被告邵某、鲁某侵犯技术秘密证据不足，法院不予支持。

综上，一审法院判决：一、秦皇岛某电源公司、孙某在本判决生效后，立即停止使用电子工业部某研究所镉镍、氢镍电池技术秘密进行电池产品的生产和销售。二、抚宁县某开关厂、抚宁镇经委在本判决生效后立即停止对电子工业部某研究所商业秘密的侵权行为。三、电子工业部某研究所经济损失共计 908 027.58 元人民币，由秦皇岛某电源公司、抚宁县某开关厂、抚宁镇经委共同承担 608 027.58 元人民币，由孙某承担 30 万元人民币（含其非法获利 150 000 元人民币及利息），该四被告应赔偿数额于本判决生效之日起 30 日内向电子工业部某研究所付清，逾期按延付金额的同期贷款最高利率加倍计付迟延利息。秦皇岛某电源公司、抚宁县某开关厂、抚宁镇经委、孙某承担连带责任。四、秦皇岛某电源公司、孙某对电子工业部某研究所技术秘密负有保密义务，不得擅自扩大知悉范围。五、驳回电子工业部某研究所其他诉讼请求。

上诉主张及理由

上诉人主张：请求撤销原审判决，驳回一审原告的诉讼请求。理由在于：（1）原审法院将镉镍、氢镍电池的全部制造技术均列为被上诉人的商业秘密不当，能够列为上诉人商业秘密的仅是两种电池制造中的某几个技术环节或配方。（2）上诉人并没有实施《反不正当竞争法》第10条所列举的侵犯商业秘密的行为，原审法院依据1993年8月30日上诉人抚宁县某开关厂、抚宁镇经委与孙某签订的协议，即认定上诉人侵犯了被上诉人的商业秘密同样是不恰当的。（3）北京有色金属研究总院的技术鉴定只对上诉人与被上诉人生产的两种电池的常规项目进行了比较，而没有比较其特性。原审法院依据该院所作出的鉴定结论，确认上诉人使用了被上诉人的技术秘密，证据不足。（4）原审法院判决抚宁县某开关厂和抚宁镇经委承担侵权的民事责任，在事实认定和适用法律上均有错误。（5）原审法院确认被上诉人技术转让费收益损失90万元，没有证据。

被上诉人抗辩：一审判决认定事实清楚，证据确凿，适用法律正确，应予维持。

二审法院判决理由与裁判结果

二审法院认为，本案争议焦点在于：（1）各被告是否存在侵犯商业秘密的行为；（2）赔偿依据是否恰当。

以机械连续刮浆负极工艺为主要内容的镉镍、氢镍电池制造技术是电子工业部某研究所自行研究开发的技术成果，属电子工业部某研究所的技术秘密，应依法予以保护。上诉人抚宁县某开关厂、抚宁镇经委在与电子工业部某研究所洽谈转让该技术未成后，却采用提供风险金、住房、技术入股等物质利诱手段，与孙某私下签订组建秦皇岛某电源公司的协议，获取孙某向该公司披露的电子工业部某研究所的技术秘密。上述风险金、住房已由抚宁县某开关厂、抚宁镇经委和后来成立的秦皇岛某电源公司实际提供给孙某，孙某在公司中所占有的技术股份亦在该公司的成立章程中得到确认。抚宁县某开关厂、抚宁镇经委的上述行为，显然属于引诱他人披露商业秘密的不正当竞争行为。孙某明知其掌握的该项技术属于电子工业部某研究所的技术秘密，但在抚宁县某开关厂、抚宁镇经委的物质利诱下，却违反法律规定，擅自向秦皇岛某电源公司披露、使用，已构成对电子工业部某研究所技术秘密的侵害。对此，有孙某指导秦皇岛某电源公司生产镉镍、氢镍电池的大量事实为证，且原审法院委托鉴定的检测结果也证实孙某确实将电子工业部某研究所的技术秘密披露给了秦皇岛某电源公司。秦皇岛某电源公司明知孙某个人无权将电子工业部某研究所的该项技术秘密投资入股，但却通过接受入股等不正当手段获取并使用该项技术，生产、销售镉镍、氢镍电池产品，给电子工业部某研究所造成了一定经济损失。因此，抚宁县某开关厂、抚宁镇经委、秦皇岛某电源公司与孙某具有共同的侵权故意，实施了共同的侵权行为，原审法院认定三上诉人与孙某构成共同侵权并判决承担共同侵权的民事责任，并无不当。三上诉人所提原审法院确定技术秘密范围不当、其未实施侵犯电子工业部某研究所商业秘密的行为等上诉理由，均不能抗辩其已通过引诱孙某披露并获取、使用电子工业部某研究所以机械连续刮浆负极工艺为主要内容的镉镍、氢镍电池制造技术的事实，故不予采信。

至于对电子工业部某研究所经济损失的赔偿，原审法院以该项技术秘密的一般转让费为标准，综合考虑本案具体情况，确定三上诉人及孙某对电子工业部某研究所的应赔偿数额，亦属合理，并无不当。

综上，二审法院判决：驳回上诉，维持原判。

案例解析

随着侵犯商业秘密纠纷案件的频发，司法实践中，法院对这一类案件的审理与裁判逐渐形成了一些裁判法理。《江苏省高级人民法院侵犯商业秘密纠纷案件审理指南》(以下简称《江苏高院商业秘密案件审理指南》) 将这一规律落实到了文字上，明确描述了侵犯商业秘密纠纷案件一般应遵循逐段审理的思路。第一步：对原告是否有权就该商业信息主张权利、该商业信息是否符合商业秘密构成要件以及被告的抗辩理由进行审查和认定；第二步：在商业秘密成立且原告有权主张权利的前提下，对被告是否实施了侵权行为进行审查和认定；第三步：在被告构成侵权的情况下，对被告应承担的民事责任进行审查和认定。其中，第二步中对侵权行为的认定通常采用“接触 + 实质性相似 - 合法来源”的原则。这一原则是审查是否构成侵权的关键，下文对该原则及其具体判断思路进行探讨。

一、侵犯商业秘密纠纷案件的审查思路

(一) 关于“接触 + 相似 - 合法来源 = 侵权”原则的诞生背景

案件审理裁判的思路是总结实践的结果，某种思路的适用并不具有排他性，往往需要综合各种方法得出最终结论。就知识产权领域而言，认定被控

行为是否侵权是核心问题。在比较法上主要有两种认定侵权的方法，即“三段论”侵权认定法以及复制与非法挪用或实质相似的“两步法”[①]。其中，两步法是指首先确定被告是否复制了原告的作品，也就是是否存在接触与相似的基本判断，其次判断这种复制是否已经达到除了“非法挪用”这一原因并无理由达到这样相似的程度，即是否存在实质性相似。

这两种判断方法存在明显的英美法系色彩，本质上是一种判断思路，更多细致具体的方法是法官自由裁量的范围，是法官的自由思考确定的领域，而在我国实践中则需要更加具体的方法进行判断。因此，我国对域外经验进行了方法上的融合，从而形成了“接触＋实质性相似”的基础思路。而这一思路因产生于著作权侵权案件中故首先在著作权领域中广泛适用，而后因知识产权案件的共通性被普遍应用于商业秘密纠纷案件之中。

除了理论渊源外，“接触＋实质性相似”原则在法理上也得到了支持。有学者认为，不当获取或者使用他人商业秘密，是对知识产权中公众知情权的滥用；而与他人商业秘密构成实质性相似或相同，有悖知识产权法激励创新、积累社会共同财富的宗旨。[②]笔者颇为赞同。知识产权制度具有保护私益与公益的双重属性，“接触＋实质性相似”原则适用于个案中对侵权行为的判断，有利于保护权利人的知识产权；利用该制度能够对权利人、使用人与公众的社会关系进行重新定位，以鼓励个体创造更多的智力成果。

“接触＋实质性相似＝侵权”的思路被不断适用，在适用中不断完善，还存在现实的因素。比如，20世纪末，我国司法解释和国务院部门规章确定的规则存在一定矛盾，而商业秘密侵权案件又具有侵权手段上的特殊性。因此，1995年公布施行的《国家工商行政管理局关于禁止侵犯商业秘密行为的若干规定》第5条第3款规定，“权利人能证明被申请人所使用的信息与自己的商业秘密具有一致性或者相同性，同时能证明被申请人有获取其商业秘密的条件，而被申请人不能提供或者拒不提供其所使用的信息是合法获得或者使用的证据的，工商行政管理机关可以根据有关证据，认定被申请人有侵权行为”，这一描述包含了“相同性”“获取”“合法获得”的元素，可以被视为“接触＋实质性相似－合法来源”原则的雏形。

（二）“接触＋相似－合法来源＝侵权”原则的基本含义

《江苏高院商业秘密案件审理指南》中指出，“实质性相同加接触”原则

① 孟祥娟：《版权侵权认定与法律救济》，中国社会科学院2000年博士学位论文。

② 吴汉东：《试论“实质性相似＋接触”的侵权认定规则》，载《法学》2015年第8期。

的基本内容是：原告如果证明了被告使用的商业信息与原告商业秘密相同或实质性相同，且被告接触了商业秘密，则由被告对其获得该信息的正当性进行举证，若被告不能举证，则推定其构成侵权。《反不正当竞争法》第32条也对此进行了说明。由此可知，上述条文是对举证责任再分配的结果。鉴于侵权行为的隐秘性，权利人难以对侵权行为进行证明，法院也无须对被控侵权行为具体的呈现方式等事实进行认定。然而，如果原告能够证明涉案信息与己方商业秘密构成实质性相似，且被告有获取原告商业秘密的特定条件与高度可能，那么虽然被告仍有可能通过合法渠道获知该商业秘密，被认定为侵权不够充分，但是已经达到了让法官充分怀疑的程度，此时举证责任应转移给被告，由其解释其信息与原告商业秘密实质性相似或相同的理由。被告抗辩理由主要包括自行开发研制、反向工程、个人信赖、合法转让等合法行为取得该商业秘密。如果被告的理由无法说服法官，那么可以反推被告的侵权行为是存在的，是成立的。[①]

实践中“接触”的行为表现具有多样性，难以通过成文法进行列举说明，但也有学者认为“接触”的判定存在细化的必要性。而针对“实质性相似”的判断，则存在一定的标准。《最高人民法院关于审理侵犯商业秘密民事案件适用法律若干问题的规定》（以下简称《审理侵犯商业秘密民事案件适用法律规定》）细化了对“实质性相似”的界定。第13条第1款规定：“被诉侵权信息与商业秘密不存在实质性区别的，人民法院可以认定被诉侵权信息与商业秘密构成反不正当竞争法第三十二条第二款所称的实质上相同。”第2款对“实质性相同”的考量因素作了列举式的描述：“人民法院认定是否构成前款所称的实质上相同，可以考虑下列因素：（一）被诉侵权信息与商业秘密的异同程度；（二）所属领域的相关人员在被诉侵权行为发生时是否容易想到被诉侵权信息与商业秘密的区别；（三）被诉侵权信息与商业秘密的用途、使用方式、目的、效果等是否具有实质性差异；（四）公有领域中与商业秘密相关信息的情况；（五）需要考虑的其他因素。”

（三）关于“接触+相似－合法来源=侵权”原则的实践运用

“接触+相似－合法来源=侵权”原则在商业秘密侵权案件中得到了广泛的适用。在广西某进出口集团公司与萧某等侵犯商业秘密纠纷一案中，法院认为，“只要权利人能证明对方所使用的信息与自己的商业秘密具有一致性或者相同性，同时能证明对方有获取其商业秘密的条件，举证责任就应转移给对方。如果对方不能举证证明其所使用的信息是合法获得或者使用的，则视为举

① 汤茂仁：《商业秘密民事法律保护研究》，南京师范大学2013年博士学位论文。

证不能，推定其实施了侵权行为”。[①] 该案中，原告所举证据22证明包装公司、诚某公司与某公司客户进行了重晶石粉贸易，其中萧某是被告方的经办人，这就足以证明三被告所使用的信息与原告的商业秘密即某公司客户名单具有相当程度的相同性。萧某曾多次作为代表进行贸易，证明包装公司在萧某提出辞职申请期间即有条件通过萧某与其联系而获取原告关于某公司客户名单信息的经营秘密。此时，举证责任转移给包装公司。包装公司关于某公司客户是他处结识的主张未提供原件证据。因此，“接触＋实质性相似－合法来源”的条件成立，被告的行为构成侵犯原告商业秘密。

一般情况下，因为接触的直接证据难以获取，如实践中往往难以获得被控侵权人直接携带秘密信息的录像，所以接触并不要求实质的接触，而只要求有接触的可能。有学者梳理实践中“接触”的常见类型，总结为以下两种：一是员工原本从事相关事务，对于员工而言即存在接触的可能；二是从事相关事务的员工离职后加入了新公司，那么新公司就被认为具有了接触商业秘密的机会。[②]

二、排除合法来源

“接触＋相似－合法来源＝侵权”原则中还有最后一环，即关于合法来源的判断。本案对此有一定的争议，因此对其独立说明。从《江苏高院商业秘密案件审理指南》以及实务案件中可以发现被告常用的几个抗辩理由，包括自行开发研制、反向工程、个人信赖以及合法转让等。

对于自行开发研制的抗辩理由。《江苏高院商业秘密案件审理指南》认为，“被告主张其使用的技术信息或经营信息系其自行开发形成。对此，被告需提供充足证据予以证明。”由于举证难度相对较大，实践中被告抗辩成功的案例相对较少。对于商业秘密这样一项权益而言，权利人的权利边界在于禁止他人通过不正当手段获取或使用商业秘密，以保证权利人可以发挥商业秘密的价值；但是，这并不代表商业秘密的存在必须保持唯一性，也不能禁止他人通过独立开发研制的手段获取或使用与商业秘密实质性相似或相同的信息。因为知识产权制度设立的目的在于激发与鼓励创造性智力成果的出现，自行开发研制的行为与设立目的是相呼应的，符合规范意旨。因此，独立研发行为本身并非不正当获取商业秘密的侵权行为，即便研发的结果与他人的商业秘密是相同的，独立研发人对其独立智力成果的使用也并非不正当使用他人商业秘密的侵

① 参见广西壮族自治区南宁市中级人民法院（2003）南市民三初字第55号民事判决书。

② 冯蜜：《商业秘密侵权诉讼中的证明责任问题研究》，复旦大学2010年硕士学位论文。

权行为。另外，如果独立研发人的成果满足商业秘密的构成条件，其甚至可以成为其研发成果的商业秘密权利人。这与和其研发成果相同或实质性相似的商业秘密权利人的权利是不冲突的。当然，当代社会信息传递的渠道是十分丰富的，而通常情况下的开发过程十分漫长，正如《江苏高院商业秘密案件审理指南》所言，被告证明其开发行为的独立性的难度很大，显然实践中成功的可能性也比较小。在姚某东等与广州某科技开发有限公司侵犯商业秘密纠纷一案[①]中，被告将具有《著作权登记证书》以及开发文档和源代码光盘作为独立开发的证据。法院认为证据不够具有说服力，被告对其独立自行研发的事实证明不够充分。因此，认定被告自行开发研制的抗辩理由不成立。

对于反向工程的抗辩理由。《江苏高院商业秘密案件审理指南》认为，反向工程的抗辩是指被告抗辩其是通过技术手段对从公开渠道取得的产品进行拆卸、测绘、分析而获得该产品的有关技术信息。《审理侵犯商业秘密民事案件适用法律规定》第 14 条第 2 款再次对此进行了确认。有学者认为，反向工程抗辩的正当性基础在于："（1）智力成果与生俱来地具有'公共产品'的属性；（2）反向工程有利于促进社会公共利益。"[②]笔者认为，正当性还体现在反向工程是个体对公开信息的捕捉，对公共信息的利用。实践中，对反向工程判断的关键主要在于其利用的信息是否属于公知信息。若反向工程实施过程中所依据的信息属于不为公众所知悉的信息，那么反向工程的抗辩是不成立的。

对于个人信赖的抗辩理由。《江苏高院商业秘密案件审理指南》将其总结为侵犯客户信息纠纷中被告可能采取的一种抗辩。这一抗辩的规范依据在于《审理侵犯商业秘密民事案件适用法律规定》第 2 条第 2 款。该款规定："客户基于对职工个人的信赖而与职工所在单位进行市场交易，该职工离职后，能够证明客户自愿选择与自己或者其新单位进行市场交易的，应当认定没有采用不正当手段，但职工与原单位另有约定的除外。"由此可知，个人信赖可以抗辩成功的理由在于，员工获得交易机会的原因不是在于其掌握了原来的经营信息，而是由于其个人能力强劲使得客户与其建立了深厚的信赖关系。并且，个人信赖在实践中的适用也有着比较苛刻的条件，需要区别于原单位是否提供便利条件等诸多情况。另外，被告具有合法来源的抗辩理由还有很多，比如面对国家利益时的强制许可[③]，但是这些抗辩成功可能性较低，且在实践中并不常见。

---

① 参见湖南省高级人民法院（2005）湘高法民三终字第 6 号民事判决书。

② 汤茂仁：《商业秘密民事法律保护研究》，南京师范大学 2013 年博士学位论文。

③ 汤茂仁：《商业秘密民事法律保护研究》，南京师范大学 2013 年博士学位论文。

三、结论

在侵犯商业秘密案件中，应采取“接触 + 相似 – 合法来源 = 侵权”的实践思路，即首先看被告是否实际接触了原告的商业秘密，双方的商业秘密是否构成实质相同，再考虑被告是否具有其他合法来源。本案中，第一，北京有色金属研究总院对原告与秦皇岛某电源公司生产镉镍、氢镍电池的技术鉴定结果表明，秦皇岛某电源公司生产的氢镍电池与原告生产的该产品属同类型，两者产品技术检测指标相同或相似，二者镉镍电池负极是一致的。并且二者的用途、使用方式、目的、效果等也并无实质差异，由此认为被控侵权产品与原告产品具有实质性相似。第二，被告孙某长期在原告处从事镉镍、氢镍电池研制工作，并担任课题组组长，多次受到单位和国家的嘉奖，表明孙某精通原告镉镍、氢镍电池制造技术。孙某在签订关于组建秦皇岛某电源公司的协议后，于1993年8月30日开始参与秦皇岛某电源公司的筹建工作，并且参与编写秦皇岛某电源公司简介及镉镍、氢镍电池说明书，从事镉镍、氢镍电池生产及研制工作。在孙某的指导下，秦皇岛某电源公司氢镍电池获“95全国新技术产品交易会”金奖。以上证据可以证明其有接触商业秘密的高度可能。第三，被告虽然试图以独立研发为由抗辩，但是无法证明其自行开发研制的事实。在通常的技术开发过程中，即使有相关在先文献，懂得某些镉镍、氢镍电池的基本知识，要借鉴和参考已有的公共资料获得实质性的技术成果，仍需经过相当一段时间反复的试验和摸索。但是，本案被告秦皇岛某电源公司、孙某通过公知信息即在短时间内生产出镉镍、氢镍电池，并且该二被告只提供了部分公知技术资料和与燕大共同开发镉镍、氢镍电池正极的协议，并没有提供其进行有关研制试验的原始资料，对于其独立开发、研制的行为证明不够充分。因此，抗辩不成立。

商业秘密案件中对判令停止侵权的考量因素

——上海某玻璃有限公司等与某玻璃工业股份有限公司等侵犯商业秘密纠纷案

/ 葛瑞祺

➲ 本案要旨

当原告提出停止侵权的诉求时，不应简单就是否停止这一动作进行判断，而应根据公平合理原则等在平衡社会公益资源的同时对停止行为前后效果作出综合判断。如果包含系争技术秘密的产品规模较大，同时涵盖许多其他公知技术以及部分自己改进的技术，并且该公知内容与非公知内容具有一定不可分割性与不易更改性，或者非公知技术在整个产品中所占的技术比例较低，则不能简单判令停止整个产品的生产运作，而应将公知技术以及被告改进技术排除。另外，有证据证明被告有机会接触到系争技术秘密，且系争技术与原同类技术相似，而使用秘密者无法证明该技术具有合法来源时，可由此推定被告泄露了原技术信息。

➲ 案件信息

上诉人（一审被告）：上海某玻璃有限公司、徐某

被上诉人（一审原告）：某玻璃工业股份有限公司、某压花玻璃有限公司

一审被告：王某

案号：上海市第二中级人民法院（1998）沪二中知初字第90号、上海市高级人民法院（2001）沪高知终字第39号

➲ 原被告主张及理由

原告主张：被告徐某受某玻璃工业股份有限公司（以下简称某玻璃工业公司）委托，分别担任某压花玻璃有限公司（以下简称压花公司）第二生产线

筹建处主任及第三生产线筹建处副组长等职务。1996年，徐某退休，但其将从原告处窃取的技术资料及设计图纸提供给被告上海某玻璃有限公司，被告上海某玻璃有限公司于1997年8月建成了与原告技术秘密相同的压花窑炉生产线。被告王某原是原告压花公司的职工，在未与压花公司解除合同的情况下，即投向被告上海某玻璃有限公司，违反原告的保密约定。由于被告徐某、王某泄露了原告的技术信息与经营信息，被告上海某玻璃有限公司使用了从该两被告处获取的商业秘密，三被告的行为构成了对原告商业秘密的侵权。遂请求法院判令三被告立即停止侵权，公开赔礼道歉，赔偿两原告经济损失人民币260万元、用于本案的调查费和律师费人民币6万元并承担本案诉讼费。

被告抗辩：原告诉状中涉及的系争窑炉技术系由某玻璃工业公司美国销售公司转让给压花公司，因此，原告不具有诉讼主体资格。压花公司没有直接证据证明徐某窃取其图纸，徐某仅负责原告单位的行政管理工作，不涉及技术，故不存在侵权之说。被告王某是从压花公司离职后才到上海某玻璃有限公司的，且到上海某玻璃有限公司之时，上海某玻璃有限公司的1号窑炉已竣工，因此，王某不存在对原告商业秘密的侵权。此外，上海某玻璃有限公司使用的技术是公知技术，不构成对原告的侵权，为此，三被告请求法院驳回原告的诉讼请求。

一审法院查明的事实

原告压花公司系由Q–Z玻璃厂和某玻璃工业公司美国销售公司于1993年5月27日合资成立，双方于1993年5月10日签订了合资经营合同。同日，双方还签订了技术转让和服务合同（内容为该合同附件E所示的公司窑炉设计图纸及工艺设计）。

根据上述协议的履行，原告压花公司由此获得了由某玻璃工业公司提供的池窑及退火窑结构的技术秘密。1993年8月20日，被告徐某与原告某玻璃工业公司签订员工协助建厂切结书，该切结书中载明徐某同意将在本公司及出国研习所得技术，除依公司指示传授予协助建厂公司指定之员工外，不泄露予其他第三者或对他人提供服务，如有违反，愿意赔偿公司因此所受之损失，并承诺协助建厂返回后如三年内离职，愿在三年内不在同业之玻璃工厂就职或承包工作。1994年1月18日，原告压花公司以公告形式任命徐某为压花公司代总经理，兼筹建处主任，并于当日生效。1996年，徐某离开了压花公司，并自某玻璃工业公司离职。1996年，被告徐某离开原告压花公司后，到被告上海某玻璃有限公司任职。被告上海某玻璃有限公司系由上海某经济发展公司与香港某国际开发控股有限公司于 1995 年 12 月 12 日合作成立。1996 年，被告上海某玻璃有限公司开始筹建 1 号池窑及退火窑。1997 年 5 月 1 日，上海某玻璃有限公司完成了 1 号池窑与退火窑的建造。庭审中，被告上海某玻璃有限公司陈述，其建造的 1 号窑炉是根据台湾某玻璃制造厂股份有限公司的图纸，请上海的 SYP 技术部主任林某设计，但未提供原始的设计图纸及相应证据。

被告王某于 1994 年 4 月 11 日被原告压花公司聘用，并向压花公司签署了接受该公司有关聘用的规章制度的志愿书，其中包括对有关公司机密的保密条款。同日，被告王某与青岛某玻璃公司签订了切结书，该切结书涉及的技术是有关平板玻璃的制造技术。1997 年 3 月，被告王某自动离职。1997 年 9 月 16 日，王某与被告上海某玻璃有限公司签订了劳务合同，王某被聘为上海某玻璃有限公司的制造部门课长。现王某仍为被告上海某玻璃有限公司的员工。审理中，原告向法院提供了胶南市公安局对有关涉案人易某（原青岛某玻璃公司职工）的讯问笔录三份，易某在该三份讯问笔录中交代，其在与徐某的交往中，曾将有关压花公司的技术和经营信息告知过徐某，但具体的技术资料和经营信息内容，易某未作具体陈述，原告也未作进一步举证。在审理期间，上海市科委接受法院委托后，于 2000 年 3 月 15 日出具了书面鉴定意见，结论如下：某玻璃工业公司的池窑及退火窑在其结构特点与尺寸指标等方面具有不为公众知悉的内容。上海某玻璃有限公司在 1997 年建造 1 号压花玻璃池窑和退火窑时采用了压花公司的部分图纸，上海某玻璃有限公司与压花公司窑炉的基本结构型式、尺寸、材质和附属设备基本相似。同时，该鉴定报告也确认，上海某玻璃有限公司运用自身的技术力量，在池窑的尺寸指标、耐火材料的选用和操作控制上作了一些改进，使上海某玻璃有限公司压花池窑的主要技术经济指标优于压花公司。

一审法院判决理由与裁判结果

一审法院认为，本案争议焦点在于：（1）两原告主张的池窑及退火窑结构的技术信息是否为公众所知悉；（2）两原告主张的经营信息是否成立；（3）上海某玻璃有限公司所使用的池窑及退火窑结构的技术是否与两原告相同或近似；（4）原告某玻璃工业公司是否具有诉讼主体资格；（5）被告徐某、王某是否泄露了两原告所主张的池窑及退火窑技术信息；（6）两原告对三被告主张赔偿损失是否具有法律依据。

第一，两原告主张的池窑及退火窑结构的技术信息是否为公众所知悉。

从本案原告提供的证据看，原告压花公司通过技术转让的形式从某玻璃工业公司获得了使用池窑及退火窑技术信息的许可，该技术信息中虽然反映出原告提出池窑的四个结构特点（双段蓄热室、强制排烟、换向机构、喷枪位置）属于公知内容，但原告的池窑上所涉及的三段式压低型窑碹、单侧小加料口、加料口平碹套、包铁全封闭两段式隔开的蓄热室、小孔风冷式蓄热室中间隔墙等以及窑炉尺寸、砖形等方面具有多数相关技术人员并不知悉的内容。因此，该技术信息能为两原告取得同行业中的竞争优势，具有一定的新颖性。两原告将上述技术信息用于生产并投入市场，能够取得一定的经济利益，也具备了实用性和价值性。与此同时，两原告为上述技术信息与其员工都签订了相应的保密条款，采取了合理的保密措施。综合上述因素，两原告池窑及退火窑在其结构特点与尺寸指标等方面的技术信息符合我国《反不正当竞争法》规定的商业秘密条件，应认定为两原告的技术秘密。

第二，两原告主张的经营信息是否成立。

经营信息是技术信息以外的能够为权利人带来竞争优势的用于经营的各类信息，如管理诀窍、客户名单、货源情报、产销策略、招投标中的标底及标书内容等，两原告对其拥有的经营信息没有确定的内容，也未提供相关证据，因此，对两原告请求保护经营信息的主张法院不予支持。

第三，上海某玻璃有限公司所使用的池窑及退火窑结构的技术是否与两原告相同或近似。

上海市科委的鉴定报告显示，上海某玻璃有限公司在 1997 年建造 1 号压花玻璃池窑和退火窑时，采用了压花公司的部分图纸，上海某玻璃有限公司与压花公司窑炉的基本结构型式、尺寸、材质和附属设备基本相似。同时，该鉴定报告也确认，上海某玻璃有限公司运用自身的技术力量，在池窑的尺寸指标、耐火材料的选用和操作控制上作了一些改进，使上海某玻璃有限公司压花池窑的主要技术经济指标优于压花公司。被告上海某玻璃有限公司辩称，其建造的 1 号窑炉是根据台湾某玻璃制造厂股份有限公司的图纸，请上海的 SYP 技术部主任林某设计，但其未提供原始的设计图纸及相应证据。因此，该辩称没有相应证据支撑，法院不予采信。

第四，原告某玻璃工业公司是否具有权利主体资格问题。

首先，从本案原告提供的技术转让和服务合同约定的内容看，尽管合同约定的技术许可人是某玻璃工业公司美国销售公司，但该许可人与被许可人压花公司在合同中均确认技术拥有人是某玻璃工业公司；其次，从上述合同的履行情况看，与本案系争技术信息有关的价值20万美元的技术资料是以某玻璃工业公司交付的形式履行；最后，从某玻璃工业公司、某玻璃工业公司美国销售公司和压花公司相互间对本案系争的技术信息源于某玻璃工业公司所确认的事实看，可以认定本案压花公司的技术信息源于某玻璃工业公司，某玻璃工业公司是该技术信息的原始权利人，压花公司通过合同受让的形式取得了该技术信息的使用权。因此，某玻璃工业公司享有本案系争技术信息的权利主体资格。

第五，被告徐某、王某是否泄露了两原告所主张的池窑及退火窑结构的技术信息。

法院认为，被告徐某曾在某玻璃工业公司工作，并与某玻璃工业公司签订了协助建厂切结书。与此同时，徐某还被任命为压花公司的代总经理，兼筹建处主任。徐某在两原告单位工作期间，因其职务的便利，有机会接触到两原告的上述技术信息，且本案原告提供的胶南市公安局对涉案人易某的讯问笔录中也证实徐某利用不正当手段套取了两原告的技术信息。分析上述情况，法院认为可以认定被告徐某获取了两原告的技术信息。因徐某从某玻璃工业公司离职后不久，到被告上海某玻璃有限公司工作，此时，上海某玻璃有限公司正在筹建1号窑炉。在两原告已经提供证据证明其窑池及退火窑结构特点构成技术秘密，且被告徐某有机会接触到这些技术秘密的情况下，结合本案鉴定结论已认定上海某玻璃有限公司的池窑及退火窑与原告同类技术相似，而上海某玻璃有限公司未能证明其使用该技术的合法来源，可以推定徐某泄露了两原告的上述技术信息。被告徐某辩称，其仅负责原告的行政管理工作，不涉及技术，故不存在泄露技术问题。该辩称没有相应证据支撑，也不符合其工作实际，法院不予支持。

至于被告王某，尽管其在压花公司工作时也有机会接触涉案技术信息，但其在离开压花公司到上海某玻璃有限公司工作之时，上海某玻璃有限公司的1号窑炉已建造完工，因此，从本案现有证据看，无法认定王某泄露了两原告的技术信息。两原告指控王某泄露其技术信息，无相应证据证明，法院不予支持。

第六，两原告对三被告主张赔偿损失是否具有法律依据。

关于两原告将所支付的20万美元技术转让费和预测被告获利100万元相加要求三被告赔偿260万元，以及要求三被告支付用于本案诉讼的调查费和律师费人民币6万元的诉讼请求。法院认为，原告压花公司提供的合营合同、技术转让和服务合同以及上述合同的履行，不能直接反映本案确认的上述技术秘密的价值是20万美元，原告压花公司提供的验资报告中仅确认某玻璃工业公司按合营合同、技术转让和服务合同约定投入图纸工艺设计等资料计价值20万美元，但该20万美元与法院确认的上述技术秘密没有直接的对等关系，因此，对两原告提出的20万美元的赔偿依据法院不能完全支持。两原告提出上海某玻璃有限公司获利100万元，因无相应证据证明，法院不予支持。原告压花公司提出用于本案的调查费和律师费共计6万元，法院认为，根据我国《反不正当竞争法》的有关规定，侵权人应承担被侵害的经营者因调查经营者侵害其合法权益的不正当竞争行为所支付的合理费用。因此，根据上述法律规定，法院将根据合理必要的原则，结合相关的收费标准，对原告压花公司提出的该部分赔偿酌情予以认定。

综上所述，两原告的技术秘密应受法律保护。被告徐某有机会接触到两原告的上述技术秘密，且本案鉴定结论已认定上海某玻璃有限公司的池窑及退火窑结构与压花公司的同类技术相似，在上海某玻璃有限公司未对该技术具有合法来源进行举证的前提下，法院推定被告徐某和上海某玻璃有限公司共同侵犯了两原告的上述技术秘密，应依法承担相应的侵权责任。由于本案系争的技术秘密是窑炉制造中体现的不为公众所知悉的内容，而被告制造的窑炉中还包含了许多公知技术以及被告自己改进的技术，且上述公知与非公知内容在窑炉建成以后具有不可分割性，以及非公知技术在整个窑炉的建造中所占的技术比例较低，因此，对两原告提出停止侵权的请求，不能简单判令被告停止整个窑炉的生产运作，而应既考虑排除公知技术以及被告自己拥有技术的一面，又要根据平衡社会公益资源及公平合理的原则，对被告使用两原告技术秘密的部分可以不判令停止使用，而采用适当补偿许可费的原则进行弥补。对两原告提出的由被告赔偿经济损失以及支付因诉讼而支出的合理费用的诉讼请求，法院将根据本案的客观情况、两原告所享有技术秘密的技术含量、被告徐某披露及被告上海某玻璃有限公司使用涉案技术秘密的时间和程度、两原告已投入及用于诉讼的合理费用，结合被告上海某玻璃有限公司继续使用上述技术秘密所应给予两原告的适当补偿等因素综合确定相应数额。因被告徐某与上海某玻璃有限公司具有共同侵权行为，因此，两被告除各自承担相应责任外，应对其共同行为承担连带赔偿责任。

因此，一审法院判决：一、自本判决生效之日起至原告某玻璃工业公司、压花公司所享有的池窑及退火窑结构的技术秘密成为公知信息之时，被告上海某玻璃有限公司、徐某对上述技术秘密负有保密义务，不得擅自披露或允许他人使用其所掌握的上述技术秘密；二、被告上海某玻璃有限公司、徐某于本判决生效之日起三十日内在《科技日报》上公开向原告某玻璃工业公司、压花公司赔礼道歉（内容须经法院审核）；三、被告上海某玻璃有限公司、徐某于本判决生效之日起十日内分别赔偿原告某玻璃工业公司、压花公司经济损失人民币25万元、5万元，并相互承担连带赔偿责任；四、原告某玻璃工业公司、压花公司的其他诉讼请求不予支持。本案受理费人民币23 310元，由两原告共同负担10 341元，被告上海某玻璃有限公司负担10 808元，被告徐某负担2161元。鉴定费人民币15 000元，由被告上海某玻璃有限公司、徐某共同负担。

➲ 上诉主张及理由

上诉人上海某玻璃有限公司、徐某主张：请求二审法院撤销原判或依法改判，驳回被上诉人原审诉请。理由在于：（1）原审法院认定的被上诉人的技术秘密有误，本案系争技术不属于商业秘密。（2）原审法院前后认定缺乏依据，也不符合法律规定。技术鉴定错误划分公知技术与非公知技术的比例，30万元赔偿没有依据。（3）原审法院以上海某玻璃有限公司未提供技术来源推断上海某玻璃有限公司和徐某有侵权行为，既无任何证据，又与事实完全不符。上海某玻璃有限公司技术源于台湾某玻璃制造厂股份有限公司，而窑炉图纸设计则是依据该公司技术人员及其提供的有关资料，聘请上海SYP技术部主任林某自行设计。（4）原审法院认定徐某侵权，既无事实证据又无法律依据。

被上诉人某玻璃工业公司、压花公司抗辩：一审判决认定的事实基本正确，适用法律并无不当，应当维持原判，驳回上诉人的上诉。

➲ 二审法院判决理由与裁判结果

二审法院认为，本案争议焦点在于：（1）系争技术是否属于商业秘密；（2）上海某玻璃有限公司和徐某是否实施了商业秘密侵权行为；（3）一审裁判赔偿依据是否有误。

被上诉人的池窑及退火窑在其结构特点与尺寸指标等方面具有不为公众知悉的内容，且被上诉人采取了必要保密措施。上诉人现提出被上诉人的玻璃池窑是公知技术，但上诉人在诉讼中提供的《玻璃制造手册》中的示意图并不能证明被上诉人的玻璃池窑是公知技术，因此，上诉人这一理由，法院不予支持。

被上诉人的技术既包含公知部分，也包含非公知部分，被上诉人可以请求人民法院依照我国《反不正当竞争法》的有关规定，对其技术的非公知部分即未披露的技术信息进行保护，上诉人现认为原审法院没有划清系争技术公知部分与非公知部分的比例，其观点明显与事实和法律不符，法院难以支持。

上诉人徐某曾在两被上诉人处工作，有机会接触被上诉人的商业秘密，之后又到上诉人上海某玻璃有限公司处任职。被上诉人现能证明上诉人上海某玻璃有限公司所使用的信息与自己的商业秘密具有一致性或者相同性，同时能证明上诉人有获取其商业秘密的条件。而上诉人在二审期间提供的新证据，仍不能证明其所使用的信息是合法获得，因此原审法院推定上诉人徐某向上诉人上海某玻璃有限公司泄露被上诉人的商业秘密是正确的，所以上诉人现辩称其技术源于台湾某玻璃制造厂股份有限公司，其窑炉图纸则是依据台湾某玻璃制造厂股份有限公司技术人员提供的有关资料，聘请林某自行设计的理由，法院难以采信。

原审法院在被上诉人的实际损失和上诉人的侵权获利难以计算的情况下，根据两上诉人的侵权时间、范围、侵权手段和情节等因素，酌情确定上诉人上海某玻璃有限公司及徐某的赔偿数额亦并无不当，上诉人现主张原审法院确定赔偿数额为人民币 30 万元没有依据的理由不能成立。

综上所述，原审法院认定事实清楚，适用法律正确，审判程序合法。

因此，二审法院判决：驳回上诉，维持原判。

案例解析

停止侵权为承担民事责任的方式之一。知识产权领域内，我国《商标法》与《著作权法》中明确规定了有关“停止侵权”的责任表现，虽然商业秘密领域并没有成文法的直接描述，但是《民法典》中关于“停止侵权”的责任承担方式的条文可以适用。在商业秘密案件中，并非所有情形均适用“停止侵权”的民事责任承担方式。下面笔者将围绕商业秘密案件中对判决停止侵权的考量因素进行全面解析。

一、基于原告的诉讼请求

基于原告的诉讼请求是判令停止侵权考量的前提。一般情况下，受不告不理原则与当事人处分原则的约束，法院要判令被告承担停止侵权的民事责任，前提条件是原告提出了“停止侵权”的合理诉求，这是法院得以审理和判决的基础。一般来说，停止侵权的适用应当依据原告的诉请，换言之，法院应当被动地在原告诉请范围以内进行裁判，不能超出这一范围，但可以依法对原告的诉请作出具体的改变。无论是原告提出停止侵权的诉讼请求，还是被告针对原告的诉请提出侵权不停止使用的请求，法院在是否停止使用的裁判上都处于被动地位，在具体裁量上是受到原告诉请限制的。

本案中，原告压花公司相关主张为“请求法院判令三被告立即停止侵权”。而从原告主张的事实与理由来看，原告认为，被告上海某玻璃有限公司依据被告徐某从原告处窃取的有关池窑及退火窑结构的技术资料及设计图纸建成了与原告技术秘密相同的压花窑炉生产线。而这一行为属于不正当使用他人商业秘密的侵权行为，应当立即停止。法院受限于原告的诉讼请求，应对是否停止压花窑炉生产线以及如何停止作出具体裁判。

二、商业秘密权利的合法和有效存续

商业秘密权利的合法和有效存续是判令停止侵权考量的基础。停止侵权是原告对自己权利受损所采取的一种救济方式，但是有权利基础才有救济的必要。例如，在商标权保护制度中，有商标因连续三年不使用被撤销，那么就丧失了权利基础，即使尚未被撤销也难以以此为由向相似的商标请求侵权赔偿。如果商业秘密丧失了合法性或者商业秘密并不存在，那么判令停止侵权并不能达到止损与弥补的效果，也就毫无价值。商业秘密权利的合法与有效存续关键在于商业秘密的成立。

从规范依据的角度看待商业秘密的法定构成要件。我国《反不正当竞争法》第 9 条第 4 款规定，“本法所称的商业秘密，是指不为公众所知悉、具有商业价值并经权利人采取相应保密措施的技术信息、经营信息等商业信息”，明确指出商业秘密的三大法定构成要件为秘密性、价值性与保密性。而《最高人民法院关于审理侵犯商业秘密民事案件适用法律若干问题的规定》(以下简称《审理侵犯商业秘密民事案件适用法律规定》) 吸收、整合和完善了《最高人民法院关于审理不正当竞争民事案件应用法律若干问题的解释》中针对商业秘密的规定，对商业秘密的构成要件作了详细的解释。《审理侵犯商业秘密民事案件适用法律规定》第 3 条、第 4 条对“不为公众所知悉”作出了“在被诉侵权行为发生时不为所属领域的相关人员普遍知悉和容易获得”的界定并列举了 5 种典型行为表现。第 5 条、第 6 条对“采取保密措施”进行了规定。第 7 条对“价值性”进行了说明。

实践中，也已经形成了三大要件的判断体系。在某航天机床设备有限公司、浙江某精密机械有限公司（以下简称某精密机械公司）与潘某侵害商业秘密纠纷一案中，法院采取了这样的判断体系：（1）是否为公众所知悉，即是否具有秘密性。某精密机械公司主张的“轴承套圈车削自动线”是专人研发的成果，其技术图纸不为通常从事有关工作的人员所普遍了解和掌握，不能从公开渠道获取，具有秘密性。（2）是否具有经济利益，即实用性。“轴承套圈车削自动线”项目有自主知识产权，依照该项目的技术图纸制作的产品，具有较强的市场竞争力。涉案技术图纸能够给某精密机械公司带来经济利益，具有实用性。（3）是否采取了保密措施。某精密机械公司与潘某签订的《保密义务、著作权及技术成果权归属权承诺书》中明确约定了保密期限及商业秘密的范围，且某精密机械公司在其保存技术图纸的电脑USB接口上贴有封条，可以证明某精密机械公司采取了相应保密措施。综上所述，某精密机械公司主张的“轴承套圈车削自动线”技术图纸信息构成商业秘密。[①] 在某反光材料有限公司与宋某、李某、鹤壁某特科技有限公司侵害商业秘密纠纷一案中，法院认为“不是行业内普遍知悉的信息”，同时“不易从公开渠道直接获得”，才具有秘密性。[②] 另外，在唐山某实业有限公司诉某科联实业有限公司等侵犯商业秘密纠纷一案中，法院对保密性做了进一步的说明，认为“未存在切实可行的防止技术秘密泄露的措施，在现实中不能起到保密的效果”，因此也不具备保密性。[③]

本案中，首先，两原告主张的池窑及退火窑结构的技术信息是否为公众所知悉是判断是否构成商业秘密侵权的重要条件。从本案原告提供的证据看，原告压花公司通过技术转让的形式从某玻璃工业公司获得了使用池窑及退火窑技术信息的许可，该技术信息虽然反映出原告提出池窑的四个结构特点（双段蓄热室、强制排烟、换向机构、喷枪位置）属于公知内容，但原告的池窑上所涉及的三段式压低型窑碹、单侧小加料口、加料口平碹套、包铁全封闭两段式隔开的蓄热室、小孔风冷式蓄热室中间隔墙等以及窑炉尺寸、砖形等方面具有多数相关技术人员并不知悉的内容。因此，该技术信息能为两原告取得同行业中的竞争优势，具有一定的新颖性。其次，两原告将上述技术信息用于生产并投入市场，能够取得一定的经济利益，也具备了实用性和价值性。最后，两原告为上述技术信息与其员工都签订了相应的保密条款，采取了合理的保密措施。综合上述因素，两原告池窑及退火窑在其结构特点与尺寸指标等方面的技术信息符合我国《反不正当竞争法》规定的商业秘密条件，应认定为两原告的技术秘密。

---

① 参见浙江省高级人民法院（2010）浙知终字第88号民事判决书。

② 参见河南省高级人民法院（2016）豫民终347号民事判决书。

③ 参见最高人民法院（2017）最高法民申2964号民事裁定书。

三、商业秘密权利正在受到侵害或存在受到侵害的可能

商业秘密权利正在受到侵害或存在受到侵害的可能是判令停止侵权考量的必要条件。商业秘密权利合法且有效存续，并且这一权利正处于受到侵害的风险之中，那么才有救济的急迫性。如果原告在诉请中要求停止侵权，需要有证据支持，以此证明法院裁判具有合理性基础，其中之一在于向法院证明其要求保护的权利正在受到侵害或存在受到侵害的可能性。对于判断权利是否存在受到侵害的可能，可以通过“接触＋实质性相似”的思路进行。接触意味着有获取的可能，而被控侵权信息与原告商业秘密实质性相似则意味着原告的商业秘密丧失了一部分独有性，也丧失了一部分因独有而占据的市场份额。

本案中，被告徐某泄露原告所主张的池窑及退火窑结构的技术信息，使原告的商业秘密暴露在公众视野内，被侵权风险大幅提升。具体来说，被告徐某曾在某玻璃工业公司工作，并与某玻璃工业公司签订了协助建厂切结书。与此同时，徐某还被任命为压花公司的代总经理，兼筹建处主任。徐某在两原告单位工作期间，因其职务的便利，有机会接触到两原告的上述技术信息，且本案原告提供的胶南市公安局对涉案人易某的讯问笔录中也证实徐某利用不正当手段套取了两原告的技术信息。分析上述情况，可以认定被告徐某获取了两原告的技术信息。因徐某从某玻璃工业公司离职后不久，就到被告上海某玻璃有限公司工作，此时，上海某玻璃有限公司正在筹建 1 号窑炉。在两原告已经提供证据证明其窑池及退火窑结构特点构成技术秘密，被告徐某有机会接触到两原告的上述技术秘密，结合本案鉴定结论已认定上海某玻璃有限公司的池窑及退火窑与原告同类技术相似，而上海某玻璃有限公司未能证明其使用该技术的合法来源，可以推定徐某泄露了两原告的上述技术信息。被告徐某辩称，其仅负责原告的行政管理工作，不涉及技术，故不存在泄露技术问题。该辩称没有相应证据支撑，也不符合其工作实际。

四、停止侵权行为的前后效果

停止侵权行为的前后效果是作出综合判断的考量因素之一。例如，如果包含系争技术秘密的产品规模较大，同时涵盖许多其他公知技术以及部分自己改进的技术，并且该公知内容与非公知内容具有一定紧密联系与不易更改性，或者非公知技术在整个产品中所占的技术比例较低，则简单判令停止整个产品的生产运作，会使大量无辜人员利益受损，并且使己方改进技术发挥不了应有的作用。

在本案中，被告所制造的窑炉是整体技术融合得出的结果，所使用的技

术不仅包含了许多公知技术，还存在被告自己改进的技术，而上述公知与非公知内容在窑炉建成以后具有不可分割性。另外，非公知技术在整个窑炉的建造中所占的技术比例较低。因此，对两原告提出的停止侵权的请求，考虑到如果停止整个窑炉生产线，则会造成大量原材料的囤积以及窑炉固有成本的流失，对其生产的产品也是一种浪费。因此，不能简单判令被告停止整个窑炉的生产运作，而应考虑排除公知技术以及被告自己拥有的技术，对被告使用两原告技术秘密的部分可以不判令停止使用，而采用适当补偿许可费的原则进行弥补。

五、侵权行为有停止侵害的可能

侵权行为有停止侵害的可能是判令停止侵权考量的关键因素，可从以下几个方面判断是否具有停止的可能。

（一）公共利益

公共利益对停止侵权的判令具有较大影响。《最高人民法院关于当前经济形势下知识产权审判服务大局若干问题的意见》指出："如果停止有关行为会造成当事人之间的重大利益失衡，或者有悖社会公共利益，或者实际上无法执行，可以根据案件具体情况进行利益衡量，不判决停止行为，而采取更充分的赔偿或者经济补偿等替代性措施了断纠纷。"上述规定直接表达了导致损害公共利益的停止侵权行为是不能被支持的。而在实践中，如深圳机场专利侵权纠纷案[①]等很多案件因此不判决停止使用行为。

然而，公共利益的外延模糊，内涵也令人捉摸不透。有学者认为，这里的公共利益应作扩大解释，不仅包括一些基本的人身权益，还包括充分利用社会资源的权益[②]等。笔者认为，实际上对于公共利益的判断只能在个案中进行。

（二）利益平衡

《最高人民法院关于当前经济形势下知识产权审判服务大局若干问题的意见》指出："权利人长期放任侵权、怠于维权，在其请求停止侵害时，倘若责令停止有关行为会在当事人之间造成较大的利益不平衡，可以审慎地考虑不再责令停止行为，但不影响依法给予合理的赔偿。"对于一些在诉讼中继续存在的特殊的侵权行为，可以根据案件具体情况，合理平衡当事人之间以及社会公众的利益，考虑执行的成本和可能性，对于判决停止侵权导致执行明显不合理或损害公共利益的，可以适当加重侵权人的赔偿责任而不判决停止有关的销

① 参见广东省深圳市中级人民法院（2004）深中法民三初字第597号民事判决书。

② 张一东：《标准必要专利停止侵权责任的适用条件》，北京化工大学2018年硕士学位论文。

售、使用行为。如果判令停止使用将严重损害某一方的利益，那么停止将导致事实上的不能。

本案中，由于系争的技术秘密是窑炉制造中体现的不为公众所知悉的内容，而被告制造的窑炉中还包含了许多公知技术以及被告自己改进的技术，且上述公知与非公知内容在窑炉建成以后具有密不可分的关系，同时非公知技术在整个窑炉的建造中所占的技术比例较低。因此，如果判令被告停止整个窑炉的生产运作，一方面会造成被告可获正当利益严重减少，另一方面也是对公共资源的巨大闲置与浪费。故而，对两原告提出的要求被告赔偿经济损失以及支付因诉讼而支出的合理费用的诉讼请求，法院根据本案的客观情况、两原告所享有技术秘密的技术含量、被告徐某披露及被告上海某玻璃有限公司使用涉案技术秘密的时间和程度、两原告已投入及用于诉讼的合理费用，结合被告上海某玻璃有限公司继续使用上述技术秘密所应给予两原告的适当补偿等因素综合确定了相应数额。

六、结论

停止侵害无疑是包括商业秘密保护在内的知识产权保护的重要法律责任形式。在一般情况下，只有侵害人及时停止侵害，被侵害的商业秘密才能及时得到法律保护。但是，在特定情况下，基于公共利益以及利益平衡等方面的考虑，对于侵害商业秘密的行为，法院在认定构成侵权的基础上，可以根据个案情况，判决不停止使用。这在更深层次上反映了知识产权保护的价值取向和利益平衡精神。

以商业秘密形式保护未公开作品的合理性分析

——某传媒集团有限公司与北京某文化传媒股份有限公司侵害商业秘密纠纷案

/ 陈禹铭

本案要旨

影视作品素材在影片向公众公开前构成权利人的商业秘密。在电影公开放映前，影视作品素材作为经营信息不宜为经营领域内相关人员所普遍知悉，具有秘密性。即使部分素材已为公众所知悉，这些素材的相互组合仍能够产生新的意义。在满足价值性与保密性的条件下，上述组合整体即全片素材同样可以作为商业秘密受到法律保护。另外，对于保密措施的认定，在合同约定保密义务的情况下，受保密义务约束的一方所采取的保密措施应与经营信息的重要程度相适应，当二者不匹配导致经营信息泄露时，可以推定该方当事人存在重大过失。

案件信息

原告：某传媒集团有限公司

被告：北京某文化传媒股份有限公司

案号：北京市朝阳区人民法院（2017）京 0105 民初 68514 号

原被告主张及理由

原告某传媒集团有限公司（以下简称某传媒集团公司）一审主张：2016 年 9 月 13 日，某传媒集团公司与北京某文化传媒股份有限公司（以下简称某文化传媒公司）就涉案电影《悟空传》音频后期制作事宜签订委托合同，合同中设置有保密条款。上述合同签订后，某传媒集团公司将涉案电影的全片素材交付某文化传媒公司执行音频后期制作工作。2017 年 5 月 17 日，某传媒集团公司发现涉案电影全片素材被公开于百度网盘，普通用户无须提取密码即可获取。2017年7月8日，某传媒集团公司再次发现涉案电影全片素材内容在网络广泛传播，并公开售卖，视频中注有指向某文化传媒公司的水印。涉案电影全片素材等文件属于某传媒集团公司商业秘密，某文化传媒公司的行为侵犯某传媒集团公司商业秘密，给某传媒集团公司造成严重损失。某传媒集团公司向法院提出诉讼请求：（1）判令某文化传媒公司立即停止对涉案电影《悟空传》相关素材的披露行为；（2）判令某文化传媒公司赔偿某传媒集团公司经济损失99 000 000元；（3）判令某文化传媒公司发布公开声明，澄清事实消除影响；（4）判令某文化传媒公司承担因维权产生的合理支出共计309 685元。

被告某文化传媒公司一审抗辩：首先，某传媒集团公司主张的其享有的商业秘密不成立，涉案电影全片素材系未完成版本，与最终完成片呈现效果相去甚远，无观影价值及商业价值，且涉案素材中包含的服装、道具及场景等，为已经公开的素材，亦非商业秘密。其次，某文化传媒公司与某传媒集团公司不具有竞争关系，某文化传媒公司无侵犯商业秘密的过程及行为，且某文化传媒公司积极配合调查。最后，某传媒集团公司主张的经济损失没有事实和法律依据。

法院查明的事实

某传媒集团公司是涉案电影《悟空传》的著作权人，有权自行或者委托第三方追究各类侵权行为。2016年9月13日，某传媒集团公司（甲方）与某文化传媒公司（乙方）签署《电影〈悟空传〉音频制作委托合同》，就甲方委托乙方为《悟空传》进行音频后期制作的相关事宜予以约定，合同主要内容如下："……五、知识产权约定及违约（某传媒集团公司对样品、说明、组件或数据等享有知识产权，乙方都不能擅自复制、留存，乙方对所知悉的甲方该片的内容及商业秘密承担保密义务）。六、保密义务（对于履行本合同获得的任何信息，双方均应永久保守上述秘密，未经对方同意，不得向任何第三方泄露）。"

签约后，某传媒集团公司与某文化传媒公司进行过多次影片素材交接，均系采用工作人员手递手的方式进行。涉案素材的内容为尚未经后期制作完成的《悟空传》电影，即包含了电影情节，能够体现人物设定、人物造型、全部拍摄场景及道具等，其中还包含绿幕布、威亚、三维设计图及未经加工的动画场景等最终电影成片中不可出现的原始素材内容，另有部分占位素材，且视频中对需进行后期处理的画面进行了标注提示。某传媒集团公司明确其所主张的商业秘密共包含以下十二项内容：电影完整情节；电影全部人物设定；电影全部人物关系；电影全部人物造型；电影全部表演呈现；电影全部人物服装；电影全部人物化妆；电影全部道具；电影全部场景；连续不断的画面、声音构成的整体该电影截至2017年3月27日阶段创作成果；占位素材；截至2017年3月27日阶段未完成特效制作和后期处理的画面。庭审中，某传媒集团公司提交涉案电影完成片内容。经比对，完成片较涉案素材有完整的片头、片尾署名及特效处理，除此之外，涉案素材与完成片内容几乎完全一致，涵盖了涉案电影的全部剧情内容。

审理中，某传媒集团公司主张某文化传媒公司构成侵害商业秘密的行为包括，某文化传媒公司在2017年3月27日收到涉案素材后，将素材上传至有泄密风险的公开互联网平台百度网盘，用以传输给非某文化传媒公司员工的案外人缪某；此外，某文化传媒公司将百度网盘中的上述文件夹命名为“WKZ”，并使涉案素材长时间保留于百度网盘中，最终导致涉案素材流出。经查，某文化传媒公司在与某传媒集团公司签订合同后，将部分工作内容外包给案外人缪某所在的公司处理。在2017年3月27日收到涉案素材后，其员工史某就临时将涉案六段素材以“WKZ”为名上传至其百度云盘，让缪某到百度云盘进行下载并进行后期制作。但在涉案素材留存在百度云盘期间，有案外人通过搜索工具搜索到了以“WKZ”命名的涉案素材并进行了下载、压缩、转制。后某传媒集团公司官方微博收到网友举报，网友称在互联网上看到了涉案素材。2017年5月17日，某传媒集团公司与某文化传媒公司就涉案素材被泄露一事进行沟通。2017年7月8日，某传媒集团公司再次发现百度及微博等网站上流出左上角有“To_ 派华”水印的涉案电影资源。

法院判决理由与裁判结果

关于某传媒集团公司与某文化传媒公司的竞争关系问题，某传媒集团公司及某文化传媒公司同属于从事文艺创作、制作等项目的影视行业，二者具有竞争关系。

我国《反不正当竞争法》第10条第3款规定：“本条所称的商业秘密，是指不为公众所知悉、能为权利人带来经济利益、具有实用性并经权利人采取保密措施的技术信息和经营信息。”根据上述规定，商业秘密应当具备秘密性、价值性及保密性。关于秘密性，即“不为公众所知悉”，《最高人民法院关于审理不正当竞争民事案件应用法律若干问题的解释》第9条规定，不为公众所知悉，即有关信息不为其所属领域的相关人员普遍知悉和容易获得。本案中，虽然某文化传媒公司提到服装、道具及场景等已经为公众所知悉，但电影作品并非所有服装、道具及场景等素材的简单结合，即使其组成部分已经属于公有领域或者已经为公众所知悉，但只要各个部分相互组合取得全新的意义，即可作为商业秘密得到保护。涉案素材除未包含片头、片尾完整字幕及部分特效内容外，完整展现了涉案电影的全部内容，在电影公开放映之前，该等信息当然不为其经营领域内的相关人员所普遍知悉，且电影凝结了演员、导演、摄像等众多人员的创造性劳动，对该等信息的获得具有极大难度，故涉案素材具有秘密性。关于价值性，即商业秘密能为权利人带来现实的或潜在的经济利益。涉案素材已基本涵盖了即将上映影片的全部内容，其必将为权利人带来经济利益。关于保密性，《最高人民法院关于审理不正当竞争民事案件应用法律若干问题的解释》第11条第3款规定："具有下列情形之一，在正常情况下足以防止涉密信息泄漏的，应当认定权利人采取了保密措施：……（五）签订保密协议……"本案中，某传媒集团公司与某文化传媒公司签署的《电影〈悟空传〉音频制作委托合同》中有关于保密义务的专门约定，且其中已经明确《悟空传》电影内容、某传媒集团公司提供的素材及包括剧情、制作进程等在内的其他未公开之信息均属于保密义务范围内的秘密。此外，某传媒集团公司在涉案电影拍摄的其他各环节均签订有保密条款。故应当认定某传媒集团公司对涉案素材已经采取了适当的保密措施。因此，涉案素材构成《反不正当竞争法》保护的商业秘密。本案中，根据《电影投资合作协议》《授权书》《声明书》等，某传媒集团公司系涉案素材的权利人，依法享有提起本案诉讼的权利。

关于某文化传媒公司的行为是否构成侵犯商业秘密的问题。《反不正当竞争法》第10条第1款规定："经营者不得采用下列手段侵犯商业秘密：……（三）违反约定或者违反权利人有关保守商业秘密的要求，披露、使用或者允许他人使用其所掌握的商业秘密……"从行为主体来看，该条规制的侵犯商业秘密行为的主体为合法知悉或者掌握商业秘密的权利人以外的负有保密义务的人。从行为人主观构成要件来看，根据侵权责任法的基本原理及《反不正当竞争法》的立法本意，上述规定中规制的侵犯商业秘密行为，需以故意及重大过失的主观要件为前提。从披露的对象方面来看，该条规定中的"披露"是指未经权利人许可或者违反保密义务，而向他人扩散商业秘密，包括向特定人、少部分人透露商业秘密，以及向社会公开商业秘密。

本案中，某文化传媒公司依据其与某传媒集团公司签署的《电影〈悟空传〉音频制作委托合同》，合法获取涉案素材，该合同约定，在双方洽谈及合作过程中，某文化传媒公司对所知悉的某传媒集团公司涉案电影的内容及商业秘密承担保密义务，不得擅自散播、转述于第三人或自行及许可第三方使用，某传媒集团公司及某文化传媒公司均应永久保守某传媒集团公司提供的素材及其他未公开之信息（包括但不限于该片内容、剧情、拍摄情况、拍摄内容等），未经对方同意，不得向任何第三方泄露。某文化传媒公司依据双方合同，对某传媒集团公司负有保密义务。某文化传媒公司被诉侵犯商业秘密的行为包括两项：一项为其通过百度网盘向其公司以外人员缪某披露涉案素材；另一项为其将涉案素材以“WKZ”为名上传至百度网盘最终导致素材泄露于互联网之上。关于第一个行为，某文化传媒公司明知其对某传媒集团公司负有保密义务，仍向其公司以外人员传递涉案素材，违反了其保密义务，构成侵犯商业秘密。关于第二个行为，涉案素材最终泄露于互联网之上，系其将涉案素材上传于百度网盘所致，判断该行为是否侵犯商业秘密，应当考量某文化传媒公司是否具有故意及重大过失的主观过错。某传媒集团公司提交的微信聊天记录等证据，可证明涉案素材在双方交接过程中均系通过工作人员现场传递的方式进行，且某文化传媒公司在与某传媒集团公司进行沟通的过程中也表示，系由于公司内部文件传输协议故障，才将涉案素材上传至百度网盘。综合以上情况法院认为，至少在涉案电影的相关材料传递过程中，双方主要依赖手递手的方式。此外，在影视行业中，电影公开放映之前，有关电影拍摄的主要内容必然属于相关权利人最为核心的经营信息，某文化传媒公司将涉案素材上传至百度网盘，并且以“WKZ”即《悟空传》电影名称的拼音首字母为名的行为，显然与上述经营信息的重要程度不相匹配。故法院认为，某文化传媒公司将涉案素材上传至百度网盘在主观上存在重大过失，且该上传行为最终导致涉案素材的泄露。综上所述，某文化传媒公司的该行为亦属于侵犯商业秘密，其应当承担停止侵害、消除影响、赔偿损失等法律责任。

某文化传媒公司涉案不正当竞争行为给某传媒集团公司造成了不良影响，应予以公开消除影响，但应当与涉案行为影响范围等因素相匹配。关于某传媒集团公司主张的维权合理费用，由于采取网络监控、对涉嫌不正当竞争行为进行公证及聘请律师均为本案中必要的维权行为，且某传媒集团公司提交了相关票据，故对于某传媒集团公司主张的合理费用，本案予以全部支持。

一审法院判定被告侵害原告商业秘密，应承担侵权责任。

案例解析

本案涉及作品或作品中的部分内容在未公开前是否可以作为经营信息在反不正当竞争法下予以保护的问题。法院认为，如果作品及其部分内容中所包含的信息满足商业秘密中秘密性、价值性及采取保密措施的构成要件，则可以将其纳入商业秘密的保护范围。著作权对作品的保护与商业秘密对信息的保护之间存在交集，对未公开作品予以反不正当竞争法方面的保护正体现着反不正当竞争法能够从市场竞争的角度出发，为不同种类的知识产权提供兜底性保护的法律性质。下文主要探讨的内容即未公开作品是否能够以商业秘密的形式受到反不正当竞争法的保护，以及版权法中对发表权的保护与反不正当竞争法中对经营信息的保护何者更能有效地保护非公开作品等问题。

一、商业秘密经营信息的构成要件分析

根据现行《反不正当竞争法》的规定，商业秘密应当符合秘密性、商业价值性、保密性三项构成要件。秘密性是指商业秘密不为公众所知悉，即该信息不能是已经被公开、他人已经能够从公开渠道获知的信息；商业价值性是指商业秘密应当具有一定的商业价值，表现为经营者能将相关信息用于实际生产经营并获得一定利益或取得某种商业竞争优势；保密性是指经营者采取了与信息重要性相适应的保密措施。

经营信息作为商业秘密的一种表现形式，同样需要满足上述三项构成要件。其特别之处在于，经营信息所记载的是信息持有人在经营活动中形成的经营记录，如客户名单中的详细信息。其价值性体现在由于其他经营者无法从公开渠道获知这些信息，信息持有人可以利用这些特殊信息在经营活动中获得一定商业利益或竞争优势。因此，对于判断涉及经营内容的信息是否属于经营信息，最重要的就是区分这种信息是已经公开的信息还是处于保密状态的信息。

本案中，法院认为，电影的拍摄内容构成经营信息。除了因为信息内容对于权利人的经营活动具有重要价值，也因为这些素材未经公开放映，处于秘密状态，同时权利人也通过签订保密条款等方式力图使影片处于保密状态。秘密性、商业价值性、保密性三者对于判断是否属于经营信息缺一不可。

二、未公开作品的经营信息属性判断

电影属于作品的一种表现形式，本案中，未公开放映的电影被认定为经营信息，那么是否可以推论其他未公开发表的作品也有可能作为经营信息受到《反不正当竞争法》的保护？《著作权法》规定著作权人享有发表权，即著作权

人有权决定是否将作品公之于众，在作品未发表时，显然处于一种不为公众知悉的状态，符合经营信息中秘密性的构成要件。未公开发表是作品构成经营信息的要素之一，但存在作品未公开发表的事实也仅能认为其具有秘密性，需要同时符合商业秘密的另外两个构成要件，即具有价值性和采取了保密措施，才可以认为未公开作品具有商业秘密中经营信息的属性。

作品只有公开才能为公众所知悉，并产生相应的价值，由于作品具有独创性，对于经营者来说，未公开作品的价值性可能体现为作品本身的首次公开发表带来的经济收益与社会影响效果。从表面上看，由公开带来的作品价值性与经营信息的秘密性存在一定冲突。但进一步从经营信息的角度理解未公开作品，可以认为未公开作品的价值性是一种潜在价值或预期价值，即经营者期待着在公开发表作品时获得经营收益与优势竞争地位。如果在权利人主动公开作品前其他人抢先通过不正当手段获取该作品并将其提前公开，则公众能够通过公开渠道获知作品内容，这样权利人首次公开并持续获得相关收益的预期利益就会受到损害。此时，对未公开作品予以反不正当竞争法的保护与商业秘密保护具有相同的价值取向。因此，事实上未公开作品的价值性与商业秘密的价值性是统一的，且不与秘密性存在冲突。

如果经营者希望以商业秘密的方式保护未公开作品，则应当对未公开作品采取一定程度的保密措施，在主观上应当具有保护作品不被他人知悉的意识，在客观上应当采取使作品处于秘密状态的行为。对未公开作品采取的保密措施与对商业秘密采取的保密措施在本质上都是对信息的保护，防止他人获取相关信息内容，在具体判断经营者是否对未公开作品采取了适当的保密措施时，应当结合信息的重要程度以及采取的保密手段进行综合判断。本案中，从权利人采取的保密措施来看，其在签署的合同中约定保密条款，以及在传递信息资料时以现场手递手的传递方式进行，这些行为都可以表明权利人为使信息内容不被除合同相对方以外的第三人知悉作出了努力，就可以认定为采取了保密措施。

综上所述，作品未公开本身即具有秘密性，而认定其是否属于经营信息，则还需同时判断其是否具有价值性及权利人是否采取了保密措施。如果同时满足秘密性、价值性、保密措施的构成要件，可以将未公开作品作为经营信息予以反不正当竞争法的保护，其他人未经权利人许可公开了作品内容，构成对作品权利人的商业秘密权益的侵害。

三、反不正当竞争法与版权法对未公开作品竞合保护关系的分析

作品的著作权自作品创作完成时自动产生，发表权仅是著作权中的一项

权利内容，即使作品未公开发表，同样受到著作权法的保护。因此，对于未公开作品而言，如果能够将其认定为经营信息，则会受到著作权与商业秘密的竞合保护。本案中，权利人为何不以著作权实际权利受到侵害为由主张著作权法的保护，反而更希望以商业秘密的形式保护未公开作品呢？笔者认为可能存在以下几方面原因：

首先，作品的发表权属于著作权中的人身权利，如果权利人以发表权受到侵犯为其核心主张，那么这种主张的核心内容是侵权人未经著作权人许可，非法发表了本应由著作权人发表的作品，这种提前发表的行为侵害了著作权人对作品享有的人身利益。而如果权利人主张侵权人存在不正当竞争行为，侵害了其商业秘密，这一主张更多表达的是权利人的经营利益和实际经营财产遭受了损害，二者保护的法益并不相同。权利人以侵权人存在不正当竞争行为、商业秘密受到侵害为由主张对未公开作品予以救济，所强调的正是其财产性的权益受到了侵害，希望得到财产上的救济。

其次，以商业秘密受到侵害为由与以发表权受到侵害为由主张损害赔偿，二者的赔偿数额认定的难度并不相同。对于商业秘密而言，权利人可以从市场竞争的角度主张由于侵权人不正当竞争行为造成的全部经济损失，但对于发表权而言，受到侵害的是人身权利，将这种权利受到的侵害转化为损害数额并不容易。因此对于权利人而言，当然更愿意选择容易举证、损害数额易于量化且更有可能得到法院在金额认定上支持的商业秘密作为受到侵害的法益客体。

最后，反不正当竞争法能够为作品从市场竞争的角度提供有别于著作权实体权利的保护路径，其判断的是经营者所从事的经营活动是否符合市场经营秩序。当权利人以权利受到侵害为由主张所能获得的赔偿不足以弥补其在经营活动中遭受的损失时，如果同时经营者的竞争行为是不正当的，权利人就可以请求反不正当竞争法的保护。因此，反不正当竞争法为权利人提供了一个更大的权利或法益的保护范围，对未公开作品提供商业秘密保护能够补足著作权法无法为未公开作品被他人发表提供足额损害赔偿的弊端。

值得注意的是，以商业秘密的形式保护未公开作品体现了反不正当竞争法兜底性保护的制度功能，有利于更全面地保护权利人的合法权益。然而，正由于这种兜底功能，对反不正当竞争法的适用不能肆意扩张，否则将侵蚀著作权等实体权利的保护范围。对于未公开作品的保护，笔者认为如果以著作权中的发表权受到侵害作为诉请能够填补著作权人的损失，同时未公开作品作为经营信息的价值性并不突出时，直接适用《著作权法》对未公开作品进行保护更为妥当，只有当著作权法无法为未公开作品提供完善的保护时，才需要引入反不正当竞争法的救济机制。

四、结论

未公开作品本身具有秘密性，当其同时具有价值性，并且权利人对其采取了适当的保密措施时，可以认为未公开作品属于经营信息的一种。对于该类作品，可以同时以著作权法中的发表权与反不正当竞争法中的商业秘密为其提供保护，但反不正当竞争法作为为知识产权提供兜底性保护的法律制度，不应优先适用，只有当著作权法为未公开作品提供的保护无法填平著作权人所遭受的损害时，才需要引入反不正当竞争法的救济机制。

知名商品特有性的判断

——江苏某甲保健品有限公司诉北京某乙医院等不正当竞争纠纷案

/ 葛瑞祺

本案要旨

知名商品的不正当竞争案件可采取如下裁判思路：首先判断该商品是否属于知名商品；其次判断该知名商品的名称、包装以及装潢是否具备特有性；最后判断原被告商品是否相似。被消费者广泛认同，具有一定的市场知名度，属于为公众所知悉的商品，可认定为知名商品。知名商品的特有名称，是指不为相关商品所通用，具有显著区别性的商品名称，已注册为商标的名称不再通过知名商品特有名称保护而是通过商标法进行保护。通用名称不具备特有性，常见的通用名称包括国家或者行业标准以及专业工具书、词典中已经列入的商品名称，同行业经营者约定俗成、普遍使用的表示某类商品的名词等。相似性以相关普通公众在一般注意力下对商品的一般认识综合判断，对被控侵权产品与涉案注册商标核定使用的产品从功能、用途、生产部门、销售渠道、消费对象上进行分析。

案件信息

上诉人（一审被告）：江苏某甲保健品有限公司

被上诉人（一审原告）：北京某乙医院

一审被告：某丁公司、北京某药品经营部

案号：北京市高级人民法院（2001）高知初字第79号、最高人民法院（2002）民三终字第1号

一审法院查明的事实

1984年，北京某乙医院（以下简称某乙医院）的前身北京某传染病医院

研制成功能迅速杀灭各类肝炎病毒的消毒液，经北京市卫生局组织专家鉴定，授予应用成果二等奖，定名为“84”肝炎洗消液，后更名为“84”消毒液。1992年6月，某乙医院出资设立北京某丙医学技术开发公司（以下简称某丙公司），委托该公司生产销售“84”消毒液：双方约定，凡今后在“84”消毒液的生产、研制开发及经营销售中处理有关法律纠纷均以某乙医院的名义，由某乙医院出面解决。某乙医院还于1997年3月通过组建集团公司的形式，向全国三十多个生产厂家转让、许可使用其技术，生产、销售“84”消毒液。各受让企业在其产品上均标明商标及“84”肝炎洗消液或“84”消毒液名称。某乙医院和某丁公司以及多家企业以组成松散的“84”药械集团的形式进行宣传，推广“84”消毒液生产技术，扩大商品市场销售。1990年2月，某丁公司依约支付某乙医院2310元利润分成。1992年前后，某丁公司以某乙医院违反合同约定，在江苏省长江以北及南京市再行转让“84”消毒液技术为由，未再向某乙医院支付产品利润分成。1992年7月2日，某丁公司与香港某戊有限公司合资成立江苏某甲保健品有限公司（以下简称某甲保健品公司），生产销售“84”消毒液。

随着“84”消毒液知名度的提高，在市场中出现了许多仿冒“84”消毒液商品，造成了市场的混乱。国家工商行政管理局公平交易局于2000年5月30日发出公函字〔2000〕第26号函，要求对仿冒“84”消毒液知名商品的行为进行查处。经查，各地工商行政管理部门从未依据上述公函对某甲保健品公司生产销售“爱特福牌‘84’消毒液”的行为进行过查处。

1987年8月21日，某乙医院与某丁公司签订《关于联合生产“84”肝炎洗消剂合同书》，约定：双方联合生产“84”肝炎洗消剂，由某乙医院提供技术，为某丁公司培训生产技术人员和检测人员，某丁公司向某乙医院支付科研经费1万元，每年分别从本项产品纯利润中提取10%作为某乙医院联合生产的利润，某乙医院保留技术成果的所有权和转让权，在江苏省长江以北及南京市范围内不得再行转让或联营。1999年10月，某丁公司变更名称为某甲化工公司。

1992年7月2日，某丁公司以现金、厂房、设备及商标专用权与香港某戊有限公司合资成立了某甲保健品公司，生产消毒清洁、卫生及日化用品。该公司当年即开始生产、销售“84”消毒液。自1994年5月至本案诉讼时，某甲保健品公司先后以报刊广告、电视广告及广告招贴等形式宣传其生产的爱特福牌“84”消毒液。北京某药品经营部在京销售“爱特福牌‘84’消毒液”，系从北京某医药发展有限公司进的货，其性质为代销。

1996年8月29日，某甲保健品公司向国家工商行政管理局商标局申请在第五类商品上注册“84”商标。经商标局审查认为，该商标标示了本商品的型号、特点，于1997年8月驳回某甲保健品公司的注册申请。

1999年12月6日，商标评审委员会以商评字（1999）第2750号《“84”商标驳回复审终局决定书》，驳回某甲保健品公司在第五类消毒剂商品上申请注册“84”商标的复审申请。《“84”商标驳回复审终局决定书》称，经评审，申请商标“84”虽然已有图形变化，但仍能清晰认读。目前，市场上尚有其他企业生产的84消毒液销售，此种称谓已成为该种产品的俗称，不应由一家注册专用。该决定书已经发生法律效力。

截至2002年9月，已经获得卫生部卫生许可批件并在有效期内的“84”消毒液有五个，除某丙公司“龙安牌84消毒液”、某甲保健品公司“爱特福牌84消毒液”外，尚有青岛剑盾洗消剂厂“剑盾牌84消毒液”、安徽省蚌埠防疫制品厂“亚康牌84消毒液”、南京江南消毒剂厂“众智牌84消毒液”。

一审法院判决理由与裁判结果

“84”消毒液自1985年投放市场以来，受到消费者的广泛认同，在市场上具有一定的知名度，属于为公众所知悉的商品，应认定为知名商品。“84”作为一种消毒液的名称由某乙医院最早使用，并由于该院的使用而知名。“84”一词与某乙医院及其研制生产的消毒液密切相关，成为该商品的代表和象征，故“84”已经具有了与其他相关商品相区别的显著特征，应认定“84”为某乙医院生产的消毒液的特有名称。某乙医院虽不是该产品的生产经营者，但由于其资金来源为差额补贴，有权委托他人生产、销售“84”消毒液，且不影响其作为权利主体主张权利。某乙医院依法享有该知名商品特有名称权。

某甲保健品公司未经某乙医院许可，擅自使用“84”消毒液作为其产品名称，足以造成与某乙医院产品的混淆和消费者的误认，已构成不正当竞争，应承担民事责任。某乙医院指控某甲1化工公司将有关“84”消毒液技术转让给某甲保健品公司无事实依据。北京某药品经营部系从合法、正式渠道购进“爱特福牌84消毒液”，在本案中没有过错。故某甲化工公司、北京某药品经营部不应承担侵权责任。根据现有证据，对某乙医院的损失额与某甲保健品公司的获利额均不能准确计算并予以确认，依据最高人民法院1998年7月20日《关于全国部分法院知识产权审判工作座谈会纪要》的相关规定，并考虑本案的具体情况，酌情确定本案的赔偿数额。

综上，一审法院判决：某甲保健品公司立即停止在其生产销售的消毒液上使用“84”作为其商品名称，停止在各媒体上以“84”消毒液为名称进行广告宣传；某甲保健品公司于本判决生效之日起30日内，在《新民晚报》《北京晚报》上向某乙医院公开赔礼道歉；某甲保健品公司赔偿某乙医院经济损失25万元。

➲ 上诉主张及理由

上诉人主张：（1）一审判决认定“84”消毒液系由被上诉人的使用而成为知名商品属认定事实错误。被上诉人没有提供证据证明该技术如何市场化，在全国同类市场上占有的份额。“84”消毒液是因上诉人生产的“爱特福牌‘84’消毒液”而知名。（2）“84”系同类消毒液产品的通用名称，不应认定为被上诉人所特有。（3）被上诉人不具备原告的诉讼主体资格。故请求撤销原判，驳回被上诉人的诉讼请求。

被上诉人辩称：（1）“84”消毒液产品名称由“消毒液”的通用名称部分和“84”特有名称部分组成，与通用名称有显著区别，系答辩人生产的含氯消毒液产品的特有名称，而非所有含氯消毒液产品的通用名称。（2）“84”消毒液在市场上具有一定知名度，为相关公众所知悉，系知名商品。（3）答辩人依法具备本案的诉讼主体资格。（4）上诉人未经答辩人同意，在其消毒液产品上擅自使用“84”这一特有名称，构成不正当竞争。

➲ 二审法院判决理由与裁判结果

二审法院认为，本案争议焦点在于：（1）是由于上诉人还是被上诉人的经营使用，使“84”消毒液成为知名商品；（2）“84”消毒液是否构成知名商品的特有名称；（3）某乙医院是否具备本案诉讼主体资格。

某乙医院虽然不是“84”消毒液产品的直接生产经营者，但是其事业单位的资金来源为差额补贴，其委托某丙公司生产销售“84”消毒液，并不违反国家法律规定。某乙医院与某丙公司达成的以某乙医院名义处理涉及“84”消毒液生产、研制开发及经营销售中的有关法律纠纷的约定，合法有效，因此，某乙医院依法享有本案原告诉讼主体资格。上诉人某甲保健品公司关于某乙医院不具备原告诉讼主体资格的上诉理由缺乏事实和法律依据，法院不予支持。

根据《反不正当竞争法》第5条第2项之规定，知名商品的特有名称应当受到法律保护，未经许可，任何人不得擅自使用他人知名商品的特有名称。

本案涉及的“84”消毒液为知名商品，某乙医院和某甲保健品公司均无异议，但双方对“84”是否为该商品的特有名称、谁的经营使“84”消毒液知名各执一词，尖锐对立，形成本案主要争议焦点。

所谓知名商品的特有名称，是指不为相关商品所通用，具有显著区别性特征，并通过在商品上的使用，使消费者能够将该商品与其他经营者的同类商品相区别的商品名称，但已经注册为商标就不再具有知名商品特有名称的属性，而具有了注册商标权的专有性。特有名称又相对于商品的通用名称，商品的通用名称不能获得知名商品特有名称的独占使用权。在判断通用名称时，不仅国家或者行业标准以及专业工具书、词典中已经列入的商品名称，应当认定为通用名称，而且对于已为同行业经营者约定俗成、普遍使用的表示某类商品的名词，也应认定为该商品的通用名称。本案被上诉人某乙医院自1984年研制开发“84”肝炎洗消液（后更名为“84”消毒液）以来，向全国多家企业转让该技术，许可其生产销售“84”消毒液。在有关技术转让许可合同中，并未对“84”名称有何特殊约定，以至于“84”消毒液作为该类商品的名称被普遍使用，且各个受让企业均在使用该商品名称的同时，标明各自所使用的商标。目前市场上生产销售“84”消毒液的企业获得的经卫生部批准的许可批件上，按照卫生部发布的《健康相关产品命名规定》的要求，其产品名称均是各生产企业的商标与“84”消毒液的文字组合，仅凭“‘84’消毒液”的名称已不能区别该商品来源。区别该类产品的标志是各生产厂家的商标，而非“84”消毒液的商品名称，因此，某乙医院所提出的“84”消毒液为其知名商品的特有名称，进而由其专有的主张实难支持。

实际上，双方当事人对“84”作为消毒液商品名称的使用状况是明知的，双方都为专有使用“84”的名称而向商标局申请将“84”注册为商标。特别应提到，某乙医院曾以“84”为消毒剂类商品的通用名称为由，向商标评审委员会申请撤销他人在第五类（消毒剂类）商品上注册“84”商标。某乙医院在商标注册争议过程中所认可的“84”为该类商品的通用名称的内容，如实地反映了“84”名称使用的真实情况，又对其反悔这种陈述并以知名商品特有名称起诉他人侵犯其民事权益的请求，具有一定的约束力。多年来，涉及“84”消毒液生产经销的卫生部、涉及“84”商标的注册争议的商标评审委员会等有关主管部门，也将“84”作为消毒剂的一种通用名称管理，或者认定“84”表现了本商品的型号特点不予注册商标。“84”消毒液已作为本行业普遍认可的商品名称所使用，除本案诉争的双方当事人以外，尚有其他企业经国家卫生行政部门批准合法使用该名称，因此，上诉人某甲保健品公司关于“84”系同类消毒液产品的通用名称的上诉理由成立，法院应予支持。

综上，知名商品的特有名称依法受到保护，权利人有权制止他人未经许可擅自使用其知名商品特有名称进行不正当竞争的行为。但是本案诉争的"84"消毒液不是知名商品的特有名称，不能为一家所独占使用。原审判决对"84"消毒液是否为知名商品特有名称的事实认定不清，适用法律错误，应当予以纠正。

二审法院判决：撤销北京市高级人民法院（2001）高知初字第79号民事判决，驳回北京某乙医院的诉讼请求。

案例解析

随着商业活动的多样化与多元性，有关知名商品的不正当竞争案件频频发生。作为实践经验的产物，我国法院对该类案件已经形成了一条较为清晰的裁判思路，即首先判断该商品是否属于知名商品；其次判断该知名商品的名称、包装以及装潢是否具备特有性；最后判断原被告商品是否相似。本案争议针对知名商品的名称，因此本文主要围绕知名商品特有名称的相关内容，从知名商品如何判断以及特有名称的特有性如何认定两大主要问题展开。

一、知名商品

（一）规范依据

知名商品的规范定义与知名商品的认定息息相关。《反不正当竞争法》尽管没有明确阐述，但使用了"有一定影响"的解释来形容知名商品。从文义上来看，意味着知名商品所指非全国家喻户晓的商品，而是存在地域或领域的范围条件。国家工商行政管理局《关于禁止仿冒知名商品特有的名称、包装、装潢的不正当竞争行为的若干规定》对此进行了进一步说明：其中第3条第1款规定："本规定所称知名商品，是指在市场上具有一定知名度，为相关公众所知悉的商品。"《最高人民法院关于审理不正当竞争民事案件应用法律若干问题的解释》（现已失效）将这一定义再次细化，突出"中国境内"的市场知名度，并同时给出了知名商品在实践意义上的认定依据，即"应当考虑该商品的销售时间、销售区域、销售额和销售对象，进行任何宣传的持续时间、程度和地域范围，作为知名商品受保护的情况等因素，进行综合判断"。《最高人民法院关于适用〈中华人民共和国反不正当竞争法〉若干问题的解释》吸收前述司法解释的规定，在第4条第2款规定："人民法院认定反不正当竞争法第六条规定的标识是否具有一定的市场知名度，应当综合考虑中国境内相关公众的知悉程度，商品销售的时间、区域、数额和对象，宣传的持续时间、程度和地域范围，标识受保护的情况等因素。”

尽管上述条文试图为知名商品的认定探寻出一条客观统一的标准，但是实务中对个案的认定仍然十分复杂。

（二）实践总结

在规范条文的基础上参考实践，有学者认为，知名商品的认定应参考以下因素：“（1）该商品广告量的大小；（2）商品在市场上销售时间的长短；（3）销售量的大小；（4）市场占有率；（5）商品的声誉；（6）国家有关机关、行业协会或者具备相应信用资质的组织对商品的评论、评奖情况；（7）商品所使用的商标的知名度等。”[①] 更有学者通过对500多份判决的检索以及数据分析对上述因素得出了以下结论：在认定商品知名与否时，法院主要考虑商品的销售时间，区域，销售额，宣传的时间、程度及地域范围，是否作为知名商品受过保护，商品获得的奖项、荣誉等和商标获奖情况几个显著因素。各因素对判断的影响程度从大到小依次是商品的宣传力度、商品获得的奖项和荣誉、销售时间、销售地区、商标获奖、商品作为知名商品受过保护的情况。[②] 实务界也有观点认为，除了规范依据所说明的因素，参考立法宗旨与司法政策，还应结合侵权人的主观恶意、市场混淆程度等进行判断。[③] 还有少数观点则认为，应在具体的情境下考虑整体综合因素，并加之以普通公众标准进行判断。

笔者认为，应整体考虑裁判规律下的因素与影响顺序，同时结合侵权人的主观恶意进行判断。首先，我国虽并非判例法国家，既往案例对审判并无实际约束，但却具有指导参考意义。因此，大数据总结分析出的规律是可以参考的。其次，普通公众的判断标准缺乏客观性，也难以实际操作。获取普通公众的意见最好的方法是进行社会调查。且不说调查的内容、调查的方式、调查的地点以及调查文件的设计等，调查主体就有一定争议，本质上存在举证责任分配以及是否具有公信力的问题。另外，调查对象的抓取也有实际操作的困难。再次，市场混淆程度并不应当被包括在内。混淆性并非在商品是否知名这一阶段所应进行的判断，而是在是否构成相似这一环节的判断内容。将混淆性作为判断因素之一，意味着具有相似性，则系争商品具有知名性，这一逻辑显然是不成立的。但将其作为最后一环判断是否侵权的要素则是成立的，即虽然商品

① 张玲玲：《知名商品的司法认定标准》，载《人民司法》2008年第16期。

② 喻玲、麻婷：《反不正当竞争保护中知名商品认定影响因素实证研究》，载《知识产权》2017年第11期。

③ 钱光文、丁文联：《知名商品的司法认定》，载《人民司法》2011年第7期。

知名，名称具有特有性，但该名称无法造成公众误认，则不构成混淆的不正当竞争行为。最后，应结合侵权人的主观态度辅助判断。这一观点虽然缺乏规范依据的支撑，但是规范依据价值取向折射出的结果。在经济发展的重要转型期，在知识产权保护发生意识上的飞跃的关键时刻，打击市场中的不正当竞争行为，维护健康良性的贸易环境是一大审判目的。但需要注意的是，主观态度的要素应属于辅助性要素，属于非必要条件，换言之，能够通过最主要因素对是否知名进行判断，那么无须判断侵权人是否恶意。即使侵权人明显故意仿冒商品，但商品达不到知名程度，那么惩罚的必要性将会大大降低。

本案中，自 1988 年以来，某乙医院和某丁公司以及多家企业以组成松散的“84”药械集团的形式进行宣传，推广“84”消毒液生产技术，扩大商品市场销售。自 1994 年 5 月至本案诉讼时，某甲保健品公司先后以报刊广告、电视广告及广告招贴等形式宣传其生产的爱特福牌“84”消毒液。双方对知名商品的认定毫无争议，因此系争商品具有知名性。

二、知名商品的特有性

《反不正当竞争法》第 6 条实际上未对知名商品的特有性作出限制约束。但《关于禁止仿冒知名商品特有的名称、包装、装潢的不正当竞争行为的若干规定》第 3 条对特有性作出了说明。其中，“商品名称、包装、装潢非为相关商品所通用”的描述可概括为非通用性，“并具有显著的区别性特征”的描述指向显著性，而“但该名称已经作为商标注册的除外”则指明了知名商品特有名称与注册商标之间的关系。下文将从这三个角度展开论述。

（一）非通用性

通用名称不具备特有性。对通用名称的判断尚未达成学理与规范的统一，实践中也众说纷纭。从《商标法》等对通用名称的解释可以窥探一二，即判断通用名称的核心在于其是否具有普遍性，是否具有一定区分性。但是需要注意的是，常见的通用名词并不意味着具有“免死金牌”，必要时需结合非通用性的实质条件进行判断。例如，在“颈复康”一案中，虽然《中国药典》已将“颈复康颗粒”列为药品通用名称，但证据显示当时市场上生产该药品的只有承某集团。[①]“颈复康”在行业间不具有普遍性，并且可以起到区分的效果，因此该名称并非通用名称。

本案中，根据《卫生部关于健康相关产品命名规定》第 4 条第 3 项的规

① 杨晓玲：《专有与公有之间：商品通用名称的司法认定研究》，载《西南政法大学学报》2015 年第 1 期。

定，健康相关产品命名必须符合的原则包括名称由商标名、通用名、属性名三部分组成。截至2002年9月，已经获得卫生部卫生许可批件并在有效期内的“84”消毒液有五个，除某丙公司“龙安牌84消毒液”、某甲保健品公司“爱特福牌84消毒液”外，尚有青岛剑盾洗消剂厂“剑盾牌84消毒液”、安徽省蚌埠防疫制品厂“亚康牌84消毒液”、南京江南消毒剂厂“众智牌84消毒液”。从以上公司消毒液的名称与健康相关产品命名规则来看，“84”属于通用名范畴。

（二）显著性

有学者认为，商品的通用名称是用来区别不同种类的商品，而特有名称是用来区别同种类商品中的不同商品。①笔者认为，该观点在一定意义上起到了区分的作用，但实践中跨类别的通用名称却占少数，那么对非通用性的判断还是要走到原来的道路上来。实际上，笔者认为，非通用性与显著性是一个事情的两面，非通用性是一个消极判断，排除通用名称，而显著性则是正面的实质判断。显著性主要是指该特有名称须能够区别商品的来源。参考商标法上对显著性的分类，通用名称的显著性也可以分为固有显著性与获得显著性。就特有名称而言，描述性的词语显然不能区分商品的来源，甚至无法建立起商品与名称之间的联系，但是如果长期使用，将该名称与产品反复宣传渲染，达到可以区别的程度，那么就具备了获得显著性。比如，在“灭害灵”案中，二审法院认为，虽然在中国化工行业标准中，“灭害灵”为农药产品的一种通用名称，属于一种功能描述型的词语，无法区分各使用者的商品，但是凯某公司已经对特定字体的“灭害灵”进行了长期使用并获得了知名度，因此取得了显著性。②

本案中，某乙医院的前身北京某传染病医院于1984年研制成功“84”肝炎洗消剂后，先后在全国范围内转让该项技术达三十余家。各受让企业在其产品上均标明商标及“84”肝炎洗消液或“84”消毒液名称。并且在有关技术转让许可合同中，并未对“84”名称有何特殊约定。多次转让行为使“84”这一名称与不同的企业建立起对应关系，同时也与不同企业的不同商品有了一定的关联，一一对应的关系淡化模糊。并且，某乙医院自称该类产品被统称为“84消毒液”。《“84”商标驳回复审终局决定书》也称，目前市场上尚有其他企业生产的“84”消毒液销售，此种称谓已成为该种产品的俗称，不应由一家注册

① 胡淑珠：《从“安牌”桃酥案看知名商品特有名称的法律特征》，载《法学》2007年第5期。

② 胡淑珠：《从“安牌”桃酥案看知名商品特有名称的法律特征》，载《法学》2007年第5期；杨晓玲：《专有与公有之间：商品通用名称的司法认定研究》，载《西南政法大学学报》2015年第1期。

专用。因此可以判断，“84”消毒液作为该类商品的名称，已经被普遍使用，无法起到区分商品来源的功能，从而丧失了显著性。

（三）非注册商标

《关于禁止仿冒知名商品特有的名称、包装、装潢的不正当竞争行为的若干规定》第3条第3款明确规定：“本规定所称知名商品特有的名称，是指知名商品独有的与通用名称有显著区别的商品名称。但该名称已经作为商标注册的除外。”从规范的文义解释上可知，作为特有名称的保护与作为商标的保护相互之间并非包容关系，而是具有一定排斥性。换言之，已经注册为商标的商品名称不再通过知名商品特有名称来保护，而是可以直接通过商标法进行保护。

从《反不正当竞争法》与《商标法》的关系上来看，我国采取了以知识产权法保护为主，以《反不正当竞争法》保护为辅的立法模式，将知识产权法无法涉及的权益通过《反不正当竞争法》补充保护。这也意味着，注册商标权利人既然可以通过《商标法》获得商标专用权的保护，那么无须也没有必要获得更多的辅助性利益。但未注册商标则有所不同。《商标法》对未注册商标的保护只有短短数条规定，但实际上未注册商标也能起到商标的本质作用，即区分商品来源，从这一点上来看，对未注册商标的保护是有侧重的，是不充分的。此时，将满足特有名称条件的未注册商标作为特有名称受到《反不正当竞争法》的保护，对于权利人来说是比较妥当的。另外，注册商标的注册事实并不能证明其名称具有特有性。[①]《反不正当竞争法》第2条第2款规定：“本法所称的不正当竞争行为，是指经营者在生产经营活动中，违反本法规定，扰乱市场竞争秩序，损害其他经营者或者消费者的合法权益的行为。”由此可见，特有名称的特有性强调的是在生产经营活动中产生的。而《反不正当竞争法》第6条的列举也强调了不正当的商业使用行为。但注册商标成功注册并不要求注册当时即具有使用的事实，换言之，那些不存在使用行为的注册商标并不满足《反不正当竞争法》内嵌的关于特有名称的条件。

本案中，某乙医院承认其将“84”消毒液注册了“龙安”牌商标，各受让企业也分别注册了商标，其中一受让企业武汉市硚口扬子洗消剂厂于1990年4月29日向商标局申请拟在第五类商品中注册“84”牌，被商标局以《商标法》第8条第5项[②]即商标不得使用通用名称和图形的规定驳回。可知，

① 罗霞：《知名商品的特有名称与商标的显著性之间的逻辑关系》，载《人民司法》2017年第29期。

② 现对应2019年修正的《商标法》第10条。

“84”消毒液未被成功注册为商标。

从规范依据总结出的特有性的三个判断层次如上所述，但也有学者认为知名商品特有名称的法律属性包括独有性、显著性、合法性。[①] 其中，独有性代表着经营者在用语上的创意。这一点笔者不敢苟同。区分商品来源的标识与专利、作品不同，并不需要具有某种程度上的新颖性，比如某些普通的词汇也可以通过获得显著性被成功注册为商标。用语的独有性使其更容易与商品建立起联系，所以只能说其在某种程度上增加了被成功通过的可能性，但作为特有名称的属性而言有待商榷。

综上所述，本案中的“84”消毒液虽然因为广泛被相关公众熟知属于知名商品，但因丧失显著性成为行业内的通用名称，而不具备特有性，故而也无法受到《反不正当竞争法》关于知名商品特有名称的保护。

三、结论

关于知名商品的不正当竞争案件可采取以下裁判思路：首先，判断系争商品是否具有知名性。知名性的认定可按顺序参考以下因素：商品的宣传力度、商品获得的奖项和荣誉、销售时间、销售地区、商标获奖以及商品作为知名商品受过保护的情况。同时，可结合被控侵权人的主观态度辅助判断。其次，判断系争知名商品特有名称的特有性，即需要具备非通用性以及显著性，并且非注册商标。最后，判断原被告商品是否相似。《反不正当竞争法》第6条明确说明，混淆行为会“引人误认为是他人商品或者与他人存在特定联系”。相似性则是指双方达到了造成公众误认的相似程度。本案中，“84”因不构成特有名称，侵权的判断提前终止，无须进行相似性的认定，但实践中很多案件在是否造成市场混淆上存在争议。实务中，一般以相关普通公众在一般注意力下对商品的一般认识综合判断，对被控侵权产品与涉案注册商标核定使用的产品从功能、用途、生产部门、销售渠道、消费对象上进行是否会构成混淆的分析。

① 胡淑珠：《从“安牌”桃酥案看知名商品特有名称的法律特征》，载《法学》2007年第5期。

知名商品特有名称的认定与保护

——某甲公司与上海某乙公司等不正当竞争纠纷案

/ 陈春鑫

本案要旨

知名商品特有名称的司法认定往往采取个案认定和综合因素认定的原则，法律保护知名商品特有名称的目的在于规制混淆性不正当竞争行为。知名商品的认定具有较强的地域性特征，仅在某地区内在相关消费者群体内达到较高知名度即可。知名商品之特有名称的实质是未注册知名商标，认定特有名称的重要条件是具备显著性。即便特有名称尚不具备固有显著性特征，但其通过诚信经营而获得后天的显著性，仍应赋予知名商品的特有名称相关权益，并受到竞争法的保护。对于此类标志的法律救济而言，法律既要明确公共领域的范畴，也应当肯定经营者对商誉的长期积累付诸的努力，平衡公有领域与个人权利之间的利益，进而达到最优的法律救济效果。

案件信息

上诉人（一审被告）：上海某乙公司、上海某乙公司启东分公司

被上诉人（一审原告）：某甲公司

案号：江苏省南通市中级人民法院（2012）通中知民初字第 0207 号、江苏省高级人民法院（2012）苏知民终字第 0201 号

原被告主张及理由

原告某甲公司诉称：启东某饮料厂成立于 1986 年 6 月，1997 年 6 月该厂经改制更名为清某公司，主要经营瓶（罐）装饮用水制造，先后获得多项省、市级荣誉称号。上海某乙公司启东分公司（以下简称启东分公司）未经本公司许可，擅自使用含有“清泉”字号专用桶，生产含有“清泉”字号的纯净水，足以使消

费者误认为是本公司的产品，或误解其与本公司有联营关系或为本公司下属企业。因此，上海某乙公司与其启东分公司的行为构成仿冒本公司知名商品特有名称、包装、装潢，并侵犯本公司企业名称权。请求判令上海某乙公司及启东分公司：（1）立即停止收购清泉纯水专用桶，立即停止生产“清泉宝露”饮用纯净水；（2）销毁已生产及已销售的“清泉宝露”饮用纯净水、清泉纯水专用桶、带“清泉”字样的标识及宣传画册等；（3）向本公司赔礼道歉，并在《南通日报》《上海新民晚报》登报消除影响；（4）赔偿因侵权给本公司造成的各项损失计50万元。

上海某乙公司及启东分公司共同辩称：其生产经营活动没有侵犯某甲公司的企业名称及商品名称，其水桶包装与某甲公司的水桶包装存在明显区别，不存在混淆消费者的仿冒行为，请求驳回某甲公司的诉讼请求。

一审法院查明的事实

启东县汇龙镇街道企业于1990年8月28日更名为启东某饮料厂。1996年11月启东清泉饮料厂改制，并于1997年6月28日更名为某甲公司，经营项目为饮料［瓶（桶）装饮用水类（饮用纯净水）］制造、销售。“清泉纯水”是某甲公司的主要产品，主要销售于启东地区。该企业自1994年至2011年间先后获得数十项省、市级荣誉称号。某甲公司生产的“清泉纯水”于2002年被评为“启东市消费者放心饮品”；2003年11月10日获得江苏省饮料工业协会、江苏省质量协会授予的“放心水”称号；2007年7月被江苏省饮料工业协会和江苏省质量协会认定为“2007年度江苏省饮用水知名品牌”；2007年10月被南通市名牌战略推进委员会认定为“南通名牌产品”。2002年9月南通市启东质量技术监督局授予“老铁”牌纯水“质量信得过产品”；江苏省质量技术监督局授予“老铁”牌11升／桶、18升／桶桶装饮用纯净水“2007年度江苏省质量信用产品”称号；“老铁”牌瓶（桶）装饮用水被江苏省饮料工业协会评为2007年、2011年江苏省瓶（桶）装饮用水知名品牌。自2002年起，某甲公司通过《启东日报》《南通日报》《今日启东》等新闻媒体对企业及“清泉纯水”进行报道和宣传，连续十多年在启东电视台的气象节目中发布广告，并通过墙体广告、车身广告、赠品等多种形式进行“清泉纯水”的宣传，主要广告语为“清泉纯水老铁牌，吃来吃去还是她”。

某甲公司的“清泉纯水”使用圆柱形PC桶，以三圈凸环将桶身分为上下两部分，上部贴有纸质标贴，标贴以蓝色为底色，除标注商标、公司名称、订水电话等内容外，以较大字体标注“清泉饮用纯净水”文字，其中“清泉”二字为深蓝色，字体大而醒目。下部的桶身上凸起有“老铁牌”“清泉纯水专用桶”和“敬告：其他厂家收用按侵权名牌产品论处”的文字内容，其中“清泉纯水专用桶”文字稍大。

上海某乙公司成立于2002年9月20日，经营范围为桶装饮用水的生产，饮用水生产设备及配件、饮水机等销售。2007年11月28日，袁某忠购买上海某乙公司，成为上海某乙公司的法定代表人。上海某乙公司生产的“解放”牌饮用纯净水主要销售于上海地区。2010年11月11日，上海某乙公司在启东登记设立启东分公司，经营瓶（罐）装饮用水。启东分公司于2010年12月2日对饮用水经销店发布承诺书，承诺对各店经营的“清泉”“联福”“288.圆陀角”等品牌的纯水PC桶进行回收。此后，启东分公司陆续收购标注“清泉纯水专用桶”的PC桶。2011年5月起，启东分公司使用其回收的标注“清泉纯水专用桶”的PC桶生产解放牌“清泉宝露”饮用纯净水对外销售。启东市系启东分公司的销售区域。除生产“清泉宝露”饮用纯净水外，启东分公司还生产其他“解放”牌桶装水。

启东分公司生产、销售的“清泉宝露”饮用纯净水使用了标注“清泉纯水专用桶”的PC桶，桶身上部贴有启东分公司的纸质标贴，标贴以淡蓝色为底色，除标注厂名厂址、送水电话和“解放”商标外，中间标注“清泉宝露饮用纯净水”文字，该文字下方的红色飘带上注明“解放品质，你我信赖”。标贴上“清泉宝露”四个字字体最大，其中“清泉”两字比“宝露”两字稍大。启东分公司对桶身下部凸起的“老铁牌”三个字进行打磨处理后，贴上标注“清泉宝露”和“解放”商标的小标贴，“解放”商标占比较小。另查明，案外人于2009年在纯净水商品上分别注册了“清泉乐水”“清泉湖”等商标。

➲ 一审法院判决理由与裁判结果

一审法院认为：第一，启东分公司生产、销售“清泉宝露”纯净水的行为属于擅自使用某甲公司知名商品的特有名称，构成不正当竞争。（1）某甲公司的“清泉纯水”是知名商品。某甲公司生产、销售的“清泉纯水”为知名商品，综合考虑以下因素：①某甲公司的前身为启东市清泉饮料厂，是启东地区较早生产饮用纯净水的专业厂家。新闻媒体的报道和相关荣誉证书能够证明2002年前某甲公司已经生产销售“清泉纯水”。②“清泉纯水”以其稳定的产品质量，获得了良好的商业信誉。③某甲公司为保持“清泉纯水”的知名度，对企业和产品持续多年以多种形式进行了宣传投入。④“清泉纯水”是某甲公司的主要产品，某甲公司连续多年被南通市纯（净）水协会评为南通市先进企业，可见某甲公司的产品销量在江苏省内居于同行业前列。⑤饮用纯净水的销售一般具有地域性特征，清泉纯水的销售主要集中于启东地区，因此，“清泉纯水”的知名度限于启东这一特定地域内。以上事实证明某甲公司的清泉纯水已在启东地区的饮用纯净水市场上具有一定的知名度，为相关公众所知悉。据此，一审法院认定“清泉纯水”是知名商品。（2）“清泉纯水”是知名商品的特有名称。“清泉”本意指清澈的泉水，将该词作为纯净水的商品名称，本身显著性不强，但是某甲公司早在2002年前就将其产品称为“清泉纯水”，该名称与其字号相同，并在多年的使用过程中，进行广泛的行销和得当的广告宣传，依靠商品质量优良赢得了消费者的欢迎和信赖，因而，“清泉纯水”已具有了区别于其他品牌纯净水来源的显著的区别性特征，这种基于使用结果而创造出来的区别性特征，已使“清泉纯水”这一名称在广大消费者心中与清泉公司的知名商品产生了特定的联系，成为识别某甲公司产品的重要标志。因此，“清泉纯水”已成为某甲公司知名商品的特有名称。（3）启东分公司生产、销售的“清泉宝露”饮用纯净水与“清泉纯水”构成近似名称，足以使消费者产生误认。判断“清泉宝露”和“清泉”是否构成近似，应当从文字的字形、读音、含义上进行整体考虑、综合判断。启东分公司使用其收购的清泉纯水专用桶对外销售“清泉宝露”，易使消费者将“清泉宝露”饮用纯净水的来源误认为某甲公司，或与某甲公司产生关联。

第二，上海某乙公司及其启东分公司使用“清泉宝露”的行为属于使用某甲公司知名商品的特有名称，应当承担相应的法律责任。

上诉主张及理由

上海某乙公司及启东分公司共同上诉称：（1）某甲公司的“清泉纯水”不具有知名性，也不具备知名商品特有名称的构成条件。某甲公司生产、销售的纯水仅限于启东这一特定区域，不符合“知名商品原则上应当在全国市场范围内知名”的规定。（2）解放牌“清泉宝露”纯净水与“清泉纯水”在名称上具有明显区别性，不会造成消费者的混淆。“清泉”是用来表示纯净水水质清纯如泉水般的通用名称，如“清泉乐水”“清泉湖”等，已为纯净水领域通用名称，缺乏显著特征。综上，请求二审法院依法改判，驳回清泉公司一审诉讼请求。

二审法院查明的事实

二审法院查明的事实同一审法院。

二审法院判决理由与裁判结果

二审法院认为：本案的争议焦点如下：（1）启东分公司生产、销售“清泉宝露”纯净水的行为是否构成擅自使用某甲公司知名商品特有名称；（2）如果构成不正当竞争，上海某乙公司及启东分公司该如何承担法律责任。

第一，“清泉纯水”构成知名商品。本案“清泉纯水”是否构成知名商品，关键在于该商品在启东区域享有较高知名度的情形下，能否认定该商品构成《反不正当竞争法》意义上的知名商品。（1）全国市场范围内知名不应当作为知名商品认定的绝对要求。《最高人民法院关于审理不正当竞争民事案件应用法律若干问题的解释》第1条规定，在中国境内具有一定的市场知名度，为相关公众所知悉的商品，应当认定为《反不正当竞争法》规定的知名商品。其中，关于“在中国境内具有一定的市场知名度”并不能当然等同于启东分公司所主张的“全国市场范围内知名”，人民法院认定知名商品，应当结合个案的具体情况，综合具体商品的类别、销售时间、销售区域和销售对象及宣传持续时间、程度和地域范围等因素，进行综合判断。特别是要在遵循《反不正当竞争法》立法精神的前提下，区分不同产业和商品的经营特点，确立与之相适应的知名度覆盖范围。（2）地区性知名度应当是本案认定桶装纯净水构成知名商品的重要考量因素。桶装纯净水产业一般具备当地生产、当地销售的经营特点，这决定了该类商品的销售区域相对集中，销售对象也相对集中，即覆盖的消费群体主要集中于某一特定的区域范围内。本案中，某甲公司生产的“清泉纯水”主要集中在启东地区销售，该商品的消费者也集中于启东地区，因此在考量“清泉纯水”是否构成知名商品时，该商品在启东地区的知名度是需要审查的重点因素。反之，如果过分强调该商品在启东地区以外的知名度，则极有可能实际排斥了桶装纯净水等采取区域集中销售经营模式的商品被认定为知名商品的法律可能，造成该类商品实际上无法获得知名商品范畴内的知识产权保护，这与我国《反不正当竞争法》的立法本意亦不相吻合。（3）“清泉纯水”在启东地区具有较高的市场知名度，为启东消费者所熟知。综上，“清泉纯水”在启东这一特定地域的饮用纯净水市场上享有较高知名度，具备了知名商品的构成要件，上海某乙公司及启东分公司认为“清泉纯水”只在启东市场销售，未在全国范围内知名，故“清泉纯水”不构成知名商品的上诉理由不能成立，本院不予支持。

第二，“清泉纯水”构成知名商品的特有名称。认定“清泉纯水”是否构成知名商品特有名称的关键在于，仅凭“清泉纯水”本身文字含义显著性不强是否即能认定其不构成知名商品的特有名称。通常情况下，具有区别商品来源的显著特征的商品名称是认定《反不正当竞争法》意义上的知名商品特有名称的重要条件之一，换言之，如该商品名称包含有商品的通用名称、用途等缺乏显著特征的商品名称，一般不认定其为知名商品的特有名称。但如果商品名称本身显著性不强，而通过使用取得显著特征的，也可以认定为知名商品的特有名称，对此，《最高人民法院关于审理不正当竞争民事案件应用法律若干问题的解释》第2条第2款已作了明确的规定。本案中，“清泉纯水”中的“纯水”应是纯净水的简称，是通用名称。“清泉”本意指清澈的泉水，将该词作为纯净水的商品名称，本身显著性不强。但某甲公司早在2002年前就开始使用“清泉纯水”这一名称。某甲公司在多年的使用过程中，通过《启东日报》《南通日报》《今日启东》等新闻媒体对企业和“清泉纯水”进行了广泛的宣传和报道。某甲公司依靠商品质量优良赢得了当地消费者的欢迎和信赖，赢得了良好的商誉，获得了诸多荣誉，已具备了区别于启东地区其他品牌纯净水来源的显著的区别性特征，这种基于使用结果而产生的区别性特征，足以使相关消费者将该知名商品与某甲公司联系起来，“清泉纯水”已成为识别某甲公司产品的重要标志。综上，“清泉纯水”构成清某公司知名商品的特有名称。

第三，被控侵权产品“清泉宝露”与某甲公司的“清泉纯水”构成近似，易造成相关消费者的混淆和误认。首先，“清泉宝露”与“清泉纯水”均含有“清泉”字样，“宝露”与“纯水”均指代饮用水，总体上含义相同，呼叫近似，在“清泉纯水”享有较高市场知名度、“清泉宝露”进入市场时间不长的情形下，相关消费者容易将二者混淆和误认，故二者构成近似名称。其次，启东分公司使用“清泉宝露”的方式本身即具有攀附故意。其在收购某甲公司“清泉纯水专用桶”后，对桶身下部凸起的“老铁牌”三个字进行打磨处理，贴上标注“清泉宝露”和“解放”商标的小标贴，但并未在桶身上标注启东分公司的厂名厂址等信息，且未对“清泉纯水专用桶”文字进行任何区别性标注，该种使用方式即存在不当攀附“清泉纯水”市场知名度、进行不正当竞争的主观恶意。客观上，某甲公司也在一审中提供了证人证言证明实际造成了市场混淆和误认。同时，本院注意到，目前市场上存在的多个纯净水商品上也含有“清泉”文字的注册商标，如“清泉乐水”“清泉湖”等，但“清泉乐水”“清泉湖”是作为商标注册使用，且注册时间在2009年，晚于某甲公司使用“清泉纯水”的时间。本院认为，商标权利与知名商品特有名称是两种不同的权利，不能简单地以在后含有“清泉”字样的注册商标权利来对抗在先知名商品的特有名称权利。另外，饮用纯净水的生产、销售具有地域性，跨区域销售较少，某甲公司在本案中也只是主张“清泉纯水”在启东这一特定区域的知名度，故含有“清泉”字样的注册商标的存在不会影响本案“清泉纯水”的知名度和该商品名称的特有性。

江苏省高级人民法院最终认定启东分公司生产、销售的“清泉宝露”纯净水与“清泉纯水”构成近似名称，足以使消费者产生误认，应认定构成对某甲公司知名商品特有名称权益的侵犯。

案例解析

知名商品特有名称的法律保护集中规定于1993年《反不正当竞争法》中，其第5条第2项规定，“擅自使用知名商品特有的名称、包装、装潢，或者使用与知名商品近似的名称、包装、装潢，造成和他人的知名商品相混淆，使购买者误认为是该知名商品”，属于反不正当竞争法所禁止的仿冒行为。而2017年修订的《反不正当竞争法》将该项修改为，“擅自使用与他人有一定影响的商品名称、包装、装潢等相同或者近似的标识”，属于法律禁止的商业混淆行为，该法2019年修正时，该项内容没有变化。虽然法律文本发生了变化，但相关司法解释和司法实践仍保留着知名商品之特有名称保护的实质性特征。知名商品之特有名称的认定标准和保护措施，以及涉知名商品的反不正当竞争法规则与商标法规则之间的协调关系，依旧是重要的学术研究问题和司法实践问题。因此，当前对知名商品之特有名称的研究仍具有重要意义。

一、知名商品之特有名称的认定

司法实践中，法院对知名商品特有名称的认定采取个案认定原则，一般对知名商品和特有名称进行分别认定，故本部分将对二者的认定标准分别展开探究。

（一）知名商品的认定

如前所述，涉知名商品的法律规范始见于1993年《反不正当竞争法》中，司法实践对知名商品的认定多依据与该法相关的司法解释，如1995年国家工商行政管理局发布的《关于禁止仿冒知名商品特有的名称、包装、装潢的不正当竞争行为的若干规定》，其中第3条第1款规定的“知名商品，是指在市场上具有一定知名度，为相关公众所知悉的商品”，指明了竞争法意义上的知名商品概念的内涵。2022年《最高人民法院关于适用〈中华人民共和国反不正当竞争法〉若干问题的解释》第4条第2款规定：“人民法院认定反不正当竞争法第六条规定的标识是否具有一定的市场知名度，应当综合考虑中国境内相关公众的知悉程度，商品销售的时间、区域、数额和对象，宣传的持续时间、程度和地域范围，标识受保护的情况等因素。”由此可见，法律规范性文件对知名商品认定采取个案认定和综合因素认定的原则，这使得司法裁量本身在很大程度上影响着知名商品的认定结果。

针对上述知名商品的法律概念存在的必要性问题，向来存在争议。因为《反不正当竞争法》保护的客体是知名商品的特有名称，知名商品作为修饰和限定词，特有名称作为竞争法真正的保护对象。但司法实践中，需要对“知名的”和“特有的”分别作出认定，其认定标准和方法存在一定的重叠性。笔者认为，旧法要求的知名商品作为限定词，实质上是以“知名的”来修饰竞争法真正的保护客体，即商品名称、包装和装潢等，正是立法措辞偏差导致了这种语义重叠和赘余的现象出现，直接影响了法律的实施效果。这也是《反不正当竞争法》经过修订后将其改为“具有一定影响的商品名称”的表达方式，但其立法目的仍然是规制混淆性不正当竞争行为，且司法裁判标准仍参照知名商品之特有名称的相关规则。

本案中，关于“清泉纯水”是否构成知名商品的认定问题，法院认为，“全国市场范围内知名不应当作为知名商品认定的绝对要求，地区性知名度应当是本案认定桶装纯净水构成知名商品的重要考量因素。本案‘清泉纯水’在启东地区具有较高的市场知名度，为启东消费者所熟知”。[①] 由此可见，知名商品的认定具有较强的地域性特征，仅在某地区内的相关消费者群体内达到较高知名度即可。与此同时，该知名商品的法律效力仅及于该地区内的商品混淆性不正当竞争行为，即知名商品之社会影响范围与其受法律保护的地域范围相一致。

（二）特有名称的认定

特有名称是竞争法规制混淆性不正当竞争行为的重要客体之一。国家工商行政管理局发布的《关于禁止仿冒知名商品特有的名称、包装、装潢的不正当竞争行为的若干规定》第 3 条第 2 款、第 3 款规定：“本规定所称特有，是指商品名称、包装、装潢非为相关商品所通用，并具有显著的区别性特征。本规定所称知名商品特有的名称，是指知名商品独有的与通用名称有显著区别的商品名称。但该名称已经作为商标注册的除外。”由此可见，特有名称是区别于通用名称而言的商品名称。正如有学者认为，“商品的通用名称是指对同一类商品的一般称呼，如汽车、电视、冰箱等。商品的特有名称是指表明某种特定商品的产地、性能等具有显著特点的名称”。[②] 笔者认为，知名商品之特有名称的实质接近于未注册知名商标，其未经过商标管理机构的核准授予，但经过事实上的商业经营而获得了一定程度的商业信誉和知名度。《反不正当竞争法》与《商标法》在此问题上达到了协调互补的体系合理性，后者主要保护注

---

① 江苏省高级人民法院（2012）苏知民终字第 0201 号民事判决书。

② 王莲峰：《商标法学》（第 3 版），北京大学出版社 2019 年版，第 28 页。

册商标和未注册驰名商标，而对于未达到驰名程度的未注册知名商标而言，其发生混淆仍可能造成市场竞争秩序的破坏，故前者弥补了后者对商品名称保护范围的不足，共同促进了商品名称保护的体系完整性。

本案中，针对“清泉纯水”是否构成知名商品之特有名称的问题，法院认为，“通常情况下，具有区别商品来源的显著特征的商品名称是认定《反不正当竞争法》意义上的知名商品特有名称的重要条件之一。但如果商品名称本身显著性不强，而通过使用取得显著特征的，也可以认定为知名商品的特有名称。本案‘清泉纯水’本身显著性不强，但经过经营者多年使用和广泛宣传，已具备了区别于启东地区其他品牌纯净水来源的显著的区别性特征”。[①] 由此可见，司法实践对知名商品之特有名称的认定标准，同商标显著性的认定规律具有相似性，均包括固有显著性和获得显著性，两种情形均受到竞争法的保护。对此，笔者认为，司法实践对于特有名称的认定，实质上采纳了商标法律实践中对标志显著性的认定规律，排除了通用名称等缺乏显著性的标志获得防混淆性的法律保护。因为该类缺乏显著性的标志属于公共领域的资源，任何市场主体均可对其进行正当性使用，不会导致公众对商品提供者发生混淆性误认的后果。

二、知名商品之特有名称的法律保护

前文阐述了知名商品特有名称的认定标准，本部分将梳理和分析知名商品之特有名称的法律保护，即侵犯知名商品之特有名称权益的混淆性不正当竞争行为的认定。

2019年修正的《反不正当竞争法》第6条规定，“经营者不得实施下列混淆行为，引人误认为是他人商品或者与他人存在特定联系”，其中包括“擅自使用与他人有一定影响的商品名称、包装、装潢等相同或者近似的标识”的行为，也就是早前反不正当竞争法保护的知名商品之特有名称权益。

反不正当竞争法对于知名商品之特有名称权益的保护，主要体现在以下两种情形之中。其一，将知名商品特有名称擅自作相同或近似使用，引人误认为是他人商品。其二，将知名商品特有名称擅自作相同或近似使用，引人误认为该经营者与权利人存在许可关系或关联关系。后一种情形的典型案例包括网剧“鬼吹灯”不正当竞争纠纷案，法院认定，“‘鬼吹灯’作为知名商品特有名称，其权益归属于《鬼吹灯》系列小说全部著作权及相关一切衍生权利的受让人玄霆某公司，作者张某野未经许可擅自授权他人使用‘鬼吹灯’作为涉案网剧名称，容

① 江苏省高级人民法院（2012）苏知民终字第0201号民事判决书。

易使相关公众误认为涉案网剧系由涉案《鬼吹灯》系列小说改编而来，其行为侵犯了玄霆某公司对涉案《鬼吹灯》系列小说特有名称的相关权益，构成不正当竞争”。[①] 由此可见，关于商品名称的混淆性不正当竞争中，引人误认为该经营者与权利人存在许可关系或关联关系，不仅包括商业名称许可关系或商品贸易关系，而且还包括著作权相关的授权关系，无论使公众误认为经营者与权利人之间存在何种性质的关联关系，都会因产生了混淆可能性而受到竞争法的规制。

无论混淆性不正当竞争行为引起的误认属于以上何种情形，其违法性的根本原因在于导致了公众对商品来源的误认或者误信，或者存在这种后果的可能性。这与商标法打击商标混淆行为的立法目的是一致的，都是为了促进商标和商品名称更好发挥其识别性功能，避免“搭便车”等现象的发生，进而保障市场的良好竞争秩序。

三、结论

通过对法律规范性文件和司法案件的分析和阐释可以认为，法律规范性文件对知名商品的认定采取个案认定和综合因素认定的原则，司法实践往往对“知名商品”和“特有名称”分别作出认定。当前法律采取“具有一定影响的商品名称”的表达方式，但其立法目的仍然是规制混淆性不正当竞争行为。

知名商品的认定具有较强的地域性特征，仅在某地区内在相关消费者群体内达到较高知名度即可。知名商品之特有名称的实质是未注册知名商标，认定特有名称的重要标准是显著性，即非通用性。但是，即便特有名称尚不具备固有显著性特征，但其通过诚信经营而获得后天的显著性，仍应赋予其知名商品特有名称的相关权益，并受到竞争法的保护。

知名商品特有名称的法律保护主要体现为对以下行为的规制，将知名商品特有名称擅自作相同或近似使用，引人误认为是他人商品，或者引人误认为该经营者与权利人存在许可关系或关联关系。无论混淆性不正当竞争行为引起的误认属于以上何种情形，其违法性的根本原因在于导致了公众对商品来源的误认或者误信，或者存在这种后果的可能性。竞争法和商标法分别对知名商品特有名称和注册商标施以保护，具有相似性和目的的一致性，均促进了商业标识发挥识别性功能，进而促进商品经济市场的有序发展。

---

① 江苏省高级人民法院（2018）苏民终 130 号民事判决书。

知名商品特有名称的认定问题研究

——某公司与刘某擅自使用知名商品特有名称、包装、装潢纠纷案

/ 余子凯

➲ 本案要旨

在认定知名商品时，需坚持“整体考察”的基本原则，即应从整体上把握该商品名称是否具备明显区别于其他同类商品名称、指向特定来源的市场含义，而不应仅依据该商品名称的文字是否具有固有显著性或将其文字组合拆分割裂后加以判断。若某知名商品的名称虽由通用名称及其他文字组成，但经长期宣传使用后获得了第二含义，使得消费者建立起该商品名称与商品提供者间的特定联系，则该商品名称构成反不正当竞争法意义上的知名商品特有名称。未经许可，在同类商品上使用与该特有名称相同或近似的名称，客观上可能导致消费者产生混淆或误认，即构成不正当竞争行为。

➲ 案件信息

被上诉人（一审原告）：某公司

上诉人（一审被告）：刘某

案号：黑龙江省哈尔滨市中级人民法院（2008）哈知初字第23号、黑龙江省高级人民法院（2008）黑知终字第33号

➲ 原被告主张及理由

原告是黑龙江省乃至全国知名企业，所拥有的“顺峰肥牛火锅”品牌和商标在省内家喻户晓。被告刘某未经原告许可，擅自开立了宾县宾州新东方顺峰肥牛火锅店及分店，在营业牌匾中突出使用原告的知名品牌“顺峰肥牛火锅”，并使用了与原告及其加盟店相同和相近似的装饰、装潢等，足以使相关公众产生误解，误认为是原告在该地开设的加盟店，给原告造成巨大损失和不

良影响。原告请求判令被告停止侵权并赔偿原告经济损失 30 万元。

被告则认为：（1）原告的注册商标是“远大顺峰”，“顺峰”商标注册人不是原告；（2）被告营业牌匾上使用的“新东方顺峰肥牛火锅”，与原告的“远大顺峰”无相似相近之处；（3）被告经营场所的装饰装潢、营业用具的式样以及营业员的服饰与原告无相似相近之处；（4）原告请求赔偿 30 万元没有事实和法律依据。应驳回其诉讼请求。

➲ 法院查明的事实

1995 年 1 月 16 日，哈尔滨市工商行政管理局南岗分局颁发哈南私字 0651 号营业执照，主要内容如下：哈尔滨市南岗区顺峰火锅店，地址：哈尔滨市南岗区文昌街，负责人：黄某辉，经营性质：私营企业（独资），经营范围：中餐饭菜。1997 年 11 月 18 日，哈尔滨市工商行政管理局南岗分局颁发某公司企业法人营业执照，主要内容如下：住所：哈尔滨市南岗区文昌街，法定代表人：甲某海，经营范围如下：一般经营项目火锅。某公司是第 30×××78 号“远大顺峰”文字商标注册人，核定服务项目（第 42 类）：饭店、酒吧等，注册有效期限自 2003 年 3 月 14 日起。

某公司在各种媒体上进行了大量的广告宣传，获得了国家特级酒店、黑龙江省百强私营企业、黑龙江省光彩企业、冰城百姓喜爱酒店、文明企业、货真价实满意店等多项荣誉。某公司在呼兰区、平房区、五常市、巴彦县、方正县、肇东市、东宁县、伊春市西林区、萝北县、友谊县、佳木斯市、锡林浩特市、霍林郭勒市、二连浩特市、石狮市、大连市等地拥有多家加盟连锁店。某公司与加盟连锁店订立的《哈尔滨顺峰肥牛火锅连锁店一次性特许加盟合同》中约定：加盟连锁店有偿使用某公司的商标、品牌、标识和必要的技术秘密；某公司为加盟连锁店提供统一的店匾样式、菜谱配系、专有技术，配送供应统一物品，传授汤、汁的制作技术；加盟连锁店按照某公司的统一要求装饰店面、布置内饰、制作服装，维护连锁店的品牌形象，不得授权他人加盟，未经某公司同意，不得开设第二家分店。某公司及其加盟连锁店字号中有“顺峰肥牛火锅”“顺峰肥牛”“顺峰”等字样；店面使用“顺峰肥牛”“顺峰肥牛火锅”“顺峰”“顺峰火锅”“吃肥牛到顺峰”“顺峰肥牛天下一流”等宣传语；服务人员的服装为粉色的套装，搭配白色的领子和围裙；营业场所和餐具等以白色系为主。某公司使用的《食谱》封面印有“顺峰饮食集团”“食谱”“顺峰肥牛”“顺峰肥牛天下一流”字样。

2006 年 11 月 2 日，宾县工商行政管理局颁发《个体工商户营业执照》，主要内容如下：注册号：2301×××××0923；字号名称：宾县宾州新东方顺峰肥牛火锅店；经营者姓名：刘某；组成形式：个人经营；经营场所：宾县宾州镇胜利街；经营范围及方式：中餐。2007年11月7日，宾县工商行政管理局颁发《个体工商户营业执照》，主要内容如下：注册号：2301×××××0927；字号名称：宾县宾州新东方顺峰肥牛火锅分店；经营者姓名：刘某；组成形式：个人经营；经营场所：宾县宾州镇西城街；经营范围及方式：中餐。刘某经营的宾县宾州新东方顺峰肥牛火锅店，牌匾上的文字为“新世纪顺峰肥牛火锅”，其中“顺峰肥牛”使用红色大号文字突出醒目，“新世纪”和“火锅”在牌匾两侧，使用浅色相对较小文字。刘某经营的宾县宾州新东方顺峰肥牛火锅分店，牌匾上的文字为红色“新东方顺峰肥牛火锅”，其中“顺峰肥牛火锅”使用大号字突出醒目，“新东方”在牌匾左侧边缘，相对很小；服务人员的服装为粉色的套装，搭配白色的领子和围裙；营业场所和餐具等以白色系为主。宾县宾州新东方顺峰肥牛火锅分店使用的《食谱》有两种，一种为精装本，封面印有“顺峰肥牛火锅”“食谱”“顺峰肥牛”“顺峰肥牛天下一流”字样，封面的颜色和文字的位置、字体、大小与某公司的《食谱》相同，其中的菜品和价格与某公司的《食谱》基本相同；另一种为简装本，封面印有“新东方顺峰肥牛火锅”“食谱”字样，其中的菜品和价格与某公司的《食谱》基本相同。刘某认可，在其经营的宾县宾州新东方顺峰肥牛火锅店担任经理的徐某涵，曾以徐某辉的名字在某公司工作多年，担任过楼层主管、餐饮部部长、前厅经理。二审法院经审查对原审判决认定事实予以确认。另查明：2007年11月8日，刘某经营的新东方顺峰火锅分店在中国邮政广告中称“顺峰肥牛火锅于2007年10月16日已正式落户宾县大地”。

➲ 一审法院判决理由与裁判结果

一审法院认为，某公司自1997年起就经营肥牛火锅，经过长期经营和持续宣传，其提供的“顺峰肥牛火锅”餐饮服务受到相关公众的欢迎，某公司及其加盟连锁店的字号、装潢为相关公众所普遍知悉，具有一定的市场知名度和较好的声誉。“顺峰肥牛火锅”已成为某公司知名商品特有的名称，其营业场所的装饰、营业用具的式样、营业人员的服饰等组合在一起，构成具有独特风格的整体营业形象，属于某公司知名商品特有的装潢。刘某在某公司及其加盟连锁店的“顺峰肥牛火锅”餐饮服务已成为知名商品之后，经营新东方顺峰火锅店及其分店，在相同的餐饮服务上，使用“顺峰肥牛火锅”作为企业字号；在牌匾上突出使用与某公司知名商品特有名称相同的“顺峰肥牛火锅”字样；使用与某公司基本相同的《食谱》，使用与某公司基本一致的服务人员服装和营业场所装饰及营业用具等，其营业用具的式样、营业人员的服饰等整体营业形象在视觉上形成与某公司基本一致的装潢，以相关公众的一般注意力，足以使相关公众产生混淆误认。判定刘某侵犯了某公司知名商品特有的名称和装潢，构成不正当竞争侵权。由于某公司因侵权所受损失和刘某实际获利情况均不能确定，根据刘某实施侵权行为的地域范围、持续的时间、主观过错等情节，酌定其应赔偿的数额。判决刘某于判决生效之日起立即停止侵犯某公司知名商品特有的名称和装潢的不正当竞争侵权行为，并赔偿某公司经济损失 15 万元。刘某不服一审判决，提起上诉，其认为原审判决认定“顺峰肥牛火锅”是知名商品错误。“顺峰”注册商标所有人系“顺峰饮食酒店管理有限公司”，核定的项目为提供饮食供应。某公司不是“顺峰”商标持有人，不能成为“顺峰”商标的维权主体。某公司所谓的“知名商品”是注册商标。根据法律规定，只能受《商标法》的保护，不再受《反不正当竞争法》的保护，原审法院适用《反不正当竞争法》所作出的判决错误。

二审法院判决理由与裁判结果

二审法院认为，本案的争议焦点集中在以下两个问题：

第一，关于“顺峰肥牛火锅”及相关装潢是否属于知名商品特有名称、装潢的问题。由于不同经营者经营的商品存在质量、服务等方面的差异，具有不同的商品声誉，消费者往往根据每一商品的特有名称、包装、装潢等标志，在同类商品中区别不同的商品经营者，选择特定的商品，尤其是在市场上有一定的良好知名度并为相关公众所知悉的知名商品。知名商品特有的名称、包装、装潢受《反不正当竞争法》的保护。某公司在本案中提供的有关其经营时间、获得荣誉、广告宣传、加盟连锁的经营方式等证据，足以证明其经营的“顺峰肥牛火锅”餐饮服务已经具有一定的市场知名度和较好的声誉，故应认定某公司经营的“顺峰肥牛火锅”餐饮服务属于知名商品。认定商品的特有名称、包装、装潢，应当从整体上考察其是否成为明显区别于其他同类商品的特定标识，以其是否具有表示特定商品的市场含义为依据进行判定，而不能仅仅依据商品名称的文字是否有创造性或者将其文字组合割裂后加以判断。某公司及其加盟连锁店在经营餐饮服务过程中长期使用“顺峰肥牛火锅”等基本一致的名称、宣传用语以及店面装饰、店匾样式、内饰布置、菜谱配系、汤汁制作技术、服务人员服装等整体形象，已经被相关公众所普遍知悉，使消费者将“顺峰肥牛火锅”的名称及其相关的装潢与某公司提供的餐饮服务形成特定的联系，成为识别商品来源的重要标志，故原审判决认定“顺峰肥牛火锅”属于某公司知名商品特有的名称，其营业场所的装饰、营业用具的式样、营业人员的服饰等组合属于某公司知名商品特有的装潢正确，应予维持。刘某将“顺峰肥牛火锅”中的三个词割裂开来，以“顺峰”系注册商标，“肥牛”“火锅”系商品通用名称为由主张“顺峰肥牛火锅”不属于知名商品特有名称，不能成立。

第二，关于刘某在经营中使用“顺峰肥牛火锅”及相关装潢是否与某公司“顺峰肥牛火锅”相关装潢相同或近似，并足以造成相关消费者误认的问题。刘某经营的宾县宾州新东方顺峰肥牛火锅店的经理曾在某公司工作多年并担任过业务主管，应当知道某公司使用的特有名称、装潢、连锁经营方式及其在市场上的知名度。刘某经营的宾县宾州新东方顺峰肥牛火锅店及其分店作为与某公司提供同类餐饮服务的同业竞争者，没有规范使用其名称字号，而是未经许可擅自在牌匾上突出使用与某公司知名商品特有名称相同的“顺峰肥牛火锅”字样；其使用的《食谱》、营业用具式样、营业人员的服饰等与某公司的整体营业形象在视觉上基本一致，足以使相关公众产生混淆，使其误认为与某公司经营的“顺峰肥牛火锅”具有许可使用或者关联关系。刘某的上述行为构成了《反不正当竞争法》所禁止的仿冒知名商品特有的名称、包装、装潢的不正当竞争，依法应当承担民事责任。原审判决认定刘某应立即停止侵权并赔偿某公司的经济损失正确。综上，二审法院判决驳回上诉，维持原判。

案例解析

本案的核心争议问题之一是知名商品特有名称与商品通用名称的区分。区分二者的意义在于厘清商业经营信息中的公有领域与私有领域，以确定法律对其二者的保护态度与调整手段。换言之，前者为经营者的无形财产，理应获得法律赋予其的相对排他保护，后者则是归属于公有领域的信息财产，基于公共利益价值的考量，使用人对其不宜享有独占性利益。笔者即以本案为例，试图探讨知名商品特有名称与商品通用名称之间的关系，并着重分析商品通用名称的认定标准，以期为司法实践提出一些粗浅建议。

一、知名商品特有名称与商品通用名称之辨析

（一）知名商品特有名称

探讨知名商品特有名称之内涵，首先需界定“知名商品”的概念。相较

普通商品，知名商品之所以具备特殊性，是因为相关商品满足“知名”要件。依据《最高人民法院关于适用〈中华人民共和国反不正当竞争法〉若干问题的解释》第4条第2款的规定，在认定知名商品时，人民法院应当考虑该商品的销售时间、区域、数额和对象，宣传的持续时间、程度和地域范围，作为知名商品受保护的情况等因素，予以综合判断。由法条表述可知，对于知名商品，实难作出一个明确固定的内涵解释，司法解释仅列出了知名商品的相关认定因素，旨在使知名要件的认定走向具体化、客观化，以求统一各地法院的裁判尺度。尚需注意的是，此类因素对商品知名要件的判断仅具有参考价值，在具体的案件纠纷中，法官仍需坚持个案判断的基本原则，不可忽视主观自由裁量在其中的基础作用。

依据原《最高人民法院关于审理不正当竞争民事案件应用法律若干问题的解释》第1条第2款的规定，特有名称系指具有显著特征、能够识别商品来源的商品名称，而国家工商行政管理局《关于禁止仿冒知名商品特有的名称、包装、装潢的不正当竞争行为的若干规定》第3条第3款则在“显著性”之外，规定了知名商品特有名称的“独有性”。笔者认为，前述国家工商行政管理局的若干规定中关于知名商品特有名称的内涵解释更具合理性，即知名商品特有名称应具有“独有性”及“显著性”，其中，“独有性”意为，该商品名称为经营者所独有，未在生产经营活动中普遍使用。

对于知名商品特有名称，学界有观点主张，在特有名称已满足显著性要求的情况下，单独设置“知名”要件实属多余。[①] 对此，立法者似乎亦持肯定态度。在修订的《反不正当竞争法》第6条第1款中，删去了“知名商品特有名称”的相关规定，而表述为“他人有一定影响的商品名称”。条文修改的用意在于，将“知名”作为商品的限定修饰，易导致相关条款的保护对象产生错置，有悖立法的真实本意。换句话而言，发挥识别来源功能的应为“商品名称”而非“商品”，相关条款的保护对象亦非被特别限定的“商品”。此外，增加商品“知名”要件，亦使相关条款的司法适用难度提升，客观上不利于商品名称所有者的利益保护。相反，将“知名商品特有名称”调整为“他人有一定影响的商品名称”，一方面明确了相关条款的保护对象为“商品名称”而非“商品”；另一方面有助于实现《反不正当竞争法》与《商标法》的衔接统一，进一步深化我国未注册商标保护体系。

---

① 参见王政阳：《“知名商品特有名称”认定标准研究——“鬼吹灯”知名商品特有名称案解析》，载《中华商标》2018年第4期；王太平：《我国知名商品特有名称法律保护制度之完善——基于我国反不正当竞争法第5条第2项的分析》，载《法商研究》2015年第6期。

（二）商品通用名称

对商品通用名称之内涵，理论界及实务界并无太大争议。一般认为，通用名称系指国家标准、行业标准规定的或者约定俗成的名称。《最高人民法院关于审理商标授权确权行政案件若干问题的意见》第7条亦对约定俗成的通用名称予以进一步解释，其指的是相关公众普遍认为能够指代一类商品的名称。实践中，约定俗成的通用名称一般表现为商品的俗称或简称等。例如，"彩电"即为"彩色电视接收机"这一商品的简称。较之于法定的通用名称的明确性，约定俗成的通用名称的认定相对复杂，融入了历史文化、地域特色、社会习惯等多方面因素的考量。

从表现形式观之，商品的通用名称一般指向某类商品的核心特质，如该商品的原料、品质、功能、工艺等，其具备如下几个典型特征。其一，通用性。商品通用名称的此种特性意为，该商品名称在一定地域范围为市场主体普遍使用。从本质上而言，该通用性的形成与发展归因于人类社会交互活动的纵深推进，使得不同群体间的文字和语言沟通日益具有相通性。可以肯定的是，在短期内，该通用性的程度受到一定地域范围的限制，原因在于人类社会交流的广度本身即受制于地域因素。但从长远角度观之，某类商品通用名称所具备的通用性，其程度往往会愈加深化，辐射群体范围及地域范围渐趋广泛；但不可否认的是，实践中，部分通用名称在商业使用中亦可能获得显著性特征，其通用性程度随之弱化。其二，指代性。商品通用名称的此种特性指的是，通用名称往往与某一类商品建立起直接联系，通过该通用名称，消费者可以联系该商品在原料、品质、功能、工艺等方面的特质。

（三）二者的区分标准

司法实践中，多数情形下的知名商品特有名称与商品通用名称的区分标准相对明确，不易引发性质认定的争议。一方面，知名商品特有名称的认定需从显著性及独有性两个角度予以考察；另一方面，商品通用名称的认定则可以从其具体分类展开，对于法定的通用名称，一般规定于法律法规、国家或行业标准等之中，而约定俗成的通用名称，则指的是一定区域内相关公众广泛认可与使用的商品名称。然而，在部分案件中，知名商品特有名称与商品通用名称之间的界限并非泾渭分明，本案即为其中之典型。在商业使用活动中，知名商品特有名称与商品通用名称存在相互转化之可能。申言之，知名商品特有名称在设立之初，亦可能在一定程度上反映该商品的原料、品质、功能、工艺等特质，在后续的市场经营中，相关公众逐渐建立起该商品与特有名称之间的心理联系，使得该特有名称衍生了来源识别功能。在特有名称指代性与显著性相混合的情况下，相关公众极易将此特有名称误认为某类商品的通用名称。[①] 反之，某类商品的通用名称经过长期的商业使用，亦可能获得识别商品来源的显著性，此时二者之间相对分化的界限无疑被打破，通用名称即演变成为特有名称。

在通用名称与特有名称之间判断不明的个案下，法官有必要着重关注以下几个方面，以清晰把握所涉商品名称的本质属性。其一，商品名称的固有显著性。一般而言，若某商品名称源于经营者的臆造活动，具备较强的识别商品来源的固有显著性，则该商品名称即可被认定为特有名称。相反，若某商品名称仅仅描述、揭示了该商品的某方面特性，在排除该商品名称于长期经营中获得第二含义这一例外情形后，其往往因缺失固有显著性而难以被认定为特有名称。其二，相关市场内商品名称使用情况。同业竞争者对某商品名称的实际使用状况亦为区分通用名称与特有名称的重要考量因素。若某商品名称虽系经营者独创，且具备较强的固有显著性，但因经营者忽视商品名称的推广、宣传，或怠于维护其于该商品名称之上的独占性利益，致使行业内其他竞争者广泛使用所涉商品名称，久而久之，该商品名称的显著性渐趋弱化，而通用化程度相应增强，相关公众往往将该商品名称与商品的某种特性相联系，基于此，将该商品名称认定为通用名称更为适宜。其三，侵权行为的发生时间。基于前文所述，可以得知，在商业经营活动中，商品名称的性质处于动态变化之中，意即，特有名称与通用名称之间存在演变转化之可能。故而，在争议商品名称性质判定上，法官必须以侵权行为时间节点下的商品名称市场客观状况为依据，以保证个案裁判的科学性与公正性。

二、商品通用名称判定的具体问题

（一）主体因素：相关公众的界定

一般而言，法定的通用名称因规定于法律法规、国家或行业标准等规范文件中，在实务纠纷中便于取证，故关于其的判定，往往并无分歧。司法实践中真正引发热议的，系约定俗成的商品名称的具体认定问题。其中，关于“约定俗成”之主体，相关法律规定中将其表述为“相关公众”，至于该表述的具体内涵，究竟是同行业内的相关竞争者，还是相关商品的潜在消费者，理论界及实务界中不乏一些不同声音。

一种观点主张，相较于行业内竞争者，消费者系商品销售的直接受众，故应将其作为约定俗成商品名称的认定主体。其原因如下，其一，消费在生产经济活动中的重要价值不容忽视，可以说，消费系人类社会赖以存续发展的必

① 参见周云川：《商品和来源混合的名称不属于通用名称——通用名称和特有名称之辨析》，载《中华商标》2012 年第 1 期。

备条件。[①] 基于此，作为消费主体的消费者理应占据市场经济活动的核心地位。以消费者视角对商品名称的独有性或通用性作出判断，更有利于保障消费者的正当权益，维护健康有序的市场环境。其二，在商品交易往来中，消费者处于相对中立的市场地位，无须迎合市场竞争中的任何一方主体，其对商品通用名称所作出的判断能避免掺杂过多主观因素的介入。反观某一行业领域内的其他竞争者，为"合法"使用某商业信息、牟取市场利润的最大化，其对商品通用名称的认知结果极可能与客观事实截然相悖。

另一种观点认为，对于约定俗成的通用名称，将其认定主体理解为同行业内的其他市场竞争者更为妥当。对这一理解，笔者持肯定意见，而从最高人民法院的相关判决中，亦可瞥见此种观点的身影。[②] 细细分析此种见解的背后缘由，可归纳为以下几个方面。其一，在新兴技术环境下，高科技商品大量涌入市场，对于此类商品，多数消费者往往缺失直接具体的认知经验与常识，而在经营者推广营销活动的影响下被动接受。此时，若以相关市场内消费者的视角作为商品名称通用化程度判断的依据，未免有失科学性。其二，商品名称的通用化程度影响了行业经营者对该商品名称的可利用程度。可以说，商品名称的属性认定结果关涉了商业资源在本领域竞争者之间的分配状况。基于此，以行业竞争者作为商品名称通用性的认定主体，更符合市场经济下的公平与效率原则。其三，采用消费者认知视角，因涉及的群体类型及地域范围相对广泛，对所涉商品名称的认定情况难以有效取证，于此基础上所作出的司法裁决结果的公正性与科学性可能遭受削弱。反之，行业经营者普遍认可及使用的商品名称更易于调查，司法机关亦可借助专门机构收集、分析本行业内的相关数据，以有效判断所涉商品名称的通用性。

（二）地域因素：地域范围的解释

在约定俗成的通用名称认定中，另一项困扰司法实务良久的问题即为地域范围的界定。对此，理论界及实务界主要存在两种观点，即商品通用名称的认定范围究竟及于全国抑或仅及于某一地区。

依据《最高人民法院关于审理商标授权确权行政案件若干问题的意见》第 7 条第 2 款，在一般情形下，约定俗成的通用名称认定范围应以全国为限，但司法解释亦在本款指出了地域范围认定的例外情形，即基于"历史传统、风土人情、地理环境等原因形成的相关市场较为固定的商品"，对其通用化程度

① 王冰：《论消费者在市场经济中的重要作用》，载《云南社会科学》2004 年第 5 期。

② 参见最高人民法院（2002）民三终字第 1 号民事判决书。本案中，最高人民法院在认定"84"是否为消毒液的商品通用名称时就以行业经营者的认知为参照标准。

的判断亦可以本地范围内的相关公众视角为标准。由此可知，《最高人民法院关于审理商标授权确权行政案件若干问题的意见》并未作出“一刀切”式的规定，依据个案差异化的具体情形，法院享有一定程度的自由裁量权。

对此，笔者认为，纠结于商品通用名称认定范围的全国性或区域性，未免陷入思维僵化的困境，对于本问题的妥当解决意义不大。关于该地域范围的认定，并非一个“非此即彼”的问题，而需结合相关商品的生产与销售范围予以具体考量。[①] 换言之，若某类商品的经营范围主要限定于特定区域，则该商品名称通用性的判断即集中于此特定地域范围；若该类商品的市场流通范围遍及全国，即需以全国范围的行业经营者作为商品通用名称的认定主体。实务中，对于相关商品生产与销售范围的界定，可借助企业规模、宣传力度、消费者调查等因素综合考量。

三、结论

本案中，依据某公司在诉讼中所举出的相关证据，如该公司的经营时间、宣传推广、荣誉成就等，不难得知，某公司所提供的餐饮服务构成了“知名商品”。在长期的商业经营活动中，某公司将“顺峰肥牛火锅”作为其提供商品的名称，相关公众已然建立起该商品名称与某公司及其所提供服务之间的特定联系，在满足特有性及显著性的前提下，“顺峰肥牛火锅”无疑构成了知名商品的特有名称。“肥牛”及“火锅”虽系火锅市场行业内的通用词汇，其不应为某一市场主体独占使用自不待言，但判断某一商品名称是否构成行业内通用名称，应采取整体认定的基本思路。意即，不能将商品名称的组成部分割裂后一一进行判断，否则易使认定结果显失公允。实际上，即使某一商品名称中含有通用词汇，从整体而言，该商品名称亦可能具备识别来源的显著特征。本案中的“顺峰肥牛火锅”即为此类商品名称的典型。

司法实践中，多数情形下的知名商品特有名称与商品通用名称的区分标准相对明确，不易引发性质认定的争议。在通用名称与特有名称之间判断不明的个案下，法官有必要着重关注商品名称的固有显著性、相关市场内商品名称使用情况及侵权行为的发生时间等方面，以清晰把握所涉商品名称的本质属性。关于商品通用名称的认定，在主体因素上，将“相关公众”之内涵应理解为同行业内的市场竞争者更符合市场经济下的公平与效率原则；在地域因素上，商品通用名称地域范围的认定，并非一个“非此即彼”的问题，而需结合相关商品的生产与销售范围予以具体考量。

---

① 参见杜颖：《通用名称的商标权问题研究》，载《法学家》2007 年第 3 期。

商品装潢获反不正当竞争法保护的要件研究

——鹤山市某甲调味食品有限公司与广东顺德某乙有限公司、广东某丙商场有限公司擅自使用知名商品特有名称、包装、装潢纠纷案

/ 李辛

➲ 本案要旨

经营者主张其商品装潢构成知名商品特有装潢的，应当提供证据证明其装潢已经与自身（商品提供者）形成特定联系，具有区别商品来源的功能。知名商品特有装潢的功能与商标类似，但两者并不等同。经营者仅证明其商标具有较高知名度的，不能以此推定其商品装潢即具有区别商品来源的功能。经营者仅以其装潢获取外观设计专利为由主张构成知名商品特有装潢的，亦不应予以支持。被诉方能提供证据证明同一竞争市场上多个其他商家长期使用与经营者类似的商品装潢，且经营者不能举证证明该装潢已与其建立特定联系的，应认定诉争装潢不具有区别商品来源的功能，不构成知名商品特有装潢。

➲ 案件信息

上诉人（一审原告）：鹤山市某甲调味食品有限公司

被上诉人（一审被告）：广东顺德某乙有限公司、广东某丙商场有限公司、广东某丙商场有限公司均安商场

案号：广东省佛山市顺德区人民法院（2015）佛顺法知民初字第769号、广东省佛山市中级人民法院（2016）粤06民终2442号

➲ 一审法院查明的事实

鹤山市某甲调味食品有限公司（以下简称某甲公司）于1996年7月30日成立，经营范围是生产、销售酿造酱油、酿造食醋、豆制品等。第32××91号“东古及图”商标于1988年9月20日核准注册，核定使用商

品为第16类的酱油、豆酱等，续展注册有效期至2018年9月19日；第54××49号“东古及图”商标于1991年1月20日核准注册，核定使用商品为第30类的醋，续展注册有效期至2021年1月19日，上述二商标的注册人名义上均于2001年2月7日变更为某甲公司。某甲公司于2003年1月21日取得了第19×××16号“东古（指定颜色）”注册商标专用权，核定使用商品为第30类，包括各种调味酱、酱油等，续展注册有效期至2023年1月20日。某甲公司注册并使用在酱油、醋、豆酱上的第54××49号、第32××91号“东古及图”注册商标自2004年3月起多次被广东省工商行政管理局评为“广东省著名商标”。2014年1月，某甲公司注册并使用在第30类酱油、醋商品上的“东古及图（指定颜色）”注册商标被国家工商行政管理总局商标评审委员会认定为驰名商标。某甲公司生产的500毫升一品鲜酱油瓶贴于2009年11月获得外观设计专利授权。2015年7月23日，某甲公司的委托代理人邱某文到广东省江门市蓬江公证处申请证据保全，该公证处公证员马某新与公证人员黄某珊与申请人的委托代理人邱某文，于当日上午十时五分到达广东省佛山市顺德区均安镇挂有“广东某丙商场有限公司”（以下简称某丙商场）字样招牌的店铺，邱某文进入商场购买了两瓶酱油，并取得抬头为广东某商业有限公司的小票一张以及编号为×××、盖有“广东某丙商场有限公司发票专用章”字样印章的发票一张，公证员对该商场进行拍摄，共拍得照片6张，其后对购买的货物进行拍摄、封存，共拍得照片14张。2015年8月19日，广东省江门市蓬江公证处出具了（2015）粤江蓬江第001704号公证书，对上述事实予以公证。某甲公司为此支付了公证费1500元。庭审中，将上述公证所附物品拆封，内有“惠美庄至尊一品鲜酱油”（净含量：500毫升）两瓶（以下简称被控侵权商品）。被控侵权商品的瓶贴左边（主视图）以暗金色为底色，右边以黑色为底色，主视图的上部中间为红底白色字体的“惠美庄”商标，左边为黑色白边较大字体的“至尊”（竖向排列）字样，旁有较小黑色字体的“酱油”（竖向排列）字样，下有较小黑色字体“净含量：500毫升”字样，主视图的下部中间为红底白色字体镶金边的“一品鲜”字样。瓶贴右边中间位置有一张较大的白色盘子和菜肴图片，图片下部有产品配料、生产日期、保质期等信息，图片右边有广东顺德某乙有限公司（以下简称某乙公司）的名称、地址、电话等信息。某甲公司认为，被控侵权商品上使用的瓶贴作为包装，在瓶身形状、包装设计理念、设计版块、尺寸与某甲公司产品使用的包装相近似。某乙公司对二者瓶贴构成近似无异议，但认为该种搭配的瓶贴作为酱油的包装装潢是多种酱油商品所通用，不具有识别作用，不会产生混淆。庭审中，某甲公司确认20万元经济损失是某乙公司赔偿某甲公司对于一品鲜酱油商品市场宣传的费用，无法证明某乙公司的获利，具体由法院酌定。另查，某乙公司成立于2009年10月28日，法定代表人谭某安，经营范围为酿造酱油、酿造食醋、调味料生产等。某丙商场成立于1997年7月2日，法定代表人区某华，经营范围如下：销售珠宝首饰等，批发兼零售预包装食品、散装食品等。广东某丙商场有限公司均安商场（以下简称某丙均安商场）成立于1999年12月23日，企业类型为有限责任公司分公司，经营范围与某丙商场相同。再查，某乙公司提供的外观设计专利文件及酱油实物显示，广州市番禺某调味食品有限公司于2003年7月2日获得“东海一品鲜”酱油瓶贴外观设计专利授权，梁某荣于2004年2月11日获得“口口福一品鲜”酱油瓶贴外观设计专利授权，马某于2006年12月6日获得“天船一品鲜”酱油瓶贴外观设计专利授权。上述三种酱油瓶贴及佛山市某调味品有限公司的“崇古鲜第二代海鲜酱油”“豆坊鲜一品鲜”以及江苏伊例家某有限公司的“伊例家经典一品鲜”酱油瓶贴均为左边以暗金色为底色，标注了商标、品名、生产厂、净含量等信息，右边以黑色为底色，标有一张较大的白色盘子和菜肴图片。

一审法院判决理由与裁判结果

一审法院认为，本案双方争议的焦点如下：某甲公司的“东古一品鲜酱油”商品是否为知名商品；某甲公司的“一品鲜酱油”商品的装潢是否为特有装潢。

一、关于某甲公司生产的“东古一品鲜酱油”产品是否属于知名商品的问题

国家工商行政管理局颁布的《关于禁止仿冒知名商品特有的名称、包装、装潢的不正当竞争行为的若干规定》第3条规定，知名商品，是指在市场上具有一定知名度，为相关公众所知悉的商品。本案中，某甲公司作为酱油、食醋酿造企业，自1996年成立后，其注册并使用在酱油、醋、豆酱上的第54××49号、第32××91号“东古及图”注册商标自2004年3月起多次被广东省工商行政管理局评为“广东省著名商标”，注册并使用在第30类酱油、醋商品上的“东古及图（指定颜色）”注册商标于2014年1月被国家工商行政管理总局商标评审委员会认定为驰名商标。某甲公司的东古商标在酱油、食醋产品上经过长期的使用，具有较高的知名度，其“东古一品鲜酱油”产品能够为相关公众所熟悉，可以认定为《反不正当竞争法》第5条第2项规定的

"知名商品"。某乙公司辩称某甲公司提供的证据不能证明某甲公司的涉案产品是知名商品的抗辩理由，一审法院不予采信。

二、关于某甲公司生产的"一品鲜酱油"商品的装潢是否为特有装潢的问题

《最高人民法院关于审理不正当竞争民事案件应用法律若干问题的解释》第2条规定，具有区别商品来源的显著特征的商品的名称、包装、装潢，应当认定为《反不正当竞争法》第5条第2项规定的"特有的名称、包装、装潢"。在商品或者其包装上附加的文字、图案、色彩及其排列组合所构成的装潢，在其能够区别商品来源时，属于我国反不正当竞争法保护的知名商品的特有的包装、装潢。本案中，虽然一审法院认定某甲公司生产的"东古一品鲜酱油"产品为"知名商品"，但能否认定该商品的装潢具有区别商品来源的特性，还需要结合该商品的装潢是否具有显著性、某甲公司对商品的宣传程度、方式以及相关公众的认知等相关因素进行综合判断。某甲公司请求保护的"一品鲜酱油"产品使用的装潢系围绕在产品容器上的瓶贴，由文字、图案与颜色等构成，与商品的功能性无关。将被控侵权商品与某甲公司请求保护的"一品鲜酱油"产品瓶贴进行比对，二者均为主视图以暗金色为底色，右边以黑色为底色，主视图的上方位置均由商标标识、商品名称、产品用途、净含量排列组合而成，主视图的下方中间位置均有"一品鲜"字样；瓶贴右边均在中间位置有一张较大的白色盘子和菜肴图片，图片下部有产品配料、生产日期、保质期等信息。但本案某乙公司提交的证据显示，早在某甲公司获得"一品鲜酱油"瓶贴外观设计专利前，已有他人获得了与某甲公司请求保护的"一品鲜酱油"产品的瓶贴在设计版块、色彩、文字图案排列组合等方面相似的"一品鲜酱油"瓶贴的外观设计专利，而且在现行市场上，亦有其他酱油生产企业的酱油瓶贴，采用了左边以暗金色为底色，标注了商标、品名、生产厂、净含量等信息，右边以黑色为底色，标有一张较大的白色盘子和菜肴图片及其他信息的瓶贴。而综观整个诉讼过程中，某甲公司并未举证证明其何时开始使用请求保护的"一品鲜酱油"产品的瓶贴，亦未举证证明上述瓶贴经过其使用获得了显著特征并具有了一定的知名度，因此，某甲公司在本案中所举证据不足以证明其"一品鲜酱油"的装潢成为相关公众区分商品来源的标识之一。虽然某甲公司生产的500毫升一品鲜酱油瓶贴在2009年11月获得外观设计专利授权，但该外观设计专利并不影响某甲公司"一品鲜酱油"产品装潢是否具有区别商品来源特性的判断，即某甲公司取得外观设计专利授权的装潢，并不能当然成为相关公众区分商品来源的标识。因此，某甲公司生产的“一品鲜酱油”商品的装潢不属于《反不正当竞争法》第5条第2项所保护的特有的装潢。由于某甲公司以某乙公司擅自使用其知名商品特有装潢构成不正当竞争的理由不充分，其据此要求某乙公司、某丙商场、某丙均安商场停止生产、销售侵权产品并赔偿经济损失亦没有事实和法律依据，一审法院不予支持。

综上所述，一审法院判决：驳回某甲公司的诉讼请求。

上诉主张及理由

上诉人某甲公司主张：一审法院在某甲公司生产的“一品鲜酱油”商品的装潢是否为特有装潢的问题上认定错误，导致判决错误。一审法院在事实认定上相互矛盾。一审法院认定某甲公司生产的“一品鲜酱油”产品为“知名产品”，但同时认为能否认定该商品的装潢具有区别商品来源的特性，还需结合该产品的装潢是否具有显著性、对商品的宣传程度、方式以及相关公众的认知等相关因素进行综合判断。既然一审法院认定某甲公司的产品为“知名产品”，该公司的产品在相关公众的认知中应当具备相当高的知名度，其特有包装也应被公众熟悉，这是知名产品应有的基本特征。本案一审庭审中，某乙公司向一审法院提交了两组证据，其中证据2中的崇古鲜海鲜酱油已经被法院判决为侵权产品［案号是（2013）佛三法民三初字第59号、（2014）佛中法知民终字第54号和（2013）佛中法知民初字第302号］，但一审法院仍然认为某甲公司未能举证证明“一品鲜酱油”产品的瓶贴经过使用获得了显著特征并具有了一定的知名度，从而认定某甲公司所举证据不足以证明“一品鲜酱油”的装潢已成为相关公众区分商品来源的标识之一。一审法院的理解是错误的。某甲公司使用的“一品鲜酱油”的瓶贴与产品是相辅相成的，某甲公司的知名产品一直使用上述瓶贴，该瓶贴已经随着产品的宣传，成为相关公众区分其他产品的重要标志。但某乙公司使用的瓶贴，与某甲公司的设计理念、风格、排版及颜色都是近似的，而且是同类产品，所以，某乙公司使用的瓶贴足以使消费者造成混淆，导致误认。根据《反不正当竞争法》第5条的规定，某乙公司使用的包装明显与某甲公司的知名产品所使用的特有包装近似，造成与某甲公司的知名商品相混淆，使购买者误认为是该知名商品。

被上诉人某乙公司抗辩称：（1）某甲公司的商品装潢不构成特有装潢，一审法院对此认定正确。一审判决认定了两个焦点：一是商品是否构成知名商品；二是装潢是否构成特有装潢。一审法院认为在商品构成知名商品的前提下，仍需对商品的装潢是否属于特有装潢进行认定。某甲公司的上诉理由是将特有装潢的认定和商品的知名混淆了。被控侵权商品的包装装潢是其瓶贴，由文字、图案和颜色组成。该瓶贴左边为暗金底色，右边为黑色底色，右边上方有一浅色长条，左右两边以直线分隔。瓶贴左边为纵向“东古”商标，商标下方为横向排列、红底白字的“一品鲜”三字，商标右方为纵向排列的黑色“酱油”二字，其右边为文字框。瓶贴右边为盘子及菜肴的图片，图片右边为条形码，图片下方为文字。广州市番禺某调味食品有限公司在2002年就已经在其酱油商品上使用与该瓶贴极为近似的瓶贴，并申请了外观设计专利，并一直使用至今。佛山市顺德区北滘镇某调味食品有限公司也于2003年在其酱油商品上使用与该瓶贴极为近似的瓶贴。广州海鑫某食品有限公司也于2005年在其酱油商品上使用与该瓶贴极为近似的瓶贴。上述三瓶贴均分为左右两边，左边均为暗金底色，右边均为黑色底色，右边的上方均有一浅色长条，左右两边均以直线分隔。瓶贴左边均为纵向商标，商标下方均为横向排列、红底白字的“一品鲜”三字，商标右方均为条形码，图片下方均为文字。上述瓶贴与某甲公司的瓶贴极为近似，且使用时间远早于某甲公司。除上述瓶贴外，市面上还有佛山市某调味品有限公司、江苏伊例家某有限公司等企业生产销售的多款酱油产品，其瓶贴均与某甲公司的瓶贴属于同一风格。因此，某甲公司的包装装潢为多种酱油所通用，不是某甲公司商品所特有。（2）一审法院对证据的认定是正确的。某甲公司提交了多份判决书，以证明其“一品鲜酱油”的装潢已成为相关公众区分商品来源的标识。①上述判决书未作为证据提交，而且上述判决为“东古”商标侵权案，与商品装潢无关，不能证明装潢是否能区分商品来源。②上述判决书均是针对“岽古鲜海鲜酱油”，但某乙公司除了“岽古鲜海鲜酱油”，还提交了多份瓶贴的外观设计专利，证明在某甲公司之前已有他人获得了类似瓶贴的外观设计专利，而且还有“豆坊鲜一品鲜酱油”“伊例家经典一品鲜酱油”等其他现行市场上采用的瓶贴。上述证据均证明该装潢为多家酱油企业所通用，不具备区分商品来源的效力。综上，请求二审法院驳回某甲公司的上诉请求。

二审法院判决理由与裁判结果

二审法院认为：知名商品特有装潢不仅要求商品知名，同时还要求该装潢达到《反不正当竞争法》规定的“特有”程度，亦即该装潢应具有显著区别性特征，并通过在商品上的使用，使相关公众能够以此将该商品与其他经营者的同类商品相区别，故具有区别商品来源功能是知名商品特有装潢的最基本的构成要件。因此，某甲公司主张其“东古一品鲜”酱油商品的装潢构成知名商品特有装潢，应当举证证明该装潢具有区别商品来源的功能。商品装潢并不先天性地具有区别商品来源的功能，商品装潢要与商品来源建立特定联系，需要经过经营者对使用该装潢商品进行一定程度的销售、宣传等。本案中，某甲公司提交的主要为关于“东古及图”商标知名度的证据，虽然该部分证据能反映其“东古”牌酱油商品在总体上具有一定的知名度，但并不能反映使用某甲公司请求保护的“东古一品鲜”酱油商品装潢已达到《反不正当竞争法》所要求的“特有装潢”的情况。某乙公司提交证据证明，多年前已有相近的酱油商品装潢获得外观设计专利授权，市场上已存在多个相近的酱油商品装潢的情况下，某甲公司更应提交充分的证据证明其使用请求保护装潢的正当性以及该装潢已与某甲公司建立起特定联系。因某甲公司在本案中提交的证据并不能反映其请求保护的“东古一品鲜”酱油商品装潢的最早使用时间，也不能证明使用某甲公司请求保护的装潢的“东古一品鲜”酱油商品的宣传、销售情况，仅凭某甲公司关于其商标知名度的证据不足以认定其请求保护的“东古一品鲜”酱油商品的装潢已与某甲公司建立起特定联系，从而具有区别商品来源的功能。因此，一审法院认定某甲公司“东古一品鲜”酱油商品装潢不构成知名商品特有装潢正确。某甲公司主张某乙公司、某丙商场、某丙均安商场的行为构成不正当竞争并要求其承担责任缺乏事实和法律依据，故不予支持。

综上所述，某甲公司的上诉请求不能成立，应予驳回；一审判决认定事实清楚，适用法律正确，应予维持。判决如下：驳回上诉，维持原判。

案例解析

本案的争议焦点为某甲公司“东古一品鲜”酱油商品装潢是否构成知名商品特有装潢。我国1993年施行的《反不正当竞争法》第5条第2项规定，经营者不得擅自使用知名商品特有的名称、包装、装潢，或者使用与知名商品近似的名称、包装、装潢，造成和他人的知名商品相混淆，使购买者误认为是该知名商品。2017年《反不正当竞争法》修订后，该条内容变为“经营者不得实施下列混淆行为，引人误认为是他人商品或者与他人存在特定联系：（一）擅自使用与他人有一定影响的商品名称、包装、装潢等相同或者近似的标识……”从相关规定的沿革来看，其对于可获保护的商品装潢表述发生了重大变化，这种变化对于商品装潢保护要件司法认定的影响应予探究。本案即

《反不正当竞争法》修订前关于知名商品特有装潢认定的典型案例之一，下文将结合《反不正当竞争法》的修改及相关理论对上述问题进行探究。

一、概念的新旧辨析

2017年《反不正当竞争法》修订后，以“有一定影响的商品装潢”替代了“知名商品特有的装潢”的表述。从文义解释的角度而言，知名商品特有装潢应当是一个二元结构，包括知名商品与特有装潢两个主体，这在我国的法律规定与司法实践中均得到体现。譬如原《最高人民法院关于审理不正当竞争民事案件应用法律若干问题的解释》第1条第1款和第2条分别对“知名商品”和“特有装潢”进行了规定。司法实践中，法院也是分别判定诉争商品装潢是否构成知名商品和特有装潢的。如本案中，一审法院直接将本案争议焦点归纳为某甲公司的“东古一品鲜酱油”商品是否为知名商品；某甲公司的“一品鲜酱油”商品的装潢是否为特有装潢。二审法院也指出：知名商品特有装潢不仅要求商品知名，同时还要求该装潢达到《反不正当竞争法》规定的“特有”程度。① 有学者认为，采用二元结构存在诸多弊端。一方面，其会造成商业标识与商品分置，不仅割裂了商业标识与商品之间的紧密联系，而且存在将《反不正当竞争法》商业标识混淆条款的保护对象错置的问题。另一方面，其也导致“知名”与“特有”的概念关系模糊。这种模糊会导致一些争议，例如，仅仅建立在经营者单纯的广告宣传基础上的知名度是否可以得到《反不正当竞争法》的保护？仅仅具有固有显著性的商业标识是否即达到了反不正当竞争法保护的条件？② 现行《反不正当竞争法》规定的“有一定影响的商品装潢”显然是一个一元结构，该表述将商品装潢作为一个整体，并用“有一定影响”对其进行修饰。采用一元结构不仅使商业标识与商品相统一，明确了反不正当竞争法的保护对象，同时也解决了商品知名是否能推知装潢特有、保护装潢为何必须以商品知名为前提等一系列因概念关系模糊造成的逻辑难题。尽管仍有学者认为，一元结构带来了新的问题，尤其是“一定影响”应当如何理解的问题。③ 但总体而言，《反不正当竞争法》修改后采用一元结构的表述要较此前更为合理。那么二元结构转为一元结构会对反不正当竞争法保护下商品装潢的认定产生何种影响呢？

---

① 参见广东省佛山市中级人民法院（2016）粤06民终2442号民事判决书。

② 参见刘继峰、缪慧：《商业标识混淆中“一定影响”的认定标准》，载《中国社会科学院研究生院学报》2020年第3期。

③ 参见刘继峰、缪慧：《商业标识混淆中“一定影响”的认定标准》，载《中国社会科学院研究生院学报》2020年第3期。

二、保护要件研究

商品装潢想要获得反不正当竞争法的保护，应当符合该法规定的要件。尽管《反不正当竞争法》修改后法条表述有所变化，但其只是为明确认定标准，平息争议，保护要件并未发生实质性改变。下文将结合法律规定的变化对商品装潢的保护要件进行分析。

（一）知名度

2017 年《反不正当竞争法》修改前，“商品知名”是商品装潢获得保护的必需条件。根据原《最高人民法院关于审理不正当竞争民事案件应用法律若干问题的解释》第 1 条的规定，知名商品是指在中国境内具有一定的市场知名度，为相关公众所知悉的商品。对于知名度的解读，理论和实务界均存在不同观点。有实务工作者认为，结合反不正当竞争法的立法目的，其对于知名商品的规定是为保护具有区别商品来源意义的商品特有名称、包装和装潢服务的，只要其在相关公众中具有一定的知名度即可，并不要求为相关公众广为知晓。因此，在具体案件中，对知名度的把握要求不宜过高。① 学界中亦不乏持此观点的学者。② 但也有实务工作者认为，应对知名度采较高标准，通过参考商标的著名、驰名情况推定商品的知名程度。其认为商标和商品包装装潢具有标识商品来源的同源性及载体功能，原《最高人民法院关于审理不正当竞争民事案件应用法律若干问题的解释》的规定很大程度上参照了驰名商标的认定标准，只是没有明确认定知名商品必须考虑使用商品的商标的知名或者驰名程度。我国很多地方性法规也规定了认定知名商品首先需要考虑商品使用的商标是否为著名或者驰名商标。因此在认定商品是否知名时，要考虑所使用商标的驰名因素。在相同条件下，使用驰名商标的商品比使用著名商标的商品，成长为知名商品的可能性更大。该条件具备的情况下，不必拘泥于司法解释对知名商品的举证要求。③ 本案中，一审法院就是通过商标著名推定商品知名。其认为，某甲公司作为酱油、食醋酿造企业，自 1996 年成立后，其注册并使用在酱油、醋、豆酱上的第 54 × ×49 号、第 32 × ×91 号“东古及图”注册商标自 2004 年 3 月起多次被广东省工商行政管理局评为“广东省著名商标”，注册并使用

① 参见朱理：《知名商品及其特有名称、包装和装潢的认定——最高法院裁定吉林文史出版社诉华文出版社图书不正当竞争纠纷案》，载《人民法院报》2014 年 4 月 24 日，第 6 版。

② 持此观点的，参见袁田、王琳泷：《不正当竞争纠纷中“有一定影响的包装装潢”的认定》，载《中华商标》2020 年第 Z1 期。

③ 参见欧丽华：《认定知名商品特有包装装潢的三个要素——“开口笑”诉“笑口常开”不正当竞争案评析》，载《科技与法律》2012 年第 1 期。

在第30类酱油、醋商品上的“东古及图（指定颜色）”注册商标于2014年1月被国家工商行政管理总局商标评审委员会认定为驰名商标。因此某甲公司的东古商标在酱油、食醋产品上经过长期的使用，具有较高的知名度，其“东古一品鲜酱油”产品能够为相关公众所熟悉，可以认定为“知名商品”。[①]

笔者认为，2017年《反不正当竞争法》修改后，以“有一定影响”替代“知名”即为明确对于知名度认定应采取较低标准。“有一定影响”显然是相对于“有较大影响”而言，法条采用前一表述的目的不言而喻。同时，“有一定影响”被用于修饰商品装潢，也明确了知名度要求的对象应为商品装潢而非仅为商品。二元结构下很难解释商品知名何以成为商品装潢受保护的必要条件。因为商品知名并不能必然地推知商品装潢知名，例如某一知名商品更换新的装潢，该新装潢显然尚不具有知名度。商品装潢若无知名度，则其他经营者即使对其进行仿冒也无法获取竞争优势，不会对市场竞争秩序造成损害，因此这种商品装潢就不具备反不正当竞争法意义上的可保护性。故就此种意义而言，既然商品知名无法推知商品装潢知名，则其与商品装潢是否应获得保护显然也没有必然联系。同理，通过商标著名、驰名推定商品知名进而论证商品装潢符合保护要件的做法也就不再具有可行性。因此，明确知名度是对商品装潢的要求很好地化解了这一逻辑难题，也为司法实践中把握商品装潢的保护要件指明了方向。

（二）显著性

2017年《反不正当竞争法》修改前，二元结构下“装潢特有”也是商品装潢的保护的必需条件。根据原《最高人民法院关于审理不正当竞争民事案件应用法律若干问题的解释》第2条的规定，特有是指具有区别商品来源的显著特征，即显著性。显著性的证明应由主张商品装潢权利方承担举证责任，但被诉方亦可通过列举诉争装潢具有通用性、被相关市场普遍使用等反证来否定其显著性。例如本案中，某甲公司的“一品鲜酱油”商品装潢主视图以暗金色为底色，右边以黑色为底色，主视图的上方位置均由商标标识、商品名称、产品用途、净含量排列组合而成，主视图的下方中间位置均有“一品鲜”字样；瓶贴右边均在中间位置有一张较大的白色盘子和菜肴图片，图片下部有产品配料、生产日期、保质期等信息。某乙公司提交的证据显示，早在某甲公司获得“一品鲜酱油”瓶贴外观设计专利前，已有他人获得了与某甲公司请求保护的“一品鲜酱油”产品的瓶贴在设计版块、色彩、文字图案排列组合等方面相似

---

① 参见广东省佛山市中级人民法院（2016）粤06民终2442号民事判决书。

的“一品鲜酱油”瓶贴的外观设计专利，而且在现行市场上，亦有其他酱油生产企业采用与诉争酱油瓶贴近似的商品装潢。这些事实可以证明诉争装潢的区分度较弱，具有一定的通用性，而某甲公司未能证明其请求保护该装潢的正当性以及该装潢已与某甲公司建立起特定联系，因此法院认定其装潢并不具有显著性，故不能获得保护。

一般认为，“特有”与商标法中的“显著性”无异，包括固有显著性和获得显著性。根据商标法基本理论，前者是指初始即具有的标识商品或服务的功能，后者则是指通过宣传和使用而获取了标识商品或服务的功能，商品装潢只需任具两种显著性之一即可，反之则不符合保护要件。但有学者认为，如果对于尚未投入市场或刚进入市场的新商业标识，仅因为其具有固有显著性即予以反不正当竞争法保护，就不符合《反不正当竞争法》关于商业标识混淆条款的立法本义，故认为仅具有固有显著性不满足商品装潢的保护要件。[①] 此种观点的依据在于，未投入或刚投入市场使用的商品装潢即使具有固有显著性，但由于未被相关公众知晓，因此不会引起混淆，故不应获得保护。对此笔者认为，当商品装潢具有固有显著性时，即意味着其客观上可以起到将经营者商品与其他商品进行区分的作用。但满足显著性要求并不等于可以获得保护，其还需满足知名度要求。而商品装潢要具有知名度即必须通过经营者大量广告宣传或长期的市场使用。因此，未投入或刚投入市场使用的商品装潢本质上系因不符合知名度要件而不可获得保护，与其显著性要件无关。

《反不正当竞争法》修改后，商品装潢需具显著性的保护要件并未改变。“有一定影响”的词义虽然不能涵盖显著性，但该法第 6 条规定为：“经营者不得实施下列混淆行为，引人误认为是他人商品或者与他人存在特定联系”，从“混淆”“引人误认存在特定联系”等表述可知，具有区别商品来源的显著性应是商品装潢受反不正当竞争法保护的内在要件。

三、结论

尽管受反不正当竞争法保护的商品装潢经历了由“知名商品特有装潢”到“有一定影响的商品装潢”的表述变更，但其保护要件并未发生实质改变。只有坚持知名度与显著性要件并行，明确保护对象，审慎认定经营者的商品装潢权利，才能正确引导市场竞争秩序，规范市场竞争行为，营造良性市场竞争氛围。

---

① 参见刘继峰、缪慧：《商业标识混淆中“一定影响”的认定标准》，载《中国社会科学院研究生院学报》2020 年第 3 期。

对企业名称和商品名称的竞争法保护

——上海某甲美食有限公司诉上海某乙美食有限公司不正当竞争纠纷案

/ 戴可

➲ 本案要旨

判断是否构成侵犯企业名称权时，若涉及对字号的使用，则存在两种情况：一种是该字号只有一种含义，则无须完整使用该企业名称，仅使用字号也足以构成侵权；另一种是该字号存在多种含义，此时企业名称所有人无权禁止他人在该字号的其他含义下合理使用，但不能造成相关公众混淆。侵犯知名商品或服务的特有名称权，以该商品或服务具有一定知名度为前提。此外，该名称还需具有一定特有性与显著性，可以是权利人自己原创，也可以是在原有含义上发展出新含义，要求足以与通用名称相区分，并足以使相关公众区别背后的商品或服务来源。

➲ 案件信息

上诉人（一审原告）：上海某甲美食有限公司

被上诉人（一审被告）：上海某乙美食有限公司

案号：上海市第一中级人民法院（2002）沪一中民五（知）初字第137号、上海市高级人民法院（2003）沪高民三（知）终字第49号

➲ 原被告主张及理由

原告主张："避风塘"是本公司的名称。本公司使用"避风塘"进行对外宣传，在经营中十分注重广告投入，强化了"避风塘"作为品牌形象的作用，使"避风塘"成为上海地区餐饮服务行业中较为知名的服务名称。被告在其招牌、匾额、店堂餐桌以及广告上擅自使用"避风塘"字样，利用本公司知名度为其获取非法利益。被告这种引人误解的虚假宣传行为，侵犯了本公司的企业

名称权和知名服务特有名称权，是不正当竞争。请求判令被告立即停止侵权，公开向本公司赔礼道歉，消除影响，赔偿本公司的经济损失50万元。

被告抗辩："避风塘"一词，是餐饮行业内约定俗成并广泛使用的一种特色风味菜肴的名称，此点已由商标评委会确认。本公司是在标注自己企业名称的情况下使用"避风塘"一词，不侵犯原告的企业名称，不会引起消费者误解。

➲ 法院查明的事实

上海某甲美食有限公司（以下简称某甲公司）于1998年9月15日经工商行政管理部门注册登记成立，企业名称为"上海某甲美食有限公司"，经营饭、菜、酒、点心、冷饮、咖啡堂吃等。此后，某甲公司开设打浦、静安、八佰伴三家分店。经工商行政管理部门批准，某甲公司及其分店自1999年9月起，制作有"避风塘"内容的店堂牌匾广告和户外广告，同时还在菜单、食品包装盒、日历卡上印制"避风塘"及其汉语拼音的字样。某甲公司的经营曾获得若干项荣誉，并被媒体报道。

上海某乙美食有限公司（以下简称某乙公司）于2001年1月8日注册登记成立，企业名称为"上海某乙美食有限公司"，经营饭、菜、饮料的堂吃、外卖、酒的堂饮等。经工商行政管理部门批准，自2002年8月13日开始，某乙公司在门面招牌上突出使用了"唐人街""德荣唐美食"等字样；在一楼和二楼的玻璃窗上，分别印有"避风塘畅饮""避风塘料理"等广告语；在菜单上方，印制"唐人街避风塘料理"字样；在设置的路标上，印制"唐人街餐厅避风塘"字样。

某甲公司对外宣传资料上刊印的《〈避风塘〉的故事》，内容为"'避风塘'是香港维多利亚海港上帆船、舢板等船只用来避台风的多个海湾，其中以位于香港岛北侧的铜锣湾避风塘（建于1862年）最为出名。20世纪60年代开始，由于环境的污染，香港沿海捕鱼为生的渔民在香港邻近水域已难以有渔获，仅靠捕鱼难以为生，而这些渔民世代以大海为家，在如此特殊的居住环境下，从而对海产认识甚深，对海产的烹调另树独特风格。与此同时，由于香港地区经济不断发展，铜锣湾区已成为香港最繁荣的消费娱乐区，遂有渔民以其艇只为店在铜锣湾避风塘经营起特色海鲜美食，由于其制作和烹调技巧在当时没有任何餐厅菜馆可仿效生产，便形成了其专营式的经营。昔日的避风塘，每当夜幕低垂的时候，渔民们驶来一艘艘张灯结彩的营业艇来避风塘做生意。这些小艇专门经营海鲜、粥、粉、面、水果、饮料等，还有一些歌舞艇上面有歌女演唱和乐师伴奏。市民纷纷到艇上饮食和娱乐、歌舞升平。全盛时期，营业艇多达数百艘。避风塘从而变成市民们夜生活的胜地，更是香港美食家经常光临的饮食好去处，并且成为中外游客一个旅游观光点。随着我国香港特别行政区进一步的发展，避风塘受填海及环保卫生的影响，此等经营面临停业的危机，于是陆地上出现了和原避风塘师傅合作的香港避风塘美食店。而今，避风塘已从我国香港特别行政区向世界各地全面发展。人们纷至沓来，真正领略了'避风塘'美食加浪漫风情的全新感受"。

四川省成都市武侯区避风塘海鲜大排档曾申请商标评委会重新评审"避风塘 BFT"商标。2001 年 2 月 7 日，商标评委会在商评字（2001）第 187 号《重新评审终局裁定书》中认为：餐饮行业内的经营者普遍将"避风塘"文字作为一类特色风味菜肴的名称加以使用，如果将此约定俗成并广泛使用的名称注册为商标，将妨碍其他经营者的正常经营活动，故裁定申请人重新评审的理由不成立。

一审法院判决理由与裁判结果

本案争议焦点如下：（1）某乙公司使用"避风塘"一词，是否侵犯某甲公司的企业名称权？（2）某乙公司使用"避风塘"一词，是否侵犯某甲公司的知名服务特有名称权？（3）某乙公司使用"避风塘"一词，是否构成虚假宣传的不正当竞争行为？

关于争议焦点一，企业名称权，是指企业依法对其名称所享有的权利。根据国家工商行政管理部门的规定，企业名称应由企业所在地行政区划名称、字号、行业或者经营特点、组织形式四项依次组成。只有由这四项依次组成的完整企业名称才是区别不同企业的重要标志。《反不正当竞争法》第 5 条第 3 项规定，经营者不得以"擅自使用他人的企业名称或者姓名，引人误认为是他人的商品"的手段损害竞争对手。判断是否使用他人企业名称，应以是否使用了他人完整的企业名称为标准。原告某甲公司的企业名称是"上海某甲美食有限公司"，"避风塘"一词，是该企业名称中的字号。某乙公司的店面招牌上，使用了自己企业名称中的字号，即"德荣唐美食"；其广告宣传中虽有"避风塘"一词，但未将该词作为本企业名称中的字号。某乙公司的使用行为不会使消费者混淆对两家经营者的识别，或者产生两家经营者存在关联关系的误解。因此，某甲公司指控某乙公司侵犯企业名称权，理由不能成立。

关于争议焦点二,《反不正当竞争法》第5条第2项规定，经营者不得以“擅自使用知名商品特有的名称、包装、装潢，或者使用与知名商品近似的名称、包装、装潢，造成和他人的知名商品相混淆，使购买者误认为是该知名商品”的手段从事市场交易，损害竞争对手。《反不正当竞争法》所称的商品，包括服务。知名商品或服务的特有名称，一般是指由该知名商品或服务的经营者创先使用和独有，并与通用名称有显著区别的商品或服务名称。根据原告某甲公司的宣传资料,“避风塘”一词的原意是指“香港维多利亚海港上帆船、舢板等船只用来避台风的多个海湾”，后引申为一种烹调方法及菜肴的通用名称，现在随着香港特别行政区的发展和对外交流，“避风塘”特色菜肴逐步走向世界各地。由此可见，“避风塘”一词不是某甲公司创先使用，且该词已被餐饮行业经营者作为一种烹调方法及菜肴的代表名称广泛使用，故不能成为某甲公司的餐饮服务与众不同的显著标志，某甲公司无权禁止其他经营者使用“避风塘”一词。某甲公司认为某乙公司使用“避风塘”一词是侵犯其知名服务的特有名称，理由不能成立。

关于争议焦点三,《反不正当竞争法》第9条第1款规定:“经营者不得利用广告或者其他方法，对商品的质量、制作成分、性能、用途、生产者、有效期限、产地等作引人误解的虚假宣传。”前已述及，“避风塘”一词已被餐饮行业经营者作为一种烹调方法及菜肴的通用名称的代表名称广泛使用。被告某乙公司在店堂布置和对外提供餐饮服务时，使用“避风塘料理”等文字进行广告宣传，意在向消费者说明其菜肴的风味，不是对其菜肴的质量、制作成分、性能、用途、生产者、有效期限、产地等作引人误解的虚假宣传，因此不构成利用广告作虚假宣传的不正当竞争行为。

综上所述，原告某甲公司的各项主张均缺乏法律依据。

上诉主张及理由

上诉人主张：第一，企业名称虽然包括四个部分，但四个部分的重要性不同，字号才是企业名称的核心。企业对字号有专用权，其他企业不能擅用。被上诉人使用上诉人字号的行为，已经构成对上诉人企业名称权的侵犯。第二，“避风塘”一词没有直接表明服务质量和功能的作用，也不是餐饮服务业的通用名称。它除具有小港湾这一含义外，还产生了标识上诉人提供服务的来源的第二含义。知名服务的特有名称，不仅可以由臆造词产生，也可以通过使用，从原有词引申出第二含义形成。通过上诉人的广告宣传，

“避风塘”一词的第二含义已经获得了显著性。一审不承认“避风塘”一词是上诉人知名服务的特有名称，将其认定为广大消费者普遍接受的一类特色风味菜肴和饮食经营方式的名称，是对重大事实认定不清。第三，上诉人是上海餐饮市场中的知名企业，消费者就是根据上诉人的服务名称“避风塘”，对上诉人进行判断、识别的。上诉人从未反对其他餐饮经营者合理使用“避风塘”一词，例如以合理的方式阐述“避风塘”的原有含义，或者将菜肴命名为“避风塘”草虾、“避风塘”茄子。被上诉人对“避风塘”一词，并非一审认定的仅在对菜肴进行描述时使用，而是在店招、橱窗、户外指引广告牌上，都有非常醒目的“避风塘”一词；其使用的文字内容，不仅有一审认定的“避风塘料理”，还包括“避风塘畅饮”“唐人街餐厅避风塘往前 30 米”等；就连“避风塘”一词绿字白底的颜色，也与上诉人如出一辙。这种使用超出了合理范围。不仅如此，被上诉人甚至把上诉人独创、从 1999 年起使用的广告门联“熙熙攘攘皆为食来”和广告词“每人 20~30 元消费令您喜出望外 !!”，一并剽窃来张贴，足以证明被上诉人的目的是“搭便车”，依靠他人知名服务名称所蕴含的商业信誉来谋取不正当利益。请求撤销一审判决，改判被上诉人承担侵权责任。

被上诉人辩称：原审认定事实清楚，适用法律正确，不同意上诉人的上诉理由。

二审法院判决理由与裁判结果

企业名称，是作为市场主体的企业的标识；字号，是企业名称的核心。当字号只有一种含义时，即使仅仅擅自使用企业名称中的字号，也可能造成消费者误认或者混淆市场主体，从而侵害相应企业的名称权。但是当字号还有其他含义时，如果他人是在原有含义上合理使用，企业名称权人无权禁止“避风塘”一词，除了是上诉人某甲公司的字号，还兼具避风港湾、一种烹调方法及菜肴的通用名称等原有含义。被上诉人某乙公司没有把“避风塘”一词作为自己企业的字号，只是在“一种烹调方法及菜肴的通用名称”这一含义上使用该词，使用的显著性也没有超过自身企业字号，客观上不足以造成消费者对不同企业的混淆和误认，因此某甲公司无权禁止。某甲公司认为某乙公司侵犯其企业名称权的上诉理由，不能成立。

知名服务的特有名称，是指知名服务独有的、与通用名称有显著区别的服务名称。认定知名服务特有名称，除了该服务本身要成为知名服务外，还应当符合以下条件:(1)该名称不能直接表示服务的功能、用途和质量，并且与此类服务的通用名称有显著区别。(2)该名称应当具有原创性或创先使用性，或者是通过经营者的服务使通用名称具有了新的特定含义而形成。(3)该服务名称应当具有显著的区别性，消费者可以自然地将该名称和特定经营者以及知名服务联系起来。一审根据上诉人某甲公司在《〈避风塘〉的故事》中对“避风塘”一词来源的描述，认定该词除具有避风港湾的原有含义外，已引申为一种烹调方法及菜肴的通用名称，并无不当。作为一种烹调方法及菜肴的通用名称，“避风塘”一词在某甲公司设立之前就已存在，不是由于某甲公司的使用才使得消费者认可其为一种烹调方法及菜肴的通用名称。因此，某甲公司对“避风塘”一词的使用，既不具有原创性和创先使用性，也未对该词赋予新的特定含义而使其成为知名服务特有名称。“避风塘”一词没有成为某甲公司与同行业其他经营者之间相区别的显著标志。某甲公司认为一审对此重大事实认定不清，理由不能成立。

“避风塘”一词，只是一种烹调方法及菜肴的通用名称，其中既不包含质量认证和操作规范的指标体系，更不代表上诉人某甲公司的菜肴制作或者餐饮服务方式。被上诉人某乙公司在广告宣传中突出自身企业字号，只是在烹调方法及菜肴的含义上使用“避风塘”一词，其行为不会造成消费者对市场主体的误解，不构成《反不正当竞争法》第9条规定的虚假宣传。某甲公司关于某乙公司依靠他人知名服务名称所蕴含的商业信誉来谋取不正当利益的上诉理由不能成立。至于某乙公司是否剽窃某甲公司的广告门联和广告词以及绿字白底的字样颜色，因与本案所诉的企业名称、知名服务特有名称及虚假宣传纠纷无关，不属本案二审审查范围。综上所述，上诉人某甲公司的上诉请求没有法律依据，应予驳回。

➲ 案例解析

本案是针对商事行为是否构成合理使用而产生的争议，涉及对企业名称权的侵权和侵犯知名商品特有名称行为的认定。创造性的意义在于详述了企业名称的范围和认定标准，以及知名商品特有名称的构成要件，一方面认定了在一定条件下擅自使用企业字号的行为可能侵犯对方的企业名称权，另一方面则确定了要构成知名商品的特有名称需要满足的三个条件。实践中，很多企业与本案经营者类似，将其名称的部分内容同时用作其商品的名称，因此可能同时遭遇企业名称侵权和知名商品特有名称侵权。二者的相同之处在于，侵权人都利用了企业名称或商品名称对权利人的指向性，通过混淆消费者的认识，来谋取不正当利益。

一、企业名称的保护

（一）企业名称的内涵和外延

企业名称作为企业的对外“名片”，在企业设立之初即被用于工商登记，并随着企业的商事行为被不断提及。完整的企业名称对该企业具有唯一的指向性，帮助各类商事主体和消费者在复杂的交易活动中直观识别到该企业。对企业名称的保护，在1993年《反不正当竞争法》中主要规定在第5条第3项，对比2019年修改后的《反不正当竞争法》第6条[①]第2项，其要求该名称需要具备一定影响，具体范围上，增加了对简称和字号等的列举，扩大了认定范围。至于企业名称具体由哪些部分组成，《企业名称登记管理规定》中进行了明确的规定，即完整的企业名称应包括四个部分，分别为行政区划、字号、行业或经营特点以及组织形式。经过该四个部分的组合，企业名称具有一定的长度。实践中，为了商事行为的便利，行为人通常不会在其产品或宣传上完整使用较长的企业名称，而是进行一定程度的简化，帮助消费者更快速地识别到其产品的来源并吸引消费者的注意。这就引发了对企业名称保护范围的争议，即企业名称简化到何种程度仍能被纳入企业名称的保护范围。

（二）企业名称范围的扩大

随着我国市场经济的蓬勃发展，商事行为越来越多元化。为了在激烈的竞争中脱颖而出，企业在不断创新。在企业名称上，不再刻板地使用企业注册登记时的全称。为了能在更短时间内抓住消费者的眼球并区分商品来源，商事企业开始运用企业字号来发挥企业名称的作用。对企业名称保护的范围也随着实践中对其理解的加深在不断地扩大，有学者将这一变迁过程划分为完整使用、扩大解释和继续扩大解释三个阶段。[②]

在1993年《反不正当竞争法》中仅规定了擅自使用他人企业名称的行为，未规定具体的使用方式，但当时实践中的诸多做法均要求对他人企业名称

---

① 《反不正当竞争法》第6条规定：“经营者不得实施下列混淆行为，引人误认为是他人商品或者与他人存在特定联系：（一）擅自使用与他人有一定影响的商品名称、包装、装潢等相同或者近似的标识；（二）擅自使用他人有一定影响的企业名称（包括简称、字号等）、社会组织名称（包括简称等）、姓名（包括笔名、艺名、译名等）；（三）擅自使用他人有一定影响的域名主体部分、网站名称、网页等；（四）其他足以引人误认为是他人商品或者与他人存在特定联系的混淆行为。”

② 参见李有根：《论企业名称的竞争法保护——最高人民法院第29号指导案例研究》，载《中国法学》2015年第4期。

的使用须为对其全称的使用，仅使用一部分（如字号部分）则属于合理使用的保护范围，不构成对企业名称权利人的侵权，主要体现在当时的公报案例“河北三河某养牛集团总公司诉哈尔滨某饮食有限公司昆明分公司案”中。同时本案中的一审法院也同样持有相同观点，认为只有完整使用他人企业名称，才有可能构成侵权。这样对企业名称的严保护，主要是为了确保商事主体对于其名称的规范性使用，要求其实际使用的名称同设立之初登记备案的名称一一对应。但此种规定无法满足企业在实践中的利用需求，如简化使用字号既能达到使用全称的效果，又能更加醒目地吸引消费者，法律规定由此开始落后于实践中的需求，致使很多不当利用他人商誉的不法行为被认定为不构成侵权行为。

由于构成企业名称侵权要求完整使用登记备案名称不再适应社会实践，加上企业字号的使用在商事行为中越来越普遍，部分法院开始尝试扩大企业名称的解释，将使用字号的行为囊括进来，视同为对企业名称的使用。将对企业名称的保护扩大到对企业字号的保护取决于其背后的社会背景，对于企业字号的反不正当竞争保护并非只有企业名称这一条路径，在满足其他条件的情况下，足以判断行为人的攀附恶意时，一样可以被认定为构成不正当竞争。但由于企业在商事活动中逐渐将字号作为其企业名称进行使用，字号开始发挥着企业名称的作用，承载着企业商誉。就企业名称制度本身而言，若仍是墨守成规地局限于以前的完整企业名称标准，则会导致该制度化为一纸空文。正是因为存在以上普遍现象作为前提，个案法官才开始尝试对企业名称进行扩大解释。如本案二审将字号分为两种情况：仅有一种含义和有多种含义。若是只有一种含义，则默认仅使用名称中的字号也会导致消费者混淆，若字号具备多种含义，则在原有含义上合理使用不构成侵权。由此，法院通过将不同字号进行分类来分别讨论字号保护标准。笔者认为，只有当字号已经实际取代完整企业名称，同时被企业用于商事活动的各方面并承载企业商誉时，其应当被视同为企业名称，至于是否构成侵权，则取决于他人对该名称的使用程度和使用方式，是否超出合理使用范围而使消费者对产品来源发生混淆。

从以上完整的企业名称到字号的转变，可以看出企业名称这一制度概念的范围并非单纯的文义解释所能解决，而是同社会发展背景息息相关。因此可以预见，随着时代发展，企业名称所包含的内涵也将不断丰富，但也并非毫无限制。根据法解释学的观点，对其的扩大解释也不应超出“企业名称”这一概念的最大文义范围。在企业名称扩大解释到字号这一观点得到普遍支持之后，能否继续扩大到企业简称便取而代之成为新的争议焦点。简称不同于字号，一个企业的字号是唯一且确定的，而简称则是众多消费者约定俗成之后广泛使用的缩略语，其要纳入企业名称的保护范畴所要面对的阻碍更大。

二、有一定影响的商品名称的保护

本案除了涉及对企业名称的保护，还关乎对知名商品特有名称的保护。然而，这一概念在 2019 年《反不正当竞争法》修改后改为有一定影响的商品名称，其判定标准也随之转变。

（一）有一定影响的商品名称制度变迁

对商品名称的反不正当竞争保护最早出现在 1993 年的《反不正当竞争法》第 5 条第 2 项中，是对知名商品特有名称的保护，既要求该名称附着商品为知名商品的同时，还要求名称本身具备特有性。其中对于知名商品这一保护的前提条件争议最大，有学者认为这一制度的设立目的是对商品名称的保护，而非对商品本身的保护，设立知名商品作为要件无形中提高了保护标准，使得实践中具备一定市场知名度且能标示商品来源的标识，因为其所附着的商品不具备知名性而无法受到保护。[①] 用“知名”来修饰“商品”同时还可能误导人们，将其对名称保护的关注转移到对商品本身保护的关注上，在“知名”之外还产生了特别解释“特有”一词的必要。[②] 事实上该制度设立之初是由于某些商品名称经过长时间的反复使用，承载着企业的商业利益，并作为消费者区分不同产品的主要依据，关注点在于商品名称本身的作用，对商品本身知名度的判断分散了人们的注意力，使人们忽视了该制度的保护本质，实属本末倒置。

由此，2017 年修订的《反不正当竞争法》吸收已经基本成型的反知名商品的理论观点，由之前的知名商品的特有名称转变为有一定影响的商品名称，将原有的“知名商品 + 特有”双重标准删除，仅关注商品名称是否具备一定影响。相比从前，在一定程度上扩大了保护范围。但同时也产生了一个新的问题，即此处的“有一定影响”应当如何理解。

（二）有一定影响的商品名称判定标准

随着对商品名称保护制度的改变，其判定的构成要件和认定标准也在随之变化。2017 年《反不正当竞争法》修订之前，要构成知名商品的特有名称，首先应对知名商品进行认定，其中，原《最高人民法院关于审理不正当竞争民事案件应用法律若干问题的解释》就将其定义为，在中国境内具有一定市场

---

① 参见杜颖、赵乃馨：《〈反不正当竞争法〉第 6 条第 1 项的理解与适用》，载《法律适用》2018 年第 15 期。

② 参见王太平：《我国知名商品特有名称法律保护制度之完善——基于我国〈反不正当竞争法〉第 5 条第 2 项的分析》，载《法商研究》2015 年第 6 期。

知名度，为相关公众所知悉的商品，同时列举了销售时间、销售区域、销售对象等可供参考的因素。而一些行政部门，如国家工商行政管理总局则进一步发文详细指导认定过程中需注意的三个要点：首先，商品需具备一定知名度；其次，知名商品是相对于特定的市场情况而言；最后，知名商品这一概念是执法时使用的概念而非荣誉称号。此种观点同驰名商标的认定类似，都是属于个案认定，而非持久性的荣誉称号，其效力也仅及于个案。本案中，法院则是将关注点集中在对商品名称的特有性判定上，一审认为特有性要求经营者创先使用和独有，并与通用名称存在显著区别。本案权利人所主张的“避风塘”一词，来源上并非出于原告的独创，在实践中其同时作为一种普遍传播的菜肴的名称，已经属于通用名称，因此无法具备特有性。二审法院则在此基础上进一步补充对“特有”的判定标准，首先应具备区别于通用名称的显著性；其次由经营者创先使用，通过长期经营之后产生了新的含义也能满足要求；最后则是应具备区别性，能使消费者据此区分商品来源。由此，知名商品和特有名称实际上是区分为两个独立的部分，各自具有独立的判定标准和法则。

2017 年修订后的《反不正当竞争法》的限定条件看起来比较简单，只规定“有一定影响”，但如何正确理解并适用这一概念并不简单。在法律对此没有具体规定时，有学者主张运用法解释学中体系解释的方法对这一概念进行理解，即此处的“有一定影响”应与《商标法》第 32 条和第 59 条中“有一定影响”采取同样程度的标准，但此种观点由于《商标法》第 32 条本就同第 59 条采取不同程度的保护，而无法实际解决《反不正当竞争法》中这一问题的适用。笔者认为对这一概念的理解，可以从对保护有一定影响的商品名称这一制度的设立目的出发进行探讨。对商品名称的保护作为一种对未注册商标的保护，其产生是由于商品名称在实践中有时实际发挥着商标的区别作用，帮助消费者快速定位的同时还能区分商品来源，若不加以保护，则会致使该区别性特征被滥用，导致消费者混淆。因此，所谓有一定影响应指在普通消费者眼中，此名称已经同该品牌、该商品产生了一一对应的关系，由此，他人未经许可的使用才有可能会导致消费者对商品来源发生混淆，侵权人才能据此利用权利人的优良商誉，攫取不正当利益。随着 2017 年《反不正当竞争法》的修改，对“有一定影响”概念的理解不论是理论上还是实践中均有较大的发展空间，之后的诸多裁判也将给予人们更多的思考。

三、结论

本案主要是对商业行为合理使用范围的探索，同时涉及对企业名称保护的认定和对知名商品特有名称的判定。首先对于企业名称的认定，其内涵、外延的理解随市场经济持续发展而在不断扩大。从最初的完整使用到之后的字号、简称，其保护范围取决于社会的商业背景，但将简称也纳入保护范围未免为时过早。至于对知名商品特有名称的保护，本案则主要是从名称是否具备“特有性”方面进行判断，一、二审法院均认为“避风塘”一词属于通用名称。这一保护制度经过 2017 年《反不正当竞争法》的修改之后，转变为“有一定影响的名称”，如何理解“有一定影响”这一前置设定，可以从制度的设立目的出发，取决于对消费者而言，名称与商品、品牌间是否已经形成对应关系，存在对应关系才有作为未注册商标保护的必要。

知名商品的特有包装、装潢判定标准

——意某某公司与天津某某有限公司等不正当竞争纠纷案

/戴可

本案要旨

知名商品的特有包装、装潢能够受到《反不正当竞争法》的保护。知名商品，根据修改前《反不正当竞争法》的规定，是指该商品在中国境内具有一定市场知名度。若是国际知名商品，也主要以国内市场为考量，综合销售时间、区域、对象等因素进行认定，而国际知名度仅能作为参考。至于上述商品的包装、装潢是否具备特有性，须知包装作为一系列因素组成的整体，单个因素的公有性不影响整体的特有性，只要其选择、排列具有独特性，且经过长时间的使用具备一定区别性，则可以作为特有包装、装潢受到保护。总之《反不正当竞争法》不禁止对他人作品的适当借鉴，但设计人需在此基础上形成自己独特的、具有区别性的新包装，不能使消费者发生混淆。

案件信息

申请人（一审被告、二审被上诉人）：蒙某某有限公司

被申请人（一审原告、二审上诉人）：意某某公司

一审被告、二审被上诉人：天津某某有限公司

案号：天津市第二中级人民法院（2003）二中民三初字第63号、天津市高级人民法院（2005）津高民三终字第36号、最高人民法院（2006）民三提字第3号

原被告主张及理由

原告主张：意某某公司自1984年起通过中国粮油食品进出口总公司在中国市场销售巧克力产品，目前该产品在中国市场有很大的占有率。该产品的金纸球状包装，以及金纸球状包装上贴有的椭圆形金边标签，实际上构成了原告

产品的立体商标，在广大消费者中具有极高的认知度，任何消费者看到符合上述包装、装潢的巧克力产品都会认同为原告的产品。被告蒙某某有限公司多年来一直仿冒原告产品，擅自使用与原告知名商品特有的包装、装潢相同或近似的包装、装潢，误导消费者，使消费者产生混淆。而且，原告一推出新产品或时节性产品马上就会遭到蒙某某有限公司仿冒，甚至在欧洲推出的新产品尚未进入中国市场即遭仿冒。蒙某某有限公司的上述行为及被告天津某某有限公司销售仿冒产品的行为已经给原告的生产和销售造成了恶劣影响，并侵害了广大消费者的合法利益，造成原告重大经济损失。

被告抗辩：原告涉案产品在中国境内市场并没有被相关公众所知悉。相反，蒙某某有限公司生产的金莎巧克力产品在中国境内消费者中享有很高的知名度，多次获奖，属于知名商品。原告诉请中要求保护的包装、装潢是国内外同类巧克力产品的通用包装、装潢，不具有独创性和特异性。而且，该包装、装潢是由商品的功能性质所决定的，不能认定是特有的包装、装潢。蒙某某有限公司生产的金莎巧克力使用的包装、装潢是自己的工作人员和张家港市工艺美术印刷厂的专业设计人员合作开发，经过多次改进最终定型的，并非仿冒他人已有的包装、装潢。普通消费者在购买时只需施加一般的注意义务，就不会混淆原、被告各自生产的巧克力产品。

一审法院查明的事实

蒙某某有限公司是 1991 年 12 月张家港市乳品一厂与比利时费某有限公司合资成立的生产、销售各种花色巧克力的中外合资企业。1990 年 4 月 23 日，张家港市乳品一厂申请注册“金莎”文字商标，1991 年 4 月经国家工商行政管理局商标局核准注册。意某某公司在 1994 年曾向国家工商行政管理局商标评审委员会提出撤销该商标，但未获支持。张家港市乳品一厂自 1990 年开始生产金莎巧克力，该巧克力的包装、装潢与蒙某某有限公司自 2002 年起生产销售的被控侵权巧克力使用的包装、装潢基本一致，与 FERRERO-ROCHER 巧克力使用的包装、装潢较为近似。该产品……在《中国食品报》公布的由中华全国商业信息中心或者全国连锁店超市信息办公室等单位发布的全国食品市场调查及全国连锁店销售统计、监测排行中，1997 年至 2002 年，金莎巧克力排名靠前。该统计排名中未出现 FERREROROCHER 巧克力。2002 年张家港市乳品一厂向蒙某某有限公司转让“金莎”商标，蒙某某有限公司开始生产、销售金莎巧克力。

在我国台湾地区和香港市场，FERREROROCHER巧克力取名“金莎”巧克力，并分别于1990年6月和1993年在我国台湾地区和香港地区注册“金莎”商标。1984年2月，FERREROROCHER巧克力通过中国粮油食品进出口总公司采取寄售方式进入了国内市场，主要在免税店和机场商店等当时政策所允许的场所销售，并延续到1993年前。1986年10月，意某某公司在中国核准注册了“FERREROROCHER”和图形（椭圆花边图案）以及其组合的系列商标，并在中国境内销售的巧克力商品上使用。FERREROROCHER巧克力产品的8粒装、16粒装、24粒装以及30粒装立体包装于1984年在世界知识产权组织被申请为立体商标。我国广东、河北等地工商行政管理部门曾多次查处仿冒FERREROROCHER巧克力包装、装潢的行为。蒙某某有限公司生产、销售金莎TRESORDORE巧克力商品，其除将“金莎”更换为“金莎TRESOR-DORE”组合商标外，仍延续使用张家港市乳品一厂金莎巧克力商品使用的包装、装潢。

FERREROROCHER巧克力使用的包装、装潢的主要特征如下：（1）每一粒球状巧克力用金色纸质包装；（2）在金色球状包装上配以印有“FERRERO-ROCHER”商标的椭圆形金边标签作为装潢；（3）每一粒金球状巧克力均有咖啡色纸质底托作为装潢；（4）若干形状的塑料透明包装，以呈现金球状内包装；（5）塑料透明包装上使用椭圆形金边图案作为装潢，椭圆形内配有产品图案和商标，并由商标处延伸出红金颜色的绶带状图案。

被控侵权的金莎TRESORDORE巧克力包装、装潢为每粒金莎TRESOR-DORE巧克力呈球状并均由金色锡纸包装；在每粒金球状包装顶部均配以印有“金莎TRESORDORE”商标的椭圆形金边标签；每粒金球状巧克力均配有底面平滑无褶皱、侧面带波浪褶皱的呈碗状的咖啡色纸质底托；外包装为透明塑料纸或塑料盒；外包装正中处使用椭圆金边图案，内配产品图案及金莎TRESORDORE商标，并由此延伸出红金色绶带。以上特征与意某某公司起诉中请求保护的包装、装潢在整体印象和主要部分上相近似。

一审法院判决理由与裁判结果

知名商品是在市场上具有一定知名度，为相关公众所知悉的商品。由于其具有明显的地域特点，商品在国外的知名程度并不代表在中国境内的知名度，商品是否知名以及知名程度应根据其存在的市场具体情况予以认定。早在20世纪70年代，采用金色锡箔纸包裹球状巧克力，使用透明塑料外包装，呈现巧克力内包装，已为其他巧克力生产企业所使用，并非FERREROROCHER巧克力所特有，该包装属通用包装，不应保护。但是，FERREROROCHER巧克力的装潢是意某某公司在1988年前进入国内市场即已使用，具有识别和美化商品、区别商品来源的显著特征，构成其特有的装潢。应当认定意某某公司诉状中请求保护的②、④、⑤项装潢为FERREROROCHER巧克力所特有。金莎巧克力自张家港市乳品一厂于1990年推出以来，一直采用与被控侵权巧克力一致、同时与FERREROROCHER巧克力近似的装潢。此后，经过以江苏某食品集团有限公司为龙头的各生产企业的广泛宣传，金莎巧克力的市场占有率在巧克力产品中名列前茅，并多次获得国家政府部门和相关协会的褒奖，成为在中国知名度较高的商品。在原、被告的巧克力商品均为我国知名商品的情况下，二者商品知名的时间先后及知名度的高低应当作为普通消费者能否将被告商品误认为原告商品的具体认定因素。就双方巧克力商品的知名度而言，蒙某某有限公司提供的连续多年的市场销售占有率排行榜表明，消费者对金莎巧克力商品的认可度较高，经常出现在排行榜前列，而排行榜中从未出现FERREROROCHER巧克力，足以说明金莎巧克力知名度明显高于FERRERO-ROCHER巧克力。由于金莎巧克力的知名度高、知名持续时间长，使其相对于其他品牌的巧克力产生较强的区别性特征，产品外观的显著性日益提高，在此种情况下，消费者不会将蒙某某有限公司的金莎巧克力误认为是意某某公司的FERREROROCHER巧克力。再者，双方拥有各自的消费群。由于意某某公司的“FERREROROCHER”商标与蒙某某有限公司的“金莎”商标均处于产品包装的显著位置，消费者能从巧克力的商标及生产厂家等不同之处进行分辨，购买自己所需要的产品，近似的装潢已经不能成为消费者选择的障碍。因此，尽管二者产品装潢近似，亦不足以使消费者产生误认，混淆二者的产品。综上，蒙某某有限公司生产的金莎巧克力使用的包装、装潢不构成对意某某公司的不正当竞争，天津某某有限公司销售金莎巧克力的行为亦不构成侵权。

上诉主张及理由

上诉人主张：（1）一审法院错误认定了上诉人巧克力在中国境内知名的时间以及被控侵权产品被上诉人巧克力在中国境内知名的事实。（2）一审法院忽视上诉人巧克力在国际范围内的知名性证据，错误认定产品在国外的知名程度并未延伸至国内。（3）一审法院错误否定上诉人巧克力使用的部分包装、装潢的特有性，忽视基本的隔离比对、整体比对和主要部分的比对原则，违背有关法律法规的基本原则，导致已经认定被上诉人巧克力与上诉人巧克力使用的包装、装潢近似却得出不构成混淆的错误结论。（4）一审法院错误理解相关公众的概念，将接触免税商店商品的消费者错误地排除在相关公众之外，并将相关公众按照商品的价格及消费层次的不同需求进行分层。故，请求二审法院撤销一审判决，支持其诉讼请求，本案全部诉讼费用由被上诉人负担。

被上诉人辩称：被控侵权商品就是金莎巧克力。“TRESORDORE”商标是2003年获得注册的商标，蒙某某有限公司将“TRESORDORE”商标和“金莎”组合使用在自己的产品上并没有改变产品的来源。仅从意某某公司寄售方式销售FERREROROCHER巧克力这一事实就可以认定其在20世纪90年代的国内市场不可能知名。一审判决正确。FERREROROCHER巧克力使用的包装、装潢除涉及商标的部分外不具有特有性。请求驳回上诉，维持原判。

二审法院判决理由与裁判结果

我国《反不正当竞争法》规定的知名商品，是指已在特定市场销售并为相关公众知晓的商品。对商品的知名状况的评价应根据其在国内外特定市场的知名度综合判定，不能理解为仅指在中国境内知名的商品。意某某公司作为专业生产巧克力食品的国际知名企业，此系该行业公知的事实。其生产的FERREROROCHER巧克力在1984年进入国内市场销售前，已经在巧克力市场为相关公众知晓，具有较高的知名度。该产品自1984年开始在国内公开销售，在当时中国市场上，FERREROROCHER巧克力商品特有的包装、装潢作为整体，具有显著的视觉特征和效果。此后，该产品在中国市场长期销售，已为相关公众知晓，应当认定为知名商品。FERREROROCHER巧克力使用的包装、装潢为整体设计，表达了特定的含义，形成特有的包装、装潢形式。蒙某某有限公司金莎TRESORDORE巧克力使用了与FERREROROCHER巧克力基本相同的包装、装潢，而蒙某某有限公司不能证明系自己独立设计或者在先使用，因此，认定其擅自使用了FERREROROCHER巧克力特有的包装、装潢。根据诚实信用原则和公认的商业道德准则，知名商品应当是诚信经营的成果。在法律上不能把使用不正当竞争手段获取的经营成果作为商品知名度的评价依据。蒙某某有限公司擅自使用FERREROROCHER巧克力特有的包装、装潢，生产、销售金莎TRESORDORE巧克力，直接影响了FERREROROCHER巧克力的销售和知名度。故，如果以蒙某某有限公司生产的金莎TRESORDORE巧克力现在在我国的市场知名度高于FERREROROCHER巧克力的知名度为由，驳回意某某公司的诉讼请求，实际上是维持了本案不正当竞争的后果。本案应认定蒙某某有限公司的行为构成对意某某公司的商品及商业活动造成混淆的不正当竞争，依法应予制止。

再审主张及理由

再审上诉人认为：(1) 二审判决对特定市场作出的扩大解释不符合《保护工业产权巴黎公约》的规定，意某某公司的产品在国际市场上的知名不能当然地推导其在国内市场也知名。(2) FERREROROCHER巧克力的市场占有率低于金莎巧克力。(3) FERREROROCHER巧克力使用的包装、装潢是国际巧克力行业通用的包装、装潢，不具有特有性。认定该包装、装潢为特有会使巧克力行业的通用包装、装潢被意某某公司排他性独占使用，垄断国内球形巧克力市场。蒙某某有限公司使用的金莎巧克力产品的包装、装潢是委托专业人员自主开发设计的。(4) 巧克力作为高档甜食，消费者购买时主要依靠对商标的识别，不会根据包装、装潢进行识别，相似的包装、装潢不会导致消费者混淆。请求撤销二审判决，维持一审判决并判令意某某公司承担本案全部诉讼费用。

再审被上诉人辩称：蒙某某有限公司的再审理由缺乏事实和法律依据。主要理由如下：(1) 二审对FERREROROCHER巧克力知名性以及FERREROROCHER巧克力1984年进入中国市场的认定正确。(2) 蒙某某有限公司不能证明涉案包装、装潢是自己独立设计或者在先使用。(3) 二审认定蒙某某有限公司违反诚实信用原则和公认的道德准则，仿冒FERREROROCHER巧克力使用的包装、装潢，不能认定其产品为知名商品，故没有就其知名的时间进行认定。因此，二审判决从根本上维护了我国反不正当竞争法确立的诚实信用准则。(4) FERREROROCHER巧克力使用的包装、装潢具有区别其他产品的显著特征，具有特有性。该包装、装潢通过……综合形成了FERREROROCHER巧克力的独有识别性。一般消费者看到该特有包装、装潢即可识别并联想到是FERREROROCHER巧克力。(5) 张家港市乳品一厂生产的金莎巧克力使用的包装、装潢自20世纪90年代面世以来，出现了很多次变动，发展至今，蒙某某有限公司生产的金莎TRESORDORE巧克力已经与当初面世使用的包装、装潢有很大区别，且与FERREROROCHER巧克力使用的包装、装潢非常相似，足以使消费者造成混淆，引起误认。即使蒙某某有限公司长期使用现有包装、装潢，也不影响意某某公司申请保护相关权利。

再审法院判决理由与裁判结果

一、关于 FERREROROCHER 巧克力是否为在先知名商品

根据有关证据，二审法院认定 FERREROROCHER 巧克力自 1984 年开始在中国境内销售无误。《反不正当竞争法》所指的知名商品，是在中国境内具有一定的市场知名度，为相关公众所知悉的商品。在国际已知名的商品，我国法律对其特有名称、包装、装潢的保护，仍应以在中国境内为相关公众所知悉为必要。认定知名商品，应当考虑该商品的销售时间、销售区域、销售额和销售对象，进行任何宣传的持续时间、程度和地域范围，作为知名商品受保护的情况等因素，进行综合判断；也不排除适当考虑国外已知名的因素。根据 FERREROROCHER 巧克力进入中国市场的时间、销售情况以及意某某公司进行的多种宣传活动，认定其属于在中国境内的相关市场中具有较高知名度的知名商品正确。再审申请人关于 FERREROROCHER 巧克力在中国境内市场知名的时间晚于金莎 TRESORDORE 巧克力的主张不能成立。

二、关于 FERREROROCHER 巧克力使用的包装、装潢是否具有特有性

盛装或者保护商品的容器等包装，以及在商品或者其包装上附加的文字、图案、色彩及其排列组合所构成的装潢，在其能够区别商品来源时，即属于反不正当竞争法保护的特有包装、装潢。意某某公司请求保护的 FERRERO-ROCHER 巧克力使用的包装、装潢系由一系列要素构成，这种组合中的各个要素也属于食品包装行业中通用的包装、装潢元素，不能被独占使用。但是，锡纸、纸托、塑料盒等包装材质与形状、颜色的排列组合有很大的选择空间；将商标标签附加在包装上，该标签的尺寸、图案、构图方法等亦有很大的设计自由度。在可以自由设计的范围内，将包装、装潢各要素独特排列组合，使其具有区别商品来源的显著特征，可以构成商品特有的包装、装潢。FERRERO-ROCHER 巧克力所使用的包装、装潢因其构成要素在文字、图形、色彩、形状、大小等方面的排列组合具有独特性，形成了显著的整体形象，且与商品的功能性无关，经过长时间使用和大量宣传，已足以使相关公众将上述包装、装潢的整体形象与意某某公司的 FERREROROCHER 巧克力商品联系起来，具有识别其商品来源的作用，应当属于《反不正当竞争法》第 5 条第 2 项所保护的特有的包装、装潢。此外，意某某公司 FERREROROCHER 巧克力的包装、装潢使用在先，蒙某某有限公司主张其使用的涉案包装、装潢为自主开发设计缺乏充分证据支持，二审判决认定蒙某某有限公司擅自使用 FERREROROCHER 巧克力特有包装、装潢正确。

三、关于相关公众是否容易对 FERREROROCHER 巧克力与金莎 TRESORDORE 巧克力引起混淆、误认

对商品包装、装潢的设计，不同经营者之间可以相互学习、借鉴，并在此基础上进行创新设计，形成有明显区别各自商品的包装、装潢。这种做法是市场经营和竞争的必然要求。就本案而言，蒙某某有限公司可以充分利用巧克力包装、装潢设计中的通用要素，自由设计与他人在先使用的特有包装、装潢具有明显区别的包装、装潢。但是，对他人具有识别商品来源意义的特有包装、装潢，则不能作足以引起市场混淆、误认的全面模仿，否则就会构成不正当的市场竞争。本案中，由于 FERREROROCHER 巧克力使用的包装、装潢的整体形象具有区别商品来源的显著特征，蒙某某有限公司在其巧克力商品上使用的包装、装潢与 FERREROROCHER 巧克力特有包装、装潢又达到在视觉上非常近似的程度，即使双方商品存在价格、质量、口味、消费层次等方面的差异和厂商名称、商标不同等因素，仍不免使相关公众易于误认金莎 TRESORDORE 巧克力与 FERREROROCHER 巧克力存在某种经济上的联系。据此，再审申请人关于本案相似包装、装潢不会构成消费者混淆、误认的理由不能成立。

综上，蒙某某有限公司在其生产的金莎 TRESORDORE 巧克力商品上，擅自使用与意某某公司的 FERREROROCHER 巧克力包装、装潢相近似的包装、装潢，足以引起相关公众对商品来源的混淆、误认，构成不正当竞争行为。二审判决部分理由不妥，但判决蒙某某有限公司的行为构成不正当竞争并责令立即停止使用金莎 TRESORDORE 系列巧克力违法包装、装潢并无不当。为划清本案依法应受保护的包装、装潢整体形象的特有性与其中某些构成要素的通用性，以及该特有包装、装潢与意某某公司另案主张的相关立体商标之间的界限，更加准确地界定本案不正当竞争行为的范围，对二审有关判决主文作适当调整。

案例解析

随着商品经济的发展，商品的包装、装潢不断进化，从之前单纯为了避免运输和携带上的不便而进行的功能性包装，发展到如今为了提升商品在庞大商品市场上的辨识度和吸引力而进行的多样化包装。商品的特有包装、装潢很多时候已经成为企业的重要资产，在其宣传、销售等方面起着举足轻重的作用。这从之前引起多方媒体广泛关注的“加多宝”和“王老吉”红罐包装所有权争夺案中也可见一斑。因此，如何认定构成有一定影响的包装、装潢也变得十分重要。其中，对于知名商品和特有包装、装潢的认定标准存在诸多争议，如何正确划定市场范围、是否参考国外知名度以及如何理解特有性均尚存可商榷之处。

一、有一定影响的商品包装、装潢

鉴于特有包装、装潢商业地位的提升，为了合理规范市场竞争秩序，我国在 1993 年制定《反不正当竞争法》时，开始将知名商品的特有包装、装潢纳入法律的保护范围。但这一规定引起了许多争议。有学者认为“知名商品”的限定实属多余，其与“特有包装、装潢”的概念几乎是同义重复。[①] 由此，在参考多方意见之后，在 2018 年 1 月 1 日起生效的《反不正当竞争法》中，原有的“知名商品的特有包装、装潢”概念被修改为“有一定影响的商品包装、装潢”，去掉了“知名”和“特有”，将“有一定影响”作为对包装、装潢的限定。

正确理解“有一定影响的商品包装、装潢”概念，离不开对这一制度背后的设立目的和价值取向的掌握。商品的包装、装潢之所以应当受到保护，原因在于，随着商品经济的发展，包装很多时候已经具有类似商标的商品、品牌指向功能，由此引发部分投机者，通过仿制、冒充其他知名品牌的包装来使消费者对商品来源发生混淆，从而不正当地利用这一品牌通过多年努力获得的珍贵商誉，同时给该被利用品牌带来声誉、经济上的损失，扰乱市场秩序。而这具备一定影响力的包装在当时的法律体系上，无法被纳入商标法的保护范围，由此在保护缺失的情况下，为打击这一“搭便车”的行为，有必要在《反不正当竞争法》中进行明确规定，维护商品经济市场秩序平稳运行。

如何判定具体个案中所主张的包装、装潢能否得到保护，笔者认为应当满足三个方面的要求：一是权利人主张的包装具有保护的必要；二是被告人具有“搭便车”的故意，或者说采取了不正当行为；三是结果上确实使相关公众发生混淆，或者说很有可能会使相关公众混淆。本案主要涉及对第一个要件和第二个要件的争论。对于第一个要件，“主张的包装具有保护的必要”，要求该

---

① 参见黄军：《侵犯知名商品特有包装装潢行为构成的问题与改进》，载《知识产权》2017 年第 10 期。

包装具备识别功能，即相关公众看到这一包装时，能将其同权利人的产品、品牌相对应。因此，要求该包装具有一定影响，能为相关公众所知悉。由于包装和商品密不可分，衡量商品本身或者说品牌本身的知名度是最直接的方法。此外，就包装本身而言，应当具备区别性，此种区别性既可以是天生具有的，即其设计上具备独创性，也可以是通过权利人多年的经营而后天取得的，在市场内通用的包装无法获得保护。至于第二个要件，被上诉人是否采取了不正当竞争行为，则有必要从双方商品知名度的先后、知名度大小来综合考虑。尤其是本案中，不同法院对哪一方属于在先知名商品的观点不一，在后方易被直接推定明知另一方具备一定在先知名度而故意进行仿制，从而导致混淆，由此也直接导致不同法院最后得出不同结论。

二、知名商品的认定

虽说在2017年修订的《反不正当竞争法》中取消了“知名商品”的在先限定，但这并不意味着所有商品的包装均能得到保护。如前文所述，包装与商品具有相当的关联性。当包装在一定市场中具有一定影响时，其商品不会是小众且默默无闻的，通过认定知名商品来辅助判定涉案包装、装潢已经成为学界和实践中的普遍做法。因此，即便2017年修订的《反不正当竞争法》取消了对“知名商品”的规定，明确知名商品的内涵、范围和认定标准依旧十分必要。

（一）定义

对于什么是知名商品，《关于禁止仿冒知名商品特有的名称、包装、装潢的不正当竞争行为的若干规定》中第3条第1款、第4条第1款均对此从不同角度进行了定义：第3条第1款[①]从该商品本身出发，属于正面认定；第4条第1款[②]则从反面出发，从这一商品的包装、装潢已经发生侵权的角度来反推其商品由于已经具备一定知名度，因此有可利用的商业价值。

（二）判定标准

判定诉争商品是否属于知名商品，首先应当划定该商品所在的一定市场范围，这一点同商标类似，商品有其主要销售市场，这也就决定了其知名度具

① 第3条第1款规定，本规定所称知名商品，是指在市场上具有一定知名度，为相关公众所知悉的商品。

② 第4条第1款规定，商品的名称、包装、装潢被他人擅自作相同或者近似使用，足以造成购买者误认的，该商品即可认定为知名商品。

备一定地域性，涉案的两种商品一定要进入同一市场才有侵权的可能。[①] 对此本案中，不同法院有着不同认定，一审法院认为，应当以国内特定市场为主，国外市场知名度仅能作为认定国内市场时的参考；二审法院则认为，对商品的知名状况的评价应根据其在国内外特定市场的知名度综合判定，不能仅局限于国内市场，本案中的一定范围的市场应当为巧克力市场；至于再审法院则将判定重点再次置于国内市场，认为《反不正当竞争法》所指的知名商品指的是在国内具有一定市场知名度，且为相关公众所知悉的商品，国外知名度仅为辅助参考。这一判决理由更具合理性，将法条中未提及的国外已知名的因素纳入了参考范围。[②]

在划定市场范围之后，具体认定时，有学者认为对知名商品的判定标准经历了从主观标准到客观标准的转变，[③] 这也正对应了前述《关于禁止仿冒知名商品特有的名称、包装、装潢的不正当竞争行为的若干规定》中第 3 条和第 4 条的两种不同定义，主观标准则对应着第 4 条的规定，即通过存在对该包装、装潢的模仿、仿制，足以引起混淆，来反推该商品存在一定的知名度。而客观标准则对应第 3 条的规定，要求正面证明该商品具备一定市场知名度，可以通过诸多因素综合判定，包括销售时间、销售区域、宣传的持续时间和程度等。

三、特有包装、装潢的认定

从原来的“特有包装、装潢”到如今“有一定影响的包装、装潢”，概念表达虽然改变，但其实质性构成要求并未改变，即该包装、装潢具有一定的区别性，能使消费者通过该包装、装潢分辨商品来源，并不等同于诸如显著性、新颖性概念。

对于如何认定构成受保护的包装、装潢，实际上，不论是何包装，都无法避免地会使用到公共元素。商品的包装关注的是整体效果，不关注其组成部分。因此，即便均是采用通用元素，只要通过独创性的组合，整体呈现足够的独创性能够让消费者得以区别，即可受到《反不正当竞争法》的保护，本案也是如此。即便意某某公司针对球形巧克力采用了符合其形状的球形包装，即便

① 参见范晓宇:《在先知名商品特有名称、包装、装潢的认定与保护——费列罗案引发的思考》，载《兰州大学学报（社会科学版）》2009 年第 1 期。

② 参见范晓宇:《在先知名商品特有名称、包装、装潢的认定与保护——费列罗案引发的思考》，载《兰州大学学报（社会科学版）》2009 年第 1 期。

③ 参见黄军:《侵犯知名商品特有包装装潢行为构成的问题与改进》，载《知识产权》2017 年第 10 期。

该包装的球形具备一定的功能性，但只要通过在其中添加其他元素，如颜色、标志等，就能达到整体上具备区别性的效果，一样能获得保护。

四、结论

保护具有一定影响的包装、装潢，打击不正当竞争行为对于市场秩序的维护十分重要。对于知名商品的认定首先应以国内市场为主，国际已有知名度仅能作为参考。在具体判断时，通过存在对包装的仿制行为进行反推，发展到如今对该商品的销售时间、销售区域、宣传的持续时间和程度等方面进行综合考虑，提升了准确性和可操作性。而对于包装、装潢本身，还需要具备一定的区别性，能够使相关公众通过该包装识别到其商品或品牌，通用因素的组合只要整体上能够发挥区别性功能，即能受到《反不正当竞争法》的保护。

有一定影响的商品特有包装装潢与未注册商标概念辨析

——某娱乐公司、上海某网络科技发展公司与上海某科技公司擅自使用知名商品特有装潢纠纷、虚假宣传纠纷、其他不正当竞争纠纷案

/ 陈禹铭

➲ 本案要旨

知名产品的特有装潢与未注册商标具有类似性质，应以具备区别商品来源功能为判断要素。游戏标识、界面等元素是否能够判定为特殊装潢同样需考虑是否会造成相关公众的混淆。判断是否具有识别功能的重要考量因素之一是公众对相关标识具有一定持续时间的接触与知悉。对于模仿与抄袭，正当的模仿与借鉴非属不正当竞争，但竞争者通过不正当手段抄袭他人的智力劳动成果并予以宣传，违反诚实信用原则，属于不正当竞争行为。游戏规则并非全部为抽象思想，作为权利人的智力创作成果可具有为法律所保护的可能性。

➲ 案件信息

原告：某娱乐公司、上海某网络科技发展公司

被告：上海某科技公司

案号：上海市第一中级人民法院（2014）沪一中民五（知）初字第 22 号

➲ 原被告主张及理由

原告某娱乐公司与上海某网络科技发展公司主张，某娱乐公司于 2013 年 3 月 22 日在美国游戏展上首次公布其最新开发的一款电子卡牌游戏《炉石传说：魔兽英雄传》(以下简称《炉石传说》)，上海某网络科技发展公司经某娱

乐公司授权，将《炉石传说》引入中国市场并于2013年10月23日开始向中国公众开放测试。两原告发现，被告上海某科技公司于2013年10月25日向公众展示了一款名为《卧龙传说：三国名将传》(以下简称《卧龙传说》) 的网络游戏，该游戏全面抄袭和使用了与原告某娱乐公司知名商品《炉石传说》特有游戏界面极其近似的装潢设计及其他游戏元素（包括但不限于《炉石传说》核心元素即游戏规则）。两原告还发现被告于2013年10月26日在其公司网站上发表题为《惊现中国版，是暴雪太慢？还是中国公司太快？》(以下简称《惊现中国版》) 的文章，文章称《卧龙传说》是中国版的《炉石传说》，并称《卧龙传说》几乎完美地复制了《炉石传说》。此外，被告已于2013年11月5日正式向公众开放《卧龙传说》游戏测试，并在其公司网站上公告已对外发放了30 000个游戏测试账号激活码。被告实施擅自使用他人特有的包装装潢不正当竞争行为损害了原告某娱乐公司的合法权益，其他不正当竞争行为对两原告均造成了损害；两原告请求保护《炉石传说》特有装潢，包括《炉石传说》游戏标识（以下简称炉石标识）、单个战斗场面、382张卡牌及套牌组合三项；两原告指控被告在其官方网站上发布的《惊现中国版》一文属于虚假宣传；两原告指控被告整个运营《卧龙传说》游戏的行为，尤其是抄袭原告游戏规则的行为具有明显的不正当性，违反了反不正当竞争法的基本原则。

被告上海某科技公司抗辩称：(1)《炉石传说》不是商品，两原告就本案提起诉讼时《炉石传说》尚在测试阶段，未实际投入流通环节，《炉石传说》与某娱乐公司《魔兽世界》系列游戏没有关联性，《魔兽世界》的知名度不应延伸至《炉石传说》,《炉石传说》不是知名商品；(2)《炉石传说》游戏界面等多个要素是游戏中的通用方式，不构成特有装潢，游戏引用的背景元素和人物角色均区别于《卧龙传说》，两款游戏完全不同；(3)《惊现中国版》一文系转载，文章绝大部分内容所涉系两款游戏的区别，不可能引起混淆；(4) 游戏规则无法落入知识产权保护范围；(5) 两款游戏平台不同，《卧龙传说》系在被告平台上独立开发的体现自身平衡性和竞技性的一款游戏，不存在抄袭；(6) 被告已于两原告起诉后更改了系争部分的游戏内容，若存在不正当竞争行为也已经停止；(7) 两原告主张的经济损失和合理费用缺乏事实和法律依据。

法院查明的事实

某娱乐公司设计开发一款名为《炉石传说》的数码策略类卡牌游戏，并取得美国版权局颁发的著作权登记证书。2013年3月22日，某娱乐公司于美国首次发布该款游戏公告。2013 年 5 月 15 日，某娱乐公司取得中国国家版权局计算机软件著作权登记。上海某网络科技发展公司系某娱乐公司在中国的合作伙伴，双方通过签署《许可和分销协议》及附件约定由上海某网络科技发展公司取得《炉石传说》在中国的部分授权。

被告上海某科技公司系一家网络科技公司，是《卧龙传说》游戏的设计开发者和经营者。2013 年 10 月 25 日，被告在阿里云开发者大会上首次向公众发布《卧龙传说》游戏。同年 11 月 15 日被告就《卧龙传说》取得计算机软件著作权登记证书。

《炉石传说》被引进中国后，两原告对《炉石传说》进行了一系列宣传活动。《炉石传说》在开放测试后短期内即获得多项游戏奖项。被告在《卧龙传说》游戏中使用了与原告八角形轮盘的炉石标识、游戏战斗界面、卡牌及套牌组合相近似的标识或者图案。

2013 年 10 月 26 日，被告在其官方网站上刊登一篇题为《惊现中国版》的评论性文章。文章作者显示为 Unico。文章首先评论道："2014 年，网易刚刚宣布《炉石传说：魔兽英雄传》国服内测开启，在 10 月 25 日的阿里云开发者大会游戏专场上，惊现'中国版炉石传说'。这款作品的名字是《卧龙传说：三国名将传》，光从名字看这款游戏就充满了中国特色的山寨调侃意味。"文章介绍《炉石传说》目前测试的版本为 Windows 版和 Mac 版，而曝光的《卧龙传说》系 Unico Interactive 开发，目前支持 iPad、iPhone 和 android 设备。该款游戏设计为触摸屏和手机较小屏幕进行优化设计，与《炉石传说》略有不同，交互区域相对略大。用 surface 体验美服《炉石传说》使用触屏操作，存在不少交互问题，而体验《卧龙传说》整体触屏流畅。大会现场玩家游戏体验过程中都能很快上手和流畅地进行游戏，印证了"五分钟上手，十分钟一局"的宣传语，只是主角被换成了三国世界人物。文章最后评论道："Unico 在《炉石传说》国服内测发号第二天就高调发布这款三国题材，看似更适合中国市场的手游《卧龙传说》，无疑将会对炉石造成不小的影响。暴雪多年研发进军移动平台的首款休闲产品，而国内公司几乎仅用一个月时间就几乎完美地完成了换皮复制，这究竟是暴雪的速度太慢，还是中国公司的反应速度太快？不管如何，结合了深度的策略变化和国内让人熟知的三国题材，《卧龙传说》都将是一款值得一看的产品。"

被告公司职员夏某作为《卧龙传说》游戏"主策"接受某手游网采访，提及《卧龙传说》游戏研发称公司很早即开始准备，如制作辅助软件《炉石传说宝典》，帮助了解相关核心用户关注度，积累数值准备等。这款产品从立项到首次曝光，仅耗费20个工作日。提及游戏制作过程称其最初通过优酷网站国内外玩家的试玩和介绍《炉石传说》游戏视频，结合国内炉石资料站卡牌数据库，比较准确地还原了整个数值体系和游戏的竞技性。《卧龙传说》游戏项目立项时用一个月工资的价格秒杀到唯一一个激活码，之后对整个用户操作体验设计包括许多场景和交互细节进行整体提升。针对两款游戏界面雷同的问题回应称，比较谨慎地选择了玩法上的模仿，美术团队针对这款产品制作了不下三套设计和交互界面方案，最终选用方案虽整个界面与《炉石传说》雷同，但优化小屏适应和触摸操作。被告公司职员叶某飞作为《卧龙传说》游戏“制片人”接受采访，回应《卧龙传说》仅耗时20个工作日制作完成称《卧龙传说》从立项到首次曝光只有20个工作日，但之前就有不少准备，通过制作《炉石传说宝典》软件，观察核心玩家的关注度，准备数值。因为当时没有游戏源代码程序，最早对着《炉石传说》玩家试玩视频制作Demo，正式立项后完善产品细节。叶某飞在接受媒体采访时还作了如下陈述：“别人说游戏模式和UI（即‘用户界面’）都几乎一模一样，其实大体的感觉像是我们美术这边故意设计的，毕竟这样会有最好的正反面话题点嘛”；“暴雪在数值方面一直是强项，所以炉石这款产品本身的平衡性、竞技性都做得非常好。卧龙传说这个产品的话，在保证原有数值平衡性的基础上，因为三国题材的优势，可以在不影响竞技性基础上设计更多扩展的仆从和技能卡”；“其实我们这款产品更多的是模仿”；“说到模仿的问题，我们视觉上的相近，大部分也是我们前期的营销需要”。

结合《卧龙传说》游戏公证画面及庭审中被告陈述，法院确认《卧龙传说》使用了与《炉石传说》基本相同的游戏规则，包括卡牌数量及构成、卡牌数值、卡牌使用方法等卡牌规则及回合制竞赛模式、疲劳伤害制度、场上随从数和手牌数量限制、出牌顺序等战斗规则。除此之外，被告还在游戏标识、界面等方面对原告游戏进行了全面的模仿。

➲ 法院判决理由与裁判结果

法院认为，根据《反不正当竞争法》之规定，经营者在市场交易中，应当遵循自愿、平等、公平、诚实信用的原则，遵守公认的商业道德。该法还规定：经营者不得采用擅自使用知名商品特有的装潢，或者使用与知名商品近似的装潢，造成和他人的知名商品相混淆，使购买者误认为是该知名商品的不正当手段从事市场交易，损害竞争对手；经营者不得利用广告或者其他方法，对商品的质量、制作成分、性能、用途、生产者、有效期限、产地等作引人误解的虚假宣传。本案中，两原告与被告均为游戏行业的从业者，相互之间具有竞争关系，均应恪守《反不正当竞争法》规定的竞争规则。

一、关于被告行为是否应认定为擅自使用知名商品特有装潢的不正当竞争行为

依据《反不正当竞争法》第 5 条第 2 项之规定，擅自使用知名商品特有的装潢的不正当竞争行为，必须具备如下要素：一是不正当竞争行为须对知名商品实施；二是该商品的装潢须有特有性；三是使用行为造成混淆，使购买者误认为是该知名商品。需要进一步指出的是，反不正当竞争法对知名商品的装潢的保护，实质是对未注册商标的保护。对上述三方面的考量，目的就是看标识是否已经具备了识别功能，是否具备了商标的区别来源功能。

就本案而言，虽然依据本院查明的事实可以认定《炉石传说》具有一定的知名度，游戏中的炉石标识、单个战斗场地界面、382 张卡牌及套牌组合有一定的独特性，但是，能否就此认定属于特有装潢为反不正当竞争法所保护，仍须综合考量是否具备区别商品来源的功能。《炉石传说》游戏于 2013 年 10 月 23 日才开始正式向中国公众开放，距离被告于 2013 年 10 月 25 日首次发布《卧龙传说》仅隔两天。鉴于相关公众对于《炉石传说》标识的接触和知晓需要一段时间持续的过程，在被控不正当竞争行为发生之时，游戏运行过程中才能逐渐展示给相关公众的炉石标识、单个战斗场地界面、382 张卡牌无法为相关公众所普遍知晓，更难以具备区别商品来源的功能。因此，被告即便使用了与《炉石传说》相近似的装潢，也不会因此而造成相关公众的混淆与误认。综上，对于两原告认为被告擅自使用《炉石传说》游戏特有装潢构成不正当竞争行为的主张，法院不予支持。

二、关于被告是否实施了虚假宣传的不正当竞争行为的认定

依据《反不正当竞争法》第 9 条第 1 款的规定，虚假宣传行为的本质是通过广告或者其他方法对商品作引人误解的虚假陈述，从而不正当地损害了竞争对手或者获取竞争优势。认定虚假宣传行为主要在于陈述的虚假或者不当，以及这种虚假或不当是否引人误解。

两原告主张被告在官方网站上发布《惊现中国版》一文，通过“换皮复制”“中国版”“太快、太慢”等歧义性用语和比较性用语，使相关公众对《卧龙传说》游戏来源产生误认，贬低原告作品，抬高被告作品，构成虚假宣传的不正当竞争行为。

本院认为,《惊现中国版》一文确实具有攀附原告及《炉石传说》游戏实施宣传的意图，但并不属于《反不正当竞争法》第9条第1款所规制的虚假宣传行为。从本院查明的事实来看，被告的《卧龙传说》游戏的确存在大量的对原告《炉石传说》游戏的模仿甚至“抄袭”，因此就文章内容而言，虽然用语较为夸张、诙谑，但还尚难以认为被告作了虚假陈述。法院对于两原告认为被告实施虚假宣传行为构成不正当竞争的主张，不予支持。

三、关于被告是否实施了违反自愿、平等、公平、诚实信用的原则，以及公认的商业道德的不正当竞争行为

根据《反不正当竞争法》第2条第1款之规定，经营者在市场交易中，应当遵循自愿、平等、公平、诚实信用的原则，遵守公认的商业道德。

本案中，被告公司员工《卧龙传说》游戏策划人员在《炉石传说》未进入中国市场前即已经实际接触到《炉石传说》游戏卡牌核心数据并还原整个数值体系；游戏制作前期因无法取得《炉石传说》测试账号而对着《炉石传说》玩家试玩视频制作样片；游戏正式立项后通过秒杀到的测试账号进一步获取《炉石传说》游戏数据，完善游戏细节；《卧龙传说》项目立项后仅耗时20个工作日即制作出，远少于通常游戏公司研发一款类似原创游戏正常耗时；两款游戏所涉卡牌、界面相似度极高，视觉效果差别不大，区别仅在于角色形象由魔兽世界中的人物替换为三国人物；两款游戏在卡牌构成及使用规则、基本战斗规则上基本一致。因此，本案查明的事实足以支持原告关于被告整体抄袭了其游戏的指控。对于这种抄袭，被告非但不引咎自省，反而作为其推广游戏的卖点而大肆渲染，其“搭便车”的目的和行为非常明显。

法院认为，电子游戏远不只仅为大众娱乐而存在，而是具有极大的商业价值，游戏行业作为新兴行业，已经成为经营者投资获利的重要市场。为了规范游戏行业的健康发展，中国软件行业协会还组织制定了《中国游戏行业自律公约》，鼓励游戏行业从业者开展合法、公平、有序的竞争。本案原被告均为游戏产品的同行业竞争者，理应恪守反不正当竞争法及游戏行业自律公约的相关规定，开展公平竞争。本案中，原告游戏作为一种特殊的智力创作成果，需要开发者投入大量的人力、物力、财力，凝聚了很高的商业价值。被告并未通过自己合法的智力劳动参与游戏行业竞争，而是通过不正当的抄袭手段将原告的智力成果占为己有，并且以此为推广游戏的卖点，其行为背离了平等、公平、诚实信用的原则和公认的商业道德，超出了游戏行业竞争者之间正当的借鉴和模仿，具备了不正当竞争的性质。

被告辩称游戏规则不属于著作权保护范畴，《炉石传说》游戏规则没有独创性，仅是抽象的思想，没有具体的表达形式。法院认为，游戏规则尚不能获得著作权法的保护，并不表示这种智力创作成果法律不应给予保护。游戏的开发和设计要满足娱乐性并获得市场竞争的优势，其实现方式并不是众所周知的事实，而需要极大的创造性劳动。同时，现代的大型网络游戏，通常需要投入大量的人力、物力、财力进行研发，如果将游戏规则作为抽象思想一概不予保护，将不利于激励创新，为游戏产业营造公平合理的竞争环境。因此，法院对被告的辩称不予采纳。

被告辩称两款游戏开发平台不同，故不存在抄袭行为。本院认为虽然本案事实发生之时《炉石传说》系针对电脑屏幕开发，《卧龙传说》系针对触摸屏和手机屏幕开发，但两个平台主要在交互界面区域设计上有所差别，该差别并非两款游戏的根本差别，不致影响两款游戏在画面、规则等要素上是否相似的判断。故对于被告的上述辩解理由，不予采纳。

被告还辩称就系争部分的游戏内容其已经在本案诉讼过程中予以变更，即使存在不正当竞争行为也已经停止。本院认为，被告虽更改部分游戏元素，包括《卧龙传说》游戏标识、战斗场面、部分卡牌外观，但未能充分举证证明所有模仿之处均作了修改，更没有证明更改后游戏未使用《炉石传说》游戏规则，故关于被告认为其已经停止不正当竞争行为的辩解理由，本院不予采纳。

最终法院判定被告存在抄袭与不正当竞争行为，承担相应民事责任。

案例解析

本案涉及作品抄袭、擅自使用知名商品特有包装装潢、虚假宣传等内容，法院在判断是否存在擅自使用知名商品特有的包装装潢的不正当竞争行为时，认为应注意的要素包括“知名商品”“装潢的特有性”及“混淆与误认”，进一步强调“反不正当竞争法对知名商品的装潢的保护，实质上是对未注册商标的保护”。我国《反不正当竞争法》2017 年修订时取消了“知名”与“特有”的判断要素，以“有一定影响”一以代之，而“有一定影响”同样出现于《商标法》第 32 条及第 59 条中对未注册商标的保护，商品的包装装潢与商标同样具有识别作用，是否应当认为商品的包装装潢就是未注册商标的一种表现形式？下文即讨论商品包装装潢与未注册商标在概念与权利性质上的异同。

一、有一定影响的商品包装装潢与未注册商标在权利性质上的相似性

“注册商标的存在需通过主动的公示手段，未注册商标的享有仅需事实状态的持续……法律只对未注册商标给予弱保护”。[①]注册商标受到《商标法》的保护而具有强排他性；对于非注册商标而言，标识的使用产生显著性与商业价值，“标识的使用过程就是未注册商标商誉的发起和积累过程”[②]，非注册商标是通过标识使用的累积而逐步形成的不为商标权保护的权益，因此需要通过限制竞争者的反不正当行为为非注册商标的使用者提供保护。

商品的包装装潢同样是为《反不正当竞争法》所保护的权益，“特有包装装潢通过在市场经营活动中使用而获得识别商品来源的显著特征，就可以作为一种商业标志，寻求反不正当竞争法的保护”[③]。包装装潢依附于商品，经营者生产的商品持续地使用特定包装装潢，会产生一定的显著性，使消费者将包装装潢、商品与经营者三者联系起来，从而提高商品的知名度与经营者的商誉。

非注册商标与有一定影响的商品包装装潢在权利性质上并不属于“权利”，不具有如注册商标所享有的商标权一样的强排他性，而是经由使用逐渐形成、具有一定商业价值的“法益”。在法律制度层面，经营者所使用的非注册商标与有一定影响的商品包装装潢均是通过《反不正当竞争法》第 6 条的禁止混淆行为规定进行保护，通过禁止竞争者的不正当竞争行为，以防止消费者对经营者与产品的来源产生混淆与误认，进而使非注册商标的使用者或有一定影响的商品包装装潢的经营者通过使用所积累的商誉与商业利益得到保护。

二、包装装潢商品外观属性与未注册商标独立使用特性的差异性

商业外观是指商品或者服务的外部特性，包括其形状、样式、装潢、颜色或者其他外观上的整体特征，商品的包装与装潢是商品的一种外观表征，其出现“更多是经营者出于吸引消费者眼光的目的，因此在其诞生之初更多地体现为经营者对美观的需求”[④]。包装装潢作为商品的外观，无法脱离商品独立存在，即使包装装潢具有很高的辨识度，所产生的法益同样要依附于商品之上。

就本案而言，《炉石传说》是某娱乐公司的热门游戏，其界面设计具有显著特征而且产生了一定影响，符合反不正当竞争法对包装装潢保护的要求，但

---

① 孙山：《未注册商标法律保护的逻辑基础与规范设计》，载《甘肃政法学院学报》2015 年第 2 期。

② 刘维、张丽敏：《未注册商标权益形成机制研究》，载《知识产权》2016 年第 7 期。

③ 曹新明：《知名商品特有包装装潢权益归属理论探析》，载《法律科学（西北政法大学学报）》2018 年第 6 期。

④ 李春芳、伦佩明：《试论我国商业外观保护之“知名性”的重构》，载《知识产权》2013 年第 7 期。

某娱乐公司在主张权益时仍需以《炉石传说》这款游戏为媒介，即《卧龙传说》的游戏装潢抄袭了《炉石传说》的具有鲜明特点的游戏装潢。值得注意的是，虽然经营者不能脱离游戏商品而直接以游戏界面、设计元素等游戏商品装潢主张权益，但这些装潢同样是智力创作活动的产物，并不排除权利人以作品主张著作权保护的可能性。从这一角度而言，包装装潢的各种独创要素是可以同时受到反不正当竞争法与版权法双重保护的。反不正当竞争法对有一定影响商品包装装潢的保护较著作权法对作品的保护具有更广的保护范围。与此相对应，对包装装潢的保护无法脱离商品而独立存在，这种平衡也是对反不正当竞争法作为兜底性法律规定的适用限制。

未注册商标则不完全依附于商品之上，其形式可以是多样的，除商品的包装装潢外，同样可以体现为企业的字号等可以直接使消费者识别商品或服务提供者身份的标识信息。从这一角度而言，未注册商标的保护范围大于有一定影响的商品包装装潢。本案中法院认为对有一定影响的商品包装装潢（修改前《反不正当竞争法》中知名商品包装装潢）的保护实质上是对未注册商标的保护这一观点并无不当。产品包装装潢产生一定影响可以起到与未注册商标相同的功能，能够使消费者识别商品来源，但这种推论是单向的，不能认为对未注册商标的保护限于对有一定影响的商品包装装潢的保护，更不能认为对有一定影响的商品包装装潢的保护与对未注册商标的保护是完全等同的。

三、有一定影响的商品包装装潢与未注册商标在显著性方面的差异性

不同经营者的商品或服务项目使用不同的商标，特定的商标总是和特定的经营对象联系在一起，[①] 注册商标的法定权利归属于商标专用权人，与注册商标处于同一概念位阶的未注册商标，其权益同样直接归属于商标使用人。具有显著性的商标直接与提供商品和服务的经营者建立联系，无论是注册商标还是未注册商标，都能够直接起到识别市场不同主体的功能，每一个经营者都独立、完整地享有经使用而产生显著性的商标权益，最大化地利用其带来的商业价值。对于通过使用获得显著性的未注册商标，即使不享有与注册商标同等法律效力的商标专有权，同样可以使消费者通过商标直接联想到经营者，未注册商标的显著性同时体现在商品服务本身与提供商品服务的经营者上。

对于有一定影响的商品包装装潢而言，显著性则仅体现在消费者能否识别相关商品，而非提供商品与服务的经营者，消费者在看到包装装潢时能够联

① 吴汉东主编：《知识产权法学》（第6版），北京大学出版社2014年版，第194页。

想到经营者是因为该商品或服务与经营者建立了稳定联系。例如在加多宝诉王老吉案中，最高人民法院认为加多宝与王老吉均对红罐凉茶的特有包装装潢存在贡献。从最高人民法院的这一观点可以推知，对于一个同时知悉加多宝凉茶与王老吉凉茶的消费者而言，在看到红罐凉茶的包装装潢时，无法确认这种红罐包装的凉茶是王老吉提供的商品还是加多宝提供的商品，只有在看到包装上附有的王老吉或加多宝的商标时，消费者才可能将商品与提供商品的经营者联系起来。因此，有一定影响的包装装潢所具有的显著性一般与商品紧密联系，虽然包装装潢本身的影响可能足以使包装装潢产生识别商品服务提供者的功能，但消费者能够识别包装装潢的商品和服务提供者更多是因为包装装潢产生的影响使得商品与提供优质商品服务的经营者建立了能够为消费者所识别的重要联系。

四、结论

有一定影响的商品包装装潢与未注册商标同为反不正当竞争法所保护的经过使用而产生一定商业价值的法益，都能起到防止消费者对商品和服务产生误认和混淆的功能。包装装潢与未注册商标在保护范围上存在一定差异，包装装潢的显著性与商品相伴相生，传递出来的身份标识信息必须以商品为媒介，消费者识别商品来源的功能是通过包装装潢与商品的共同作用形成的。未注册商标既可以体现在商品上，起到识别商品来源的功能，也可以独立存在，用作企业的字号等使消费者直接将标识与经营者建立关联的情形。未注册商标的概念能够涵盖有一定影响的商品包装装潢的概念，反之则不然，因此对有一定影响的包装装潢的保护由于体现了未注册商标识别商品来源的功能，可以认为是对未注册商标的保护，而未注册商标具有不完全依附于商品的特性，要求对其的保护不能仅限于有一定影响的商品包装装潢一种形式。

互联网产品相关市场界定及需求替代分析

——深圳某软件开发公司与某科技公司等垄断纠纷案

/ 藏依格

➲ 本案要旨

相关市场界定的一般步骤在互联网领域基本适用，但互联网零价竞争、跨领域竞争及平台竞争的特性使得互联网相关市场界定及替代分析的难度大幅增加。界定互联网产品相关商品市场时，可以从造成竞争损害的被诉行为着手，以涉案争议行为所指向的商品或服务为出发点进行需求替代分析。在进行需求替代及产品间竞争关系分析时，应明晰不同商品的功能及特性，注重实际的替代关系，并从横向跨互联网同类产品市场与纵向互联网内市场两个层面进行市场界定分析，避免相关市场的界定过于狭窄。

➲ 案件信息

原告：深圳某软件开发公司

被告：某科技公司、深圳某计算机系统公司

案号：广东省深圳市中级人民法院（2017）粤03民初250号

➲ 原被告主张及理由

原告深圳某软件开发公司诉称：第一，两被告是活跃用户数量达到6.8亿的即时通信服务公司，其滥用即时通信软件及服务市场的支配地位，损害了市场的竞争，侵犯了原告的合法权益。两被告经多年经营，在上述市场中具有远超50%的市场份额，其财务实力、技术实力以及对交易商的控制力等都表明，被告能够控制相关市场的交易条件，拒绝与相对人进行交易也对条件相当的交易相对人在交易价格等交易条件上实行差别待遇，是典型违反反垄断法之民事侵权行径。第二，原告是数据精灵等26个微信公众号的拥有者，为小型企业提供软件设计服务的经营者，享有在市场竞争中公平竞争的权利。原告自2015年10月6日在微信公众平台上注册了很多公众号，两被告以每个公众号300元人民币收取服务费用，而后以莫须有的名义随意停止服务。第三，被告应对其垄断民事侵权行为承担相应法律责任。第四，要求公开被告旗下产品运营规则。

两被告共同答辩称：被告对原告涉案26个微信公众号采取封号措施是依据双方此前达成的《微信公众平台服务协议》(以下简称《服务协议》)和《微信公众平台运营规范》(以下简称《运营规范》)的明确规定，具有充分的正当理由，不构成反垄断法项下的滥用市场支配地位的行为。第一，原告应对被告实施了滥用市场支配地位的行为承担举证责任。第二，原告在本案中未经任何论证地将本案相关市场界定为中国大陆移动互联网即时通信和社交软件服务市场，完全偏离了原告在微信公众号上宣传推广其产品的需求。一是原被告双方争议行为所直接指向的“产品”，是微信软件所提供的公众号服务，原告在本案纠纷中的身份是在微信公众平台注册运营微信公众号的主体。二是原告在被告微信公众平台注册并运营涉案“微信公众号”主要是为了宣传、推广其数据精灵等产品。三是本案中，能够满足原告产品宣传、推广主要需求的渠道如自办网站、微博、视频平台如优酷、搜索引擎服务平台、社交网站如QQ空间等应纳入本案相关商品市场。四是从相关地域市场来看，鉴于原告在评价被告市场力量时已经实际将WeChat的用户数纳入计算范围，其已实质认可本案的相关地域市场是全球市场。第三，在相关市场界定错误的前提下，原告分析被告是否具有市场支配地位缺乏最基本的前提，且原告未依据《反垄断法》的规定提供多方面的证据对被告是否具有市场支配地位进行综合认定。第四，在原告没有举证证明被告在相关市场具有支配地位的情况下，原告诉称被告实施了滥用市场支配地位行为缺乏最基本的前提。且因原告发布内容严重违反《运营规范》的多项规定，被告实施封号行为，是为制止原告继续通过其批量注册的微信公众号从事前述病毒式营销推广外挂软件的行为，维护微信健康运营环境和保护广大微信用户的利益，具有正当理由。没有排除、限制竞争的效果，故原告诉称被告实施滥用市场支配地位行为不成立。第五，从行为本身的构成要件上看，原告也未能举证证明被告的行为构成反垄断法项下的差别待遇与拒绝交易。

法院查明的事实

一、本案原告运营的被封禁微信公众号发布的文章及相关链接的事实

原告经营的26个微信公众号被采取了封号措施，尚有其他公众号可以正常使用。

二、原告通过其他公众平台宣传其软件产品的事实及被告主张对原告涉案26个涉案微信公众号实施封号具有合理依据的事实

《服务协议》和《运营规范》是作为微信公众号运营方的被告与用户订立关于使用微信公众平台服务的相关协议。原告作为微信公众号的运营者，知道或应当知道。

原告在提供给用户的软件包中包含三个软件，功能均明显超越了正版微信软件所允许的功能范畴，系原告通过篡改正版微信的运行规则而实现，具备行业惯例中外挂软件的基本特征。

原告在其微信公众平台发布信息，目的是向用户推广其刷粉平台与工具，构成了《运营规范》3.1、3.2，《服务协议》第5条和第9条等规定所禁止的外挂、刷粉等误导行为。结合原告提交的证据3和被告提交的证据7可以证明“一键转发售后平台”因发布违反被告认为《运营规范》和《服务协议》的禁止规定被封号。

法院判决理由与裁判结果

广东省深圳市中级人民法院认为：本案的争议焦点在于被告是否具有市场支配地位及被告封禁原告微信公众号的行为是否构成滥用市场支配地位的行为。

一、被告是否具有市场支配地位

1. 本案双方争议行为直接指向的产品是微信公众号服务。

2. 微信公众号服务不能等同于微信产品。微信是跨平台通讯工具，是集合多种服务的综合性互联网应用平台，为用户提供即时通信、便捷工具、微信公众平台、微信支付、游戏等功能。微信公众号主要向用户提供信息发布、媒体传播、企业宣传等服务。微信软件的上述增值服务，各自所具有的基本功能与特征、面向的用户群体、具体操作方法等都与作为基础服务的即时通信拥有较大区别。

3. 本案相关商品市场的界定。原告在本案中的主要需求是宣传推广其产品服务，故本案的相关商品应当指向的是运营方通过互联网平台注册账号主动投放或通过普通用户关注或搜索方式获得产品服务推广方进行的宣传推广服务。本案相关商品市场应为互联网平台在线推广宣传服务市场。原告主张本案相关商品市场界定为即时通信和社交软件与服务市场，系未能明晰互联网平台基础服务与增值服务之间相互独立的关系，偏离了原告对微信公众号作为宣传推广需求的本质，本院不予支持。

4. 本案相关地域市场界定。尽管互联网具有开放性和互通性的特点，但是本案中原告获取在线推广宣传服务的范围仍主要限于中国大陆，而前述经营者实际提供在线推广宣传服务的主要范围也为中国大陆。因此，本案的相关地域市场应为中国大陆市场。

5. 被告在本案相关市场是否具有市场支配地位。（1）微信用户数量不等于具有天然垄断属性基础。平台内的用户总量与平台内个体所能获得的市场力量不具有必然联系。以平台内的用户总量来衡量平台内个体所能获得的市场力量并不具有任何现实意义，原告在本案中也未提供证据证明增值服务由于通过基础服务获得市场力量，而无法被其他互联网服务所替代，进而导致增值服务与基础服务构成同一相关市场。同时，原告在被告封禁其涉案微信公众号后短时间内迅速在微博上实现了宣传推广需求的有效替代。对于一类产品或服务的关注会仅限于特定用户群，因此不存在所有微信普通用户都可称为公众号的关注基础。原告认为微信个人用户总量是被告拥有垄断支配地位的天然属性的观点无法成立。（2）原告未能依据法律要求证明被告具有市场支配地位。

二、被告封禁原告微信公众号的行为是否构成滥用市场支配地位的行为

1. 被告在本案中对原告涉案公众号进行封禁不构成拒绝交易行为。并非互联网企业与其用户无法达成交易或中断交易即属于拒绝交易行为，构成《反垄断法》项下的拒绝交易行为，需满足以下条件：（1）被告具有市场支配地位；（2）被告实施拒绝交易行为没有正当理由；（3）被告实施的拒绝交易行为具有排除、限制竞争的动机或效果。

本案中，被告对原告涉案微信公众号的封禁，不仅没有产生排除、限制竞争动机和效果，还有利于保障广大微信用户的用户体验和健康良好的微信使用秩序，具有积极意义。

2. 被告未对任何条件相同的交易相对人实施差别待遇的行为。被告在本案相关市场（中国大陆）在线推广的宣传服务不具有市场支配地位，也未产生

任何排除、限制竞争的效果。

综上，广东省深圳市中级人民法院认为，无任何证据证明被告在本案相关市场（中国大陆）在线推广的宣传服务具有支配地位；被告不构成“拒绝交易”和“歧视待遇”，滥用市场支配地位不成立；被告封禁原告微信公众号的行为具有正当理由。判决驳回原告全部诉讼请求。

案例解析

本案是针对滥用市场支配地位纠纷引发的诉讼。由于一切竞争行为均发生在特定的市场范围内，若想确定某主体的市场支配地位，判断的基础与前提正是厘清竞争行为所处市场边界，进而确定相关市场。这在美国与欧盟的反垄断相关案件中，通常也对裁判结果起决定性作用。

在我国司法实践中，科学确定相关市场边界范围，对判定涉案主体市场占有和地位、评估竞争行为、识别竞争者、认定违法性等问题具关键作用。[①]

目前，世界各国普遍使用交叉弹性分析法、SSNIP 方法等[②]确定相关市场。但面对互联网产业时，上述这些成熟的方法并不一定能直接运用。互联网因其开放性、自由性等特点，使得互联网经济与传统经济模式相比，其产品的可替代性极强，产品发展及产品间的替代情况瞬息万变、难以预测，使得替代产品等一系列的认定难度提升。同时，传统认知中的时间市场和地理市场的意义也发生了变化，互联网产品零价、跨领域和平台竞争等多种竞争特性，都为相关市场的界定工作提出了新的挑战。

本案在界定相关市场时，以商品需求为基础最终得以确定互联网平台服务的相关市场范围。以下将结合案件，探究互联网产品的特性及其对现今相关市场界定一般框架步骤的挑战，并以本案所用需求替代分析方法为角度探讨基础框架在互联网产品相关商品市场界定中的适用。

一、相关市场界定的一般步骤框架

依据《关于相关市场界定的指南》，界定相关市场时，通常需界定相关商品市场及地域市场，同时还需考虑时间性及诸多其他影响因素。反垄断执法实践中，界定相关市场的核心依据是替代性分析，主要以需求替代为基础，同时

---

① 参见广东省深圳市中级人民法院（2017）粤 03 民初 250 号民事判决书。

② 1992 年美国司法部颁布的《美国横向兼并指南》中提出了相关市场界定 SSNIP 方法，欧共体委员会于 1997 年发布的《欧共体竞争法中界定相关市场的通告》以及 2009 年我国国务院反垄断委员会发布的《关于相关市场界定的指南》中都有对于相关市场界定的方法和步骤的具体规定与详细说明。

兼顾对于供给替代的考量。[①] 就需求角度，以考量价格为主、以 SSNIP 方法展开的需求弹性分析是确定产品市场的主要手段；就供给角度，从现存及未来可能存在的竞争者方面展开供给替代分析，评价压力。[②]

消费者可得到紧密、高度的替代商品，并能够展现强烈竞争关系的地理区域，被称为“相关地理市场”，即受某些因素影响使得消费者选择一定地域外替代产品的主观意愿及客观能力受到限制，也使得商品提供者向地域范围以外的需求者供给商品的能力、动机受到限制时，这一地域范围通常就被确定为“一个地理市场”。确定相关商品市场时，多以分析需求替代性为主，而确定相关地域市场时，则多分析供给替代性。[③]

时间市场本身不具独立性，依赖于确定上述相关商品、地理市场，本质是对二者时效性的界定。

二、互联网产业竞争特性对一般框架的挑战

（一）零价竞争的挑战

基础业务的零价竞争早已成为互联网行业普遍采用的商业运营模式。[④] 就日常生活而言，人们惯常使用的即时通信、社交、搜索、导航、音乐、电子商务等网站、平台就其基础服务而言对用户通常都是免费的，其可能会通过一些附加或增值服务来收取一定费用以支持企业的运营与发展。正如本案中的微信，其所提供的作为即时通信工具的基础服务是免费的，在微信产生之初，某科技公司就曾作出基础服务永不收费，将会坚持免费政策的承诺。互联网企业也都清楚，一旦决定收费，这在激烈的竞争中意味着怎样残酷的后果。

由于互联网企业普遍采用上述这种免费运营模式，这样免费的市场是否能作为反垄断法的规制对象由此产生了一定争议。毕竟，反垄断法旨在防止垄断高价，防止具有支配地位的企业通过不正当手段维持高额利润。也正因如此，在本案中法院明确该案是由微信公众号服务引起的纠纷，其属于微信向用户提供的用以进行信息发布、媒体传播和企业宣传等的增值服务，其并非免费的即时通信基础服务。

---

① 详见《国务院反垄断委员会关于相关市场界定的指南》第一章、第二章。

② 参见仲春：《互联网行业反垄断执法中相关市场界定》，载《法律科学（西北政法大学学报）》2012 年第 4 期。

③ 参见王先林：《论反垄断法实施中的相关市场界定》，载《法律科学（西北政法大学学报）》2008 年第 1 期。

④ 徐炎：《互联网领域相关市场界定研究——从互联网领域竞争特性切入》，载《知识产权》2012 年第 2 期。

此外，因基础业务市场免费，还将引起SSNIP测试是否适用的争议。该测试通过小幅但显著性的持续上涨价格来测定相关市场的范围，小幅持续上涨的范围在10%左右。但当基准价格为零时，关于免费互联网市场能否适用SSNIP测试，一系列问题应运而生：从零到收费的上涨究竟应属于小幅的上涨还是无限大的上涨；应如何对上涨进行考量，是从用户的感知出发还是依靠纯粹的经济学数据等。[①] 这都是SSNIP测试在互联网产业背景下所必须面对的争议与问题。

（二）跨领域竞争的挑战

跨领域竞争意味着一家企业的产品不仅面对来自本领域内同类产品的竞争，还面对来自其他不同领域但包含相同、相似功能产品的竞争。例如，简易胶片相机与手机仿胶片类拍照软件之间的竞争，拍照型智能手机与基础型数码相机之间的竞争，出行软件与导航软件就打车之间的竞争等，使得那些看似不属同一领域的产品间也会在某种意义上存在激烈的竞争。就本案而言，原告的主要需求是宣传、推广其产品服务，因此本案的相关商品指向运营方通过 互联网平台注册账号主动投放或通过普通用户关注或搜索方式获得产品服务推广方进行的宣传推广服务。[②] 能够提供上述这类宣传推广服务，同时价格、获取及投放方式、受众用户基数等要件较微信公众平台服务基本持平的可能替代商品有许多，如微博、抖音等，然而其一个为社交平台，一个为短视频平台，与微信所属领域显然不尽相同。

可见，互联网产业跨领域竞争这一特性的存在，直接影响着替代分析的进行，使其难度大幅提升。在进行产品的需求替代分析时，主要是站在需求者角度对商品的功能、用途、质量、价格等因素进行考量以确定是否能够互相替代。跨领域竞争使得进行替代分析时的考量范围变得更广，替代品认定、供应商范围划定等难度增加。

（三）平台竞争的挑战

“平台”的经典定义是，两个参与方通过一个中介层进行交易，其中一方在中介层的收益取决于另一方参与的规模和发展情况，这种市场被称为双边市场，中介层则被称为平台。[③] 平台通常在为消费者提供一定的免费产品和服务

---

① 参见徐炎：《互联网领域相关市场界定研究——从互联网领域竞争特性切入》，载《知识产权》2012年第2期。

② 详见广东省深圳市中级人民法院（2017）粤03民初250号民事判决书。

③ 参见张利飞、张运生：《智能手机产业操作系统平台竞争战略研究》，载《中国软科学》2013年第4期。

的同时，从其他商家中收取费用以实现生存和营利的商业目的。

因此，互联网企业往往会在自己的平台免费提供基础服务积累海量用户的前提下，增加新的功能与服务，以留住现有客户并吸引更多潜在客户。但这样的行为势必会在一定程度上对其他平台造成巨大的影响，因为这些新增内容可能正是其他平台得以立足并吸引用户的主要功能与服务，甚至可能对其他平台一击致命。例如，在地图导航类软件中增加打车功能势必会对“滴滴”等出行软件造成冲击；微信支付功能的产生曾一度受到阿里巴巴、京东等电子商务网站的强烈抵制。

平台竞争使得实践中分析互联网领域在假定垄断者构成竞争约束的供给替代范围时，替代分析难度增加，且其辐射范围也远比表面展露出的更为广远。在相关市场界定中，如果机械地进行 SSNIP 测试，则易得出具有误导性的、狭窄的市场界定方案，导致无法客观评估平台运营商实际面临的竞争压力，进而违背相关市场界定的初衷。

三、基础框架在互联网产品相关商品市场界定中的适用——从需求替代分析着手

本案是以商品需求为基础进行需求替代分析以确定互联网平台服务的相关市场范围的典型案例。法院从造成竞争损害的被诉行为着手，以涉案行为涉及的商品和服务为切入点，通过需求替代分析最终确定相关商品市场。因此，本文结合案例，仅就相关市场界定一般框架中最为重要也是普遍需要的需求替代分析角度来进行互联网相关市场界定的研究。分析方法主要包括近似功能、交叉价格弹性两种。近似功能分析，从产品用途、功能等特性着手，分析产品间的可替代性；交叉价格弹性分析则假定垄断的商业主体发挥其优势地位上调产品价格时，相应分析其他企业生产产品的价格变动趋势及程度。

无论采用何种方法，确定互联网相关商品市场时，都要考量内部、外部及传统行业竞争，即从横向跨互联网同类产品市场与纵向互联网内市场两层面分析界定。[①] 综合前述互联网产品的特性及本案实际情况，采用近似功能分析法显然更为妥帖。

本案中，涉案的 26 个公众号属于微信公众平台认证公众号中的服务号，其主要功能为发布信息与进行信息交互的自媒体平台，但同时其也拥有自媒体所蕴含的宣传与推广功能，因此亦可以作为综合营销平台。原告使用微信公众

---

① 参见仲春：《互联网行业反垄断执法中相关市场界定》，载《法律科学（西北政法大学学报）》2012 年第 4 期。

平台这一互联网产品的主要需求及实际效果都是对其“数据精灵”等相关软件进行宣传推广，换言之，互联网平台为其提供了宣传推广产品的服务。由此，本案相关商品应指向运营方通过注册账号进行主动投放或是普通用户关注、搜索以获取产品信息等途径来获得平台方提供的宣传推广服务，并初步认定本案可能归属于推广宣传服务市场。

推广宣传服务可以通过不同的媒介进行，例如广播、电视、报刊、电子邮件、弹窗、网页等，以是否通过互联网平台传播可将其分为在线推广宣传与离线推广宣传。而后，则需进一步分析不同媒介提供推广宣传服务产品之间的市场竞争和制约情况。

互联网平台提供的在线宣传推广服务与传统线下的离线宣传推广服务具有显著不同，相较于传统离线推广宣传无互动性，运营方难以取得实际效果反馈，宣传人群无针对性，受众体量较为局限等情况，互联网平台宣传推广服务可使运营方有针对性地进行推广，依托大数据分析更能够实现根据需求、喜好进行推广投放，外加不受时空限制和庞大的网民及平台用户数量加持，优势可谓十分明显。因此，当从功能替代角度衡量互联网平台提供的在线宣传推广服务与传统的线下宣传推广服务时，不难发现二者差距较大，较难具备反垄断意义上的可替代性。

在横向分析后，应纵向分析互联网内市场。从功能角度看，诸多互联网产品都具有原告所需的宣传推广功能，能够对微信公众平台实现有效替代，例如新浪微博、QQ 空间等 SNS 社交网络，抖音、小红书等自媒体平台，优酷、爱奇艺等视频媒体服务平台以及通过搜索引擎对“数据精灵”等关键词进行搜索进入原告自办网站等。实际上，原告也通过上述部分途径，发布了大量与公众号中内容高度近似的文字、图片、视频等，均实现了良好的宣传效果，有效满足了原告的宣传、推广需求，完全可替代其对微信公众号的需求。因此，上述内容高度一致、功能高度类似的渠道，相互间具有紧密的替代性。

从商品特性观之，前述互联网产品提供的宣传推广服务均为广大用户，运营者通过注册账号、主动投放推广内容等实现在线推广，同时普通用户通过关注、订阅等方式对运营者账号进行实时关注，也可通过主动搜索等方式获取推广内容。

综上，本案相关商品市场为互联网平台在线推广宣传服务市场，能满足原告产品宣传和推广需求的社交网站、视频平台、自媒体平台、自办网站、搜索引擎等互联网渠道应纳入其中。

四、结论

相关市场界定的一般步骤框架在互联网领域基本适用，但因互联网领域零价竞争、跨领域竞争、平台竞争的特性使得其更具复杂性，相关市场的边界与传统行业相比较不明晰，替代分析难度大幅增加，极易导致在实际认定中忽视可能存在的竞争约束，进而使得对相关商品市场的界定偏窄。

因此，本案的启示在于，在界定互联网相关商品市场时，应从造成竞争损害的被诉行为着手，以案件中争议行为所涉及的商品或服务为切入点，围绕主要需求开展需求替代分析，从而确定相关商品市场。同时，应注意基础平台和增值服务平台的用户需求并不必然等同。[①] 在进行需求替代分析并分析产品之间的竞争关系时，应明晰不同服务之间的商品功能及特性，注重实际的替代关系，考虑内部的互联网产品竞争及外部与传统行业及其产品服务的竞争，即从横向跨互联网同类产品市场与纵向互联网内市场两个层面进行市场界定分析，以避免其边界过于狭窄。

① 参见蒋筱熙：《以商品需求为基础确定互联网平台服务的相关市场范围——广东深圳中院判决深圳微源码公司诉腾讯微信公众号垄断案》，载《人民法院报》2018 年 12 月 27 日，第 6 版。

标准必要专利中相关市场的界定

——某甲技术有限公司与某某数字技术公司、
某某数字通信有限公司、某某数字公司滥用市场支配地位纠纷案

/陈禹铭

本案要旨

当专利作为技术标准、成为标准必要专利时，作为市场唯一供给方的专利权人在与行业内其他经营者进行专利许可授权活动时应遵循公平、合理、无歧视的原则。判断专利权人是否存在垄断行为应界定相关市场、明确市场范围，技术标准与必要专利在不同地区的一致不代表市场的统一，专利许可市场的地域范围应随法域的不同而有所区分。在技术标准要求下必要专利具有不可替代性，专利权人在专利许可市场具有支配地位，专利权人要求不合理高价、附加不合理条件、捆绑搭售非必要专利等行为，是对专利权与市场支配地位的滥用，应受反垄断法的规制。

案件信息

上诉人：某甲技术有限公司、某某数字技术公司、某某数字通信有限公司、某某数字公司

一审被告：某某数字公司

案号：广东省深圳市中级人民法院（2011）深中法知民初字第858号、广东省高级人民法院（2013）粤高法民三终字第306号

原被告主张及理由

原告某甲技术有限公司（以下简称某甲公司）诉称：某甲公司是全球主要的电信设备提供商。某某数字技术公司与某某数字通信有限公司皆为某某数字公司的全资子公司。该三公司虽然属于不同民事主体，但其实际控制人和管

理团队相同，对外统称为某某数字集团，其在经营中分工缜密，每一个民事主体通常实施一个完整法律行为的不同环节，构成共同诉讼的主体性质和形式。多年以来，某某数字公司参与各类无线通信国际标准的制定，将其直接或间接拥有的专利权通过种种方式纳入无线通信的国际标准，并以此形成了相关市场的支配地位。某甲公司主张，本案相关商品市场为以某某数字公司为专利权人的必要专利的许可市场，相关地域市场为全球必要专利许可市场中的中国市场和美国市场。某某数字公司在相关市场处于垄断地位。某某数字公司无视其在加入标准组织时对公平、合理、无歧视原则的承诺，对其专利许可设定不公平的过高价格，对条件相似的交易相对人设定歧视性的交易条件，在许可条件中附加不合理的条件，在许可过程中涉嫌搭售，通过在美国国际贸易委员会和美国联邦法院同时起诉某甲公司及某甲公司的美国子公司来拒绝与某甲公司进行交易，滥用其市场支配地位，不仅损害了竞争秩序，也对某甲公司造成实质损害，已威胁到某甲公司在相关市场的正常运营，给某甲公司造成严重损失。

被告某某数字公司辩称：（1）某某数字公司不认可某甲公司所主张的相关市场的划分。仅凭某某数字公司自身的必要专利涵盖的技术不可能制造任何终端产品。本案当中相关的地域市场应当是全球市场，而不是某甲公司所划分的中国市场和美国市场。（2）某某数字公司在相关市场中不具有市场支配地位，以及排除或限制竞争的能力。（3）某某数字公司没有实施任何违反反垄断法、从事限制竞争的行为。（4）某某数字公司没有给某甲公司造成任何实际损害。某某数字公司除上述答辩意见外，还辩称，其既不是标准化组织的成员和专利权人，也不是具体许可合同的谈判人，其仅仅是某某数字技术公司、某某数字通信有限公司的母公司；某甲公司所称的其高管和某某数字通信有限公司的高管混同的问题，需某甲公司举证证明；即使两公司在高管上有重合，亦不能否定其独立法人人格。故此，某某数字公司作为本案被告不适格。

一审法院查明的事实

现行通信领域技术标准主要包括2G、3G和4G。3G标准包括WCDMA、CDMA2000.TD—SCDMA标准。某甲公司明确其生产相关通信产品必须符合无线通信技术标准。某某数字公司在中国现行的无线通信技术标准（WCDMA、CDMA2000.TD—SCDMA标准）（3G标准）中均拥有“标准必要专利”。某某数字技术公司在ETSI（某某数字技术公司加入的《欧洲电信标准化协会》）声称的必要专利，对应中国电信领域的移动终端和基础设施之技术标准，亦是中国的必要专利。

某甲公司与某某数字通信有限公司就涉案专利许可在中国广东省深圳市等地进行了多次谈判。2011 年 7 月 26 日，某某数字技术公司、某某数字通信有限公司和专利许可公司将某甲公司起诉至美国特拉华州法院，称某甲公司制造、使用、销售、进口的产品专门设计用于 3GWCDMA 或 CDMA2000 系统，涉嫌侵犯了其在美国享有的 7 项专利，请求美国特拉华州法院责令某甲公司停止被控侵权行为。同日，某某数字公司通信有限公司、某某数字技术公司、IPR 许可公司向美国国际贸易委员会（ITC）起诉某甲公司、某甲美国公司、诺基亚公司、中某通讯股份有限公司、中某通讯（美国）公司侵犯其必要专利权，请求美国国际贸易委员会对某甲公司等相关产品启动 337 调查并发布全面禁止进口令、暂停及停止销售令。

➲ 一审法院判决理由与裁判结果

本案查明的事实显示，某甲公司与某某数字技术公司均是欧洲电信标准化协会（ETSI）的成员，某某数字技术公司在 ETSI 声称的必要专利，对应中国电信领域的移动终端和基础设施之技术标准，亦是中国的必要专利。同时，某甲公司对某某数字公司在中国和美国享有 3G 标准必要专利不持异议。鉴于此，一审法院依法认定，某某数字公司在中国和美国拥有 3G 标准必要专利。某某数字公司对中国必要专利的授权许可，依法应受我国反垄断法的调整，同时，由于某甲公司的生产活动主要在中国深圳，其产品会出口到美国，故某某数字公司对某甲公司关于 3G 标准必要专利的授权许可行为，可能会对某甲公司出口产品的市场竞争行为产生排除、限制性影响，故某某数字公司是我国反垄断法调整的适格主体。

对相关市场的界定，主要取决于商品或服务市场的可替代程度。由于本案涉及专利技术标准化所带来的相关市场之界定问题，因此，分析该问题必须要了解技术标准化条件下的必要专利。从专利权人的角度看，当专利技术被纳入标准后，由于该专利技术是产品的制造商唯一且必须使用的技术，而专利权人又是该必要专利许可市场的唯一供给方。在标准技术条件下，每一个 3G 无线通信领域内的必要专利许可市场，均是唯一和不可替代的。同时，2G、3G 和 4G 标准是技术升级关系，2G、3G 和 4G 标准下的每一必要专利都是唯一的、不可替代的。

本案某某数字公司拥有全球（包括中国和美国）3G 无线通讯领域 WCD-

MA、CDMA2000.TD—SCDMA 标准中的必要专利，基于 3G 标准中每一个必要专利的唯一性和不可替代性，某某数字公司在 3G 标准中的每一个必要专利许可市场均拥有完全的份额，某某数字公司在相关市场内具有阻碍或影响其他经营者进入相关市场的能力。另外，由于某某数字公司不进行任何实质性生产，仅以专利许可作为其经营模式，某甲公司无法通过标准必要专利的交叉许可来制约某某数字公司。故就本案来说，某某数字公司在与某甲公司进行 3G 标准必要专利许可谈判时，具备控制某甲公司使用其 3G 标准必要专利的价格、数量及其他交易条件的能力，因此法院依法认定，某某数字公司在某甲公司界定的本案相关市场中具有市场支配地位。

本案某甲公司与某某数字公司均是 ETSI 标准组织的成员，某某数字公司在加入 ETSI 时，明确承诺要将其必要专利以公平、合理、无歧视的原则授权给标准组织的其他成员使用。某某数字技术公司在 ETSI 声称的必要专利，对应中国电信领域的移动终端和基础设施之技术标准，亦是中国的必要专利。根据我国的法律，某某数字公司亦应将其必要专利以“公平、合理、无歧视的原则”授权给某甲公司使用。某某数字公司向某甲公司提出远远高于美国苹果公司和韩国三星公司的必要专利许可使用价格。某甲公司专利的市场和技术价值远远超越某某数字公司。这表明某某数字公司违背了公平、合理、无歧视的义务。

某某数字公司向某甲公司发出要约时，在双方还处于谈判阶段时，某某数字公司自身在缔约阶段违背公平、合理、无歧视义务的情况下，某某数字公司向美国国际贸易委员会和美国特拉华州地方法院，对某甲公司提出必要专利的禁令之诉，要求禁止某甲公司使用其必要专利，由于某甲公司在与某某数字公司的谈判中一直处于善意状态，某某数字公司在美国提起诉讼的目的，在于逼迫某甲公司接受过高专利许可交易条件，必要专利权人不能禁止善意的谈判方使用其必要专利，某某数字公司的行为属于滥用市场支配地位的行为。某某数字公司与某甲公司谈判期间，在美国针对某甲公司提起必要专利禁令之诉而属于逼迫某甲公司接受过高专利许可交易条件之手段的行为。由于某甲公司的生产活动主要在中国深圳，某某数字公司在美国提起的必要专利禁令之诉，会对某甲公司出口产品的行为产生排除、限制性影响，所以某某数字公司该行为明显违背其作为 3G 标准之必要专利权人所应负担的公平、合理、无歧视义务，属于滥用市场支配地位的行为，受我国反垄断法约束。

一审法院认定数字交互公司的行为构成滥用市场支配地位，赔偿某甲公司垄断民事侵权行为之经济损失。

二审法院判决理由与裁判结果

本案中，要确定某某数字公司是否违反《反垄断法》规定——滥用市场支配地位，前提是准确界定涉案必要专利所在的相关市场。相关市场范围的大小主要取决于商品（地域）的可替代程度。在市场竞争中对经营者行为构成直接和有效竞争约束的，是市场里存在需求者认为具有较强替代关系的商品或能够提供这些商品的地域，界定相关市场主要从需求者角度进行需求替代分析。当供给替代对经营者行为产生的竞争约束类似于需求替代时，也应考虑供给替代。界定相关市场时，可以基于商品的特征、用途、价格等因素进行需求替代分析，必要时进行供给替代分析。无论采用何种方法界定相关市场，都要始终把握商品满足消费者需求的基本属性，并以此作为对相关市场界定中出现明显偏差时进行校正的依据。

首先，从必要专利的基本属性与特征来看。当某一专利技术成为必要专利被选入标准后，参与该行业竞争的产品制造商 / 服务提供商就必须提供符合标准的商品 / 服务，这意味着其不得不实施相关必要专利技术，而无法做规避设计以绕过该必要专利。这种标准带来的封锁效应与专利权自身具有的法定垄断属性相结合，使必要专利成为产业参与者唯一且必须使用的技术，产业参与者不得不寻求必要专利权人的许可，否则将丧失参与竞争的前提和条件。因此，必要专利与一般专利不同，其并不存在充足的实际的或潜在的近似替代品。其次，从需求替代分析。某某数字公司在中国和美国分别享有 3G 无线通信技术 WCDMA、CDMA2000.TD-SCDMA 标准下的大量必要专利。本案中，某甲公司为了执行 3G 无线通信技术标准，已经做了大量先期投入，这些成本投入不可撤回，若立即放弃该标准而转向其他标准，不仅需承受上述先期投入的成本，还需承受巨大的转换成本和市场风险，这显然是难以执行甚至不可能的。最后，从供给替代分析，如前所述，专利与标准相结合后，必要专利成为唯一的且必须实施的技术，必要专利权人成为所涉技术市场唯一的供给方。故在涉案必要专利许可市场，并不存在可与某某数字公司相竞争的经营者。同时，由必要专利自身固有的法定垄断性所决定，亦不存在其他经营者通过短期的合理投入即可转向成为必要专利经营者的可能。某某数字公司的每一个必要专利许可市场，均构成一个独立的相关市场，该认定符合相关事实和法律规定，本院予以确认。

相关地域市场是指需求者获取具有较为紧密替代关系的商品的地理区域。由于知识产权具有地域性，在不同的法域，其存在及使用必须符合当地的法律。因此，在专利许可市场中，其许可范围必然与相关专利权所及的地域范围相关。

从这个意义而言，某某数字公司在每个国家所获取的相关必要专利，技术方案的内容即使一致，相关的权利却是相互独立的，其存在的基础以及行使的范围均不相同，因此彼此之间并不构成竞争关系或者替代关系。某某数字公司仅以某甲公司产品出口范围来主张相关地域市场范围，于法无据，本院不予支持。

由于在知识产权与标准相结合的情况下，产品制造商要生产符合标准的产品，实施必要专利必不可少且不可替代，必要专利的专利权人从而获得超越专利权内涵的市场支配力量。某某数字公司作为涉案必要专利许可市场唯一的供给方，其在3G标准中的每一个必要专利许可市场具有完全的份额，故其完全具有阻碍或者影响其他经营者进入相关市场的能力。而且，由于某某数字公司仅以专利授权许可作为其经营模式，自身并不进行任何实质性生产，不需依赖或者受制于3G标准中其他必要专利权人的交叉许可，故其市场支配力未受到有效制约。在此情况下，原审法院认定某某数字公司在相关必要专利许可市场具有市场支配地位正确，本院予以支持。

某某数字公司在相关市场占有市场支配地位本身并不受到法律规制，反垄断法规制的只是垄断者滥用市场支配地位的行为。故此，需考究某某数字公司相关被控行为是否滥用了市场支配地位，对市场竞争产生排除、限制影响。首先，某某数字公司对某甲公司报价均明显高于某某数字公司对其他公司的专利许可费。其次，某某数字公司对某甲公司收取过高的专利许可费缺乏正当性。本案所涉商品是某某数字公司在3G无线通信领域的相关必要专利，作为一种已被专利所固定下来的技术，其投入的产生主要发生在技术研发、专利申请以及纳入标准等时期，当其成为必要专利后，其成本已经基本稳定。某某数字公司对全球手机销售量排名、综合实力远远不及美国苹果公司、韩国三星公司等的某甲公司提出收取过高许可费，显然缺乏合理性和正当性。从后果来看，某某数字公司对某甲公司不公平地征收高价许可费的行为，将导致某甲公司要么放弃相关终端市场的竞争，要么不得不接受不公平的定价条件，从而使某甲公司在相关终端市场竞争中成本增加、利润减少，直接制约其竞争能力。最后，某某数字公司要求在美国提起相关诉讼，进一步加强了过高定价的不合理性和不公平。与此同时，某某数字公司不履行其公平、合理、无歧视的授权许可义务，无视某甲公司在许可谈判过程中的诚意和善意，不仅不合理调整相关报价，反而在美国提起必要专利禁令之诉，表面上是在行使合法诉讼手段，实际上却意图通过诉讼手段威胁强迫某甲公司接受过高的专利许可条件，逼迫某甲公司就必要专利之外因素支付相应对价，故该行为不具有正当性，应予否定。

最终二审法院维持了一审法院的判决。

案例解析

本案涉及标准必要专利的反垄断规制问题。当一项技术方案为相关市场中所有经营主体必须采用时，该技术即能够成为行业技术标准，同时该技术被授予专利权时，即成为标准必要专利。标准必要专利是指技术标准中包含的必不可少和不可替代的专利，即是为实施技术标准而不得不使用的专利，[①] 一项专利被纳入技术标准中时，如果任由专利权人随意选择标准必要专利的许可对象，可能会造成由专利权人筛选谁可以进入相关市场的垄断行为出现，标准必要专利的专利许可行为应当受到反不正当竞争法与反垄断法的规制。由于专利授权具有地域性，如何界定相关市场即成为是否滥用标准必要专利的判断基础，本文下述内容即讨论与相关市场界定有关的问题。

一、标准必要专利中的商品市场与地域市场

在国务院反垄断委员会制定的《关于相关市场界定的指南》中明确了相关市场的含义。相关市场是指经营者在一定时期内就特定商品或者服务进行竞争的商品范围和地域范围。由此可以发现，在判断是否构成垄断行为时，不能仅以经营者的行为作为判断依据，而首先要界定相关市场，即需要根据经营者提供商品的类型判断是否具有替代商品或竞争市场，同时需要考虑在经营者提供商品所处的地域位置上是否与其他经营者存在竞争关系。即界定相关市场时，需要从相关商品市场与相关地域市场两方面进行考虑。

界定相关商品市场与相关地域市场实质上就是在判断经营者在提供商品或服务时的市场内的竞争状态，该市场中经营者越多，则标准必要专利滥用所造成的垄断性后果可能就会越严重。从商品方面界定相关市场可以判断标准必要专利的许可必要性，从地域方面界定相关市场可以判断标准必要专利的权利射程，只有在明确相关商品市场与地域市场后，才能结合市场的具体情况判断专利权人是否存在不合理许可即滥用标准必要专利的行为。

二、专利许可市场的商品市场范围界定

界定商品市场实际就是判断市场竞争环境，究竟相关商品是处于一种更偏向于完全竞争市场的环境还是处于一种更偏向于垄断竞争市场的环境，即主要判断的是在市场中是否存在可替代的商品。在替代技术方案越少的市场环境下，其他经营主体对该专利的依赖性就越强，如果一项技术能成为标准必要专利，则要求该市场中的所有经营者均必须采用该技术才能进行生产经营活动，

---

① 王晓晔：《标准必要专利反垄断诉讼问题研究》，载《中国法学》2015 年第 6 期。

即专利技术已经成了市场的准入门槛，形成了商品市场上的垄断。因此，当一项技术能够成为标准必要专利时，该项专利技术必须是市场上唯一存在且具有不可替代性的技术方案，对于该技术而言，相关商品市场实质上是一种完全垄断的竞争市场环境。

本案中，二审法院界定相关商品市场时将专利基本属性、需求侧与供给侧三方面结合，分析3G技术标准必要专利的许可市场，为司法实践提供了一个可参考、可执行的商品市场分析方法。

对专利属性的分析是从专利权人的角度出发，判断专利是否满足成为标准必要专利的基本条件，即专利技术是否为技术标准或行业技术要求中必不可少的技术。如果在技术标准中具有多种可供经营者选择的技术方案，对于其中的每一个技术方案而言，就都不能形成市场垄断地位，因为其被赋予的专利权仅是对技术方案本身的垄断，专利权人不能直接控制其他经营者进入该许可市场，专利许可费的订立实际也会受到市场竞争关系的影响。那么对于这一系列均存在于技术标准中的技术方案而言，其中的每一个均不能构成标准必要专利，标准必要专利必须是独占且不可替代的。

对需求侧的分析是从市场内经营者即专利被许可人的角度出发，判断经营者实施专利技术的成本问题，对于标准必要专利而言，由于市场上没有可替代的其他技术方案，也就必须针对标准必要专利投入大量成本，这会严重限制经营者自由进出专利许可市场，造成专利技术持有人竞争优势的过度扩张。

对供给侧的分析是判断专利权人是否是该专利技术的唯一供给方，如果对于其他生产经营者而言只有单一的专利许可路径，没有与专利权人相抗衡的竞争者，那么实际上这一专利技术的许可市场就是完全垄断市场，专利权人可以根据自己的意愿或偏好允许其他经营者进入市场或拒绝准入市场，此时有可能存在专利权滥用的情况出现。

对于专利许可这一市场而言，从专利本身、专利权人以及其他经营者三方面界定商品市场，在实质上都是探究技术标准中引入的这一专利技术方案在许可市场中是不是唯一的，有没有可以作为替代品的其他专利方案，以及是否形成了专利许可市场的垄断现象，以进一步为是否构成标准必要专利提供直接的判断依据。

三、专利许可市场的地域市场范围界定

在对专利许可市场的商品市场进行界定的同时，还需要界定地域市场，对于有形商品而言，地域市场是提供商品的地理范围，而对于专利许可这样一

种无形的权利许可市场而言，地域市场的范围则代表专利权人可以在何处许可他人实施专利技术的范围。专利权在授权时即具有地域性，国外的专利技术并不直接受到我国专利法的保护，而是需要同时向我国申请或通过 PCT（Patent-Cooperation Treaty）程序获得我国的专利授权。因此在判断一项专利是否构成标准必要专利时，不能仅考虑技术的整体发展情况，而是需要结合本国的技术标准制定与专利授权情况进行综合判断。

在界定专利许可市场的地域市场时，应以每一个专利授权国家或地区分别作为独立的地域市场，判断技术方案在该国是否获得了相应的专利授权，只有在能够获得专利授权的国家或地区，专利权人才可以对其享有的专利权许可他人使用。另外，即使专利权人的同一技术方案在不同国家或地区均获得了专利授权，在这些国家或地区中专利权人许可他人使用专利的基础也是基于其在本国获得的专利权，而不能认为这些国家或地区在整体上构成一个较大范围的地域市场，这对于专利的跨国许可具有重要影响。如本案中，同时在中美两国获得专利授权的技术方案，不能由于专利许可方与被许可方分属两国，就认为专利许可市场是中国市场与美国市场两个市场的结合，而是应当独立以真实存在的专利许可市场即中国市场作为界定标准，这也意味着在我国判断一项专利技术是否构成标准必要专利时，需要结合我国国内的技术标准。

四、结论

专利权人滥用标准必要专利，对不同经营者采取区别对待、歧视的态度授权许可使用标准必要专利时，可能导致严重的垄断危害，扰乱市场正常竞争秩序，因此需要对标准必要专利进行反不正当竞争与反垄断的法律规制。界定相关市场是判断是否存在标准必要专利滥用行为的基础，界定相关市场需要同时从商品市场与地域市场两方面进行判断。界定专利许可市场的相关商品市场实际上是判断专利技术是否具有唯一性与不可替代性，可以从专利本身、专利权人、专利被许可人及其他经营者三方面对商品市场进行界定，界定专利许可市场的相关地域市场则是对不同的专利法法域进行划分，划定与技术标准及标准必要专利判断有关的部分市场，即进一步限定专利许可市场的范围。在确定了商品市场与地域市场后，就可以进一步判断在明确界定的相关市场下专利技术是否构成标准必要专利，以及如果构成标准必要专利，专利权人是否违反公平、合理、无歧视的原则，是否实施了拒绝对部分经营者提供专利授权许可等滥用标准必要专利的行为。

非公益必要不干扰原则在是否构成不正当竞争行为中的判断

——北京某网讯科技有限公司等与北京某科技有限公司等不正当竞争纠纷案

/ 林艺婷

本案要旨

在搜索结果页面插标的行为和修改搜索框提示词的行为构成不正当竞争。互联网产品或服务应当自由竞争，是否使用某种互联网产品或者服务，应当取决于网络用户的自愿选择。互联网产品或服务之间原则上不得相互干扰，确实出于保护网络用户等社会公众的利益需要，网络服务经营者在特定情况下不经网络用户知情并主动选择以及其他互联网产品或服务提供者同意，也可干扰他人互联网产品或服务的运行，但是，应当确保并证明干扰手段的必要性和合理性，即非公益必要不干扰原则。

案件信息

申请人（一审被告、二审上诉人）：北京某科技有限公司

被申请人（一审原告、二审被上诉人）：北京某网讯科技有限公司、某在线网络技术（北京）有限公司

一审被告：某软件（北京）有限公司

案号：北京市第一中级人民法院（2012）一中民初字第5718号、北京市高级人民法院（2013）高民终字第2352号、最高人民法院（2014）民申字第873号

原被告主张及理由

原告北京某网讯科技有限公司（以下简称北京某网讯公司）和原告某在

线网络技术（北京）有限公司（以下简称某在线公司）诉称：北京某网讯公司所属的www.baidu.com网站是全球最大的中文搜索引擎网站，某在线公司为原告一提供搜索引擎技术支持，并拥有“百度”“Baidu”等商标，两原告共同为广大互联网用户提供网络技术服务。两被告北京某科技有限公司（以下简称北京某科技公司）、某软件（北京）有限公司（以下简称某软件公司）同样是从事互联网信息技术服务的企业。360安全中心（www.360.cn）为北京某科技公司所有和管理。原告近期发现，二被告针对原告进行了一系列不正当竞争和侵犯商标权行为：（1）篡改百度搜索结果页面，造成混淆；（2）利用360浏览器捆绑其网址导航站，故意仿冒、混淆搜索结果，劫持百度流量，侵犯原告商标权并且不正当竞争。

法院查明的事实

某在线公司为第59×××19号“Baidu百度及图”商标的商标权人，核定使用的商品为计算机软件咨询、网络服务器的出租、计算机病毒的防护服务、节能领域的咨询、环境保护领域的研究、提供互联网搜索引擎服务，商标专用期至2020年3月27日。

本案审理过程中，北京某网讯公司和某在线公司均认可某在线公司将第59×××19号商标授权北京某网讯公司使用，且某在线公司向北京某网讯公司提供技术支持，系网站www.baidu.com的共同经营者。

两原告提交的合作备忘录显示，某软件公司曾与案外人某时代网络技术（北京）有限公司（以下简称某时代公司）签订协议，该协议甲方为某软件公司，乙方为某时代公司，协议内容显示“甲方利用甲方360安全浏览器和360安全卫士资源帮助推广乙方搜索产品和服务以及千千静听播放器”，该协议约定双方合作期限为12个月，自生效之日起计算，并约定双方签字盖章后于2009年4月1日起生效。

公证书表明：2012年2月和3月，360安全卫士在百度网搜索结果页面上有选择地插入了红底白色感叹号图标作为警告标识，以警示用户该搜索结果对应的网站存在风险。360安全卫士不仅在搜索结果页面进行了插标，还逐步引导网络用户点击安装360安全浏览器，对其浏览器产品进行推广。2012年3月和4月，北京某科技公司在其网址导航网站（hao.360.cn）网页上嵌入百度搜索框，通过修改百度网在其搜索框上向用户提供的下拉提示词，引导用户访问本不在相关关键字搜索结果中靠前位置的，甚至与用户搜索目的完全不同的、北京某科技公司经营的影视、游戏等页面。此外，原告还提交了多份公证书用以证明被告插标、网址导航站劫持流量等行为构成不正当竞争。

在本案听证程序中，双方申请了专家辅助人出庭，专家均认可“插标表明对风险是已知的”这一结论。北京某科技公司认为其插标分为两个等级：危险和风险；对于风险类网站其不能完全确信为有害，比如没有资质在线销售机票的网站。但北京某网讯公司提出，一审证据表明，北京某科技公司将该类没有资质认证的网站同样标注为危险。

北京某网讯公司、某在线公司另提交专家书面意见中有如下内容：安全软件对计算机系统拥有较高的操作权限，根据业界惯例，此类软件在实现安全防护功能时，一般不利用其操作权限的优势，进行并非实现其功能所必需的操作。具体到安全软件标注搜索引擎搜索结果这一行为，从技术角度而言，有两个问题：首先，其并非安全软件实现安全功能的唯一途径。其次，其介入了用户与搜索引擎之间的服务。如果没有提前充分告知用户并尊重用户的选择权，则有悖于行业的技术规则与惯例。如果此类行为成为常态，会对用户造成干扰，并引发服务提供者之间的混战。

➲ 一审法院判决理由与裁判结果

根据双方当事人争议以及法院认定，北京某科技公司构成不正当竞争的行为包括如下两种：其一，在百度搜索引擎部分搜索结果中添加警示图标，即所谓“插标”；其二，在网址导航站的百度搜索框中设置直接指向北京某科技公司网页内容的下拉提示词等，即所谓“流量劫持”。

一、关于被告插标等行为是否违反《反不正当竞争法》第 2 条

《反不正当竞争法》第 2 条的目的在于维护市场竞争的良性发展，对于恶意采取不正当竞争行为的经营者予以制止，故而审查被告行为是否具有恶意是评判其行为是否违反上述法律的关键。

本院认为，被告的 360 安全卫士在原告网站搜索结果页面上有选择地插入了红底白色感叹号图标作为警告标识，以警示用户该搜索结果对应的网站存在风险，这一行为违反诚实信用原则，属于不正当竞争行为。

二、关于被告网址导航劫持流量行为是否违反《反不正当竞争法》第 2 条

首先，被告无权擅自改变原告在其搜索框上向用户提供的下拉提示词。

其次，被告擅自改变原告在其搜索框上向用户提供的下拉提示词，并且

采用增加文字介绍、设置背景颜色等方式，甚至在用户设置了其他搜索方向的情况下，依然插入了与用户设置的搜索方向关联性很小的下拉提示词，引导用户访问本不会访问的被告的影视、游戏等页面，获得更多的用户访问量，以便谋取不正当的利益，属于明显的“搭便车”行为。

最后，被告会挫伤用户继续使用原告搜索引擎服务的积极性，或者使用户产生对原告所提供的搜索服务的负面评价，进而对原告的经营造成不利影响。

综上，本院认定，被告网址导航站劫持流量的行为违反了《反不正当竞争法》第 2 条规定的诚实信用原则，其行为构成了不正当竞争，对原告指控被告网址导航站劫持流量的行为构成不正当竞争的主张本院予以支持。

一审法院判决被告自判决生效之日起立即停止涉案的不正当竞争行为；在其网站首页显著位置刊登消除影响的声明；赔偿原告经济损失 40 万元及合理支出 5 万元；驳回原告的其他诉讼请求。

➲ 上诉主张及理由

北京某科技公司上诉称：（1）北京某网讯公司和某在线公司经营搜索引擎服务，北京某科技公司经营网络安全服务，二者并不存在竞争关系。（2）北京某科技公司并不特定地针对百度搜索结果网页进行插标，360 安全卫士的插标是保障网络安全的必要的、正当的行为，并未违反诚实信用原则，不构成不正当竞争。（3）百度搜索框不同于百度搜索引擎，本身没有自动显示下拉提示词，北京某科技公司因此在百度搜索框设置了下拉提示词。下拉提示词并不能决定用户访问行为，制作下拉提示词并不属于“搭便车”的行为，也不构成对百度搜索流量的劫持，不构成不正当竞争行为。

➲ 二审法院判决理由与裁判结果

一、涉案插标相关行为是否构成不正当竞争

虽然确实出于保护网络用户等社会公众的利益的需要，网络服务经营者在特定情况下不经网络用户知情并主动选择以及其他互联网产品或服务提供者同意，也可干扰他人互联网产品或服务的运行，但是，应当确保干扰手段的必要性和合理性。否则，应当认定其违反了自愿、平等、公平、诚实信用和公共利益优先原则，违反了互联网产品或服务竞争应当遵守的基本商业道德，由此损害其他经营者合法权益，扰乱社会经济秩序，应当承担相应的法律责任。前

述规则可以简称为非公益必要不干扰原则。

北京某科技公司表示涉案插标行为确有必要，理由有二：第一，搜索结果中的电话号码本身即有可能为欺诈信息，不以插标的方式难以警示网络用户；第二，搜索结果可能为挂马网站的链接，只要网络用户点击搜索结果中的网站链接就会中毒，因此只能以插标方式对网络用户进行提示。

首先，北京某科技公司并未证明其进行插标的搜索结果中的电话号码会损害网络用户的利益，也没有证明插标是保护网络用户免受此类信息损害的必要手段。

其次，在存在挂马网站的情况下，是否只有通过插标行为才能确保网络用户的安全，双方各执一词。北京某科技公司提交的证据只能证明在没有安装任何网络安全软件的情况下，点击挂马网站会导致恶意代码运行，并不能证明除了插标以外不存在其他手段确保网络用户的安全。

综上，北京某科技公司在搜索结果网页上插标虽然具有一定的公益性，但Q公司没有证明该行为的必要性。违反了前面所述的非公益必要不干扰原则，构成不正当竞争。

二、涉案搜索框相关行为是否构成不正当竞争

本案中，百度搜索服务提供者在允许他人嵌入其搜索框的同时，是否公示了其许可条件，是否允许嵌入搜索框而不使用其决定的下拉提示词，是判断北京某科技公司在搜索框中自行设置下拉提示词的行为是否具有正当性的前提。在二审庭审中，百度搜索服务提供者声称其只提供了一种选择，即在嵌入搜索框的同时必须使用其决定的下拉提示词，但并未证明该项主张。因此，百度搜索服务提供者的该项主张，证据不足，本院不予采信。北京某科技公司在使用嵌入搜索框的同时不使用百度搜索服务提供者决定的下拉提示词，未违反双方合同约定。

但本案中，北京某科技公司被诉与修改下拉提示词和劫持流量的相关行为并不仅仅限于在百度搜索框中自行设置下拉提示词，其在自行设置下拉提示词的同时，还采取了插入与用户设置的搜索方向关联性很小的下拉提示词等行为。北京某科技公司的上述行为不仅干扰了网络用户对百度搜索的正常使用，还减少了使用百度搜索框的网络用户对百度搜索结果网页的访问。北京某科技公司干扰他人互联网产品或服务正常运行的上述行为并非出于保护公共利益的目的，也不产生保护公共利益的效果，明显违反了非公益必要不干扰原则，损害了百度搜索服务提供者的合法权益，扰乱了互联网的正常经营秩序。

二审法院判决：驳回上诉，维持原判。

➲ 再审主张及理由

再审申请人北京某科技公司申请再审称：（1）北京某科技公司同意二审法院关于“非公益必要不干扰原则”的观点，但是在网络环境下，该原则不能一概适用于所谓的“网络服务提供者”，二审法院忽视了安全软件与一般软件的差异性，特别是安全软件应当具备的功能。二审法院在讨论插标行为合法性时，未考虑安全软件的独特功能，导致对该行为的错误认定。同时，就必要性而言，二审法院亦未充分考虑互联网安全风险的特殊性，在这一语境前提下，插标行为具有必要性。（2）插标行为的本质在于主动、直接地提示计算机安全风险，网络环境下存在对用户而言极高的利益损害风险，传统的安全防护方式，在用户点击搜索链接打开网页时再进行弹窗提醒或者实施拦截，已无法为用户提供有效防护。二审法院未能正确判断现实情境下网络用户权益受损的发生阶段，认定事实错误，从而导致了对于插标行为必要性的错误认定。（3）插标行为符合公益优先原则和自愿选择原则，亦未干扰百度搜索服务的正常运行，反而是对其搜索服务的优化，不违反非公益必要不干扰原则，不构成不正当竞争。北京某网讯公司提出的可在用户点击挂马网站后通过弹框进行风险提示的方式不具备实践可行性，亦不符合用户利益最大化原则和效率原则。二审法院的错误定性必将直接损害安全软件产业的发展，破坏安全软件本应具备的基本和必要功能，损害用户利益。（4）北京某科技公司在网址导航站的搜索框中设置下拉提示词的行为并未干扰网络用户对于百度搜索服务的正常使用，亦未减少用户对百度搜索结果网页的访问量。二审法院认定上述行为违反《反不正当竞争法》第2条的规定，缺乏事实依据。

再审被申请人北京某网讯公司、某在线公司答辩称：（1）安全软件的特殊性无法使其非基于公益必要的干扰行为游离于规则之外，相反地，基于安全软件角色、功能的特殊性及其功能、权限优势，安全软件的干扰行为破坏力较一般网络服务更大，故安全软件服务提供者反而应当较一般网络服务提供者承担更多的审慎义务，其干扰行为较一般网络服务更加应当被有效规制。（2）安全软件完全可以在网民点击搜索结果链接时进行安全提示和拦截，没有必要插标。北京某科技公司所谓因为存在欺诈电话号码而有必要进行插标的概率极小。针对这种极小概率，涉案安全卫士却对百度搜索结果页面进行大规模恶意插标，完全有悖必要性原则和安全软件的最小特权原则。（3）北京某网讯公司、某在线公司一、二审提供的证据证明，涉案安全软件系在用户不知情的情况下默认开启“搜索保镖”功能，且该功能无法正常关闭，违背用户自愿原则。且北京某科技公司插标行为并非孤立存在，而是与其他不正当竞争行为连成一体：选择性实施插标，并以插标为手段引导用户安装、使用其自营浏览器等产品。（4）北京某科技公司通过在其网址导航站搜索框中设置下拉提示词劫持流量，推广其产品及服务的行为，属于明显的“搭便车”行为，构成不正当竞争。（5）二审判决充分关注到网络服务不正当竞争对创新及产业发展的影响，通过个案创设规则，对网络服务提供者的不正当竞争行为进行有效规制，“非公益必要不干扰原则”既是对《反不正当竞争法》第2条的“公认商业道德”和“诚实信用原则”在互联网竞争领域的行为准则的高度概括，又具有很强的可操作性，应予肯定。

再审法院判决理由与裁判结果

一、关于北京某科技公司在百度搜索引擎部分搜索结果中添加警示图标的行为

该行为是通过修改百度相关页面代码的方式实现的。二审法院认为，网络服务提供者在特定情况下可以不经网络用户知情并主动选择以及其他互联网产品和服务提供者同意，干扰他人互联网产品或服务的运行，但必须限于保护网络用户等社会公共利益的需要，并且应当确保干扰手段的必要性和合理性，即“非公益必要不干扰原则”。故本案中，北京某科技公司在未经允许的情况下对百度搜索结果进行了干扰，其应证明其行为具有必要性和合理性。北京某科技公司所称安全软件的独特功能，以及互联网安全环境的复杂等原因，仅仅能证明用户需要安全软件以保护其上网安全，却不足以证明其在搜索引擎特定搜索结果中添加安全警示的必要性与合理性。搜索结果中可能存在含有有害信息的网站这一事实，也不能当然成为安全软件以插标方式干扰他人搜索引擎服务的合理理由。安全软件在计算机系统中拥有优先权限，其应当审慎运用这种“特权”，对用户以及其他服务提供者的干预行为应以“实现其功能所必需”为前提，即专家所称的“最小特权”原则。在本案情形中，是否添加安全警示以及在哪个搜索结果中添加安全警示，甚至对于哪个搜索引擎的搜索结果添加安全警示，完全依赖于北京某科技公司单方的选择和判断，北京某科技公司不仅有义务证明其添加警示图标的行为具有合理的基础，而且应当证明该行为是实现其安全防护功能所必须采用的措施。

北京某科技公司陈述，其添加警示图标主要针对两种情况：含有欺诈信息的网站，即其所谓“风险”类；以及含有病毒、木马的网站，即其所谓“危险”类。但北京某科技公司针对这两类网站均采用了同样的添加警示图标的方式，并没有根据信息的有害程度和安全风险的大小，对应地采取成比例的干扰手段。而北京某科技公司以及北京某网讯公司、某在线公司所申请的专家辅助人均认为，既然安全软件事先已经做了标注，说明其对于该特定的风险是已知的，更否定了北京某科技公司前述理由的合理性。即使存在如北京某科技公司所说的，安全软件虽然能够识别但并不能杀掉的某些病毒，而该病毒又强大到用户一旦点击即可导致电脑崩溃、安全软件完全不能发挥作用的程度，上述情况应当属于小概率事件，不能成为北京某科技公司大规模地、普遍性地对搜索结果添加警示图标的理由。

二、关于在网址导航站的百度搜索框中设置直接指向北京某科技公司相关网页内容的下拉提示词等行为

根据一、二审查明的事实，北京某科技公司设置的下拉提示词直接指向其经营的影视、游戏等页面，而非以该提示词为搜索关键词的百度搜索结果页面。上述行为干扰了百度网站正常的搜索服务以及用户对百度搜索结果的正常使用，有可能引导用户访问与其搜索目的无关的网站，而且该行为不出于任何公共利益的需要，仅仅是为北京某科技公司网站获取更多用户访问量的手段，超出了正当的商业竞争的限度，二审法院认定其违反《反不正当竞争法》第2条的规定，构成不正当竞争是正确的。

再审法院判决：驳回北京某科技公司的再审申请。

案例解析

本案是针对由搜索结果页面插标的行为和修改搜索框提示词的行为构成不正当竞争而引发的纠纷。法院从《反不正当竞争法》的一般条款出发，对竞争法的原则作出阐释，明确了在互联网经营活动中，各个经营者原则上不得相互干扰，即使出于保护公共利益的需要，也应对干扰程度进行一定的控制。法院由此提出了互联网领域竞争中一个独具特色的竞争原则——“非公益必要不干扰”原则。本案是适用这一原则判定互联网不正当竞争行为的经典案例，以下将结合案件，对上述问题加以探讨。

一、互联网不正当竞争行为的类型

近年来，互联网领域的不正当竞争案件逐渐增多，其中，一部分不正当竞争虽然是发生在互联网上，但其行为类型还是属于较为传统的竞争方式；另一部分不正当竞争则是随着网络技术的发展而出现的，互联网领域独有的新型不正当竞争行为，如产品不兼容、屏蔽广告、流量劫持、抓取数据等。[①]

以前述传统竞争形式和新型竞争形式对互联网领域的不正当竞争行为进行划分后，在新型互联网不正当竞争行为中可以进一步划分出以下类型：第一，软件排斥，主要表现为在某个软件中设置排斥其他软件的源代码，以阻碍他人软件的安装或正常运行。此类行为主要发生在竞争性软件之间，如杀毒软件。[②]第二，修改他人软件，根据修改手段的差异，此类行为又可以分为以下两种情况：（1）直接修改他人软件源代码（又称“代码化指令序列”）。（2）通过提供“第三方插件”，在安装该插件的电脑客户端修改目标软件的“代码化指令序列所调用的运行数据”。[③]第三，修改他人网页，主要表现为依托浏览器或安全软件等载体修改他人网页客户端并截获其流量数据。[④]本案即属于第三种类型，本案的被诉行为分为两种：第一种是在搜索结果页面插入警示标识的行为；第二种是修改搜索框下拉提示词进行流量劫持的行为，这两种行为通过修改他人网页对互联网进行了干扰。

二、非公益必要不干扰原则

如前所述，以页面插标和流量劫持为代表的利用技术手段实施的网络干扰行为是新型不正当竞争行为，难以纳入传统不正当竞争行为的类型化条款中。本案二审判决创设了“非公益必要不干扰原则”。最高人民法院在对本案的再审裁定书中提到并引用了这一原则。

（一）“非公益必要不干扰原则”的提出

本案二审法院根据《反不正当竞争法》第2条的原则性规定，对互联网领域网络服务提供者应当遵守的基本原则进行了阐释：

---

① 参见臧阿月：《竞争法视野下新型互联网不正当竞争行为的规制——兼论新〈反不正当竞争法〉“互联网专条”》，载《吉林工商学院学报》2018年第4期。

② 参见宋亚辉：《网络干扰行为的竞争法规制——“非公益必要不干扰原则”的检讨与修正》，载《法商研究》2017年第4期。

③ 参见宋亚辉：《网络干扰行为的竞争法规制——“非公益必要不干扰原则”的检讨与修正》，载《法商研究》2017年第4期。

③ 参见臧阿月：《竞争法视野下新型互联网不正当竞争行为的规制——兼论新〈反不正当竞争法〉“互联网专条”》，载《吉林工商学院学报》2018年第4期。

第一，公平竞争原则。法院指出，“原则上，所有互联网产品和服务的地位应当是平等的，不能通过获取不正当竞争优势来改变公平竞争的地位”。这也是竞争法的基本价值追求。

第二，和平共处原则。法院提出，“网络服务提供者未经许可，不得擅自干扰其他互联网产品或者服务的正常运行，不得影响其在网络用户终端的共存”。和平共处原则是“非公益必要不干扰”中“不干扰”的基础，这一原则建立在一种相对静态的、注重公平的竞争观理论之上，但随着竞争法理论从传统的公平竞争观逐渐转向当今的效率竞争观，使得建立在这一基础上的“原则上不干扰”受到许多质疑。

第三，自愿选择原则。这一原则包含了以下两个层面的含义：“其一，网络用户有自愿选择是否使用互联网产品或服务的自由，有自愿选择使用哪一种互联网产品或服务的自由。网络服务提供者不得强制网络用户使用或放弃使用某产品和服务。”此第一层面的自愿选择原则也是“不干扰”原则的应有之义，即原则上不应干扰用户的自愿选择。“其二，即使在不损害他人合法权益前提下，在网络用户对干扰手段知情并主动选择的情况下，干扰行为的影响结果也只能局限于该知情并主动选择的网络用户。”此第二层面的自愿选择原则是“不干扰”原则的例外，即在特定条件下，可以干扰他人的互联网产品或服务，但此种干扰也应受到一定限制。

第四，公益优先原则。法院指出，“互联网产品或服务的经营不能损害网络用户等社会公众的合法权益。确实出于保护网络用户等社会公众的利益的需要，网络服务经营者在特定情况下不经网络用户选择和其他互联网产品或服务提供者同意也可干扰他人互联网产品或服务的运行”。例如，网络安全软件对网络病毒的干扰。公益优先原则是“非公益必要不干扰”中“公益必要”的基础，这一原则是从社会公共利益的角度出发，对此前第二层面的自愿选择原则的进一步突破，即从第一层面的“原则上不干扰”，到第二层面的用户选择情况下“不干扰的例外”，再到为公共利益的需要，不经用户选择的“不干扰的例外”，是例外的例外，因此这种干扰需要更强的限制。

第五，诚实信用原则。法院指出，“即使是为了保护公共利益而采取干扰手段，也要确保干扰手段的必要性和合理性。如果能够采取不干扰网络正常运行的其他手段达到保护公共利益的目的，则不应当干扰他人互联网产品。为保护公共利益而采取干扰网络正常运行的手段，也应当以保护公共利益为限度，不可随意滥用和扩大”。这一原则即是对前述干扰的限制，提出了为公共利益的需要而进行干扰是否构成不正当竞争的两个重要判断标准，即必要且合理地促进社会公共利益。

二审法院提出了互联网经营者应遵循的五项基本原则，并由此引出了“非公益必要不干扰原则”，该原则包括以下三层含义：（1）不干扰，即网络服务提供者的产品或服务原则上不应相互干扰；（2）为公共利益可以干扰，即只有为了达到促进社会公共利益的目标，才可以在一定程度上进行干扰；（3）为公共利益的干扰要满足必要且合理的限度要求，即干扰手段应当具有必要性及合理性。[①]

（二）针对本案中北京某科技公司的“插标”行为和“流量劫持”行为的分析

针对“插标”行为的必要性和正当性，法院特别强调了两点：

“第一，搜索结果网页属于搜索服务提供者自己的互联网产品，其有权自行决定和改变”，因此，搜索服务提供者可以在自己搜索结果网页插标。从这个角度来看，搜索服务提供者改变其自己的互联网产品本身就不违反“不干扰”原则，但这不意味着他人可以未经许可随意在搜索服务结果网页插标。

“第二，如果允许以保护网络用户安全为由对搜索结果网页进行插标”，如何认定插标对象以及插标形式的选择是否必要且合理，需要干扰方提供证据加以证明。在不满足第二层面的自愿选择原则的情况下，以公共利益为目的进一步适用例外的例外，这种干扰行为有可能被滥用。二审法院指出，“对他人互联网产品采取干扰措施的一方应当承担证明责任，证明其采取的干扰措施确系为了保护公共利益而且具有必要性。”再审法院进一步指出，“安全软件的独特功能以及互联网安全环境的复杂等原因，仅仅能证明用户需要安全软件以保护其上网安全，却不足以证明其在搜索引擎特定搜索结果中添加安全警示的必要性与合理性。”因此，北京某科技公司并没有充分证明其干扰措施的必要性与合理性，因此应当承担不利后果。

针对嵌入搜索框和使用提示词之间的关系，法院指出：“搜索服务提供者与其他网站嵌入搜索框的网络服务提供者之间事实上存在一种合同关系，由搜索服务提供者提出嵌入搜索框的条件，双方的权利义务可以依据合同约定来确定。”这是一种符合市场竞争秩序的正当商业模式，而这一模式又存在以下两种情况：一种是“只嵌入搜索框而不使用搜索服务提供者决定的下拉提示词”，另一种是“在嵌入搜索框的同时必须使用搜索服务提供者决定的下拉提示词”。这两种具体模式，可以由搜索服务提供者提出条件，同时允许两种模式，或只

① 参见史欣媛：《互联网新型不正当竞争案件中的行为正当性判定标准研究》，载《安徽大学学报（哲学社会科学版）》2017 年第 1 期。

允许其中一种模式。

如果搜索服务提供者只提供了一种选择，即在嵌入搜索框的同时必须使用搜索服务提供者决定的下拉提示词，网络服务提供者不应违反这一规则。虽然百度搜索服务提供者声称其只提供了一种选择，但并未证明该项主张。[①]在此情况下，可以推定北京某科技公司的行为并未违反双方的合同约定。

但是北京某科技公司在自行设置下拉提示词的同时，还插入了与用户设置的搜索方向关联性很小的下拉提示词。北京某科技公司并未提供充分证据证明其行为的公益目的，因此，这种干扰了网络用户的选择并且减损了搜索服务提供者的流量的行为，明显违反了“非公益必要不干扰原则”。

三、最小特权原则

“非公益必要不干扰原则”自被北京市高级人民法院提出并得到最高人民法院认可以来，逐渐在司法实践中得到应用，但其中必要性与合理性的判断标准存在一定的模糊性。

最高人民法院在再审裁定中引用了“最小特权原则”，对网络干扰行为的必要性与合理性进一步分析。“最小特权原则”本是计算机信息安全领域一项技术性原则，在随后的发展中与“非公益必要不干扰原则”共同适用，推动反不正当竞争法的一般条款应用于安全软件之间的新型不正当竞争纠纷。针对安全软件的特殊性，“最小特权原则”为其行为划定边界，使得一般条款的适用从抽象走向相对具象，进而使得判断标准逐步明确化。[②]

最高人民法院指出，“安全软件在计算机系统中拥有优先权限，其应当审慎运用这种‘特权’，对用户以及其他服务提供者的干预行为应当以‘实现其功能所必需’为前提”。对于“最小特权”原则的适用，应从以下方面进行理解：

第一，在计算机系统中，安全软件拥有优先权限，也正因如此，安全软件在运行时才更应当秉承良善，保持客观、中立，仅发挥与安全事务有关的正常功能。[③]

第二，基于维护网络安全的考虑，安全软件可以进行风险提示和必要干预，但这种提示和干预应当具有必要性和合理性。在此需要理解“必要性”与

① 参见石必胜：《互联网竞争的非公益必要不干扰原则——兼评百度诉360插标和修改搜索提示词不正当竞争纠纷案》，载《电子知识产权》2014年第4期。

② 参见张亚洲：《浅议计算机互联网不正当竞争案件中最小特权原则的适用》，载《中国发明与专利》2015年第11期。

③ 参见张亚洲：《浅议计算机互联网不正当竞争案件中最小特权原则的适用》，载《中国发明与专利》2015年第11期。

“合理性”，同时，对于这两项标准的适用应是建立在公共利益的基础上。“必要性”应与公共利益联系在一起，但也并非为了公益实施干扰都是必要的，需要从两个方面判断：一是适用干扰的环境是否特定和例外，即使是为了公益目的，也不意味着干扰可以在任何情况下实施，即干扰行为的存在环境不是普遍适用的。二是实施干扰是为了实现公益而迫不得已的唯一选择，如果还有别的经济可行的选择路径，也就不应进行干扰。同样，“合理性”也必须与公共利益有关，可以说“必要性”是从实施干扰行为人的角度进行判断，而“合理性”则是从被干扰行为影响者的角度进行判断，即判断干扰行为对于被影响者利益乃至公共利益的损害程度是否已经超越了合理的范围。[①] 这两项判断标准类似于“比例原则”中的“最小侵害原则”，即“必要性”要求如果存在其他不通过干扰也可行的方式，则不应当进行干扰，而“合理性”则要求在必须实施干扰的情况下，干扰方式所造成的侵害应当是最轻的一种。

第三，安全软件即使进行干扰也应当充分尊重用户的知情权和选择权，这也是二审法院所述“自愿选择原则”的本质要求。只有在真实、准确、完整的信息披露的情况下，用户才能知情并选择是否接受干扰。

针对涉案插标行为，北京某科技公司需要证明添加警示图标为实现安全防护功能所必需的，并且限于合理的范围。北京某科技公司称其添加警示图标主要针对两种情况：“风险”类和“危险”类。但北京某科技公司针对这两类网站均采用了同样的插标方式，并没有根据信息的有害程度和安全风险的大小，对应地采取符合比例原则的干扰手段。

四、结论

随着信息网络技术的发展，互联网领域的新型不正当竞争纠纷层出不穷，网络干扰行为便是其中的典型。针对干扰行为适用反不正当竞争法的一般条款，需要对竞争原则进行解读。本案二审法院在判决中创造性地提出了互联网领域的“非公益必要不干扰原则”，即经营者提供互联网产品或服务时，原则上不得相互干扰，如果出于保护公共利益的目的而采取干扰措施，也应当确保干扰手段的必要性与合理性。再审法院进一步通过“最小特权原则”阐明了必要性与合理性的判断方法。本案是从社会公众利益的角度出发，对互联网竞争中的干扰行为是否正当划定了适度的边界，对规范互联网领域的竞争秩序进行了探索，对于今后的类似案件将会起到一定的指导和参考作用。

---

① 参见张亚洲：《浅议计算机互联网不正当竞争案件中最小特权原则的适用》，载《中国发明与专利》2015 年第 11 期。